CHRISTOPHE COLOMB : MÉMOIRES

W0205053

CHRISTOPHE COLOMB : MÉMOIRES

avec la complicité de
STEPHEN MARLOWE

TRADUIT DE L'AMÉRICAIN
PAR JOSÉE KAMOUN

ÉDITIONS DU SEUIL
27, rue Jacob, Paris VIe

Titre original : *The Memoirs of Christopher Colombus with Stephen Marlowe.*
Éditeur original : Jonathan Cape, Londres, 1987
ISBN original : 0-224-2413-2
© 1987, Stephen Marlowe.

ISBN 2-02-009604-8
© Avril 1987, Éditions du Seuil, pour la traduction française.

La loi du 11 mars 1957 interdit les copies ou reproductions destinées à une utilisation collective. Toute représentation ou reproduction intégrale ou partielle faite par quelque procédé que ce soit, sans le consentement de l'auteur ou de ses ayants cause, est illicite et constitue une contrefaçon sanctionnée par les articles 425 et suivants du Code pénal.

à Petenera
et
pour Ann.

Je me propose ici avant tout de faire revivre l'homme d'action, le découvreur, qui tenait la clef de l'avenir, et non de me pencher sur sa psychologie ou de rechercher les mobiles qui l'ont poussé à agir.

Samuel Eliot Morison,
Amiral de la mer Océane.

L'histoire se vit à l'endroit, mais s'écrit à rebours. Nous connaissons la fin avant de nous interroger sur le début et nous ne pouvons guère nous mettre à la place de ceux qui n'en connaissaient que le début.

C.V. Wedgewood.

1

Où la famille Colón italianise son nom.

Si la Semaine sainte et Pessah n'étaient pas tombés en même temps l'année où je suis né, rien de ce qui va suivre n'aurait eu lieu. C'est un autre qui serait devenu l'homme le plus célèbre du monde – bon, disons l'un des plus célèbres. Qui sait ce qui s'en serait suivi ? Supposons que cet autre, cet ersatz de moi, ait mis quelques années de plus à faire son chemin, entre-temps les Indiens auraient pu découvrir la roue, arrêter de s'entre-tuer perpétuellement ou perdre leur terreur sacrée des dieux pâles d'outre-mer. Est-ce que Cortez aurait conquis le Mexique, Pizarro le Pérou ? En voyant loin, on peut même imaginer qu'il y aurait une capitale indienne, aujourd'hui, sur le Potomac. L'Histoire, la plupart du temps, c'est un coup de dés. Et cette année-là, les dés avaient décidé que Pessah et Pâques tombaient la même semaine.

Le soir où tout a commencé, papa et maman se glissaient furtivement par les venelles jusque chez Santiago Santangel, où le Seder devait avoir lieu. Ils n'avançaient pas vite : maman m'attendait – depuis sept mois. Oh, papa n'était pas pressé, non. Il ne tenait pas du tout à y aller à ce Seder chez Santiago Santangel, ni à aucun autre, nulle part.

Santiago Santangel – ça c'est un nom, hein ? Il était né Noah Chinillo, Juif de Calatayud ; maintenant, c'était un Nouveau Chrétien. Son fils Luís, qui avait neuf ans lors du dernier Seder secret tenu dans la maison Chinillo, allait finir trésorier de Leurs Majestés Très Catholiques. S'il était riche ? Un peu ! Mais j'y reviendrai longuement.

La venelle où papa et maman se glissaient débouchait sur une des grand-rues de la ville. Un flot de torches s'y répandait. Des pénitents en longues robes à capuchons pointus psalmodiaient des chants plaintifs en traînant lentement leurs lourdes chaînes. La poussière tourbillonnait à la lueur des torches. Une grande châsse où se dressait la Vierge ondulait dangereusement le long de la rue. Papa et maman attendirent.

– Cette Vierge, quelle merveille! murmura Papa avec révérence.

– Peuh ! C'est de la sculpture à bon marché, rétorqua maman ; et même ça, c'est encore trop cher pour la paroisse.

Papa lui dit :

– On devrait pas y aller.

– Ah non ? Et pourquoi ?

Question rhétorique, en fait, où couvait la menace. Papa savait bien qu'il n'aurait pas la paix s'il n'y allait pas.

– C'est dangereux.

– Aller dîner chez un ami, c'est dangereux ?

– Tu ferais peut-être mieux de changer d'amis, suggéra papa. On est convertis, oui ou non ? C'est la chaîne et la trame de notre vie.

Papa était tisserand. Il arrivait à tout expliquer en terme de chaîne et de trame, de métier et de navette. C'était un paradigme qui en valait beaucoup, et j'en ai entendu d'autres, parce que, vous allez voir, je suis quand même sorti de ma province.

Des Bohémiens, portant des torches eux aussi, suivaient la Vierge. Les Bohémiens étaient d'importation récente en Espagne. Trente, quarante ans avant, ils avaient commencé à s'infiltrer comme un filet d'eau par un petit trou dans les Pyrénées. Ils arrivaient de tout là-bas, du nord de la France, d'Égypte, de Hongrie, d'Inde, de Cipango, des coins comme ça. En fait de filet d'eau, ça devenait un torrent. Ils déferlaient sur l'Espagne et, alors là, terminus. Parce que l'Europe, après l'Espagne, on peut tirer un trait dessus. C'est des illettrés qui vivent des largesses de la Nature (autrement dit : qui volent tous les non-Bohémiens), des sales, des pouilleux pires que les Anciens Chrétiens. Jamais un bain. Question sous-vêtements, vu que personne ne les a approchés d'assez près pour savoir s'ils en portent (à part les autres Bohémiens, mais ils ne sont pas bavards avec les étrangers), je ne peux pas vous dire s'ils en changent. J'en parle parce que les Juifs, si. Ils changent de linge. Une fois par semaine, pour le sabbat. C'est à ça – entre autres – que les autorités repèrent les Nouveaux Chrétiens relaps.

Des Bohémiens, voilà tout ce que l'Espagne récolte. Et qu'est-ce qu'elle expulse, l'Espagne, pas bien longtemps après, comme pour leur faire de la place ? C'est bien simple : toute la population juive non convertie, soit un quart de million d'habitants

– rien que ça –, des médecins, des avocats, des savants, des collecteurs d'impôts, des femmes, des enfants, en veux-tu, en voilà.

Mauvaise affaire pour l'Espagne ? Si vous le dites...

Notre Sainte Mère l'Église avait l'air de bien leur convenir aux Bohémiens. Ils l'adoptaient tout de suite. Maman, elle, n'essayait même pas. Un messie déjà passé, quelle déception ; plus rien à attendre, alors. Les idoles de bois ou de pierre, bien réalistes, leurs blessures réalistes et leur sang réaliste, ça l'horrifiait. La confession, ça l'enrageait. Se mettre à genoux dans une boîte obscure, mentir à un prêtre et lui demander le pardon de Dieu – parce qu'en tant que relaps, pour ne pas attirer d'ennuis à papa, il lui fallait toujours mentir –, c'était son calvaire à maman. Parfois, sans réfléchir, c'est le mot qu'elle employait.

En attendant que les Bohémiens passent, elle déclara :

– Le monde n'est pas fait de chaînes et de trames. Dire qu'il a fallu que j'épouse un tisserand – et un tisserand qui se prend pour un philosophe !

Papa rengaina une de ses réflexions sur le « métier » de la vie ; il se contenta de hocher la tête en regardant avec une profonde envie les Bohémiens disparaître jusqu'au dernier. De grands voyageurs, ces Bohémiens. Ils levaient l'ancre et en route ! Ça lui plaisait à papa. Dans le doute, il changeait d'air et partait n'importe où. Il m'a légué ce trait de caractère.

– Dépêche-toi, on va être en retard.

Papa restait planté là, indécis, l'Histoire suspendue à son hésitation. Puis il soupira et suivit maman dans la foule pour traverser la grand-rue et prendre la venelle en face.

Frappé d'une inspiration subite, il s'écria :

– On va l'appeler Jésus.

– Quoi ?

Ma mère était une rousse, tendance incendiaire.

– Je dis, on va l'appeler Jésus.

– Qui ça ? dit maman, une douceur meurtrière dans la voix.

– Le bébé. Qui va naître. On le fera baptiser Jésus.

Indépendamment du prénom choisi, elle avait d'ores et déjà décidé que, sitôt sortie du baptistère, elle rentrerait à la maison dare-dare pour me laver de cette eau prétendument bénite. Je vous laisse à penser si l'idée de m'appeler Jésus la tentait.

Mais leur petit jeu se jouait très bien à deux. Maman contre-attaqua :

– Moïse.

C'était au tour de papa de dire quoi.

– Quoi ? dit papa.

– On va l'appeler Moïse. Moïse Maimonide Colón, dit maman d'une voix ravie, qui s'enivrait des syllabes mielleuses de ce nom que je ne porterais jamais.

– Bon. Déjà la chaîne, dit papa patiemment. Moïse. Un nom biblique. Pour bien montrer qu'on est relaps. Tous les Anciens Chrétiens fanatiques d'Espagne connaissent la liste par cœur. Linge propre, jamais de porc, bénédiction sans signe de croix, bains pour un oui pour un non, noms bibliques...

– Je sais, je sais. Relaps ! Et fière de l'être.

– Chut ! intima papa.

Maman se glissait résolument dans la venelle.

– Moïse Maimonide Colón.

Sa langue déroulait obstinément ces syllabes.

– Ensuite, reprit papa avec son côté talmudiste, la trame. Tous les Anciens Chrétiens fanatiques savent que Maimonide, célèbre médecin et philosophe de Cordoue, était un célèbre médecin philosophe *juif*. Dis, Susanna, tu veux notre malheur ou quoi ?

Maman se mit à rire :

– Je m'appelle María del Pilar, à présent. Vous parlez d'un Nouveau Chrétien qui se rappelle même plus le nom de baptême de sa femme !

Ils s'étaient convertis dix ans auparavant, à la synagogue de Séville, pendant l'office du vendredi soir. On peut dire que cet office-là sentait le soufre. Un gros dominicain aux yeux de fou, style orateur de carrefours, était entré, vêtu d'une aube sale, les tables de la Loi dans la main gauche, un grand crucifix dans la droite. Sur ses talons, une meute de zélotes pyromanes avaient aussitôt mis le feu à la synagogue avec des torches et de la poix. Le dominicain s'encadrait dans la porte, son énorme corps interdisant la voie du salut terrestre ; il jeta les tables de la Loi dans la conflagration et brandit bien haut le crucifix.

– Inclinez-vous devant ce symbole et vous recevrez le salut éternel en Notre Seigneur Jésus-Christ, tonna-t-il pour couvrir le grondement des flammes, le craquement des poutres et le piétinement des fidèles qui se ruaient vers la porte.

– Amen et faites la queue, hurla l'un des pyromanes, faites la queue ; des conversions il y en aura pour tout le monde.

Pas moyen d'échapper aux poutres qui s'écroulaient ni aux

flammes qui consumaient la synagogue sans passer par la porte – où le dominicain restait planté, incontournable – ni baiser le crucifix en signe d'allégeance à la Foi.

C'était un crucifix hyper-réaliste qui mesurait bien un mètre ; le bois d'olivier était peint de couleurs plus vraies que nature. Le malheureux Christ avait les yeux révulsés comme pour voir le sang perler de sa couronne d'épines ; du sang coulait aussi de son flanc, percé par la lance. La vue de ce crucifix aux couleurs si convaincantes (le rouge sang surtout) plongea sept membres de la communauté dans des débats de conscience un peu trop longs : ils périrent dans les flammes.

– Joseph, suggéra papa. On peut l'appeler Joseph.

Maman se contenta de lui jeter un regard, mais la venelle était trop sombre pour qu'il s'en aperçoive.

– Joseph, c'est un nom... neutre, en somme, dit papa plein d'espoir, comme Bartolomé.

Mon frère s'appelait Bartolomé ; il avait à peine dix mois.

– Ça me dit rien, répondit maman.

Ils traversèrent une autre grande rue. Nouvelles torches, nouveaux pénitents, nouveaux Bohémiens et encore une Vierge.

– Qu'est-ce que tu lui reproches à ce prénom ? Chaîne de l'Ancien Testament, trame du Nouveau.

– Ça me dit rien, c'est tout.

A une centaine de mètres de la maison Santangel, ils entendirent des cris. Aussitôt, papa saisit maman par le bras et la tira avec lui dans une providentielle embrasure bien noire. Sous leurs yeux, la porte de la maison Santangel s'ouvrit d'un coup, laissant échapper un flot de lumière et de monde. Bientôt, des gardes apparurent ; ils surveillaient leurs prisonniers de si près qu'ils ne remarquèrent même pas mes parents. Deux baillis fermaient la marche sur des chevaux fougueux dont les sabots jetaient des étincelles à deux doigts de maman.

Tous les participants, à une exception près, furent brûlés, je l'appris par la suite. C'était avant l'Inquisition. Il se passerait encore une douzaine d'années avant que le roi Ferdinand lâche son Torquemada, et quelques autres avant la création du Conseil suprême de l'Inquisition et du Saint-Office. Les gens furent donc brûlés de façon un peu artisanale, sans la mise en scène à grand spectacle des bûchers d'après.

Tout en rentrant retrouver le petit Bartolomé, tremblants de peur, papa et maman discutaient encore. Joseph et Jonas, Noé et

Josué, Jacques et Jean, Timothée et Pierre, ils les avaient tous expédiés dans les limbes.

Papa demanda soudain :

– Et si c'est une fille ?

Mais je fus un garçon et je naquis avec un mois d'avance sur un navire qui cinglait vers Gênes, et alors maman, terrifiée et archisûre de ne jamais revoir la terre ferme, consentit à m'appeler Cristóbal.

J'ai horreur des biographies où l'on trouve : « A huit ans, le futur Premier ministre (ou maquereau, ou amiral de la mer Océane) s'intéressait déjà aux conflits des nations (aux rapports sexuels, à la route des Indes). » Parce qu'à huit ans, le futur Premier ministre, etc., n'était qu'un petit morveux mal débarbouillé et que ses pensées sont perdues pour la postérité ; ce qui n'est sans doute pas plus mal d'ailleurs.

J'ai écrit dans d'autres pages (non sans quelque inexactitude) que j'avais pris la mer à l'âge de quatorze ans ; j'ai donné à entendre que la chose avait été très précipitée, que peut-être je n'avais qu'une bonne brise d'avance sur la police, et j'ai laissé au lecteur le soin d'établir quel crime ignominieux j'avais pu commettre.

Mon propre fils, Fernando, donne une autre version des choses. Le petit Fernando répugnait à être de la graine d'illustre inconnu plus ou moins ignare qui se serait enfui en mer à quatorze ans ; alors dans sa biographie, que je ne vous recommande pas, il préfère m'expédier à l'université de Pavie, étudier les mathématiques, la géographie et l'astronomie : ainsi ce fils illégitime de l'amiral de la mer Océane se fabrique un père convenable.

Je suis né en mer. Ça au moins, Rodrigo Borja en est témoin. C'était alors un jeune Espagnol de petite noblesse ; il se rendait de Valence à Gênes sur le navire qui emportait Domingo et Susanna (dite María del Pilar) Colón et leur fils Bartolomé vers leur nouvelle patrie, l'Italie. Le navire avait beau être accalminé dans le brouillard, voiles en berne, ma pauvre maman était prise d'un tel mal de mer qu'elle accueillit assez bien les premières douleurs : ça faisait diversion.

L'hidalgo Rodrigo Borja se rendait à Rome, où sa famille avait des relations. Il voyageait avec une suite de quatorze personnes et cinquante malles de chêne cerclées de fer : tels sont les impedimenta de la vie d'hidalgo... L'une des malles, la plus légère, contenait des douzaines de paires de chausses de soie – pas deux de la même nuance – pour mettre en valeur ses jambes robustes et bien faites. Il y en avait une autre pleine de saucisses d'Espagne parfumées. Rodrigo Borja emportait de l'ail en Italie.

– Appelez-le Cristóbal, suggéra-t-il tandis que, derrière un paravent improvisé en toile de voile, maman se tordait entre mal de mer et mal de mère.

Papa, embarrassé, tenait mon frère Bartolomé au bras. Bartolomé se mit à pleurer.

– Pourquoi Cristóbal ? demanda papa en caressant la petite tête toute rouge.

Maman poussa une longue plainte déchirante et se mit à jurer en ladino. L'équipage, qui était italien, prendrait le ladino pour de l'espagnol. Mais Borja allait entendre la différence et reconnaître le dialecte que les Juifs parlaient sur les marchés. Papa attendait donc avec anxiété la réponse à sa question. Mais Borja semblait se soucier comme d'une guigne du pittoresque ladino de maman.

– Parce que vous l'italianiserez dès que vous vous installerez, et c'est joli Cristoforo !

Borja regarda l'enfant tout rouge que papa tenait au bras :

– Bartolomeo aussi, concéda-t-il.

– On va italianiser nos noms ?

– Bien sûr. Comme tout le monde. C'est quoi votre nom, déjà ?

– Domingo. Domingo Colón.

– Eh bien, Domenico Colombo. Rien de plus simple, dit Rodrigo Borja.

Maman vociféra des choses encore plus choisies en ladino.

Le brouillard se levait.

Le soleil allongeait l'ombre des voiles sur l'eau.

La mer faisait le gros dos.

Le navire tanguait.

Derrière le paravent de toile, l'une des servantes ou des concubines de Rodrigo Borja m'administra une bonne tape sur le derrière.

Je poussai un piaillement d'essai, puis braillai carrément.

Les Espagnols sont le seul peuple où l'on se lie d'amitié facilement malgré les barrières sociales parce que tout Espagnol détient au fond de lui la certitude de sa propre valeur. Si bien que quelques heures avant d'arriver à Gênes, Rodrigo Borja dit :

– Si vous passez à Rome, un de ces jours, venez me voir.

Et ce n'était pas la phrase toute faite qu'un passager désœuvré lance à son compagnon de voyage au moment des adieux. C'était sincère. La chaîne et la trame de la philosophie de papa plaisaient au jeune hidalgo, et naturellement papa n'était pas insensible au rayonnement de cet homme de la Renaissance qu'était Borja. Mais les choses allaient plus loin. Dès le second matin en mer, chacun avait pris la mesure de l'autre et semblait satisfait de son examen. A cette époque-là, par une ironie du sort, les Juifs convertis couraient des dangers bien plus grands que ceux qui pratiquaient encore, et beaucoup de Nouveaux Chrétiens ou marranes (cochons), comme on les nommait avec mépris, fuyaient l'Espagne. C'était précisément la situation de papa. Quelle était celle de Rodrigo Borja, je n'en sais rien. Papa ne lui demanda pas, ça ne se faisait pas. Mais ils se plurent instinctivement.

– Et puis, si vous ne pouvez pas venir, envoyez Cristoforo, quand il sera prêt. Et Bartolomeo aussi, bien sûr, dit Borja.

– Prêt ? demanda papa. Prêt à quoi ?

Rodrigo Borja répondit :

– Quand l'heure viendra, vous comprendrez. Envoyez-le-moi.

Papa promit.

Il y a des historiens pour prétendre que je me suis laissé aller à certaines exagérations en relatant mes débuts dans la vie. Possible. Aucun autobiographe n'y résiste. Aucun biographe même. Prenez Bartolomé de Las Casas, par exemple, l'écrivaillon qui a raconté ma vie après mon fils Fernando. Lui, il fait allusion à de « nobles ancêtres », il invente tout un cursus universitaire à côté duquel les mathématiques, l'astronomie et la géographie de Fernando ont l'air minables. Voici ce qu'on peut lire dans son livre : j'aurais servi sous un « parent illustre », amiral de France ; au large de la côte portugaise, j'aurais sauté d'un vaisseau pirate en flammes, dont j'avais le commandement, et, quoique « grièvement blessé », j'aurais gagné Lisbonne à la nage. Parlons-en des biographes ! Il y a même eu un demeuré pour écrire quelque part que je croyais que l'Orénoque était l'un des quatre fleuves coulant du paradis sur terre et que si tel était le bon plaisir de Leurs Majestés Très Catholiques, je lèverais une expédition de cent mille fantassins et dix mille cavaliers et je les traînerais en amont pour retrouver le Saint-Sépulcre – et qu'est-ce qui financerait toute cette équipée délirante ? L'or des Indes.

Or de fous, oui.

Histoires de fous.

Domenico Colombo (anciennement Domingo Colón) s'installa comme tisserand près de la puerta dell'Olivella, à Gênes ; au bout de quelques années, il céda à une vieille envie secrète et ouvrit également une petite taverne. La clientèle était rude : putains et matelots les trois quarts du temps, matelots et putains le dernier quart. Maman nous avait sur les bras, mon frère Bartolomeo et moi. Nous avoir dans les jambes quand Domenico Colombo se mettait au métier, très bien. Mais cette taverne, ça passait les bornes.

– *Navette si, buvette no,* disait-elle.

Maman, qui se faisait appeler Maria Susanna Colombo à l'époque, ne perdait pas une occasion de filer en douce à la synagogue. Domenico Colombo fermait les yeux. On était beaucoup plus libre en Italie. Leur Inquisition à eux, c'était de la rigolade – sauf pour les sorcières qu'on brûlait régulièrement sur des bûchers.

Six ans après notre arrivée en Italie, maman donna le jour à mon frère Giacomo. L'accouchement fut difficile : le temps d'entrevoir le crâne chauve de notre petit frère, de l'entendre piailler, voilà qu'un prêtre arrivait pour administrer à maman les derniers sacrements de l'Église de papa. Il vint aussi un rabbin, mais papa entra en fureur et lui refusa la porte. Depuis ce jour jusqu'à son dernier, Domenico Colombo demeura un chrétien enragé. On aurait dit qu'il tenait les Juifs pour responsables de la mort de sa femme, comme d'autres les tenaient pour responsables de la peste. Il ne se remaria jamais.

Cela ne l'empêchait pas de s'éclipser de temps en temps au premier, avec l'une ou l'autre des putains de la taverne. Quand il commença à parler, Giacomo se mit à appeler ces putains « maman ». C'est « tata » qu'il aurait dû dire. Nous, les trois fils Colombo, elles nous traitaient en neveux gâtés ; elles nous apprenaient même à faire les additions et à lire quelques mots. Notre préférée s'appelait Giulia. C'était une forte, une monumentale paysanne des Abruzzes, qui faisait trembler les murs quand elle montait avec un client dans les chambres de l'étage, que Domenico Colombo louait à cet effet. Giulia était d'une force herculéenne : elle prenait un fer à cheval à deux mains et, la face virant au rouge lie-de-vin, elle le redressait. On l'appelait l'Amazone, elle avait sa clientèle attitrée. Un jour que les opérations ne se déroulaient pas dans l'ordre établi, là-haut, elle catapulta son client par la fenêtre, lui cassant les deux jambes et quelques côtes. Des gardes arrivèrent, mais papa leur donna deux florins chacun et une précieuse bouteille de vin de Cinq-Terres, si bien qu'à sa sortie de l'hôpital, le malheureux démoli par Giulia se retrouva inculpé d'atteinte à l'ordre public. Avec nous, les enfants, Giulia était douce comme un agneau. Je crois qu'à sa manière d'Hercule de foire, elle nous aimait.

Comme de juste, mes biographes n'ont pas manqué de me dépeindre traînant sur le port, les yeux fixés sur l'horizon comme si, obscurément, dès l'âge de neuf ou dix ans, j'avais su où était mon destin. J'admets qu'on pouvait en effet apprendre une ou deux choses en traînant sur le port, les yeux fixés sur l'horizon : par exemple que la terre n'est pas plate comme une carte de navigateur, mais ronde comme un ballon. C'est du moins ce que Bartolomeo me disait assez souvent, son visage ingrat tout illuminé par l'excitation.

– La terre est ronde comme un ballon, disait Bartolomeo.

Moi, personnellement, ronde ou plate...

– Ah ouais ? Qu'est-ce que t'en sais, toi ?

– Viens voir ; je te montre.

Alors, pieds nus, le voilà qui m'entraîne vers le port où sont amarrées des caravelles, des galéasses parfois, et des flottilles d'embarcations plus légères. Bartolomeo traîne un moment, il scrute l'horizon.

– En voilà une, dit-il, pointant son doigt au loin.

Le temps est dégagé. On aperçoit une voile à l'horizon. Bartolomeo explique :

– La voile est visible, pas la coque. Ça s'appelle « coque noyée ».

– Et alors ?

Bartolomeo traîne encore un peu, il scrute la voile sans coque, à l'horizon.

– Tiens, regarde à présent.

Je regarde.

On voit le bateau tout au loin, on dirait un jouet.

– Ronde ! Ronde ! Je te l'avais bien dit ! s'écrie Bartolomeo.

– La coque ? Tu veux dire que c'est un navire à coque ronde. Et alors ?

– Mais non, la terre. Elle est courbe. Alors, quand un navire approche, on voit d'abord la voile et puis après la coque, et quand il s'éloigne, c'est le contraire. Tu saisis ?

– Oui, oui, dis-je pour lui faire plaisir.

– Tu comprends ce que ça veut dire ? Tu pourrais naviguer vers l'ouest, et encore vers l'ouest, et toujours vers l'ouest...

– Ça va, je te reçois.

– ... Et rentrer par l'est. Enfin, tu pourrais si tu trouvais pas l'Inde et le Cathay et Cipango sur la route.

– Personne peut naviguer vers l'ouest et rentrer par l'est.

Sans même m'embarrasser de l'Inde, du Cathay ni de Cipango, là je suis péremptoire.

Bartolomeo soupire :

– Si tu m'écoutais, tu comprendrais que j'ai raison.

– T'es fou. L'ouest c'est l'ouest et l'est c'est...

– Laisse tomber.

Bartolomeo est excédé. Mettez-vous à sa place.

– T'as jamais entendu parler des frères Vivaldi, je parie ?

– Des musiciens peut-être ?

Le nom a une agréable sonorité musicale.

– Des explorateurs, répond Bartolomeo. Des types de Gênes. Ils se sont perdus sur la côte ouest de l'Afrique en cherchant la côte est.

– M'étonne pas qu'il se soient perdus, tiens !

Voilà pour mes biographes.

Un jour d'automne, Bartolomeo avait alors treize ans et moi douze, je le trouvai dans la boutique d'un cartographe florentin nommé Vongole. Bartolomeo passait sa vie chez les cartographes et les fournisseurs de navires.

– Oui, m'sieur, Ultima Thulé, dit le vieux Vongole.

Il n'avait plus de dents, et son œil myope et jaunâtre louchait sur le parchemin d'une carte de navigateur.

– A six jours de voile, au nord de l'Angleterre. C'était un Grec, nommé Pythéas, oui, mon p'tit gars. Y est allé quatre cents ans avant la naissance de Notre Seigneur.

– Ben ça, dit Bartolomeo.

– Et attention, hein, ils avaient pas de boussoles de c'temps-là. Comme tu vois sur la carte, j'ai mis Thulé au nord-*ouest* de l'Angleterre.

– Pourquoi ça ? demanda Bartolomeo.

– Pythéas s'est trompé un chouya sur son itinéraire, répondit Vongole.

– Pourquoi ça ?

– S'est embrouillé. Il a tout confondu, méridiens et parallèles. Ça arrive. Surtout aux Grecs.

Vongole ricana et se tapa sur les cuisses.

Il était en train d'enrouler la carte avec soin quand une silhouette monumentale s'encadra dans la porte de la minuscule boutique sans fenêtre. C'était l'Amazone, hors d'haleine.

– Allez, les gosses, à la maison.

– Pourquoi ça ? dit Bartolomeo qui pensait encore à Thulé.

– Papa vient de prendre un coup. Un sale coup.

On avait beau se dépêcher, comme il y avait foule dans le dédale des rues du port, on n'avançait pas vite. Alors l'Amazone prit la situation en main et un gosse sous chaque bras ; elle chargea, dépassant la maison des douanes, comme un bélier humain. Chaque fois que sa botte gauche cognait le pavé, mes dents s'entrechoquaient. Chaque fois que c'était la droite, les dents de Bartolomeo s'entrechoquaient. On aurait dit que les gens voltigeaient sur son passage sans même qu'elle les touche. Et peut-être après tout : elle était si gigantesque, et en tenue de travail avec ça, cuir et cotte de mailles rétro.

La foule se pressait devant la taverne. Au premier, ça sentait l'encens. Un petit enfant de chœur en blanc, tout pareil à un angelot, sortit de la chambre de papa l'encensoir à la main. Un médecin en robes rouges fripées émergea derrière lui, l'air soucieux. L'Amazone nous posa par terre.

– Il est mort ? demanda-t-elle.

– Non, monsieur... euh, je veux dire madonna, rectifia promptement le docteur, mais il n'en a plus pour longtemps, j'en ai peur. A la grâce de Dieu, bien sûr. Moi, j'ai fait tout ce que j'ai pu. Je l'ai saigné deux fois et...

– Saigné alors qu'on vient de le poignarder et qu'il saigne déjà comme un cochon qu'on égorge ? tonna l'Amazone.

Bartolomeo se mit à pleurer. J'entrai dans la chambre. Le prêtre rebouchait le saint chrême. Papa était étendu sur le lit, mains croisées sur la poitrine, comme les moribonds. Je n'avais jamais vu un visage aussi blanc. Son front était tout luisant d'huile.

L'Amazone entra sur mes talons avec Bartolomeo et le petit Giacomo. Diagnostic du prêtre :

– Paradis. Après une période de purification au purgatoire, bien entendu. Je m'occuperai volontiers des formalités contre une modeste reconnaissance.

Mais après nous avoir mieux regardés, il dut juger que cette modeste reconnaissance était au-dessus de nos moyens, car il sortit poursuivre sa veillée auprès du médecin.

– Je m'en veux, dit l'Amazone.

– Papa, appela le petit Giacomo.

Et le visage blanc, si blanc, de mon père se tourna vers la petite voix flûtée.

– Tout ça, c'est ma faute, nous dit l'Amazone.

Je me mis au chevet de papa et Bartolomeo en fit autant, de l'autre côté du lit. Le visage blanc roula vers moi sur l'oreiller.

– Rodrigo Borja, dit papa faiblement.

– Qui ?

Je n'avais jamais entendu ce nom-là.

– Rome. Rodrigo Borja a des relations à Rome. Va le trouver et emmène le petit Giacomo.

Le visage blanc de papa roula vers Bartolomeo. Il considéra la physionomie ingrate de son fils aîné.

– Et Bartolomeo aussi, bien sûr.

– Tout ça, c'est ma faute, reprit l'Amazone. Si j'avais pas jeté ce type par la fenêtre parce qu'il voulait pas me payer d'avance, comme on fait toujours, son cousin aurait pas poignardé votre papa.

– Rome... Rodrigo Borja... la chaîne et la trame de vos destinées, dit papa dans un souffle.

Une écume rouge lui monta à la bouche, et le nom de cet inconnu sur ses lèvres sanglantes, il mourut.

Je vis son visage à travers un rideau de larmes. L'odeur écœurante de l'encens laissé par l'enfant de chœur nous prenait à la gorge. Papa me regardait, encore et toujours, de ses yeux qui ne voyaient plus et ne verraient plus jamais.

L'Amazone effleura ces yeux de son énorme patte et les ferma avec douceur.

– Je vous emmène à Rome, dit-elle.

– C'est un port ? demanda Bartolomeo.

Et le petit Giacomo voulut savoir si papa viendrait nous rejoindre quand il irait mieux.

Moi-même, cinquante ans plus tard sur mon prétendu lit de mort, j'ai fait jurer à mon fils Fernando de ne rien écrire sur mon séjour à Rome. Voilà pourquoi Las Casas, qui n'est jamais qu'un maniaque de la couleur locale et un plagiaire, n'en fait pas mention non plus. Du reste, ce vieux Tartuffe s'en serait bien gardé. Comment aurait-il pu parler de mon curieux office auprès de l'homme qui allait un jour accéder au trône de Saint-Pierre ? Pourtant, il est sûrement déjà clair pour mon lecteur que ce séjour à Rome a été crucial dans mon éducation. Jusque-là, j'étais le fils plus ou moins ignare d'un tisserand tavernier endetté, alors qu'en avançant en âge j'ai pu fréquenter Luís de Santangel et ses pairs, sans parler des souverains d'Espagne, Leurs Majestés Très Catholiques, et on m'a confié une lettre royale pour le Grand Khan du Cathay lui-même. Il a bien fallu qu'on me forme. C'est Rome et Rodrigo Borja qui m'ont formé.

Il n'y a pas grand-chose à dire de notre voyage de Gênes à la capitale du monde. Nous n'avions pas le sou. L'antique métier à tisser de notre pauvre papa ne valait pas un clou et au magnifique palais de la banque de Saint-Georges, piazza Caricamento, Bartolomeo et moi, nous allions découvrir que c'était la banque, et non pas Domenico Colombo, qui était propriétaire de la taverne, et ce depuis toujours. D'ailleurs les banquiers nous emboîtèrent le pas pour poser les scellés. Nous voilà donc partis vers le sud, les trois gamins, avec pour tout bagage nos hardes et l'Amazone.

Chaque fois que nous arrivions dans une grande ville – Pistoïe, Florence, Sienne, Viterbo, Civitavecchia au bord de la mer, où Bartolomeo tenta de nous fausser compagnie –, l'Amazone se dirigeait vers la forge la plus proche et demandait un fer à cheval au forgeron ; elle lui faisait voir sa spécialité. Alors ils montaient leur petite affaire : le forgeron faisait payer l'entrée et fournissait les rafraîchissements, les fiers-à-bras du coin essayaient en vain de redresser le fer à cheval homologué. L'Amazone, la face lie-de-vin, y parvenait et le petit Giacomo passait le chapeau. A notre arrivée à Rome, quatre mois plus tard, l'Amazone portait un grand sac de florins, de ducats et de lires.

Qui était Rodrigo Borja, mystère ; nous nous demandions comment le trouver. Dans l'animation du porto del Popolo, l'Amazone cueillait une manche et son malheureux propriétaire se retrouvait face à elle, les pieds ne touchant plus terre.

– Faites excuse, m'sieur, savez pas où il crèche Rodrigo Borja ?

Comme elle l'avait entendu de notre pauvre papa, elle prononçait BOR-HA, à l'espagnole, et le passant qu'elle venait d'accoster parvenait à articuler :

– Désolé, madonna, connais pas.

Sur les grandes places de Rome, à la nouvelle église Sainte-Marie-de-la-Paix où nous faisons brûler un cierge pour le repos de l'âme de Domenico Colombo, même question, même réponse. A la fin, entre mal aux pieds et découragement, nous nous asseyons au bord du Tibre. Bientôt, un moine déchaux vient à passer, avec un âne chargé de fagots. C'est un après-midi d'hiver frisquet ; le soleil se reflète faiblement sur l'eau brunâtre comme un égout.

Poliment, l'Amazone pose sa question.

– Ah, Ah... encore des cousins d'Espagne ? dit le moine sans surprise.

– Vous le connaissez ? s'écrie l'Amazone.

– Si je le connais ? Mais tout le monde le connaît. Seulement son nom, c'est Rodrigo Borgia maintenant, ma petite dame. Il s'est italianisé, vous voyez. Mais qu'est-ce que c'est que cette famille qu'il a là-bas en Espagne ? C'est carrément la famille étendue médiévale ! C'est vrai, quoi, tous ces cousins à qui il a donné des barrettes et des prébendes, autant que le bon Dieu peut en bénir !

En fait, pour argumenter son point de vue, le moine déchaux anticipait un peu. Avant de noyauter le Vatican d'Espagnols, dont beaucoup étaient ses cousins, Rodrigo Borgia attendit d'être élu pape par le conclave des cardinaux, ce qui le mena jusqu'en 1492. 1492, quelle année ! Les Arabes jadis invincibles sont chassés de Grenade, les Juifs, toujours victimes, exilés d'Espagne. Moi, je pars de Palos avec trois petits navires pour découvrir un Nouveau Monde, que le tout nouveau pape, sous le nom d'Alexandre VI, s'empresse de céder à l'Espagne. Ce n'est pas pour rien qu'on l'a surnommé le pape espagnol, et parfois même le pape marrane. 1492 ! L'Espagne et l'Italie. L'une saute à la surface de l'Histoire comme un bouchon de champagne, l'autre coule à pic, comme un plomb. Ça ne s'est pas fait en un an, bien sûr. Mais je m'amuse souvent de voir que les Italiens se font un point d'honneur de me tenir pour leur compatriote... moi qui ai été la pire calamité qui se soit abattue sur l'Italie jusqu'à Mussolini. Parce que, après moi, la route de l'Orient fabuleux est passée par l'ouest, par la mer Océane et non plus par l'est, les ports italiens, ni par voie de terre sur les traces de Marco Polo. C'est l'Espagne qui est devenue la porte des Indes dorées et l'Italie un bras mort. Mais bien sûr, on a le temps d'y revenir à cette année 1492.

Je sais très bien ce qu'on raconte sur Rodrigo Borgia : que même devenu pape, il avait trop d'orgueil pour appeler ses bâtards « mon neveu » ou « ma nièce ». Vrai. Que lui et son fils César se sont disputés le pucelage de Lucrèce, sœur de César. Faux. Que c'était un empoisonneur d'envergure mondiale ; ça, je ne dis pas, mais en tout cas on l'a empoisonné plus souvent qu'à son tour. Qu'il vendait des charges ecclésiastiques comme les colporteurs des breloques aux pèlerins sur la route de Saint-Jacques-de-Compostelle. Vrai. Qu'il forniquait comme un lapin. Faux. Une fois devenu pape, il fit faire un beau mariage à sa maîtresse Vanozza, mère de César et de Lucrèce, et il demeura raisonnablement fidèle à sa nouvelle maîtresse Giulia Farnèse, que l'on appelle la Belle ou l'Épouse du Christ, selon ce que l'on pense de Rodrigo Borgia. Il ne nous reste aucun indice de ce qu'Orsino Orsini, le mari de Giulia, en pensait.

Comme tant de grands hommes, Borgia avait mauvaise presse. Mais il m'a toujours bien traité.

Il aimait le pouvoir, l'argent, les femmes, Lucrèce – depuis sa naissance, en 1480 –, la beauté et sa propre personne. Dans cet ordre. Le type même de l'homme de la Renaissance, en somme.

Donc, le vieux moine déchaux nous conduit au palais Borgia, non loin du Vatican. Au premier coup d'œil, l'Amazone en fourre son pouce dans la bouche, en paysanne des Abruzzes qu'elle est. Il y a des colonnes et des pilastres, des corniches à la grecque, des fresques murales, des plafonds dorés, des cheminées sculptées. Des chefs-d'œuvre de stuc et des arabesques, des dalles de marbre de Lucques sur le sol. Il y a des tapis, des tentures, des lustres, des lampes, des fontaines ; on mange dans des assiettes d'argent, avec des fourchettes d'or, sans se servir de ses doigts. Il y a des salles sans fin et des serviteurs sans nombre.

L'un d'entre eux annonce les fils de Domenico Colombo.

Borgia, plus corpulent dans ses robes de pourpre, était cardinal – mais pas encore prêtre – ; il était à la tête de la cour pontificale et, de ce fait, c'était après le pape lui-même le plus grand pourvoyeur d'emplois à Rome.

Sa maîtresse Vanozza, alors âgée de dix-sept ans, paraît. Elle porte un petit chapeau forestier coquin, à la Robin des Bois, et une surcotte qui dénude les globes de ses seins presque jusqu'aux tétons. Sa voix mélodieuse énonce :

– C'est quoi ces chiffonniers ?

Après quatre mois de route, nous ne sommes pas à notre avantage.

– Des cousins d'Espagne, répond Borgia.

– L'aile est est déjà pleine de tes... cousins d'Espagne. Joli lot de parasites.

Je m'entends répondre :

– Nous ne demandons pas l'aumône. Nous sommes capables de travailler.

A quoi, c'est une autre histoire, mais enfin là, dans ce palais Borgia, mon orgueil d'Espagnol vient de se réveiller.

– Il est mignon, dit Vanozza.

– Si vous ne pouvez pas nous garder, nous allons prendre la mer, dit Bartolomeo, plein d'espoir.

– Mais non, mais non ; vous allez rester, dit Rodrigo Borgia. Des Espagnols je n'en ai jamais trop. Entre le clan des Colonna et les Orsini qui paient des tueurs pour me liquider et les Sforza et le cardinal Della Rovere qui préfèrent le poison...

Une idée traverse les yeux sombres de Borgia :

– Goûtez-moi ça, l'un d'entre vous.

Un serviteur est apparu sans bruit aux côtés de Rodrigo Borgia. Il porte un plateau d'argent sur lequel sont posés une carafe de vin verte et un gobelet d'or ; il remplit le gobelet.

Encore un de ces moments où l'Histoire hésite. Mais l'Amazone suce son pouce, le petit Giacomo est trop jeune et Bartolomeo est en train de demander :

– Pourquoi ça ?

Alors, c'est moi qui m'avance, prends le gobelet d'or et descends le vin. Le cardinal Borgia m'observe avec attention.

– Mon dernier goûteur est mort subitement avant-hier, dit-il, peut-être pour répondre à la question de Bartolomeo. Eh bien, Cristoforo, le poste t'intéresse ?

L'Amazone en crache son pouce et s'enquiert, méfiante :

– Combien faudra qu'il paye pour l'avoir ce poste ? On est pauvres.

– Rien, rien. C'est moi qui vais le payer. Vingt ducats d'or par an ?

Pour le fils d'un pauvre tisserand, c'est une somme faramineuse.

Vanozza considère le visage ingrat de Bartolomeo ; elle demande :

– Et lui, là ?

Le verdict de Borgia tombe aussitôt :

– Bibliothèque du Vatican.

Bartolomeo fixe le sol d'un air sinistre.

– Deux mille cinq cent vingt-sept volumes, en latin et en grec, dit Borgia.

Bartolomeo garde la tête basse. Borgia rectifie le tir :

– Sept cent quarante-sept cartes et plans de navigateurs, couvrant la totalité du monde connu.

Bartolomeo sursaute en relevant la tête :

– Je commence quand ?

Le petit Giacomo qui a six ans recevra l'instruction que ses frères aînés n'ont jamais eue.

– Et votre grande, grande amie, demande Rodrigo Borgia, qu'est-ce qu'on peut faire pour elle ?

Alors, d'un même mouvement, nous nous tournons vers Giulia l'Amazone, mais elle a disparu.

2

Borgia et son goûteur.
Le protecteur protégé.

Bartolomeo avait un physique ingrat ; moi, au contraire, j'étais gâté par la nature. Pourquoi le nier ? Je l'admets sans fausse modestie : ça fait partie des choses que Borgia m'a apprises.

Or, de ce temps-là, à Rome, figure plaisante et tournure gracieuse étaient des atouts également essentiels aux deux sexes. (Pour la première fois depuis la Grèce classique, l'heure était à la libération de la femme ; malheureusement, la Réforme et la Contre-Réforme allaient y mettre le holà.) Mes cheveux roux cascadaient jusqu'à mes épaules, j'avais un regard bleu pénétrant, une nuée de taches de rousseur couvrait mes joues et mon nez aquilin. J'étais grand pour mon âge, j'avais la jambe longue et bien faite. Ce détail n'échappa pas à Vanozza lorsqu'elle m'aida à revêtir les atours offerts par le cardinal Borgia, son amant.

– Tu as la jambe longue et bien faite, mon garçon, me fit-elle remarquer.

Moi, ce qui me tracassait, c'était les vêtements. Je ne voyais pas bien quoi en faire. Jusqu'à ce jour, ma tenue se composait de bottines basses, de chausses à jarretières et d'une jaquette. Cette corne d'abondance vestimentaire me plongeait dans la perplexité. J'avais le choix entre de fins souliers à la poulaine et d'autres à plates-formes et talons hauts. Il y avait une douzaine de paires de chausses, sans jarretières. Pour tout dire, ce n'étaient pas exactement des chausses. Les jambes de soie étaient assemblées en haut et le corps du vêtement montait jusqu'à la taille. Le devant comportait un curieux accessoire, nommé braye, dont je vais reparler dans un instant. En haut, on portait un pourpoint et un justaucorps à manches pendantes, ainsi qu'un chapeau forestier très semblable à celui que j'avais vu sur Vanozza. Je me retirai pudiquement derrière un paravent et enfilai une paire de chausses. C'était la première fois que je mettais de la soie ; ce tissu glissait sur la peau. J'enfilai le pourpoint par la tête. Son ourlet semblait frangé de rubans ; puis je réalisai que c'étaient des attaches, mais pour attacher quoi, mystère. La braye pendait au-dessous, révélant la partie virile de mon individu. Dans mon émoi, je la tirai et coinçai son bord, frangé lui aussi, dans la ceinture des chausses assemblées. En ce point des opérations, mes chausses se mirent à plisser et à descendre.

De l'autre côté du paravent, Vanozza s'enquit :

– Dis-moi, mon garçon, est-ce que tu as du mal à ajuster tes aiguillettes ?

Du diable si je savais de quoi elle parlait, mais je répondis :

– Je n'ai jamais de mal à ajuster mes aiguillettes.

Elle rit et me rejoignit derrière mon paravent. J'avais vu juste : la frange était une rangée d'attaches. Les doigts fins et vifs de Vanozza glissaient, frais, sur mes hanches.

– Tourne-toi, me dit-elle ; et je me tournai. De l'autre côté, maintenant.

Je me tournai de l'autre côté.

– Au fait, quel âge as-tu, mon garçon ? s'enquit-elle.

Comme elle ajustait les dernières aiguillettes qui fixaient le pourpoint à la braye, ses mains fraîches m'effleurèrent, par hasard, à cet endroit-là. La partie supérieure de mon individu rougit, l'inférieure frémit étrangement.

– Douze ans. Pourquoi ? demandai-je.

– Comme ça, dit Vanozza.

De l'audace, me conseillait toujours Rodrigo Borgia. « De l'audace », disait-il en guise de bonjour, avant que je goûte son petit-déjeuner, et j'en faisais donc preuve.

L'audace était le *sine qua non* (j'apprenais le latin à Rome) du cardinal, et j'aime à croire que sa manière de voir a déteint sur moi. Des principes et des théories, il en avait bien d'autres. Par exemple, si tu veux, disait-il, prévoir l'avenir, consulte le passé. Ou encore, l'homme est naturellement mauvais et l'ordre de la cité n'est jamais si bien établi que par la religion. C'est pourquoi Rodrigo Borgia, qui voulait le pouvoir, portait la barrette de cardinal et se proposait de devenir pape. Mais comme le christianisme, avec son côté « mon royaume n'est pas de ce monde », risquait de freiner l'audace, Borgia se consacrait à la chair, sous toutes ses formes. L'humilité, disait-il aussi, ne sert que les vaincus. Il n'y a rien de mieux qu'une guerre de temps en temps pour purger le corps politique. Ne respecte jamais un traité qui devient un fardeau. Rallie tes ennemis, sinon écrase-les. Si tu ne peux inspirer et l'amour et la crainte, renonce à inspirer l'amour. De la subtilité toujours et, surtout, de l'audace.

Vous allez me dire qu'il y a du Machiavel dans ces formules. Mais quand le philosophe florentin a écrit *le Prince,* quelques années après ces événements, à qui croyez-vous qu'il pensait ? A César Borgia, tiens ! Et à quelle école était-il allé, César ? A celle de son père, tiens !

Goûter pour le compte de Borgia me rendait fataliste ; je prenais pour devise *che serà serà* ou *que sera sera ;* chez nous, à Gênes, on parlait aussi bien italien qu'espagnol, les deux s'entendaient également au palais Borgia. Le fatalisme s'impose quand on est goûteur ; à chaque coup de fourchette d'or, on se dit : une petite bouchée et crac je tombe raide mort, rideau, *adios dolce vita,* voyage en Angleterre et vers le nord, *adios* amiral de la mer Océane, périples jusqu'au Nouveau Monde, vedettariat en Espagne et – qui sait – peut-être *adios* au-delà. Muscade et cannelle, genièvre et gingembre, poivre et clous de girofle, leur goût n'était peut-être que l'avant-goût de ma propre mort. Au début, je suais des balles de mousquet. Mais enfin, l'ordinaire était succulent et quand la mort serait à la clef, on sait bien qu'elle est à la clef de tout, du meilleur comme du pire, et même de la naissance *n'est-ce pas* [1] ? (au cours de mes années romaines, à force de fréquenter le monde cosmopolite des cardinaux, j'ai acquis des notions de français et d'anglais).

Tel un livre de la réserve, Bartolomeo n'émergeait que rarement et brièvement de la bibliothèque du Vatican. Son temps de travail, il le consacrait essentiellement à l'étude des sept cent quarante-sept cartes de navigateurs. Il se mit bientôt à en dessiner lui-même. Une année, je lui offris une boussole pour Noël. Lui m'offrit une pendule qui sonnait les heures tout en étant assez petite pour être portée en sautoir. L'année suivante, le cardinal Borgia se rendit en voyage d'affaires au protectorat d'Ancône, pour le compte du Vatican. Je l'accompagnai, histoire d'avoir un aperçu de la cuisine locale. Quant à lui, une madonna aux cheveux blonds décolorés lui passa une maladie vénérienne bénigne qui le mit hors circuit pour un mois.

A son retour, Borgia eut l'honnêteté de révéler la nature de son indisposition à Vanozza. Elle prit très mal la chose. A la ville, Domenico d'Arignano, son premier mari, était un cocu complai-

1. En français dans le texte. (*N.d.T.*)

sant, soit ; mais au lit, il y avait beau temps qu'il n'était plus personne (à supposer qu'il y ait jamais été quelqu'un). C'est ainsi que Vanozza en vint à se renseigner une fois de plus sur mon âge.

– Ça te fait combien, cette année, mon garçon ?

– Quinze ans, pourquoi ?

– Comme ça.

Elle était venue les bras chargés de présents dans mes appartements de l'aile est. Il y avait des hauts-de-chausses vermillon (c'est ainsi qu'on nommait ces fameuses chausses assemblées), un assortiment de pourpoints et de justaucorps, ainsi qu'une sorte de bonnet unisexe, en tissu molletonné. La tradition ne s'était pas perdue : Vanozza m'aidait à m'habiller. Pouvais-je me permettre d'y trouver à redire ? Sa main frôla ma braye par hasard, comme à l'accoutumée. La partie supérieure de mon individu rougit, l'inférieure frémit. Vanozza trouvait toujours un bon prétexte à ses visites et à ses cadeaux.

– Joyeux anniversaire, mon garçon, s'écria-t-elle.

Allons bon, c'était mon anniversaire cette fois.

– C'est pas mon anniversaire, dis-je.

Vanozza retira sa coiffure à cornes ainsi que la voilette qui descendait dans son dos. Elle défit les parures de cuivre qui retenaient ses templettes. Sa chevelure naturellement blonde roula jusqu'à la ceinture haut placée de sa robe. Elle me regarda d'un air de défi. Je soutins son regard, grâce à un truc que Rodrigo Borgia m'avait montré : je fixai ses sourcils épilés et non pas ses yeux. Cette partie-là, je ne pouvais pas me permettre de la perdre. Vanozza baissa les yeux. Déjà je m'évertuais à délacer les aiguillettes qui reliaient mes hauts-de-chausses à mon pourpoint. Elle rit.

– Tu as toujours du mal avec tes aiguillettes, dit-elle, la voix un peu altérée.

Les vêtements se mirent à voler. Corsage, jupe et surcotte de son côté, souliers à la poulaine et hauts-de-chausses du mien. Mon lit à baldaquin était tout près. Il nous reçut, tombés en diagonale, cherchant la meilleure position, elle avec un art consommé, moi avec gaucherie.

– Mens pour me faire plaisir, souffla-t-elle à mon oreille.

Qu'attendait-elle ? Je hasardai :

– Vous aviez raison, c'est mon anniversaire.

Elle me mordilla l'oreille.

– Mais non, dis-moi comme tu m'adores.

Un flot de sentiments insolites et éphémères me vint aux lèvres, en trois ou quatre langues. J'appliquai les préceptes de mon maître, je pris sa maîtresse avec audace et me consacrai à la chair.

– Tu m'écrases, mon garçon, cria Vanozza.

Comme je ne pouvais guère la compter parmi mes ennemis, j'essayai de peser moins lourd en prenant appui sur les coudes et elle dit :

– Mais continue, j'adore !

Je rectifiai mon erreur avec enthousiasme. Vanozza se mit à frissonner. Surpris, j'en conclus que j'avais encore fait une bêtise et je commençai à me retirer. Ses mains m'ancrèrent en elle. Elle se mit à gémir. J'aurais donné n'importe quoi pour comprendre ce qui se passait. C'est alors que ma petite pendule se déclencha. Les gémissements de Vanozza s'étaient mués en un feulement très doux, comme celui que pousseraient les chats si les chats riaient. Décidément, j'avais encore beaucoup à apprendre des femmes.

Vanozza, rompue à satisfaire les exigences d'une éminence, allait être une maîtresse ardente, et cette première leçon fut suivie de bien d'autres.

Mais elle sonnait le glas de mes années romaines.

Tout allait de travers à Rome.

Lorsque les Barbares l'avaient mise à sac, mille ans auparavant, la cité était dix fois plus grande. Maintenant, elle n'abritait plus que quatre vingts mille habitants : moins que Venise, Milan ou Florence. Les Barbares, toujours eux, avaient démoli les aqueducs. La plupart des Romains buvaient l'eau du Tibre, et y déversaient aussi leurs ordures. Dans la ville basse, près du fleuve, l'air était très mauvais. C'est la *mal aria,* comme on dit en italien, qui provoque des coups de froid à répétition, et des fièvres dont on finit par mourir. La cité du Vatican n'était qu'une petite banlieue mal située, peureusement nichée sous le dôme branlant de Saint-Pierre. Les familles romaines qui se disaient nobles fortifiaient des ruines antiques, un tombeau par-ci, un théâtre par-là, des thermes ; leurs sbires se les disputaient en des escarmouches brutales et meurtrières.

Rome était une cité irrévérencieuse. Piazza Navona s'élevait la statue de Pasquino le tailleur – statue d'Hercule dans l'Antiquité. La nuit, les gens venaient y griffonner, y graver ou y peindre leurs épigrammes spirituelles et féroces (dites *graffiti*) visant telle ou telle famille noble, tel ou tel cardinal, tel ou tel pape. Il y en avait de passablement obscures. Je n'aurais pas compris l'allusion contenue dans « Lorenzo Colonna la Sucette » sans Vanozza, qui l'avait décryptée en joignant le geste à la parole.

Imaginez un peu mon biographe Las Casas, évêque et pieux menteur, style « tendez la joue gauche », racontant ça ! Non, pour Las Casas, Rome était le nombril du monde, source de tout pouvoir qui lui revenait en flots d'or ; mon ami et mentor Rodrigo Borgia n'avait pas de bâtards ; il ne faisait pas négoce de prébendes et ne confisquait pas les biens des cardinaux défunts ; il ne s'y connaissait pas plus en poison qu'en acupuncture.

Il y a là matière à philosopher. Ce n'est pas l'Histoire qui fait l'historien, c'est l'historien qui fait l'Histoire. Alors qui peut dire que j'ai raison et Las Casas tort ?

Cette Rome, malgré tous ses défauts, était bel et bien le nombril du monde. Et au nombril du monde, les gens haut placés et ceux qui les servaient – à commencer par leurs goûteurs – se faisaient empoisonner.

Je fus donc empoisonné ; accident du travail, pensa-t-on alors.

Ce fut par une chaude soirée d'été. Le cardinal avait réuni quelques amis sous les colonnades des jardins du palais : on arrosait la création d'une douzaine de postes superflus au Vatican. Les avaient obtenus des quémandeurs d'office méritants, dont la gratitude avait pris la forme de dix mille ducats d'or.

On crut à l'époque que celui qui avait tenté d'empoisonner le cardinal Borgia était un quémandeur d'office frustré, du style qui passe son temps à assassiner les cardinaux, les doges, les rois, etc. Si j'étais mort, le crime aurait été parfait. Viser le goûteur, belle astuce, digne d'une Lucrèce Borgia. Mais voilà, Lucrèce n'était pas née. (D'ailleurs, cette noble dame timide et méconnue n'a pas mérité sa réputation de championne des empoisonneuses toutes catégories.)

Je ferme cette parenthèse. Le soleil décline là-bas vers l'ouest, à l'est s'élève la lune croissante. De longues ombres traversent les jardins. Il fait encore chaud. Je me tiens debout à trois pas derrière la chaise de Rodrigo Borgia, flanqué par les goûteurs des invités assez importants, ou assez méfiants pour requérir leurs services. Les choses fonctionnent comme suit : les jouvencelles qui servent disposent les mets sur la table pour les faire voir aux convives ; elles servent chacun et tendent aux goûteurs les portions destinées à leurs maîtres. Je dispose de mon couteau, de ma cuillère, de ma fourchette, mais je bois dans le gobelet d'or de Rodrigo Borgia. Tout bien considéré, en ce temps-là, le métier de goûteur était un métier comme un autre. Comme celui de réparateur de clochers, par exemple.

A moi donc macaronis, sole pochée au vin blanc, cailles à la broche, lièvre farci, rôti de bœuf, divers vins qui les accompagnent, à moi tarte à la crème – c'est l'été, on dîne léger –, le tout goûté et approuvé. Encore un repas de passé, pense le réparateur de clochers, tout heureux de sentir la terre ferme sous ses pieds. A mes côtés, les goûteurs commencent à se détendre. Les filles qui servent apportent un plateau de *dulcia romana,* dattes fourrées aux amandes pilées, puis roulées dans le sel et baignées dans le miel ; c'est le péché mignon de Rodrigo Borgia. Pris par la conversation, il tend la main vers le plateau. Aussitôt je m'avance de trois pas, je lui mets la main sur l'épaule et lui fais non de l'index ; sa *dulcia romana* est à deux doigts de sa bouche. De bonne grâce, il me demande pardon. A sa droite, Vanozza rit de son rire lascif. Il lui tend la *dulcia* et elle, se tournant à demi, me la passe. J'y mords délicatement : miel, sel, datte, amande, dans cet ordre, rien à signaler. Je lèche le miel resté sur mes doigts. A table, la conversation suit son cours. Vanozza rit encore. Elle renverse la tête en arrière, mais le savant édifice de sa coiffure reste en place alors que je m'attends toujours à le voir s'effondrer. Ça tient avec des épingles, voilà ce que je pense à cet instant, c'est les épingles. Je regarde la colonne gracieuse de sa gorge et aussitôt la mienne s'embrase. Quelqu'un tousse. Le sang se retire de mon visage. J'entends :

– Florence ; mais pas sans la seigneurie de Venise.

J'entends :

– Allez raconter ça au doge.

Je ne peux plus respirer. Je titube autour de la table derrière les invités. J'entends des cris. Maintenant, le feu de ma gorge a gagné mon estomac. Je bats l'air de mes bras, comme un moulin à vent, pendant que les *dulcia romana* circulent. J'arrache une datte poisseuse à des doigts féminins, presque en bout de table. Le feu descend dans mes tripes. Tout autour de la table, des pouces et des index tiennent délicatement leur *dulcia romana.* J'ai la satisfaction de les voir tomber toutes avant de piquer du nez.

MÉMOIRE

A L'INTENTION DE : Rodrigo cardinal Borgia.
RÉDIGÉ PAR : Bartolomeo Colombo.
OBJET : Les poisons.

Qu'on les tire de la ciguë, de la belladone, de l'aconit ou de l'ellébore, les poisons se divisent en trois catégories :

Primo, les poisons à effet rapide. Leur avantage évident est le gain de temps. La victime succombe souvent avant qu'on ait pu appeler de l'aide, ou même un médecin. Leur inconvénient est que les symptômes se manifestent sans délai chez le goûteur : à savoir qu'il est foudroyé et que la victime réellement visée peut prendre les précautions qui s'imposent ; à savoir : s'abstenir de manger ou de boire les aliments ou le breuvage empoisonnés. C'est pourquoi l'expert milanais Galeazzo Maria Sforza considère les poisons à effet rapide comme une arme dissuasive, qui sert à terroriser la victime visée en tuant son goûteur, de façon à la forcer à tenir une conduite contraire à ses intérêts.

Secundo, les poisons à effet semi-rapide. Selon Grimaldi, qui fait autorité en la matière à Gênes, leur avantage est la marge de manœuvre permise entre l'administration du poison et la mort de la victime. Cet avantage est double :

1) une victime insouciante peut considérer que son goûteur est en pleine forme alors qu'il est déjà *in articulo mortis,* mais ne présente aucun symptôme ;

2) si l'empoisonneur assiste à l'empoisonnement, il a le temps de s'éclipser avant que les partisans de la victime ne lui tombent dessus.

Tertio, les poisons à effet retard. Cette catégorie fait l'objet de controverses, au point qu'il est des médecins pour en contester l'existence même. Dans ce cas, l'avantage est on ne peut plus évident, à savoir que si les médecins contestent l'existence de ces poisons, la certitude que la victime a été empoisonnée disparaît, et avec elle la vendetta comme impératif catégorique. Toutefois, si le goûteur et son employeur trépassent sensiblement en même temps, avec ou sans symptômes caractéristiques, les médecins conviennent qu'on ne peut écarter l'hypothèse du poison à effet retard.

Le poison administré, à dose mortelle semble-t-il, au goûteur de Votre Éminence, Cristoforo Colombo, appartient manifestement à la première catégorie.

(Ce fragment de mémoire, dont je n'ai pu conserver que la première page, est tout taché de larmes.)

Les semaines suivantes, le palais Borgia vit accourir tout ce que Rome et Venise et Florence comptaient de médecins illustres, plus riches que les riches, plus riches que presque tous les cardinaux et les papes. Ils arrivaient piquant les flancs de leurs splendides coursiers arabes d'éperons d'or. Après un examen sommaire, tous me déclarèrent perdu. Peut-être étaient-ils surtout pressés de me disséquer pour faire avancer cette science nouvelle qu'était la pathologie de l'anatomie. Mais je m'obstinais à respirer, mon cœur battait, quoique faiblement. On consulta l'ouvrage de Benivieni, *les Causes des maladies et leurs Remèdes secrets et extraordinaires.* Plusieurs médecins optaient pour la chirurgie. Les apothicaires dosaient les merveilleuses médecines de Benivieni. Mon faible cœur se mit à battre la breloque. Au rancart Benivieni. On lui substitua le *Practica Medicina* du médecin florentin Savonarole (père du futur martyr qui a fait l'objet de telles controverses). Je perdais du poids. Je gardais ma fièvre. Certains étaient partisans de la saignée, d'autres misaient sur l'art, prometteur mais généralement fatal, de la transfusion. Rodrigo Borgia écarta prudemment les deux propositions. Les médecins disputaient et prospéraient. Jusqu'aux apothicaires qui agrandissaient leurs demeures ou prenaient des concubines. Les premiers froids de l'automne venus, les médecins portaient des pèlerines doublées de menu vair pour se protéger de la bise. Ils me forçaient à avaler des bouillons nourrissants ; rien ne me tenait au corps ; je me ratatinais.

Je n'ai strictement aucun souvenir de cette période, sinon un rêve, un seul, nu et prémonitoire. Un rêve de bateau. Tout au fond de la cale, baignant dans une eau infecte, un homme est prostré, menottes aux mains, fers au pieds. C'est moi, cet homme. Un panneau grince, un rayon de soleil féroce poignarde les ténèbres. Un bol de lavasse innommable descend lourdement. Une voix de paysan me nargue, grossière :

– Hé toi, putain d'amiral de la mer Océane ! L'or pousse sur tes putains d'arbres en Hispaniola, hein ?

Le rire est cruel. Puis on traîne de lourds objets de métal par terre ; armes pour m'écraser, outils pour me délivrer, impossible à dire, le rêve s'arrête là.

Le Saint-Siège, qui a des congrégations pour tout, a ses renseignements généraux. Ils portent le nom plus catholique de Sacrée Congrégation des rites et s'intéressent spécifiquement aux candidats à la sainteté. La Congrégation peut agir avec la rapidité de l'éclair ou la lenteur de l'escargot, on ne le sait jamais d'avance. Par exemple, saint François d'Assise, mort en 1226, a été canonisé deux ans plus tard, en 1228. Mais Jeanne d'Arc (brûlée le 30 mai 1431, convaincue d'orgueil blasphématoire et de transvestisme), réhabilitée en 1456, a dû attendre sa canonisation, Dieu du ciel, jusqu'en 1920.

Rodrigo Borgia, qui n'avait pourtant pas la certitude réconfortante que Jeanne finirait par décrocher son auréole, fit appel à la Congrégation pour savoir qui avait tenté de l'empoisonner. Elle mit ses dispositifs en place, elle avait le bras long. En outre, elle avait à sa tête le cardinal Piccolomini, qui ne portait pas Borgia dans son cœur, mais n'avait rien à lui refuser. L'enquête dura trois semaines.

– A l'heure qu'il est, conclut le cardinal Piccolomini avec un sourire plein de fiel, il n'y a personne en Europe qui veuille votre mort.

– Ah non ? dit le cardinal Borgia – quelque part, c'était blessant.

– Non, répliqua Piccolomini, définitif. La victime visée était peut-être l'un de vos invités.

La Congrégation passa la liste des invités au peigne fin, ce qui prit une semaine de plus. Résultat : zéro. Piccolomini vint prendre un verre dans le bureau de Rodrigo Borgia. Il regarda le cardinal espagnol par-dessus le bord doré de son gobelet :

– Si vous me parliez un peu de votre goûteur ?

Le dimanche suivant, il se produisit deux choses qui, comme tant d'autres au fil de ces pages, infléchirent le cours de l'Histoire.

D'abord, Domenico d'Arignano, mari de Vanozza, s'en fut sur la colline aux chèvres (anciennement Capitole) pour chercher du miel sauvage. Il fourra son bras droit dans une ruche et fut piqué par un essaim d'abeilles enragées jusqu'à ce que mort s'ensuive.

Ensuite, le confesseur personnel de Rodrigo cardinal Borgia fut appelé de toute urgence par le médecin de garde ; il accourut dans l'aile est pour me donner les derniers sacrements. Ce prêtre, qui s'appelait Salutati le Jeune (contrairement à la plupart des ecclésiastiques, il n'avait pas d'enfants), était un homme d'une soixantaine d'années, obèse, onctueux, affligé d'une odeur corporelle prononcée. Cela explique peut-être que les confessions de Rodrigo Borgia aient été si vite expédiées. Une pluie froide battait les fenêtres ; les ténèbres à midi. Salutati le Jeune y allait de ses huiles et de ses litanies.

– C'est fini, oui ? dit-il en s'interrompant.

Tout en balançant l'encensoir, son enfant de chœur pleurait à chaudes larmes. Il sanglotait comme s'il avait le cœur brisé.

– Mais c'est fini, nom de Dieu !

L'enfant de chœur répandit un torrent de larmes.

– Cet homme est mourant, dit Salutati le Jeune.

– C'est... c'est justement, répondit le petit entre deux hoquets.

– Fais un effort, domine tes nerfs.

L'enfant de chœur fit un effort. Salutati le Jeune reprit depuis le début. Il en était à *In nomine Patris et Filii et Spiritu...* quand l'enfant poussa le sanglot le plus déchirant que j'aie jamais entendu.

Et je l'entendis. Tout est là. Je l'entendis bel et bien, distinctement. Ce sanglot où passait toute la pitié, toute la terreur du monde, trouva le chemin de mon être. Il est très possible qu'il m'ait sauvé la vie. Je parvins à ouvrir les yeux. Malgré l'encens, je sentis l'odeur de Salutati le Jeune, et, en tournant la tête de l'autre côté, je vis le visage de l'enfant de chœur. Il s'approcha de mon chevet ; de grosses larmes roulaient sur ses joues, mais bientôt le rayon d'un sourire angélique triompha du déluge et des ténèbres de midi.

Salutati le Jeune recommença pour la troisième fois.

Je lui dis de se taire. Je tendis les bras à mon petit frère :

– Giacomo ! Pourquoi es-tu habillé en enfant de chœur ?

– Mais je suis enfant de chœur. Je vais devenir prêtre.

– C'est ce qu'on verra, glissa sombrement Salutati le Jeune.

Giacomo s'écria :

– Cristoforo, tu es vivant ! Tu ne vas pas mourir !

Je ne le savais pas alors, mais c'était la dernière fois de ma vie qu'on m'appelait Cristoforo.

Rodrigo cardinal Borgia vint me voir l'après-midi suivant :

– On dit que tu vas t'en sortir, Cristóbal.

J'étais couché, calé par des coussins, en train de manger trois douzaines d'œufs de caille bien mitonnés, arrosés d'un grand pichet de vin blanc.

– Ça m'en a tout l'air, marmonnai-je la bouche pleine.

– Quand penses-tu être en état de voyager ?

Ça y était ! Il avait découvert ma liaison avec Vanozza. La meilleure défense, c'était l'attaque :

– Qu'est-ce que c'est que cette histoire ? Hier, vous me croyez mourant, vous m'envoyez votre confesseur personnel pour me donner l'extrême-onction et, aujourd'hui, vous voulez vous débarrasser de moi ?

Il sourit sans répondre.

– C'est à cause de Vanozza ? risquai-je.

– En effet ; mais ce n'est pas ce que tu crois. Ton éducation passait par Vanozza. Je ne t'en veux pas.

– Eh bien alors ?

Il se borna à me répondre qu'il s'expliquerait quand j'irais mieux.

Le samedi, Borgia avait reçu un rapport de Piccolomini, sur quoi il s'était rendu à l'agence romaine de la banque Centurione. En règle générale, s'enfermer une heure avec un directeur de banque, c'est mortel ; cet entretien fit exception. Le directeur, un certain Amadeus Dinarius, Vénitien d'origine levantine, parla quatre-vingt-dix minutes d'affilée, Borgia buvant ses paroles, puis il conclut :

– Mais naturellement, c'est toujours l'argent qui a le dernier mot et si la Confrérie a passé un contrat pour assassiner votre protégé, il nous suffit d'exercer des pressions fiscales sur les commanditaires pour annuler l'opération... Vous me suivez ?

Borgia secouait la tête ; il n'en revenait pas.

– Domenico d'Arignano. Allez penser une chose pareille !

– Élémentaire, mon cher Borgia. Se faire cocufier par un cardinal, à la limite, c'est un honneur. Se faire cocufier par son moins que rien de goûteur, ça c'est humiliant. Mais d'Arignano est comme tout le monde, il a son prix. Je trouverai lequel, et mes avocats établiront un projet d'accord. Revenez lundi matin.

Le dimanche, j'étais au plus mal, mais Giacomo me sauva la vie. Puis Borgia apprit la mort soudaine de Domenico d'Arignano. Le lundi matin, il était à la banque, attendant l'ouverture.

– Votre affaire prend très mauvaise tournure, dit Amadeus Dinarius.

– Je vais payer la Confrérie directement, pour décommander.

– Impossible.

– Comment ça, impossible ?

– Je suis absolument navré, mais ça fait des années que je blanchis l'argent de la Confrérie, je connais ses méthodes.

Il est temps que je dise un mot de la Confrérie secrète du Cerf (ou de la Biche) d'or. Elle s'était formée parmi les croisés, au début du XIIe siècle, pour tenir tête à Hassan Ibn al Sabbah et sa secte, les Assassins, qui avaient fait régner la terreur en Europe et en Asie pendant deux siècles, pour être finalement défaits par le prince tartare Hulagu et le sultan égyptien Baybars.

Comme leur nom l'indique, les Haschischins ou Assassins étaient des drogués qui tuaient les gens. La Confrérie du Cerf (ou de la Biche) d'or avait donc été fondée pour assassiner les Assassins. Puis le développement du commerce international entraîna une concurrence tout aussi internationale, et quand on vit les caravelles génoises, chargées de laine anglaise, aborder à Rhodes ou à Tyr, Bruges ou Rouen, Tunis ou Trébizonde, la Confrérie étendit son champ d'action ; ses membres se firent tueurs à gages. Quand ils se chargeaient d'une affaire, exécution – sauf si le commanditaire annulait. A ce jour, leur réputation demeure sans égale, malgré les prestations honorables des Tongs du Cathay et celles d'une certaine organisation sicilienne fondée plus récemment.

Il n'est pas du tout exclu que le corsaire britannique, sir Francis Drake, qui allait écumer la mer d'Espagne quelque cent ans plus tard, ait été d'une certaine façon commandité par le contrat d'Arignano : dans un sens, la mer d'Espagne m'appartenait ; c'est moi qui l'avais découverte après tout. Et faut-il que je vous rappelle quel nom sir Francis Drake avait choisi pour son galion pirate ?

– Quels sont les termes du contrat ? demanda Borgia.

– On est traqué comme une bête sauvage à perpétuité ou jusqu'à ce que mort s'ensuive, c'est selon.

– En Italie ?

– En Italie, à coup sûr. Pour ce qui est de l'étranger, qui peut savoir jusqu'où vont les ramifications de la Confrérie ? Qu'il change de nom, de profil de carrière, de nationalité même, et souhaitons-lui bonne chance. Qu'est-ce qu'il fait dans la vie ?

– C'est mon goûteur.

Amadeus Dinarius se permit un sourire fugace.

– Eh bien, dans ce cas précis, changer de profil de carrière peut toujours lui valoir quelques belles années de sursis.

Quand je fus assez bien rétabli pour faire de longues promenades dans les jardins du palais Borgia, Rodrigo m'expliqua la situation. J'en eus froid dans le dos.

– Et mes frères ? demandai-je.

– Eux ne risquent rien. On a affaire à des professionnels, pas à une vendetta. Mais, dans ton intérêt, dis-toi bien qu'ils peuvent frapper n'importe où et n'importe quand, sans préavis. Aujourd'hui, demain, dans des années, quand il ne te restera plus une seule dent. Le Cerf (ou la Biche) d'or ne renonce jamais.

Je réunis mes frères, pour la dernière fois. Giacomo l'Angelot se mit sur la pointe des pieds, posa sa menotte sur ma tête et me bénit. Après un instant d'hésitation, il fit un bref signe de croix.

– Tu t'en vas... pourquoi ça ? demanda Bartolomeo.

– Parce que si je ne quitte pas l'Italie, je vais me faire tuer.

– Mais *pourquoi ça* ?

– Moins vous en savez, mieux ça vaut !

J'avalai la boule qui me bloquait la gorge.

– Prenez soin l'un de l'autre.

– Bien sûr, promit Giacomo en étouffant un sanglot.

Bartolomeo me dit :

– Un jour, tu verras, on se retrouvera, quelque part dans un port, guidés par le hasard...

Ils me firent des cadeaux : Giacomo, une médaille de saint Christophe, et Bartolomeo une carte ancienne qui venait de la bibliothèque du Vatican.

Il l'étala sur ses genoux pour me la faire voir. Sa façon de dire les noms leur donnait un pouvoir magique.

– L'Angleterre. L'Islande. Ici le Groenland. Pierres de gué pour la *Terra Incognita.*

Son doigt alla désigner une grande zone vide sur la partie gauche de la carte.

J'eus un dernier entretien avec Rodrigo Borgia.

Il m'annonça :

– J'ai écrit à mes banquiers à Gênes. Ils sauront quoi faire quand tu arriveras. Pour l'avenir, le mieux, c'est que tu prennes ceci.

La lettre, écrite sur un beau vélin, était adressée au directeur de la banque Centurione, quelle que soit l'agence.

– Ce sont les plus gros banquiers-marchands d'Italie, expliqua-t-il, ils ont des succursales dans toute l'Europe. Si besoin est, ils savent parfaitement contourner les lois et les formalités. Enfin, ils n'ont rien à me refuser. Si jamais tu as des ennuis – eh bien, lis.

La belle écriture latine, avec son R initial richement enluminé, disait ceci :

> « Rodrigo cardinal Borgia, à tous les directeurs, sous-directeurs et associés de la banque Centurione de par le monde : Salut au nom du Christ.
>
> Son Éminence demande à la banque Centurione d'accorder toute l'assistance possible au porteur, Cristóbal Colón, de l'aider à passer sans retard ni difficultés d'une ville à l'autre, d'une nation à l'autre, de lui éviter les lourdeurs de la bureaucratie qui pourraient le gêner, et, dans des limites raisonnables, de mettre les ressources pécuniaires de la banque Centurione à la disposition du porteur pour faciliter ses entreprises. »

La réserve « dans des limites raisonnables » ainsi que le sceau personnel, et qui pesait son poids, du cardinal Borgia, garantissaient l'authenticité de la lettre.

– Colón ? demandai-je.

– C'est ton nom de naissance. Tu es né en mer, entre Valence et Gênes.

– Alors, en fait, je suis espagnol ?

Le cardinal haussa les épaules.

– Tes parents l'étaient, le bateau était italien ; tu as grandi à Gênes. Tu es ce que tu veux. Fais quelque chose de grand, et les historiens établiront tes antécédents ; c'est leur affaire.

J'enroulai la lettre avec la carte de Bartolomeo, et Rodrigo Borgia m'accompagna, pensif, jusqu'aux rives du fleuve.

– Dans un an ou deux, tu aurais gagné ta barrette de cardinal et tu te serais offert un goûteur...

– Je n'aurais pas fait un brillant cardinal.

– On en est presque tous là.

Je me détournai pour partir.

– De l'audace, dit Borgia.

Lorsque j'arrivai à Gênes, Prospero Porcini-Zampini, qui était l'un des huit gouverneurs de Centurione, banquiers-marchands, m'attendait au magnifique palais de la piazza Caricamento.

– Mon pauvre garçon, dit-il, réduit à l'exil en pleine apogée de la Renaissance italienne.

Il me lança une bourse de velours que j'attrapai au vol.

– Notre ami de Rome a pensé que cette monnaie serait la meilleure. Ce sont des florins de Florence, on les accepte partout.

La bourse ne pesait pas lourd.

Le gouverneur Porcini-Zampini sortit une chaîne d'or de son justaucorps et regarda sa pendule. Moi, je regardais ses oreilles et ses narines garnies de touffes de poils drus comme des brosses. J'attendais la suite. Il énonça :

– Tu pars ce soir, à la marée. Qu'est-ce que tu préfères ?

– Pardon ?

– Ça dépend combien tu veux mettre. Il y en a qui prennent des petits navires, des barques, ni plus ni moins. Disons une felouque provençale à deux mâts, ou une naviguelle de trente-cinq, quarante tonneaux. Personnellement, je te les déconseille. Tangage, roulis, embardées, tu as droit à tout. Même chose pour une caravelle, cent tonneaux au max. Un trois-mâts, barque à la française, c'est une affaire de cent, trois cents tonneaux ; et ça, ça file. Ça serre le vent, oui. Mais si tu cherches le confort quatre étoiles, alors là, le mieux, c'est la caraque. Mille tonneaux, par là, des mâts comme des clochers, dix voiles, cinq ponts.

Porcini-Zampini consulta de nouveau sa montre.

– Si c'est ce que tu veux, ça tombe bien. Il y a la *Bechalla* qui part ce soir, à la marée, pour l'Angleterre, avec une cargaison d'alun de Phocée et des tonneaux de vin levantin.

– Elle part pour l'Angleterre ?

Les derniers mots de Bartolomeo, sa carte...

– Je viens de rédiger l'assurance moi-même. Sept pour cent de la valeur de la cargaison.

Porcini-Zampini ouvrit un carnet et trempa sa plume.

– Tu embarques ?

Je le lui assurai.

La plume crissa sur le carnet.

– Quatorze pour cent de la cargaison alors. *Bon voyage* [1].

J'avais presque passé la porte, quand il me rappela :

– Tu as oublié de me donner un reçu pour la bourse de florins. Compte-les.

Je m'exécutai :

– Onze. Le compte est bon ?

Il l'était.

1. En français dans le texte. (*N.d.T.*)

Porcini-Zampini acquiesça :

– Ça fait tout juste le prix de ton passage en Angleterre sur une caraque.

Il m'arracha la bourse des mains et me rédigea un bon d'embarquement.

Je quittai la piazza Caricamento sans le sou et l'estomac dans les talons. L'après-midi était frais ; je pris la via Balbi. Il me restait pour toute fortune la médaille de Giacomo et la carte de Bartolomeo. En vendant la carte au vieux Vongole, je pourrais peut-être m'offrir un repas dans l'une des nombreuses tavernes de la via Balbi. Les odeurs alléchantes qui s'en dégageaient me rendaient fou. J'allai à la boutique et appelai Vongole. Il sortit aussitôt.

– Je me souviens de toi, jeune homme. J'oublie jamais les voix, non mon p'tit gars. T'es le frère de Bartolomeo Colombo, dit-il en riant et en se tapant sur les cuisses.

Je jetai des regards inquiets autour de moi, mais dans la foule, aucun passant ne semblait s'intéresser à mon nom.

– Comment ça va, lui ? dit le vieux Vongole, plissant ses yeux de myope.

– Lui, ça va. Ça va très bien. Il est à Rome. Il travaille au Vatican.

Le vieux se mit à hurler tout ce qu'il savait :

– Bartolomeo Colombo ? Dans ce repaire de brigands ? Il devrait prendre la mer, respirer l'air pur, oui, Bartolomeo Colombo !

Je jetai des regards affolés tous azimuts et tirai ma révérence aussi vite que la décence le permettait. Je me mis à longer la jetée, serrant ma carte contre moi. Le vent de la mer était fort. Contre le ciel assombri, les mâts dansaient à donner le vertige. Je vis une caraque à l'amarre, un vrai palace, avec douze sabords, des mâts hauts comme des flèches de cathédrale. Seulement elle s'appelait la *Negrona*. Je trouvai la baraque du capitaine du port et lui demandai ce qu'il savait de la *Bechalla*.

– De l'alun de Phocée et des barriques de vin levantin, vous dites ? Je la vois mal transporter une cargaison aussi lourde.

Tout en parlant d'un ton bourru, il explorait avec dextérité une de ses narines.

– J'y ai réservé mon passage pour l'Angleterre.

– Sur la *Bechalla* ?

Il étudia la substance recueillie sur le bout de son doigt.

– Parce qu'elle prend des passagers à présent ? Et jusqu'en Angleterre ? On aura tout vu !

– Elle est à quai ?

– Non. Ce soir. C'est pas que je vous le souhaite.

Il me tourna le dos et entreprit son autre narine.

Gênes est construite sur des collines abruptes autour de son port. Dans l'espoir de voir arriver la *Bechalla,* je montai sur la colline la plus haute. Un cimetière s'y trouvait, où les morts jouissaient d'une vue imprenable sur ce coin de l'Italie. Donc, les morts derrière moi, la ville bien vivante à mes pieds, je scrutai l'horizon, me rappelant ce que Bartolomeo m'avait appris. De mon belvédère, la rotondité de la terre était encore plus évidente, les bateaux apparaissaient et disparaissaient coque noyée. Le vent soufflait. Je serrai la carte de Bartolomeo. Des nuages élevés couraient au loin, en mer ; bientôt, le crépuscule descendit sur l'horizon et la ville tandis qu'il faisait encore bien clair sur ma colline. Décidément, Bartolomeo avait raison. Il me manquait, avec son visage ingrat, ses verrues et tout le reste. Et Giacomo ? Balançait-il l'encensoir à cette heure, pour préparer une pauvre âme à la mort ? Le vent était bien froid subitement ; je me retournai, mal à l'aise, jetai un coup d'œil au mur blanc du cimetière et descendis promptement vers la ville. Via Balbi et sur les grandes places, les lampes à huile tremblotaient déjà, mais les petites rues étaient plongées dans l'obscurité. Le vent tournait à l'orage, je vis des éclairs lointains, le tonnerre grondait sur la mer. Puis il se mit à pleuvoir, à seaux, sur les pavés. Débandade, les gens couraient se mettre à l'abri.

– Le voilà ! crie une voix.

Les sbires de la Confrérie se précipitent sur moi avec leurs dagues et leurs épées. Je me jette dans la première ruelle en terre battue ; il fait noir. Je prends mes jambes à mon cou. La ruelle est déjà boueuse ; ses façades s'élèvent comme des falaises de part et d'autre, avec, par-ci par-là, un halo de lumière autour d'une haute fenêtre. Mes pas me portent instinctivement vers la puerta dell'Olivella, où mon père tenait taverne ; mais j'ai beau courir, dès que je m'arrête pour souffler, j'entends les sbires de la Confrérie qui me talonnent dans le bourbier. J'espère quand même les semer dans le maquis des ruelles, du côté de la taverne. Je dégringole en direction du port et je débouche sur la minuscule piazza, au pied de l'église où les putains de la taverne allaient à confesse. Mais elle est noire l'église, sa porte barrée pour la nuit ;

elle ne m'offrira pas d'asile. Je continue à courir. J'entends des cris dans mon dos. Les sbires arrivent par un bout de la piazza, je m'enfuis par l'autre. Puis je trébuche, je donne de la bande, je m'affale souffle coupé devant une porte où luisent deux grosses lanternes rouges. En un éclair, je me demande si Giacomo deviendra prêtre et si Bartolomeo prendra la mer pour gagner, par-delà la courbe de l'horizon, les terres lointaines dont il rêve. Je me demande s'ils sauront jamais que la mort m'a cueilli dans la rue même où j'ai grandi, entre cette église qui me refuse asile et ce voyage en Angleterre que je ne ferai pas. Tout haletant, j'essaie de me remettre debout ; les sbires me tombent dessus. Deux d'entre eux m'empoignent les bras. Je me libère ; je rétablis mon équilibre aussitôt, la poitrine en feu. Sans espoir, mais sans oublier les conseils de Borgia, je m'élance avec audace sur mes assaillants. L'un d'entre eux me fait un croche-pied qui me réexpédie dans la boue. A ce moment précis, la porte aux lanternes rouges s'ouvre. Je me redresse sur les genoux. Le plus grand des sbires prépare un coup d'épée en revers, dans l'intention de me décapiter. Mais une grande, une monumentale silhouette s'interpose subitement. Je lève les yeux, je vois des cuissardes de cuir et une cotte de mailles rétro. Le sbire à l'épée valdingue au-dessus de ma tête et s'en va percuter le mur d'en face avec le bruit écœurant d'un melon sur un dallage de marbre. Le second sbire exécute trois tours en l'air avant de traverser la pluie tête première comme une fusée, en direction de l'église ; il assomme deux de ses compagnons sur la trajectoire. Le cinquième hurle de terreur et s'enfuit. Le sixième, lui, est lancé comme un boulet d'une catapulte. Le septième détale, le diable aux trousses, et court encore.

La grande, la monumentale silhouette m'aida à me relever.

– Va-t'en à la marée, à la grâce de Dieu, Cristóbal Colón, dit Giulia l'Amazone.

Elle rentra, la porte aux lanternes rouges claquant derrière elle. Je soulevai le heurtoir et le laissai retomber trois fois, quatre fois, cinq fois. Personne ne vint m'ouvrir.

– Giulia, Giulia ! criai-je. Je veux juste te remercier.

Et comme la porte restait close, je compris enfin que l'Amazone était retournée à son ancien négoce, et qu'elle en avait honte.

– Giulia, lui dis-je, Bartolomeo va devenir un grand cartographe.

La porte se taisait.

– Giulia, le petit Giacomo va se faire prêtre. Ils pensent souvent à toi tous les deux.

Je laissai une dernière fois retomber le heurtoir. Je crus entendre un sanglot de regret... c'était peut-être le vent.

La pluie avait cessé, la pleine lune filait entre les nuages qui se dissipaient quand j'atteignis le port. J'y vis huit caraques à l'amarre, mais pas de *Bechalla.* Il y avait des felouques, des tartanes, des naviguelles, des grippes, des maranes, des marsiliannes et j'en passe. Mais une seule embarquait des marchandises. Je m'en approchai donc. C'était la felouque la plus petite du lot, vingt tonneaux, un pont pourri, complètement détrempé. Je hélai le subrécargue :

– Savez-vous par hasard où je pourrais trouver la *Bechalla* qui part pour l'Angleterre ?

Pour toute réponse, l'homme désigna du doigt la proue de la petite felouque. Au clair de lune, je pus lire : « *Bechalla,* Gênes. »

– Mais la *Bechalla* est une caraque de mille tonneaux, dis-je, et elle est chargée d'alun de Phocée et de vin levantin pour l'Angleterre.

– Vous avez sous les yeux la seule *Bechalla* à flot, dit le subrécargue. Pour ce qui est du vin levantin, on prend celui des vignes génoises. Les Anglais y voient que du feu.

Je détaillai la felouque dans le clair de lune : vingt tonneaux et quelques heures de mer. Vétuste, quoi, pour tout dire. Un seul mât, pas costaud avec ça. La coque incrustée de bernache, ligne de flottaison très haute à vide, ce qui voulait dire qu'une fois chargée, elle allait s'enfoncer. Et beaucoup.

Seulement, je n'avais pas le choix.

– Je suis passager, dis-je.

Il eut l'air surpris.

– C'est rare qu'on en prenne. Faites voir votre bon.

Il l'examina :

– Ça vaut rien.

– Pourquoi donc ?

– Y a écrit la *caraque Bechalla,* et ça, c'est rien qu'une vieille felouque.

– Tant pis, je pars quand même.

– Tant pis, tant pis pour toi, oui. Ton ticket est pas valable. Va falloir que tu travailles pour payer ta traversée.

Je soupirai en pesant le pour et le contre. Mais il n'y avait rien à peser. J'embarquai avec la carte de Bartolomeo et la médaille de saint Christophe, donnée par Giacomo. La *Bechalla* partit à la marée.

Voilà un épisode de ma vie où mes premiers biographes sont carrément largués.

N'oublions pas que c'était mon premier voyage en mer (à l'exception de mon voyage natal). Je ne connaissais pas grand-chose aux bateaux, encore moins à la Méditerranée, sans parler de la vaste mer Océane, encore inexplorée. Vous croyez que ça aurait arrêté ces tâcherons de la plume qui ont voulu s'enrichir sur ma réputation ?

Il faut dire que l'invention de l'imprimerie, avec ses caractères séparés et mobiles, n'est pas étrangère au problème. Notez que l'Allemand Johannes Gutenberg de Mayence a inventé la presse à imprimer au moment où je suis né, à quelques mois près. Coïncidence ? Soit. Mais pour la première fois, les livres devenaient accessibles à la consommation de masse – la voie était toute tracée pour des écrivaillons ignares plus amateurs de sensationnel qu'épris de vérité. En plus, ils n'ont même pas compris le perfectionnement de la presse à imprimer. C'est peut-être Gutenberg qui a inventé une presse rudimentaire, mais c'est son typographe, Peter Schöffer, qui a mis au point les chasse-clavettes en acier gravé pour chaque lettre et la matrice métallique qui les maintient pour les empêcher d'aller dans tous les sens. Bref, ça c'est une autre histoire.

Donc, comment est-ce qu'ils me voient ces gratte-papier à sensation, lors de mon premier voyage en mer ? Ils me voient en capitaine d'un vaisseau pirate (je vous demande un peu). Je commande une caravelle armée jusqu'aux dents, avec des voiles latines pour serrer le vent et semer tout ce qui flotte. Mais attendez la meilleure : cet impressionnant vaisseau, commandé par le capitaine Colombo lui-même, se fait couler par une minable flottille marchande vaguement armée, au large du cap Saint-Vincent, si bien que je dois nager jusqu'à la côte pour sauver ma peau.

Oh, je ne leur jette pas la pierre. Parce que par l'effet d'une coïncidence mineure, comme on en voit tant dans l'Histoire, il y avait effectivement un pirate nommé Colombo alors en exercice ;

c'était un corsaire français ; il se jetait sur tout ce qui passait entre Lisbonne et les ports espagnols de la Méditerranée.

Enfin, ce Colombo-là, personne ne l'a jamais coulé. C'est plutôt lui qui coulait les autres.

En bref et en clair : l'union faisant la force, la *Bechalla* avait mis le cap sur l'ouest en compagnie de trois autres navires. Les autres, qui filaient avec leurs deux mâts, faisaient une mauvaise affaire. La *Bechalla,* trop chargée, dangereusement au ras de l'eau, coque mi-calfatée mi-pourrie, se vautrait sur la mer comme l'hippopotame de Pline. Les autres devaient raccourcir la voile de temps en temps pour ne pas la semer.

Je n'ai jamais su le nom du capitaine. Appelons-le capitaine Catastrophe. A la moindre houle, ses dalots étaient pleins à ras bord. Le premier coup de vent mit son antique misaine en lambeaux. Comme il n'en avait pas de rechange, il acheta celle que le *Leghorn Lady* transportait en cas de besoin ; elle était trop grande. Nous étions trois simples matelots sur la *Bechalla ;* je dus aider à couper la grosse toile et à coudre de nouvelles estropes. Et un jour de perdu. Un jour qui allait rendre inévitable ma rencontre avec mon pirate homonyme. Tiens, parlons-en de notre armement antipirates : en tout et pour tout, deux pièces de bord, chacune nantie d'un antique canon de bronze, fissuré, ligaturé avec du fil de fer. Un jour, à l'approche de Gibraltar, capitaine Catastrophe me dit de regarder voir si je ne trouvais pas les boulets de canon. Si ! Je finis par les découvrir dans la cale, enfouis sous des tonnes d'alun de Phocée. Il n'y en avait que quatre. Ça pèse, dit capitaine Catastrophe, c'est ça le problème. Le fer, c'est lourd, et personne nous paie pour transporter des boulets de canon. Et alors, nos rations... ! Un sac de farine plein de vers, quelques guirlandes d'ail, quelques douzaines d'oignons germés, une gourde d'huile, une autre de vin acide, un pot de miel, un sac de biscuits durs à casser les dents, du sel. Eau douce digne de ce nom seulement les soirs de mouillage.

Dix jours de ce régime et nous voilà dans le détroit ; nous continuons vers le cap Saint-Vincent, pointe sud-ouest de l'Europe où, sous le prince Henri, les Portugais avaient réuni les plus grands navigateurs du monde pour chercher la route des Indes, par l'Afrique. Un certain Vasco de Gama finit par la trouver, six bonnes années après que j'ai moi-même atteint les Indes, par l'ouest, en traversant la mer Océane inexplorée.

Capitaine Catastrophe se trouvait à bâbord. Il pissait par-dessus le bastingage – dos au vent pour une fois – quand la vigie de la *Bechalla* cria :

– Ohé, voile en vue !

– Où ça ? crie capitaine Catastrophe, en se rajustant promptement.

– En vue ! crie la vigie.

En ce temps-là, les anses et les criques n'étaient pas infestées de pirates. Alger et Malte n'avaient pas encore construit leur fortune sur le trafic des marchandises, des bateaux et des personnes. La voile aurait bien pu être celle d'un navire marchand comme le nôtre.

Mais elle appartenait au corsaire français Guillaume de Casenove, qui se faisait appeler Colombo.

La longue caravelle à la proue acérée fond comme un requin sur notre malheureux convoi. Elle nous canonne. Les boulets passent dangereusement près, mais aucune felouque n'est touchée. Nous nous dispersons. La *Leghorn Lady* et l'*Aquila* se dirigent vers le nord, la *Madre de Dios* retourne vers le sud et la *Bechalla* navigue au plus près et louvoie lentement vers le cap Saint-Vincent, où notre vigile dit avoir vu une flotte de navires petits, mais bien armés, qui quittent le port pour venir à notre rescousse. Nous les acclamons.

Au moment même où la caravelle de Colombo s'approche de nous, nous virons trop près du vent, nos voiles se mettent en ralingue. La *Bechalla* penche vers le vaisseau pirate, complètement immobilisée.

Capitaine Catastrophe crie :

– Feu à bâbord !

Feu, oui. L'antique canon de bronze explose et, dans un rugissement terrible, il envoie un rideau de flammes qui fait partir le canon de tribord.

Colombo, mon homonyme, n'a jamais touché la *Bechalla.* La malheureuse felouque a sombré par suicide.

Capitaine Catastrophe et son équipage – à l'exception des pauvres canonniers qui ont péri dans l'explosion – sautent par-dessus bord et parviennent à barboter jusqu'à la flotte des sauveteurs qui est maintenant si près que Colombo met toute la voile et s'enfuit vers le sud.

Je n'ai pas la moindre notion de natation, mais j'ai vu faire les chiens, alors je fais comme eux, la carte de Bartolomeo coincée entre les dents. J'embarque de l'eau, je suffoque, je tousse, je me maintiens à la surface jusqu'à ce que je trouve une barrique à laquelle je m'accroche bien tendrement.

Les sauveteurs approchent ; une felouque, plus petite encore que la *Bechalla,* vient vers moi. Des mains puissantes me tirent sur le pont où je reste étendu trempé jusqu'aux os, à moitié étouffé. Des matelots trapus me font boire du cognac ; ils me traitent gentiment. L'un d'eux me demande en portugais – très proche de l'espagnol à l'époque :

– D'où t'es ?

– Gênes.

– Où tu vas ?

– En Angleterre.

Ça les impressionne. Ils me sourient et me tapent dans le dos. Je crache de l'eau de mer.

Un autre matelot me demande :

– C'est quoi ton nom, mon gars ?

– Colombo.

Les voilà qui m'insultent et me soulèvent par-dessus le plat-bord pour me rejeter à la mer. Je ne sais pas encore que le pirate s'appelle Colombo. Donc, qu'est-ce que j'en déduis ? Que mes sauveteurs appartiennent à la Confrérie. Je crie :

– *Plomo. Como plomo.*

En espagnol, plomb se dit *plomo.*

– Je vous disais que si vous m'aviez pas secouru, je coulais comme un plomb.

Les matelots portugais trapus me regardent d'un air perplexe. Je suis toujours suspendu au-dessus de l'eau.

– Alors, c'est quoi ton nom, mon gars ?

– Colón. Cristóbal Colón. Je suis personne, moi. Rien qu'un Espagnol qui s'appelle Colón.

Mes pieds retrouvent le pont de la felouque.

– C'est pas Colombo le pirate.

– Non. C'est rien qu'un petit crétin d'espingouin.

Une heure plus tard, j'accoste au Portugal avec la carte de Bartolomeo.

3

Je navigue vers le nord
bien avant de naviguer vers l'ouest.
Tristan, Iseut et notre sœur la Mort.

La sagesse conventionnelle expédie la controverse terre ronde/terre plate. On raconte aux enfants des écoles que Colomb était le seul à savoir que la terre était ronde. La vérité, c'est que les rares tenants de la terre plate ont toujours fait la une. Neuf siècles avant moi, un certain Cosmas Indicopleustes a quitté Byzance cap à l'est pour prouver que, s'il prenait la route des Indes, il finirait par dégringoler. Fiasco.

Au XVe siècle, tous ceux qui avaient de bonnes bases savaient que la terre était ronde. Ils avaient même une idée assez exacte de sa circonférence. (J'en ai personnellement donné une estimation légèrement erronée, mais c'était le seul moyen de vendre mon projet.)

Les malins savaient que la terre était ronde et que sa circonférence était de trente-quatre mille trois cents kilomètres, c'est-à-dire qu'ils se trompaient de cinq mille sept cents kilomètres. Pas si mal, non, pour le XVe siècle ? Plans et cartes étaient divisés en trois cent soixante degrés de latitude et en méridiens de longitude, pour que chaque point créé par Dieu ait ses coordonnées. D'accord, certaines cartes représentaient la mer Océane comme infestée de serpents. Pourquoi pas ? On n'est pas en sécurité dans l'Océan. Et, de mon temps, les serpents de mer étaient de drôles de requins.

Mais, attention, n'allez pas croire, comme certains historiens ringards, qu'on devait toutes ces connaissances à l'observatoire fondé par le prince Henri le Navigateur au cap Saint-Vincent du Portugal. Parce que, rien que dans l'Antiquité, il y a tout de même eu Hipparque, Ératosthène, Ptolémée. Et n'oubliez pas que cent cinquante ans environ avant Jésus-Christ, à Alexandrie, on faisait un travail qui ressemblait beaucoup à celui que le prince Henri et le capitaine Perestrello, son collaborateur, allaient réaliser, quelque mille cinq cents ans après. Naturellement, entre-temps, il y a eu des périodes d'obscurantisme, si bien que le prince Henri et le capitaine Perestrello ont dû repasser par presque toutes les étapes ; leurs recherches n'en ont été que plus passionnantes. On n'a rien vu de comparable jusqu'à cap Canaveral et la course à la Lune.

Compte tenu des moyens de transport de l'époque, l'objectif du prince Henri était à peu près aussi lointain. Le prince, mort une dizaine d'années avant mon arrivée au cap Saint-Vincent, rêvait d'atteindre les Indes en contournant l'Afrique. Apparemment, l'idée ne lui est jamais venue qu'on pouvait gagner l'Orient fabuleux en naviguant par l'ouest ; curieux, cet angle mort dans son champ visuel.

Perestrello vint sur la plage souhaiter la bienvenue aux survivants. C'était un individu hirsute, au visage buriné. Le vent balayait sa chevelure grisonnante et les manches flottantes de sa tunique.

– Ah ! si le prince Henri vivait encore, déclara-t-il, les pirates n'oseraient pas s'aventurer à cent milles du cap !

Une voix d'enfant observa, excédée :

– Tu te répètes, papa.

Perestrello était accompagné de sa fille de neuf ans, prénommée Felipa en l'honneur de Philippa, mère du prince Henri. Felipa était le garçon manqué le plus adorable que j'aie jamais vu. Coque noyée à l'horizon, on apercevait encore la caravelle pirate en fuite. La petite Felipa lança quelques pierres plates dans sa direction.

– Cons de pirates, dit-elle d'une voix flûtée.

– Felipa ! s'écria son père.

Son joli visage était l'image même de l'innocence : je décidai qu'elle ne savait pas ce qu'elle disait.

On nous assura le gîte et le couvert près du port. Un jour, Perestrello me demanda :

– Qu'est-ce que c'est que cette carte qui ne te quitte jamais ? Si tu es navigateur, tu ne seras pas de trop ici...

Je le détrompai modestement :

– C'est un souvenir de mon frère ; il occupe un poste important au Vatican.

Mais en déroulant mon souvenir dans la salle des cartes, j'eus un choc. Ce n'était plus du tout la carte de Bartolomeo !

Pour être plus précis, disons qu'il y avait des ajouts. L'Europe était à sa place, et la mer Océane, avec l'Islande et le Groenland au nord, les Açores et les Canaries au centre et au sud, n'avait pas bougé. Mais en Extrême-Occident, par-delà la mer Océane, là où s'étendait cette énorme tache floue appelée *Terra Incognita,* je voyais maintenant une côte aux contours bien définis qui avait même un nom.

– Ce n'est pas du tout la même carte, dis-je, mystifié.

Perestrello regardait par-dessus mon épaule :

– C'est le coup de l'eau de mer, ça. Tu as sous les yeux un palimpseste partiel.

Or, comme chacun sait, on trouve des palimpsestes chaque fois qu'un copiste, qui économise les bouts de chandelles, décolore un parchemin pour réécrire dessus. Apparemment, les cartographes savaient le faire aussi.

– Là, c'était la *Terra Incognita,* dis-je.

– L'eau de mer dissout les encres ; elle a fait ressortir la carte antérieure.

Le long de la côte, on pouvait lire *Irlande la Grande.*

– Irlande la quoi ? demanda Perestrello, hilare.

Cet héritier du prince Henri le Navigateur n'ignorait pas que l'Irlande était une île située à l'ouest de la lointaine Angleterre, où pullulaient puces et fanatiques religieux, ces derniers depuis le Vᵉ siècle.

– Mais l'Irlande est bien à sa place, dis-je en la désignant du doigt.

– Exact, exact. Et cette « Irlande la Grande » est située sur l'emplacement du Vinland.

– Sur l'emplacement du quoi ?

– Je vois que tu as encore beaucoup à apprendre, repartit Perestrello.

La précoce Felipa entra et se glissa entre nous, se frottant innocemment contre ma cuisse. Son père la gronda :

– Felipa, je t'ai déjà interdit d'entrer dans la salle des cartes, et d'ailleurs où que ce soit dans le Complexe nautique en expansion pendant les heures ouvrables.

Il se tourna vers moi :

– Sa mère dit que je la gâte parce que je n'ai pas de fils. C'est ma foi vrai qu'une petite fille n'a pas sa place ici. Enfin... bientôt le couvent.

– Ta braye est plus grosse que celle de papa, me dit Felipa.

Perestrello toussota.

Je sortis rapidement en enroulant la carte palimpseste de Bartolomeo et me dirigeai vers ce que Perestrello avait si justement baptisé Complexe nautique en expansion. Port, phare, observatoire, salle des cartes, résidences, boutiques, tavernes, maison de retraite des marins, bordel – l'ensemble s'appelait Ville-au-Prince en l'honneur de feu le prince Henri.

Il n'y a pas grand-chose de saillant à raconter sur mon premier séjour au cap Saint-Vincent. J'appris à lire les cartes et à naviguer. Je fis quelques courts voyages jusqu'à tel ou tel port de la Méditerranée, et un autre, plus long, jusqu'à l'île de Madère (petit vin prometteur). Je devenais le confident du capitaine Perestrello, je faisais chavirer – pour reprendre sa métaphore nautique – la petite Felipa. Le père regrettait souvent la mort prématurée du prince Henri, qui, à mon sens, n'avait pas été fauché dans sa fleur (1394-1460) ; quant à la fille, elle s'enhardissait au fil des mois, et je faisais mon possible pour l'éviter.

Trois ans s'étaient écoulés depuis que j'avais emménagé dans ma petite maison de pêcheur à Ville-au-Prince. Son douzième anniversaire coïncidait avec une éclipse de lune. De tous les coins d'Europe, on vit arriver des astronomes et des navigateurs pour observer l'éclipse et écouter les laïus du capitaine Perestrello. Paraphrasant feu le prince Henri, il expliqua qu'une éclipse de lune fournissait une preuve céleste de la rotondité du monde. Tandis que l'ombre de la terre mordait sur la face de la pleine lune, il souligna :

– Observez bien que l'ombre qui gagne est un parfait arc de cercle.

Sur la plage, la foule émit un brouhaha approbateur autant que polyglotte.

Un trouble-fête avança dans un anglais aux inflexions insolites, quoique mélodieuses :

– Certes, et cela ne prouve pas que la terre soit sphérique, capitaine Perestrello. Un disque plat projetterait la même ombre, n'est-ce pas, ou alors... ?

On fouilla la foule sans identifier le sceptique, mais il fut rondement hué.

– Le prince Henri lui-même n'aurait jamais pu dissiper les doutes de cette espèce de saint Thomas, grommela Perestrello.

On voyait qu'il avait l'esprit ailleurs. Il avait passé la journée à comparer les mérites des différents couvents où caser Felipa.

L'ombre de la terre quitta peu à peu la face de la lune, toujours en dessinant un parfait arc de cercle. A force de regarder l'éclipse, je rentrai chez moi avec mal aux yeux (le télescope restait à inventer).

Je n'avais pas plus tôt ouvert mes quatre verrous et poussé ma porte que j'entendis un léger bruit à l'intérieur. Dans le noir, je tirai mon épée qui ne me quittait jamais depuis ma première rencontre avec la Confrérie.

– Qui est là ?

Silence. Puis un pas qui ne me disait rien qui vaille. Je me fendis ; un rire de gamine retentit.

– Felipa ! Qu'est-ce que tu fais là ?

– Où veux-tu que j'aille ! Le Complexe nautique en expansion, c'est hors de question, surtout avec tous ces étrangers...

Le briquet fut battu et la lampe allumée. Felipa était là, debout près de la table, dos tourné, vêtue de sa seule jupe. Elle pivota face à moi.

– Je parie que tu n'as pas remarqué. Regarde comme mes nichons poussent. Ils sont déjà gros comme des citrons. Allez, regarde ! dit-elle en respirant profondément. Ouvre les yeux, bon Dieu !

Elle s'approcha de moi :

– Tu peux les toucher si tu veux.

Je battis en retraite.

– Felipa, rhabille-toi et rentre chez toi, lui ordonnai-je sévèrement en me retournant.

Mais elle vint derrière moi ; elle m'enlaça de ses bras graciles et colla ses bourgeons de seins tout doux dans mon dos.

– Tu veux pas les tâter rien qu'un tout petit peu ?

Je déclinai.

Elle virevolta pour se placer en face de moi.

– Hou, le menteur ! Tiens, regarde ta braye !

– Felipa, ou tu t'en vas tout de suite ou c'est la fessée !

Elle rêva :

– Tu ferais ça ? Ça pourrait être très sympa...

Autant dire en passant que l'attitude de Felipa, pour hardie qu'elle était, n'était plus précoce. En ce temps-là, en Espagne et au Portugal, les filles se mariaient fréquemment vers onze ou douze ans, avec le consentement de leurs parents. A quatorze ans, elles pouvaient même s'en passer. Quant aux rapports sexuels préconjugaux, si l'Église ne les voyait pas d'un bon œil, c'était la règle et non l'exception. Il devait en aller ainsi jusqu'à ce que mon équipage rapporte la syphilis des Indes, dès mon premier voyage, ce qui fit l'effet d'une douche froide sur la liberté sexuelle.

N'empêche. Pour moi, Felipa avait beau être sexy, ce n'était qu'une enfant. Je m'enfuis donc, si excité que je dus courir en petites foulées le long de la plage pour calmer mes ardeurs. Je croisai Perestrello ; il semblait rentrer du bordel et tanguait comme un ivrogne ;

– C'est si dur, parfois, s'écria-t-il lugubre.

A le voir tituber et zigzaguer, je jugeai prudent de l'accompagner jusqu'au port.

– Qu'est-ce qui est si dur ?

– Tout. Depuis des années je vis dans le mensonge. Il n'y a que ma loyauté sans faille envers le prince Henri qui me soutienne.

Il s'arrêta :

– C'est vrai, quoi, bon Dieu, comment veux-tu que je prêche la rotondité de la terre quand tout en moi me crie qu'elle est *plate comme une crêpe ?*

Nous nous trouvions sur la jetée, nous regardions la mer au clair de lune. Perestrello se mit à glousser :

– Les pauvres bougres là-bas, de l'autre côté ! Peuvent dégringoler d'une minute à l'autre. Mais j'ai la foi. C'est tout ce que j'ai.

Il regarda tristement vers l'ouest, vers cette mer qui s'étendait, inexplorée. Il se redressa brusquement :

– T'souviens de ta carte ? Irlande la Grande ? Eh bien, j'ai écrit à des gens. Je viens d'avoir une réponse. En fait, c'est une offre.

– Elle n'est pas à vendre, à aucun prix.

– A condition, continua Perestrello avec une obstination d'ivrogne, que tu la livres en personne. Ils te paieront mille livres, rubis sur l'ongle, et ils poseront pas de questions.

– Comment ça, pas de questions ?

– Sur l'origine, mon garçon. L'o-origine. Mille livres, rubis sur l'ongle.

– Elle n'est pas à vendre, répétai-je avec moins de conviction.

Perestrello marmonna :

– Elle a la *couleur* d'une terre plate, l'*odeur* d'une terre plate, le *goût* d'une terre plate... Tu voudrais qu'elle soit ronde ?

Il se mit à pleurer. Il se pinça le nez entre le pouce et l'index et se moucha ainsi.

La conversation prit alors un tour inattendu.

– Comme tu le sais, feu la reine Philippa, dont ma chère Felipa porte le nom, énonça méticuleusement Perestrello, était fille de John de Gaunt, lui-même fils d'Edouard II et ancêtre de plusieurs rois anglais, sans parler de la famille royale de Castille, par laquelle...

Les généalogies n'ont jamais été mon fort. Heureusement, ses yeux vagues ne voyaient pas à quel point les miens se perdaient pendant qu'il dévidait le fil de ses lignées.

– Quand tu iras en Angleterre...

Je recommençai à écouter. Il avait l'air à moitié dessoûlé et tout à fait sérieux.

– ...de la main gauche, malheureusement. Mais le type qui veut ta carte d'Irlande la Grande est bien un descendant direct de John de Gaunt. Il se fait appeler l'O'Gaunt.

La lointaine Angleterre, enfin ! Presque le bout du monde connu. J'acquiesçai, trop ému pour parler.

– Tu vas embarquer comme subrécargue sur la *Virgen Rampante.* Et puisque Felipa va entrer au couvent à Saint-Malo, tu pourras la déposer au passage.

Ainsi naissent les légendes.

Mes biographes n'ont pas dit l'essentiel sur mon voyage en Angleterre, mais je ne leur en veux pas. Oh, ils savent que j'y suis allé. C'est écrit noir sur blanc dans leurs livres. Accosté à Bristol, telle année, avec une cargaison d'huile d'olive d'Algarve, de vin de Madère et de Porto. Comme si j'étais un vulgaire marchand ! Ce que je transportais, c'était la carte de Bartolomeo, et Felipa. Le vin et l'huile, c'était accessoire. Bon, mais revenons-en aux légendes. On m'attribue cette abominable manie d'arpenter le pont nuit et jour, qu'il vente ou qu'il pleuve. C'est dans tous les livres, ça aussi. Mais croyez-vous que mes biographes auraient l'idée que j'ai acquis cette réputation pendant mon voyage en Angleterre ? Pas du tout. Ils la font remonter à ma première traversée de la mer Océane.

J'en conclus donc qu'ils ignoraient que Felipa Perestrello se trouvait à bord de la *Virgen Rampante* qui se rendait à Bristol *via* Saint-Malo.

Dès que la terre eut disparu, elle se mit à me supplier.

– S'il te plaît, Cristóbal, c'est ma dernière chance avant des tas d'années. Sainte Marie, ne me laisse pas entrer vierge au couvent !

Mais moi, je gardais en mémoire les dernières recommandations de son père, et je tenais bon.

Dans son pathos d'ivrogne, Perestrello m'avait dit :

– Quand j'aurai payé ses années de couvent, il ne lui restera pas ce qui s'appelle une dot. Ça sera une vraie demoiselle, oui, mais sa dot, eh bien sa dot, bon Dieu...

Perestrello s'embrouillait dans sa phrase et rougissait :

– Comment dire, sa dot justement c'est qu'elle sera une vraie demoiselle, qu'elle aura gardé son...

D'accord.

Au début, j'arpentais le pont nuit et jour, qu'il vente ou qu'il pleuve, parce que je savais que Felipa m'attendait en bas dans ma cabine. Quand elle comprit que je ne coucherais pas avec elle, elle continua à verser des gouttes soporifiques dans le vin de sa duègne et se mit à faire les yeux doux au capitaine et aux membres de l'équipage qu'elle préférait. Alors, j'arpentai le pont nuit et jour, qu'il vente ou qu'il pleuve, agité d'un nouveau tracas : Felipa pourrait jeter son dévolu sur un (ou plus) des trente-cinq hommes d'équipage de la *Virgen Rampante,* et en faire son vil suborneur.

Je ne me contentais plus d'arpenter. Je déboulais inopinément du côté des couchettes, tout en évitant scrupuleusement la mienne, bien sûr. Il y a loin du cap Saint-Vincent à Saint-Malo *via* Lisbonne, et je n'ai pas fermé l'œil, non, jamais. Bientôt, les hommes se mirent à chuchoter.

– Il arpente le pont nuit et jour, qu'il vente ou qu'il pleuve, chuchotaient les uns. Quand il déboule pas du côté des couchettes.

– Il dort jamais, chuchotaient les autres.

Ainsi naissent les légendes.

Je commençais à avoir des hallucinations. En haute mer, je voyais des citronneraies ; chaque fruit parfaitement rond avait un petit bout rose coquin. Le symbole m'échappait.

– Faut dormir, l'ami, sinon vous allez perdre connaissance et passer par-dessus bord, me dit le capitaine.

Je me mis à le soupçonner. Je présumais qu'il avait pris une option sur le pucelage de Felipa, comme tout le monde. Je l'épiais. J'arrivais dans son dos aux moments les plus inattendus.

– Mais enfin, faut dormir, répétait-il.

Dormir, moi ? Jamais. Ja-mais.

La duègne ouvrit l'œil juste à temps pour voir la jetée de Saint-Malo. La pauvre nounou n'y était plus :

– Quand est-ce qu'on part ? demanda-t-elle.

– On est arrivés, répondit Felipa qui me promit avec un regard noir : Ça, tu me le paieras.

La *Virgen Rampante* traversa la Manche, longea le sud de l'Angleterre, contourna le bout du monde pour arriver à Bristol, sur l'embouchure de la Severn. Durant toute la seconde partie du voyage, qui ne fut pas courte non plus, je dormis.

Avertissement au lecteur : dans les pages qui suivent, le langage pourra choquer les plus endurcis. Mais, à cette époque, les Anglais, isolés sur leur île, ignorants des progrès du raffinement et de la culture que la Renaissance avait entraînés en Italie et ailleurs sur le continent, les Anglais, donc, parlaient comme ils vivaient : crûment.

Ils avaient des excuses. On sait bien ce qui se passe après une guerre – rien qu'une guerre moyenne, cinq ou six ans, comme les vôtres ; on trouve des surréalistes, des rideaux de fer, des boat-people, etc. Alors, imaginez qu'un pays ait connu cent ans de guerre non stop et qu'il ait PERDU ! C'était exactement la situation de l'Angleterre à la fin de la guerre de Cent Ans, comme on l'appelle. J'arrivai là-bas moins de vingt ans après la bataille finale de Castillon et la retraite de Bordeaux qui avaient donné l'avantage à la France. Après un siècle de morts, de privations, d'incertitudes, siècle qui avait apporté en prime Jeanne d'Arc, la peste et la défaite finale, les Anglais se vautraient dans une manière de sensualité sans joie, et leur langage reflétait cette démoralisation.

Pour parler comme Domenico Colombo le tisserand, c'est tout le tissu social qui s'effilochait.

Bon, après relecture de mes notes, je me rends compte qu'il me faut arriver à un compromis entre le respect de la vérité et celui de la pudeur, dans le récit de mes aventures anglaises. Alors, voici mon compromis : je vais rapporter mot pour mot la conversation – si on peut appeler ça une conversation – qui se tint à *la Planche et l'Ancre,* pub de Bristol, le soir où j'arrivai à mon rendez-vous avec le descendant de la main gauche de John de Gaunt.

Il m'arrivera donc d'avoir recours par-ci par-là à quelques expressions imagées pour vous rappeler que nous sommes en Angleterre.

Nous disions donc :

LIEU : la scène se passe à *la Planche et l'Ancre,* pub bondé sis tout près du pont de Pierre sur l'Avon, à Bristol.

HEURE : le soleil est couché depuis longtemps.

PERSONNAGES : Cristóbal Colón, le tavernier, la servante, divers maîtres et maîtresses (c'est ainsi que s'appellent hommes et femmes, quel que soit leur statut social) et Tristan l'Étudiant.

(A gauche de la scène, Cristóbal Colón fait son entrée, carte de Bartolomeo sous le bras, épée au côté.)

COLÓN *(il parle anglais couramment, mais avec un fort accent) :* Je vous demande pardon, maître.

PREMIER MAÎTRE : Ça va, ça va, mon con.

COLÓN *(se frayant un passage jusqu'au comptoir) :* Excusez-moi, je cherche un homme nommé l'O'Gaunt.

LA SERVANTE : Ce lèche-queue !

LE TAVERNIER : C't'enfoiré !

SECOND MAÎTRE : Ce lape-con !

TOUS *(grommelant avec une certaine retenue) :* Ce feignant !

COLÓN : Il m'attend.

LA SERVANTE : Ah oui ? Putain, t'as intérêt à te payer une chope, mon chou. Compte pas sur lui pour le faire.

LE TAVERNIER : Qu'est-ce que c'est que c'te connerie d'accent au fait ?

PREMIÈRE MAÎTRESSE : Tu serais pas un rital pourri, des fois, étranger ?

COLÓN *(jetant des regards éperdus) :* Non !

TOUS *(grommelant avec une certaine retenue) :* Putains d'étrangers.

COLÓN : Vous savez, je ne suis qu'un simple matelot espagnol.

LA SERVANTE : Ah, ah, matelot ? Porté sur les mousses, hein, mon chou ?

SECONDE MAÎTRESSE : Et si tu servais au petit matelot un peu de cette pisse que tu appelles de la bière, vieux trouduc ?

LE TAVERNIER : T'as bien dit l'O'Gaunt, maître Enculé ?

COLÓN : Oui, l'O'Gaunt.

PREMIER MAÎTRE : Couillon d'Irlandais !

TROISIÈME MAÎTRE : Y baiserait sa grand-mère !

TOUS *(grommelant avec une certaine retenue) :* Ce branleur !

LA SERVANTE : Ça fait cinq balles, maître Enculé.
COLÓN : Pardon, mon anglais n'est pas...
LA SERVANTE : Cinq balles, putain, nom de merde.
COLÓN : Je n'ai pas encore bien l'habitude de votre monnaie, je crois... *(il tend une poignée de pièces).*
LE TAVERNIER *(le soulageant de toutes ses pièces) :* Putain ! Il est pas là ton putain d'O'Gaunt et il est pas près de venir.
TOUS *(rires).*
TRISTAN L'ÉTUDIANT : Rends sa monnaie au matelot.
LE TAVERNIER : Quoi ?
TOUS : Quoi ?
TRISTAN L'ÉTUDIANT : Rends sa monnaie au matelot, je te dis. *(Le tavernier s'exécute en grognant.)*
COLÓN *(à l'étudiant) :* Merci. *(Au tavernier) :* Quand doit-il venir ? *(Il repose sa chope. Sa grimace laisse à penser que la bière a vraiment un goût de pisse.)*
LA SERVANTE : Va savoir avec ce sac-à-pets !
TOUS *(grommelant avec une certaine retenue) :* Pas demain la veille, nom d'un sadinet !
COLÓN : Euh... sadinet ? Je crois que je ne connais pas ce mot...
LA SERVANTE : Ça veut dire pareil que « con », mon chou.
PREMIÈRE MAÎTRESSE : T'es sûr que t'es pas rital ?
COLÓN : Non ! Je veux dire oui, oui, oui, sûr.
TRISTAN L'ÉTUDIANT *(méditatif) :* En fait, sadinet n'est qu'un doux euphémisme, révélateur s'il en était besoin de la décadence de notre société.
TOUS : Mumph ?
TRISTAN L'ÉTUDIANT : Voyez-vous, sadinet ne désigne que les organes féminins. Con est bien plus polysémique. Con, du grec *koïnos,* par le latin *cuneus ;* le mot fait son apparition vers le XIIe siècle. A l'origine, c'est un instrument pour fendre des matériaux ; c'est également un morceau d'acier gravé qui sert à frapper les monnaies. *Confer* le saxon *coin.* D'où les connotations violentes et le jeu de mots du poète :

Planter me faut autres complants
Et frapper en un autre coin.

Je pourrais continuer...
TOUS : Surtout pas !
SECONDE MAÎTRESSE : Dire que j'ai toujours cru avoir un sadinet entre les cuisses !

PREMIÈRE MAÎTRESSE : Parce que si par hasard t'étais rital, t'as un compatriote. Jenny, c'est quoi le nom de ce rital pourri déjà ?
LA SERVANTE : J'sais plus.
PREMIÈRE MAÎTRESSE : Mais si. Giovanni.
LA SERVANTE : C'est ça, Giovanni. Giovanni machin, là.
PREMIÈRE MAÎTRESSE : Je dis ça parce que Giovanni, il le connaît l'O'Gaunt. C'est des potes – si on peut être le pote de ce fumier de saloperie de merde puante.
SECONDE MAÎTRESSE *(sur le ton de la spéculation) :* J'ai entendu dire que les ritals, c'est des as du sadinage, si t'as le feu au sadinet.
TRISTAN L'ÉTUDIANT *(rire) :* Ah, ces bonnes vieilles joyeuses latines !
SECONDE MAÎTRESSE *(elle attrape la braye de Colôn et semble la soupeser) :* Hé, hé.
(Colôn s'enfuit.)

Tristan l'Étudiant quitta *la Planche et l'Ancre* avec moi ; il m'accompagna sous le crachin. Il pouvait avoir seize ans. C'était un jeune homme mince, aux longues jambes, la gauche gainée de soie noire, la droite de soie rouge ; il portait un épais justaucorps pour se protéger du froid.

– On ne se croirait pas en été, dis-je.

– Il n'y a pas d'été ici, m'expliqua-t-il.

Il avait une voix de ténor, très pure, aussi troublante que le reste de sa personne.

Et mon trouble commençait à m'alarmer. On dit que le taux d'invertis est très haut chez les Anglais, je me demandais si c'était contagieux.

Il me toucha le bras. Je fus parcouru d'un frisson.

– Savez-vous où aller, maître Cristóbal ? Où passer la nuit ?

– N'ayez crainte, dis-je vivement, je me débrouillerai.

– Moi, j'ai de la place, beaucoup de place.

– Merci, je trouverai bien.

– Vous ? Un matelot étranger ? Les aubergistes vont vous voler comme au coin d'un bois.

La pluie tombait plus fort. On aurait dit qu'elle exaspérait le parfum ténu de la peau de Tristan. Il reprit :

– Je connais Bristol. Je pourrais vous aider à trouver l'O'Gaunt.

Maintenant, il pleuvait carrément des cordes.

Tristan me prit la main :

– Venez, maître Cristóbal, vous allez attraper la mort.

Je m'éloignai de lui, mais il s'accrocha à moi et se mit à courir, alors je courus avec lui.

Il avait élu domicile dans une auberge des hauteurs de Bristol, à Clifton. A notre arrivée, nous étions trempés jusqu'aux os. Aussitôt, Tristan tordit sa longue chevelure blonde. Il me lança une pièce d'étoffe pour me sécher tandis qu'il allumait un feu dans l'âtre, puis il disparut sous une voûte et revint vêtu d'une longue tunique sèche. Il m'en tendit une autre, rigoureusement semblable.

– Allez vous changer, maître Cristóbal, vous êtes trempé.

J'entrai dans la chambre. Le parfum musqué de Tristan flottait dans le noir. Cela me rendait fou. Je me déshabillai. Sa tunique était trop petite pour moi, surtout de carrure ; mais je la passai et retournai auprès de lui.

Il était maintenant étendu, nonchalamment accoudé, sur une peau de bête blanche, devant un grand feu.

– Où faites-vous vos études ? demandai-je vivement.

– A Oxford. Queen's College.

– Ah ! dis-je bien décidé à noyer mon émoi malséant dans la conversation.

– Apportez-nous du vin, voulez-vous ? C'est un petit madère sympathique.

J'apportai le vin ainsi que deux gobelets et me mis à genoux, en évitant soigneusement tout contact avec la peau de bête.

– Venez vous asseoir près du feu, il fait bon, suggéra Tristan.

Je parai aussitôt :

– Et... vous étudiez quoi à Queen's College ?

Mais voilà, tout était excitant chez Tristan. J'avais envie de le toucher, de le prendre dans mes bras. En même temps que ce désir, un immense dégoût de moi-même me submergeait.

– La métaphysique, avec des incursions dans la philosophie platonicienne. Vous connaissez la théorie platonicienne de l'amour, bien sûr ?

– Non, dis-je précipitamment.

Mais ce que je savais, c'était qu'au temps de Platon, Athènes était un véritable nid d'homosexuels. Mon conflit intérieur m'étouffait.

– J'aime ce passage du *Banquet,* reprit Tristan de sa belle voix de ténor, où l'on dit que les amants ont été unis dans une vie antérieure et doivent se chercher jusqu'à ce qu'ils soient réunis.

Je servis le vin. Mes doigts tremblaient si fort que j'en renversai un peu sur la peau de bête.

– Ne vous en faites pas, ce n'est que de l'hermine, dit Tristan en buvant son madère à petites gorgées.

Quand ses belles lèvres s'entrouvraient, je voyais l'éclair de ses dents blanches et régulières.

Je descendis mon gobelet, m'en versai un second, que je descendis de même. Lui me regardait, un léger sourire aux lèvres. Je brûlais de désir. J'en perdais la tête. Si tel est mon destin, pensai-je dans ma frénésie, ainsi soit-il.

Je laissai tomber la carte de Bartolomeo, retirai la tunique trop serrée en la déchirant aux épaules dans ma précipitation et me jetai sur Tristan. Il avait gracieusement laissé glisser sa propre tunique, un sourire de Joconde flottait sur ses lèvres (Vinci peindrait son célèbre portrait entre 1503 et 1506) ; il me tendait les bras. Stupéfait, je m'arrêtai net dans mon élan.

Tristan toucha doucement mon sexe ; il explora mon érection du bout de ses doigts délicats.

Tristan avait des seins haut placés et audacieux ; sa taille était si fine que j'en aurais fait le tour avec mes mains. En haut de ses longues jambes, ses hanches s'arrondissaient pour mettre en valeur le triangle magique entre ces parenthèses splendides. Le triangle lui-même était couvert de duvet blond.

– Je m'appelle Iseut, dit-elle, c'est mon vrai nom. Mais on n'accepte pas les filles à Oxford, alors tu comprends...

– Maîtresse Iseut, murmurai-je.

Je humai la fragrance de sa chevelure humide et de sa peau satinée ; je plongeai mon regard dans ses yeux d'aigue-marine. Nous sadinâmes.

Tristan (autant l'appeler ainsi puisque c'était sous cette identité qu'elle apparaissait, sauf lorsque nous étions tête à tête, ainsi qu'une autre fois), Tristan était une enfant trouvée ; elle avait été élevée au couvent à Wainfleet All Saints, près de Skegness. Jusqu'à l'âge de treize ans, elle n'avait jamais vu un homme, à l'exception des prêtres, et la curiosité était devenue trop forte. Elle avait quitté le couvent et, au vu des possibilités que la société offrait à chacun des deux sexes, s'était travestie en garçon. Garçon brillant, disons-le. A quatorze ans, elle était entrée à Oxford où elle étudiait la métaphysique et toute l'œuvre de Platon. Elle ne jugea pas utile de m'indiquer comment une orpheline sans le sou avait fait pour s'inscrire à Queen's College, mais je n'étais pas au fait des coutumes anglaises, je ne posai pas de questions. Elle passait ses étés à Bristol où elle était apprentie chez un alchimiste.

Trois jours et trois nuits s'envolèrent dans de telles délices que j'oubliai tout à fait l'O'Gaunt et le mystérieux Giovanni ; mais le quatrième jour, je demandai à Tristan :

– Tu sais vraiment où je pourrais trouver l'O'Gaunt et Giovanni l'Italien ?

– Je pourrais peut-être trouver l'O'Gaunt. Il a un vieux faible pour moi.

– Ça n'est pas un travail de femme, dis-je aussitôt jaloux.

– Je croyais que tu venais de me le demander.

– Je t'ai demandé comment moi je pouvais le trouver, nuance.

– Que tu es sot ! Moi, je n'ai pas de faible pour lui... Enfin plus, avoua-t-elle en me serrant le bras. Et qu'est-ce que tu lui veux ?

En lui parlant de la carte de Bartolomeo, je m'avisai que je ne l'avais plus vue depuis nos sadinages. Je me mis à fouiller le logis de Tristan comme un fou – elle m'aida et ce fut elle qui la trouva. La carte avait glissé, Dieu sait comment, sous la peau d'hermine.

– Il faut la mettre en lieu sûr, déclarai-je.

– Facile. Chez magister Norton, l'alchimiste pour qui je travaille. Au fait, si je veux garder mon emploi, je ferais bien de m'y présenter demain. Mais cette carte, tu comptes la vendre à l'O'Gaunt ?

J'éludai.

– Tu crois au destin, maîtresse Iseut ?

– Si je crois que c'est le destin qui nous a réunis ? Oh oui, je le crois. Si tu entends par destin, le *faege* comme disaient les Anciens, la fatalité qui nous mène, je pense que j'y crois aussi, quoique cela me terrifie.

Si elle avait su alors, si j'avais su qu'il viendrait bientôt, le temps où destin et fatalité ne feraient qu'un...

– Moi, je crois, sans très bien comprendre encore, que mon destin est lié à cette carte.

Sa belle tête acquiesça, elle acceptait l'idée. Un saut à *la Planche et l'Ancre* nous apprit que ni l'O'Gaunt ni Giovanni n'étaient passés. Je leur laissai un message.

Notre quête vaine prit quatre jours, ou plutôt quatre nuits, car Tristan me rejoignait après son travail. Nous faisions la tournée des pubs. Il y en avait où les ivrognes faisaient un boucan à vous rendre sourd, et d'autres où le silence n'était rompu que par le claquement des pièces sur les échiquiers et celui des dés de backgammon. Une nuit passée dans une auberge, près de Saint Mary Redcliffe, où l'on disait que l'O'Gaunt descendait parfois (sans Tristan, espérai-je), nous permit de rencontrer des cafards, des rats et une armée de puces ; mais de l'O'Gaunt, nulle trace.

Dans les rues, catastrophe olfactive : la puanteur composite des tanneries, des porcheries, des latrines improvisées et des pots de chambre vidés, était irrespirable. Mais des relents plus sinistres encore polluaient Bristol : ceux de la peur. La ville n'avait pas les moyens de s'offrir une police ; chacun faisait la sienne comme il pouvait. La malemort laissait des cadavres en putréfaction n'importe où. Des hordes de soldats démobilisés pillaient ; l'exemple venait d'en haut : les nobles passaient leur temps à s'entre-tuer depuis la guerre de Cent Ans. Il s'agissait d'un conflit dynastique entre la maison d'York et celle de Lancaster. On l'appelait la guerre des Deux Roses. Deux ans auparavant, la maison d'York avait pris le dessus et Edouard IV le Bel était à présent sur le trône. Tristan essaya de me faire un historique, mais tout ce que je compris, c'est que les Lancaster, les perdants donc, descendaient de John de Gaunt.

Le cinquième soir, Tristan ne vint pas au rendez-vous de *la Planche et l'Ancre* pour commencer notre tournée. Elle ne rentra pas non plus à son auberge de Clifton. Le lendemain, je fouillai les rues de Bristol. Je vous rappelle qu'il n'y avait pas de police. En cas de disparition de l'être cher, on n'avait plus qu'à le chercher soi-même. Cela dit, l'absence de Tristan avait peut-être des raisons toutes simples ; je ne m'inquiétai donc pas avant le second soir. Personne au pub, personne à l'auberge. Le lendemain matin, je courus au laboratoire de magister Tom Norton, l'alchimiste.

Tom Norton était tout ce qu'il y a de banal, je ne peux pas mieux dire. Ni grand ni petit, ni gros ni maigre, nez moyen, bouche moyenne ; signes particuliers : néant. Son expression n'était ni autoritaire ni déférente. Le type même de l'Anglais moyen, de l'homme de la rue – sauf qu'il portait une tunique d'alchimiste effrangée.

Il sembla deviner mes impressions :

– C'est déjà malheureux de ne pas avoir le physique de l'emploi, mais comment veux-tu qu'on prenne au sérieux un alchimiste nommé Tom Norton ? Ah, si je m'appelais Zosimos Rhazes ou Melchior Tetragammaton, quelle carrière ! Tu peux commencer tout de suite ?

– Je cherche Tristan, dis-je.

– Il m'a laissé en plan. Ces collégiens, ça prend des petits boulots pour l'été, on peut jamais compter sur eux. Tu n'es pas collégien, toi ?

Je l'assurai que non.

– Bon, eh bien dis-toi que nous travaillons dans le mysticisme chimique, ou la chimie mystique, et on s'entendra bien.

Il se pencha au-dessus du creuset posé sur une table basse. Un liquide épais et grisâtre bouillait furieusement sans feu, apparemment.

– C'est du plomb, le plus bas de tous les métaux. Fondu, bien sûr.

Le laboratoire puait l'œuf pourri ou pis. Des tubes sortaient du creuset pour passer dans un même dôme de verre qui recueillait et condensait, supposais-je, les vapeurs distillées.

– Naturellement, le but de l'opération est de transformer le plomb en or. Le feu et la vie ne font qu'un... toute substance sur cette terre créée par Dieu, et ailleurs du reste, est composée dans des proportions fixes.

– Tristan..., commençai-je.

Mais il couvrit ma voix anxieuse de sa voix neutre.

– Il s'ensuit donc que si l'adepte saisit les éléments de base, il peut changer n'importe quoi en autre chose en modifiant les proportions. Ici, par exemple, c'est la transmutation classique plomb/or. Bon, je crois que nous sommes prêts.

Tom Norton passa trois fois la pierre philosophale autour du chaudron en marmonnant :

– Huit onces de plomb pour produire seize centièmes d'once, soit deux tiers de grain d'or pur.

A ces mots, le chaudron s'effrita ; la matière en fusion maintenant solidifiée tomba lourdement sur la table, le dôme de verre se fissura. Norton prit une pince pour en extraire un minuscule point luisant et doré.

Il soupira :

– Évidemment, c'est la quantité qui pose problème. Que faire avec deux tiers de grain d'or ? Le matériel vaut plus cher à lui seul et la transmutation le met hors service à chaque coup.

Mais on le résoudra ce problème, j'en suis sûr. Un jour..., dit-il non sans découragement. Allez, occupe-toi de ce gâchis s'il te plaît.

– Moi, je me demande ce que devient Tristan ! hurlai-je.

Et juste au moment où Norton répondait : « Il fallait le dire », on entendit un nouveau craquement d'apocalypse. La porte jaillit de ses gonds et vint voler à travers la pièce, écrabouillant le peu de matériel encore intact. Trois voyous armés jusqu'aux dents s'engouffrèrent par le chambranle lézardé.

– Eh ben nous aussi, mon gars, on se le demande, dit leur chef, et on est même payés pour ça. On t'emmène.

Chacun faisait deux fois mon poids ; ils avaient une collection de dagues, d'épées, de lances et de mousquets... un véritable arsenal. Il y a des cas où l'audace ne paie pas. Je les suivis bien gentiment.

Ils me poussèrent dans un coche qui attendait devant le laboratoire, au milieu d'un attroupement parce que les coches étaient encore rares. Ils avaient été inventés une dizaine d'années auparavant par un Hongrois, au village de Kokz, qu'on prononçait plus ou moins « coche » (de même, le sedan a été inventé à Sedan et la limousine en Limousin, etc.). L'attelage était tiré par deux chevaux. Le cocher, fouet en main, avait son siège au sommet du véhicule. Avant de m'y faire entrer, on me jeta une couverture sur la tête.

– L'estrapade, la roue, c'est bien trop bon pour lui, criait la foule.

Peut-être me prenait-on pour l'alchimiste, dont le laboratoire ajoutait sa puanteur caractérisée à celles que j'ai évoquées plus haut, et où, de temps en temps – de préférence la nuit –, se produisaient de bruyantes explosions.

On me roula comme un ballot au fond du coche avec ma couverture sur la tête. Les trois voyous s'assirent confortablement et me prirent pour repose-pieds. Fouette cocher, nous voilà partis. Le coche roulait et tanguait comme une coque de noix sur la mer Océane.

Je n'ai jamais su qui étaient ces types, ni pour le compte de qui au juste ils travaillaient. Quand le coche s'arrêta, ils me firent traverser une cour et descendre un escalier de pierre. On me retira la couverture. Je me retrouvai dans une grande salle aux allures de donjon, torches dans les niches, murs suintants et couverts de moisissures verdâtres.

Les trois voyous se placèrent de manière que je ne puisse en voir qu'un seul à la fois sans tourner la tête. Mais je remarquai surtout un quatrième individu, ni vieux ni jeune, d'une maigreur de momie, tout de noir vêtu, le visage parcheminé. Il avait quelque chose de desséché qui était plus inquiétant que les rodomontades des trois autres.

Il se mit à parler d'une voix sans timbre.

– Les intérêts que nous représentons nous ont chargé de veiller à ce qu'il n'arrive aucun mal à une certaine partie. Ce qui complique le problème, c'est que cette personne ne relève plus de la juridiction royale ; elle se trouve actuellement chez le peuple le plus querelleur que la terre ait porté : en Irlande. Nos raisons sont plus sentimentales que dynastiques car la personne en question est bâtarde.

« Deux mots sur la question dynastique : John de Gaunt, duc de Lancaster et quatrième fils du roi Edouard III, eut trois femmes, successivement s'entend. Blanche, qui était sa cousine, Constance, héritière du royaume de Castille et de León, et enfin Catherine, veuve Swynford. Peu nous importe.

Seigneur, pensai-je, encore une généalogie !

– John de Gaunt eut aussi un grand nombre de maîtresses fort fécondes. Celle qui nous intéresse est Margaret. Or, Margaret eut une fille, nommée Louisa, qui épousa un certain Roger Brand dont elle eut deux filles. L'aînée épousa un Irlandais d'origine nordique et à son tour...

La voix desséchée déroulait ses lignées ; j'eus une intense sensation de *déjà vu* [1]. Bien sûr ! Le pathos du vieux Perestrello et ses impératifs généalogiques m'avaient embarqué pour l'Angleterre en quête de l'O'Gaunt, quête qui me menait dans ce donjon pour y subir une seconde généalogie.

– ... à Queen's College où elle se fait appeler Tristan, dit la voix poussiéreuse.

Je sortis de ma torpeur.

– Ce qui nous mène jusqu'à toi. Tu as deux possibilités, pas trois. Voici la première.

Il déroula la carte de Bartolomeo que les voyous avaient dû récupérer chez Norton.

– Tu portes cette carte à Galway toi-même et tu l'offres à l'O'Gaunt.

1. En français dans le texte. *(N.d.T.)*

– Je la lui offre ? Mais il voulait l'acheter ! Mille livres, rubis sur l'ongle !

– En échange de quoi il nous rendra maîtresse Iseut, alias Tristan l'Étudiant.

– Elle est avec l'O'Gaunt en Irlande ? m'écriai-je.

– Il l'a kidnappée, ta carte est sa rançon.

– Mais pourquoi ? Je la lui aurais vendue, dis-je (quoique après tout...).

– Mille livres, dis-tu ?

Les trois voyous croassèrent.

– L'O'Gaunt n'a jamais eu cent livres en poche. D'après nos supérieurs, c'est un escroc à la petite semaine qui usurpe scandaleusement un nom illustre. En clair, sa proposition n'était qu'un traquenard. Tu as été roulé.

La momie se pencha vers moi en déroulant une feuille de vélin.

– Est-ce que ce document du Vatican est authentique ?

Je mis un moment à me rappeler ce que c'était.

– Bien sûr qu'il est authentique.

– Alors, la façon dont tu l'as extorqué au cardinal Borgia nous importe peu, Cristóbal.

Cristóbal tout court, sans le « maître » d'usage. La voix de l'autorité parlait avec la familiarité dégradante qui lui est propre.

– Nous te conseillons de t'entendre avec l'agence de Centurione à Bristol pour tes formalités de passage ; cela nous évitera de révéler nos relations, qui pourraient compromettre le sauvetage de maîtresse Iseut.

Je réfléchis un instant.

– Vous aviez dit deux possibilités. Quelle est l'autre ?

– L'autre est bientôt dite. Si tu refuses, nous t'exécutons séance tenante.

Mais une heure plus tard, on m'introduisait dans le bureau du directeur de la banque Centurione. C'était un petit bureau chichement meublé. Entre le pont de Pierre et le port, la banque partageait une bâtisse branlante avec des arracheurs de dents, des astrologues et d'autres paroissiens douteux.

Le directeur se leva d'un bond.

– Toi, je te connais ! s'écria-t-il.

Je considérai les touffes de poils qui sortaient de ses narines et de ses oreilles.

– Porcini-Zampini ! dis-je, aussi surpris que lui.

Une fois passée la bouffée d'enthousiasme des retrouvailles, il devint morose.

– Gênes, mon poste de directeur, la Renaissance italienne, c'est bien fini tout ça. On a fini par me prendre la main dans le sac. J'ai encore de la chance qu'on m'ait gardé, même dans ce bras mort. Mais, après tout ce que j'avais fait pour toi, le cardinal Borgia est intervenu en ma faveur. Alors, qu'est-ce qu'il y a encore pour ton service ?

Je lui dis qu'il me fallait embarquer pour Galway au plus tôt.

– Pas de problème. Centurione finance une flotte marchande qui va de Gênes aux Féroé et même en Islande. Elle fait régulièrement escale à Galway. Bon, qu'est-ce que tu préfères ? Selon le prix qu'ils veulent y mettre, certains préfèrent les petits navires, des barques quoi. Disons une felouque provençale à deux mâts ou une naviguelle de trente-cinq, quarante tonneaux ; personnellement, je te les conseille pas.

J'interrompis son couplet en parvenant à ne pas hurler :

– Je veux le premier bateau au départ et je ne paierai plus un sou. Sans compter que vous me devez onze ducats d'or et, cette fois-ci, je les prendrai en monnaie locale.

– Tu as changé, jeune homme, soupira Porcini-Zampini.

Pas lui, mais je ne jugeai pas nécessaire de le lui dire.

Je fis la traversée sur une galéasse de près de mille tonneaux, qui jeta l'ancre quelques jours plus tard dans la baie de Galway.

C'était début août. Quai Claddagh, la flotte harengère mettait cap au sud. Il y avait là au moins cent coracles, curieux petits bateaux d'osier tressé couvert de toile goudronnée, qui semblent si peu fiables et qui essuient les plus terribles vents d'ouest, mieux que des navires marchands dix fois plus grands. La légende veut qu'au VIe siècle saint Brendan ait traversé la mer Océane en coracle, jusqu'à cette Irlande la Grande qui était apparue comme par magie sur ma carte et m'avait mené à Galway. J'appris par la suite que la légende de saint Brendan était typique de la façon dont les Irlandais déforment la vérité.

La légende veut aussi – tenez-vous bien – que moi, Cristóbal Colón, lors de mon premier voyage en 1472, j'aie quitté la côte espagnole et fait une escale quai Claddagh, là, à Galway. J'aurais quitté le bord de mon vaisseau amiral, la *Santa María,* et je serais allé prier à Saint-Nicolas de Myra pour demander à gagner l'Amérique sain et sauf. Vous voyez d'ici les invraisemblances !

Mais aussi curieux que cela puisse paraître, quand j'accostai quai Claddagh, après avoir vu les prêtres bénir la flotte harengère et s'embarquer avec elle, je cherchai une église et tombai sur Saint-Nicolas de Myra. Jusque-là je n'étais pas un pratiquant acharné. Le cardinal Borgia et la cour pontificale m'avaient amplement démontré que la religion était affaire de politique plus que de foi. Quoi qu'il en soit, j'entrai et m'agenouillai dans la pénombre. J'étais en proie à un violent désir de revoir Tristan. La vie sans elle me paraissait soudain inconcevable, et je priai le Christ et sa très Sainte Mère pour retrouver ma bien-aimée saine et sauve et ne plus jamais la quitter où que j'aille.

Quand je sortis, le soleil m'éblouit. C'était un phénomène plus rare encore à l'ouest de l'Irlande qu'à Bristol ; dans mon illumination religieuse, je l'attribuai à la présence des prêtres à bord de la flotte harengère.

Une foule considérable s'était attroupée sur le parvis de Saint-Nicolas de Myra. Les hommes portaient des coterons ceinturés qui descendaient jusqu'aux genoux, des capuchons rejetés en arrière, des jaquettes vagues comme des sacs ; les femmes, des cottes simples et des résilles pour toute coiffure. Si je donne les détails de tels accoutrements, c'est qu'ils avaient disparu du monde civilisé depuis l'enfance de mon grand-père.

Le pôle d'attraction était constitué par un mendiant en haillons crasseux, ivre à ne plus tenir debout, et par un moine vêtu de la robe de bure des franciscains, qui se dressait au-dessus de lui. Le moine n'avait pas de tonsure ; avec ses longs cheveux blonds épars, ses traits fins, son visage aurait été beau, mais une lueur de folie passait dans ses yeux d'aigue-marine. Sa physionomie m'était bizarrement familière et pourtant j'étais sûr de ne l'avoir jamais vu.

– Prends-le, je n'en ai pas besoin, dit-il en latin.

Même sa voix mélodieuse me rappelait quelque chose.

Le mendiant secouait la tête. Peut-être n'entendait-il pas le latin, peut-être n'« en » voulait-il pas.

Le moine à la jolie figure insistait, l'œil hagard :

– Prends-le, pour me faire plaisir.

– Par ma foi, oui vraiment, siffla un vieillard édenté.

Il s'exprimait en anglais et non en gaélique à l'intention des étrangers qui pourraient se trouver dans la foule, Galway étant la ville la plus cosmopolite d'Irlande.

– Par ma foi, il va recommencer. Ah, ce frère Brendan ! Allons, les femmes, ne regardez pas !

Mais les femmes regardaient plutôt deux fois qu'une.

– Il va nous refaire le coup de donner sa chemise, prédit un autre badaud.

– Mais, c'est que j'y compte bien, répliqua une jeune femme accorte avec conviction.

A ce moment-là, le franciscain tira sur les hardes du mendiant qui lui restèrent dans les mains avec une avalanche de puces. Avant même que le malheureux ait pu rougir de ses côtes saillantes, de son ventre pendant, de son membre rabougri et de ses genoux cagneux, le moine exécuta un mouvement de toupie et se débarrassa de sa robe de bure pour l'en couvrir. La foule aux habits surannés resta coite un instant puis les « ooh ! » et les « ah » des femmes rivalisèrent avec les commentaires plus directs des hommes. Frère Brendan, en tenue d'Adam, avait un corps mâle à la beauté classique.

– C'est qu'il se prend pour saint François, dit un homme.

– Eh bien, il se trompe, répondit un autre ; c'est rien qu'un fou d'ermite.

– Mais alors, il est bien monté ! dit le premier avec envie.

Comme vous le savez, saint François d'Assise était d'une sainteté si flagrante que la Sacrée Congrégation des rites, souvent encline à traîner, le canonisa deux ans après sa mort. Il n'était pas moins flagrant que ce pauvre fou de frère Brendan avait entrepris de revivre certains épisodes de la vie de saint François, par exemple donner sa robe aux mendiants, non sans s'exhiber par la même occasion. Dans les belles histoires du saint, qui s'appellent les Petites Fleurs, frère Léon, son fidèle compagnon, était toujours là avec une robe de rechange. Et, comme de juste, un second franciscain apportant une robe de bure fendit hors d'haleine la foule pour couvrir la nudité de frère Brendan ;

– Il y a des jours, dit-il, où je n'arrive pas à le tenir habillé plus d'une heure et demie. Il a une âme de saint, cet homme.

– Mais un corps de dieu païen, souffla la jeune femme accorte qui avait espéré que le frère Brendan se déshabillerait.

Les deux moines s'en allèrent, frère Brendan un peu moins hagard.

Quand il passa à ma hauteur, je l'entendis dire très sérieusement à l'autre franciscain :

– Deux fois plus grande qu'une coracle ordinaire et je lui mettrai trois couches de goudron. Alors, pourquoi t'inquiéter ?

– Couvre-toi bien, conseilla l'autre avec un soupir résigné.

Cet été-là, à Galway, frère Brendan défrayait les chroniques, mais c'est l'O'Gaunt qui avait la vedette.

– L'O'Gaunt est de retour, disaient les hommes avec une satisfaction mêlée d'une pointe de peur.

– Où est-il ? demandai-je.

– De retour, on te dit !

Ils me regardaient d'un air soupçonneux.

– Tout seul ?

– L'est de retour, qu'on te dit.

Voilà tout ce que j'en tirais.

Les Irlandais sont les plus grands causeurs du monde, sauf quand ils préfèrent ne pas desserrer les dents.

Galway n'est pas une grande ville ; on fait le tour des remparts en une heure. Je trouvai un gîte et passai rues et ruelles au peigne fin, après quoi j'explorai la campagne environnante (où je tombai sur l'ermitage abandonné de frère Brendan sans y prendre autrement garde). Mais, à en croire les gens, personne n'avait vu l'O'Gaunt, personne ne savait rien sinon qu'il était de retour.

Au large de la baie de Galway, à l'est, s'étendaient les îles Aran, Inisheer, Inishmaan et Inishmore. Parfois, je montais jusqu'à la crête de Salt Hill et je contemplais ces îles légendaires comme si je pressentais que la fatalité redoutée par Tristan, le *faege,* nous y attendait.

Si je ne trouvai pas trace de l'O'Gaunt, j'en entendis assez pour écrire une thèse sur lui. C'était le Robin des Bois local. Il volait effrontément les Anglais dans la juridiction britannique de Dublin et distribuait son butin aux pauvres fermiers. L'absentéisme des grands propriétaires était la plaie de l'Irlande, comme le chantaient les musiciens des rues sur leur harpe à trente cordes.

Il était donc de retour, et avec lui cette attente mêlée d'inquiétude que j'observais partout.

Pourquoi ? La réponse tenait en un mot, en un nom : Lynch.

Le clan des Lynch était le plus grand de Galway et le plus puissant du Connacht. Il contrôlait si parfaitement la ville qu'il considérait toute atteinte à sa prééminence comme un crime de lèse-majesté ; or, même un pauvre illuminé comme frère Brendan savait que l'O'Gaunt constituait le pire des défis.

Padraïc Lynch, la jeune tête brûlée du clan, ne vivait que dans l'attente des périodes où l'O'Gaunt était de retour. Il s'était juré de tuer le Robin des Bois local après l'avoir émasculé avec le couteau qu'il affûtait comme un rasoir à cette intention. Il faut dire que, lors d'un précédent retour, l'O'Gaunt avait séduit sa femme Deidre. Jusque-là, Padraïc n'avait pas été plus heureux que moi dans sa quête, mais le clan des Lynch ne plaisantait pas, il avait l'habitude d'atteindre les objectifs qu'il s'était fixés.

Un après-midi, vers la mi-septembre, je rentrais de mon étrange poste d'observation à Salt Hill. Le vent d'ouest se leva soudain. En un clin d'œil, la baie ne fut plus qu'un tourbillon d'écume ; le jour baissa ; des coracles qui semblaient solidement ancrées volèrent en éclats sur les rochers. Je courus le long de la grève en direction des portes de la ville, bombardé par des grêlons gros comme des œufs de poule et presque terrassé par les rafales de vent fou. En approchant d'une petite coracle mise à l'échouage et lestée de pierres, je vis un homme vêtu d'une cape à l'ancienne mode où le vent s'engouffrait. Traînant vaille que vaille un grand ballot, il essayait de gagner le bateau. Bien décidé à dissuader ce fou d'embarquer avant que le vent d'ouest ait désarmé, je courus vers les brisants qui pilonnaient la plage. L'insensé avait déjà atteint la coracle ; il retira les pierres, chargea son ballot et se mit à pousser son esquif à l'eau.

– Vous perdez la tête ! Vous allez tout droit à la mort ! criai-je.

Il se retourna. C'était Tristan.

Son visage en pluie exprimait toute sa souffrance ; elle sauta dans la coracle sans un mot. Je me lançai à sa poursuite, luttant contre les vagues. Si la côte avait été rectiligne, j'aurais peut-être pu l'arrêter. Mais la côte sud de Galway est toute en baies, anses et criques. Celle-ci revenait sur elle-même et donnait presque vers l'est, si bien que le vent qui hurlait poussait la coracle vers le large à toute allure.

En m'éclaboussant la poitrine dans les lames furieuses, je criai le nom de Tristan :

– Iseut, criai-je.

Mais Tristan plongea sa rame (du moins n'était-elle pas téméraire au point de hisser la voile), et bientôt la coracle ne fut plus qu'une minuscule tache noire au large.

Je rentrai sur la grève, transi. Une silhouette bondit dans les fougères. J'étais trop épuisé pour lui donner la chasse et découvrir qui c'était alors. Aujourd'hui encore, je ne pense pas que ça aurait changé grand-chose.

Le lendemain matin, le vent était tombé. La baie de Galway

était calme comme un miroir sous le ciel bleu. Quai Claddagh, je louai une vieille coracle trop petite pour partir à la pêche au hareng. L'orage l'avait un peu malmenée, mais elle tiendrait bien jusqu'aux îles Aran, qui n'étaient pas à cinquante kilomètres. Ce bateau de toile goudronnée tenait si bien la mer, répondait si facilement à la barre que je fus tenté de croire qu'avec le modèle au-dessus, saint Brendan avait bel et bien traversé la mer Océane, neuf cents ans plus tôt.

Moi, j'avais la carte de Bartolomeo et beaucoup d'espoir. La plus grande des trois îles, Inishmore, ne mesurait pas beaucoup plus de vingt kilomètres de long sur trois de large au maximum ; Inisheer et Inishmaan étaient encore bien plus petites. Leur population clairsemée se composait de pêcheurs et de pauvres fermiers, plus un ermite par-ci par-là dans les forts préhistoriques en ruine. A coup sûr, je ne serais pas long à trouver Tristan : les étrangers devaient attirer l'attention sur ces îles immuables, rocailleuses et inhospitalières.

Je commençai – et pour tout dire finis – par Inishmore ; je tirai ma coracle à sec près du minuscule village de Kilronan, et la lestai de pierres. Trois pêcheurs qui m'observaient derrière les roseaux en bout de crique disparurent presque sans le moindre bruissement quand je les hélai. J'entrai dans Kilronan. Sans le panache bleu des cheminées, on aurait pu croire le village abandonné. Je frappai aux dix portes verrouillées des dix rudes cottages. J'entendis galoper à l'intérieur ; on aurait dit que des souris géantes dansaient. Aucune porte ne s'ouvrit.

Je remontai l'unique rue de Kilronan et quittai la zone habitée. Partout de gros rochers. Un ermite en surgit avec les attributs classiques du genre : gros bâton de marche, chevelure broussailleuse, barbe, robe en haillons. Tête penchée de côté, narines palpitantes, il me tournait autour comme un chien qui se fait une opinion sur un étranger.

– Tu ne serais pas en quête d'encadrement spirituel ? demanda-t-il avec espoir.

– Non, je suis en quête de Tristan.

Aussitôt, il leva son bâton comme une arme pour se protéger et déclara :

– Tristan, Iseut et consorts, moi je sais rien du tout.

Sur quoi, il détala.

Je me lançai à sa poursuite sur un sentier de chèvres qui menait à une ancienne tour de guet en ruine. Je pensais qu'il essaierait de me semer, mais il escalada la plus grosse pierre et se mit à regarder au large.

– C'est bien ce que je pensais, les voilà, dit-il.

Je le rejoignis.

– J'ai rien à dire sur l'O'Gaunt non plus, dit-il.

Entre Galway et Inishmore, une flotte de coracles s'avançait à vive allure, points noirs, voiles blanches sur la mer bleue.

– Qui est-ce ? demandai-je.

– Les Lynch. Il y a la moitié du clan, et tu peux parier tes bottes que Padraïc a pris son couteau. Mais je sais rien, hein, ajouta-t-il vivement.

Puis il me demanda :

– Au fait, d'où es-tu ?

– Je suis espagnol. Un simple matelot espagnol.

– Faut le voir pour le croire, dit-il, essayant manifestement. Il y a des chrétiens là-bas ?

Je le lui garantis.

– Tu es sûr que tu n'as pas besoin d'encadrement spirituel ? Je suis inventiste du Septième Jour.

– Inventiste ?

– Prends ce bâton par exemple.

Il saisit son bâton de marche par l'extrémité et en dévissa un bout long d'une main. Un bouchon le fermait ; quand il l'ouvrit, une odeur d'alcool distillé s'en dégagea.

– Chouette, non ? Des inventions comme ça, j'en ai une pleine caverne.

Il s'envoya une lampée et s'essuya la bouche d'un revers de main.

La flotte de coracles se rapprochait nettement.

Il m'offrit une lampée de son bâton : à en cracher des flammes ! Je toussai, je pleurai.

– Ça, c'est une boisson d'homme, dit-il en riant de bon cœur ; si tu avais vu cette pauvre Tristan quand elle... oh merde, j'ai mangé le morceau !

– Où est-elle ?

– Ils sont pas liants de nature, je te préviens.

Je tirai mon épée.

– T'excite pas. Garde ça pour plus tard, dit-il.

Je la ceignis. Il désigna l'ouest :

– Là-haut sur le Dun Aengus.

De l'autre côté de l'île, ce qui semblait être un fort circulaire se découpait sur le ciel. Je remerciai l'ermite et me mis promptement en route.

– Attends ! Faut que tu saches qu'elle est avec l'O'Gaunt.

Je n'en courus que plus vite. Je couvris les trois kilomètres de pierraille en un quart d'heure, grimpant d'un pas sûr. Le fort circulaire apparut, au plus haut de l'île, à la pointe même de la mer Océane. J'escaladai la première zone de défense en évitant un piège constitué de pierres énormes et acérées comme des crocs géants, puis je pris un passage voûté qui traversait le rempart extérieur de pierres sèches et celui qui traversait le rempart intérieur. Une voix cria :

– Maître Cristóbal. Non !

A trente pieds au-dessus de moi, près du sommet, Tristan se dressait sur un chemin de ronde. Elle venait de me sauver la vie : ce fort que je croyais rond n'était que semi-circulaire : la moitié qui donnait sur la mer avait été érodée par les intempéries ; un pas de plus, je basculais dans le vide.

Elle descendait vers moi, ses longs cheveux blonds épars, le vent s'engouffrant dans sa cape.

– Tu es venu, s'écria-t-elle. Tu es venu, maître Cristóbal ; j'ai prié pour que tu viennes, et aussi pour que tu ne viennes pas...

Elle ne put en dire plus ; je l'embrassai longuement.

Elle s'échappa de mes bras, les yeux ruisselants de larmes.

– Tu ne peux pas rester, dit-elle.

– Je sais que l'O'Gaunt veut t'échanger contre la carte de Bartolomeo. Tu ne croyais tout de même pas que je refuserais ? Où est-il ?

– Tu ne comprends pas.

Une voix, en contrebas, nous parvint faiblement :

– Tu m'appelles, ma chérie ?

– Non, ce n'est que le vent, hurla Tristan en réponse.

Des larmes brillaient sur ses joues. Elle retira de son doigt une bague d'or qui figurait deux mains serrant un cœur.

– Prends-la et va-t'en, dit-elle. Je t'aimerai toujours, maître Cristóbal. Prends mon anneau de Claddagh en souvenir de moi et va-t'en vite à présent.

Malgré les rafales de vent, je m'avançai au bord de la falaise où se dressaient jadis les défenses maritimes du Dun Aengus et je regardai en bas. Un sentier abrupt descendait vers la mer. Dans la crique, une coracle d'une taille impressionnante dansait comme un bouchon. Un homme blond en robe de bure y embarquait des caisses et des jarres.

– C'est l'O'Gaunt ? demandai-je à Tristan qui m'avait rejoint.

– Tu ne comprends pas la situation, dit-elle.

– Je comprends que Padraïc Lynch fait toutes voiles vers vous avec vingt coracles pleines d'hommes armés. Ils contourneront le sud de l'île d'ici une demi-heure.

– Ah, mon Dieu ! Déjà ?

A ce cri d'angoisse, l'homme leva la tête et demanda de nouveau :

– Tu m'appelles, chérie ?

Je quittai aussitôt le bord de la falaise et dis à Tristan :

– J'ai une coracle de l'autre côté de l'île, il est encore temps de fuir.

Elle hurla dans les rafales :

– Ce sont les mouettes que tu entends.

En effet, des douzaines de mouettes planaient au-dessus de nos têtes, ailes étales contre la violence du vent.

Elle me dit :

– Alors, va-t'en vite. Moi, je ne peux pas. Mon *faege* veut que je reste ici.

– Il ne t'a pas kidnappée, tu es venue de ton plein gré, dis-je d'un ton accusateur, le cœur aussi lourd que le plomb échappé du creuset de magister Norton.

– Tu ne comprends pas.

Au-dessous de nous, sur la plage de galets, l'homme en robe de bure chargeait la coracle en chantant d'une belle voix de ténor ; le vent emportait la moitié des paroles...

Sois loué, Seigneur, avec toutes tes créatures
Par-dessus tout frère Soleil
Qui donne le jour
Sois loué, Seigneur, pour sœur Lune et ses étoiles
Frère Vent
Sois loué pour sœur Eau
Et frère Feu
Beau... et fort
Pour sœur mère Terre
Nourricière
Sois loué Seigneur
Endurent... tribulations

Sois loué, Seigneur, pour notre sœur la Mort
A qui nul jamais n'échappe.

Tristan pleurait sans se cacher à présent. Elle vint dans mes bras, je la serrai fort.

– Tu serais d'accord pour l'emmener lui aussi ?

– C'est toi que je suis venu chercher. Tout comme l'O'Gaunt. Choisis.

– Tu ne vois donc pas ce qui se passe ? Je t'aime, oh oui je t'aime. Essaie de comprendre, il a le timbre fêlé, le pauvre. Il faut bien que je m'occupe de lui.

– Choisis, dis-je froidement.

– Ne me demande pas l'impossible, je t'en prie, maître Cristóbal.

– Et tu couches avec lui, aussi ? dis-je, glacial.

– Oh, je t'en prie, ne me pose jamais cette question !

De nouveau, et à jamais, elle s'arracha de mes bras. Je retournai au bord de la falaise et vis que l'O'Gaunt prenait le sentier. Il dut me voir aussi, car il se mit à grimper plus vite.

Je tirai mon épée.

– Non, oh non, maître Cristóbal, pour l'amour de Dieu ! Il ne se défendra pas.

Je rengainai mon épée, comme vidé de ma substance. Elle n'a pas d'amour pour moi, pensai-je, quoi qu'elle en dise. Elle a peur pour l'O'Gaunt, son amant, c'est tout.

Il atteignit le haut de la falaise et se dressa face à moi dans sa robe de bure.

– Mais c'est frère Brendan !

Sous le coup de la surprise, je reculai d'un pas incertain. Tandis que nous nous dévisagions mutuellement, Tristan dit d'une voix blanche :

– Oui, aujourd'hui. Quelquefois, il se prend pour saint Brendan, quelquefois pour saint François d'Assise. John est perdu sans moi. Mon *faege* veut que je prenne soin de lui.

Je mis un certain temps à comprendre que c'était l'O'Gaunt qu'elle appelait John.

– Mais pourquoi ?

Cette question simple sembla la dérouter.

– Je ne sais pas, reconnut-elle au bout d'un moment. C'est ainsi.

– Ce n'est pas saint Brendan, ce n'est pas saint François. Ce n'est que frère Brendan qui vit dans une caverne ; et il y a un vrai franciscain pour s'occuper de lui.

– Frère Brendan n'est qu'un masque, expliqua Tristan.

– Faux, rectifia frère Brendan avec humeur – dans ses yeux d'aigue-marine réapparut la lueur de folie qu'il avait sur le parvis de Saint-Nicolas de Myra en donnant sa robe au mendiant. Faux, archifaux. C'est l'O'Gaunt mon masque.

– Grand Dieu, dit Tristan.

Je n'eus pas le temps de décider lequel des deux disait vrai, car je me rappelai en un éclair où j'avais entendu cette voix mélodieuse.

– C'était vous le saint Thomas, le soir de l'éclipse au cap Saint-Vincent du Portugal ! lui dis-je d'un ton accusateur.

– Exact. Exact. Mais j'ai beaucoup appris depuis, grâce à maîtresse Iseut.

Sa voix, je la connaissais donc. Mais son visage... ?

Côte à côte, ils se dressaient face à moi, contre moi. Mots trompeurs, baisers perfides, sadinage expert, autant en emporte le vent.

Du bord de la falaise, je vis la première coracle de Padraïc Lynch apparaître. Je me retournai et fourrai la carte de Bartolomeo dans la main de frère Brendan – l'O'Gaunt.

– Essayez de les prendre de vitesse. Allez !

Il gardait la carte, il regardait Tristan, stupéfait que l'heure soit si tôt venue.

Elle m'adressa ces dernières paroles :

– Il faut que je parte avec lui, maître Cristóbal. Je regrette que tout se soit passé ainsi.

Main dans la main, ils descendirent le sentier.

Je restai un bon moment planté là, à regarder la flotte de Padraïc Lynch approcher, puis je compris en un éclair.

Je ne pouvais pas la laisser partir avec lui, vivre avec lui : *elle ne savait pas, elle.*

Mais que faire ?

Quoi que je fasse, j'aurais tort.

J'étais pris dans un *faege* qui n'était pas le mien.

Je me mis à dévaler le sentier vertigineux comme un perdu, au mépris du danger.

La distance s'amenuisait entre nous. Il était clair que j'allais les rattraper avant qu'ils atteignent la crique. Alors, frère Brendan s'arrêta, se baissa, se redressa, se retourna et fit le geste de lancer quelque chose.

La pierre vint me heurter au-dessus de la tempe ; je perdis connaissance.

Tristan avait peut-être crié. Peut-être étaient-ce les mouettes.

Je revins à moi dans la clarté dorée du soleil au ponant. Je parvins à me mettre debout sur le sentier à flanc de falaise, mais des taches lumineuses dansaient devant mes yeux. Je tâtai mon crâne au-dessus de ma tempe ; du sang collait mes cheveux ; j'avais une bosse qui palpitait douloureusement. La mer était déserte, nulle trace de Padraïc Lynch et de ses vingt coracles. Je regardai en contrebas.

Je n'ai jamais su ce qui a pu les retarder dans leur fuite. J'aime à croire que Tristan a essayé de monter à mon secours quand je suis tombé, mais que lui l'en a empêchée. Leur coracle dansait encore dans la crique, amarrée à un rocher pointu. Je descendis, très lentement cette fois.

Sur la grève, il restait des vivres et des objets qui attendaient avec une patience inanimée d'être embarqués. Ce fut moi qui achevai d'approvisionner la coracle pour le long voyage de frère Brendan en Irlande la Grande. Il gisait sur le plat-bord, face contre le bois ; on lui avait arraché sa robe ; ses longs cheveux blonds se répandaient dans l'eau. Je le retournai doucement et l'installai dans le bateau. Une seule fois, très vite, je regardai son bas-ventre, où le couteau de Padraïc avait fait son office. Ses yeux d'aigue-marine fixaient le vide. Ceux de Tristan, allongée à l'avant, étaient clos. On aurait dit qu'elle dormait, sa longue chevelure blonde déployée sur une caisse de provisions. Le bois est dur, pensai-je, elle aura mal. Je déplaçai un peu sa tête, mais ne trouvai pas de coin plus moelleux. Alors, j'avisai sa cape roulée en boule au fond du bateau. Je la pliai pour lui faire un coussin de laine douce. Malgré l'absence de blessure visible, son corps était déjà froid. Je lui remis son anneau de Claddagh au doigt.

Je restai là un moment sans trop savoir que faire. Le vent de la mer me fouettait le visage, le soleil touchait l'horizon. Alors, je compris. Près du corps de frère Brendan, je trouvai la carte de Bartolomeo. Je déchirai le parchemin en petits morceaux dont je fis un tas. Puis je cherchai ce dont j'avais besoin dans les provisions. Je trouvai l'huile, le silex et l'acier. Il fallait que vogue la coracle avec ses dormeurs, et j'avais la certitude que, malgré le vent qui venait de la mer, elle voguerait.

Je hissai l'unique voile et sentis le bateau se tendre. Je débouchai le flacon d'huile et le vidai sur ce qui restait de la carte. Avant de battre le silex, j'attendis. Il manquait quelque chose.

J'installai frère Brendan près d'Iseut. Le couchant mit un rougeoiement sinistre dans ses yeux d'aigue-marine. Je les lui fermai et déposai un baiser sur le demi-sourire d'Iseut. Je me redressai. Le vent parla :

– Manque, manque, manque..., soufflait-il.

Alors, je fis une dernière chose, puis je mis le feu à ce qui restait de la carte et lâchai l'amarre.

La coracle vint au lof. La voile se gonfla miraculeusement et le bateau fut happé par le vent, cap à l'ouest. Une vrille de fumée s'éleva, puis une autre. La toile goudronnée brûle vite et, pourtant, pas de flammes contre le grand globe orangé du soleil.

Mais quand il eut disparu, le crépuscule fut bel et bien désert.

Et vers l'ouest voguèrent frère Brendan et Iseut, comme je les avais placés, allongés côte à côte, enlacés, tels des enfants qui dorment. Même blondeur, mêmes yeux d'aigue-marine à tout jamais clos ; mêmes ils voguèrent comme frère et sœur qu'ils étaient.

4

Qui, pour être le plus court du livre,
N'en couvre pas moins la plus longue période.
La Grande Aventure est née.

En ce temps-là, on suivait encore le calendrier de Jules César. L'année julienne durait trois cent soixante-cinq jours et un quart. Le pape Grégoire XIII et sa commission jugèrent par la suite que c'était onze minutes et dix secondes de trop, et en 1582, du tranchant de son autorité papale, Grégoire fit sauter dix jours ; son décret les retira à jamais du temps et avança l'équinoxe de printemps jusqu'au 21 mars. Auparavant, les équinoxes et autres dates clefs avaient tendance à vagabonder sur la carte du temps, avec des réajustements périodiques. Ainsi, l'année où Jules César franchit le Rubicon, l'équinoxe tomba le 25 mars ; mais l'année où le pape Grégoire fit son office de bourreau des jours superflus, il tomba le 11 mars.

J'imagine bien qu'une ère plus rigoureusement scientifique que la mienne a besoin de précision d'une année sur l'autre. Mais moi, j'aime le calendrier julien : ses à-peu-près, ses errances-erreurs, c'est sa manière à lui de saisir l'essence du temps.

Entre nous, vous en connaissez des années de même durée ?

Non. Il y a des années qui font l'effet de s'envoler sur les ailes de l'aigle, d'autres qui traînent la patte comme des tortues boiteuses.

Et ces années placées sous le signe de l'aigle, quand on y repense, sont paradoxalement faites de longs jours mémorables et bien remplis. Tandis que les années tortues semblent une tache de jours flous, sans rien pour accrocher la mémoire.

Vivre, se souvenir, deux temps, deux mesures.

J'aimerai toujours le calendrier julien ; il comprend cela.

Après la mort de Tristan, je passai presque dix ans dans l'extrême Nord, à essayer de l'oublier ; mais, quand j'y repense, ces années me semblent un seul et même songe interminable, rêvé par un autre.

Je demandais l'impossible : que le temps fasse machine arrière et que Tristan ne soit plus morte.

Mais, si j'étais comme tout un chacun soumis à la tyrannie du temps, moi, j'étais marin, je pouvais m'évader dans la liberté de la géographie.

J'ai parlé de « carte du temps ». Ce n'est pas par hasard. Jours, mois, années sont les coordonnées du temps qui situent l'instant aussi précisément que latitude et longitude situent le lieu. Je passai d'une carte à une autre, cela m'évita la folie. Je défis les entraves du temps à l'aide des horizons infinis de l'espace. Pour remplacer l'irremplaçable Tristan, je découvris la mer – la mer Océane.

Je découvris la Grande Aventure.

Sur la carte en deux dimensions du cartographe habile, les montagnes se dressent, abruptes ; dans la saga, le bon conteur, au moment critique, baisse la voix. De même certains souvenirs prennent un relief aigu dans ce brouillard géographico-temporel que fut ma décennie julienne, sur la rive nord de la mer Océane.

Comment y arrivai-je ? Grâce à la lettre du cardinal Borgia et aux bons offices de Porcini-Zampini, je fus engagé sur la flotte génoise qui faisait la navette entre la Méditerranée et l'Islande. Je ne faisais pas tout le trajet. Je restais au nord. A l'époque, il y avait des marins qui trouvaient l'Angleterre bien assez au nord à leur goût. Un fou voulait prendre leur place jusqu'à Galway, les Féroé et la lointaine Islande ? Grand bien lui fasse.

Il y avait de grosse galéasses, des navires à coque ronde, chargées de denrées précieuses : argent levantin, cuivre, épices, coton, soie, oranges et citrons exotiques (aux vertus antiscorbutiques, découvrirait-on plus tard). A son retour, la flotte rapportait des tissus anglais, toile, serge, jersey, ainsi que des spécialités islandaises, fanons de baleine et morue séchée.

Je voudrais pouvoir dire que la Grande Aventure s'est engouffrée, tempête sous mon crâne. Mais non. Elle s'est insinuée, imprécise au début, comme les premiers filaments de brume annoncent la falaise de brouillard qui vient droit sur vous. Elle m'est venue en parlant de pierres de gué à Thorshavn, capitale des Féroé où ma nef ronde génoise était mise en carène pour calfatage. Figurez-vous le port de Stromo, entre l'Angleterre et l'Islande ; des nuages lourds de pluie filent bas sur l'horizon et crèvent sur Thorshavn l'Inondée, comme d'habitude. Figurez-vous les oiseaux des mers du Nord – pingouins, macareux, eiders – qui fuient l'orage dans des criques abritées ou dans leurs roukeries des falaises. Figurez-vous un paysage sans arbres, rocailleux – enfin, nordique. Et puis sentez le froid, quoiqu'on ne soit, si j'ai bonne mémoire, qu'au tout début de l'automne. Le marin était un Islandais, d'origine irlandaise, comme bon nombre d'entre eux. On le surnommait Harald Pèletif, en raison de ses pellicules. Nous nous étions rencontrés dans une taverne à matelots.

– Qu'est-ce qui t'amène au bord septentrional du monde ? me dit-il dans un anglais *sui generis*.

Je comprenais maintenant tous les accents, avec un petit effort.

– Oh, rien n'est loin pour un marin espagnol.

Sur un signe de lui, deux chopes de bière danoise arrivèrent.

– Fait longtemps que t'es là ?

Nous savions tous deux que « là » désignait non pas Thorshavn, mais l'extrême nord de la mer Océane. Je haussai les épaules.

– Enfin, tu peux rentrer au pays quand tu veux, toi. Aux dernières nouvelles l'Espagne est toujours là. C'est pas comme le Groenland.

Il eut un geste vague en direction de l'ouest.

– Il a disparu, tu sais. Carrément, corps et biens. Exactement comme le Vinland il y a quelques siècles. Des fois, on se demande à qui le tour.

Je le pressai de s'expliquer plus clairement. Il trempa un doigt dans sa bière et dessina sur la table de bois.

– Voilà l'Europe. Ce p'tit-bout-minus, c'est l'Espagne et le Portugal. Cet autre p'tit-bout-minus, l'Italie. Voilà l'Angleterre.

Plus il allait vers le nord, plus il dessinait gros.

– Voilà les Féroé, voilà l'Islande et, là, on devrait trouver le Groenland.

Il plantait son doigt humide dans la table.

– Ensuite, d'après ce qu'on m'a dit, si on va vers l'Occident, il y a deux îles, et ensuite l'Asie.

Sur le moment, je laissai passer l'Asie.

– On devrait trouver le Groenland ? Qu'est-ce que tu veux dire ?

– Ce que je dis. On devrait. Mais on peut pas. Et si on peut déjà plus trouver le Groenland, comment on trouverait ce qu'il y a après ? On a perdu nos pierres de gué, si tu vois ce que je veux dire.

Je voyais, mais je voulais tout de même savoir ce que le Groenland était devenu. Pèletif fut incapable de me le dire.

Plus tard, toujours au cours de ma décennie julienne, je le retrouvai à Reykjavik, et il me persuada de faire partie d'une expédition qui partait à sa recherche.

La situation était la suivante : un peu avant l'an mille, un Norvégien nommé Éric le Rouge, qui avait perdu sa route pour l'Islande, découvrit une île immense (il s'agissait peut-être de la péninsule asiatique). Il y construisit une maison et nomma bizarrement cette espèce de banquise « Groenland » – terre verte. C'est ainsi qu'il fonda une colonie. Pendant plusieurs générations, elle prospéra sur l'étroite bande côtière habitable, malgré les raids périodiques d'étranges peuplades aux faces aplaties que l'on nommait Eskimos (je crois que ce sont des Indiens), et malgré les années d'isolement, car les tempêtes et les icebergs de la mer Océane rendaient le voyage entre le Groenland et l'Islande impossible.

C'est triste à dire, mais les années noires se multiplièrent et remplirent bientôt la plus grande partie du XVe siècle sur la carte du temps. Comme l'avait dit Pèletif, la nouvelle terre avait disparu. Par la suite, lorsque mon ami Rodrigo Borgia devint pape – en 1492 ! –, les prélats islandais durent lui assener la vérité : on était sans nouvelles des seize églises du Groenland depuis quatre-vingts ans. Une expédition plus fructueuse que la nôtre allait découvrir les ruines des maisons longues et des maisons de passage, mais des colons nulle trace. Les Eskimos en revanche semblaient bien nourris, éclatants de santé.

Trois fois nous étions partis cap à l'ouest de la baie des Brouillards en Islande. Deux fois des icebergs hors saison nous avaient fait rebrousser chemin. La troisième, nous avions été accalminés jusqu'à un quasi-épuisement de nos vivres, puis repoussés droit sur l'Islande par le vent d'ouest. Lors de la deuxième expédition, une nuit que j'étais de quart, je me pris à penser qu'aucun homme du Sud civilisé ne s'était jamais aventuré aussi loin à l'ouest en mer Océane. C'est ainsi que l'idée de la Grande Aventure revint à pas de loup, chuchoter à mon oreille. Mais je n'étais pas encore prêt à l'écouter.

Après notre troisième expédition, lors de notre retour à Reykjavik, une Sagafest eut lieu sur la côte de la baie des Brouillards. C'était l'été, le dernier été de ma décennie julienne sur la rive nord de la mer Océane. Le soleil ne devait pas se coucher ce soir-là. Figurez-vous la scène : la vapeur des sources chaudes s'élève en volutes des fissures du sol, les saules et les hêtres nains, les sorbiers des oiseaux jettent des ombres pâles toute la nuit. Les cormorans, les grèbes, les phalaropes à gorge rouge, les bruants des neiges crient dans le soir. Imaginez les maisons longues, faites de gazon sur des charpentes de fanons de baleine ou de bois flottant, où attendent les femmes. Dans la lumière inchangée, les conteurs de sagas chantent l'histoire de leur race. Moi qui ai quitté la carte du temps, j'ai le sentiment que les faits se produisent ici et maintenant, au fil du récit.

Les conteurs chantent les premiers Vikings arrivés en Islande, qui trouvent là des hommes sauvages et fanatiques venus d'Irlande où ils retourneront sans doute après leur défaite. Ils chantent Éric le Rouge découvreur du Groenland et son fils Leif le Chanceux qui quitta l'Islande cap à l'ouest, perdit sa route, dériva des jours et des semaines pour accoster enfin sur une terre accueillante et bien verte qu'il nomma Vinland le Bon. Ils chantent les Indiens du Vinland, qu'ils appellent Skrellings, et leurs contes étranges où des Blancs sauvages et fanatiques marchent en procession derrière des bannières marquées du signe de la croix en chantant à plein gosier des hymnes à leur dieu – c'étaient les descendants de ces Irlandais qui avaient fui l'Islande et qui, tout comme Leif le Chanceux, avaient perdu leur route.

Harald Pèletif me traduisait ces sagas et moi, sous le soleil de minuit, je me remplissais la panse de mouton et de bière. D'une certaine façon, j'étais ailleurs, parti vers l'ouest avec les contes, et la Grande Aventure vint à moi, enfin, et je sus que telle était ma destinée.

Voici ce que je me disais : si les Islandais, avec des coracles pas plus grosses que celles que j'avais vues, si les Normands, sur leurs navires marchands appelés knörrs – bien différents des drakkars qui les poussaient dans la bataille –, avaient pu, sans instruments ni connaissances géographiques, traverser la mer Océane jusqu'au Vinland, que feraient donc les marins du Sud civilisé, armés de cartes et de boussoles, serrant le vent sur leurs vives caravelles ? Qu'une flotte navigue depuis les Açores ou mieux, descende au sud, vers les Canaries et mette le cap sur l'ouest à la latitude de Cipango – pas d'icebergs, pas de brouillard, pas de froid meurtrier...

Harald Pèletif me secoua. Je m'éveillai.

– Quel mal te prend ? demanda-t-il, alarmé, car je tremblais violemment.

Mais, pour toute réponse, je partis tout seul sur la grève, perdu dans la contemplation d'un faucon d'Islande fondant sur sa proie.

Cette nuit marqua la fin de ma décennie julienne sur la rive nord du monde connu. J'étais prêt à retrouver la carte du temps, mais je ne le savais pas encore.

Je fis deux autres traversées en tant que capitaine de Reykjavik à Bristol sur une énorme galéasse de Centurione, puis une rencontre longuement différée et une lettre longtemps égarée m'ouvrirent les yeux.

Un jour, alors que j'accostais à Bristol, un nouveau maître à bord s'engagea sur la passerelle ; il était à peu près de mon âge, presque de ma taille ; il avait un long nez et des mâchoires de requin.

– Capitaine Colón ?

J'acquiesçai ; son visage se fendit d'un large sourire.

– Bon Dieu, l'ami, ça fait des années que je vous cherche !

– Ah ? dis-je, indifférent.

Il me tapa dans le dos et sur l'épaule, comme à un frère qu'on croyait perdu. Lorsqu'il parlait, il approchait son visage du mien. Là-bas, dans le Nord, la distance sociale est plus grande ; j'avais perdu l'habitude de cette familiarité. Mais ce nouveau n'était pas du Nord. Quand il reprit la parole, je décelai des traces d'accent italien, voire génois.

– Je vous cherche pour trois raisons, dit-il, mais venez, je vous offre une bonne bière anglaise.

A *la Planche et l'Ancre,* Jenny tenait toujours le bar.

– Ben, tu l'as trouvé pour finir, Giovanni, ton maître Mystère ! dit-elle.

– Capitaine de mon propre bateau, dit Giovanni, tout ébaubi.

Chacun leva sa chope.

– Il y a des années, vous avez laissé des messages pour moi un peu partout dans Bristol. Vous vouliez me voir. Me voilà. Qu'est-ce que vous me vouliez ?

Ah oui, Giovanni, l'ami de l'O'Gaunt !

– Rien, rien. Ça n'a plus d'importance.

– Eh bien, il se trouve que c'est moi qui vous cherche. Je m'appelle Gaboto, Giovanni Gaboto. Je suis en train de m'installer ici à Bristol, avec ma famille, pour mettre sur pied ce que j'appelle ma Grande Entreprise.

– Votre quoi ?

– Je suis prêt à y consacrer le reste de ma vie et la vie de mon fils s'il le faut.

– Mais, qu'est-ce que c'est, cette Grande Entreprise ?

Il baissa la voix et se pencha pour me parler à l'oreille :

– Je vais traverser la mer Océane et redécouvrir le Vinland si j'arrive à obtenir l'appui du roi d'Angleterre.

– Il n'y a rien à voir là-bas, dis-je précipitamment, avec un vague geste vers l'ouest qui renversa sa chope de bière. Rien qu'un ramassis de vieux mythes.

– Lourdaud de rital, ronchonna Jenny en épongeant la table.

Gaboto ignora mon manque d'enthousiasme.

– Je cherche un associé, un navigateur expérimenté comme vous.

– Désolé, j'ai des projets plus importants.

Je bus deux chopes, Gaboto une et demie ; Jenny en apportait d'autres lorsqu'un gamin de huit ou neuf ans entra. Il repéra aussitôt Giovanni.

– Papa, appela-t-il, maman dit que si t'arrives encore en retard à dîner...

– Viens ici, petit, viens goûter la bière de papa, dit Gaboto.

Jenny se mit en frais ; elle dit à l'enfant :

– Tu es un beau petit homme. Et comment tu t'appelles ?

– Sebastino... Ah, non, j'oubliais. Papa dit que c'est Sebastian, maintenant qu'on est anglais.

Cette transformation minime ne sembla pas ravir Jenny.

– Putain, ça fait encore rital, ça, comme nom. Et Giovanni, poursuivit-elle à l'intention de Gaboto, ça va donner John, sans doute ?

L'intéressé acquiesça.

– Vous avez vraiment dit votre dernier mot ? me demanda-t-il. Les hommes assez hardis pour traverser la mer Océane et redécouvrir le Vinland peuvent se faire un nom dans l'Histoire.

– Désolé, Gaboto, j'ai des projets plus importants, dis-je en tremblant comme le soir de la Sagafest.

Jenny suivait son idée.

– Et puis, Gaboto non plus, c'est pas un nom pour un Anglais !

– Non, non. On va dire Cabot, répondit Giovanni avec impatience.

– Hé, putain, c'est pas mal, ça. John Cabot, ça, ça sonne anglais !

– La troisième raison pour laquelle je vous cherchais, dit Giovanni Gaboto/John Cabot, c'est cette lettre.

Le papier était vieux, jauni, fripé, taché, tortillé, mutilé. Je brisai le sceau.

Le jeune Sebastiano/Sebastian leva les yeux vers moi :

– Il en a des drôles de cheveux ton ami, papa.

Pendant ma décennie julienne, ma longue chevelure rousse s'était striée de blanc.

La lettre était de Bartolomeo, il l'avait envoyée du Portugal. A ce que je voyais, mon frère se faisait maintenant appeler Bartolomé Colón. Sa lettre était datée du 7 août 1476.

– On est en quel mois ?

Les Cabot père et fils me regardèrent. Jenny répondit :

– En mars, eh, débile !

– De quelle année ?

Jenny en était pliée en deux.

– Oh, hé, lui, il est fêlé !

– De quelle année ? hurlai-je.

– 1479, eh !

C'est ainsi que je redescendis enfin sur la carte du temps, où j'appris que j'avais vingt-huit ans. Presque trois ans auparavant, mon frère Bartolomé m'avait écrit de Lisbonne.

> « Mon cher frère Cristóbal,
>
> J'apprends que tu navigues pour le compte de Centurione dans les mers du Nord. J'ai moi-même un peu navigué pour le capitaine Perestrello et le Complexe nautique en expansion. Je suis allé vers le sud, le long de la côte africaine, jusqu'à l'île de Fermando Po, à 3°30' de latitude au nord de l'équateur. Entre deux voyages, je suis cartographe ici, à Lisbonne, où je me suis installé et où je pense apporter ma petite pierre à l'édifice de la Grande Tentative : les Portugais vont essayer d'atteindre les Indes en longeant le sud de l'Afrique. Je serais très heureux que tu viennes t'associer à mon travail de cartographe ainsi qu'à la Grande Tentative ; ce projet a la faveur de Son Altesse Sérénissime Jean II.
>
> Felipa de Perestrello, à qui j'ai l'honneur d'être fiancé, te fait toutes ses amitiés.
>
> Bien affectueusement, ton frère Bartolomé Colón. »

Ma tête bourdonnait – John Cabot et sa Grande Entreprise, la Grande Tentative de mon frère et du roi du Portugal, et ma Grande Aventure encore en herbe !

Même la nouvelle du mariage de Felipa avec Bartolomé passait au second plan.

Il me fallait faire vite.

– Vous êtes sûr que vous avez dit votre dernier mot ? insista Cabot.

Je sortis sans répondre et fonçai chez Porcini-Zampini pour qu'il me fasse passer au sud.

5

Le mariage de la fiancée de mon frère ou Le monde vu par Pozzo Toscanelli.

Si ce récit était plus ordonné, si ma vie l'avait été, je serais arrivé à Lisbonne pour trouver Felipa et Bartolomé déjà mariés, un bambin dans les jambes, un autre en route. Dans un récit, dans une vie plus ordonnés, j'aurais accepté la proposition de John Cabot. Qui sait ce qui se serait passé si le découvreur du Nouveau Monde (c'est bien de cela qu'il s'agissait, je l'admis, vous le verrez, au cours de mon troisième voyage) avait fait équipe avec le découvreur de l'Amérique du Nord ?

Mais voilà, ce récit est plein de travers et de détours, car il reflète la vie. Prenez la place de John Cabot et la mienne dans l'Histoire, par exemple. Lui, véritable Italien, né à Gênes, citoyen de Venise, naviguait sous pavillon anglais pour le compte d'Henri VII quand il toucha la terre d'Amérique du Nord, en 1497, le jour de la Saint-Jean. Moi, né en mer de parents juifs espagnols récemment convertis, italien par hasard, moi qui suis allé un peu partout, je n'ai navigué que pour le compte de l'Espagne. Or, qu'en disent les historiens ? C'est moi le *paisan'*. Lui, ils l'appellent tout bonnement John Cabot. Il y a peut-être qu'un homme sur cent qui sache que c'est lui le *paisan'* qui a découvert l'Amérique du Nord, où la population italienne – presque aussi nombreuse qu'en Italie même – donne tous les ans des parades en mon honneur.

Dans une vie plus ordonnée, un seul coup d'œil sur Lisbonne la Glorieuse, ses collines qui dominent l'estuaire du Tage, ses deux cents navires venus d'autant de ports tendant leurs amarres, comme impatients de prendre la mer, et j'aurais aussitôt choisi le camp du Portugal et de la Grande Tentative, comme mon frère Bartolomé. Et alors, c'est peut-être moi, et non pas ce Vasco de Gama, qui aurais contourné l'Afrique par le cap des Tempêtes, déjà rebaptisé cap de Bonne-Espérance avec un touchant optimisme, pour gagner Calicut et toutes les richesses de l'Orient fabuleux. Mais Gama n'atteindrait Calicut qu'un an après que Cabot eut atteint l'Amérique du Nord. Le destin m'avait donné rendez-vous avant.

Autant l'avouer, n'est-ce pas ? Au cours de ma décennie julienne, la tarentule de la gloire m'avait piqué.

Il est tentant de se représenter Vasco de Gama lui-même l'année où je retournai au Portugal. Ce devait être un garçon de treize ou quatorze ans. Était-il descendu sur les docks du Tage, l'œil perdu sur l'horizon tel Bartolomé à son âge ? Était-il à l'école d'un capitaine marchand ? Eut-il un sixième sens pour l'avertir du danger au moment où j'accostai ?

Ronge-toi les sangs, Vasco de Gama.

Arriver le premier n'est pas ce qui compte le plus. C'est la seule chose qui compte ; du moins, je le croyais alors. Le temps et les circonstances allaient m'enseigner l'humilité. En outre, les éternels gagneurs peuvent s'offrir le luxe d'une certaine magnanimité.

Bartolomé n'avait pas la moindre idée que j'arrivais, ni même que sa lettre avait fini par me joindre. Et me voilà, un beau matin de mai, mon sac de matelot sur l'épaule. Je traversai en plastronnant, comme font les marins, la plaza en bord de mer qu'on appelle terrasse du Palais. Pour vous donner une idée, il y avait trois villes en une dans Lisbonne. La ville basse, construite sur l'étendue plate qui va de la terrasse du Palais au Rossio, encore plus vaste ; la ville haute, accrochée à une colline escarpée au nord-ouest ; et l'Alfama, vieux quartier arabe, sur une colline plus escarpée encore au nord-est. Entre la terrasse du Palais et le Rossio passait la rue de l'Or. De la ville basse aux villes hautes grimpaient les rues en escaliers raides et interminables de Lisbonne.

Sur la terrasse du Palais, je demandai le chemin de la boutique de Bartolomé Colón, le cartographe. Il suffisait de suivre la rue de l'Or jusqu'à la rue Saint-Nicolas et de tourner à gauche. Mais, de tous côtés, mon attention était sollicitée : ah, ce front de mer polyglotte et grouillant ! Croiser des foules de Danois, de Norvégiens, de Flamands, de Génois, de Vénitiens, de Berbères, plus quelques marins anglais, ébahis, les yeux ronds, sans parler de ceux, venus de contrées dont j'ignorais le nom, tous ces gens mêlés aux Ibères du cru ; traverser la terrasse du Palais, bayer aux corneilles devant les échoppes en plein air, humer les odeurs, toucher les marchandises...

– Touche pas à la marchandise, matelot !

– Pardon.

Bon sang, après l'Angleterre et tout le reste se retrouver enfin dans le monde civilisé !

Je pris la rue de l'Or, bien nommée puisqu'on y trouvait les stands des changeurs italiens et des usuriers juifs. Je dois avouer qu'à voir leur activité fébrile je me sentais supérieur aux uns et aux autres. Après tout, le seul banquier italien que je connaissais, c'était Porcini-Zampini. Quant aux Juifs, on disait qu'ils étaient prétentieux et se serraient les coudes, et, à cette époque, j'étais loin de me douter que j'avais failli naître juif. Le choc à son heure... mais mon récit n'est pas si désordonné. Chaque chose en son temps.

Sur une petite place, derrière la rue de l'Or, je vis des êtres humains à vendre – des Nègres bien sûr, mais tout de même, j'en fus choqué.

En tournant rue Saint-Nicolas, je lus enfin la pancarte :

B. COLÓN
CARTES ET PLANS DE QUALITÉ

au-dessus d'une boutique qui jouxtait celle d'un vendeur de poivre de Malaguette. A ma grande déception, tout était barricadé. J'entrai à côté, chez le marchand de poivre ; un Maure grisonnant vêtu d'un long manteau à col montant m'accueillit :

– Ils se marient ce matin à la chapelle du couvent de Saint-Jacques, m'expliqua-t-il.

– Je suis son frère, annonçai-je.

Il me dit comment me rendre au couvent, j'y courus.

Bientôt, je grimpais des escaliers, puis d'autres et d'autres encore. La première Lisbonne, citadelle arabe de l'Alfama, avait été construite au plus haut des collines dominant l'estuaire. Et même ces hauteurs altières avaient leurs sommets : le couvent de Saint-Jacques, qui avait jadis servi de retraite aux dames des croisés de l'ordre de Saint-Jacques, était devenu une pension aussi huppée que haut perchée.

Je finis par atteindre un piton, vis un bâtiment surmonté d'une croix et y fonçai tête baissée. J'eus la chance – c'est du moins ce qu'il me sembla – de tomber pile sur la chapelle. L'endroit était accueillant malgré ses hauts plafonds ; les bancs étaient occupés en majeure partie par de jeunes filles de la pension huppée, qui se retournèrent d'un même mouvement pour dévisager ce rustre de marin en sueur qui traînait son sac au pas de charge.

J'appris plus tard que le prêtre, un certain frère Jerónimo, venait de demander rituellement, en abandonnant la langue sacrée pour le patois local (qui, soit dit en passant, était de l'espagnol castillan dans les milieux instruits de Lisbonne), si quelqu'un connaissait une raison qui empêche le couple d'être uni par les liens sacrés du mariage. Mais je n'entendis que le gazouillis des jeunes filles huppées. Je compris seulement que la cérémonie touchait à sa fin. Alors, je voulus être le témoin de mon frère Bartolomé, dont je voyais le large dos près de la svelte mariée en robe et voile blancs. Je criai donc hors d'haleine : « Attendez ! Attendez ! » en laissant tomber mon sac, et me précipitai auprès de mon heureux frère.

Stupéfaction générale. Silence. Puis, dans le babil de la chapelle, je saisis des bribes de conjectures :

– Qui est-ce ?

– Qu'est-ce qu'il sait ?

– ... un matelot...

– Bien sûr, Felipa a vingt et un ans, alors...

– ... que l'eau qui dort.

La mariée, énigmatique derrière son voile, et le marié, visiblement ébranlé, s'étaient tournés vers moi. Le père Jerónimo me fixait, avec une patiente incrédulité canonique :

– Si vous avez quelque chose à dire, dites-le.

– Je... je suis..., dis-je hors d'haleine.

– Eh bien ?

– Son...

Felipa recula en tremblant, elle leva son voile et cria :

– Cristóbal !

– Cristóbal ? demanda Bartolomé.

Le père Jerónimo explosa :

– Mais, nom de Dieu... Oh pardon ! Qui c'est ce Cristóbal ?

J'allais expliquer que je voulais être le témoin de mon frère, mais je n'en eus pas le temps. Felipa laissa retomber son voile, souleva sa longue robe si haut qu'on vit ses chevilles, et, traînant comme une comète ses deux demoiselles d'honneur à sa suite, elle me jeta un long regard angoissé et s'enfuit par le bas-côté.

Plus tard, j'attendis Bartolomé dans son appartement au-dessus de la boutique. Il était allé voir la mère de Felipa, Doña Isabel

Moñiz, veuve de Perestrello (le capitaine était mort deux ans auparavant).

– Elle a refusé de me voir, me dit-il très abattu, à son retour.

– Doña Isabel ?

– Non, Felipa. Mais Doña Isabel n'a pas été ce que j'appellerais chaleureuse. T'as empêché le mariage... Pourquoi ça ?

Je lui expliquai que je ne voulais pas empêcher le mariage, mais seulement être son témoin.

Découragé, il s'effondra dans un fauteuil après nous avoir versé une coupe de vin vert, et je pus le regarder longuement pour la première fois depuis Rome. Mon frère Bartolomé était puissant quoique trapu, la jambe un peu arquée. Il avait une chevelure crépue d'Africain, et ce même visage ingrat avec ses verrues – pourtant, lorsqu'il parvenait à esquisser un sourire, sa personnalité généreuse l'illuminait et faisait oublier tout le reste, y compris ses dents attendrissantes à force d'être en vrac.

– Sa mère dit qu'elle ne veut plus jamais me revoir.

Barto descendit son vin vert, cul sec.

– Ça lui passera.

– J'ai l'impression que c'est un peu à cause de toi.

– C'est une longue histoire, lui dis-je. C'est sans doute parce qu'elle me déteste, mais elle va revenir à de meilleurs sentiments. Après tout, je ne serai jamais que son beau-frère, pas son mari.

– Pourquoi est-ce qu'elle te détesterait ?

Je lui dis que c'était très compliqué et qu'il nous faudrait beaucoup de temps pour en parler.

– La boutique est fermée, et apparemment c'est pas aujourd'hui que je me marie, dit Bartolomé, raisonnable, donc on a tout le temps.

– Je croyais te trouver marié depuis longtemps, avec un bambin dans les jambes et un autre en route.

– Oui, c'était prévu comme ça, mais j'étais souvent en mer et puis le pauvre Perestrello est mort. Finalement, pour une raison ou pour une autre, Felipa remettait toujours le mariage à plus tard. Et maintenant, voilà. Mais je suis content que nous soyons réunis, Cristóbal, malgré tout, me répondit Bartolomé ; et il était sincère.

Chaque jour, mon frère se rendait plein d'espoir à la demeure entourée de hauts murs ; cela ne le menait jamais nulle part. D'abord, comme le jour du mariage (manqué), Doña Isabel le reçut fraîchement en lui disant que Felipa refusait de le voir.

Ensuite, elle lui apprit plus froidement encore que Felipa était partie. Puis, elle se fit glaciale pour lui révéler que Felipa était retournée enseigner au couvent Saint-Jacques où elle avait prononcé des vœux limités.

Toujours plein d'espoir, Barto se rendit au couvent, mais la mère supérieure le laissa dehors, après quoi Doña Isabel elle-même refusa de le recevoir.

– C'est toi qu'elle veut voir, me dit-il.

Je me sentis pâlir. Quels mensonges Felipa avait-elle pu raconter à sa mère ? Femme dédaignée, etc.

– Peut-être qu'elle veut que tu serves d'intermédiaire ? dit Barto avec son éternel optimisme.

La demeure de Perestrello, située dans la ville haute, était du genre dont les touristes raffolent : elle tombait pittoresquement en ruine. Doña Isabel me reçut elle-même dans les vêtements de deuil qu'elle ne devait plus quitter. Pas de domestiques en vue.

– Asseyez-vous, Don Cristóbal, dit Doña Isabel.

Elle avait un visage sévère, avec une petite bouche carrée.

– Je vois que ma fille avait raison. Vous ne ressemblez pas le moins du monde à votre frère.

La pièce au sol de tommettes était presque nue. Je m'assis sur une chaise au dossier dur, face à Doña Isabel. Une simple table complétait le décor.

– Je vois aussi que la modestie de notre demeure vous surprend.

– Ma foi, dis-je galamment, vous ne donnez pas dans le nouveau riche !

– Nous avons connu des jours meilleurs. Perestrello, Dieu ait son âme, a fait des investissements malheureux.

Je saisis ma chance.

– Barto est un bon parti. Stable, fiable, gentil. Généreux à l'excès.

– Toutefois, dit-elle en ignorant mon coup de pub, Perestrello a laissé une malle qui contient ses plans et sa correspondance ; il la lègue au futur mari de Felipa.

– Barto en fera bon usage, j'en suis sûr.

Étant donné les difficultés qu'éprouvait le pauvre Perestrello à croire que la terre était ronde, je ne voyais vraiment pas à qui sa malle pourrait servir.

– Dans ses papiers, il y a plusieurs lettres et, je crois, des plans et des cartes de la main du Florentin Ser Paolo del Pozzo Toscanelli.

– Le grand Pozzo Toscanelli ? bredouillai-je malgré moi.

Pozzo Toscanelli, médecin, humaniste, mathématicien, astronome, était tout simplement un des deux plus grands noms mondiaux – l'autre étant Regiomontanus (né Johann Müller) de Nuremberg. Léonard de Vinci déployait ses ailes, Érasme était adolescent, c'étaient donc les seuls hommes de la Renaissance d'envergure internationale.

– Les lettres et les cartes sont, pourrait-on dire, la dot de Felipa, déclara Doña Isabel après un silence significatif.

– Alors, Barto a encore plus de chance que je ne croyais.

– Don Cristóbal, pour ce qui est des femmes, vraiment vous nagez ! Nounou ! appela-t-elle.

Quelques instants plus tard, une femme somnolente, vêtue de noir comme elle, s'encadra dans la porte. Je reconnus la duègne que nous avions embarquée sur la *Virgen Rampante.* Je me demandai si les soporifiques l'avaient rendue toxicomane.

Je montai au premier avec elle. Il était bien connu, pensais-je, que Pozzo Toscanelli avait mesuré la terre, les continents, la mer Océane, avec une précision incroyable, mais n'avait jusque-là révélé ses chiffres à personne.

– Une vraie tête de mule, cette Felipa ! dit Nounou.

Et moi, je me disais : je donnerais mon bras droit pour mettre la main qui me resterait sur les cartes et les lettres de Pozzo Toscanelli.

Dans un couloir obscur, Nounou me demanda :

– Je sais que c'est de l'histoire ancienne, mais qu'est-ce que vous avez fait à cette pauvre petite sans défense après m'avoir administré ces soporifiques, là-bas sur la *Virgen Truc-Machin ?*

– Mais je ne vous ai jamais administré de soporifiques.

– Vous auriez tort de nier. Je vous en suis très reconnaissante. Je souffrais d'insomnies depuis des années, vous m'avez guérie.

– Ce n'est pas moi.

– Vous n'allez pas me dire que c'était le capitaine ?

Comment lui dire que c'était la petite Felipa ?

– Tout ce que je sais, c'est que ce n'était pas moi.

Mais Nounou eut un rire entendu ; elle entra avec moi dans le salon où Felipa était assise sur une grande malle, près d'un bureau qui était le seul autre meuble de cette pièce aux vitres cassées, veuves de volets.

Felipa se leva. Je m'inclinai sur la main qu'elle m'offrit et posai un baiser dans le vide.

– Don Cristóbal.

– Doña Felipa.

Elle portait une immense coiffe amidonnée en ailes de papillons qui ne faisait pas très couvent ; à la ceinture de perles, qui serrait sa robe de satin vert, pendait un rosaire, mais aussi un éventail en plumes d'autruche. Ses sourcils arqués étaient fardés, elle avait du rose à joues, son profond décolleté était poudré de blanc. La petite Felipa Perestrello était devenue une femme séduisante.

Mais mes yeux revenaient toujours à la malle. Elle s'en rendit bien compte.

– Feu mon cher papa l'a léguée à quiconque épousera sa fille.

Sa voix était pleine de sous-entendus.

– Eh bien, décidément, Barto en a de la chance !

– Ça aurait été un mariage arrangé, dit Nounou.

Notant le conditionnel délibéré, je tentai encore :

– Barto sera un mari formidable pour son heureuse élue.

– Je ne suis pas restée longtemps à Saint-Malo, dit Felipa.

– Ah non ?

– Non. J'ai piqué une crise. Ils ont dû me renvoyer chez moi et, finalement, je suis allée au couvent de Saint-Jacques, puis j'ai suivi mes parents dans l'île de Porto Santo où mon père a été nommé gouverneur deux ans avant sa mort. C'est là qu'il a conclu sa correspondance avec Pozzo Toscanelli. Mais tout est dans la malle.

– Je le dirai à Barto dès mon retour.

– Je ne vais pas épouser ton frère Barto.

Si elle avait dit qu'il était repoussant, bien trop laid pour faire un mari, j'aurais eu le courage de fuir cette maison en ruine pour n'y jamais revenir – au diable la malle, les lettres, les cartes et Pozzo Toscanelli. Mais elle eut le bon sens de ne rien dire de tel.

Elle dit :

– Je vais t'épouser.

Voici ce que mon fils Fernando dit de mes fiançailles et de mon mariage dans sa biographie népotiste : « Puisqu'il se comportait très honorablement et qu'il était homme de belle présence et foncièrement honnête, Doña Felipa eut si bonnes conversations et si bonne amitié avec lui qu'elle devint sa femme. » Je m'abstiendrai de tout commentaire, sauf à dire que Fernando n'était pas plus près de la vérité que ses successeurs. Felipa n'était pas sa mère ; elle avait quitté la scène depuis longtemps lorsqu'il arriva. Non, une fois de plus, Fernando a l'esprit fertile pour s'inventer un père convenable.

Un autre de mes biographes devait écrire beaucoup plus tard : « Ce qui m'intéresse surtout c'est Colón l'homme d'action, le découvreur qui tenait la clef de l'avenir entre ses mains. Je laisse volontiers aux autres sa “ psychologie ”, ses “ mobiles ” et tout et tout... » Ainsi, cet écrivain ne se pose-t-il même pas la question de savoir pourquoi j'ai épousé Felipa qui avait si cruellement rejeté mon frère Barto. Mais ces « mobiles, etc. », que le biographe ignore cavalièrement, c'est bien moi. Vous admettrez, j'espère, qu'en l'occurrence ils n'étaient pas si mauvais.

Jusqu'à la veille du mariage, Barto et moi étions restés très corrects, évitant soigneusement le sujet. Il m'apprit à dessiner des cartes à main levée. Il m'apprit à les tailler, à les ciseler dans une matrice de bois, si bien qu'avec de l'encre et du papier je pus rapidement reproduire jusqu'à cinq cents cartes et plus. Je lui parlai prudemment de ma Grande Aventure. Il m'écouta en silence puis il dit :

– La Grande Tentative du roi Jean a une bonne longueur d'avance, Cristóbal, elle est royalement financée. Si on trouve la route des Indes par l'Afrique, tu peux dire adieu à tes rêves d'ouest et de mer Océane.

– C'est pourquoi nous avons absolument besoin des lettres et des cartes de Pozzo Toscanelli, dis-je.

Nous n'avions jamais été si près d'évoquer nos mariages – le sien manqué, le mien imminent.

Il reconnut le bien-fondé de mes propos et attaqua une bille de bois avec sa gouge.

La veille du mariage, je fis livrer la malle de Perestrello à la boutique de Barto. Je la montai immédiatement au premier avec son aide et, à sa surprise, dépassai la porte de ma chambre. Il avait dû présumer que je l'y enfermerais jusqu'à mon retour de voyage de noces. Je poursuivis au contraire jusqu'à la pièce du fond qui était l'antre de Barto – fatras de vieilles cartes, de livres et d'objets d'artisanat local qu'il avait rapportés de ses voyages en Afrique occidentale.

Je posai la malle près d'une pile de livres en équilibre instable et dis de l'air le plus dégagé :

– Tu auras le temps de trier tous les papiers de Pozzo Toscanelli d'ici que je revienne.

– Tu veux dire que tu me laisses le faire ?

Il faisait sombre, mais je crois que les yeux de Barto s'embuèrent.

Il y eut un long silence, puis il me demanda :

– Je pourrai être ton témoin, demain, à l'église ?

Je fis oui de la tête, mes yeux picotaient.

– Je pense que, tout bien réfléchi, je suis plus du genre beau-frère que du genre mari, conclut Barto.

L'île de Porto Santo, où le capitaine Perestrello passa les deux dernières années de sa vie, et Felipa et moi notre lune de miel, se trouve à quelque huit cents kilomètres de Lisbonne, au large de la côte africaine. C'est un endroit désolé, sans arbres, balayé par de forts vents marins ; on y trouve quelques pitons rocheux et une belle plage dorée sur la côte sud. Il y a des gens qui dénient à Porto Santo toute possibilité d'accueillir des habitations humaines, ils n'ont peut-être pas tort. Mais nous avions nos raisons d'y aller.

Le capitaine Perestrello était mort d'une crise d'apoplexie dans sa petite maison de Vila Baleira, capitale de l'île. Felipa était retournée enseigner au couvent de Saint-Jacques. Doña Isabel, égarée par la douleur, l'avait suivie un peu plus tard en oubliant l'essentiel de la garde-robe de sa fille. Une des raisons qui nous amenaient à Porto Santo était donc de récupérer les malles de cèdre.

En outre, l'agence Centurione à Lisbonne m'avait demandé de veiller à l'expédition de deux cents tonnes de canne à sucre de Madère, toute proche, et mon salaire allait payer notre voyage de noces.

Voyage de noces dont, vous le remarquerez, je ne dis pas grand-chose. Il est malséant de commenter la vie intime d'un couple d'époux. Sans outrepasser les bornes du bon goût, je dirai ceci : Felipa remplissait le devoir conjugal avec le zèle voluptueux qu'elle promettait déjà d'avoir par le passé.

Nous passions nos journées dehors à profiter du beau temps sur la plage et à rechercher du bois flottant – autre raison de venir à Porto Santo.

Ce n'était pas de ce bois flottant blanchi par la mer, standard, modèle courant. Loin de là. C'était du bois mystérieux que les courants et les vents d'ouest rabattaient, Dieu seul savait d'où, sur notre rive de la mer Océane ; il me suffisait de le toucher pour phosphorer. Il y en avait de trois sortes. En outre, la mer rejetait sur l'île d'étranges pois couleur noisette, qui ne poussent nulle part ailleurs en Ibérie ni en Afrique, et que l'on finirait par appeler pois Colón en mon honneur. Plus tard, aux Indes, j'en verrais sur des arbres exotiques avec des guirlandes de fleurs dorées. J'allais aussi y trouver deux sortes de bois flottant découvertes à Porto Santo, arbres légers d'un noir veiné de bleu, cannes assez grosses pour verser à boire à douze gosiers en pente dans chaque section. Sûrement, il s'agissait là du bambou décrit par Ptolémée, grand géographe et cartographe d'Alexandrie.

Le bois qui m'intriguait le plus était assez ordinaire en soi, mais il avait été travaillé avec des outils – par quelle main étrangère, c'est ce que je voulais savoir, dussé-je en mourir.

– Cristóbal, la nuit tombe, le vent se lève, sors de l'eau.

Je barbotais dans le ressac jusqu'aux hanches ; j'essayais d'attraper un bout de bambou à quatre nœuds ; c'était le premier que je trouvais. Cette nuit-là, je fis un feu sur la côte. Les pêcheurs partaient à la rame dans de petites barques ; ils prenaient des sardines au filet à la lueur des torches sous le croissant de lune. Bien après leur départ, nous flânions encore, et cette nuit-là je peux dire en toute honnêteté que j'étais amoureux de ma femme. N'oubliez pas que la plupart des unions répondaient à des visées dynastiques ou mercantiles ; que les mariages d'amour étaient rares et que Doña Isabel, désespérant de marier sa fille, l'avait laissée épouser son Colón préféré. Si bien que nous partions mieux que la plupart des couples. Mais Felipa était une femme impétueuse qui avait beaucoup de tempérament.

Le dernier jour de notre voyage de noces passa en une visite à la pointe Calheta, tout au bout sud-ouest de l'île. Nous voulions voir ce fameux cavalier taillé dans le roc : encore une raison de venir à Porto Santo. A cet endroit, la plage est hérissée de rochers noirs pointus, aux formes bizarres, et le ressac vient exploser sur les brisants noirs du large.

A notre arrivée, le soleil se couchait. Il était là sur son cheval de bataille, avec son armure, la visière de son heaume rabattue, la main sur son épée, le regard éternellement fixé sur la mer Océane. Je mis pied à terre, aidai Felipa à faire de même et tombai à genoux devant le cavalier. J'étais mû par un sentiment profond de la destinée, comme si Dieu était tout près. L'immense cavalier de roc noir était face à l'ouest. On aurait dit qu'il allait lancer sa bête à la poursuite du couchant, comme je lancerais un jour mes navires, je le savais. Je crois que Felipa le sentait aussi, car elle demeurait silencieuse à mes côtés, la main posée sur mon épaule, comme le géant sur son épée de roc noir *.

Certains biographes persistent à penser que j'étais guidé par Dieu. Je ne suis pas sûr de bien les suivre, mais s'ils entendent par là que j'étais atteint du syndrome de Jeanne d'Arc, alors je proteste. En dépit de ce que vous avez pu lire ailleurs, je ne suis pas un mystique. Et lorsque je découvris mes antécédents, j'eus tout juste la piété nécessaire pour faire mon chemin dans la société. Mais si être guidé par Dieu, c'est reconnaître Dieu dans sa gloire, alors je prononcerai un oui nuancé. Car s'il n'y a pas loin entre reconnaître Dieu dans sa gloire et faire son Dieu de la gloire, alors on peut bien dire que j'ai accompli son œuvre à ma façon.

Basta ! Ces ruminations m'embarrassent.

A Lisbonne, les papiers de Pozzo Toscanelli m'attendaient, mais au cours des mois qui suivirent je ne pus pas leur consacrer tout le temps que j'aurais voulu, car je me trouvai confronté à un véritable pactole. Le salaire de ma décennie julienne, une petite fortune, avait fini par arriver au Portugal.

L'agence Centurione à Lisbonne avait son siège rue de l'Or. J'y vis le nouveau directeur. Porcini-Zampini grimpait l'échelle sociale. Il était assis derrière un bureau de noyer massif, décoré de masques grotesques.

– Laissez-moi faire travailler votre argent pour vous, conseilla-t-il, toutes touffes de poils frémissantes.

Il parla caravelles et caravanes.

– Vous serez surpris de voir le parti que j'ai pu tirer de quelques pièces d'or pour restaurer la maison Perestrello-Colón, me dit Doña Isabel.

De mon côté, j'appris que le marchand de poivre de Malaguette se retirait et je dis à Barto :

* Voici la seule note de ma main que vous rencontrerez. Elle est motivée par l'unique inexactitude de ces pages. Le fameux cavalier taillé dans le roc se trouve en réalité dans l'île de Corvo qui est la plus à l'ouest des neuf Açores, et non pas à la pointe Calheta. Mais je me prévaudrai de la licence poétique pour le placer ici. Je le vis en fait à Corvo, au cours d'un autre voyage qui ne présentait rien de saillant.

– Pourquoi ne pas racheter sa boutique et s'agrandir ?

Et Felipa annonça avec un sourire de circonstance :

– Dans six mois, tu seras papa.

Elle demandait que les travaux soient finis (mis à part la décoration intérieure) avant l'arrivée du bébé.

Barto suggérait de faire venir le grand Pozzo Toscanelli, à nos frais, naturellement.

Or, Pozzo Toscanelli était un vieillard. Il répondit qu'il n'était plus en état de voyager, mais qu'il enverrait un émissaire.

Les lettres du Florentin à feu le capitaine Perestrello étaient une merveille de clarté. En quelques phrases riches de contenu, il mettait un terme aux doutes de Perestrello. Il prenait la peine de le faire, car il croyait beaucoup en l'avenir du Complexe nautique en expansion, même si l'on y faisait fausse route, c'est-à-dire cap au sud plutôt qu'à l'ouest. Il était d'avis qu'il fallait chercher une route des épices plus courte que celle qui passerait par l'Afrique. L'ouest c'était l'avenir, écrivait-il dans son latin lapidaire.

Ce qui m'enthousiasma, c'est qu'il affirmait que Ptolémée, géographe de l'Antiquité quasi déifié par nos contemporains, était tout aussi capable de se tromper que nous tous ; ainsi, il avait lamentablement sous-estimé les dimensions de l'Asie orientale.

– Lis un peu, dis-je à Barto en jubilant.

Il avait déjà lu.

Pozzo Toscanelli pensait que Marco Polo, dilettante et menteur pour les savants de l'école ptoléméenne, avait dit vrai à propos de l'Asie. Il le démontrait sur sa carte la plus célèbre, et pour la première fois il révélait bel et bien ses calculs dans son ultime lettre au directeur du Complexe nautique en expansion.

– Pozzo Toscanelli dit qu'en mettant le cap sur l'ouest depuis Lisbonne, on arrive à Quinsay, capitale de la province chinoise de Mangi, à quelque huit mille kilomètres, dis-je à Barto.

– Ben ça ! dit Barto, bien qu'il ait lui-même tracé une douzaine de fois l'itinéraire sur la carte de Pozzo Toscanelli.

– On peut faire plus court, en cherchant bien.

Mais je n'étais pas sûr d'être déjà prêt à en discuter, et si l'ouvrier se trouvait en train de démolir les cloisons à coups de marteau entre notre boutique et celle du marchand de piments, cela ne tombait pas plus mal.

– Quoi ? cria Barto pour couvrir le vacarme.

– Le Grand Khan, empereur de Chine, réside dans la province voisine, au Cathay.

– Ça alors !

– Il y a beaucoup à dire sur le raccourci, dis-je en feuilletant les cartes de Pozzo Toscanelli. Il faut naviguer par les Antilles fabuleuses, et deux ou trois mille kilomètres après on atteint Cipango la Légendaire, où les plus humbles masures ont des toits d'or – la couche est plus fine que pour les palais de nobles, mais quand même.

– Punaise ! dit Barto.

Je réfléchis à haute voix :

– Toscanelli ne pense pas que Marco Polo ait eu tort d'ajouter trente degrés de longitude à l'Asie...

Crac fit le marteau.

– Quoi ? dit Barto.

– ... et si nous devions convaincre quelqu'un, disons au hasard Son Altesse Sérénissime Jean II, je pense qu'il faudrait encore ajouter quelques degrés.

Broum fit le mur en s'effondrant dans un nuage de plâtre à nous asphyxier.

– Quoi ? dit Barto, sa chevelure crépue maintenant poudrée de blanc.

– En outre, il reste la question de savoir combien mesure exactement un degré de longitude. Personne n'en est bien sûr.

Un ouvrier torse nu, en sueur, gesticulait avec son marteau :

– L'aut' mur là, j'le laisse ou j'l'abats ?

– Laissez ! hurlai-je juste à temps.

On était à peine plus tranquille dans la demeure Perestrello-Colón. Cela m'inquiétait pour Felipa, dans son état. Mais elle semblait s'épanouir entre gravats et plâtras, dans l'odeur de chaux omniprésente, entre les nouvelles tommettes pour le sol et les tuiles pour le toit. Doña Isabel entreprit la décoration intérieure après s'être occupée du labyrinthe de buis, des arbres fruitiers, des fontaines qui jaillissaient du patio enclos de murs neufs et gardé de portes de chêne massif cloutées de bronze. Chaque jour, il arrivait des charretées de meubles. Le parti qu'elle tirait de quelques pièces d'or, je n'en revenais pas.

Un jour, je reçus un message de Porcini-Zampini. Je passai à l'agence.

– Vous êtes à découvert, me dit-il.

J'en restai sans voix.

– Sur votre compte courant, pas sur vos placements, précisa-t-il en atténuant un peu le choc. Cela représente quarante pour cent de vos dix ans de salaire chez Centurione.

Toujours confondu, je demandai ce que je pouvais y faire.

– Votre liquidité est limitée à présent. L'essentiel de votre capital a été investi dans une caravelle génoise, dont vous possédez un vingtième, ainsi que dans une caravane de notre compagnie de Damas, où vous avez un lot de trois chameaux. Je vous conseille de retirer leur procuration aux femmes de votre maison.

– Elles ont presque fini, assurai-je à Porcini-Zampini.

– Je vais devoir transférer le peu de liquidités qui vous reste de vos placements à votre compte courant.

Je signai les papiers nécessaires.

Notre fils Diego naquit en avril, et le même jour, presque au même moment, l'émissaire de Pozzo Toscanelli arriva enfin à Lisbonne.

On m'avait fait chercher, bien sûr, et Barto était seul à la boutique. Il me raconta la scène par la suite.

Le bruit des sabots et le hennissement du cheval l'avaient fait sortir. A peine avait-il mis le nez dehors qu'un grand étalon noir se cabra violemment manquant lui envoyer ses sabots dans la figure. Le cavalier calma sa bête et demanda, toujours en selle :

– Êtes-vous l'un des frères Colón ?

– Bartolomé Colón, pour vous servir.

– J'aurais préféré Cristóbal.

– Il est chez lui, il va avoir un bébé – enfin, sa femme.

Le costume du voyageur éblouit Barto. Son justaucorps de velours vert avait des manches pertuisanées avec une douzaine de crevées qui révélaient une cotte de soie dorée. Il portait des bottines de cuir souple et des chausses dorées festonnées du même velours vert que son justaucorps. Même son chapeau à larges bords, qu'il portait audacieusement relevé, suggérait l'étranger. Il avait taillé sa barbe noire en pointe ; Barto n'en avait encore jamais vu de semblable sur un homme aussi jeune. Lentement, avec une grâce majestueuse, l'inconnu mit pied à terre. Comme la plupart des hommes, et bien des femmes, il dépassait Barto d'une tête. Mais lui y mettait de la condescendance.

– Mon cheval, dit-il en lui tendant les rênes.

Barto s'approcha avec précaution, la bête fit un écart.

Alors, l'homme attacha son étalon lui-même, avec des gestes mesurés.

– Je suis Martin Behaïm de Nuremberg, disciple de Regiomontanus, l'autorité mondiale.

– Ben ça ! dit Barto.

– Je suis l'émissaire du Florentin Ser Paolo del Pozzo Toscanelli.

– Ça alors ! dit Barto.

Je ne peux pas m'empêcher de me demander ce que Behaïm pensa du vocabulaire unique de mon frère. En tout cas, il lui présenta une note de frais détaillée qui correspondait à son long voyage par voie terrestre depuis Florence.

C'est à cet instant précis que Diego (nommé ainsi en l'honneur de mon frère cadet qui vivait toujours à Rome, car Diego est l'équivalent castillan de Giacomo) poussa son premier cri.

Quand il en fut à énoncer des phrases complètes (« Regarde, Mamie vient d'acheter un nouveau tapis de salon. Il est encore plus grand que les autres »), nous nous apprêtions à présenter notre projet à la commission maritime de Son Altesse Sérénissime Jean II, commission dont Martin Behaïm était pour sa part devenu sous-directeur.

Mais Porcini-Zampini me convoqua subitement.

– Elles sont encore à découvert ?

– Certes, mais ce n'est pas le pire. Vous vous souvenez comme vos investissements avaient prospéré, d'un vingtième de caravelle génoise et d'un lot de trois chameaux dans la caravane de la compagnie de Damas, on était passé à un dixième de caravelle et à six chameaux, etc. ?

– C'est plutôt positif.

– Euh... oui, mais la caravelle a été coulée par des pirates au large de Malte, et la caravane a soixante jours de retard à Damas ; on la tient pour perdue. Je suis absolument navré, mais entre vos placements et votre ex-compte courant, vous êtes dans le rouge de mille ducats d'or – en monnaie génoise.

J'attendis que les domestiques se soient retirés pour en parler à la famille. Les uns et les autres furent respectivement : incrédule, horrifiée, imitatif, avisé.

DOÑA ISABEL *(incrédule) :* Quoi ?
FELIPA *(horrifiée) :* Quoi ?
LE PETIT DIEGO *(avec un sourire crénelé) :* Côa ?
BARTO *(avisé) :* On pourrait hypothéquer la boutique.

Mais la boutique constituait notre unique source de revenus et nous rentrions tout juste dans nos frais, surtout avec les nouvelles presses que j'avais achetées et ce papier à filigrane importé de Venise pour la présentation de notre projet à la Commission maritime.

– L'un d'entre nous devrait s'engager dans le Complexe nautique en expansion, dit Barto, et comme toi tu as des responsabilités familiales...

Il haussa les épaules, laissant l'idée en suspens. Il se voyait déjà faire son sac de matelot.

Ce n'était pas la solution, je le savais. Barto était bien plus habile cartographe que moi et s'il ne savait pas s'y prendre avec les animaux, il s'en tirait bien mieux avec les gens. J'expliquai tout cela, mais Barto secoua la tête avec obstination.

On tirerait donc les dés pour déterminer qui partirait.

C'est alors que je me rendis compte que Martin Behaïm s'encadrait dans la porte.

– Je peux faire marcher la demeure Perestrello-Colón le temps que vous refassiez surface, mon vieux, me dit-il.

– C'est vrai, Martin ? s'écria Felipa, vous êtes merveilleux.

Martin Behaïm pouvait avoir vingt-cinq ans. C'était ce que l'on appellerait plus tard un arriviste. Quoique d'extraction populaire, il avait réussi, grâce à ses références impressionnantes (l'émissaire de Pozzo Toscanelli s'était promu disciple de Regiomontanus), à se faire engager immédiatement dans la Commission maritime de Son Altesse Sérénissime Jean II. Il s'y fit rapidement remarquer en orientant les recherches pour déterminer les degrés de latitude d'après les altitudes méridiennes du soleil. Pour ce qui était de la longitude, il n'était pas très calé, mais c'était à l'époque l'enjeu le plus controversé de la géographie, et Martin Behaïm prenait la précaution de ne s'engager dans aucun débat compromettant. L'année précédente, il avait été fait chevalier par le roi pour services rendus à la Commission, dont il avait été nommé sous-directeur. Depuis son arrivée à Lisbonne, il vivait dans l'un des nombreux appartements disponibles de la demeure Perestrello-Colón.

C'était un homme de belle prestance, toujours vêtu à la dernière mode. Sa barbe noire taillée en pointe, comme on en voyait peu à l'époque, accentuait son côté ténébreux – d'aucuns auraient dit jeune loup. Il avait une démarche mesurée, comme si ses jambes elles-mêmes réfléchissaient ; lorsqu'il s'asseyait, il déplaçait d'abord le fauteuil, puis il s'y glissait avec grâce, posant un coude, généralement le gauche, sur l'accoudoir, ce qui lui donnait un air de puissance dégagée. Les hommes avaient tendance à se ranger à son avis. Les femmes raffolaient de sa barbe et de son accent allemand rocailleux.

Ses responsabilités au sein de la Commission maritime l'absorbaient moins que ne m'absorbait mon travail de cartographe, si bien qu'il était devenu le compagnon habituel de Felipa. Il l'emmenait faire des randonnées le long de l'estuaire dans son coche, qui était le seul à Lisbonne excepté celui de l'écurie royale ; il la promenait rue de l'Or ou sur la terrasse du Palais, et l'initiait à ces jeux de société que sont les échecs et le jacquet, sans parler des cartes, qui commençaient à faire fureur. Ils étaient devenus amis intimes, et je lui étais reconnaissant de divertir Felipa.

Quant à Doña Isabel, elle trouvait qu'il était la merveille des merveilles depuis la voile latine.

Aux dés, j'avais tiré le total le plus faible.

J'étais assis en tailleur sur le sol. Le petit Diego se coula sur mes genoux et me prit par le cou.

– Il faut vraiment que tu t'en ailles, papa ?

J'acquiesçai. Il éclata en sanglots.

– Tu auras oncle Barto pour jouer avec toi, dis-je.

– Oui, et oncle Martin aussi, renifla-t-il. Mais c'est pas pareil.

– Je vais t'aider à faire tes bagages, dit Felipa, jamais à court de sens pratique.

J'ai écrit un passage sur la gloire et la destinée, un peu plus haut. Mais parfois, je ne peux m'empêcher de penser que c'est une autre manière de dire que les accidents de l'existence s'enchaînent comme il faut.

Si ma destinée était de traverser la mer Océane, alors même le naufrage de la caravelle et la disparition de la caravane m'aidèrent en m'endettant. Destin ou enchaînement de circonstances ? Destin ou hasard, si Doña Isabel (je ne pouvais encore me résoudre à incriminer Felipa) avait précipité mes difficultés financières en rénovant sans compter notre demeure ? Destin ou hasard, si j'avais perdu aux dés ? Destin ou hasard, si en cette fin d'été une flotte portugaise se préparait précisément à partir pour son voyage annuel à Saint-Georges de la Mine, comptoir fortifié de la côte de l'Or africaine ? Destin ou hasard, si pour des raisons qui n'appartenaient qu'à lui, Martin Behaïm, sous-directeur de la Commission maritime, m'avait décroché à la dernière minute un poste de capitaine sur une caravelle de cette flotte ? Destin ou hasard, si mes rapports avec les païens d'Afrique devaient me préparer à ceux que j'aurais avec les païens des Indes ?

A la fin du mois d'août, nos quatre caravelles et notre vaisseau rond de mille tonneaux partirent pour la côte de l'Or, leurs cales pleines de grelots, de bonnets multicolores, de pièces de toile, de verroterie de Venise et de breloques à troquer contre des sacs de poivre de Malaguette, des coffres de poussière d'or, des défenses d'éléphants rangées en fagots.

On avait également embarqué deux douzaines de chevaux. Le cours du cheval était alors à cinquante esclaves.

Il n'y a pas grand-chose à dire de la traversée. J'avais navigué dans des conditions plus difficiles au cours de ma décennie julienne. Notre itinéraire ne faisait que longer la côte de l'Or. Toutes les trois ou quatre nuits, nous jetions l'ancre au large d'un des comptoirs du Complexe nautique qui s'échelonnaient le long de la grande bosse occidentale de l'Afrique. Je devins expert dans l'art de se déhaler d'une côte sous le vent et je connus de nouveau l'exaltation qu'il y a à naviguer sur une caravelle à voiles latines happée par un bon vent.

Saint-Georges de la Mine se dressait à la pointe d'une crique. C'était une forteresse de pierre aussi déplacée sur la côte de l'Or que des huttes de paille l'auraient été à Lisbonne. Aux tourelles, aux remparts, au fossé, s'ajoutaient un entrepôt et une grande cour de marché où les indigènes étaient admis le jour.

Certaines de ces tribus de la jungle avaient des rois en titre, dont le seul office était de respirer la majesté, et des « hommes-fétiches » qui faisaient le véritable travail tout en ayant l'air, avec leurs gris-gris, leurs tatouages, leurs yeux qui riboulaient et leurs grimaces bizarres, de fous furieux.

Dans certaines tribus, des sorciers capturaient les âmes égarées des corps et ne les rendaient à leurs propriétaires que contre une rançon, non pas par malice, mais pour gagner leur vie. Il y avait une tribu qu'on appelait les Fans, chez laquelle roi, homme-fétiche et forgeron n'étaient qu'un seul personnage révéré, presque déifié : une trinité païenne. Il y avait les Yorubas qui sacrifiaient chaque année une vierge de quatorze ans à un dieu dont j'oublie le nom. Elle allait se faire égorger dans l'allégresse, car elle avait été élevée pour cela. Les chefs Fans troquaient leurs prisonniers de guerre contre des chevaux, à cinquante contre un ; les chefs Yorubas faisaient de même avec les prisonniers Fans.

Chez les Fans, le roi-homme-fétiche-forgeron était frère de sang d'un grand chat tacheté appelé léopard, qu'on tenait en cage. Croyez-moi, ce léopard était choyé, en tout cas par le roi, car lorsque la bête mourait, l'homme était immédiatement mis à mort et remplacé par un nouveau monarque, frère de sang d'un énorme serpent noir, cochon sauvage, vautour, etc., il avait le choix. Chez une autre tribu qui venait à Saint-Georges, tuer était la seule fonction du roi. Deux fois par an, on chargeait des péchés collectifs deux boucs émissaires humains. Ces innocents étaient bien nourris, leurs désirs étaient des ordres jusqu'au jour de leur sacrifice. Alors on les traînait face contre terre, sous les lazzis de la foule, jusqu'à la plage où le roi, qui s'était fait la main sur les assassins, les voleurs, les femmes adultères, etc., les attendait avec sa hache.

Barbare ? Disons... l'Afrique poussée au noir, pour le plaisir de faire un mot.

Attendez avant de porter un jugement moral. En Espagne, depuis le décret du pape Sixte, dix ans auparavant, l'Inquisition était florissante – nous y reviendrons.

La flotte reprit le chemin du Portugal au printemps, les cales regorgeant de piments, de défenses d'éléphants, de poussière d'or et d'esclaves. Désormais, j'étais allé aussi loin au nord, à l'ouest et au sud que n'importe quel navigateur de mon temps. J'étais fin prêt à tenter ma Grande Aventure.

Je n'étais pas prêt, j'allais le découvrir, à encaisser la surprise que me réservait Martin Behaïm.

On jeta l'ancre non loin de la terrasse du Palais, sous un froid crachin de mai. Tous les clochers de Lisbonne carillonnaient à toute volée pour saluer notre arrivée. Je gagnai le débarcadère dans une chaloupe et vis Barto sur la toile de fond de la foule. Sa mine sérieuse contrastait avec l'effervescence générale.

Je mis pied à terre, il me serra dans ses bras.

– Comment ça va la famille ? hurlai-je pour couvrir le bruit de la foule.

– Nous serons reçus pour présenter notre projet à la Commission maritime royale le cinquième jour, dit Barto sombrement.

Contrairement aux autres nations chrétiennes, les Portugais ne donnent pas de noms aux jours de la semaine, excepté samedi et dimanche ; ainsi lundi est le deuxième jour, mardi le troisième, etc., le cinquième jour était donc un jeudi, le surlendemain en l'occurrence.

– Fantastique ! dis-je.

– Oui, sans doute, répondit Barto.

– Comment vont Felipa et le petit Diego ?

– J'ai préparé la carte, reprit Barto, toujours sombre, et j'ai rédigé un projet des arguments.

– Il est encore temps de les modifier, dis-je.

Mes idées s'étaient décantées en neuf mois d'absence.

– On va agrandir l'Asie encore plus que Marco Polo et raccourcir le degré de longitude mesuré à l'équateur.

Nous fendions la foule qui se rendait encore sur le front de mer. Au fur et à mesure que nous approchions de la rue de l'Or, le visage de Barto s'éclairait :

– Combien de kilomètres, d'après toi ?

– L'Asie ou la longitude ?

– Les deux. Dis-moi tout. Parle-moi de ton voyage, l'aller, le retour, Saint-Georges, les coutumes indigènes, dit Barto dans un transport d'enthousiasme. Donne-moi absolument tous les détails.

Décidément, il y avait du louche. Nous nous étions arrêtés. La foule montait autour de nous comme l'écume à l'assaut d'un récif. Je pris le bras de mon frère et l'obligeai à me regarder :

– Qu'est-ce qu'il y a qui ne va pas ? La famille ? La boutique ? Ou quoi ?

– D'abord, le petit Diego va très bien. Il est à la maison avec sa gouvernante et il meurt d'envie de te voir. Il a perdu quelques dents de lait. C'est une nouvelle... la gouvernante. Comme tous les domestiques à la maison. Il a fallu renvoyer les anciens.

– Pourquoi donc, Barto ? Pourquoi est-ce qu'il a fallu les renvoyer ?

– Doña Isabel les a renvoyés avant...

Barto secoua la tête et sombra dans le mutisme.

– Avant quoi ?

Il se moucha un bon coup. Je gardais les yeux fixés sur sa tête crépue. Il répondit lentement :

– Tu te souviens, la veille de ton mariage, j'ai dit que je serais mieux comme beau-frère que comme mari ?

Je lui dis que je m'en souvenais.

– Donne-moi ton sac, dit-il, louvoyant de nouveau.

– Mais non, ça va.

– S'il te plaît ! s'écria-t-il.

Je compris qu'il voulait faire quelque chose, n'importe quoi, pour m'aider. Je lui passai donc la courroie de mon sac.

Il demeurait les yeux baissés pour ne pas croiser mon regard.

– Ben, même comme beau-frère, j'ai pas fait le poids. Je voyais venir les choses, mais j'ai rien pu faire. Elle a toujours été si impétueuse, c'est un tel tempérament.

– Barto, où tu veux en venir ?

Il me dit où la trouver.

C'était une zone d'habitat spontané qui avait poussé sur la périphérie de la ville, au-delà du Rossio : des rues étroites, tortueuses, non pavées et boueuses pour l'heure. Des masures fabriquées avec des bouts de caisses, du vieux mobilier, des débris de tous ordres ; un trou dans le toit en guise de cheminée, pas de fenêtres ; bien souvent, un rideau en lambeaux tenait lieu de porte. Les paysans pauvres qui étaient venus chercher du travail à Lisbonne n'y avaient trouvé que désillusion.

Je demandai où habitait Amalia Lopes, puisque c'est ce nom qu'elle avait pris. On ne parlait pas castillan par là, mais un patois de l'arrière-pays qui deviendrait par la suite une langue portugaise à part entière. Un haussement d'épaules, quelques mots marmonnés, je m'enfonçai dans le maquis de rues boueuses. S'ils avaient entendu parler d'Amalia Lopes, ils se gardaient bien de le dire à ce millionnaire qui venait plastronner devant leur misère. Finalement, une vieille femme courbée me dit :

– Malia ? Bien sûr. Elle attend...

– Elle m'attend ?

Je me demandais comment c'était possible, mais, bien sûr, les carillons l'avaient avertie.

Je suivis les indications de la vieille. Les rues devenaient encore plus étroites, les masures plus petites, plus précaires.

Je poussai la tenture et entrai.

Il faisait sombre, la lumière ne parvenait que par le trou du toit. La pièce puait l'huile d'olive rance et la crasse humaine. Une petite chose fourrée me fila entre les jambes.

Quand mes yeux se furent accoutumés, je la vis assise, vêtue de frusques noires informes, sur un tas de paille infect. Je l'appelai par son nom, mais si elle se rendait compte de ma présence elle n'en laissa rien paraître.

Son épaisse chevelure sombre était tout emmêlée. Elle avait le regard vague et des poches sombres, de mauvais aloi, sous les yeux. Des rides d'amertume ou de fatigue lui mettaient la bouche entre parenthèses. Elle paraissait l'âge de sa mère – en réalité Doña Isabel faisait même plus jeune.

Je répétai son nom. Même regard perdu.

– Où est ta mère ? demandai-je.

Sa vision sembla redevenir nette.

– A Porto Santo, dit-elle, enrouée à force de se taire. Elle y est allée pour attendre que tout soit fini.

– Qu'est-ce que tu vas faire quand il sera né ?

– Je ne sais pas. Tu me reprendrais ?

C'était une question à laquelle je ne pouvais pas répondre. Rien ne m'y avait préparé. J'eus un geste évasif.

Il y a des couvents pour ça, dit-elle.

Je baissai les yeux vers elle, elle les leva vers moi.

– C'est pour quand ?

– Trois mois.

– Tu ne peux pas rester ici jusque-là. Je vais te procurer un autre endroit.

– Je veux rester ici pour ma pénitence.

– Tu as vu un prêtre ?

– Non.

– Ce n'est pas à toi de t'infliger une pénitence, dis-je un peu pompeusement.

Je ne voulais qu'une chose, quitter cet endroit sordide.

– Si je reste ici, ça ne fera pas de scandale.

– Qu'est-ce que tu as dit au petit Diego ?

– Que j'allais à Porto Santo avec sa grand-mère.

– Et pourquoi tu n'y es pas allée ?

– On nous connaît là-bas. Maman n'aurait pas supporté la honte.

Alors, enfin, je me rapprochai d'elle et lui touchai l'épaule, mais elle se dégagea et recula lourdement sur la paille infecte.

– Pourquoi est-ce qu'il a fallu qu'il vienne à Lisbonne, et que tu t'en ailles ?

– Je partirai toujours. Ici ou là.

– Oui. Oui, je sais bien.

Elle resta immobile une bonne minute, poings serrés, visage tourné vers la lumière de la cheminée ; des larmes débordaient de ses paupières hermétiquement closes. Puis elle poussa un faible gémissement aigu et tourna son visage vers le mur.

Je la quittai et découvris ce qui passait pour une boutique dans ces taudis. Je voulais qu'on envoie tous les jours des œufs et du fromage, du pain et du vin dans la masure puante d'Amalia Lopes. Mais le boutiquier chauve me dit :

– C'est déjà réglé, Votre Honneur.

– Par qui ?

– Il n'a pas dit son nom, Votre Honneur. C'est un drôle de petit bonhomme, laid comme les sept péchés, mais on voit bien qu'il a du cœur.

Je trouvai le laitier et son petit troupeau de chèvres aux mamelles gonflées. Je le payai pour qu'il dépose du lait frais chez Amalia Lopes tous les jours – Amalia Lopes qui portait le deuil pour pleurer sur sa vie gâchée et peut-être sur celle qui l'attendait. Je traversai lentement le Rossio, descendis la rue de l'Or jusqu'à la boutique, où je savais que Barto m'attendait.

Il découpait un exemplaire déformé d'une carte de Pozzo Toscanelli. Sur la table se trouvait une grosse boule de bois astucieusement montée sur un support en demi-cercle qui lui permettait de tourner. La concentration plissait le front de Barto. Je regardai de plus près ses segments de cartes. Ils étaient longs et effilés ; on aurait dit des feuilles pointues, ou des lances Yorubas.

– Qu'est-ce que tu fais ?

– Je n'en suis pas encore sûr. Mais je pense pouvoir les laisser attachés au milieu la prochaine fois.

Il posa les ciseaux et alla chercher le plâtre et le pinceau. Il me dit de tenir la boule de bois. Puis lentement d'abord et plus vite au fur et à mesure que sa main s'assurait, il colla les segments de cartes sur le globe.

Je ne compris ce qu'il faisait que lorsque presque toute l'Asie, l'Europe et une partie de la mer Océane adhérèrent à la boule.

Et voilà la carte de Pozzo Toscanelli, du point de vue de Dieu – cela dit, à l'époque, je croyais plus en Barto et en son invention qu'en Dieu.

– Alors ? Tu crois que ça va impressionner la Commission maritime royale ?

Ma stupéfaction muette le disait assez.

Donc – notez, je vous prie, messieurs les historiens – c'est Bartolomé Colón et non Martin Behaïm qui a inventé le globe terrestre.

Barto faisait tourner le globe pour rien.

– Tu l'as vue ? dit-il.

– Oui.

– Et alors ?

Je haussai les épaules et il n'en fut plus question jusqu'à ce qu'il soit trop tard – par ma faute surtout.

Cette nuit-là, j'emportai chez moi le projet des propositions que nous allions faire à la Commission, le cinquième jour. Le petit Diego était assis par terre dans le salon du rez-de-chaussée.

– Papa ! T'es rentré ! T'es rentré !

Je dis à la gouvernante de se retirer. Après avoir embrassé Diego, je le tins à bout de bras pour mieux le voir : il avait ma chevelure flamboyante (moins les fils blancs), mes taches de rousseur, les grands yeux bruns de Felipa ; il avait un adorable sourire crénelé qui n'appartenait qu'à lui.

– Tu nous quittes plus, papa ?

– On va passer un bon bout de temps ensemble.

Je le serrai contre moi. Il me posa des questions sur mon voyage, pendu à mon cou, buvant mes paroles. Pas une fois il ne parla de Felipa jusqu'à ce que j'aie fini mon récit.

– Et maman, elle va rentrer, elle aussi ? dit-il avec hésitation, et oncle Martin ?

– Où est-il, l'oncle Martin ?

– Oncle Barto dit qu'il est allé vivre au palais.

– Ta mère te manque ?

Il était si petit que c'était peut-être une question déloyale.

– Bien sûr. Je l'aime ma maman, dit-il promptement.

Puis il fronça les sourcils.

– Faudra qu'oncle Martin revienne, lui aussi ?

– Je suis sûr qu'il est très heureux au palais.

– Tant mieux. J'aimais pas quand ils se battaient tout le temps.

– Quand ils se battaient ? Ils criaient tu veux dire ?

– Ils se disputaient pas. Ils se battaient, papa. Ils allaient dans la chambre de maman. Dès qu'ils y étaient, ils commençaient.

– Il ne faut pas espionner les gens, Diego.

– A quoi ça servirait les serrures ? Même miss Lake-Lake m'a raconté une histoire là-dessus. Oncle Martin est plus grand et puis c'est un homme. C'est pour ça qu'il gagnait presque toujours.

– Ils se battaient sans doute pour rire, tu sais, comme les petits chiens.

– M... oui, peut-être, dit le précoce Diego d'un ton dubitatif.

– Quelquefois, les adultes font une chose et les petits garçons croient qu'ils font tout à fait autre chose.

– J'aime plus du tout oncle Martin, dit-il.

Puis, il ajouta :

– Tu te rappelles quand mamie a fait venir ce grand, grand tapis ? Les messieurs qui apportent les tapis, ils jouent comme des petits chiens, eux aussi ?

– Mamie a joué avec l'un des deux ?

– Pas mamie, maman. Avec les deux.

Quand Diego eut dîné, je le mis au lit, le bordai, puis gagnai ma chambre et restai assis dans l'obscurité, essayant désespérément de ne penser à rien.

Je passai le reste de la nuit et une bonne partie du lendemain à réviser le projet de présentation rédigé par Barto.

Aucun de mes biographes ne s'explique pourquoi je n'ai pas réussi à convaincre Son Altesse Sérénissime Jean II et la Commission maritime du sérieux de la Grande Aventure. Certains supputent que je suis allé trop loin dans mes manipulations du monde vu par Pozzo Toscanelli. Il y avait deux manières de vendre un raccourci pour les Indes au roi et à la Commission. J'essayai les deux.

Tout d'abord, puisque la mesure d'un degré de longitude était contestée, je rognai simplement l'estimation encore un peu plus que le grand Florentin. Par des calculs fondés sur des mesures arabes, et non pas romaines, j'établis un degré équatorial de soixante-dix kilomètres, soit les trois quarts du chiffre réel. Multiplié par trois cent soixante, cela me donnait une planète petite à proportion.

Ensuite, les spéculations sur la part du monde réellement connu remontaient au « pari » de Ptolémée. Il pensait que le monde connu s'étendait du cap Saint-Vincent du Portugal à un point d'Asie qu'il appelait (pour des raisons connues de lui seul) Catigara, à cent quatre-vingts degrés de longitude, sur la moitié de la circonférence de la terre. Je pouvais améliorer son score. J'ajoutai au monde connu vingt-huit degrés pour les découvertes de Marco Polo, dont je connaissais le livre par cœur, trente degrés pour la distance entre le Cathay et Cipango. Plus quarante-cinq degrés déjà ajoutés à l'Asie par Pozzo Toscanelli, *et voilà* [1]. J'offrais au roi et à sa Commission deux cent quatre-vingt-trois degrés de monde connu. Et puisque j'avais l'intention de naviguer cap à l'ouest pour traverser la mer Océane depuis les Canaries, il ne restait donc que soixante petits degrés d'eaux inexplorées, soit

1. En français dans le texte. *(N.d.T.)*

quatre mille deux cents kilomètres. Ai-je trop tiré sur la carte de Pozzo Toscanelli ? Non, car j'en respectais l'esprit.

En outre, il nous avait suffi de dévoiler le spectaculaire globe de mon frère pour que la Commission n'ait plus rien à nous refuser. Ça ne pouvait pas rater. Pour la première fois, les philosophes, les savants, les navigateurs et un ecclésiastique, l'évêque de Ceuta, contemplaient la terre du point de vue divin. Et Barto avait perfectionné son globe, il s'était surpassé. Tout enluminé de couleurs – or, argent, aigue-marine pour les océans –, le globe était ceint des signes du zodiaque, chacun représenté dans un médaillon bleu et or. Il était même peuplé : en Afrique, un Noir primitif, dans la lointaine Tartarie, un prince enturbanné, sur les océans, des navires et des monstres stylisés tels qu'on en trouve sur les planisphères classiques, mais deux fois plus réalistes. Martin Behaïm lui-même en restait bouche bée. Quant à Son Altesse Sérénissime, il était plus fébrile encore qu'à l'accoutumée ; sa joue gauche tressautait violemment, ses yeux allaient et venaient du globe à mon visage.

La présentation eut lieu dans le salon de la Cosmographie qui donnait sur la terrasse du Palais et le front de mer. Ensuite, Martin Behaïm, qui nous parrainait, nous escorta jusqu'à la longue antichambre, qui n'était d'ailleurs qu'un couloir du palais. La tradition voulait qu'il nous fasse brièvement compliment de notre proposition pour s'en retourner dans le salon de la Cosmographie délibérer avec ses collègues.

Mais il caressa sa barbe et dit :

– Avez-vous vu Felipa ?

– Oui.

– Je nie tout.

Ces trois petits mots furent prononcés avec une telle lenteur arrogante que le déni prenait l'insolence d'un aveu.

Au prix d'un effort sur moi-même, je tournai le dos et regardai par la fenêtre la pluie qui battait la terrasse du Palais et l'estuaire. J'entendis le pas lent de Martin Behaïm qui retournait majestueusement au salon. Alors, dans le reflet de la vitre, j'aperçus un mouvement brusque – Barto traversait le couloir d'un bond pour se jeter sur moi.

Depuis que je vivais dans cette ville civilisée, j'avais jugé prudent de remplacer mon épée par un poignard, que je portais dans un étui décoré, excentricité mineure d'homme cultivé ; c'était le manche de ce poignard que Barto venait de saisir. Son intention était claire. Il n'avait pas pu supporter les trois mots insolents de Martin Behaïm. Mon frère aimait Felipa depuis longtemps, aveuglément, avec cette ferveur que l'on réserve aux objets inaccessibles. C'est ainsi qu'il aimait la mer quand nous étions enfants à Gênes.

Martin Behaïm avait corrompu ce pur objet d'amour. Barto voulait le tuer.

Il serrait le manche de ma dague d'une poigne de fer ; je serrai son poignet. J'entendis la porte du salon s'ouvrir et se refermer. Je lâchai le poignet de Barto à l'instant où il lâchait mon poignard.

– Cocu, souffla-t-il, furieux. Il te l'a pratiquement avoué, ce qu'il a fait à Felipa. Il méritait la mort. Pourquoi tu m'as arrêté ?

Je savais que je ne pourrais jamais lui dire que Martin Behaïm n'avait fait que prendre ce que Felipa offrait à beaucoup.

– Barto, lui dis-je, le sort de notre Grande Aventure est en train de se jouer là-dedans. Tu ne veux pas compromettre tout notre travail ?

– Et l'honneur de Felipa, alors ? Et le tien ?

Il haussa le ton :

– Tu es fait de quel bois ?

– Arrête de hurler. On va t'entendre.

Mes paroles étaient réfléchies ; je ne pouvais pas m'empêcher de me demander si l'accusation de Barto était totalement dénuée de fondement. Y avait-il dans ce monde ou dans l'autre quelque chose qui compte plus que la Grande Aventure ? Serait-ce jamais possible ?

Après cette scène, il y eut un froid entre mon frère et moi, une fêlure bien plus profonde que celle qui s'était creusée quand Felipa s'était enfuie de la chapelle de Saint-Jacques. Les historiens se sont souvent demandé pourquoi Barto, qui n'avait pas fondé de famille nucléaire, ne m'avait pas suivi en Espagne. La raison en est peut-être celle-ci. Je n'aurai pas le cœur de la lui reprocher.

Son Altesse Sérénissime Jean II et sa Commission délibèrent deux heures, puis la porte s'ouvre lentement. Martin Behaïm paraît et déclare avec son éternelle componction :

– La Commission maritime royale, que j'ai l'honneur de servir en ma qualité de sous-directeur, vient de prendre une décision à propos de la requête de Christophe Colomb, qui se propose de traverser la mer Océane cap à l'ouest, au service de Son Altesse

Sérénissime, au cours d'une tentative connue sous le nom de... euh, de Grande Aventure.

Sa physionomie demeure indéchiffrable.

Je le suis dans le salon, son allure m'obligeant quasiment à lui marcher sur les talons ; Barto ferme la marche. Nous nous inclinons longuement devant le roi Jean ; Martin Behaïm prend place à sa gauche. Son Altesse Sérénissime achève de grignoter un cuticule et attaque l'ongle de son pouce gauche. Le globe de Barto est toujours posé au bout de la table.

Personne ne nous propose de nous asseoir.

Le roi fait un signe de tête vers sa droite. L'amiral Dulmo de Terceira, qui peut avoir trente-cinq ans et porte un uniforme chamarré, se lève, s'éclaircit la gorge et prend la parole :

– A propos de la requête de Christophe Colomb, qui se propose de traverser, etc., la Commission décide de rejeter cette requête.

Bref silence. Puis, mon frère Barto balbutie :

– Pourquoi ça ?

Émoi. Brassage de papiers. Paires de têtes qui chuchotent. Les langues vont bon train. La joue gauche du roi tressaute trois fois. Martin Behaïm parvient presque à cacher son petit sourire de triomphe dans sa barbe.

Cette question, le protocole ne prévoit pas qu'on la pose, en quelques termes que ce soit.

L'amiral Dulmo de Terceira s'éclaircit la gorge de nouveau et répète plus fort que la première fois :

– A propos de la requête, etc., mer Océane, etc., requête rejetée.

Avec la lenteur insolente de Martin Behaïm lui-même, mon regard glisse sur tous les visages de la table de conférence. Chaque membre de la Commission détourne les yeux, sauf l'évêque de Ceuta, qui est là à titre de conseiller spirituel. Il me semble lire de la sympathie dans les yeux du vieux prélat, ce n'est sans doute que charité chrétienne.

Je m'incline devant le roi et quitte le salon en compagnie de Barto, écrasé par mon échec.

Qu'est-ce qui a bien pu se passer pendant ces deux heures de délibérations ?

Je ne le saurai que des années plus tard, devant une bouteille de Valdepenas que je partagerai avec l'évêque de Ceuta, quatre-vingts ans, bon pied bon œil, alors confesseur personnel de Luís de Santangel, ce Juif converti, trésorier de la maison d'Espagne.

L'évêque de Ceuta me dira :

– Colón, bien sûr ! Je savais bien que je vous connaissais. Le salon de la Cosmographie, Lisbonne, 1487, je crois ?

– Oui, monseigneur, c'est bien ça.

– Pourquoi est-ce que Martin Behaïm vous détestait ?

– Behaïm me détester ? Bon Dieu, mais c'est moi qui portais les cornes !

Ceuta, qui connaît les détours de l'âme humaine, répondra :

« Certes. Mais vous vous rendez bien compte qu'un homme comme Martin Behaïm est tout naturellement porté à mépriser celui qu'il cocufie. Ce jour-là, il a finalement pris la parole : " Colón a peut-être intentionnellement sous-estimé la distance jusqu'aux Indes, mais qui n'en ferait pas autant pour vendre son projet ? Cela n'empêche pas le projet lui-même d'être valable. " Nous nous attendions donc à ce que Behaïm ouvre la main et sorte une bille blanche pour voter oui. Mais il a poursuivi : " Cependant, ce n'est pas parce que ce parvenu de Colón sait reconnaître une bonne idée qu'il est forcément l'homme qu'il faut pour la mettre à exécution ! " »

Bille noire.

« Car il y a d'autres navigateurs, des navigateurs portugais, qui sont plus capables que les frères Colón de relever cet audacieux défi. »

Il a échangé un regard avec l'amiral Dulmo de Terceira, et l'amiral a retiré sa bille blanche pour poser la noire.

« Il y a aussi des étrangers d'autres contrées qui seraient honorés de faire la traversée avec nous », a dit Dulmo de Terceira.

Alors une caravelle a été armée, Dulmo de Terceira en a pris le commandement, avec Behaïm pour lieutenant et avec le globe que votre frère avait oublié dans le salon de la Cosmographie. Ils ont tenté la traversée en passant par les Açores, puis cap à l'ouest.

– Qu'est-ce qui s'est passé ?

Je m'en doutais. Ils avaient dû rencontrer les vents dominants.

Ceuta ricana, très épiscopal :

– Ils manquaient de *cojones !* Ils n'en avaient pas, ni Dulmo, ni Behaïm, ni les autres. Quatre jours de haute mer et ils ont essuyé leur première tempête. Ils ont viré de bord et ils ont laissé le vent les pousser jusqu'à Lisbonne. Au Portugal, Behaïm était discrédité, il est rentré dans son Nuremberg natal deux mois plus tard

– en emportant le globe de votre frère, qu'il a exhibé comme étant son invention.

Ainsi s'acheva la tentative méconnue du Portugal pour atteindre avant 1492 l'Orient fabuleux en naviguant cap à l'ouest.

Pour mes biographes, ma femme Felipa est un personnage falot qui m'a servi de faire-valoir, de trois façons : en tant que fille du directeur du Complexe nautique en expansion, elle représentait un parti approprié pour l'aspirant-découvreur du Nouveau Monde ; comme elle était saine, elle me donna un fils et héritier, le petit Diego. Enfin, lorsqu'elle mourut, elle me fournit l'occasion de lui offrir des funérailles de luxe.

Le dernier quatrième jour de juin, j'étais seul à la boutique, peu avant midi, Barto était allé conclure affaire avec un capitaine maltais. Un homme dégarni entra dans la boutique, hors d'haleine, le visage congestionné. Dès qu'il put parler, il demanda :

– Je cherche un drôle de petit bonhomme laid comme les sept péchés, mais on voit qu'il a bon cœur.

– C'est mon frère, il ne sera pas là de la journée.

– Ah oui, je vous reconnais maintenant, Votre Honneur. Je m'appelle Isaac Levi. Vous étiez passé à ma boutique pour me dire d'apporter de quoi manger à Amalia Lopes tous les jours, mais ce drôle de petit bonhomme – je vous demande pardon, je veux dire le frère de Votre Honneur – s'en était déjà occupé. Il m'avait dit aussi de le prévenir tout de suite si elle avait des ennuis. Elle en a. Et sérieux.

Je le suivis aussitôt.

Comme nous traversions le Rossio, il dit hors d'haleine :

– C'est là qu'ils ont fait le coup, ces Bohémiens. Ils ont poignardé un monsieur pour lui voler sa pendule portative et son argent. Les clameurs ont commencé ici.

Le bidonville était presque désert jusque vers chez Felipa. Mais là, les rues grouillaient de riverains loqueteux.

Deux cavaliers qui menaient la curée avaient rattrapé les Bohémiens dans la rue qu'habitait Felipa. Ils les tenaient au bout de leur épée quand la piétaille arriva. Les Bohémiens furent roués de coups et lapidés. La foule couvrait de quolibets leurs cadavres en charpie au carrefour, à deux pas de chez Felipa. Les deux chevaux semblaient effarés, yeux écarquillés, narines palpitantes. Un des caballeros parlait à un petit homme décharné que je reconnus comme étant le laitier.

– Je te dis que je vais te les payer. C'est un accident tout bête.

Deux des six chèvres étaient étendues mortes à côté des chevaux effarés. Un petit seau de lait à moitié écrasé par un coup de sabot était renversé dans une flaque blanche juste devant la masure de Felipa.

Je poussai le rideau et entrai, heurtant dans la pénombre le prêtre qui sortait. La paille infecte sur laquelle gisait Felipa était maculée de sombre. Quand je fus accoutumé à la pénombre, je vis le saint chrême luire sur son front. Deux vieilles femmes étaient agenouillées à son chevet.

– Là, mon petit, ça y est, disait l'une d'entre elles d'une voix berceuse. C'est une belle petite fille.

Elle avait déjà posé le minuscule cadavre à l'autre bout de la pièce.

– Je peux la voir ?

– Dans un instant, mon petit.

Le caballero entra.

– On est vraiment désolés, tu sais, me dit-il de sa voix maussade. Un accident tout bête. Elle traversait avec son seau, nous on galopait. Si on peut te dédommager...

– Dehors ! dis-je.

– Dis donc, toi, commença-t-il.

Puis il vit que j'étais aussi bien habillé que lui, tandis que la femme qu'il venait de piétiner était une pauvresse. Il en tira une conclusion erronée.

– Eh bien, on dirait qu'on vous a simplifié la vie, hein ? dit-il avec un rire obscène.

Je le poussai rudement dehors et m'agenouillai entre les deux vieilles et Felipa.

– Laissez-nous.

Les lèvres déchirées esquissèrent un sourire, l'œil qui restait ouvert s'emplit de larmes.

– Tu es revenu.

– Oui.

– Tu me ramènes à la maison ?

– Oui, Felipa. Tu rentres à la maison.

– Je serai une bonne épouse, tu verras.

Elle me tendit sa main déchiquetée. Je la touchai. Elle cracha un flot de sang et ne put plus parler.

Je demeurai à genoux auprès d'elle jusqu'à la fin.

Il faisait sombre, l'air était confiné. Peut-être somnolai-je : à l'instant de sa mort, au lieu de la masure et de son trou à fumée, je vis une haute falaise et un bateau avec son mât qui se découpaient contre le grand globe écarlate du soleil sombrant dans la mer.

6

Où j'enrichis mes connaissances sur l'Espagne et les Espagnols et sur moi-même plus encore.

Il suffit d'un coup d'œil sur la carte pour voir qu'en naviguant au sud de Lisbonne, puis à l'est du cap Saint-Vincent, on passe bientôt la frontière espagnole. Le premier port est Huelva, le second Palos. Après une étendue de tristes marécages vient le delta du puissant Guadalquivir. On remonte le fleuve avec la marée pour atteindre la cité de Séville ; si l'on continue le long de la côte, on hausse Cadix, l'autre grand port espagnol de l'Atlantique.

En 1487, Huelva et Palos, situés sur le delta du modeste río Tinto, n'étaient que des bras morts. Ils avaient eu leur heure de gloire, lorsque l'Espagne concurrençait le Portugal dans la course à l'or, à l'ivoire et aux esclaves ouest-africains. Mais en 1481, le roi Ferdinand et la reine Isabelle, qui préparaient leur guerre sainte contre les Arabes dans le sud de l'Espagne, ne pouvaient plus se permettre de risquer la guerre avec le Portugal ; aussi renoncèrent-ils à tout droit sur ce commerce lucratif. Lisbonne vit confirmer sa stature de géante ibérique, les petits ports de Huelva et de Palos devinrent des zones sinistrées. Là où jadis de grandes flottes partaient jusqu'à l'équateur, quelques vieilles barques de pêcheurs en triste état prenaient furtivement la mer à la nuit close pour rapporter leurs maigres prises : merluches, sardines, harengs.

J'en parle parce qu'aucun biographe ne devrait faire comme si son sujet échappait au flux de l'Histoire – erreur commise par la plupart des miens, précisément. Ils prétendent que je me suis embarqué à Lisbonne (soit dit en passant, beaucoup se trompent d'année) avec Petit Diego, après avoir bourré mon sac de matelot de plans, de cartes, des quatre livres qui ne me quittaient jamais, des lettres de Pozzo Toscanelli et du bois flottant de Porto Santo. J'aurais débarqué à la première escale, qui se trouvait être Palos, tandis que notre bateau continuait sur Séville et Cadix. Et pourquoi ? Parce que, vous diront la plupart d'entre eux, j'avais raclé mes fonds de poches pour payer la traversée et cela suffisait tout juste pour aller jusqu'à Palos. Mais le bateau était une felouque de chez Centurione et la traversée ne me coûta pas un sou. J'aurais pu aller jusqu'au terminus, et pendant que j'y étais, mettre plus d'espace entre mes créanciers et moi (les funérailles grandioses de Felipa étaient au-dessus de mes moyens et la patience de Porcini-Zampini lui-même avait ses limites).

La plupart des biographes me plantent là à Palos, avec Petit Diego. Les tout premiers Espagnols que j'ai rencontrés, affirment-ils, ont déclenché une série d'événements qui ont trouvé leur aboutissement dans le succès de la Grande Aventure.

Ridicule !

Je savais parfaitement ce que je faisais en débarquant dans ce Palos jadis prospère. Et si je rencontrai immédiatement ceux dont l'aide m'était nécessaire, ce n'était guère le fait du hasard. Non. J'avais trente-six ans, un fils de six ans orphelin de mère, autant de cheveux blancs que de roux, et, à la mort de Felipa, la Faux m'avait touché de près. Dans un grand port comme Séville ou Cadix, je n'aurais été qu'un capitaine sans vaisseau, un cartographe sans échoppe parmi tant d'autres ; tandis que Palos, oublié par l'Histoire, avait besoin de moi – du moins l'espérais-je.

La felouque abordait le delta, attendant que la marée la pousse en amont, de La Rábida à Palos. Je demandai à Petit Diego :

– Tu vois cette belle bâtisse, là-haut sur la falaise ?

– On dirait une prison.

– Pas du tout. C'est un bâtiment bien solide, de bonnes pierres sombres ; il appartient à de gentils franciscains qui tiennent une école pour les petits garçons de ton âge.

En fait, Petit Diego n'avait pas tort. Vu de l'embouchure du fleuve, le monastère de La Rábida, dressé sur son rocher, avait bien un peu des airs de pénitencier.

– C'est là que tu m'emmènes ?

– A l'école, oui.

Il se mit à pleurer :

– Qu'est-ce que j'ai fait ? J'ai pas été vilain ! Je veux pas y aller.

Je le serrai dans mes bras :

– C'est vraiment une école très bien, tu verras.

Je grimpai la route escarpée et poussiéreuse qui partait de Palos et j'atteignis le monastère dans la chaleur de la fin d'après-midi, Diego sur les épaules. Le prieur nous reçut en personne. Il s'agissait de Juan Pérez, ancien confesseur de la reine Isabelle. Je lui avais écrit, ayant appris par le téléphone arabe à Lisbonne qu'il s'intéressait à la mer et au sort des sans-emploi de Palos et Huelva.

– Alors, voici Petit Diego, dit-il.

Diego le foudroya du regard :

– Veux pas rester !

Juan Pérez se contenta de sourire et lui donna du gros pain et de l'eau fraîche.

– Papa arrête pas de s'en aller et de me laisser, dit Petit Diego la bouche pleine.

– Quelquefois, les gens sont obligés de faire des choses qui ne leur plaisent pas. L'enfant Jésus est né dans une mangeoire et je suis sûr que ça ne faisait pas plaisir à ses parents, dit Juan Pérez.

– Il avait quel âge le petit Jésus ?

– Eh bien, Il venait de naître.

– Alors Il savait pas qu'Il était né dans le..., le trucmuche, là. Moi, je sais que je veux pas rester ici.

– Tu vas changer d'avis, tu verras, prédis-je.

Mais en cinq ans qu'il passa à La Rábida, il ne changea pas d'avis.

Il eut la larme à l'œil au moment des au revoir, moi une boule de la taille d'un pois de Colón dans la gorge.

– S'il te plaît, ne va pas mourir toi, papa.

Juan Pérez me demanda si je comptais coucher au monastère.

– Merci, prieur, mais pas si on m'attend à Palos.

– On vous y attend. L'homme s'appelle Martín Alonzo Pinzón. Vous le jugerez peut-être, disons, d'un commerce difficile, mais c'est le capitaine le plus influent de la ville.

Une heure plus tard, je me trouvais sur le front de mer et je contemplais les caravelles, les houlques, les caraques, des anciennes du commerce avec l'Afrique de l'Ouest, leurs haussières molles, leurs coques obéissant indolentes au courant, comme si elles savaient que le temps des voyages était révolu. Des bernaches s'incrustaient sur leur ligne de flottaison et elles étaient sûrement vermoulues.

– Bernaches, vers, carie sèche, rouille... C'est pas un chantier, c'est un cimetière ! beugla une grosse voix.

Je me retournai et vis Martín Alonzo Pinzón. C'était un

homme de ma taille, pansu comme une barrique, mais monté sur de grêles guibolles.

Le crépuscule nous trouva accoudés au comptoir de bois d'une bruyante bodega du front de mer, où pas une femme n'entrait, occupés à piocher dans une montagne de succulentes crevettes roses et à boire ce vin blanc desséché de Puerto Santa Maria qu'on appelle la manzanilla.

Je récapitulai :

– La loi vous interdit le commerce avec l'Afrique. Venise et Raguse tiennent l'est de la Méditerranée, Gênes et Lisbonne se partagent le nord, avec l'aide de Cadix et Séville – alors qu'est-ce qui vous reste ?

– Vous l'avez dit : rien du tout ! tonna Martín Alonzo de sa voix de taureau en décapitant et décortiquant une crevette charnue qu'il balança dans sa bouche. On n'a vraiment plus où se tourner, on dirait.

– Vous n'oubliez rien ? Des points cardinaux, il y en a quatre, dis-je avec un geste vers la porte ouverte, qui donnait sur l'ouest.

– Oh, bien sûr. Les Açores et tout le bazar, j'y venais, dit Pinzón avec assurance, tout en se demandant où il venait.

Ses traits fins et tassés, ses petits yeux rapprochés, son nez délicat (délicatement cassé), ses lèvres minces, pincées comme pour poser une éternelle question, tout son visage semblait bien trop petit pour sa grosse tête, tendue vers moi dans l'attente que je le mette sur la voie de ce qu'il allait dire.

– Aucun port de la côte ne peut refaire surface par le seul commerce avec les Açores.

– Hé non, bien sûr. Ça fait partie du problème, d'après moi.

– Moi je parlais d'un ouest bien plus lointain. Si loin qu'il devient l'est.

Martín Alonzo Pinzón cogna le pichet de vin vide sur les planches, et un homme au tablier taché de violet le remplit à une des barriques, derrière le comptoir.

Il me regarda :

– Qu'est-ce que vous y trouverez – si vous y arrivez ?

– Cipango. Les Indes. Le Cathay.

Je prononçai ma litanie, et il dit, les yeux brillants comme des phares :

– Cipango ! Bien sûr. J'en ai entendu parler. De l'or. De l'or partout.

– Si je pars d'ici, Palos et Huelva pourraient avoir le monopole du commerce pour cent ans. Toutes les richesses de l'Orient !

– Tout juste, l'ami ! On serait de nouveau riches. C'est la conclusion évidente à laquelle j'arrivais.

Il buvait la manzanilla à la vitesse grand V et fit venir un autre pichet. Son visage rougeaud dégoulinait de sueur.

– Sur qui comptez-vous pour vous financer ?

– Quelqu'un va traverser la mer Océane, dis-je. Si ce n'est pas moi maintenant, d'autres plus tard. Sous pavillon espagnol, ou français, ou anglais. J'irai voir les souverains. Il faudra bien qu'ils me financent.

– Le roi et la reine, voilà la solution, acquiesça Pinzón d'un air sagace. Je vous l'aurais dit, si vous aviez mis plus longtemps à le comprendre.

Il s'essuya le visage d'un avant-bras aussi large que ses cuisses grêles.

– Qu'est-ce que vous prendriez comme bateaux ?

– Des petits, rapides, maniables.

– Des caravelles. Pas des grosses. Cinquante-cinq tonneaux, disons. C'est ça ?

J'appouvai.

– Facile, dit-il avec une modestie affectée. Question de bon sens.

– Et peut-être une caraque d'une centaine de tonneaux pour emporter plus de provisions, dis-je.

– Tout juste ! Exactement ce que je pensais. Il vous faudrait beaucoup de cale pour mettre les vivres et tout le bazar. La caraque, c'est la solution.

Il me regarda :

– Combien de bateaux ?

– Deux suffiraient. J'aimerais mieux trois.

– Trois, absolument, c'est ce que je pensais. Quelles voiles ?

– Des carrées. Oui, des voiles carrées.

Ses petits yeux s'agrandirent. Il me répondit avec dédain :

– Vous êtes *loco !* Des latines, c'est ça qu'il vous faut si vous espérez traverser la mer Océane. Ces vents d'ouest boufferaient vos voiles carrées toutes crues.

C'était la première fois qu'il ne reprenait pas mes paroles à son compte.

– Oui, répondis-je, si j'étais assez bête pour partir d'ici et mettre le cap sur l'ouest tout de suite.

– Comment ça, assez bête pour partir d'ici ? Qu'est-ce que vous avez contre Palos et Huelva ? Assez bête !

– Je dis assez bête pour mettre le cap sur l'ouest tout de suite.

Mais il était encore sous le coup de la nouveauté du désaccord :

– Assez bête ! Merde alors !

– Vous êtes déjà allé en Afrique ?

– Une fois.

Il se calmait. Il me regardait et attendait, mais comme je ne disais rien :

– Tout au sud, jusqu'à Fernando Po. Et alors ?

– Qu'est-ce qui s'est passé quand vous avez traversé la zone équatoriale ?

– Putain, qu'est-ce que vous voulez qu'il se soit passé ? On a troqué des babioles contre de l'or et des chevaux contre des gens.

– Je parlais du vent. Il change là-bas.

– Ça change tout le temps le vent. Et alors ?

– Là-bas, les vents dominants soufflent de l'est.

– ... et... et Cipango et tout le bazar sont à l'ouest, de l'autre côté de la mer Océane.

Il frotta sa barbe de quatre jours en attendant que je l'inspire.

– Je descendrais jusqu'aux Canaries et là je mettrais le cap sur l'ouest, vent en poupe tout le temps, dis-je.

– Alors, faudrait changer de voiles, l'ami, pressa-t-il dans un accès d'inspiration. Des voiles carrées, oui, c'est bien ça qu'il faut si on navigue vent arrière. Des latines, ça vaudrait pas un clou.

– J'emporterais peut-être des latines pour la misaine, histoire d'être tranquille, concédai-je.

– Pour rentrer, vous voulez dire. Il vous faudrait des latines pour rentrer et pas seulement pour la misaine.

– Mais non.

– Comment ça, mais non ?

– Pas si je rentre par le nord, depuis les Indes. Je cueille les vents d'ouest et je les laisse me rabattre sur l'Europe.

– Dire que deux hommes peuvent travailler sur la même idée sans s'être jamais rencontrés, j'en reviens pas ! dit-il en secouant la tête.

Il se retourna avec la grâce d'un chat, malgré sa panse en barrique, et alla jusqu'à une table de planches. Un homme y était assis devant un verre de manzanilla. Il portait un chapeau de velours noir avec un panache blanc en plumes d'autruche.

Martín Alonzo Pinzón le salua. Il se leva et me rejoignit au comptoir avec lui. Il était grand et maigre et se tenait très droit. Il se présenta :

– Luís de Cerda, duc de Medinaceli.

Je ne m'étais pas trouvé en présence d'un grand depuis mon enfance romaine (à l'exception de Son Altesse Sérénissime). Je restai coi un moment, mal à l'aise, tandis que Pinzón appelait le valet de taverne pour payer.

– Permettez, Don Martín Alonzo, dit le duc.

– J'suis pas pauvre au point de plus pouvoir me payer à boire, dit Pinzón en laissant tomber quelques maravédis sur la planche.

– Tiens, remplis le pichet de ces messieurs pendant que tu y es, ajouta-t-il en nous désignant.

Sur quoi, il donna un coup de poing dans le bras de Medinaceli – qui grimaça de douleur – et lui lança en sortant :

– A un de ces quatre, duc.

Luís de Cerda, duc de Medinaceli me vit hausser les sourcils. Il eut un fin sourire et dit :

– Il me traite avec désinvolture, parce qu'il est sur le sable : il se sent plus homme, dois-je me sentir moins duc ?

Il se mit de trois quarts et se frotta subrepticement le bras.

– Qu'en avez-vous pensé ?

J'hésitai. Il dit :

– Vous croyez qu'il va vous couper l'herbe sous le pied, non ?

– Tout juste, l'ami ! tonnai-je avec une conviction pinzonienne. En fait, j'allais vous dire qu'il me masquerait le vent.

Le duc rit. Je vis que je n'avais pas commis d'impair.

– Néanmoins, c'est un capitaine chevronné et vous ne trouverez pas un seul marin sur cette côte qui s'embarque avec vous si Martín Alonzo Pinzón ne marche pas. Et pour cela, il faut qu'il se prenne pour le cerveau. D'ici que vous ayez appareillé, il se sera convaincu que c'est lui qui a conçu toute l'entreprise et que le roi et la reine vous ont simplement envoyé donner leur imprimatur. Évidemment, pour mieux se convaincre, il apportera sûrement quelques améliorations de son cru. Vous pourrez vous y faire ?

Outre le duché de Medinaceli, au nord-ouest de Tolède, je savais que le duc possédait presque tout Palos et Huelva. Je lui dis :

– Je peux me faire à tout pourvu que j'aie le soutien des souverains.

– Écrivez-leur de manière aussi convaincante que vous avez écrit à mon ami le prieur de La Rábida, et je leur porterai la lettre moi-même. N'oubliez pas ce petit slogan : l'Espagne aujourd'hui, sinon la France ou l'Angleterre demain. Joli trait rhétorique.

Je haussai les épaules :

– Ce n'est rien.

Il rit.

– Vous commencez à parler comme un Espagnol. Maintenant, essayez de le dire avec une modestie plus affirmée encore – l'ultime rien métaphysique, *nada.*

Il affichait une expression d'autodédain en répétant : « *Nada.* »

– *Nada,* essayai-je.

– Pas mal. D'où êtes-vous, au fait ? Vous n'êtes pas portugais ?

Il me fallait bien répondre quelque chose, alors je dis : « Je suis de Gênes », ce qui n'était pas un mensonge. Par la suite, le souvenir qu'il garda de ma réponse contribua à embrouiller mes biographes, déjà bien embrouillés au départ.

– D'ici un mois, les souverains devraient passer par Cordoue pour se rendre à Malaga où le Gran Capitán assiège les Arabes. Vous pourriez y être ?

– Cordoue, Malaga, vous n'avez qu'à dire.

– Malaga est toujours aux mains des ennemis, observa-t-il avec douceur.

– Alors Cordoue, si vous préférez, dis-je, sous-entendant que la chose ne m'aurait pas fait peur.

Il eut un petit rire approbateur :

– De plus en plus espagnol.

– *Nada,* dis-je.

Son regard glissa sur mon justaucorps usé par le voyage, mes hauts-de-chausses élimés, puis sur mon sac bourré.

– Ce sont vos habits de cour ? demanda-t-il en souriant.

– Les quatre livres qui ne me quittent jamais et du bois flottant.

– Du bois flottant ?

– Du bois flottant.

Il n'essaya pas d'en savoir plus.

– Eh bien, il vous reste environ un mois à attendre, donc si vous avez besoin de quelque chose, n'hésitez pas.

Mais je me souvenais de l'attitude de Martín Alonzo Pinzón.

– Merci, monseigneur ; ça va aller.

– Dans ce cas, faites-moi porter votre lettre demain vers cette heure-ci et dites-moi comment vous joindre à Cordoue.

Il me recommanda à Dieu et quitta la bodega.

Sans un maravédis en poche, je me rendis de Palos à Cordoue à pied, couvrant deux cent soixante kilomètres en six jours. Je couchai n'importe où, mendiai mon pain et mon vin en chemin, usai deux paires de bottes – dont l'une, j'ai le regret de l'avouer, était volée. Je ne me justifierai pas d'avoir mendié. C'était une profession respectée en Espagne, vieil héritage de près de huit cents ans de domination arabe. Les mendiants espagnols comptent parmi les gens les plus fiers, les plus arrogants, les plus exigeants socialement (à leur manière) que j'aie jamais rencontrés. L'essentiel, comme dans toute carrière, c'était d'être un *bon* mendiant. En Espagne, plus que les choses que l'on fait, c'est la façon dont on les fait qui compte.

Depuis que Peter Schöffer (ou Johannes Gutenberg, si vous y tenez) avait inventé la presse à imprimer à Mayence, l'Allemagne infiltrait des Allemands dans toute l'Europe pour lancer des maisons de publication. Deux imprimeurs allemands avaient ouvert boutique à Rome, en 1464. En 1470 au plus tard, il y en avait deux à Venise et trois à Paris ; le tour de la Hollande vint en 1471, celui de la Suisse en 1473. Et en 1476, trois frères nommés Waldseemüller installèrent une presse à Cordoue.

Cela déchaîna les protestations, prédictions et avertissements habituels. Les copistes se plaignirent amèrement que la presse à imprimer les mettrait sur la paille ; la noblesse s'insurgea contre la vulgarisation des livres par la production de masse qui allait dévaluer ses bibliothèques. Les politiciens et le clergé considéraient tout livre, à l'exception de la Bible (et encore !), comme un véhicule d'idées subversives.

Je ne rencontrai qu'un des trois frères Waldseemüller, Martinus. Ses deux aînés, qui avaient plus d'expérience, passaient leur temps par monts et par vaux pour assurer la vente, car il fut bientôt manifeste que, plus que leur contenu, la promotion des livres déterminait le succès des publications.

Le jour de mon arrivée à Cordoue, je trouvai Martinus Waldseemüller dangereusement juché sur une échelle devant sa boutique, qui était la seconde à droite en partant de la porte de Fer. Il pouvait avoir la trentaine. Il avait la tête dans les épaules et se rasait le crâne pour faire ressortir plus que pour cacher sa calvitie naissante, disgrâce rare en Espagne où l'on consomme beaucoup d'ail et d'huile d'olive. Perché sur le troisième barreau de son échelle, il lessivait à la chaux les graffiti rouge sang qui s'étalaient sur sa façade, pour la plus grande joie des badauds.

Il ne restait que trois lignes tronquées :

...culent les chèvres et les petits garçons
...aisent de la chatte arabe
...üller dehors !

Quand l'Allemand descendit de son échelle, le crâne tout moucheté de chaux, je lui demandai :

– Auriez-vous besoin d'un lettré expérimenté ?

Je ne pouvais pas trouver d'emploi de capitaine ou de cartographe à l'intérieur des terres, mais comme la plupart des cartographes, Barto et moi nous étions aussi occupés de livres à l'occasion.

– J'ai besoin d'un ouvrier pour fabriquer le papier. Si ça vous intéresse, c'est seize heures par jour, à l'atelier et en ville.

– Pourquoi en ville ?

– Pour les acquisitions. Il faut bien que quelqu'un récupère les vieux habits pour faire du papier. Je paie huit maravédis par jour ; c'est à prendre ou à laisser.

Huit maravédis par jour, de quoi ne pas mourir de faim et se payer un pichet le samedi soir. Mais il me fallait une nouvelle garde-robe pour mon audience auprès des souverains.

Waldseemüller ajouta :

– Plus les à-côtés habituels. Congé le dimanche et un jeudi après-midi sur deux. Alors ? *Ja* ou *Nein ?*

Je soulevai mon sac de matelot qui contenait les exemplaires copiés à la main des quatre livres qui ne me quittaient jamais. Je savais qu'il y avait pénurie de livres à mettre sous presse.

– Combien vous me paieriez de droits pour copier ces quatre volumes ?

– Tout dépend, dit-il avec un manque d'intérêt affecté. On ne fait que des titres à fort potentiel de vente.

Il louchait comme un avaricieux sur mon sac bien rempli.

– Qu'est-ce vous me proposez ?

– Le livre de Ser Marco Polo, déjà.

– Cette vieille lune ? Les gens n'en voudraient pas, même pour rien.

– *L'Histoire naturelle* de Pline.

– Irrémédiablement dépassé ; paierait pas les frais.

– *L'Imago Mundi* de Pierre d'Ailly et *l'Histoire de la géographie* d'Aeneas Sylvius. C'est le pseudonyme de feu le pape Pie II, ajoutai-je vivement en voyant qu'il ne faisait pas grand cas de mes biens.

– Le d'Ailly, c'est du réchauffé, surtout depuis qu'on redécouvre Ptolémée. Quant à Sa Sainteté, elle n'a fait que plagier Ptolémée, et dans l'édition, son pseudonyme est un secret de polichinelle. Non, dit Martinus Waldseemüller, j'ai bien peur que rien de tout cela ne fasse un best-seller. Malgré tout, comme les livres sont encore une nouveauté en Espagne, on en vendra bien quelques exemplaires. Je double votre salaire le temps de les mettre sous presse. Alors, *Ja* ou *Nein* ?

Je pris avec philosophie sa désinvolture à l'égard des quatre ouvrages qui étaient au centre même de l'élaboration de la Grande Aventure et acceptai à condition qu'il me donne un acompte – en quoi je fus peut-être à l'origine de la tradition. Et c'est ainsi que je devins ouvrier chez Waldseemüller frères, livres de qualité.

Le travail était dur. On écrasait les vieux habits au battoir de bois pour briser les fibres, on les hachait dans un baquet, on les faisait bouillir avec un décolorant ; on ajoutait cent volumes d'eau pour un volume de linge blanc ; plus la quantité nécessaire de colle animale puante pour rendre résistant le futur papier ; on absorbait l'eau par un épuisant système de tamis et en pressant ; on coupait le papier humide, comme le boulanger sa pâte, et on faisait sécher les feuilles comme du linge.

Le samedi, on faisait la tournée de Cordoue avec une charrette tirée par une mule pour acheter les vieux habits.

Cela me laissait tout juste le temps de manger et dormir dans une auberge toute proche. Je n'aurais jamais rencontré la mère de mon fils et biographe Fernando si, de temps en temps, à des intervalles imprévisibles, Martinus Waldseemüller n'avait pas mis ses habits du dimanche (béret de velours noir, robe de satin violette, col et poignets noirs, chaussures à talons rouges) avant de disparaître quelques heures, sans doute pour manger du fer.

Un après-midi qu'il était sorti, me laissant la boutique, une jeune femme entra.

– Je veux acheter un livre, dit-elle.

– Oui. Quel genre ?

Cette question sans détours sembla l'alarmer.

– Mais... classique, ordinaire. Je n'y ai pas vraiment réfléchi.

J'essayai de l'aider :

– C'est pour offrir ?

– Non, non. C'est pour moi.

Je continuai sur le même ton :

– Eh bien, quel genre de livres aimez-vous ?

A ces mots innocents, elle se mordit la lèvre, indécise – croyais-je.

– Je ne sais pas vraiment, dit-elle d'une petite voix.

Il n'y avait pas d'étalage. On imprimait les livres, on les reliait en parchemin, et soit Martinus Waldseemüller les vendait immédiatement à Cordoue, soit ses frères s'occupaient de la distribution dans le reste de l'Espagne. Il en restait parfois quelques-uns dans la boutique et les clients qui ne souhaitaient pas s'attirer l'ire du clergé, des nobles et des politiciens, se glissaient furtivement dans la fabrique et repartaient avec leurs achats enveloppés dans du papier uni, marron le plus souvent.

Cette jeune fille, au contraire, était entrée par-devant, une expression fière et décidée sur le visage. C'était d'ailleurs un visage agréable à regarder. Ses yeux incontestablement ibériques, sombres, mystérieux, non dépourvus de coquetterie, ses lèvres peut-être berbères, pleines et sensuelles, son nez hautain qui pouvait bien être sémite, tous ses traits soudain empreints de timidité indiquaient la diversité de ses origines espagnoles. Elle était grande et bien proportionnée, sa silhouette évoquait les lignes d'un sablier. Ses joues roses, wisigothes peut-être, ses grandes mains, lui donnaient l'air d'une paysanne fraîchement arrivée à la ville.

– En fait, dit-elle, je suis une paysanne fraîchement arrivée à la ville et je voudrais acheter un livre.

Elle avait surmonté sa timidité et parlait maintenant avec assurance et même avec une pointe d'agressivité.

– Qu'est-ce que vous diriez des *Vies* de Plutarque ?

– Ça finit bien ?

Comme vous le savez, Plutarque étudia les *Vies des hommes illustres,* pour appeler le livre par son nom, jusqu'à leur dernier soupir, ce qui ne fait guère de *happy ends.*

– Euh... oui et non.

Elle roucoula de délice.

– Oh, juste comme j'aime - du mystère.
– Certains ont des chagrins d'amour.
– Ah, c'est romantique en plus.
– Plusieurs héros meurent jeunes.
– C'est beau, c'est tragique ! Je le prends.

Je dénichai l'exemplaire abîmé de Plutarque que Martinus Waldseemüller réservait pour ce type d'urgence.

Elle examina le dos déformé et demanda :

– Il est bien comme livre, pour apprendre à lire ?

– Ah, parce que vous ne savez pas ? Mais alors, pourquoi voulez-vous un livre ?

– Eh bien, pour apprendre, bien sûr.

– Ça n'est pas l'usage, dis-je aussi doucement que le duc de Medinaceli m'avait révélé que les Arabes tenaient Malaga.

– Vous voulez dire qu'il faut que je sache lire avant d'acheter un livre ? C'est injuste. Comment pourrai-je apprendre si je n'en achète pas ?

J'essayai de lui expliquer.

– Eh bien, si ce n'est pas défendu par la loi et si ce n'est pas trop demander, je vais quand même prendre ce Pluto, dit-elle, glaciale.

– Plutarque, rectifiai-je tandis qu'elle comptait soigneusement ses maravédis de cuivre terni, soixante-huit au total, soit deux réaux d'argent.

Je lui rendis douze pièces en lui expliquant que le livre était abîmé. Martinus Waldseemüller m'aurait écorché vif.

– Je vous fais un paquet ?

– Jamais de la vie. Je veux que la terre entière le voie.

Elle tourna les talons. Sur sa chevelure d'un noir de jais, elle portait un bonnet à la turque. Sa robe bleu pâle était ceinturée de façon à mettre en valeur la minceur de sa taille et les courbes de ses seins et de ses hanches, pareilles à des voiles gonflées de brise. Son acquisition l'enchantait beaucoup plus que le vendeur ; elle me quitta dans un mouvement d'indignation que je trouvai déconcertant et séduisant.

Elle allait sortir de la boutique et de ma vie, quand je la rappelai.

– Je vous apprendrai à lire, si vous voulez.

Beatriz et moi nous retrouvions tous les dimanches après la messe et un jeudi après-midi sur deux au pressoir à olives de son oncle, qui ne servait pas en cette saison.

Il y eut d'emblée une certaine dimension physique dans ma pédagogie. N'oubliez pas que j'avais moi-même appris à lire sur les genoux de l'Amazone. Beatriz se méprit tout d'abord.

– Gardez vos mains pour vous.

Nous étions penchés sur la table, je lui tenais la main tandis qu'elle s'efforçait de tracer son nom avec un morceau de charbon sur les rebuts de papier que j'accumulais dans mes débuts d'ouvrier malhabile.

– Excusez-moi, mais si je ne vous aide pas au début... regardez.

Ses lettres avaient dégénéré en gribouillis illisible. On aurait dit une ordonnance de médecin.

– Alors, apprenez-moi seulement à lire, pas à écrire.

Je ne voyais pas comment faire l'un sans l'autre.

Les leçons continuèrent assez innocemment. Bientôt nous échangions des petits mots, le grand pressoir à olives pour seul témoin. Je n'avais pas encore réussi à lui apprendre les majuscules ni la ponctuation.

MOI : Êtes-vous heureuse ?

ELLE : d'apprendre à lire et à écrire oh oui

MOI : Comment se fait-il que vous puissiez venir ici sans votre duègne ? A moins qu'elle ne se cache dehors ? Ha, ha !

ELLE *(prenant deux des petits bouts de papier dont nous nous servions pour préparer la phrase la plus longue qu'elle ait écrite jusque-là) :* d'abord je suis une paysanne du tout petit village de santa maria trasiera et là-bas pas besoin de duègne parce que tout le monde se

MOI *(l'interrompant avec mon charbon) :* Mais Cordoue n'est pas Santa María Trasiera.

ELLE : connaît et ensuite vous êtes un homme comme il faut et je sais bien que vous n'allez pas profiter de la situation

MOI : Ce doit être un compliment, mais quelque part je trouve ça insultant.

ELLE : faut-il que vous soyez macho laissez-moi finir mon vrai nom fait peur aux hommes et s'il faut en arriver là je le leur dis et ils tiennent leurs distances ou même ils se sauvent alors je n'ai vraiment pas besoin de duègne

MOI : Je croyais que Beatriz était votre vrai nom.

ELLE : je veux dire enríquez de harana n'est pas mon nom de famille je suis orpheline ne l'oubliez pas

MOI : Et c'est quoi votre nom de famille ?

ELLE : peu importe vous êtes la dernière personne à qui je voudrais le dire continuons la leçon s'il vous plaît

(Donc, inévitablement) :

ELLE : vous êtes triste aujourd'hui

MOI : Ce n'est rien.

ELLE : pourquoi êtes-vous triste aujourd'hui

MOI : Le roi et la reine ont traversé Cordoue sans s'arrêter, et avec six mois de retard, encore.

ELLE : vous dites ça pour faire une phrase vous n'alliez pas les voir quand même

MOI : Ça ne servirait à rien d'en discuter maintenant, mais vous vous trompez.

ELLE : pardon je ne voulais pas vous fâcher

MOI : Quelquefois je me fais l'effet de Don Quichotte contre les moulins à vent – tout est si futile.

(Notez que Cervantes ne publierait la première partie de son chef-d'œuvre qu'en 1605. Donc je n'ai pas pu écrire cette phrase précise sur mon bout de papier. Mais elle est admirablement dans la note.)

ELLE : si vous dites qu'un jour vous traverserez la mer océane je vous crois

MOI : Que vous le croyiez ou non, je le ferai.

ELLE : vous êtes encore fâché

MOI : Moi ?

ELLE : je vais faire quelque chose qui vous consolera si vous ne me trouvez pas trop hardie

MOI : Je ne vous trouve pas trop hardie.

(Hiatus.)

ELLE : est ce que ça va mieux maintenant

– Beatriz, Seigneur, je...

ELLE : par écrit s'il vous plaît n'oubliez pas que vous m'apprenez

MOI : J'aime vos yeux incontestablement ibériques.

ELLE : j'aime votre barbe à rayures rousses et blanches

MOI : J'aime vos lèvres peut-être berbères.

ELLE : alors parlez-en moins et embrassez-les plus

(Hiatus prolongé.)

MOI : Si on ne s'arrête pas tout de suite, je ne m'en tiens plus aux baisers.

ELLE : je ne vous ai pas dit mon vrai nom ! Alors ? Ne vous arrêtez pas !

C'était la première fois qu'elle mettait la ponctuation et c'est le moment de mettre un point final à cette scène.

Quand le Gran Capitán prit Malaga, les souverains plantèrent eux-mêmes les étendards jumeaux de l'Aragon et de la Castille au faîte de la forteresse arabe qui dominait le port. Après quoi, ils reprirent leurs interminables tournées. Il est permis de penser que c'était là la cour la plus péripatétique de tous les temps : le roi Ferdinand et la reine Isabelle passaient leur vie par monts et par vaux, comme en quête de suffrages dont leur naissance les dispensait.

Ils visitèrent Valence, Barcelone, Tarragone et Saragosse, capitale aragonaise de Ferdinand. Ils visitèrent Valladolid (près de Medinaceli, mais pas un mot du duc), Oviedo, León, Burgos et Tolède, capitale aragonaise d'Isabelle. Tout ça pour rallier le soutien des nobles, en vue du siège final de la citadelle arabe de Grenade.

Pas étonnant qu'ils n'aient pas le temps de s'intéresser à ma Grande Aventure !

C'est ce que je me disais pour me consoler, mais ça ne marchait pas. Ma seule vraie consolation, je la trouvais en Beatriz avec qui je me mis en ménage à mi-chemin entre la juderia ou ghetto et la place qui s'appellerait un jour plaza de Colón en mon honneur. J'échappai donc au sort des amoureux transis qui, tandis que leur belle est assise à son aise derrière les grilles de fer forgé, sont debout dehors à proclamer leur amour par tous les temps – vieil usage espagnol qui s'appelle « manger du fer ».

Nous avions abandonné nos petits bouts de papier et pouvions maintenant avoir des conversations plus profondes. De ce temps-là, à Cordoue, outre la Reconquête, le grand sujet de conversation était la fornication. Impossible de rester neutre. Les conservateurs soutenaient, comme le clergé dans ses déclarations publiques, que la fornication était un péché mortel. La pénitence serait lourde, peut-être un pèlerinage pénible. Les libéraux croyaient, comme le clergé dans son intime conviction (car beaucoup d'ecclésiastiques entretenaient des concubines ou couchaient à droite à gauche), que la fornication était un péché véniel, lavé en quelques *Pater* ou quelques *Ave.*

Début novembre, il devint évident, même pour l'œil le moins

averti, que Beatriz était enceinte. Sa famille lui demanda si nous allions nous marier avant la naissance du bébé.

– Qu'est-ce que je leur dis ? me demanda-t-elle.

Bonne question, qui occasionna les divergences habituelles entre mes biographes et les faits. Prenez ce type qui a tout uniment déclaré qu'il laissait aux autres « ma psychologie, mes mobiles et tout et tout ». Eh bien, il ne rate pas une occasion de sonder mes pensées les plus intimes, et voilà qu'il vous sert ses spéculations insultantes, non pas comme des conjectures ou de la psycho-histoire, mais comme des faits.

En clair, il dit que je n'ai jamais épousé Beatriz parce qu'elle ne représentait pas un parti avantageux pour moi, contrairement à la fille du pauvre Perestrello.

J'avais l'esprit ailleurs quand Beatriz me posa sa question : je venais d'écrire ma quatrième lettre au duc de Medinaceli. Les trois premières étaient restées sans réponse, à croire avec le pauvre vieux Perestrello que le monde était plat et que Medinaceli en avait fait les frais en se penchant au-dehors.

– Cristóbal, il faut bien que je leur dise quelque chose.

J'étais à la fenêtre, d'humeur chagrine. Un cavalier qui aurait pu être un courrier royal passa au galop. Je le regardai éperonner sa bête et disparaître, le cœur lourd.

– Raconte-leur ce que tu veux, dis-je avec humeur.

Un matin, début décembre, Beatriz me demanda de ne pas traîner après ma journée chez Waldseemüller frères, livres de qualité. A huit heures et demie, je me trouvais dans notre salon, qui était petit, mais douillet. Des odeurs de cuisine alléchantes, à dominante aillée, remplissaient l'appartement.

– Ils seront là dans une demi-heure.

– Qui donc ?

– Les envoyés, dit-elle, sibylline.

Voyant mes yeux s'illuminer d'un timide espoir, elle précisa aussitôt :

– De chez moi, je veux dire. Mon cousin Diego Enríquez de Harana et le docteur Juan Sánchez, ami intime et conseiller de ma famille.

Elle s'approcha de moi et me prit la main.

– Je suis désolée, Cristóbal. Tu croyais que je parlais d'envoyés des souverains ?

– *Nada,* dis-je d'un ton fataliste en réussissant presque à arborer l'expression juste.

Diego Enríquez de Harana était un grand gaillard carré et athlétique qui pouvait avoir la trentaine. Quant au docteur Juan Sánchez, avec sa calvitie-tonsure, ses rides au coin des yeux, son ventre de propriétaire, au chevet d'un malade il devait faire un effet rassurant.

– Je vais vous parler en homme civilisé, annonça Harana sur un ton qui ne présageait rien de bon.

Juan Sánchez s'interposa :

– Allons, Diego, et ta promesse ?

– Son père, dit Enríquez de Harana, s'appelait...

– Non, Diego ! hurla Beatriz. Non !

Le brave docteur en était muet de consternation.

– Son père s'appelait Pedro de Torquemada et il n'y a qu'une seule famille Torquemada en Espagne, ils sont tous cousins. Alors, si tu ne répares pas, devine qui vient dîner ? dit Diego Enríquez de Harana, homme civilisé.

Juan Sánchez secoua la tête avec une profonde tristesse. Beatriz porta sa main à sa bouche, horrifiée.

– Je ne peux pas me marier, dis-je.

– Et pourquoi ? demanda Harana.

Il était encore plus grand que moi et jouait sur sa stature.

– Ce serait déloyal envers ma femme. Je ne vais pas tarder à quitter l'Espagne et je serai peut-être absent plusieurs années.

Il y avait du vrai. Soit je naviguerais pour le compte des souverains espagnols, soit j'irais au nord, malgré l'avance de John Cabot, et je tenterais ma chance en Angleterre auprès d'Henri VII, à la cour duquel mon frère Barto se trouvait déjà, avec notre requête. Le temps et l'espace avaient eu raison du froid qui nous avait séparés ; nous avions échangé une série de lettres à l'issue desquelles il s'était mis en route pour la cour d'Angleterre. Il était plus facile d'y déposer une requête, le roi Henri VII étant de complexion bien moins péripatétique que Ferdinand et Isabelle, nos éternels nomades.

– Pourquoi quittez-vous l'Espagne ?, demanda Enríquez de Harana.

Ses manières soupçonneuses et méthodiques évoquaient le policier. J'aurais l'occasion de m'en souvenir.

– Beatriz ne vous a pas parlé de la Grande Aventure ?

Ils firent non de la tête. Il ne restait plus qu'à sortir les plans, les cartes et le bois flottant, en commençant par le commencement, c'est-à-dire par ma décennie julienne au septentrion.

– A table ! dit Beatriz à onze heures.

– Alors, vous n'êtes jamais arrivé au Groenland, dit Juan Sánchez, ébaubi de toutes ces découvertes.

– Non, non. On ne l'a pas retrouvé.

– Le poisson est froid et le rôti, ça va être de la semelle, annonça Beatriz à minuit.

Son cousin Enríquez de Harana, toujours soupçonneux, poursuivait la question de la voilure.

– Si les latines ont toujours bien marché vers l'Afrique occidentale, pourquoi les abandonner maintenant ?

Je commençais à le lui expliquer lorsque je fus interrompu par un bruit de sabots. Le cheval s'arrêta en hennissant. Il y eut un piétinement de bottes et un cliquetis d'éperons dans le patio. On frappa à grands coups.

L'espace d'un instant, je pensai au vrai nom de Beatriz et à son cousin Tomás de Torquemada, grand inquisiteur.

– Colomb ! cria une voix. Don Cristobál Colomb !

– Je m'appelle Colón, rectifiai-je.

– Bon, la convocation royale porte Colomb, étranger, moi c'est tout ce que je sais, dit le courrier.

J'ouvris la porte avec une telle fougue que je faillis la faire sauter de ses gonds.

C'est donc sous l'identité de Colomb, étranger, que je reçus le premier message du roi et de la reine, qui, quelques années plus tard, en récompense de leur guerre sainte, se verraient décerner le titre officiel de « Los Reyes Catolicos » et par qui ? Par mon vieil ami le cardinal Borgia, devenu pape sous le nom d'Alexandre VI.

Mais je m'emballe et j'anticipe encore.

Le courrier déroula d'un geste plein de panache le message, somptueusement enluminé sur un beau vélin, et je lus.

Ferdinand et Isabelle,
rois de Castille, León, Aragon, Sicile, etc.
par la grâce de Dieu
à Don Cristóbal Colomb, étranger

Nous vous ordonnons de vous rendre auprès de nous
pour nous informer de l'entreprise des Indes
dite Grande Aventure
lorsque la cour séjournera à Salamanque,

perle de notre royaume et de toute la chrétienté
vers la Noël.

Signé	Signé
Nous, Roi	Nous, Reine
Ferdinand	Isabelle

Je montrai la missive à Beatriz en tremblant ; Enríquez de Harana et Juan Sánchez l'écoutèrent, ébahis, la lire à haute voix.
– Tu ne m'avais pas dit que tu savais lire, dit son cousin.
Le docteur rayonnait à rassurer n'importe quel malade.
Enríquez de Harana fronça les sourcils :
– Qu'est-ce qui nous prouve que ce n'est pas un faux ?
Le courrier mit la main à son épée :
– Répétez un peu, pour voir, lança-t-il.
– Pardon, mais ça tombe tellement à pic pour Colón que ça fait réfléchir.
Telle fut la dernière allusion à la question matrimoniale qu'ils aient jamais faite, en ma présence du moins.
– Colomb, rectifia le courrier. Il s'appelle Colomb. Et vous avez le sceau royal juste là.
Enríquez de Harana l'admit en marmonnant. Son regard prit une expression rêveuse que j'aurais l'occasion de revoir.
– Je me demandais...
Il traînait les pieds en parlant.
– ... J'ai un peu navigué, vous savez. Oh, c'est pas le bout du monde, mais j'apprends vite. Vous avez vu comment Beatriz a appris à lire, ça tient de famille. Alors, je me demandais si je pourrais...
Son intonation chuta, puis remonta soupçonneuse :
– A moins qu'il n'y ait déjà une liste d'attente, évidemment.
Juan Sánchez prit le même air rêveur et s'enquit de sa voix persuasive :
– Vous n'auriez pas, par hasard, besoin d'un médecin de bord ?

J'arrivai dans la salle du Comité à dix heures pile. A onze heures trente, Hernando de Talavera, ascète au regard brûlant, fit son entrée et expliqua que, pour changer, les souverains seraient en retard sur l'horaire prévu à l'étape et qu'ils manqueraient donc l'audience. Tandis qu'il parlait, les autres membres du Comité défilaient pour regarder avec curiosité mon sac de matelot, vide des quatre livres qui ne me quittaient jamais – et que des gangs de Santo Tome et San Benito m'avaient volés entre Cordoue et Salamanque.

Malgré la perte de ces livres, malgré ma laryngite mal liquidée – j'avais pris froid en chemin –, ma présentation de la Grande Aventure ne semblait pas trop mal engagée. Mes échantillons de bois flottant, nouveauté du jour, circulèrent autour de la table de conférence, suscitant divers commentaires – certains déconcertants du style : « Oh, le bois flottant, quand on en a vu un bout, on en a vu cent. »

Enfin, le monde vu par Pozzo Toscanelli (et modifié par Barto) fut déroulé sur une table royale espagnole, devant un comité royal espagnol, tandis que de ma voix étranglée par la laryngite j'expliquais de façon lumineuse son rapport avec la Grande Aventure.

Hélas, les ennuis commencèrent avec les questions sur l'exposé. Hernando de Talavera, ascète aux yeux brûlants, était également habile interrogateur.

– Et de quelle largeur est l'océan occidental, avez-vous dit ?

– Quatre mille kilomètres, prieur.

En l'absence des souverains, il était prieur du monastère du Prado, près de Valladolid.

– Saint Augustin n'aurait guère pu accepter ce chiffre, n'est-ce pas ?

– Avec tout le respect que je dois au saint, c'est un sujet qu'il n'a jamais abordé.

Talavera changea de cap avec la rapidité d'une caravelle qui va au lof :

– Mais il y en a qui soutiennent que le monde est infini, n'est-ce pas ?

– Il est difficile de dire qu'une sphère, dont on peut calculer la circonférence avec précision, est infinie. Il y a trois cent soixante degrés de longitude, chacun mesurant soixante-douze kilomètres environ à l'équateur.

– Saint Augustin aurait jugé ce chiffre irrecevable.

Clair et net, cette fois.

– Sauf le respect que je dois à saint Augustin, il n'avait jamais entendu parler de méridiens de longitude.

– Vous voyez ! Donc pour lui ce chiffre aurait été irrecevable, répliqua Talavera dont les yeux s'enfiévraient un peu plus quand il changeait de cap. Et combien de temps prendrait ce... cette Grande Aventure ?

– Cela dépend du temps que je passerais en Orient. En mer, disons, un mois ou six semaines à l'aller, autant au retour.

– Mais si saint Augustin a raison et vous tort, si la mer Océane est plus large, combien vous faudra-t-il ?

– Plus longtemps. Mais ce n'est pas le cas. Donc, en un mois j'y serai.

Mon enrouement ne me laissait plus qu'un filet de voix.

– Comment ? Parlez plus fort, je vous prie.

– Couac mois, j'y serai.

– *Y* c'est *où*, précisément ?

– Cipango ou les îles qui se trouvent au large de la côte indienne.

– Parce que vous ne savez même pas ? Saint Augustin n'a jamais été aussi vague.

– Saint Augustin n'a jamais eu à prendre en compte des variables telles que les changements de vent, ni...

– Avez-vous considéré que pour deux raisons il est fort possible qu'il n'y ait pas la moindre terre aux prétendus antipodes, de l'autre côté du globe ?

– Et le bois flottant que vous venez de voir, d'où venait-il ?

– La première raison en est que les antipodes, selon diverses autorités de l'Antiquité, pourraient bien être couverts d'eau, la seconde c'est que saint Augustin le dit. Allons, ne croyez-vous pas au fond de votre cœur que s'il existait d'autres continents, et que Dieu ait voulu que nous les trouvions, depuis la création du monde nous les aurions déjà découverts ?

– Moi, dis-je patiemment, j'essaie de découvrir un raccourci pour des continents dont nous savons déjà qu'ils existent, c'est tout.

– Que vous dites ! Mais saint Augustin n'en avait jamais entendu parler.

Ainsi disputait-on, saint Augustin, mort depuis mille ans et des poussières pour ultime arbitre. Talavera, champion de la Vérité, gagnait un souffle que perdait Colón champion de la laryngite.

Comme je regrettais mes quatre livres ! J'en aurais fait des citations pour réfuter les arguments de cet ecclésiastique borné et de son saint allié antédiluvien ! Sénèque, par exemple, ce grand Romain d'origine espagnole qui avait prédit dès l'Antiquité : « Le temps viendra où l'Océan livrera ses mystères pour révéler un continent immense. Un grand navigateur découvrira ce Nouveau Monde et Thulé ne sera plus ultime. »

Malheureusement, ce jour-là, je n'étais pas en mesure de citer qui que ce soit.

Finalement, vers le coucher du soleil, le Comité se réunit en bout de table. Têtes penchées les unes vers les autres. Murmures. J'éternue. L'obscurité se glisse dans la salle. On allume les chandelles. Second éternuement.

Talavera dit :

– Vous serez logé à l'hospice des Étudiants, encore en construction, où vous attendrez le bon plaisir des souverains.

Pas un mot, dans un sens ou dans l'autre, sur la Grande Aventure. Ils n'en gardaient pas moins mes plans, mes cartes et mon bois flottant.

– Quand arrivent-ils ?

– Bientôt.

Dire que l'hospice des Étudiants – qui n'abriterait que des solliciteurs et des mendiants jusqu'en 1533 – était en construction, c'était encore trop dire. On avait bien défoncé la terre. Il existait peut-être un plan d'occupation du sol dans un coin. On avait assemblé des baraquements de bric et de broc sur l'emplacement du chantier, et c'est dans l'un de ces baraquements que je fus cantonné, avec une demi-douzaine d'autres pétitionnaires qui attendaient également le bon plaisir des souverains. Nous couchions par terre, nous mangions sous l'auvent du grand réfectoire de fortune – au menu : miettes de pain frites, saucisses à l'ail l'après-midi, lavasse en guise de soupe le soir, quelquefois un bout de fromage de la Manche, le tout arrosé de vin de la Manche, râpeux mais sympathique. Ma laryngite-grippe suivait son cours, l'hiver donnait des signes de printemps, et chaque jour la même question hantait l'hospice des Étudiants :

– Quand est-ce qu'ils arrivent ?

Personne n'en savait rien.

J'écrivis à Borgia. Sa réponse trouva le printemps en pleine fleur. Mon frère en avait soupé de l'Angleterre. Puisque le roi Henri VII était un mollasson, il se préparait à partir pour la France où il tenterait sa chance à la cour de Charles VIII, installée à Fontainebleau.

J'écrivis à Beatriz et appris que notre fils était né. A part ses yeux d'un bleu intense et pénétrant, écrivait Beatriz – absence de majuscules, ponctuation défectueuse –, il était plus Torquemada-

Enríquez que Colón. Ils avaient remis le baptême pour attendre mon retour ; le cœur gros, il me fallut leur répondre de se passer de ma présence car Leurs Majestés ne s'annonçaient nullement. Polarisé par la question, j'ajoutai : « Prénommez-le Fernando, ça nous portera bonheur. »

J'écrivis aussi à frère Juan Pérez, prieur de La Rábida, pour avoir des nouvelles de Petit Diego. Je ne fus pas peu fier – et pas peu surpris – de recevoir en réponse quatorze mots tracés d'une main enfantine. Mais la surprise fit place au chagrin et à un profond sentiment d'échec lorsque je lus les mots nus et crus que Petit Diego m'adressait laborieusement : « Papa, je voudrais rentrer chez nous. Quand est-ce que tu me ramènes, papa ? »

Chez nous ? pensais-je. Où ça ? Nous n'avions pas de chez nous. A trente-sept ans, bientôt trente-huit, je ne pouvais pas offrir de foyer à mon fils aîné, et je n'aurais pas la fierté de voir mon cadet sur les fonts baptismaux.

Approchais-je seulement du but auquel j'avais consacré ma vie ? Rien ne l'indiquait. Étais-je même moins fou que le solliciteur hirsute et hagard qui dessinait des plans sophistiqués d'aéronef d'où l'on pourrait jeter des pierres et des boulets de canon en fer de fonte sur Grenade ?

Quand est-ce qu'ils arrivent ?

Allez savoir. Mystère.

La chaleur de l'été fit place à la fraîcheur des nuits d'automne, et bientôt, le matin, le gel étincela sur le sol durci, et au prétendu hospice des Étudiants on grelotta. Vinrent les premières neiges. Noël approchait pour la seconde fois, et enfin se leva le jour glorieux qui vit apparaître les courtisans aux riches costumes, accompagnés de leurs dames éblouissantes. Au moins, l'avant-garde était dans Salamanque.

Mais toujours pas de Majestés.

Quand est-ce qu'ils arrivent ?

Après la chute de Grenade, peut-être. Si Grenade tombait bien sûr.

Ils arrivèrent la veille de Noël ; il y avait un an jour pour jour que j'avais traversé le pont romain pour m'écrouler sur la place de l'Université.

Un page traversa la neige en traînant les pieds et parvint à l'hospice des Étudiants. Il battait des mains à travers ses gants et tapait des pieds pour se réchauffer.

– Je cherche l'hospice des Étudiants, dit-il.

– Vous y êtes, lui répondit-on.

Sur ses traits juvéniles passa l'ombre de l'incrédulité.

– Ah bon ? On est à l'intérieur ici ?

A force de gesticulations, il parvint à dégeler partiellement et annonça :

– Leurs Majestés m'envoient chercher un type nommé Colomb.

Ils étaient assis sur des trônes jumeaux dans la salle d'honneur d'une noble demeure réquisitionnée.

J'obligeai mes jambes flageolantes à me porter jusqu'au fond de la salle, je m'agenouillai devant l'estrade. Les battements de mon cœur résonnaient à mes tympans qui saisirent faiblement la voix du page estropiant mon nom.

– Cristóbal Colomb, étranger – cinq minutes.

J'ouvris la bouche pour protester que ma Grande Aventure, qui concernait la moitié du globe, méritait sûrement beaucoup plus que cinq minutes, mais les mots ne voulaient pas sortir.

J'entendis la voix du roi dire : « Levez-vous », et je me levai.

J'entendis la voix de la reine dire : « Approchez », et j'approchai.

Ils baissèrent les yeux vers moi.

Je levai les yeux vers eux.

Personne n'ignorait que Ferdinand et Isabelle étaient cousins germains et qu'il leur avait fallu une dispense papale pour ce mariage dynastique qui réunissait leurs royaumes. Je m'attendais donc à leur trouver une grande ressemblance, en quoi je me trompais.

Le roi Ferdinand, revêtu de sa royale houppelande d'hiver, sa couronne de voyage posée sur sa grosse tête, était un homme basané aux yeux sombres qui vous transperçaient ; il avait le buste long et les jambes ridiculement courtes : ses royales pantoufles molletonnées touchaient à peine l'estrade.

La reine Isabelle, revêtue de sa royale houppelande d'hiver, sa tête de taille normale coiffée de sa couronne de voyage, me rappelait étrangement quelqu'un.

Je devais lui faire le même effet, car elle ne cessait de me dévisager.

– Venez plus près. Montez sur l'estrade.

Je montai les deux marches et m'inclinai bien bas.

L'observation mutuelle reprit.

Le roi Ferdinand s'éclaircit la gorge avec impatience.

La reine avait un port de reine. Sa chevelure auburn s'éclairait de flammèches cuivrées. Son nez était aquilin, mais avec une finesse féminine fort seyante. Elle avait les yeux d'un bleu vif, les joues rosées. Un soupçon de taches de rousseur ? Ce type physique, rare en Espagne, était fort prisé.

L'observation mutuelle continuait.

La reine sourit.

La lumière se fit-elle en elle ou en moi d'abord ? J'aime à penser que ce fut en même temps.

La reine Isabelle ne ressemblait pas au roi Ferdinand, son cousin, *elle me ressemblait* – ou si cette phrase est un crime de lèse-majesté, disons que je lui ressemblais. On aurait pu nous croire cousins germains, voire frère et sœur.

Le roi Ferdinand, qui était bien le dernier à percevoir cette ressemblance, goûtait peu la situation. Il me souffla une plume en respirant dans l'air froid.

– D'où êtes-vous, Colomb ?

– De Gênes, Sire.

C'était reparti. Mais expliquer que j'étais né en mer était compliqué. En outre, pour autant que je sache, mes parents avaient peut-être fui ce pays qu'il gouvernait aujourd'hui. J'étais « de » Gênes, c'était vrai, je l'ai dit, je ne le regrette pas.

– Nous croyons comprendre, dit le roi sèchement, que vous avez déjà tenté votre chance au Portugal où Son Altesse Sérénissime Jean II a refusé de soutenir votre Grande Aventure ?

Je courbai la tête au souvenir de mon échec.

– Nous avons le royal plaisir de vous assurer que nous non plus ne sommes pas disposés à vous apporter notre soutien, dit le roi.

– Nous avons de même le plaisir de vous assurer qu'à cette heure nous ne sommes pas disposés à vous le refuser tout à fait, dit la reine.

Se foudroyèrent-ils royalement du regard ?

– Grenade avant tout, dit le roi avec fermeté.

Là-dessus la reine était d'accord ; elle énonça, ses yeux bleus rayonnant de haine :

– Tout le reste attendra que la sinistre ombre de l'Infidèle ait cessé de s'étendre sur notre royaume.

Phrase poétique – et fanatique comme de juste. Car la reine, qui ne manquait ni de grandeur ni d'ouverture, était particulièrement bornée en ce qui concernait la religion ; la masse de la population juive l'apprendrait à ses frais le 30 mars 1492.

Le roi claqua dans ses doigts, et un valet de pied apporta une chemise de carton. J'y vis les cartes de Pozzo Toscanelli revues et corrigées par Barto. J'aurais bien voulu avoir des nouvelles de mon bois flottant, mais la prudence me tint coi.

– C'est vous qui les avez dessinées ? demanda le roi.

J'acquiesçai avec modestie. Et le page, en voix *off :*

– Deux minutes !

– Elles ont été dessinées, gravées et imprimées dans la cartographie que mon frère et moi tenions à Lisbonne, débitai-je à perdre haleine.

– Et votre frère, où est-il en ce moment ?

– En France.

– Pour quoi faire ?

– L'est en v'site, dis-je encore plus vite, en v'site ch'des amis. C't'un garçon très apprécié V'Majestés. L'as d's'amis un peu partout.

– Il ne serait pas par hasard à la cour de cet âne bâté de Charles pour rallier le soutien de la France à votre Grande Aventure ? demanda le roi.

Ses petits yeux noirs brillaient de colère, les yeux bleu vif de la reine d'amusement.

– Qu'est-ce qui l'en empêcherait ? dit-elle.

– Le fait que nous n'ayons pas encore exercé notre royale prérogative de dire non, répondit le roi.

– Pas plus que notre royale prérogative de dire oui, fit observer la reine.

Il me jeta un regard noir, elle me sourit. Ils se penchèrent sur les cartes et chuchotèrent en aparté. Je commençai à espérer avec circonspection.

– Une minute ! hurla le page.

Le roi me demanda à brûle-pourpoint :

– Pourriez-vous dessiner des cartes de même qualité, mais sur une échelle plus réduite ?

Je réussis à prononcer un oui formel, quoique intrigué.

La reine dit :

– Voudriez-vous nous prêter vos talents... pour nous aider à chasser la sinistre ombre noire de l'Infidèle qui s'étend sur notre royaume ?

Le roi dit :

– Pouvez-vous dessiner des cartes en secret, complètement seul et en territoire hostile ?

Cette perspective semblait le séduire.

– Trente secondes ! signala le page.

Elle dit :

– Mais avec Santa Fe comme refuge.

Je pensai tout d'abord qu'elle entendait par là, en bonne fanatique, que la Sainte Foi serait mon réconfort. Puis je réalisai qu'il fallait entendre à la lettre la ville-siège de Santa Fe en construction à l'ouest de Grenade.

– Pouvez-vous commencer tout de suite ? demanda le roi.

– C'est Noël aujourd'hui, fit remarquer la reine.

– Dix secondes, pressa le page, toujours invisible.

N'ayant pas la moindre envie de passer un second Noël à l'hospice des Étudiants, je déclarai :

– Je suis à la disposition de Vos Majestés.

C'est ainsi que j'entrai au service des monarques espagnols, non pas en tant que navigateur, mais en tant qu'espion.

Sur ma révérence d'adieu, je disparus presque deux ans de l'Histoire. J'entends disparaître au sens littéral. Sans laisser de traces. Dans leurs spéculations, les historiens m'ont imaginé hôte chez le duc de Medinaceli, clochard des bas-fonds, mendiant raté. Certains ont supputé que je m'étais enrôlé dans l'armée qui se constituait à Santa Fe pour assiéger Grenade. Ils sont aussi près de la vérité que les tenants de la mendicité. D'autres ont supputé que j'avais passé cette lacune historique avec Petit Diego, au monastère de La Rábida. Si seulement c'était vrai !

Mais j'étais bel et bien le mendiant le plus infect, le plus galeux qui ait jamais traîné misère sur les chemins mal famés d'Andalousie. J'étais muet, ce qui ne me ressemblait guère, mais on m'avait arraché la langue, selon la loi de l'Islam, pour avoir blasphémé. C'est du moins ce que j'expliquais, à grand renfort de gesticulations et de sons inarticulés, à qui croisait ma route. Je possédais un âne, plus crasseux, plus teigneux et plus galeux que moi, et, dans ses sacoches, je tenais le papier et le charbon qui m'obligeaient à mener cette vie de mendiant. J'allais partout où l'on pouvait aller dans cette vallée de Grenade encore inoccupée par les forces espagnoles. Je quadrillais collines, coteaux, rivières, ruisseaux et avalaisons, villages et hameaux, arpents d'oliviers, d'amandiers, de grenadiers (d'où Grenade tire son nom) ; je connus comme ma poche les environs immédiats de la cité elle-même ; perchée sur une montagne ocre, couronnée d'une forteresse quasi inexpugnable. J'y entrais la nuit, avec les autres mendiants, et la porte barbacane se refermait derrière moi. Je me mettais en quête d'un recoin obscur, quelque part entre des pierres ocre, sous les tours de la forteresse, et au clair de lune je croquais ce que j'avais vu pendant la journée. En rôdant dans la cité, selon mon habitude, je découvris la plaza de la Citerne où les Arabes avaient leurs provisions d'eau et je compris qu'on aurait beau détourner les rivières, ils ne se rendraient pas.

Un jour, j'explorai la base du rempart nord ; une grande fissure avait fendu la roche, témoin muet de quelque ancien séisme. Voilà donc, pensai-je, où s'infiltrer ; j'en fis rapidement un croquis que j'intégrerais plus tard à une carte.

Je vivais seul, si l'on excepte l'âne plein de bruits. Je fuyais la compagnie des hommes, ce qui nuisait à ma carrière de mendiant. Mais la solitude était le garant de ma sécurité. La nuit, j'entendais souvent hululer les hiboux, présage de mort. Mort qui ne manquait pas de frapper : il y avait des escarmouches entre Santa Fe et Grenade et des affrontements sur les grands chemins de montagne entre Grenade et la mer. Je croquais les élévations, les dépressions, les clairières et les halliers ; je suggérais où placer l'artillerie et les lignes de marche. Chaleurs de l'été, je flânais à l'ombre des peupliers sur les rives du Darro. Froids de l'hiver, je me recroquevillais dans mon burnous de laine et me gelais comme tout le monde. Et la forteresse se dressait, imposante, avec pour toile de fond les crêtes enneigées de la sierra Nevada.

Tous les huit jours, je traversais le ravin, au sud-est de la cité, et me rendais à pied aux tours Vermillon, ancien avant-poste arabe, où mon contrôle m'attendait.

C'était une vieille édentée qui pouvait avoir passé quatre-vingt-dix ans. D'aucuns disaient qu'elle était l'aïeule du Gran Capitán en personne. Elle m'indiquait quel secteur de la vallée quadriller.

Je fus donc espion deux ans et me fatiguai vite de cette profession ingrate entre toutes, pleine d'*angst,* comme aurait pu dire Martinus Waldseemüller. Mon refuge était le mouvement : dans le doute, plie bagage, ces mots étaient gravés dans mon esprit, j'itinérais donc, par les contreforts de la sierra, les ravins, les chemins muletiers de montagnes arides d'où l'on pouvait voir un berger appuyé sur son bâton, sentinelle solitaire de son troupeau.

– Qu'est-ce que tu fais là ?

Un soldat revêtu de l'uniforme arabe, armé jusqu'aux dents. Rien que ça.

– Je regardais ce berger appuyé sur son bâton, sentinelle solitaire de son troupeau.

Trop tard : j'avais déjà eu affaire à lui !

Il me reconnut et plissa férocement le front.

– Tu parles à présent ? N'étais-tu pas un de ces pauvres diables à qui on a arraché la langue pour crime de blasphème ?

Sans demander mon reste, je fonçai chez la vieille.

– Vite, vite, cachez-moi, je suis grillé.

Déjà le soldat était sur nous, tête baissée.

Des plis de son vaste châle, la vieille tira posément un poignard et laissa avec adresse l'Arabe s'empaler dessus.

– C'est le premier de la semaine, dit-elle sobrement en plantant la lame dans la terre pour la nettoyer. J'ai un message pour toi : ils te réclament à Santa Fe. Ils veulent donner l'assaut final.

C'était fin novembre 1491.

7

1492 !

Le 2 janvier 1492, après mes deux ans de solitude itinérante, encore mal à l'aise dans la compagnie des hommes, je me tenais à l'écart de la foule sur les remparts est de Santa Fe. Un éclair, un nuage de fumée noire et quelques secondes plus tard, dans un flot de poussière ocre, tout un pan des créneaux de Grenade s'effondra.

A part quelques échanges d'artillerie, une sortie de cavaliers arabes de temps en temps, pour la forme (ils étaient promptement repoussés et rentraient par la porte barbacane avec un minimum de victimes), l'assaut final que m'annonçait la vieille ne fut pas nécessaire. La profonde faille que j'avais découverte au nord de la forteresse, passage secret dans Grenade, nous assurait la victoire sans effusion de sang ou presque. En effet, depuis que les chrétiens montaient la garde devant la fissure, les Arabes ne pouvaient plus se glisser dehors à la nuit close pour approvisionner la cité assiégée. Elle fut mise à genoux par le spectre de la famine plus que par les boulets de canon.

Tandis que j'observais l'ultime canonnade – la reddition était imminente –, un homme, revêtu d'une armure richement gravée et d'une circonférence impressionnante, se détacha du groupe des courtisans qui entouraient le roi et la reine ; il vint vers moi dans un bruit métallique.

– C'est bien vous, Colomb ? Je voulais faire la connaissance de l'homme qui a délivré Grenade. C'est comme ça que les souverains vous appellent maintenant, vous savez.

– Bah, ce n'était rien, dis-je avec un masque d'autodéni qui aurait fait l'admiration du duc de Medinaceli.

Vu de près, le visage de l'homme à l'armure donnait une impression de puissance contenue. Mais ses lèvres épaisses et sensuelles semblaient privées de quelque chose. On aurait dit qu'elles mâchonnaient à vide, impatientes de la venue du cigare.

– En fait, je m'appelle Colón.

– C'est ça. Colomb. Tout le monde sait qui vous êtes. Moi, c'est Luís de Santangel, trésorier de la maison d'Espagne ; une des deux ou trois plus grosses fortunes du pays.

– Colón. C, o, l, ó, avec accent, n.

– Oui, oui. C'est bien ce que... comment dites-vous ?

Il se frappa le front de la paume. Par chance, il ne portait pas ses gantelets de fer.

– Bon sang, mais c'est bien sûr ! Je veux dire c'est pas une perruque, quoi ?

Je lui assurai que c'étaient bien mes cheveux.

– Suzanna votre mère était rousse, elle aussi. Vous lui ressemblez beaucoup. Votre père s'appelait Domingo. Et vous aviez un frère nommé... euh, Bartolomé.

– Qui êtes-vous ? m'écriai-je.

– Je viens de vous le dire, Luís de Santangel, trésorier de la maison d'Espagne.

Il savait bien que ce n'était pas ce que je lui demandais, et, sans quitter des yeux les opérations, il se mit à parler. Les coups de canon ponctuaient son récit, une fumée noire remontait le temps, les murs de Grenade crachaient leur ocre rouge sang, comme le sang juif qui coulait dans mes artères.

– Mais alors, je suis juif ? bredouillai-je.

– Bien sûr que non. Ne dites pas de bêtises. Vous n'êtes pas plus juif que moi. Vous êtes un Nouveau Chrétien, ce sont les meilleurs.

A quarante ans, voilà que j'habitais subitement le corps d'un étranger.

– Mes parents ne me l'ont jamais dit.

– Et ils ont eu raison. A quoi bon se compliquer la vie ? Les miens non plus. Notez, ça se voyait à l'œil nu : ils étaient morts tous deux quand j'ai atteint l'âge de neuf ans. Des relaps irrécupérables aussi bien l'un que l'autre, conclut Santangel en mâchant son cigare invisible.

– Vous parlez du Seder de l'année où je suis né ?

– Le Seder et le reste. Ils vivaient un mensonge qui a fini par les tuer.

Je lui demandai pourquoi les choses avaient mal tourné. Déjà j'étais sur la défensive : ces ancêtres juifs m'appartenaient autant qu'à lui.

– Le dernier Seder ? Oui, bien sûr que je m'en souviens.

J'étais le plus jeune, la mémoire collective, vous savez bien – au fait qu'est-ce qui vous intéresse tellement là-dedans ?

Précisément, je ne savais pas. Les trompettes retentissaient, les cavaliers en armures polies, oriflammes au vent, s'avançaient dans la fumée noire du champ de bataille.

– Qui a dénoncé votre famille et les autres ?

C'était son passé, mais c'était aussi le mien ; j'avais le droit de savoir.

Au loin un créneau s'effrita et partit en fumée.

Luís de Santangel me regarda droit dans les yeux et déclara :

– Quand on veut faire carrière, on se donne les moyens.

Il tirait à grands coups sur son invisible cigare.

– Ils étaient hérétiques jusqu'à la moelle, après tout. Remarquez, avec la chute des infidèles et Torquemada qui met son Inquisition en branle, les souverains vont finir par avoir le temps de s'occuper des hérésies mineures. Alors, ça va être encore pire qu'avant.

Il jeta des coups d'œil nerveux autour de lui :

– Euh... mieux, je veux dire.

– Ils... d'une certaine manière, ils ont plus de points communs avec les Arabes.

– Qui ça ?

– Les Juifs. Les Juifs. Et j'en suis un par la naissance.

– Mais non. Vos parents étaient déjà convertis.

– Parce que, dis-je en poursuivant mon débat théologique avec moi-même, les Arabes et les Juifs croient en un seul Dieu, qu'ils l'appellent Allah ou Jéhovah. Et ils disent que nous croyons en trois : le Père, le Fils et le Saint-Esprit.

– Un seul Dieu en trois personnes, mon ami, dit Luís de Santangel avec urbanité.

Il fronça les sourcils.

– Quoique la Vierge, ça pose un problème, hein ?

– Que suis-je en ce monde ?

– Écoutez, je suis navré d'avoir soulevé cette question.

– Pourquoi suis-je au monde ?

Cette question-là, j'allais passer le reste de ma vie à y répondre.

– Allons, ne pensez plus à tout ça, dit Luís de Santangel.

Une clameur s'éleva du champ de bataille, car un drapeau blanc venait d'apparaître sur les remparts de Grenade dans le tourbillon de poussière.

Cavaliers et chevaux, tous en armure, serrèrent les rangs, exécutèrent un demi-tour et vinrent se placer face à la Sainte Foi pour saluer le roi et la reine.

– On entre, chuchota Luís de Santangel comme on chuchote au théâtre.

Le roi et la reine ouvrirent la marche, lui sur un grand cheval de bataille, elle sur son palefroi. L'immense Luís de Santangel les suivait immédiatement sur un cheval de bataille encore plus impressionnant que celui du roi, et moi je me mis dans les derniers de la suite, ceux qui montaient des mules.

A midi, un grand crucifix d'argent se dressait au faîte de la plus haute tour de l'Alhambra, tandis que sur la place, le roi et la reine, toujours en armure, rendaient grâces au Christ et à Sa mère pour avoir libéré la dernière place forte infidèle d'Espagne, après huit siècles d'occupation.

Au Christ et à Sa mère. Pas seulement à Dieu. Avant, ça ne m'aurait fait ni chaud ni froid, mais maintenant, sous le coup des révélations de Santangel, je me faisais l'effet d'un imposteur qui ne sait plus très bien quelle identité il usurpe.

Je fus logé dans la forteresse même, avec tous les courtisans qui pouvaient y trouver de la place. C'était là un honneur insigne. Mais une fois à l'intérieur, derrière les murs épais et les meurtrières, je me dis : ça a tout d'une prison.

Ils me reçurent quelques semaines plus tard dans une salle d'audience de proportions modestes. Le long d'un des côtés se trouvait une galerie où des musiciens aveugles jouaient jadis pour leur sultan.

Le roi semblait morose, comme si la chute de Grenade lui avait retiré une part de sa vie.

La reine, le visage illuminé par la passion de la victoire, était radieuse comme une femme qu'un amant a comblée jusqu'à... voilà que je m'égare encore. Flagrant délit de lèse-majesté.

Le roi dit :

– Parlons affaires.

Mais avant qu'il ait pu continuer, une voix lointaine signala :

– Deux minutes, Sires.

– Si peu ? dit la reine.

Ses yeux bleus passionnés fouillaient sans répit mon visage. Je rougis. Elle rougit aussi et se carra dans son trône improvisé.

Le roi se percha sur l'extrême bord de son trône improvisé de manière que ses pieds chaussés de royales pantoufles touchent le sol.

– Le comité Talavera a émis de très sérieuses réserves sur votre Grande Aventure.

– Même s'il ne l'avait pas fait, dit la reine, il faut que vous compreniez que d'autres affaires d'importance pour le royaume...

– ... de réelle importance, rectifia le roi.

– ... vont nous préoccuper dans un avenir proche. L'administration civile de Grenade, la question juive par exemple.

Autant dire la question Colón, pensai-je. Le page hurla :

– Une minute, Sires !

– Le comité Talavera a rédigé un rapport sur votre Grande Aventure (le roi tambourinait du pied de façon significative), le page va vous le donner quand vous sortirez.

– Mais nous vous sommes reconnaissants de ce que vous avez fait, m'assura la reine.

– Une médaille appropriée sera frappée, m'informa le roi, mais, naturellement, vous ne la porterez pas.

– Il y a un petit domaine près de Rincón de la Victoria – bien nommé, n'est-ce pas ? – que nous serions heureux de vous donner, dit la reine.

– Il appartenait à des marranes judaïsants qui ont attiré l'attention de l'Inquisition, dit le roi.

– Il y a un titre mineur attaché au domaine, *prócer* du Rincón de la Victoria. C'est au-dessus d'hidalgo, dit la reine.

– Mais au-dessous de comte, dit le roi.

Une terre bien à moi, fût-elle confisquée à de Nouveaux Chrétiens relaps, un titre à transmettre à Petit Diego, la fin d'une quête vaine et trop longue – il y avait de quoi me tenter.

Mais je m'inclinai avec raideur et déclarai :

– Je remercie Vos Majestés, mais je m'en vais proposer mon projet à la cour de France où mon frère est actuellement solliciteur.

C'est là que je commis un véritable acte de lèse-majesté : sans attendre mon congé, je tournai les talons et quittai la salle d'audience à grands pas.

La reine en eut le souffle coupé, mais personne ne m'arrêta.

Luís de Santangel me raconta le soir même la suite des événements.

Il n'avait entendu parler de la Grande Aventure qu'après notre rencontre sur les remparts de Santa Fe. Le roi Ferdinand lui avait demandé d'établir le devis du projet. Deux millions de maravédis, avait estimé Santangel, sans savoir qui était le Grand Aventurier. Cela, il l'avait appris par le page qui m'avait remis le rapport officiel du comité Talavera pour me voir aussitôt le déchirer et le jeter à ses pieds.

Santangel convoqua une assemblée générale extraordinaire de décideurs Nouveaux Chrétiens les plus influents à la cour, lesquels étaient nombreux. Tirant furieusement sur son cigare invisible, il fit le point et demanda :

– Qu'est-ce qu'on fait ?

Pendant qu'ils ruminaient, il le leur dit.

– Bon, voilà. Maintenant que Grenade est tombée, l'Inquisition va sauter sur le premier Nouveau Chrétien qui aura le malheur de loucher sur un crucifix, si vous voyez ce que je veux dire.

Ils voyaient.

– Bon. Mais supposons que ce Colón trouve les Indes. Il convertirait les païens de là-bas au Christianisme, d'accord ? C'est bien l'un des buts de ces expéditions. Il n'y a qu'à voir les Canaries et l'Afrique occidentale.

– Des Chrétiens, il y en a largement assez comme ça, dit l'un des décideurs.

– C'est là que vous vous trompez, dit Santangel. Pourquoi ? Parce que *si* il trouve les Indes et *si* il convertit les Indiens, il remportera le grand prix du prosélytisme chrétien. Et lui, il est des nôtres. Son prosélytisme rejaillira sur toute la communauté, qui en tirera un bénéfice incalculable.

– Ha, ha, dirent-ils indécis, sur une mesure à deux temps.

– Et ce n'est pas tout. Vous avez tous des fils et des petits-fils. Il y a des têtes brûlées parmi eux, d'accord ? Jusqu'à quand vont-ils supporter ce monstre de Torquemada et sa chasse aux hérétiques ? Vous me suivez ? Supposons que ce Colón traverse la mer Océane et trouve des continents, des îles, tout ce qu'il voudra. Ils auront besoin d'explorateurs. Peut-être même de colons, d'accord ? On a bien colonisé les Canaries. Alors un, ça évite des ennuis à vos têtes brûlées ; deux, ça prouve leur prosélytisme chrétien. Vous voyez un meilleur exutoire, vous ?

Ils n'en voyaient pas.

– Chinillo a raison, conclurent-ils.

Entre eux, ils appelaient toujours Santangel par son ancien nom de famille :

– On rate la chance de notre vie si on n'envoie pas tout de

suite un délégué dans la salle des musiciens aveugles pour montrer aux souverains de quoi il retourne. Bon, qui s'en charge ?

Élu à l'unanimité, il feignit la surprise et fonça dans la salle d'audience.

Par la suite, il me raconta :

– Je leur ai fait le bon vieux coup du trésor. Mais, croyez-moi, ça n'a pas été tout seul.

Au début le roi, morose, avait dit :

– Colón, cet odieux étranger ? Il vient de commettre un acte de lèse-majesté grossier, il n'y a pas quatre heures.

La reine, toujours radieuse :

– Que nous avons eu la magnanimité de pardonner, bien sûr.

Le roi émit un son désagréable, mais d'un signe de la main il invita Santangel à poursuivre.

– Supposons que nous le laissions partir sans lever le petit doigt. Supposons – sait-on jamais – que le roi Charles décide de le financer. Qu'est-ce que c'est, pour ce dandy, deux millions de maravédis, après tout ? Et si ce Colón atteint les Indes ou Cipango, un coin comme ça ? Tout le monde sait que les toits de Cipango sont couverts d'or et qu'en Inde les paysans les plus pauvres portent des rubis et des émeraudes, d'accord ? Vous savez ce qui se passera si la France nous coiffe sur le poteau ? Je vais vous le dire, moi. C'est bien simple : la France deviendra le pays le plus riche de la Chrétienté ! Et l'Espagne ? L'Espagne déclinera, Vos Majestés. Nous finirons par être un bras mort, romantique et baroque. Des Bohémiens, des courses de taureaux et des ruines de châteaux pittoresques, c'est tout ce qui nous restera. Qu'est-ce qu'on a à perdre, Vos Majestés ? Deux millions de maravédis – une misère !

– Eh bien, vous arrivez trop tard. Colón est déjà en route, dit le roi.

– Envoyez-lui un courrier, dit la reine. C'est loin la France.

C'était une royale impasse, me raconta Santangel. Il joua donc son va-tout.

– C'est bien simple, je crois tellement en ce Colón que si Vos Majestés ne veulent pas le financer, je pense que je vais réunir les fonds moi-même. Dans ce cas, évidemment, il ne pourra pas naviguer sous pavillon royal. Ce sera une entreprise strictement privée, une affaire entre moi et quelques associés.

Santangel soufflait un nuage de fumée invisible de son invisible cigare. L'entreprise privée sur une telle échelle ne s'était jamais vue ; on ne pouvait pas la permettre. Cela aurait sonné le glas de la monarchie absolue et du droit divin des rois (et des reines), presque trois cents ans avant l'heure.

Le roi Ferdinand jeta un regard embarrassé à la reine Isabelle.

Plus radieuse que jamais, elle déclara :

– Puisque Don Luís est si sûr de lui, je suis d'avis de miser sur la Grande Aventure. Est-ce qu'il nous a déjà donné un mauvais tuyau financier ?

Il faut croire que non car le roi, sans se départir de son expression morose, concéda :

– Bon, bon, qu'on l'envoie chercher. Mais ne comptez pas sur moi pour le regarder savourer son triomphe.

A mon retour, Santangel m'annonça :

– Ils ont changé d'avis. Vous partez.

Je fis une chose totalement inattendue pour lui – et pour moi d'ailleurs : je mis un genou en terre, me signai et rendis grâces à Dieu.

Santangel me regardait faire d'un air approbateur :

– Vous êtes un bon Nouveau Chrétien, ce sont les meilleurs, je vous le disais bien.

Je me levai et me dirigeai vers la salle d'audience.

– Attendez ! Ne vous engagez à rien de précis. Je vais représenter vos intérêts.

– Mais, tout ce qu'il me faut, c'est qu'ils financent ma Grande Aventure.

– Allons donc ! Il vous faut un titre prestigieux et héréditaire, pour commencer. Amiral de... comment ça s'appelle ?

– La mer Océane.

– C'est ça. Amiral de la mer Océane – unique au monde. Et puis, il vous faut un pourcentage.

– Sur quoi ?

– Ça, on verra bien. Faut pas vous brader, c'est mauvais pour votre image de marque. Disons, dix pour cent. Et puis, il vous faudra être nommé vice-roi et gouverneur.

– Ah bon ?

– Et comment ! De toutes les îles et de tous les continents que vous découvrirez sur le chemin de l'Inde ou d'ailleurs. Il y a des tas de détails à mettre au point. Ça prendra des mois. D'où appareillez-vous ?

– De Palos.

– Alors, je vais me mettre en rapport avec Medinaceli. Écoutez, mon garçon, je vais vous faire donner une avance de deux cents réaux. Prenez donc quelques semaines de vacances, vous les avez bien méritées. Moi, je m'occupe de vos intérêts. Vous allez au Cathay ?

– Si je trouve mon chemin, oui.

– Bon, il vous faudra une lettre d'introduction auprès du Grand Khan.

Il se mit à griffonner des notes. J'entrai.

Je m'agenouillai devant la reine. Elle était éblouissante. Sa robe de brocart doré bordée d'hermine s'ouvrait généreusement jusqu'à la taille, qu'elle avait mince, pour révéler une brassière de velours rouge éclatant. Sa belle gorge s'ornait d'un simple rang de perles, ses oreilles de pendeloques assorties. Une résille dorée maintenait son chignon. Je fus surpris de la trouver seule lorsque le page se retira.

Avec son visage rayonnant de victoire, on aurait dit Jeanne d'Arc. Et puis non, en fait, elle n'évoquait pas la pucelle d'Orléans. Jusqu'à maintenant, ça m'ennuyait de le dire. Mais ces pages ne seront publiées que bien après notre mort à tous les deux, alors où est le mal ? La reine semblait frémissante de désir.

Combien de temps nous sommes-nous regardés dans ce silence lourd, je ne saurais le dire. Puis enfin :

– Qu'espérez-vous trouver là-bas ?

– Toutes les merveilles de l'Orient fabuleux, Votre Majesté.

– Vous n'aurez pas peur d'aller là où personne n'est jamais allé avant vous ?

Elle me tendit une main qu'elle laissa retomber.

Je reculai d'un pas et jetai un coup d'œil vers la galerie :

– Il est parfois prudent d'avoir peur, Votre Majesté.

– Medinaceli dit que vous êtes le capitaine le plus audacieux que la mer ait porté. Est-ce possible, Don Cristóbal, quand il se dégage de vous un tel air d'innocence ?

– D'innocence ? Non, j'ai perdu mon innocence en Irlande – il y a un siècle, je crois bien.

La salle était sans fenêtre. Nous parlions à la lueur des torches, dans un rêve où vacillaient des ombres, intemporelles, immatérielles, comme les arabesques de stuc qui parcouraient les murs.

– Pourtant, vous paraissez si jeune, Don Cristóbal. Quel âge avez-vous ?

– Quarante ans.

– J'aurais cru encore moins, malgré vos mèches blanches.

Elle devait être du même âge que moi ou presque. Pourtant, avec sa silhouette svelte, ses yeux bleu clair, son doux sourire, les reflets dorés de sa chevelure rousse à la lueur des torches, on aurait pu la prendre pour une femme à peine entrée dans son printemps. Je le lui dis, non sans circonspection. Après tout, elle était ma reine.

– Vous me voyez avec les yeux du cœur, Don Cristóbal. Mais c'est gentil à vous de partager votre rêve.

Son sourire se fit songeur :

– Penserez-vous souvent à votre foyer quand vous serez au bout du monde ?

– Je n'ai pas de foyer, Votre Majesté.

– Vraiment ? Vous ne vous êtes jamais marié ?

– Ma femme est morte.

– Je vous demande pardon !

– C'était il y a bien longtemps, dans un autre pays.

– Parfois, je me demande quel effet cela peut faire d'être... non pas exactement roturier, mais... libre comme vous. Encore un rêve, n'est-ce pas ?

Elle demeura sans parler un moment, son joli visage reflétant des émotions contradictoires.

– Ainsi, vous n'avez personne ?

– J'ai deux fils.

– Ils sont assez grands pour comprendre où vous partez ?

– L'aîné, oui. Presque.

– Eh bien, lorsque vous serez loin, de l'autre côté de la mer Océane, plus loin que quiconque soit jamais allé, Don Cristóbal, pensez à votre reine – car elle pensera à vous.

Les ombres projetées par les torches glissaient mystérieuses comme des observateurs à demi cachés parmi les arabesques. J'aurais cru entendre jouer les musiciens aveugles.

La reine se leva. Elle ne portait pas de couronne. Elle mit la main à son chignon et sa longue chevelure chatoyante cascada jusqu'à sa taille. Elle me tendit une main ferme.

Mais peut-être rêvais-je, comme elle disait.

Je ne pouvais pas être sûr que les lettres écrites dès mon arrivée au monastère de La Rábida parviendraient à leurs destinataires – on sait ce que c'est que la poste. J'écrivis à Barto, qui se trouvait toujours à Fontainebleau avec la cour de Charles VIII, pour lui dire de tout laisser tomber et de me rejoindre à Palos. Je commençai une lettre à Rodrigo cardinal Borgia pour lui demander si mon petit frère Giacomo pouvait se joindre à moi dans une entreprise patronnée par les souverains d'Espagne, dont je soulignais l'importance sans en spécifier la nature. Puis je réalisai que le petit Giacomo était maintenant un homme de trente-quatre ans, si bien que je lui écrivis directement, sans même savoir s'il était devenu prêtre comme prévu. J'écrivis au duc de Medinaceli pour mettre au point la question des provisions du voyage. Enfin, j'écrivis à Beatriz pour lui annoncer notre arrivée à Cordoue.

Je quittai La Rábida avec Petit Diego sans m'arrêter à Palos pour voir Martín Alonzo Pinzón. Certes, j'avais besoin de lui pour recruter mon équipage dans le port et les villages alentour, comme je l'avais promis ; mais il valait mieux laisser Medinaceli s'entendre avec lui. Plus on attendrait pour le mettre dans le coup, moins il aurait de temps pour revendiquer la paternité de ma Grande Aventure.

Comme notre mule longeait la porte est du ghetto de Cordoue, j'entendis des plaintes lugubres. Pessah était passé, si bien que ce devait être une sombre fête religieuse que je ne connaissais pas. Je me souviens d'avoir pensé : voilà bien les Juifs, amis de la douleur... C'était une manière de me dissocier.

Cependant, les lamentations montaient, et la curiosité me fit arrêter la mule devant la porte.

– On est chez nous ? demanda Petit Diego, mal à l'aise, tendant l'oreille à ce vacarme lugubre.

Il se retournait sur la selle. Ses cheveux roux flamboyants avaient été coupés au bol par les moines de La Rábida, mais bientôt ils pousseraient et ce serait plus seyant. Ses taches de rousseur étaient maintenant plus prononcées que celles de son père, et il était grand pour pas-encore-onze-ans.

– Presque, dis-je, encore quelques minutes.

– Est-ce que je vais aimer ma nouvelle mère ? demanda-t-il pour la centième fois.

– Tu vas l'adorer. Et elle aussi, elle va t'adorer.

– C'est Cordoue tout ça ? demanda-t-il – il voulait parler des sons funèbres qui venaient du ghetto.

– C'est un quartier de Cordoue, oui. La juderia. Là où vivent les Juifs.

– Ah, les Juifs ?

Il avait l'air pensif.

– Ils ont fait quelque chose de très mal, et c'est pour ça qu'on les déteste, hein ?

A cet instant, un vieil homme passa la porte, quittant l'ombre pour le soleil. Il portait à l'épaule le rond de tissu rouge obligatoire pour les Juifs qui sortaient du ghetto.

– Ah, ça y est ! s'écria Petit Diego. Je me rappelle. C'est eux les assassins du Christ !

Le vieux leva les yeux.

– Voilà les mensonges que vous apprenez à vos gosses. Pas étonnant que le roi et la reine nous expulsent d'Espagne.

C'était la première fois que j'entendais parler de cette histoire, et j'étais trop stupéfait pour parler.

Le vieux désignait le ghetto de sa main jaunâtre et affaiblie :

– Eh bien, allez-y voir, allez-y ! Il y a des tas de Chrétiens qui le font, ces temps-ci. On peut avoir une belle maison avec patio pour une bouchée de pain.

– La reine Isabelle bannit les Juifs ?

– Le roi, la reine, qu'est-ce que ça fait ? Baptisés ou exilés d'ici fin juillet – voilà où on en est. Faut laisser presque jusqu'à son dernier maravédis. Tout son or, tout son argent. Les biens, on les laisse ou on les vend au cours actuel. Mais depuis l'édit d'expulsion, les cours, ils font que baisser.

– Elle ne ferait jamais ça.

– Lui, elle, qui sait ? C'est la superstition qui gouverne ce royaume. Vous appelez ça le Christianisme, lança-t-il d'un air de défi. Allez-y, dénoncez-moi, je suis vieux, je m'en fiche.

Il levait un poing furieux et impuissant.

– Les Juifs tuent les bébés chrétiens – je sentis Diego tressaillir – pour boire leur sang dans des messes noires... voilà le genre de mensonges que vos hommes de Dieu répandent. Ça vous étonne qu'on nous expulse ?

Je restais sur ma mule à l'écouter. Que lui dire ? Quelle consolation lui offrir ?

– Et puis, je vais te dire, Chrétien, la vraie raison pour laquelle ils nous expulsent. L'Église a peur que les traditions de leurs ancêtres contaminent les enfants des Nouveaux Chrétiens, c'est ça. L'Église n'a pas foi en sa foi. Elle a peur de la nôtre ; alors, allez ouste !

Je serrai mon bras autour de la taille menue de Petit Diego.

Quand le vieux vit que je n'avais que faire d'entrer dans le ghetto ou de poursuivre cette conversation-monologue, il passa son chemin en marmonnant.

– Pourquoi le roi et la reine lui prennent sa maison ? demanda Petit Diego.

– C'est difficile à expliquer.

– Ils vont pas nous prendre la nôtre, j'espère ?

– Non, non.

Je secouai les rênes, et la mule s'ébranla lourdement.

– Et si elle me plaît pas ?

– Elle te plaira.

– Et si ma nouvelle mère m'aime pas ?

– Diego, arrête de t'en faire pour ça.

– Comment il est mon petit frère ?

– Je ne sais pas vraiment.

C'était la énième fois qu'il me posait ces questions.

– Quel âge il a ?

– Trois ans.

– C'est qu'un bébé. Fernando... comme le roi ?

– C'est ça.

– Comme le roi qui a pris la maison du vieux ?

– Nous voilà, dis-je.

Je fis entrer la mule dans la ruelle pavée, puis dans notre patio caché. Des géraniums en pots fleurissaient les murs d'une blancheur aveuglante. Les fenêtres avaient des grilles de fer forgé, les canaris chantaient au ciel bleu dans leurs cages. La deuxième porte était ouverte. C'était la nôtre.

Maintenant que nous étions arrivés, Diego voulait parler d'autre chose.

– Et la Dentue, qu'est-ce qu'on va en faire ?

La Dentue, c'était la mule.

– On va la vendre. On n'en a plus besoin.

– Ah bon...

Je mis pied à terre et entrepris de défaire les sacoches. Diego se laissa glisser. Il vit Beatriz avant moi.

– C'est elle ? C'est ma nouvelle mère ?

Je me retournai. Elle sortait précipitamment, une expression stupéfaite dans ses yeux incontestablement ibériques.

– Cristóbal ! cria-t-elle.

Elle courut se jeter dans mes bras. J'embrassai ses lèvres pleines et vermeilles, peut-être berbères.

Petit Diego s'accrochait à moi.

– Pourquoi tu ne m'as pas écrit pour m'annoncer ton arrivée ? demanda-t-elle.

– Mais je t'ai écrit.

– Je n'ai rien reçu.

Petit Diego restait pendu à mes basques, mais Beatriz, avec son instinct de femme, prit la situation en main. Elle se tourna avec un sourire maternel vers le petit, qui s'était réfugié intimidé, contre la Dentue.

– Mais tu dois être mon fils Diego, dit-elle.

Au lieu de le serrer dans ses bras et de l'embrasser à l'étouffer, elle se pencha et effleura sa joue d'un baiser pour l'apprivoiser.

– On ne t'a jamais dit à quel point... (sa voix se brisa) tu ressembles à ton beau papa ?

Diego en rougit de fierté.

– Quand je serai grand, je serai amiral de la mer Océane, moi aussi.

Beatriz me regarda un instant en ouvrant de grands yeux. Ses lèvres articulèrent, muettes :

– Tu pars ?

Je fis signe que oui. Aussitôt, elle se retourna vers Diego qui expliquait :

– Papa dit que c'est héritaire.

– C'est quoi ? Ah – héréditaire. Quoi donc ?

– Le titre, expliqua patiemment Diego, amiral de la mer Océane.

– Tu es déjà allé en mer ? Moi jamais.

– Oh, bien sûr, fit Diego très adulte, très dégagé. J'ai passé ma vie sur la côte.

– Moi, j'ai passé ma vie dans le petit village de Santa María Trasiera et ici à Cordoue. Dis-moi comment c'est, Diego, tu veux bien ?

– Alors, de ma fenêtre à La Rábida...

Il était lancé. Il lui donnait sa vision de la mer, des changements de vent, du ressac, du bateau qui s'en va au jusant, des mouettes clouées au ciel, qui crient ou rient au gré de son humeur.

J'achevai de défaire les sacoches. Tous deux étaient toujours en pleine conversation, elle posant les questions, lui répondant, le visage de plus en plus animé.

Je soulevai les sacoches et proposai :

– Si on entrait tous voir Fernando ?

Mais je parlais à la Dentue, car mère et fils, main dans la main, passaient déjà la porte entre les pots de géraniums.

En 1492, j'entrai vivant dans une légende qui, modestie à part, passa les siècles. Dès l'instant où je franchis le plat-bord de la *Santa María* à Palos, le moindre de mes mouvements appartint à la postérité. Avant de savoir faire une addition, les enfants des écoles étudieraient la légende dans laquelle ma vie disparaîtrait ; je deviendrais le premier vrai héros de beaucoup d'entre eux.

Pourtant, jusqu'à la quarantaine, jusqu'à ce que ma barbe à rayures soit plus blanche que rousse, j'étais inconnu et même épris de discrétion par tempérament. La veille quidam, le lendemain tête d'affiche universelle – pareil changement est plus olympien qu'humain.

Je me suis souvent demandé ce qu'il advient d'un homme quand la légende se met à avoir une vie autonome, quand le mythe perdure après l'individu. Faut-il qu'il devienne esclave de cette légende, prisonnier de ce mythe, privé à tout jamais du moindre instant d'intimité ? C'est le danger. Mais mythe vivant ou pas, j'ai bien l'intention de garder pour moi ces quelques semaines au sein de ma famille réunie dans le patio caché ; ce fut ma dernière période de vraie intimité, ou presque, car, par la suite, les intervalles que je pus voler au tyran Histoire furent brefs et rares.

Je vous demande donc de voir cet épisode de ma vie comme Lope de Vega, ce phénomène, auteur de mille huit cents pièces de théâtre, aurait pu l'écrire quelque trente ans plus tard. Il choisirait pour héros Rodrigue, dernier roi des Wisigoths, le Cid, pourquoi pas moi ? Lope de Vega, oui, ou alors son contemporain anglais William Shakespeare, qui, s'il était allé chercher en Espagne l'inspiration qu'il a gaiement puisée un peu partout ailleurs, aurait bien pu écrire un drame intitulé *Colomb.*

Donc, une pièce. Sur le patio caché, le rideau tombe. Même décor quelques semaines plus tard. L'aube est fraîche, la rosée luit sur les pavés. Dans l'encadrement de la porte, entre les pots de géraniums, Beatriz tient au bras Fernando le Dodu. Diego, debout contre elle, la serre par la main. Trois mules aux sacoches bourrées attendent patiemment. La première, c'est la Dentue, que je ne vendrai finalement pas avant qu'elle m'ait porté jusqu'à

Palos. Sur la seconde, un homme d'un certain âge, dont la calvitie fait l'effet d'une tonsure, regarde sans impatience la scène des adieux, en médecin attentif et bienveillant. Sur la troisième, un gaillard attend d'un air soupçonneux, comme s'il craignait une anicroche de dernière minute.

Je mets le pied à l'étrier et me lance à bord de la Dentue. Petit Diego court vers moi. Je me penche et lui ébouriffe les cheveux. Il a les yeux brillants. Lope et Shakespeare pourraient lui faire dire : « Dommage que je suis pas assez grand pour partir », sans le subjonctif.

– Prends bien soin de ta mère et de ton petit frère.

– Promis.

– Papa ! Papa ! appelle Fernando.

Je lui envoie un baiser. Beatriz le pose et vient à moi d'un pas vif ; le bambin la suit de sa démarche mal assurée. Je me penche un peu et me jette à terre en voyant des larmes dans ses yeux. Elle me serre fort.

– Sois le meilleur amiral de l'Histoire, lui feraient dire les dramaturges – et ma foi, ils ne seraient pas loin du compte. Fais tout ce qu'un amiral de la mer Océane est censé faire, et mieux encore, mais reviens. Reviens-nous.

– Je reviendrai, lui dis-je en remontant en selle.

Fernando remarque l'expression de sa mère et se met à pleurer.

Tous les départs se ressemblent. Celui qui part sent l'appel du voyage, celui qui reste ne sent que l'avant-goût de la solitude. Alors, presque impatiemment, malgré tout mon amour pour elle, je me détourne des larmes qui menacent de déborder des yeux de Beatriz et j'entraîne mes deux compagnons.

Le rideau de Lope ou de Shakespeare tombe à nouveau pour se lever sur Palos, cinq jours plus tard. Toute la population s'est rassemblée sur la place Saint-Georges pour écouter le notaire rougeaud, au centre de la scène, lire le document royal qui nous a précédés.

– Ferdinand et Isabelle, roi et reine de Castille, León, Aragon, Sicile, etc., par la grâce de Dieu, au maire de Palos et à tous les habitants, Leurs Gracieuses Majestés vous saluent.

Les salutations des rois sont rares au fond de cette province et elles sont reçues avec une joyeuse ovation et des applaudissements jusqu'à ce que le notaire en arrive à la question des impôts impayés depuis deux ans.

Il y a des grognements, quelques individus écœurés tournent même le dos à l'événement historique.

– Attendez ! beugle Martín Alonzo Pinzón en plissant ses petits yeux. Attendez, idiots, ça s'arrange.

Ça s'aggrave. Palos reçoit l'ordre, lit le notaire, de fournir deux caravelles tout équipées à la Couronne en paiement d'un an desdits impôts manquants.

La foule explose bruyamment. Des visages furieux se tournent vers vos trois serviteurs, toujours sur leurs mules. Le duc de Medinaceli, qui monte un palefroi blanc, trotte vers nous et exécute un demi-tour pour se placer à nos côtés. Il lève sa main de grand propriétaire pour faire taire la foule, et l'on entend Martín Alonzo Pinzón beugler :

– Je vous dis que ça va s'arranger !

Cette fois-ci, c'est vrai, temporairement.

– Un troisième navire sera acheté comptant. L'équipage sera constitué en priorité de marins de Palos expérimentés ; la Couronne garantit leur salaire jusqu'à l'achèvement du voyage de découverte vers l'ouest.

– Vers l'ouest ?

– Qu'est-ce qu'il raconte ?

– Qu'est-ce qu'il y a à l'ouest ?

– Sous le commandement de Don Cristóbal Colón, étranger, amiral de la mer Océane.

– Amiral de quoi ?

– De la mer Océane qu'il dit, je te jure !

– Dieu de Dieu ! Qui c'est ce fils de Neptune ?

Pinzón la Barrique me désigne du doigt, et il ne me reste plus qu'à faire avancer la Dentue d'un pas et à lever la main bien haut, d'un geste théâtral. Je me sens curieusement seul et vulnérable – ce sont peut-être les premiers effets de l'alchimie qui me transmutera en légende. Alors quelqu'un – Medinaceli – me lance une hampe ; le drapeau se déroule. Je le lève très haut, la brise le fait claquer. Au-dessus de ma tête flotte la bannière royale de l'Espagne unie : tour dorée et lion violet sur fond blanc pour la Castille et le León en haut, rayures verticales rouges et jaunes pour l'Aragon en bas.

Ce drapeau, si fièrement fouetté par la brise du large, les faits taire jusqu'à ce qu'une voix demande (à gauche de la scène) :

– Combien de créations d'emplois ?

Je me dresse sur les étriers, mouvement qui alarme la Dentue, et leur dis :

– Il y a de l'embauche et un salaire pour toute la ville si on veut que la flotte soit prête à partir.

La scène change et représente les bords du fleuve, la foule nous suivant, Medinaceli, Pinzón et moi comme si nous étions des joueurs de pipeau. En toile de fond, les caravelles réquisitionnées sont ancrées au large. Elles s'appellent *Santa Clara* et *Santana.* Du moins, ce sont leurs noms religieux officiels. Mais les navires espagnols reçoivent toujours des surnoms, bien plus vrais pour les hommes qui les mènent.

COLÓN : Comment elles s'appellent ?

PINZÓN : La caravelle un peu plus petite, là-bas à gauche, c'est la *Santa Clara ;* on l'appelle la *Niña.* L'autre, c'est la *Pinta.*

COLÓN *(il découvre avec colère que le mât de misaine et le grand mât de la* Niña *n'ont pas de grands espars pour gréer des voiles carrées) :* La *Niña* est gréée pour des latines !

PINZÓN *(têtu, le verbe haut) :* Ben oui, c'est comme ça. Qu'est-ce que vous croyez, nom de Dieu ? J'y ai beaucoup pensé à vos belles théories sur les voiles carrées. Mais les latines, je les connais, je les ai pratiquées et ça marche ! Alors, voilà ce qu'on va faire. Je vais prendre le commandemant de la *Pinta ;* mon jeune frère Vicente Yañez, que vous voyez là, il commandera la *Niña.* Comme c'est moi qui ai le plus d'expérience, je veux bien supporter vos extravagances et mettre des carrées jusqu'aux Canaries, pour vous prouver que j'ai raison. Vicente Yañez mettra des latines, et quand vous verrez qu'il s'en tire beaucoup mieux, je regréerai la *Pinta* avant qu'on navigue sur les eaux inexplorées. *(Colón jette un coup d'œil à Medinaceli qui acquiesce presque imperceptiblement.)*

COLÓN *(à part, après un silence éloquent) :* C'est la famille de navigateurs la plus influente à Palos. Le duc n'aura pas voulu que j'entre en conflit avec eux avant de recruter nos matelots. Et puis, cette croisière test montrera son erreur à Pinzón. Mais il revendique déjà un rôle de chef et je ne peux pas... *(Il se tourne vers les autres) :* Vous vous trompez, Pinzón. Votre frère atteindra les Canaries après vous, et plus malmené. Mais d'accord pour votre expérience.

MEDINACELI : Parfait. Maintenant, et votre autre navire ? *(Il pointe le doigt vers le large où, au-delà de la* Niña *et de la* Pinta, *on voit deux vaisseaux plus grands aux larges coutures) :* Cette nao a quarante ans, mais elle est encore solide ; elle a été construite à Barcelone. La caraque *Santa María* a été construite en Galice il y a dix ans. Elles font à peu près cent tonneaux chacune. A vous de choisir, amiral.

PINZÓN *(dogmatique) :* La *Santa María* est mieux.

COLON *(à part) :* Faudrait faire un tour à la rame pour jeter un coup d'œil ; surtout que c'est mon vaisseau amiral que je choisis là. Mais j'ai déjà défié Pinzón sur le premier point, alors il serait peut-être diplomate de lui accorder celui-ci. *(A Pinzón) :* La *Santa María.*

Un mot sur le nom des navires et l'incohérence de la légende qui naissait à ce moment même. Les navires de ma flotte auraient pu s'appeler soit *Santa Clara, Santana* et *Santa María,* c'étaient leurs noms religieux officiels, soit *Niña, Pinta* et *Gallega* – ce dernier surnom étant celui de la caraque. Alors pourquoi cet archicélèbre micmac *Niña, Pinta* et *Santa María ?* Pour une fois, ce n'est pas la faute des historiens, c'est la mienne. J'ai lancé cette pratique dans mon livre de la *Première Navigation et Découverte des Indes* (que l'on surnomme *Journal de bord* et dont il ne reste malheureusement plus que la copie infidèle de mon biographe Las Casas). Pourquoi ai-je fait ça ? Parce que la *Niña* et la *Pinta* étaient de fines caravelles, agréables à piloter. Tandis que la *Santa María* était lente, acariâtre, poussive avec son grand mât trop haut ; c'était un vrai veau de mer qui ne risquait pas de mériter un petit nom doux. Si bien que j'ai parlé d'elle de façon rigide et officielle et que les historiens se sont fondés là-dessus. Des événements tragiques finiraient par lui valoir le troisième nom de *la Nativité.*

Maintenant, Lope ou Shakespeare amèneraient des charpentiers qui assembleraient des planches neuves sur des ponts cambrés, des tonneliers cerclant des barriques neuves, des voiliers cousant de la toile, des calfateurs préparant leurs mixtures d'huile de baleine et de résine, ou de goudron et de suif. Un producteur ambitieux pourrait même montrer l'étendue de plage où des attelages de bœufs traînent les trois navires à la marée montante, et des hommes s'affairant comme des fourmis à calfater les bateaux à sec. Dans toutes les versions, on verrait les ouvriers pester contre cette folie : équiper deux caravelles et une caraque pour un voyage vers nulle part – car les marins sont une gent conservatrice et, en dehors de leurs superstitions venues du fond des âges, ils ne croient qu'en ce qu'ils ont vérifié par expérience.

– L'ouest, bon Dieu !

– Enfin, c'est eux qui nous paient !

– Oui, mais qui serait assez fou pour s'engager, je te le demande ?

Pour toute réponse, le dramaturge place de nouveau la scène sur la plaza Saint-Georges, le lendemain du jour où les navires ont été remis à flot. Suivant leur rituel quotidien, les hommes de Palos se sont rassemblés en petits groupes pour attendre l'embauche. Je m'approche, essayant de prendre mon regard d'aigle, indispensable aux grands de l'Histoire et de la légende. Eux regardent ailleurs ou même tournent le dos, à l'exception des trois frères Pinzón et de quelques amis à eux qui ont déjà signé.

Je me sens bientôt isolé parmi les Pinzón, qui ne sont pas suffisamment nombreux eux-mêmes.

Je veux être en mer début août, avant que le noroît qui nous portera jusqu'aux Canaries ne s'effiloche dans les bourrasques de l'automne. Mais les derniers jours de juillet sont déjà là.

Découragé, je dis à Martín Alonzo Pinzón :

– Je ne vois vraiment pas comment on pourrait partir dans les délais prévus.

– Non, on va être en retard, convient-il en paraphrasant mes paroles comme il le fait souvent quand il n'a pas d'opinion personnelle.

– Pourquoi faut-il que les marins soient de tels sceptiques ? Ils refusent de croire qu'il y ait autre chose que de l'eau de l'autre côté de la mer Océane.

– Dans toutes les directions, convient Pinzón, constructif.

– Alors, comment les convaincre ?

– C'est la question que je me posais, dit Pinzón.

A cet instant précis, tel un *deus ex machina* du Grec Euripide, le duc de Medinaceli entre sur la place avec un vieil unijambiste ; son pied dépareillé est nu ; son béret noir est rabattu crânement au-dessus de son œil droit, le gauche étant caché par un bandeau noir.

– Où il est ? Où il est c't'amiral Trucmuche ? crie le vieux marin.

Lorsqu'il m'a identifié, il exécute une sorte de gigue pilonnée dans ma direction en clamant :

– Sacré fils de pute !

Il me montre les deux poings.

– T'es le fils de pute le plus verni de la création. J'y suis presque arrivé là-bas et maintenant j'suis foutrement trop vieux pour repartir, mais toi, t'y vas !

– C'est Vásquez de La Frontera, dit quelqu'un.

– Lui ? Je le croyais mort depuis des années.

– Hé, pépé, crie une troisième voix, y t'en reste des algues des Sargasses ?

Coups de coude et rigolade, mais les yeux sont respectueux.

Du haut de ses quatre-vingts ans, Vásquez de La Frontera les harangue :

– Le duc dit que vous êtes tous trop faiblards côté matière grise, trop ramollis du bulbe, pour signer avec l'amiral. Allons donc, tas d'ignares, vous ratez la chance de votre vie ! Moi je donnerais mon bras droit et la jambe qui me reste pour avoir encore l'âge. Parce que j'y suis presque arrivé moi, là-bas, et vous le savez tous.

Ils le savent, s'ils croient l'histoire du vieux Vásquez, qui est bien connu dans le coin. Cet enfant du village voisin de Moguer a navigué, comme pilote ou second, sur l'une des caravelles du prince Henri qui avait mis le cap sur l'ouest pour découvrir des horizons nouveaux en 52. De groupe en groupe, il danse sa gigue bancale, des souvenirs plein son œil unique, et poursuit :

– On est partis de Fayal aux Açores cap au sud-ouest, et vous savez tous qu'on a atteint la mer des Sargasses parce que j'ai rapporté des algues pour le prouver. Et puis on est allés vers le nord et on a trouvé Corvo, qui est la plus à l'ouest des Açores, pan, en plein milieu de la mer Océane. Et puis on est allés cap à l'ouest, et ensuite au nord pour chercher O'Brasil – c'est comme ça que les Irlandais appellent l'île dorée qui disparaît dès qu'on la voit à l'horizon –, et un matin j'ai senti une terre enivrante comme tous les parfums d'Arabie. Des oiseaux de terre venaient nous regarder sous le nez... tout mouchetés qu'ils étaient, et je jure devant Dieu qu'ils étaient mouchetés d'or ! On était à un jour d'O'Brasil – aussi sûr que je suis là planté au milieu d'une bande de culs-terreux minables qui ont peur de se mouiller les petons –, et alors là, qu'est-ce qui s'est passé ? Ça me fend le cœur aujourd'hui encore. On a viré de bord. Viré de bord parce que l'équipage avait les jetons du bout du monde. Et vous, vous les avez avant même d'embarquer. Faut pourtant y aller. *Y faut.* Quoi, on n'est pas en Espagne, ici ? En Andalousie ? A Palos, où les femmes sont si belles qu'elles vous font flancher le cœur et les hommes si braves qu'ils vous le remettent en branle ? pérore Vásquez de La Frontera, sa gigue adoptant un tempo frénétique. Vous allez rester plantés là et reconnaître que cet amiral Trucmuche, cet étranger, a plus de cran que nos braves gars ? Vous voulez déshonorer Palos pour l'éternité ?

Et le vieux Vásquez, suant et soufflant, sautille jusqu'à l'église Saint-Georges pour s'adosser à l'ombre de ses murs. Son œil unique lance des éclairs de défi. Personne ne bouge. Il crache un gros glaviot, méprisant. Personne ne bouge encore.

Alors, dans le soleil aveuglant de la plaza, trois autres natifs de Moguer s'avancent en raclant leurs pieds sur le sol comme des taureaux d'arène pour s'exciter à charger. Ce sont les frères Niño, Juan, Peralonso et Francisco. Juan Niño, propriétaire de la *Niña,* jouit ici d'une aussi grande considération que Pinzón, mais jusqu'à maintenant, la réquisition de son navire pour un an l'a aigri.

– Je crois bien que j'aimerais voir ces oiseaux mouchetés d'or, dit-il.

Et il s'engage sur sa propre caravelle ; il sera maître sous le commandement de Vicente Yañez Pinzón.

– Je vais regretter ces femmes belles à faire flancher les cœurs, mais je suis au sec depuis trop longtemps, ce serait peut-être pas plus mal que je palpite un brin, dit Peralonso qui a vingt-quatre ans.

C'est un pilote habile, il me sera utile à bord de l'acariâtre *Santa María.*

Le jeune Francisco Niño, qui n'a pas encore dix-sept ans, se contente de sourire de son sourire angélique en se mettant aux côtés de ses mastards de frères. Il naviguera comme simple matelot sur la *Pinta.*

C'est ainsi que les frères Niño de Moguer, dont deux ont l'air de desperados et le troisième d'un saint, brisent la glace.

Le 1er août, il y a quatre-vingt-huit matelots et officiers pour les trois vaisseaux, et un passager, Rodrigo de Ségovie, contrôleur de la Couronne, qu'on a envoyé pour surveiller où passe le moindre maravédis et s'assurer que la Couronne touche bien ses quatre-vingt-dix pour cent sur l'or et les pierres précieuses qu'on trouvera. Car dix pour cent me reviennent, avec la vice-royauté des îles et des continents découverts sur la route des Indes ou d'ailleurs. On m'a même donné des lettres de créance pour le Grand Khan du Cathay ainsi que pour trois autres monarques dont le nom n'est pas spécifié et que je pourrais trouver en chemin. Luís de Santangel, mon agent, ne parlait pas en l'air.

Un autre Luís se joint à nous inopinément, la veille de notre départ. C'est Barto. Voilà ce que je pense en voyant un homme descendre à dos d'âne de la plaza Saint-Georges au port. Mais, non. Ce garçon a moins de vingt-cinq ans, il est mince, comme une fille. Quand il se laisse glisser au sol, sa pauvre monture s'effondre comme si sa mission terrestre était accomplie. Et peut-être l'est-elle.

Le jeune homme porte un feutre noir, bord relevé, plume en berne. Ses yeux sont des étincelles vertes dans son visage las et poussiéreux.

– C'est les bateaux, ça ? me demande-t-il.

Je suis seul au bord de l'eau, tous les autres passent leur dernière nuit en ville. Par superstition, je me dis que si je veille ici, Barto viendra.

Je réponds que cela dépend de quels bateaux il parle.

– Des bateaux juifs. Mais il devait y en avoir douze. On a payé jusqu'à notre dernier maravédis. On est un millier de Juifs de Castille et de Catalogne.

Je secoue la tête sans comprendre.

– On n'est pas à Huelva ici ?

– Non, c'est sur l'autre bras du fleuve, à l'ouest.

Il se frappe le front.

– Ah bravo, Luís ! T'as encore fait des tiennes ! se morigène-t-il. Le sursis royal ne dure que jusqu'à demain. Après, tout Juif espagnol non converti sera mis à mort. C'est loin, Huelva ?

– En bateau, non.

– C'est quoi ces navires, au fait ?

– C'est un voyage de découverte sous pavillon royal, lui dis-je.

C'est la première fois que j'emploie ces mots. Dans un sens, ils rendent l'entreprise plus réelle.

– Vers où ?

Il ne parle pas pour parler. Ses yeux verts brillent d'intérêt juvénile.

– Vers l'ouest en traversant la mer Océane.

– Rien que ça ! s'écrie-t-il.

Il esquisse un pas de gigue comme Vásquez de La Frontera devait en faire il y a soixante ans quand il était encore entier, et bat des mains :

– Votre flotte n'a pas besoin d'interprète ?

Je n'y avais pas réfléchi.

– Nous n'y avions pas réfléchi, dis-je.

– Je parle hébreu, arabe, araméen et... ha, ha ! Même quelques mots d'espagnol !

C'est tentant. Tout le monde sait que l'arabe est la langue mère. Donc ce garçon pourrait nous être d'une aide précieuse aux Indes, à Cipango, au Cathay, sur des îles et des continents non encore découverts, mais déjà habités. Mais je suis obligé de refuser.

– Désolé, mais c'est non.

– Mais je pourrais peut-être voir votre capitaine ?

– Je suis l'amiral.

– Ah. L'amiral. Ah bon, dit-il déconfit.

Il insiste pourtant :

– Pourquoi pas, amiral ?

– Avec la meilleure volonté du monde, on pourrait pas vous prendre. C'est une expédition chrétienne, dis-je avec fermeté.

Je suis tout de même navré pour lui.

Il baisse les yeux, puis son visage s'éclaire :

– Je suis du style libre penseur. Je veux dire, il se trouve que je suis né juif, c'est tout, vous savez ce que c'est.

Je sais ce que c'est, je l'admets.

– Je veux dire, j'aurais pu naître chrétien, musulman ou autre chose. Ce n'est qu'un accident comme le lieu de naissance. Comme le fait que vous soyez espagnol, par exemple.

– Je ne suis pas espagnol.

– Ah non ?

– Enfin, pas officiellement. C'est une longue histoire.

– Alors, vous savez ce que c'est, d'être à part ?

Nous regardons ensemble vers le large. Je m'éclaircis la gorge. Il fait des ricochets sur l'eau.

– Je présume que vous êtes hostile à la conversion, dis-je pour tâter le terrain.

– Euh... eh bien, je n'aime pas être bousculé, vous comprenez ?

Je m'éclaircis de nouveau la gorge. Il fait d'autres ricochets.

– Comme ça, vous traversez la mer Océane ?

Je sais me taire quand il faut.

– Vers les Indes et tout ça ?

– Dites-moi quelque chose en arabe.

Aussitôt, le voilà qui débite une phrase dans cette langue gutturale.

– Qu'est-ce que ça veut dire ?

Mes rudiments d'arabe sont rouillés.

– Que si vous trouvez un ecclésiastique pour me baptiser, je crois que je suis mûr pour la conversion.

Frère Juan Pérez est descendu de La Rábida porter la communion à mes hommes ; il est resté en ville pour nous voir partir. Nous allons à sa recherche ensemble et trouvons le bon prieur – pas si ascétique qu'il en a l'air – dans la taverne où j'ai fait la connaissance de Pinzón et du duc. Une demi-heure plus tard, Luís Torres est baptisé dans la mer.

Le lendemain matin à 4 heures, nous sommes à bord. Barto n'est pas venu. Bientôt, Peralonso Niño de Moguer, pilote de la *Santa María,* crie :

– La marée change.

D'une voix calme et unie, je dis au propriétaire et maître du navire, Juan Cosa le Galicien, de le faire descendre en aval. On lève les ancres, on manœuvre les grands avirons de hêtre pour nous donner de l'erre.

Les voiles pendent, molles, dans le calme du fleuve. Encore une demi-heure et le soleil se lèvera. Les sabords crissent et vibrent ; les longues pales des rames avancent sur l'eau. La terre s'éloigne. Pas de Barto. Palos n'est plus qu'une tache floue qui disparaît. Dans la lumière naissante, La Rábida se dresse sur sa falaise. Les moines saluent l'aube de leurs dévotions et les hommes du bord écoutent avec moi les voix pures que la mer nous amène et se jettent à genoux pour prier. Luís Torres s'agenouille brusquement près de moi. Il se signe. C'est un instant inattendu et profond. Les voiles sont encore molles lorsque nous retrouvons l'autre bras du fleuve qui vient de Huelva. Devant nous apparaît une flotte de petits bateaux déglingués, dont beaucoup sont dangereusement au ras de l'eau. Presque imperceptiblement d'abord, puis plus fort à mesure que nous approchons, nous parvient le son du tambourin et des flûtes, qui finit par couvrir les dernières notes claires de La Rábida. Un homme chante en solo, dans les hautes, une mélodie triste et obsédante.

Luís Torres se précipite vers le bastingage tandis que nos avirons nous rapprochent de la flotte insolite. Je pose ma main sur son épaule. Il tremble.

– Ils espèrent atteindre l'Italie, dit-il. L'Italie en prendra bien quelques-uns, n'est-ce pas ?

Je ne dis rien. Il répète doucement :

– N'est-ce pas ?

Puis nous laissons la flotte des exilés juifs derrière nous, et Luís Torres tourne résolument le visage vers la proue.

Des dunes de sable, avec des pins ratatinés par le vent par-ci par-là, passent lentement de chaque côté. Le nouveau jour est lumineux, mais couvert. Soudain, une brise de mer gonfle les voiles de la *Santa María*.

Il est huit heures du matin. Nous sommes le vendredi 3 août 1492.

8

1492 (suite).

A ma connaissance, le plus ancien récit de voyage est *l'Odyssée* qui raconte le périple d'Ulysse à travers le monde imaginaire d'Homère pour regagner Ithaque après la guerre de Troie. Ensuite vient l'histoire biblique de l'arche de Noé. Quand je réfléchissais à la manière dont j'allais raconter mon premier voyage de Découverte, j'ai étudié ces histoires. Si j'appelle « histoire » les versets 6, 7 et 8 de la Genèse, n'y voyez pas d'intention sacrilège : qu'est-ce d'autre ? Notez que celui qui a rapporté la parole de Dieu ne connaissait rien à la navigation. L'arche marchait-elle à l'aviron ou à la voile ? Pas un mot là-dessus. Il n'était pas non plus grand géographe. Quelle distance entre l'est d'Éden et le mont Ararat ? Autre lacune. Nous savons qu'il y avait à bord Noé, ses trois fils et leurs femmes ; mais, en tout cas, le secrétaire de Dieu ne s'intéressait pas à la « psychologie, aux mobiles et tout et tout » : Noé et sa famille passèrent cent cinquante jours sur l'arche, sans compter les quarante jours et les quarante nuits de pluie. Or, comme chacun sait, il y avait avec eux sept spécimens de chaque bête propre de la terre, sept de chaque oiseau, sept de chaque bête malpropre. Ça fait beaucoup de peuple et de bestiaux entassés sur leur ilôt-zoo flottant, pendant pas mal de temps. Y eut-il des dissensions dans le rang des animaux ou des humains ? Une mutinerie ? Les vivres vinrent-ils à manquer ? Dut-on sacrifier quelque malheureuse espèce aujourd'hui disparue pour permettre aux autres de survivre ? Si vous voulez mon avis, l'histoire de Noé est contée plutôt sommairement. Mais pour Dieu, l'essentiel c'était son courroux contre la méchanceté des hommes et son alliance avec Noé ; c'est peut-être exprès qu'il glisse sur le reste.

Homère, lui, réussit à faire tenir une décennie d'incidents et de couleur locale dans *l'Odyssée,* mais il n'a rien d'un marin non plus. La seule fois où le lecteur arrive vraiment à sentir le navire, c'est quand Ulysse se fait attacher au mât après avoir bouché de cire les oreilles de son équipage pour être le seul à entendre le chant séducteur et irrésistible des sirènes. Pour le reste, Ulysse saute d'île en île, et dès qu'il s'aventure à terre, il rencontre un nouveau danger. Des dangers en mer, à part Charybde et Scylla (un genre de rocher et un endroit pas sympa), on ne nous dit rien.

Mais Homère, tout comme le secrétaire anonyme de Dieu, savait construire une histoire autour de ses points forts. C'est aussi mon propos ici. Donc vous ne trouverez rien qui ressemble à un journal de bord. Aux maniaques de la voile, je recommande (non sans réserves) la copie de Las Casas qui a fini par s'appeler précisément *Christophe Colomb ; journal de bord.*

De Palos aux Canaries, les cartes marines sont fiables. Barto et moi en avions dessiné plus d'une sur de grands beaux parchemins. Il faut entre huit et dix jours pour hausser Las Palmas. Un bon vent arrière pousse la *Santa María,* et en six jours nous atteignons la petite île de Gomera, qui possède le mouillage le plus protégé des Canaries. Nous y avons rendez-vous avec les autres caravelles.

Je laisse délibérément la flotte se séparer, ce qui est d'ordinaire le fait de piètres capitaines. Mais Pinzón a besoin d'une leçon. Et pas seulement sur le chapitre des voiles. Il faut qu'il apprenne qui est l'amiral ici.

A trois nuits de Palos, nous avons laissé derrière nous la *Niña* gréée à la latine, et son capitaine, Vincente Yañez Pinzón. Quand nous allumons le signal à l'avant, seul répond Martín Alonzo, à bord de la *Pinta.* C'est ce que j'avais prévu.

Mais deux nuits plus tard, nous perdons aussi la *Pinta.*

Nous avons jeté l'ancre depuis deux jours dans le port de Gomera, quand Rodrigo de Ségovie, le petit contrôleur royal dodu et vétilleux, se met à me parler du dépassement des coûts. Nous sommes sur le pont. Il a installé son écritoire entre nous, à côté de barriques d'eau douce remplies dans les rivières de l'île et de bûches coupées dans ses forêts. Depuis l'artillerie jusqu'aux victuailles, le contrôleur pinaille et mégote sur tout. Il en arrive aux salaires.

– Quatre-vingt-dix hommes, y compris vous-même.

– Et vous-même, ne puis-je m'empêcher de lui dire.

– Soit un total mensuel de deux cent cinquante mille cent quatre-vingts. Deux mille par mois pour les officiers, c'est exorbitant. Vingt-deux pièces de cuivre par jour pour les simples matelots, alors que la plupart ne sont que des gamins, ça ne peut que les gâter.

Il revient tristement aux vivres.

– Soixante-treize maravédis par boisseau de blé. Et il y en a combien à bord ?

– Pour ne pas prendre de risques, on a des provisions pour un an. J'ai compté plutôt large.

– Voile ! crie-t-on sur le gaillard d'arrière, où Peralonso Niño de Moguer est de quart.

La caravelle qui apparaît, coque noyée à l'horizon, n'est pas la *Pinta,* mais la *Niña* avec son immense voile triangulaire.

Enríquez de Harana me rejoint sur l'échelle.

– Pinzón ne mijote rien de bon, c'est moi qui vous le dis. Qu'est-ce qui peut bien retarder la *Pinta ?*

Le visage de Peralonso Niño est plus patibulaire encore que de coutume, avec ses joues mangées de barbe. Nous n'avons pas de rasoirs à bord. Ma propre barbe me démange et pousse d'un blanc roussâtre.

– Je vois pas comment la *Niña* peut être là la première, s'il est rien arrivé à la *Pinta,* dit Peralonso d'une voix anxieuse – son jeune frère Francisco est matelot à bord du vaisseau qui se fait attendre.

Chachu, mon maître d'équipage, est là sur le pont à nous écouter sans vergogne. Il est trapu et court sur pattes, mais ses bras sont longs et immensément puissants. Sa face de crapaud imperturbable est du genre qui effraie les petits enfants, les vierges timides et les animaux de compagnie craintifs. C'est lui le meneur de la clique nordiste – neuf Basques et Galiciens qui sont restés à bord de la *Santa María* avec Juan Cosa, son propriétaire endetté. Chachu parle un espagnol petit-nègre. Sa langue maternelle est le basque.

– C'captaine Pinzón, lui du Su'. Pas bon captaine, hé ?

Sa face de crapaud est empreinte de l'hostilité implacable avec laquelle il affronte l'existence.

– Finir par arriver. Un mois pit-être, hé ?

Il n'est pas loin du compte. La *Pinta* apparaît au bout de deux semaines. Elle avance avec de folles embardées.

J'ordonne de mettre à l'eau le canot de la *Santa María.* Une demi-heure plus tard, je grimpe sur le pont principal de la *Pinta* par l'échelle de Jacob, accompagné de Enríquez de Harana, connétable de la flotte. L'équipage nous regarde sans mot dire. Martín Alonzo Pinzón se fait attendre. Il apparaît enfin, plein de morgue.

– Qu'est-ce qui vous a retenu ? dis-je.

Pinzón la Barrique n'est pas impressionné.

– Venez à l'arrière, je vais vous faire voir.

Nous le suivons. J'entends le crissement et le battement de la pompe de bois de la *Pinta.* Ses fonds de cales empestent.

– Rencontrez du gros temps avec un gouvernail cassé, vous verrez si vous embarquez pas d'eau, vous aussi, dit froidement Martín Alonzo.

Nous montons sur le gaillard d'arrière et descendons dans l'entrepont.

– Regardez voir par ici.

Je me penche par le large panneau, tête et épaules le long de la grande barre de chêne.

– Au premier grain, le gouvernail se déboîte, dit Pinzón avec dégoût.

Je me penche un peu plus. Le gouvernail de chêne a été fixé avec de grosses cordes de chanvre. L'aiguillot supérieur sur lequel il pivote, le seul qui soit au-dessus de l'eau, est faussé au niveau de la ceinture supérieure.

– Comment ça s'est passé ?

Je me dis qu'il va falloir pousser jusqu'à Las Palmas, parce que c'est le seul port des Canaries où trouver un forgeron capable de réparer les dégâts.

La tête de Martín Alonzo reparaît de l'autre côté de la barre. Sa barbe envahit ses pommettes, rapetissant encore ses yeux rapprochés.

– La mer est grosse. Un grain nous prend par l'arrière tout d'un coup, le vent vient cogner vos carrées et soulève la poupe hors de l'eau comme une baleine qui prend le fond.

Sa voix se fait condescendante :

– Vous frappez pas ! Vaut mieux qu'on s'en soit rendu compte sur la croisière test qu'au milieu de la mer Océane.

Harana n'a encore rien dit. Tandis que Pinzón et moi nous relevons face à face, il se penche à son tour par le sabord. Bientôt, on ne voit plus que ses jambes ballantes, son derrière et ses mains agrippées au rebord. Sa voix est assourdie.

– Tenez-moi les jambes, je vous prie.

Elles basculent déjà. Son derrière disparaît à son tour. Je lui attrape les chevilles et le tiens. Au bout d'un moment, je le sens opérer son rétablissement. Ses mains retrouvent le rebord. Je le hisse à l'intérieur. Il se tourne lentement. Il ne dit rien ; il fixe Martín Alonzo. Son regard habituellement soupçonneux se fait méprisant. Il énonce d'une voix à la douceur meurtrière :

– Vous auriez pu couler votre propre vaisseau. Vous auriez pu perdre tout votre équipage, sans parler de votre misérable personne.

L'énormité de l'accusation fait reculer Martín Alonzo contre la cloison.

– Hors de mon navire, menteur, marchand de tapis, bachibouzouk, flibustier, marin d'eau douce !

Harana continue de la même voix :

– Je suis peut-être un marin d'eau douce, capitaine, mais je sais quand même reconnaître des marques de pied-de-biche.

Les yeux hors de la tête, Martín Alonzo porte la main à son couteau. Je suis sûr qu'il va se jeter sur Harana. Mais non, il se tourne vers moi.

– Vous allez laisser ce type parler comme ça à un de vos capitaines, sans rien dire ?

– En tant que connétable de la flotte, il parle en mon nom, dis-je d'un ton plus gourmé que je ne le voudrais.

Mais je vois que c'est le ton juste. Martín Alonzo Pinzón baisse les bras et Harana, sûr de son affaire, continue.

– Nous allons interroger tous ceux qui se sont approchés de l'entrepont le jour de... l'accident.

– A votre aise, dit Pinzón avec un aplomb phénoménal. Je vais demander au maître d'équipage de siffler la bordée de bâbord tout de suite, et vous verrez que cette accusation est...

– Nous allons commencer par la bordée de tribord, capitaine.

– C'est le quart de mon frère ! Où vous voulez en venir ? Vous voulez diffamer toute la famille ?

Paco Pinzón, maître de la *Pinta,* est officier des tribordais.

– Où je veux en venir ? Il se peut que quelqu'un à bord ait vu quelqu'un d'autre, capitaine, ou entendu quelqu'un d'autre, capitaine, déboîter le gouvernail. Il y a peut-être même un complice. Ça peut être n'importe qui, capitaine.

Harana remonte brusquement et va jusqu'au bastingage. Le canot de la *Santa María* a dérivé de quelques longueurs.

– Rapprochez le canot, les gars ! crie Harana. On en a pratiquement fini ici.

Pinzón remonte l'échelle, je le suis. Harana lui lance :

– Nous allons commencer l'interrogatoire de vos tribordais tout de suite, sur la *Santa María.* La première fournée peut nous suivre immédiatement, l'amiral et moi.

– Sur le vaisseau amiral ? Pas ici, cartes sur tables ?

– Je croyais que vous aviez compris, capitaine, réplique Harana d'un air sincèrement surpris. C'est la vérité que nous cherchons.

J'entends un aviron qui détourne le canot de la coque de la *Pinta ;* l'eau clapote. Des mouettes sont suspendues au-dessus de nos têtes, ailes immobiles. L'équipage de la *Pinta* s'applique à nous éviter du regard.

Martín Alonzo marmonne quelque chose.

– Quoi ? braille Harana. Parlez plus fort !

Martín Alonzo expire lentement. Il semble se dégonfler de moitié. Même sa barrique paraît plus petite. Sa voix n'est plus qu'un filet. Il est clair qu'il ne tient pas à être entendu de l'équipage.

– Je pouvais pas faire autrement, vous comprenez. Sinon, vu que la *Niña* prenait du retard, comment je vous aurais convaincus de gréer latin ?

– Mais voilà toute la question, dis-je. Elle prenait bel et bien du retard. Donc, vous aviez tort.

– Mais non !

Harana et moi nous entre-regardons, bouche bée.

– J'ai fait mon devoir. Je sais que j'ai pas tort. C'était pour le bien de l'expédition.

– Pour le bien...

Il m'interrompt en hurlant sans plus se soucier de l'équipage :

– Parce que gréer carré, c'est dangereux. J'en suis sûr ! Sûr !

En fait, j'entrevois mieux que jamais comment il fonctionne. Il n'y a pas chez lui cette malignité gratuite qu'on voit dans les romans comme *Moby Dick* ou les œuvres de Joseph Conrad. Il n'essaie pas non plus, pour quelque raison obscure, de couler l'expédition avant qu'elle ne soit partie. Non, Martín Alonzo Pinzón, comme tant d'autres capitaines, plongerait dans des eaux infestées de requins pour secourir un de ses compagnons, mais il a peur de tout ce qu'il ne comprend pas.

– Si j'avais un peu de bon sens, je vous virerais dès qu'on atteindra Las Palmas, lui dis-je.

– Et pourquoi pas ici, tout de suite ? suggère Harana.

Martín Alonzo plaide sa cause. Le déshonneur le tuera, dit-il, et je le crois. Tel est l'orgueil espagnol.

Que faire ? Des six officiers supérieurs de la flotte, moi compris, la moitié est de la famille Pinzón. Martín Alonzo et son cadet Paco sont respectivement capitaine et maître à bord de la *Pinta,* Vincente Yañez est capitaine de la *Niña.* Il est clair que je ne peux les débarquer tous.

En outre, orgueil et peur de l'inconnu à part, Martín Alonzo est un marin habile. Il l'a assez prouvé en menant la *Pinta* avec un gouvernail hors d'usage.

– Pouvez-vous atteindre Las Palmas sans être toué ?

Il acquiesce, les yeux baissés.

– On va mettre des espars sur le mât de misaine et le grand mât de la *Niña,* et on coupera ses latines en carrées pendant qu'on vous remplacera la pièce métallique du gouvernail, lui dis-je.

– Des carrées pour la *Niña,* des aiguillots et un goujon neufs pour la *Pinta.*

Il reprend mes paroles et scrute mon visage, en quête d'un signe. Comme il n'en voit pas, il s'enquiert, hésitant :

– Et après ?

– Après, rien. L'incident est clos.

Les lèvres pincées se fendent d'un sourire.

– Ça, vous le regretterez pas, amiral.

C'est bien la première fois qu'il me donne mon titre. De là à ne rien regretter...

Tandis que le canot regagne la *Santa María,* je dis à Harana :

– Vous avez de bons yeux. Moi, je n'ai vu aucune trace de pied-de-biche.

Il me demande soupçonneux :

– Ah non ?

– Non.

Et il sourit :

– Ça n'est guère étonnant. Moi non plus.

La flotte est mouillée entre la Gomera et Tenerife. Las Palmas se trouve loin derrière. La *Niña* a ses voiles carrées, la *Pinta,* ses pièces neuves. C'est la nuit du 7 au 8 septembre, la rose des vents luit dans la clarté cuivrée du fanal d'habitacle. Je décroche le fanal et le tends à Peralonso Niño. Je m'accroupis pour regarder par la rose des vents au clair de lune et je relève la Gomera, puis

Tenerife. Avec une règle et un compas à pointe sèche, je pique un point – la position de la flotte – sur la reproduction de la carte de la mer Océane vue par Pozzo Toscanelli. La bordée de bâbord, celle de Peralonso, est de quart. Je suis content de partager cet instant avec l'un des frères Niño de Moguer, pays de Vásquez, plutôt qu'avec le sombre Juan Cosa de Galice.

– Eh bien ? dis-je.

Mais ce n'est pas vraiment une question.

Peralonso me chuchote :

– Pourquoi pas ? Le vent se lève.

– Dites à Chachu de ne pas mettre de bonnettes aux basses voiles. Faites signe aux caravelles.

– Oui, dit Peralonso, un accent de terreur dans sa voix étouffée.

Bientôt, Chachu donne un coup de sifflet strident ; des ordres sont criés, des pieds nus tambourinent sur le pont de la *Santa María ;* le câble de l'ancre gronde et voici le son le plus doux aux oreilles d'un marin : celui de la toile établie vent arrière. Les membres grincent et gémissent. Le vent siffle plus aigu dans le gréement.

Peralonso contemple l'étrave qui fend l'eau argentée sous le clair de lune, comme s'il n'arrivait pas à croire que nous sommes bien en route.

– Cap sud-ouest jusqu'à ce qu'on soit sortis de la Gomera, lui dis-je.

Il enregistre, un rictus débile sur son visage qui, avec sa barbe drue, est plus que jamais celui d'un desperado.

Juste avant l'aube, le vent tourne au nord-est. J'entends Peralonso ordonner de porter tribord amures ; un instant plus tard, la corde gronde dans les poulies. Alors, la *Santa María* s'élance comme un cheval qui ronge son frein, et elle atteint son allure de croisière, par vent de tribord.

La Gomera et la petite île de Hierro, qui est la plus à l'ouest des Canaries, disparaissent à l'arrière. Au lever du soleil, le vent souffle toujours par tribord ; nous naviguons droit vers l'ouest où jamais navire n'est allé depuis le commencement des temps.

Quelle que soit la langue, je doute qu'il existe des mots pour décrire ces dix premiers jours sur la mer Océane inexplorée. Le vent de nord-est est stable à tribord et la *Santa María* bondit fougueusement à l'assaut des lames, si bien que chacun d'entre nous a presque l'impression qu'il lui suffirait de déployer des ailes invisibles pour s'envoler. Si profonde est la couleur de la mer, me dis-je, que le poète Homère ne pouvait pas être aveugle quand il l'a comparée à celle du vin. L'air est tiède et doux comme un jour d'avril en Andalousie. Des nuages de beau temps moutonnent à l'arrière et passent nonchalants au-dessus de nos têtes, comme pour nous montrer la route. La *Niña* et la *Pinta* flanquent notre sillage telles des parenthèses. Tous les matins, on lessive les ponts à l'eau de mer. Tous les midis, tel un homme-fétiche africain pratiquant sa magie, je pique cérémonieusement une épingle au centre de la rose des vents, et lorsque son ombre est sur la fleur de lis du nord, je corrige l'heure du navire ; un jour de plus vers l'ouest, plus glorieux qu'hier et bien moins que demain.

Toutes les quatre heures, soit tous les huit tours de sablier, un matelot appelle le nouveau quart. Le temps est si beau, les nuits si suaves, que tout le monde couche sur le pont. Lorsque la nouvelle bordée s'éveille, même Juan Cosa, le Galicien à la triste figure, a presque le sourire et la voix amicale en relevant Peralonso Niño. Les deux bordées avalent des biscuits, quelques pois chiches froids avec de l'ail, une ou deux sardines, et arrosent ce bref repas d'un gobelet de vin coupé d'eau. A la barre, le timonier bâbordais donne le cap à Peralonso, qui le répète rituellement à Juan Cosa, qui le répète au nouveau timonier tribordais, lequel le répète encore. Le vent est si stable ces dix jours que cap et destination tiennent en un seul et même mot glorieux : ouest.

Je suis sur le pont entre le mât de misaine incliné et le grand mât démesuré, trois fois plus haut que lui. Je regarde les hommes lacer les bonnettes au-dessous de la basse voile, car maître Juan Cosa vient de demander plus de toile. Il me lance un regard circonspect comme s'il attendait un contrordre, et je me demande comment on peut à ce point passer à côté de la joie de vivre. Je lui souris et lui souhaite une belle, une magnifique journée.

Au cours de mes rondes, je vois Juan Sanchez de Cordoue, le bon docteur du bord, assis sur le bord d'une écoutille. Il regarde, compatissant, la bouche d'un mousse effaré, et sonde d'un doigt délicat la molaire enflammée. Voici s'avancer Enríquez de Harana, connétable de la flotte. Il veille au grain, même lorsqu'il s'agit de son vieil ami le docteur. Je passe sur le gaillard d'avant. Le type à la boîte à feu qui regarde deux matelots préparer le repas de midi, seul repas chaud de la journée, c'est Chachu, le maître d'équipage basque. Il est vraiment au ras du pont. Ses jambes puissantes sont si courtes qu'on croirait que son Créateur l'a fait sur mesures pour lui permettre d'avoir un maximum d'équilibre sur le plancher cambré d'un navire qui roule. Les dix premiers jours, l'hostilité de Chachu se borne à quelques regards torves et à un juron pittoresque de temps en temps. Mais les mousses sont nerveux dès qu'il est dans le secteur.

– Je vous souhaite le bonjour, maître d'équipage, dis-je avec bonne humeur.

Chachu grogne quelque chose qui ressemble vaguement à « amiral », se concentre à nouveau sur la boîte à feu ou marmotte, comme on l'appelle, puis il regagne l'échelle. Je dis un mot amical aux cuisiniers improvisés et retourne sur le pont principal.

Toute une bande de mousses s'est rassemblée autour du grand mât. Son pôle d'attraction est Cristóbal Quintero, trente ans, un visage de bébé, ancien propriétaire de la *Pinta.* Il a connu des revers de fortune et s'est embarqué comme simple matelot sur la *Santa María.* Il s'est rapidement imposé auprès de ses cadets comme expert-résident ès questions sexuelles.

– Deux, dit-il en ce moment, son visage innocent se portant garant de ses paroles, que les jeunes boivent, les yeux ronds.

– Deux ?

– Comme je vous le dis. Les populations ordinaires ont bien deux seins, non ? Deux, c'est un chiffre normal si on regarde bien. Deux bras, deux jambes, deux pieds, deux oreilles, deux narines. Eh bien, l'anatomie des femmes est, si on veut, plus cohérente chez les Anglaises ; c'est à ça qu'on les reconnaît à tous les coups. Elles en ont toujours deux.

– Où ça ? demande le chœur des mousses, passionné.

– En Angleterre. Je viens de vous le dire. C'est les Anglaises qui en ont deux.

– Mais où sur leur personne ?

– A l'endroit habituel, eh, tarés ! Mais côte à côte. Le triangle magique, ce serait plutôt un carré, si vous voyez ce que je veux dire. Mais alors, si vous prenez les Écossaises, alors là, attendez-vous à avoir un choc parce que...

Quintero est reparti.

Moi aussi, car je projette une visite au jardin arrière pour satisfaire un besoin naturel. Mais le petit siège construit sur le bastingage du gaillard d'arrière est déjà occupé par son hôte semi-permanent, maître Juan Cosa. La face empourprée, il regarde devant lui avec un air de concentration douloureuse, comme s'il essayait de résoudre un problème de navigation ardu. Les mousses du pont principal le regardent à la dérobée. On parie furieusement sur la durée et les fruits de son séjour. Sa sinistrose croît en proportion inverse de son succès à fertiliser le jardin ; les mousses ont un enjeu dans l'opération.

Ils guettent aussi le moment où la *Santa María,* avec son grand mât trop haut, roulerait vers bâbord de quelques degrés de plus qu'à l'ordinaire, ce qui plongerait inopinément le Galicien vers les régions inférieures. Ce n'est pas pour aujourd'hui. Cosa est toujours fidèle au poste, concentré sur ses problèmes de navigation, lorsque j'entre dans le château de poupe.

Tous les soirs après le coucher du soleil et l'extinction de la boîte à feu pour la nuit, le plus jeune des mousses de quart allume le fanal d'habitacle et l'apporte à l'arrière en chantant :

– Dieu nous accorde belle nuit et bon vent, oui messieurs et *amen.*

Tout l'équipage récite solennellement le *Pater Noster.*

Parfois, au point du jour, une pure voix de ténor m'éveille.

Sois béni Seigneur avec toutes tes créatures
Frère Soleil
Qui donne le jour...

Mon cœur bondit dans ma poitrine, l'espace d'un instant je suis à Galway, il y a une éternité, et je revois le cher visage à la beauté indescriptible de Tristan. Puis Pedro Terreros frappe à la porte de ma cabine. Il m'apporte mon premier repas : sardines, oignon, biscuits et vin. Me voilà de nouveau à bord de la *Santa María.*

Mais le souvenir obsédant que me rappelle cette voix de ténor saluant l'aube me fait réfléchir. Et les autres hommes, quarante à bord de la *Santa María,* quatre-vingt-dix pour toute la flotte, en connais-je un seul vraiment ? Pourquoi sont-ils ici, eux et pas d'autres ? Quels souvenirs secrets les mènent ou les hantent ? Des pensées comme les miennes leur traversent-elles l'esprit ? Un homme peut-il jamais en connaître un autre ? Se connaître lui-même ?

Ces songeries océaniques mènent parfois dans une direction qu'il vaut mieux ne pas explorer – on se dit que tout est hasard, le libre arbitre illusion, et que Dieu n'existe pas. Puis un banc de dauphins nous fait un bout de conduite en folâtrant ; deux oiseaux de mer se perchent dans nos gréements pour se reposer, puis s'envolent à tire-d'aile, tournoient et repartent, éclairs d'argent dans un ciel presque aussi bleu que la mer. Alors, je sais que Dieu existe, et aussi qu'il est partout.

Ce n'est qu'avec Luís Torres, notre interprète de dernière heure, que je partage parfois ces pensées la nuit, devant un dernier gobelet de vin.

Peralonso jauge l'allure du navire avec une mystérieuse exactitude, rien qu'au sillage. Selon lui, nous avons parcouru mille cent soixante-cinq milles nautiques ces dix jours.

Mes propres chiffres, autant le dire tout de suite, sont à la fois inférieurs et supérieurs. Inférieurs, tous les écoliers l'apprennent, dans la version que je réserve à l'équipage. Les hommes finiront fatalement par avoir peur d'être allés plus loin que Dieu ne l'a voulu. Dans cette perspective, je retranche vingt pour cent environ des estimations de Peralonso. Il est plus difficile d'expliquer mon autre registre de chiffres. Ai-je consigné ces estimations excessives, quelquefois près de deux cents milles d'un midi à l'autre, pour impressionner les souverains qui liront ce que j'ai écrit ? C'est ce que croit Peralonso, seul dans le secret de ma double comptabilité. Mais il n'en est rien. Non, la vérité c'est que je suis si pressé d'atteindre l'ouest que l'étrave fend l'eau plus vite pour moi que pour Peralonso, et je me convaincs que mes chiffres secrets sont les bons.

L'équipage d'un navire, plus que tout autre groupe peut-être, est la proie de brusques changements d'humeur. Ainsi, nous allons grand erre dix jours dans l'euphorie pour nous retrouver en l'espace d'un seul quart au creux de la vague, dans la mer des Sargasses.

Le matin du 16 septembre, au réveil, je sens d'instinct qu'il y a quelque chose qui ne va pas – sans savoir ce que c'est ni même comment je le sais. Puis je réalise que c'est le silence, le silence humain – nul lambeau de chanson, nul cri, nul pas sur le pont, je pourrais être seul à bord de la *Santa María* et même (pensée océanique sitôt l'œil ouvert) seul au monde.

J'enfile mon pourpoint, me cogne cruellement au linteau de la porte basse et sors pieds nus du château de poupe. Le plancher est encore tout glissant de rosée. Je m'avance vivement jusqu'à l'endroit où un matelot effaré jette la sonde sous la direction de Juan Cosa. L'équipage regarde, le long du bastingage. Je comprends ce qui cause ce silence si peu habituel, ce mutisme soudain : des grappes d'algues coriaces flottent, vert sombre ou plus rarement jaunes.

– Relevé ?

Juan Cosa rompt ce silence de plomb. Son air de chien battu, ses rides verticales, ses sillons qui donnent à son visage l'apparence d'un masque qui va glisser, sont plus marqués que d'habitude.

Le garçon hisse la corde de chanvre. Des algues s'y accrochent.

– Rien, monsieur. On l'a descendue au maximum sans toucher le fond.

– T'as deux cordes de cent pieds attachées ensemble là, mon gars, braille Cosa qui arrache la corde plombée des mains du mousse et la hisse lui-même.

Lui non plus ne trouve pas le fond.

– Trop de voile.

Il secoue la tête, ses fanons tremblotent.

– On dérive trop de notre cap. Chachu ! appelle-t-il.

Bientôt, le maître d'équipage ordonne aux matelots de diminuer la voilure en délaçant les deux bonnettes de la basse voile, ce qui réduit considérablement notre sillage. Je ne suis pas ravi. Tout autour de moi, ce ne sont que des visages pincés par la peur et je sais que plus tôt nous quitterons la mer des Sargasses, mieux ça vaudra. Car les algues, s'il faut en croire le vieux Vásquez de La Frontera, ne menacent que le moral.

Je suis capitaine. Je peux toujours déclarer contrordre. Mais Cosa est copropriétaire du navire. Il le connaît dans ses moindres recoins, il est sensible à tous ses grincements et les hommes le savent. En outre, si je court-circuite son autorité, ne serait-ce qu'une fois, je l'amoindris irrémédiablement. Et non seulement il m'en voudra, mais nous y perdrons tous deux un peu de la confiance de l'équipage. Je me tiens coi et la *Santa María* avance à peine.

Cosa tire de nouveau sur la corde – pas de fond. Elle est si festonnée d'algues qu'on dirait du gui.

– Toutes ces algues, ça cache un rocher immergé, dit-il, sans démordre de sa peur.

Peralonso Niño apparaît à mes côtés. Il partage le quart avec Cosa et peut intervenir. Il dit :

– Bien sûr, d'habitude. Mais le vieux Vásquez a bien traversé la mer des Sargasses et il s'en est sorti.

– Je vous dis qu'il y a un rocher là-dessous, hurle Cosa, un rocher qui pourrait nous fendre les fonds.

Il lance de nouveau la sonde.

Malgré son faciès féroce, Peralonso fait cette remontrance bienveillante :

– C'est du potager, maître, pas plus méchant qu'un carré de fraises.

Quatre jours plus tard, le potager de Peralonso s'est mué en une prairie vert et jaune qui s'étend tous azimuts à perte de vue. La flotte bouge à peine. Notre avance est si négligeable, si légère est la brise, que nous pouvons nous interpeller d'un navire à l'autre. Les trois frères Pinzón estiment qu'on devrait zigzaguer pour retrouver une mer dégagée. Juan Cosa s'accroche à l'idée de continuer lentement vers l'ouest sans cesser de sonder. Peralonso Niño et son frère Juan, maître sur la *Niña,* sont d'accord avec moi : les algues ne menacent que le moral.

Je n'ai que trop attendu, je fais venir Chachu.

– Déployez toute la toile, la basse voile principale avec les bonnettes, la basse voile avant, la livarde, la misaine, le hunier, tout.

Le sourire de Peralonso est féroce :

– Pourquoi pas gréer le canot, à la poupe ?

Aussitôt dit, aussitôt fait. La *Santa María* se met à avancer pour de bon.

– On peut pas sonder à cette vitesse, se plaint Juan Cosa.

– Rangez votre sonde, lui dis-je, vous n'allez plus en avoir besoin.

Regard sombre et coins de bouche qui retombent m'imputent les catastrophes imminentes. Il voit déjà le navire, *son* navire, éventré sur un écueil. Mais il reste assez marin pour demander :

– Et le cap ?

– Mais, dis-je avec douceur, comme toujours. Sur l'ouest.

– C'maudit stranger nous fai'péri'tous, dit Chachu *mezzo voce.*

Nous sommes en mer des Sargasses depuis six jours. La vigie crie :

– Eau bleue.

Et oui, en effet, au-devant de nous l'eau scintille comme de l'acier au soleil. La prairie fait place à des grappes d'algues, les grappes se dispersent, bientôt la mer est tout à fait dégagée.

Et Chachu, *mezzo voce :*

– C'maudit stranger chanceux c'coup-ci.

Mais après la mer des Sargasses, tout changement est synonyme de remous. Le vent tombe ? Les hommes grognent qu'on va être embabouinés et mourir de faim. La brise souffle de l'ouest, nous voilà à louvoyer ouest-nord-ouest ? J'entends de noires prédictions : nous allons rater Cipango et les Indes. Même lorsque nous récupérons les vents dominants, il y a des murmures. Vent arrière, et voilà qu'on ressort l'histoire de la *Pinta* et de son gouvernail soi-disant perdu. Un parfait vent de tribord, et resurgit la peur latente d'aller plus loin que Dieu ne l'a voulu, et de ne jamais rentrer.

Mutinerie !

Mot sinistre et pourtant exaltant.

Reconnaissez-le, les sympathies vont le plus souvent aux mutins : ce sont de braves gars honnêtes, tandis que le capitaine contre lequel ils se soulèvent est un despote.

Je n'en veux pour exemple que le capitaine Bligh du *Bounty,* officier cruel s'il en fut, qui prenait plaisir à faire fouetter des innocents au grand mât, et son raisonnable antagoniste, Fletcher Christian.

Ou encore le capitaine Queeg du *Caine.* La question ne se pose même pas. Le malheureux équipage est vraiment dans une mauvaise passe, car il devient de plus en plus clair qu'il est non seulement lâche et incompétent, mais encore fou !

Alors, qui blâmerait les mutins ?

En fait, on ne peut que se demander pourquoi l'équipage du *Pequod* ne parvient pas à se soulever contre son capitaine monomaniaque, cet Achab qui s'acharne à saisir la réalité des choses derrière les masques de carton-pâte coûte que coûte – dût-il sacrifier son équipage et sa vie à Moby Dick, la monstrueuse baleine blanche, symbole océanique entre tous. Mais voilà la question : qui est le mal, Moby Dick ou Achab ?

Autre sujet de réflexion : suis-je moins monomaniaque qu'Achab ? L'Orient fabuleux n'est-il pas ma baleine blanche à moi ? Que ne lui sacrifierais-je pas ?

Mais je ne suis pas un despote. Je ne suis pas cruel et certes pas sadique.

Ce qui aggrave mon cas. J'égare mon équipage avec un large sourire et de bonnes paroles. Les pires des méchants ont leur propre masque pour cacher leur vraie nature.

J'essaie d'être juste dans toute cette histoire.

C'est Chachu, j'en suis sûr, qui a l'idée le premier. Liquider l'amiral de la mer Océane, c'est faire d'une pierre deux coups : délivrer le pauvre bougre de la lubie qui lui fait croire qu'il atteindra l'est par l'ouest, et délivrer l'équipage de cet étranger qui le mène à sa perte. Course de pieds nus sur le plancher, peut-être la nuit quand l'amiral vérifiera sa boussole à l'étoile polaire (l'aimant dévie parfois, c'est un phénomène naturel qui m'échappe), à peine un « plouf » qui se perd dans le froissement de l'étrave et voilà – retour au pays, les gars, où toutes les femmes sont belles et tous les hommes sont braves !

Conversation, un après-midi, début octobre, sur le gaillard d'arrière.

JUAN COSA : L'équipage cause...
COLÓN : Je sais ce qu'ils racontent.
COSA : Ils disent que, d'après les calculs de l'amiral, on devrait déjà avoir dépassé Cipango.
COLÓN : Mes chiffres étaient optimistes.
COSA : Pas les hommes. Ils veulent rentrer.
COLÓN : Avec ou sans amiral, si je comprends bien ?
COSA : Heu... oui. Il y a de ça.

En louvoyant par vent de nord-ouest, nous avons bien du mal à tenir notre cap. Soudain, la grand-voile se met à frissonner et le timonier pousse aussitôt la barre. Nous donnons sérieusement de la bande. Cosa tombe. Je l'attrape. Le pont fonce sous nos pieds. Il s'accroche à moi, je sens le bastingage contre mes mollets. A deux doigts du mien, son visage s'empourpre comme quand il fertilise. Je le repousse. Il perd ou feint de perdre l'équilibre et met un genou en terre.

Chachu nous regarde, impassible, du pont principal.

Voici près de trois semaines que nous n'avons pas vu la terre. Les hommes sont à cran. Des bagarres éclatent pour des vétilles : un épissoir mal mis, une place côté sous le vent d'une écoutille si la nuit est agitée, un mousse qui tarde une seconde à retourner le sablier. L'hostilité de Chachu croît. Sa clique de Nordistes se réunit et fait des messes basses. Les conversations s'arrêtent net sur mon passage. Je sens des regards dans mon dos.

Harana me conseille de ne pas quitter le gaillard d'arrière. Le docteur Sánchez prend son sourire rassurant et appuie :

– Après tout, c'est du gaillard d'arrière qu'on mène un navire, n'est-ce pas ?

– C'est l'équipage qui mène un navire, leur dis-je en descendant sur le pont principal.

Désormais, Harana, Sánchez et mon commis aux vivres, Pedro Terreros, s'arrangent pour être toujours près de moi. Peralonso Niño trouve des prétextes pour venir sur le pont pendant la bordée de tribord.

Un soir, Martín Alonzo Pinzón aggrave les choses en faisant signe qu'il a vu la terre. Les bombardes de la *Pinta* crachent de la fumée et des flammes.

– Terre, terre ! entend-on sur les trois navires.

Dans la lumière qui baisse, les hommes bondissent, cabriolent, s'étreignent, convaincus que la terre est là au sud-ouest, lointaine montagne conique couronnée de neige. Je ne vois que des massifs de nuages à l'horizon.

Malgré tout, il n'y a plus qu'à changer de cap et poursuivre cette montagne imaginaire vers le sud-ouest, toute la nuit.

Au matin, pas de trace de terre, montagneuse, enneigée ou autre. Le ciel est d'un jaune compact, signe de vent.

Nous n'avons pas plus tôt remis le cap sur l'ouest qu'il se met à souffler à l'arrière. Des paquets de mer s'engouffrent par le sabord, trempant le timonier. Les dalots rejettent des trombes d'eau et le claquement de la pompe fait monter la puanteur des fonds de cales.

Peralonso Niño, arc-bouté sur le pont qui gîte, estime que nous allons à plus de sept nœuds.

– Ça, c'est un vent pour les Indes ! crie-t-il.

La proue plonge et s'élève, crachant de grandes ailes d'eau. J'exulte moi aussi – jusqu'à ce que je voie le visage des hommes. On dirait que la sinistrose de Juan Cosa les a gagnés. A présent pour eux, les hurlements du vent dans les gréements, l'étrave qui file, l'arc prononcé du grand mât, tout cela indique que chaque minute qui passe nous sépare de la possibilité déjà lointaine de rentrer jamais au pays.

Le vent ne tombe pas avant l'aube du 9 octobre. Sur le pont, je regarde naître le nouveau jour. La mer étale est encore bleu nuit, les voiles se dorent déjà à la lumière d'un soleil invisible. Puis le pont aussi se teinte d'or, tandis que le bord du soleil apparaît à l'horizon. Coque noyée, le soleil. Je souris au souvenir de Barto qui tentait, lorsque nous étions gamins à Gênes, de me convaincre que la terre était ronde.

La nuit le cède à l'aurore aux doigts de rose, chantée par Homère. Un petit oiseau vient voleter vers moi, se perche sur la lisse de couronnement avec un gazouillis. Ses plumes sont d'un vert pâle irisé. Peralonso Niño vient d'éteindre le fanal d'habitacle ; il aperçoit l'oiseau :

– C'est un oiseau de terre, dit-il à voix basse, comme s'il doutait de ses propres paroles. Oui, il vient de la terre.

Ses dents brillent dans sa barbe ; sa voix tremble.

L'oiseau s'envole, découvrant le dessous de ses ailes blanc nacré ; il s'élève pour rejoindre trois de ses pareils au-dessus de nos têtes. Nous les regardons partir vers l'ouest. Vert irisé, à l'exception du dessous de leurs ailes. Nous n'en avons jamais vu de semblables.

Mes yeux me picotent ; c'est sans doute le sel des embruns.

Peralonso Niño se raidit soudain. Il regarde par-dessus mon épaule. Je me retourne. On s'active sur la *Pinta* qui va à la même allure que nous, à un mille à tribord environ. Voici qu'on met les bonnettes de la grand-voile. Bientôt, c'est le tour de la livarde et le bout-dehors de la misaine mude vers bâbord. A cette allure, la *Pinta* sera sur nous d'ici une heure.

J'attends sur l'entrepont avec Peralonso Niño ; la caravelle qui fait toutes voiles nous coupe la route.

– L'imbécile, dit Peralonso, qu'est-ce qu'il fabrique ?

La *Pinta* passe si près quc jc vois Martín Alonzon Pinzón mettre ses mains en porte-voix. Par-dessus le fracas des étraves, je l'entends beugler :

– ... veux un conseil des capitaines.

La *Pinta* nous montre sa poupe et file vers la *Niña* qui se trouve à un demi-mille à bâbord. A midi, nous aurons les deux capitaines Pinzón à bord. Je ne vois vraiment qu'une seule raison à ce conseil.

– Qu'est-ce que vous allez faire ? demande Peralonso.

Je me rappelle ma rencontre avec Martín Alonzo dans cette bodega de Palos, je le revois engloutir ces crevettes et ce vin comme un sauvage.

– Je m'en vais les nourrir, dis-je.

Je fais venir Pedro Terreros, mon commis aux vivres.

– Quel festin tu peux nous préparer pour trois ?

– Porc salé, bœuf séché, sardines ou anchois, chantonne Pedro avec un demi-sourire.

– Je plaisante pas mon garçon.

– Bon, alors je vais pêcher.

Il s'installe à la poupe pour pêcher à la cuiller. Je retourne dans mon domaine exigu, seule cabine privée du bord, et je jette un œil jaunâtre au miroir cloué au-dessus de ma toilette. Il me renvoie une apparition hirsute rousse et blanche, barbe en bataille, front tanné qui pèle. Je décide de me faire une tête d'amiral ; je déniche une paire de ciseaux et tente de tailler ma barbe roussâtre en pointe. J'endosse d'autres vêtements. Ils ont été lavés si souvent à l'eau de mer qu'ils grattent presque autant que ceux que je viens de retirer. Mon uniforme des grands jours, ou celui qui m'en tient lieu, je le laisse dans la malle : je le réserve pour l'instant où nous toucherons terre.

Je retourne sur le pont juste à temps pour voir les canots de la *Niña* et de la *Pinta* converger vers nous. Pedro Terreros est toujours à la poupe. Soudain, il pousse un cri et se met à hisser sa ligne. Sans attendre de voir sa prise, je rentre dans le château de poupe et frappe à la porte de la cabine que je partage avec le maître, le pilote, le contrôleur, l'interprète, le médecin et le connétable. Je réveille Harana.

– Les Pinzón montent à bord.

– Ah ? – syllabe unique, ton soupçonneux.

– Vous avez les rapports ?

Harana acquiesce.

– Je vais en avoir besoin.

On crie au-dessus de nos têtes. Je retourne sur le pont. Les matelots de la *Pinta* poussent le canot de leurs avirons, tandis que l'échelle de Jacob descend le long de la *Santa María.* Mais c'est à l'arrière qu'il se passe quelque chose. La moitié de l'équipage entoure Pedro Terreros qui vient de pêcher un poisson de vingt livres dont les écailles, les nageoires et la queue sont d'un rose argenté.

Martín Alonzo monte à bord, cheveux en bataille, barbe en broussaille, habits innommables. Je regarde les visages brillants d'excitation qui entourent Pedro Terreros et son poisson, puis Martín Alonzo qui prend une pose arrogante, poings sur les hanches, barrique en avant, yeux rivés aux miens. Je me tourne vers Pedro et force la voix pour lui lancer :

– Magnifique ! Ce sera pour le dîner du gaillard d'avant avec mes compliments.

Un rugissement de joie accueille mes paroles.

– Et, s'il te plaît, fais envoyer du vin, des biscuits et des sardines dans ma cabine.

Vingt minutes plus tard, Vicente Yañez Pinzón, tout son frère en plus jeune, remplit son gobelet de vin et me dit :

– Un point c'est tout, putain. C'est pas négociable.

Martín Alonzo acquiesce. Pas plus que son frère, il n'a touché aux sardines et aux biscuits. En revanche, il descend mon vin à une allure de croisière.

– Vicente a raison, dit-il. Le prenez pas contre vous. On a tous fait la même erreur.

– C'est pas une erreur.

– Allons, faut voir les choses en face, presse Vicente Yañez, on en convient, nous. Autant le prendre comme un homme.

– C'est pas un déshonneur, dit son frère.

– Y a pas de terre devant nous, putain ! Sinon, on l'aurait déjà trouvée, affirme Vicente Yañez sans logique, mais avec vigueur.

– Ça va si mal que j'en arrive à voir des mirages, dit son frère, comme si j'étais... euh...

Il cherche un mot.

Vincente Yañez lui en fournit deux :

– Obsédé, putain !

Ils me fixent tous deux. Obsédé. Ils pensent maintenant que je le suis. Et ne seraient-ils pas fous de suivre un homme qu'un rêve aveugle ? Ont-ils tellement tort – même si j'ai raison ?

– Mais ça suffit, dit Martín Alonzo. Y a pas de continent, y a pas d'île. Y a pas plus de Cathay ni de Cipango que de beurre en broche. Y a rien que la mer Océane là-bas. A l'infini.

Je suis sur le point de discuter, mais à quoi bon ? Ils n'y verraient qu'un symptôme de plus du complexe d'Achab.

– On rentre, dit Vicente Yañez. Et tout de suite.

– Aujourd'hui, dit Martín Alonzo.

Un point c'est tout, en ce qui les concerne.

J'étudie leurs visages truculents. Pendant toute la discussion, Martín Pinzón s'est rangé à l'avis de son frère, se contentant de faire l'écho et d'en rajouter. Je sais que cela signifie qu'il n'est pas sûr de lui – ça peut servir à son heure. Mais que peut bien attendre le connétable de la flotte ?

– Et vos équipages ?

– La plupart des hommes ont déjà navigué sous mon commandement, dit Vicente Yañez, alors s'il doit y avoir un affrontement, il vaut mieux que vous compreniez que nos gars nous soutiendront.

– Un peu qu'ils nous soutiendront ! dit Martín Alonzo. Si j'avais pas réuni ce conseil aujourd'hui, mon équipage...

– Ça suffit ! interrompt Vicente Yañez.

D'une voix plus mesurée, il me presse :

– Écoutez, tout ce qu'on vous demande, c'est de vous servir de la cervelle que Dieu vous a donnée. Vous pourriez ramener cette flotte – qui est la vôtre – et rentrer à Palos en héros. On serait tous des héros. On serait déjà allés au-delà de la mer des Sargasses, où personne s'était risqué avant nous, non ? Y a de quoi être fier. Y a que la théorie qui cloche : on va pas vers l'est par l'ouest. On a essayé. Qu'est-ce qu'on peut humainement faire de plus ? Échouer dans une noble tentative, après tout, c'est pas la fin du monde.

Pour moi, je n'en jurerais pas.

– C'est pas qu'on ait l'intention de faire pression sur vous, dit Vicente Yañez.

– Vous êtes libre de continuer à naviguer, dit Martín Alonzo, grand et généreux.

– Encore et toujours, ajoute Vicente Yañez avec un rire moqueur.

– La *Santa María* va de l'avant, leur dis-je. *Adelante !*

– Alors, allez, avec l'aide de Dieu, dit Vicente Yañez, ironique.

– Mais sans la nôtre.

Martín Alonzo se lève, signifiant que le chapitre est clos.

Une telle insolence est insupportable. Je hurle :

– Asseyez-vous.

Martín Alonzo sursaute et s'exécute.

– Peut-être qu'on ne sait pas trop qui commande sur la *Niña* et la *Pinta,* dis-je froidement, mais sur la *Santa María,* c'est très clair.

J'entends des pas dehors ; un petit coup à la porte. Toujours en colère, je crie :

– Entrez !

Harana jette un coup d'œil dans la cabine, trop petite pour quatre hommes costauds, et reste courbé dans l'encadrement de la porte.

– Sortez ! dis-je à Vicente Yañez.

Il ouvre de grands yeux.

– Dehors ! (mon pouce désigne la porte).

Il regarde son frère, qui hausse les épaules. Je fais un signe de tête ; le connétable de la flotte ferme la porte et, brandissant quelques feuillets, il prend la place toute chaude sur le tabouret à trois pieds.

– Laissez le capitaine Pinzón jeter un coup d'œil au rapport, connétable.

Harana ne lâche pas ses papiers.

– Lequel, amiral ? Vous n'avez pas précisé, alors j'ai apporté les deux.

Harana a rédigé deux rapports totalement différents sur l'incident du gouvernail déboîté de la *Pinta.* Le premier corrobore les déclarations de Martín Alonzo Pinzón – c'est un grain qui a mis hors d'usage le gouvernail – et loue son habileté à mener la *Pinta* jusqu'aux Canaries dans des conditions extrêmement difficiles pour ne pas dire impossibles. Le second rapport le condamne comme un capitaine qui s'est sabordé. Le connétable a déjà signé les deux ; ils n'attendent plus que mon contreseing.

– Dans ce cas, pourquoi ne lirait-il pas les deux ?

Martín Alonzo commence par les fleurs. Ses lèvres pincées remuent en lisant. Il opine du bonnet tout sourire. Puis il entame le second rapport, plus laconique. Je vois le sang se retirer de son visage.

Je lui susurre :

– Vous semblez préférer le premier.

– Préférer le premier ? Préférer ? Merde alors !

– Alors la question se pose très simplement. Soit vous rentrez en désobéissant à mes ordres et alors la *Santa María* continuera sans vous à défendre les couleurs de l'Espagne. Et, à mon retour, je remettrai le second rapport à Leurs Majestés.

– Vous pouvez pas prouver que ça s'est passé comme ça.

– Ça, c'est moins sûr, dit mystérieusement Harana. En plus, de simples soupçons suffiraient à briser votre carrière. On ne vous confierait plus un seul navire.

Sans lui laisser le temps de répondre, Harana se tourne vers moi :

– Vous avez bien dit « vous rentrez *en désobéissant à mes ordres* », c'est bien cela, amiral ?

– Eh bien, je crois, oui.

Ma voix est douce.

Harana se recule sur son siège et fixe Pinzón :

– Eh bien ?

L'autre secoue la tête, obstiné, et pince les lèvres.

– On rentre, dit-il, mais sa voix a perdu son assurance.

– Capitaine, ronronne Harana, ça porte un nom ce que vous faites, vous et votre frère. Ça s'appelle une MUTINERIE !

Le mot reste en suspension dans l'air vicié de la cabine.

– Une mutinerie ? répète Martín Alonzo, les yeux ronds d'incrédulité. Oh, je vois pourquoi y en a qui commettraient l'erreur d'appeler ça comme ça, mais...

– Ils appelleraient ça une mutinerie parce que c'est une mutinerie, dit Harana.

Le visage de Martín Alonzo ruisselle de cloques de sueur. Il demeure muet et fermé. Les traits tassés semblent se contracter un peu plus ; ils couvriraient tout juste une belle orange de Valence.

– Dites-le, capitaine.

Martín Alonzo ne desserre pas les dents.

– Autant vous y faire parce que, si vous rentrez en Espagne, vous l'entendrez pour le restant de vos jours. Ce que vous êtes capable de commettre, vous devez être capable de lui donner son nom.

Martín Alonzo s'affaisse et cache son visage ratatiné dans sa grosse main.

Je mise sur l'oiseau aperçu ce matin :

– Comme vous l'avez dit, nous sommes tous des hommes raisonnables ici. Je suis disposé à déchirer ce second rapport en échange de trois jours de plus.

Je sais que je n'en obtiendrai pas plus, quoi qu'il soit prêt à promettre pour l'instant.

– Trois ? dit-il. Rien que trois ?

– Si dans trois jours la terre n'est pas en vue, j'ordonne de virer de bord. Et on oublie tout ce qui s'est passé aujourd'hui.

– Pas question de désaccord, pas de petite allusion à une insubordination ou mu... euh... rien de ce genre ?

– On a tenu un conseil de capitaines et on a décidé de continuer trois jours. Voilà tout.

Martín Alonzo tend la main vers le pichet de vin et le descend d'un trait. Puis, en regardant Harana bien en face, il déchire soigneusement en quatre le rapport qui le condamne et en fait une boule. Il la serre dans son poing et l'étudie comme si sa forme nouvelle recelait une vérité inattendue. Il la jette enfin au connétable avec mépris.

– Trois jours, dit-il.

Un sourire, hésitant d'abord, lui épanouit le visage.

– C'est moi qui serai à la barre de la *Pinta* quand on fera demi-tour, amiral.

La *Santa María* bondit, fait des embardées, replonge avec fracas. Ma propre cabine oscille et brinquebale comme un coche hongrois. Je tente de me lever. Dans l'obscurité qui précède l'aube, je suis projeté hors de ma couchette et vais m'aplatir contre la cloison. Le navire gémit comme un animal blessé en s'enfonçant dans les lames. Je réussis à me remettre sur pied. J'atteins la porte. Je l'ouvre et le vent me l'arrache des mains. Je trébuche, j'en suis réduit à ramper.

Le grand mât se courbe comme un arc bandé. La lampe d'habitacle s'est éteinte, mais il y a assez de lumière pour voir que le gaillard d'avant est désert. Je jette un coup d'œil dans l'entrepont, mais la *Santa María* roule à bâbord ; l'eau déferle sur le pont et me balaie sur le bastingage. Le grand mât pousse un gémissement de mauvais augure, qu'on entend malgré les hurlements de la tempête. Je retourne en rampant au-dessus de l'entrepont. Je hurle :

– Vous arrivez à tenir ?

La voix qui me répond n'est pas celle d'un marin, mais celle du jeune Pedro Terreros.

– Pas pour bien longtemps, monsieur, j'en ai peur.

Je me traîne sur mes pieds et laisse le tangage me porter jusqu'à l'échelle. Je descends quand c'est la poupe qui plonge.

Notre grand mât démesuré se balance dans le ciel courroucé et se courbe un peu plus. Terrifié, j'attends le grondement de tonnerre que fera le sapin en cassant. La *Santa María* semble s'élancer tel un poisson volant, puis retombe avec un boum d'os qui craquent, comme si elle s'était échouée sur un écueil. Des trombes d'eau verte ruissellent sur le pont. Comme une bûche dans le bief d'un moulin, je titube vers tribord, haletant, suffocant. Je me demande si Pedro Terreros s'est noyé dans l'entrepont, si la barre est à l'abandon. Je vois une silhouette lutter pour atteindre la poulie qui guide l'écoute jusqu'au point inférieur de la basse-voile. La *Santa María* s'ébroue comme un chien mouillé. Je beugle :

– Coupez les écoutes !

C'est notre seul espoir. En sacrifiant la grand-voile, nous pourrons encore sauver le mât. Et le navire.

Mais la silhouette ne bouge plus.

Je cours, je titube, j'avance à quatre pattes et je reconnais... Peralonso Niño. Il essaie de se lever et sombre à nouveau.

Nous sommes seuls sur le pont désert.

En un éclair effroyable, je vois une vertigineuse muraille d'eau s'élever à l'arrière. Elle vient s'écraser ; poupe et château arrière disparaissent. Je tiens Peralonso jusqu'à ce que la proue explose hors de l'eau. Toujours à quatre pattes, je me traîne le long du bastingage jusqu'aux passavants. J'ai mon couteau à la main. La grosse écoute de chanvre est si tendue entre la grand-voile gonflée et la poulie que je la romps d'un seul coup de couteau. Le chanvre me claque à la figure. La grand-voile bat et crépite comme une volée de mousquet. Ici, à tribord, la toile est lâchée. Mais pas à bâbord. La *Santa María* se met à se balancer par le travers. Elle donne déjà dangereusement de la bande. Je me traîne sur le pont et réalise avec désespoir que j'ai perdu mon couteau.

C'est la fin. Il n'y a plus rien à faire, plus qu'à attendre la fin. Mais l'écoute de bâbord casse et la grand-voile est maintenant libre : elle roule follement dans les gréements ; gifle le mât enfin détendu, fuse au-dessus de la grand-vergue, bat comme une aile et se déchire. Peralonso est à la poulie de bâbord, tête penchée, couteau en main.

Je parviens tant bien que mal à remonter l'échelle du gaillard d'avant. Quoiqu'il n'y ait plus sur sa vergue que des lambeaux de voile inutile, la *Santa María* est poussée sans pitié en pleine tempête. Je suis sûr que le jeune Pedro Terreros, à la barre, est dépassé. S'il est vivant.

Mi-saut, mi-chute, j'atterris dans l'entrepont.

Pedro Terreros est affalé en travers de la barre. Il est à peine conscient et essaie de me repousser quand je le détache de la barre. L'eau s'engouffre par le panneau. Moi, j'en ai jusqu'aux cuisses. En espérant qu'il m'a suivi, j'appelle Peralonso à la rescousse. Pedro Terreros va se noyer si on ne le soutient pas : dès que je le lâche pour peser de tout mon poids contre la barre, il s'écroule sur le sol inondé. Je laisse aller la barre et soulève Pedro. Peralonso prend l'échelle et glisse jusqu'à nous. A présent, j'ai de l'eau jusqu'à la ceinture. Je crie :

– Un peu de l'arrière.

– On va gîter, proteste Peralonso.

– Oui, mais vent arrière, à cette allure, on va être inondé.

J'essaie de hisser Pedro Terreros sur l'échelle, impossible. Peralonso s'acharne en vain à la barre. Il y a quelque chose d'engagé dans les palans. Il coupe la drosse et s'appuie de nouveau à la barre. La *Santa María* s'incline vers bâbord, tandis que Peralonso l'éloigne lentement de trois puis de quatre points du vent. Il la tient si penchée qu'elle risque de se coucher sur le flanc, mais le niveau de l'eau a cessé de monter. J'appuie Pedro Terreros contre l'échelle. Je déroule la corde de l'ancre du large et la mouille pour contrôler notre vitesse. Puis je rejoins Peralonso à la barre. Il débite encore la drosse. Contre le poids du vent et de la mer, nous mollissons la barre une fois de plus et l'arrimons aux restes des palans. La *Santa María* frémit, mais nous courons de nouveau vent arrière, à mâts et à cordes.

Longtemps après je prends conscience que le vent est tombé.

La *Niña* et la *Pinta* tirent de courtes bordées, tandis que sur la *Santa María* on abaisse la grand-vergue et on sort du placard la grand-voile de rechange.

C'est le début de l'après-midi, et les vents de nord-est, que l'on appellera un jour vents du Commerce, ne soufflent plus en tempête, mais en forte brise.

Tout le monde est mobilisé, car on aura besoin de tout le monde pour lever la grand-vergue. D'ordinaire, l'opération est rythmée par des charivaris paillards et gais. Mais, aujourd'hui, seul le grincement des poulies et le grognement des hommes en sueur accompagnent la descente de la grand-vergue. Maintenant, les bras, les balanciers, les bouliers, les lofs sont fixés à la nouvelle voile dans un calme oppressant ; chaque paire de mains fait son travail, mais chaque visage est sombre et sinistre comme celui de maître Juan Cosa.

Tout au bout du gaillard d'arrière, ce dernier a une vue plongeante sur la scène. La nouvelle voile blanche, luisante, ondoie dans le vent frais ; c'est une chose vivante, impatiente d'être dans les airs. Chachu, le maître d'équipage, vient à l'arrière, et dit :

– C'ti salope l'est gonflée.

Les hommes se retournent et fixent le gaillard d'arrière en silence.

Cosa acquiesce.

– Relevez la bordée de bâbord, dit-il au maître d'équipage.

J'en reste bouche bée :

– Vous n'oubliez rien ?

Le vent emporte mes paroles, car je n'ai pas haussé la voix. L'équipage ne voit qu'une pantomime.

Juan Cosa a les bras croisés sur sa poitrine. Lentement, il secoue la tête, sa triste figure impassible.

– Non, monsieur. Rien.

Je lui dis doucement :

– Faisons lever la grand-vergue, maître.

Il regarde devant lui. Au-dessous de nous, Chachu grogne quelque chose en son patois.

Je dis plus fort :

– Il faut hisser la vergue, maître, et vous aurez besoin de tout le monde pour ça.

Ma voix a porté jusque sur le pont principal. Les hommes, mal à l'aise, regardent tout sauf la drisse lovée sur le plancher comme un gros serpent.

Juan Cosa jette un regard nerveux à Chachu. Sur un signe de tête presque imperceptible du Basque, il se tourne vers moi :

– Les hommes refusent d'aller plus loin.

Mon regard redescend vers le visage hostile de Chachu.

– Vous allez dire à Chachu de faire hisser la grand-vergue, dis-je lentement.

– L'ouest, les hommes en ont leur claque. Ils vous lèveront pas la grand-vergue pour aller vers l'ouest. Fini, l'ouest pour eux !

C'est un long discours pour le maître. Je ne l'ai jamais entendu en dire autant.

Je n'ai pas tout à fait donné un ordre. Il n'a pas tout à fait refusé de l'exécuter. Comme tant d'esprits pusillanimes, Juan Cosa est condamné à vivre entre le zist et le zest. Il n'assume pas encore son rôle de mutin. Si mutinerie il doit y avoir, elle sera le fait de Chachu – de Chachu et de sa clique de Nordistes qui dominent les tribordais.

Ma voix claque :

– Chachu !

Il lève vers moi ses yeux impassibles.

Je suis sur le point de lui donner, à lui plutôt qu'à Juan Cosa, l'ordre de hisser la grand-vergue, mais il me vient une meilleure idée.

– Une barrique sur le pont ! Y a un rude boulot en perspective.

Chachu baisse les yeux. J'ai évité ou en tout cas remis à plus tard l'affrontement : il est déçu. Quand la barrique arrive, c'est lui qui la perce et dispense le vin. A côté du maître d'équipage, trapu et puissant, se dresse Peralonso Niño qui se trouve tenir à la main un cabillot.

Je contemple nonchalamment la scène une vingtaine de minutes, je laisse les hommes boire jusqu'au tour de sablier. Maintenant, c'est Peralonso qui va prendre la place de Juan Cosa comme officier de quart.

– Pilote.

Peralonso bondit au pied de l'échelle du gaillard d'arrière.

– Maintenant, on va hisser la grand-vergue.

Un froncement de sourcils, c'est tout. Sa face de desperado reste impavide. Son flegme est admirable, car il connaît aussi bien que moi l'humeur de l'équipage.

– Oui, monsieur, dit-il comme si de rien n'était.

Il transmet l'ordre.

Réaction de l'équipage : tous les hommes jusqu'au dernier se mettent à scruter le pont, comme s'ils cherchaient des monticules de sciure laissés par les vers de bois.

Je réalise avec un serrement de cœur qu'il ne s'agit pas seulement de Chachu et de sa clique nordiste, pas seulement des tribordais, ce qui serait déjà assez grave. Non, la débâcle est complète. Chachu a tout l'équipage avec lui.

Le capitaine Bligh du *Bounty* aura-t-il jamais à faire face à une rébellion aussi totale ? Loin de là – beaucoup de ses hommes lui demeureront fidèles. Quant au capitaine Queeg du *Caine,* il aura bien trop perdu la boussole pour y attacher quelque importance.

Ça m'importe beaucoup, à moi.

Là, sur mon propre vaisseau, moi l'amiral de la vaste mer Océane qui m'entoure, je suis tout seul.

Enfin, non – pas tout à fait.

Le premier qui saisit la drisse, c'est Luís Torres, l'interprète. Il est bientôt rejoint par le médecin du bord et le connétable de la flotte. Puis, je vois un revenant : Rodrigo de Ségovie, le contrôleur, ne s'est pas montré sur le pont depuis que nous avons appareillé – sauf pour se ruer jusqu'au bastingage le plus proche. Le pauvre diable connaît la phase finale du mal de mer douze fois par jour. Maintenant, il a le visage hagard ; lui, naguère replet, flotte dans ses vêtements. Mais il est là pour prendre place derrière le connétable Harana et empoigner la drisse de ses mains affaiblies.

Ces messieurs non-marins de l'arrière ne sont pas censés s'adonner à l'effort physique ; les officiers non plus.

L'amiral de la mer Océane moins encore.

Ça, c'est bien espagnol : les gentilshommes réservent leurs forces pour de nobles activités, comme les corridas. Gagner son pain à la sueur de son front, c'est la fin de la noblesse.

J'hésite un instant et me place derrière Ségovie.

Comment l'équipage va prendre les choses, je n'en ai pas la moindre idée. C'est la première fois que cette évidence s'impose à moi : je suis bel et bien étranger et ne peux pas plus prévoir les réactions que si je ne parlais pas la langue.

– On va hisser la grand-vergue, pilote, dis-je calmement dans un silence complet.

Peralonso Niño acquiesce. Il se campe et saisit la grosse corde de chanvre derrière moi. Les messieurs de l'arrière et nous deux, officiers, nous mettons à l'ouvrage.

La drisse se tend à la poulie du haut du mât, voilà tout. L'énorme double espar auquel la nouvelle voile est fixée ne bouge pas du pont.

– Hisse ! crie Peralonso.

De nouveau, nous pesons de tout notre poids. Pedro Terreros se poste derrière nous et joint ses modestes forces à nos efforts désespérés.

– Chante-nous plutôt une chanson de bord, lui dis-je, car c'est sa pure voix de ténor que j'entends parfois le matin.

– Une bien salée ? demande-t-il.

Tous les marins en connaissent un jolit lot de cette veine-là, et Pedro est le champion de l'improvisation.

– Non, non. Une inspirée, cette fois-ci.

Je fais un signe de tête. Peralonso crie :

– Oh, hisse !

Le jeune commis aux vivres se met à chanter.

Voici comment ça se passe : le chanteur chante un demi-vers en solo, pendant que l'équipage courbe l'échine sur la manœuvre. Puis les hommes reprennent en chœur la fin du vers et se remettent en position de départ. Alors, le chanteur lance la moitié du second vers, pendant que l'équipage hisse de nouveau, et ainsi de suite.

O mon Dieu (chante Pedro), *aide-nous*
Aide-nous (reprennent les messieurs de l'arrière)
Nous qui sommes tes serviteurs (Pedro)
Tes serviteurs (nous)
Nous qui voulons
Servir tes desseins
Et garder
La Foi.

De couplet en couplet, deux ou trois bâbordais se joignent à notre ligne arc-boutée, impuissante, à la drisse. Les chanteurs se font plus nombreux. Nous recevons du renfort. Luís Torres est prêt à attacher la drisse au cabestan quand il le faudra. Bientôt, tous les bâbordais reprennent le chant de bord et tirent fort sur la drisse. Elle commence à se mouvoir. La vergue s'élève d'une main, puis d'un pied. Un mousse quitte d'un pas incertain le groupe qui entoure la barrique et s'avance. Bientôt trois, quatre tribordais se joignent à nous. Tous les tribordais affluent vers la drisse. A chaque couplet, la vergue s'élève un peu plus. Et grimpe, grimpe le double espar. La voile qui se déploie commence à prendre le vent.

Au dernier couplet, sur la note haute que tient la pure voix de Pedro Terreros, la grand-vergue est en haut, elle aussi. La voile se gonfle et la *Santa María* va vers l'ouest ; le gémissement de ses membres parvient à résonner comme une bénédiction.

S'il nous avait vraiment fallu les trois jours de grâce que j'ai obtenus des frères Pinzón, je crois bien que toutes ces semaines en mer, ce défi achabien à l'inconnu (peut-être inconnaissable), l'hubris de toute l'entreprise, auraient pu avoir raison de moi. Les éternels gagneurs eux-mêmes – les éternels gagneurs surtout – ne sont-ils pas talonnés par le doute ?

Le masque de l'assurance n'est-il pas là pour cacher les terribles questions secrètes que personne n'ose poser ?

Et si j'ai tort ? Si j'ai eu tort toute ma vie ?

Si Barto avait tort, et le grand Pozzo Toscanelli, et le légendaire Ptolémée lui-même ? Si la foi qu'ont en moi Peralonso Niño et Pedro Terreros était lamentablement imméritée ? Si, comme certains le croient (et pas seulement d'indécrottables ignares comme je le prétends), la mer Océane s'étendait bel et bien à l'infini ? Et si les pires craintes du pauvre vieux capitaine Perestrello n'étaient que l'affreuse vérité ? Malgré nos beaux discours (pures conjectures), malgré les travaux de divers navigateurs de valeur, à commencer (peut-être) par saint Brendan, la terre pourrait bien être plate. Et alors, les navires du rêveur téméraire passeraient par-dessus bord – en quelle macabre chute éternelle, je ne veux pas l'imaginer.

Heureusement, pas le temps de ruminer ces appréhensions, et si un doute ou deux me passent par la tête en ce dernier jour, il faut les mettre sur le compte de la fatigue.

Toute la journée du jeudi 11 octobre, des vols d'oiseaux terrestres inconnus passent au-dessus de nos têtes, et nous puisons dans l'onde d'autres signes de la proximité de la terre : planchette cassée, canne pareille à une houlette de berger, rameau vert où s'accroche encore une fleur rose. L'eau sent à présent le sel, l'iode et les coquillages en putréfaction : c'est l'odeur de la côte, que les habitants des terres prennent à tort pour celle de la mer.

A cinq heures trente – en nous accordant la marge d'erreur à laquelle notre navire est sujet –, le soleil décline. Les hommes qui ont fini leur quart – les tribordais de Juan Cosa – se rangent le long du bastingage avant et regardent vers l'ouest pour apercevoir la terre. On ne voit que le ciel et l'Océan embrasés. La lumière baisse, Peralonso Niño est d'avis de mettre à la cape jusqu'au matin.

Bas fonds, écueils, qui sait ce qui nous attend, invisible au clair de lune.

Mais je lui dis avec audace :

– On avance.

– Toute la nuit ?

– *Adelante,* dis-je.

Deux vigies sont envoyées à la hune et deux autres à la proue.

Juan Cosa veut réduire la vitesse.

– Nous avons trop de toile, dit-il, sinistre.

Je réponds par la boutade antérieure de Peralonso, et la voile du canot est mise à la poupe pour nous donner encore plus de surface. Je mets à la barre mon meilleur timonier, Cristóbal Quintero, conteur d'énormes gaudrioles au visage de bébé.

– C't'e civardiè enfonce la proue, prévient Chachu *mezzo voce,* car la mer est houleuse.

La civardière reste en place.

La *Santa María* court sur son erre, la brise tourne presque au grain.

– Nous allons à neuf nœuds, dit Peralonso avec inquiétude.

La *Pinta* et la *Niña* nous précèdent, encore plus rapides.

C'est la deuxième heure de ce jour qui sera appelé en Espagne *el Dia de la Raz,* et en anglais jour de Colomb, c'est-à-dire le 12 octobre. La lune à peine déclinante file là-haut, vers bâbord ; elle éclaire la mer comme une torche. Parmi les étoiles à la clarté immobile, Deneb scintille à l'ouest. Le clair de lune change en ailes d'argent les voiles tendues de la *Pinta* et de la *Niña ;* il fait ressortir l'immense croix de notre grand-voile. Notre proue disparaît dans la crête des vagues et réapparaît en fendant des gerbes d'écume argentée. C'est alors qu'un éclair orange vif s'élève de la *Pinta :* le rugissement du canon retentit sur les eaux.

Terre !

Soudain, la *Pinta* semble s'immobiliser. Nous nous en approchons bientôt. Elle s'est mise à la cape pour l'amiral de la mer Océane.

Devant nous, dans le clair de lune, la ligne basse de falaises d'argent.

– Ah ça, bon Dieu ! beugle Martín Alonzo Pinzón depuis la *Pinta.*

Sur la *Santa María,* tous les gosiers poussent leur clameur. Sur la *Niña,* les lombardes rugissent.

Peralonso Niño me crie dans l'oreille :

– Six milles, pas plus, d'après moi.

Je réponds, enfin j'essaie. D'abord, aucun son ne sort de ma bouche. Puis, je lui dis :

– Diminuez la voilure, pilote. Ne laissez que la basse-voile. Dites-le aux caravelles.

Maintenant, c'est Peralonso qui est tout feu tout flammes et moi qui le tempère.

– Vous voulez dire qu'on n'accoste pas ?

Se précipiter de nuit sur une côte sous le vent, ce serait de la folie, mais Peralonso n'en est plus à ça près.

– On va tirer des bordées jusqu'à l'aube, dis-je.

– Mais, amiral, c'est la terre ! On a traversé la mer Océane ! C'est la terre, juste là !

Je ne dis rien, j'attends. Alors, il sourit de son sourire de gosse. Sa propre folie lui fait secouer la tête.

– Je m'en vais brasser la grand-vergue.

– Tout juste, pilote.

Moi, je regarde vers la proue, vers ces terres qui nous attendent, argentées dans le clair de lune.

9

1492 (fin).

Nous souquons ferme vers la côte, dix hommes dans les canots de chaque caravelle, une bonne douzaine dans celui de la *Santa María.* Pour une fois, même les frères Pinzón, si négligés d'ordinaire, sont présentables, barbes taillées, cheveux lissés. Ils étrennent des habits neufs qui pourraient presque passer pour des uniformes – justaucorps blancs propres, pourpoints de velours noir et chausses noires. Les rameurs, les mousquetaires et les arbalétriers portent des hauts-de-chausses propres, décolorés par le soleil. Nous approchons de la côte. Je suis debout à la proue pour dérouler les couleurs de la Castille, du León et de l'Aragon, château doré et lion violet, rayures rouges et or.

Derrière nous, la *Santa María,* la *Niña* et la *Pinta* sont ancrées dans une baie protégée par des récifs coraliens roses et poreux ; aucun Européen n'en a jamais vu de semblables. Devant nous, le croissant éblouissant d'une plage de sable blanc et, au-delà de la plage, une muraille de jungle verte. Ici, sur la côte ouest de l'île où nous sommes venus chercher un passage sans danger entre les récifs, le ressac est léger.

Nos rames nous approchent de la plage étincelante. J'éprouve le sentiment intense et pourtant irréel d'avoir déjà vécu cet instant à la proue du bateau et aussi, paradoxalement, d'être au premier jour de la Création.

– Lève rames ! crie Peralonso Niño.

Dix-huit rames à l'unisson fusent vers le ciel. Le vent fait bouffer l'étendard royal. Je le sens tirer sur la hampe. Un gros oiseau vert et jaune nous approche d'un coup d'aile et nous souhaite la bienvenue de sa voix rauque, mystérieusement humaine. Les trois canots sillonnent le fond en même temps. Je passe un pied nu par-dessus le plat-bord.

Mais attention : moment historique.

Y suis-je bien préparé ? En mettant pied à terre, dis-je quelque chose d'immortel et de profondément approprié, qui va résonner dans les couloirs de l'Histoire comme un défi aux intrépides explorateurs encore à naître ? Dis-je peut-être en plantant la bannière sur la plage : « Un petit pas pour un Chrétien, un pas de géant pour la Chrétienté » – précédant ainsi Jack ou Neil Armstrong de près de cinq cents ans ?

Non. Moi, je n'ai pas un demi-milliard de téléspectateurs qui me regardent de par le monde. Aucun périodique n'a acheté à prix d'or le droit de publier mes aventures en feuilleton. Aucun éditeur ne m'a avancé une fortune pour mon prétendu *Journal de bord.* Aucun contrôle de mission n'enregistre mes faits et gestes. Seuls les citoyens de Palos et quelques dizaines de personnes à la péripatétique cour – en tournée dans Dieu sait quel coin d'Espagne à cette heure – peuvent soupçonner que nous avons traversé l'immensité de la mer Océane pour arriver à cette délicieuse petite île tropicale de l'Insulinde – à deux pas, j'en suis convaincu, de Cipango la légendaire aux toits d'or.

Donc, je ne profère pas de sage parole à l'intention de la postérité.

Ce que je dis avec raison et non sans quelque inquiétude, en poussant Peralonso Niño du coude, c'est :

– Il y a quelqu'un là, dans le bois.

Nous nous immobilisons tous en scrutant le feuillage (tacheté de soleil, secret, étranger). De nouveau l'éclair d'un mouvement, et soudain les voilà qui sortent du bois.

– Arbalétriers, en avant ! dit Martín Alonzo.

Mais je lève la main et secoue la tête.

Ces Insulindiens ne sont que dix, non seulement sans armes (à l'exception de petites sagaies terminées par des dents de poisson qui semblent inoffensives), mais nus. Ils ne sont pas noirs comme on aurait pu s'y attendre à en croire Aristote, puisque nous sommes plus ou moins à la même latitude que la côte ouest de l'Afrique ; ils ne sont pas non plus blancs comme les Européens. Non, ils sont d'une nuance indéterminée entre les deux ; d'un brun qu'avec un peu d'imagination et dans la pénombre on pourrait presque dire rouge. Tanné, mettons cuivré. Ils sont grands et bien proportionnés ; ils portent leurs cheveux épais (mais non pas crépus comme ceux des Africains) en queue de cheval ; leurs membres sont bien droits et leurs muscles fuselés. Ils regardent nos navires et leurs grands mâts au large, nos canots au bord de l'eau, et nous-mêmes qui faisons nos premiers pas sur le sable étincelant, chaud au contact.

Sous leurs yeux, d'un seul coup, tout leur monde, toute leur conception de la nature des choses basculent pour jamais – et ces innocents sourient avec un ravissement naïf.

Inspiré, je me jette à genoux et rends grâces à Dieu de nous avoir envoyés ici sains et saufs, sur l'autre rive de la mer Océane. A mes côtés, les hommes sont agenouillés. Je me lève et dégaine mon épée d'apparat, dont la garde sertie de joyaux scintille au soleil. D'un beau geste théâtral, je la tends vers le ciel. Je plante l'étendard royal et donne cette île au royaume de Castille, de León et d'Aragon, à la reine Isabelle et au roi Ferdinand, à l'Espagne et au Christianisme. Je la baptise île du Saint-Sauveur en signe d'action de grâces.

Les Indiens – comment appeler autrement les indigènes de cet archipel ? – se rapprochent pour observer notre cérémonie ésotérique.

Quelques hommes d'équipage restent à genoux en prière. Mais Vicente Yañez Pinzón exécute un curieux pivot sur ses genoux pour me faire face et, d'une voix humble, il me parle. Je ne reproduirai pas mot pour mot son embarrassant discours. Au nom des hommes de la *Niña,* il me prie de lui pardonner de ne pas avoir accordé toute sa confiance à l'amiral de la mer Océane, sans parler du vice-roi des Indes que je suis désormais.

Les uns après les autres, tous ceux qui sont ici à terre viennent me demander pardon. Seuls Juan Cosa et Chachu se tiennent à l'écart, observateurs muets.

– Commandez, vice-roi ! s'exclame passionnément le connétable Harana, non sans jeter des regards soupçonneux aux Indiens qui s'avancent et qui nous encerclent maintenant de si près que Martín Alonzo se tourne de nouveau vers les arbalétriers et que de nouveau je dois lui faire un signe de dénégation.

Le plus hardi des hommes à la peau bronzée s'approche de moi en souriant et en parlant ce qui semble être un charabia (mais qui est, les anthropologues le découvriront plus tard, la langue arawak). Il me touche la manche gauche et roule délicatement le doux velours entre ses doigts. Il est clair qu'il n'a encore jamais vu d'homme habillé.

J'appelle Luís Torres l'interprète.

– Demandez-lui le nom de l'endroit et le sien, dis-je.

Faisant montre d'une belle assurance, Torres s'exécute, en latin.

L'Indien lui adresse une réponse incompréhensible, quoique musicale.

Avec un peu moins d'assurance, Torres essaie l'hébreu.

L'Indien répond de façon tout aussi incompréhensible.

Manifestement inquiet, Torres essaie le ladino, l'araméen, l'espagnol.

Fiasco itou.

Nous attendons tous l'arabe, langue mère.

Torres prend une profonde inspiration et essaie l'arabe.

Alors l'Indien – je me rends compte à présent qu'il n'a pas plus de quatorze ans – rejette la tête en arrière et rit. Nous attendons tous, tendus. Pourquoi rit-il, nous n'en savons rien, mais sans doute cela veut-il dire qu'il comprend.

Mais il répond de nouveau de manière incompréhensible, quoique musicale.

Le doux Luís Torres, avec ses yeux verts et sa finesse de fille, est maintenant désespéré. Il doit avoir le sentiment qu'il s'est fait engager en usurpant sa compétence.

Il essaie un langage par signes ; il se frappe la poitrine et dit : « Torres. »

L'Indien se frappe la poitrine avec un sourire et dit : « Torres. »

Torres soupire ; il essaie autre chose. Il embrasse d'un grand geste la plage et la jungle. Il se penche et recueille une poignée de sable qu'il laisse s'écouler entre ses doigts. Puis il étend de nouveau le bras et son visage expressif pose une question muette.

L'excitation fait bondir l'Indien. Il crie : « Guanahani. » Puis il se frappe la poitrine et répète : « Guanahani. » Ensuite, touchant un de ses pareils, il dit encore : « Guanahani. »

La lumière se fait en Luís Torres.

– Le nom qu'ils donnent à leur île est Guanahani et leur peuple aussi s'appelle Guanahani. Vous pigez ?

Je pige. Torres et le porte-parole guanahani continuent de se sourire en une sorte de communion préverbale élémentaire.

– Demandez-lui où est Cipango, dit Martín Alonzo. Demandez-lui où est l'or.

– Une question à la fois, dis-je avec un sourire vice-royal.

J'envoie deux rameurs aux canots de la *Santa María* pour rapporter la malle d'objets de pacotille qui ont eu tant de succès auprès des Fans d'Afrique occidentale. On l'installe sur le sable. Pedro Terreros l'ouvre avec panache.

– N'allez pas faire cadeau de toute votre pacotille aux premiers indigènes que vous rencontrez. Ça pousse pas sur les arbres, la pacotille, conseille Rodrigo de Ségovie.

Il ne parvient pas à brider la munificence de Pedro qui, tel un magicien, fait sortir de la malle des bonnets de laine rouge, des bagues de cuivre, des colliers de perles de verre aux vives couleurs, et des clochettes rondes comme on en utilise en fauconnerie.

Les Guanahanis poussent des oh et des ah en chœur tandis que Pedro distribue la pacotille. Ce sont les grelots qui ont sans conteste leur préférence. Bientôt, leur tintement remplit l'air, accompagné de rire indien, très proche du nôtre.

J'envoie de nouveau des hommes aux canots, cette fois pour chercher nos tonneaux d'eau vides. Luís Torres se lance dans une série de signes frénétiques indiquant la soif et la boisson. Le porte-parole des Guanahanis claque dans ses mains, sourit, saute dans tous les sens et baragouine avec ses comparses qui chargent les tonneaux sur leurs épaules.

Ainsi lestés, les Indiens (ou Insulindiens, si vous préférez) se mettent en route. Le connétable Harana leur jette un regard soupçonneux, et je sais que Martín Alonzo va encore appeler les arbalétriers.

– Nous allons avec eux, dis-je pour prévenir son intervention.

Je désigne cinq gardes pour rester auprès des canots.

Tandis que nous nous traînons lourdement derrière eux, les indigènes se glissent, silencieux, avec nos tonneaux par les ombres profondes de la jungle (cris d'oiseaux, froissements impossibles à identifier ; ça piaule, ça pépie, ça gazouille, ça couine, rumeurs de ramures, plaintes grêles, ça clappe et ça hurle, ça grogne – le tout aiguise un brin les nerfs). Nous parvenons à une source où on ne nous laisse même pas lever le petit doigt. Les Indiens tirent de l'eau et nous font goûter sa douceur dans une calebasse ; puis nous, les Espagnols, nous nous asseyons dos au tronc cuivré d'arbres inconnus et nous attendons. Le concert des bruits de la jungle prend sa place de musique de fond. Nous regardons les Indiens, pleins de cœur à l'ouvrage, *faire le travail à notre place.*

Ainsi s'accomplit le premier pas qui les mènera à l'esclavage.

– Y a qu'à claquer dans ses doigts pour qu'ils triment, s'émerveille Vicente Yañez.

– Tu leur donnes une poignée de verroterie ou des clochettes et t'as plus besoin de lever le petit doigt, renchérit son frère.

– Faut les baptiser d'abord, bien sûr, dit Luís Torres.

– Pas s'ils nous mènent pas à l'or, menace Martín Alonzo.

Ça fait exploiteur comme ça, hein ?

Voici ce que j'ai à dire pour notre défense : l'idée d'une humanité primitive supérieure, non encore pervertie par la civilisation, c'est-à-dire par *nous,* traîne depuis longtemps. Mais enfin ce mythe du bon sauvage est-il fondé ? Quelles en sont les bases ? La première version que j'en connaisse est celle de l'Italien Pietro Martire qui prétend avoir découvert la noble sauvagerie grâce à Vespucci, Magellan et moi. Vespucci, ce vulgaire opportuniste éponyme, n'a qu'à s'expliquer. Mais le pauvre Magellan est mort (de la main de nobles sauvages) avant d'avoir pu réfuter Pietro Martire ; quant à moi, quoi qu'il en dise, je n'ai jamais rencontré ce type-là. Vient ensuite l'Anglais John Dryden qui a créé l'expression « noble sauvage » en 1670, dans son livre *Conquête de Grenade.* Mais qui sont les nobles sauvages dans l'histoire ? Les Arabes ? Nous les Chrétiens ? Pas très clair, je trouve. Enfin, le Français Jean-Jacques Rousseau installe le bon sauvage sur la carte en 1754, avec son célèbre *Discours sur l'origine de l'inégalité.* Or, Rousseau a passé sa vie entre l'Italie, la France et la Suisse. Où en a-t-il vu des sauvages, bons ou autres ?

Soyons objectifs. Y a-t-il quelque chose d'intrinsèquement noble dans la sauvagerie ? Non, pas plus qu'il n'y a quelque chose d'intrinsèquement sauvage dans la noblesse. Encore une de ces idées de la Contre-Culture qui envahissent telles des herbes folles la route de l'Histoire dans le sol fertile de la décadence moderne.

Pour ma part, rejeton d'un siècle plus simple, je ne peux que prendre les Indiens pour ce qu'ils semblent être. A savoir : primitifs, superstitieux, païens, curieux, hospitaliers et avides de plaire. Bilan assez équilibré, mais de là à parler de noble sauvagerie... Nous n'avons saccagé aucun paradis terrestre pour la bonne raison que nous n'en avons jamais découvert.

Et n'allez pas m'imaginer des intentions racisantes.

Je ne suis pas non plus responsable, comme Las Casas et quelques autres le soutiennent, d'avoir établi cette relation déplorable Chrétiens/Insulindiens, blancs/bronzés, oppresseurs/opprimés. Je n'ai jamais capturé une demi-douzaine d'Indiens pour les emmener à bord de la *Santa María.* Le porte-parole des Guanahanis et ses cinq compagnons qui nous servirent de guides et d'interprètes pendant les quelque neuf semaines de repérages d'île en île étaient tous des volontaires consentants. Et tous allaient être récompensés par un voyage en Espagne, avec baptême et rencontre – enrichissante ô combien – de la culture espagnole du XVe siècle. C'est de l'exploitation, ça ?

Tandis que nous retournons aux canots, les Indiens ployant sous le faix de nos tonneaux d'eau, Martín Alonzo harcèle Luís Torres :

– Où est l'or ? Demandez-lui, hein. Où est l'or ?

Je resers mon sourire vice-royal, un peu forcé.

– Chaque chose en son temps, dis-je à Pinzón.

Je ne raffole pas de son expression – ses petits traits semblent se comprimer, une malignité apparaît dans le plissement de ses yeux. Ça, c'est la fièvre de l'or ou je ne m'y connais pas.

Les Guanahanis chargent les tonneaux sur les trois canots après un speech de leur porte-parole. Puis ce dernier, qui s'appellera bientôt Yego Clone, regarde au large la *Santa María* ancrée avec les deux caravelles ; il se tourne vers Luís Torres avec...

Minute. Yego Clone, demandez-vous ? Et d'où tire-t-il ce nom, à la fois impossible à situer (ni guanahani ni espagnol) et curieusement familier ? Il appelle ses compagnons Guanahanis. Il appelle l'île du Saint-Sauveur Guanahani. Il appelle une espèce de gros reptile (délicieux en rôti nous apprendra Peralonso Niño après un séjour à terre) Guanahani. Selon Luís Torres, les Insulindiens préservent leurs noms comme l'alchimiste ses formules, car ils croient que connaître le nom d'un homme confère un pouvoir sur lui.

J'ai déjà rencontré cette superstition en Afrique.

Quoi qu'il en soit, comme Yego Clone et Torres entament une pantomime, Martín Alonzo saisit l'Indien par le coude et lui aboie :

– Où est l'or, maudit païen ?

C'est la fièvre de l'or, oui. Et il est bien atteint.

Les autres Guanahanis restent pétrifiés, sans faire le moindre bruit. Même leurs clochettes se taisent.

– Lâchez-le ! dis-je à Pinzón.

Mais j'apprends bientôt que les mots ne pèsent pas lourd contre une fièvre de l'or galopante.

Alors, je lui attrape le bras comme il a attrapé celui du Guanahani.

Pendant un instant, personne ne bouge.

Puis, Pinzón lâche l'Insulindien. Il m'affronte avec un grondement inarticulé, symptomatique de son état, et tire son couteau. Je vois le connétable Harana s'avancer vivement à ma gauche, mais comme je surveille le Guanahani (sans parler de Pinzón et de son couteau), je ne suis pas sûr de la séquence des événements. Mais l'image suivante est celle de Martín Alonzo étendu sur le sable, Harana au-dessus de lui, pied posé sur le couteau.

Lentement, laborieusement, Martín Alonzo se remet debout. Il a une expression de stupeur – et le nez qui saigne.

Le futur Yego Clone regarde son agresseur, Harana, Torres ; il me regarde.

Nous avions la chance de rencontrer des Indiens hospitaliers et serviables, et voilà que Martín Alonzo fiche tout en l'air, me dis-je.

Il inspire profondément, ravale sa barrique, qui est la partie la plus agressive de sa personne et, de sa plus petite voix, dit au groupe assemblé sur la plage :

– Je ne sais pas ce qui m'a pris.

Aussitôt, on lui répond en chœur :

– La fièvre de l'or !

Même son frère le regarde d'un air de pitié. Comment ne pas lui pardonner ?

Je me tourne vers l'adolescent guanahani, me demandant comment réparer les dégâts.

Le garçon met un genou à terre devant moi ; il me tend une main et baisse la tête. Aussitôt, tous les Guanahanis font de même dans un concert de clochettes.

Doux Jésus, me dis-je, je ne veux pas faire mon petit dieu chez ces gens. Loin de là. Je veux leur apporter le Seul Vrai Dieu.

Je dis à Luís Torres :

– Je ne veux pas faire mon petit dieu chez ces gens. Expliquez-leur que je ne suis que l'amiral de la mer Océane, vice-roi et gouverneur de toutes les îles et de tous les continents qui s'y trouvent.

Les Guanahanis se lèvent tous. Luís Torres et leur porte-parole se livrent à une pantomime compliquée à l'issue de laquelle ce dernier fait mine de bercer un enfant et secoue la tête tristement.

– Je crois qu'il est en train de nous dire qu'il est orphelin, traduit Luís Torres.

Le jeune garçon me regarde avec espoir et répète ses gestes, d'une façon nettement positive cette fois. Les grelots pendus à son poignet tintinnabulent toujours.

– Je crois, dit Luís Torres, qu'il veut devenir votre fils.

L'adoption, réelle ou symbolique, est infiniment préférable à l'adoration.

– Répondez-lui, dis-je avec circonspection, que je ne vois pas d'inconvénient à lui servir de figure paternelle.

Manifestement, la complexité de mes sentiments est difficile à rendre par une pantomime. Luís Torres exprime plusieurs points, le jeune Insulindien sourit, bat des mains et saute dans tous les sens, symptôme sans équivoque d'excitation.

– Quel est le nom de votre fils ? demande Torres avec un clin d'œil.

– Eh bien, dis-je en considérant la question à haute voix, mon aîné s'appelle Diego...

– Diego Colón, dit Torres, impatient d'en finir.

Le jeune Guanahani sourit, bat des mains et saute frénétiquement, puis se frappant la poitrine il dit :

– Yego Clone ?

– Diego Colón, confirme Torres.

– Yego Clone, répète mon fils tout neuf – et sans doute temporaire.

Une heure plus tard, il monte à bord de la *Santa María* avec cinq de ses compagnons. Ce sont tous des volontaires : Luís Torres leur a garanti un stock quasi inépuisable de *tinque-tinque,* comme ils appellent les grelots.

Nous rencontrons les malentendus habituels. Yego Clone s'approche immédiatement de la grand-voile fermée, l'examine, étend les bras et fait mine de battre des ailes (tintements furieux des grelots). Une question tend tout son jeune visage. Il pointe son doigt vers le ciel : venons-nous de là ? Je pointe mon doigt vers l'est. Yego, têtu, repointe son doigt vers le ciel. Pendant ce temps, les cinq autres volontaires insulindiens battent énergiquement des bras (tinque-tinque tintinnabulant). Que cela nous plaise ou non, nous venons des cieux.

Malheureusement, les cieux produisent un artisanat dangereux, l'épée en est un bon exemple. Le connétable Harana vient de démontrer – innocemment quoique avec un enthousiasme excessif – la souplesse du bon acier de Tolède. L'un des Insulindiens saisit l'épée par la lame. Il se met à hurler ; le sang gicle de sa main, et le docteur Sánchez reçoit son premier patient indigène.

Son premier patient chrétien aux Bahamas (c'est le nom que l'Histoire donnera à l'archipel dont l'île du Saint-Sauveur fait partie) est Cristóbal Quintero, le conteur de grivoiseries énormes au visage de bébé. Son cas est bien plus complexe, pour ne pas dire plus lourd de conséquences.

Il rentre d'une virée de quarante-huit heures à terre. Il n'en peut plus, mais il meurt d'envie de parler.

Bientôt, sa coterie de mousses se rassemble autour du grand mât.

– Y en a qui l'ont déjà fait dans un hamac ? demande-t-il.

– Fait quoi ? s'enquiert un des gosses, aussitôt hué.

Avec Cristóbal Quintero, il ne peut s'agir que d'une seule et même chose.

– Qu'est-ce que ça peut bien être un hamac ? demande une voix.

– Eh bien, répond Quintero, si on arrive à fabriquer un truc qui ressemble à la fois à un lit ordinaire et à un filet ordinaire, et qu'on accroche le résultat entre deux piliers ou deux arbres ou deux ce qu'on a sous la main, eh bien on se fait une petite idée de ce que c'est qu'un hamac.

– A quoi ça sert ?

– Je viens de le dire. A dormir aussi, dit Quintero.

Ils attendent la suite. Il ne va pas les décevoir.

– Ça se balance, dit-il.

– Ça se balance ?

– Ça se balance. Au moindre mouvement de son ou de ses occupant(s), tout comme un vulgaire lit, mais plus. Et ça s'enfonce là où le poids est concentré. Ça fait que les côtés remontent et vous emprisonnent, si vous me suivez, comme deux gros poissons qui copulent dans un filet. Faut être très fort pour le faire dans un hamac, conclut Quintero.

– Ça copule les poissons ? demande un jeune mousse.

Cet ichtyologiste en herbe est hué lui aussi.

– Moi qui vous parle, ricane Quintero, j'ai été piégé deux nuits et un jour dans un hamac.

– Piégé ?

– Oh, j'aurais peut-être pu m'échapper, mais ça me tentait pas plus que ça. Elles voulaient toutes essayer.

– Qui ça, elles ?

– Les jeunes Guanahanis nubiles.

– Elles voulaient essayer le hamac ?

– Non, répond Quintero patiemment, c'est moi, bien sûr, qu'elles voulaient toutes essayer.

– Et elles y sont arrivées ?

– Je veux, oui ! dit Quintero-Gueule-de-gosse.

En roulant des yeux, il se lance dans le catalogue (un rien fantaisiste) de ses voluptés.

Quelque trois semaines plus tard, lorsque la flotte met le cap vers le sud en passant à travers les dangereux bas-fonds de ce qui s'appellera un jour la baie de Colomb, il se lancera dans le catalogue plus embarrassant de ses symptômes. Cette partie de l'histoire, c'est du docteur Sánchez que je la tiens.

– J'ai bien peur qu'on ait un mal étrange à bord, me dit-il, abandonnant tout à coup son ton rassurant. Je n'ai jamais rien rencontré de semblable.

– Qui est le malade ?

– Le matelot Quintero.

Je l'avoue, mes premières pensées vont au navire. Quintero est notre meilleur timonier.

– Il est très atteint ?

– Ma foi, il n'a pas de fièvre, mais ça a vilaine allure.

Il décrit le gonflement rouge et dur appelé papule, qui est apparu sur le pénis du pauvre Quintero.

– En outre, il y a d'autres boutons mous, discrets et insensibles au toucher. Ils sont situés à l'aine.

– Diagnostic ?

Le docteur Sánchez se contente de hausser les épaules.

Quelques jours plus tard, tandis que nous approchons de l'immense île de Cuba (où nous espérons rencontrer le Grand Khan du Cathay), le docteur Sánchez me dit de façon plus clinique que rassurante :

– La papule du matelot Quintero s'est changée en ulcère indolore à base indurée.

– Eh bien, si c'est indolore, où est le problème ?

– Au frottement, il sécrète un fluide clair. Le patient commence aussi à se plaindre de toute une série de symptômes, peut-être psychosomatiques : malaises, maux de tête, nausées et raideur de la nuque. Mais c'est le fluide qui me tracasse. On pourrait bien avoir une maladie contagieuse sur les bras.

A quelque temps de là, peu avant les événements calamiteux du 24 décembre :

– Vous vous rappelez ce Quintero ? Quand on a quitté Cuba,

je vous ai dit qu'il présentait aussi une éruption cutanée rosâtre sur la paume des mains et la plante des pieds et au niveau des fléchisseurs des bras et des jambes ? Avec des papules, des macules, des pustules et des desquamations ?

Je réponds que je ne m'en souviens que trop.

– Dieu merci, les manifestations épidermiques disparaissent et il dit qu'il se sent mieux. J'ai lieu d'espérer que la maladie a suivi son cours normal et qu'il est rétabli.

Futile espoir, tous ceux qui connaissent la terrible nature de la syphilis le comprendront tout de suite.

– Pour autant que je sache, spécule le docteur Sánchez, ce n'était peut-être qu'une réaction allergique à un aliment inhabituel – galette de manioc, ignames, maïs, citrouilles. Cela dit, Quintero étant notre, euh..., notre aventurier sexuel le plus intrépide et ayant apparemment eu congrès avec le plus grand nombre d'indigènes, je ne peux pas m'empêcher de soupçonner que la maladie est bien contagieuse et sexuellement transmissible. Enfin, peu importe. Il se rétablit de jour en jour, alors pourquoi s'en faire ?

Pourquoi s'en faire... !

Sommes-nous coupables d'avoir rapporté la syphilis en Europe ? Cette pensée me hante encore.

S'il en est ainsi, Cristóbal Quintero était, hélas, exactement du genre à la propager avec un maximum d'efficacité.

Je préférerais donner raison à ceux qui attribuent une origine européenne, probablement française, à la syphilis. D'après les archives, en juillet 1463, une prostituée dijonnaise traînée en justice par un soupirant éconduit aurait déclaré pour sa défense avoir agi dans l'intérêt de l'homme puisqu'elle était atteinte du *gros mal.* Nom à faire frémir, description absente. Quelque trente ans plus tard, les autorités de Paris chassaient de la ville quiconque était atteint de la *grosse vérole* (toujours pas de description). A peu près au même moment, une armée française envahissait Naples, puis battait en retraite, laissant derrière elle ou rapportant une maladie éruptive nommée *morbo gallico* ou *mal de Naples,* suivant le point de vue d'où l'on se plaçait. A partir de 1500, le *mal français* (en latin, *malum francicum*) est le terme communément utilisé partout en Europe – partout sauf en France – pour désigner la syphilis.

Mais les Français n'envahirent Naples qu'en 1495 : Quintero-Gueule-de-gosse avait amplement le temps de répandre le poison par les ports de l'Europe méridionale. Un médecin barcelonais du nom de Ruy Diaz rapporte dans ses mémoires avoir soigné un familier du fameux amiral Colón en 1493, qui aurait présenté d'abominables lésions squameuses.

Je voudrais pouvoir dire que, quand j'ai traversé l'Espagne en triomphe pour me présenter devant la péripatétique cour, alors à Barcelone, Cristóbal Quintero n'était pas dans mes rangs. Mais voilà, il y était. Et, comme de juste, il eut une grande cote auprès des groupies qui nous assiégèrent tout le long du chemin.

Le *gros mal,* la *grosse vérole, il morbo gallico (malum francicum),* le *mal de Naples,* dans ce méli-mélo linguistique, l'origine de la syphilis se perd. C'est une autre méprise linguistique qui expédie Luís Torres dans les montagnes cubaines pour des prunes ; il est censé remettre de ma part au Grand Khan du Cathay les lettres de créance que Leurs Majestés Très Catholiques m'ont confiées à Grenade.

Pendant onze jours, la flotte étale un coup de vent à l'ancre dans l'embouchure d'un vaste fleuve sur la côte nord de Cuba. Bientôt, venue du plus grand village rencontré jusqu'alors, une kyrielle de canoës (qui ressemblent aux pirogues ouest-africaines, mais tiennent mieux la mer et avancent grâce à des avirons semblables à des pelles de boulangers) grouille autour de nos vaisseaux. Yego Clone assure les rameurs de nos intentions pacifiques et, peu après, nous troquons nos bonnets de laine rouge, nos perles de verre et nos grelots contre de la nourriture et des hamacs.

Luís Torres pose les questions classiques dans ses latin, hébreu, ladino, araméen, espagnol et arabe classiques. A quelle distance et dans quelle direction se trouvent : 1) l'île de Cipango où l'or couvre les toits (et pave les rues, avons-nous récemment décidé) ; 2) la Cité céleste, nommée Quinsay, où le Grand Khan (*el Gran Can* en espagnol) du Cathay a sa cour.

Gran can ; l'allitération mystérieuse surexcite les Indiens ; ils piétinent le pont et font tinter leurs nouveaux grelots.

– Cubanacan ! crient-ils. Cubanacan ! Cubanacan !

– Qu'est-ce qu'ils crient ? dis-je à Luís Torres.

– Cubanacan, m'informe-t-il.

Essayez vous-même, surtout d'une oreille optimiste.

Cubanacan.

El gran can.

El gran can cubanacan.

– Corruption locale bien naturelle du titre de l'empereur du Cathay, dis-je catégorique.

Sur quoi, j'envoie dans l'intérieur des terres une délégation conduite par Luís Torres dans ses plus beaux atours, avec vingt guides et porteurs indigènes, pour remettre ma lettre de créance (sur beau vélin, magnifiquement enluminé) au Grand Khan, ainsi qu'une *excelente* en or massif, frappée en 1485, représentant les profils couronnés de Ferdinand et d'Isabelle.

On attend impatiemment le retour de l'ambassade. Jusqu'à maintenant, l'or était toujours sur la prochaine île – mais Cuba n'est pas précisément un point perdu dans l'Océan. C'est grand comme l'Angleterre, d'après nous. Au bout de deux jours, je suis assailli par le doute. Marco Polo n'a jamais écrit nulle part que le Cathay était une île. Peut-être a-t-il traversé une digue d'importance négligeable.

– Qu'est-ce qu'il attend Torres ? demanda Martín Alonzo. Et puis, qu'est-ce qu'on sait de lui, en fin de compte ? C'est jamais qu'un converti de la onzième heure, hein. Il est bien capable de filer en douce avec l'or.

– Et de rentrer en Espagne à la pagaie, sur un canoë ? dit sèchement le connétable Harana.

Au bout de six jours, nos ambassadeurs reviennent, sans or, mais en se fumigeant furieusement.

Le docteur Sánchez et moi échangeons un regard inquiet. Visiblement, il redoute qu'ils n'aient contracté dans l'arrière-pays une maladie pestilentielle, peut-être encore pis que la vérole du pauvre Quintero. Mais la fumigation a un arôme tout à fait plaisant, et ni Torres ni les guides ne semblent moindrement souffrir.

En y regardant de plus près, nous nous rendons compte que deux porteurs tiennent des brandons tandis que les autres ont en main de petits cylindres d'un brun verdâtre qui se révèlent être des feuilles étroitement enroulées. On insère une extrémité de ces cylindres dans la narine, on inspire, l'autre extrémité rougeoie, puis on souffle de la fumée par la bouche.

Luís Torres lui-même me souffle une plume qui me pique les yeux.

– C'est du tabac, me dit-il avec un brin de condescendance.

Il se crée une accoutumance.

– Et Quinsay ? Le Cathay ? Le Grand Khan ?

Il secoue la tête.

– Rien qu'un village indien tout ce qu'il y a d'ordinaire. Des cases à toits de palmes et des filles pas farouches.

Il reste planté là, nous enfumant tous deux, terriblement blasé.

– Et l'or ? demande Martín Alonzo, pathétique, d'une voix étranglée.

– Désolé. Les anneaux de nez, les boucles d'oreilles, classique, comme d'habitude. Mais il y a là un type... – il désigne de son cylindre rougeoyant l'un des compagnons indigènes – envoyé par le cacique, ou chef, pour parler à l'amiral de cette grande île de l'ouest où l'or coule à flots.

Luís Torres se met calmement le tabac dans le nez.

– Où il est ? supplie Martín Alonzo dans un grognement rauque, où il est, l'or ?

Yego Clone questionne l'homme de l'arrière-pays, et son visage bronzé pâlit.

– Où est le problème ? dis-je.

– Où est l'or ? demande faiblement Martín Alonzo.

Yego, que ce qu'il vient d'entendre plonge décidément dans le désarroi, se livre à une pantomime agitée.

– Apparemment, les Arawaks occupaient autrefois toute la grande île, mais quelque chose a mal tourné. Je ne comprends pas bien quoi, traduit Luís Torres.

L'indigène de l'arrière-pays semble faire le geste de manger ; il a l'air effaré. Yego hoche la tête, sans plus s'agiter.

– Il s'agirait de leur cuisine, dit Luís.

– Ah, ah ! dit Peralonso Niño en tendant l'oreille.

Autre pantomime.

– Ce type croit que les Arawaks n'occupent plus l'île mère en nombre considérable. Ils ont été chassés par une tribu guerrière qu'on appelle les Caraïbes, dont la cuisine serait, hum... Je ne suis pas sûr de bien comprendre ce qu'il me raconte.

A présent, un groupe d'Arawaks inquiets nous entourent, baragouinant, faisant force gestes à l'intention de Luís Torres.

– Empoisonnée ? conjecture-t-il à voix haute en faisant le geste de manger et d'être foudroyé.

Exaspéré, Yego hurle : « Caraïbes », s'approche de Luís, lui attrape le bras et y plante les crocs assez fort pour y laisser une marque.

Les Arawaks cubains hochent la tête, accablés, en répétant : « Caraïbes. »

Torres se frotte le bras.

– Je crois, dit-il, que le menu préféré de ces Indiens Caraïbes se compose d'autres humains. Surtout d'Arawaks.

Nous sommes tous dûment atterrés – sauf Martín Alonzo, le fou de l'or.

– Mais elle est où, au juste, cette île ? veut-il savoir.

A l'aube, un cri étouffé me réveille. Je bondis hors de ma cabine (sans oublier de m'assener un coup sur le linteau de la porte). Je vois Chachu, le maître d'équipage, planté sur le château de proue.

– L'est pa'ti, c'loco d'Pinzón, glousse-t-il.

Splendide (quoique rebelle) dans le contre-jour, la *Pinta* serre le vent, cap sur l'est ; elle est déjà à un demi-mille de l'embouchure.

J'ordonne de sortir une lombarde et de faire feu.

La *Pinta* continue vers l'est.

– Et si c'loco d'Pinzón y trouve l'or 'vant vous ? dit en riant l'impassible Chachu.

Vicente Yañez monte à bord, le visage grave. Francisco Niño le suit ; il est trempé jusqu'aux os ; c'est le canot de la *Niña* qui vient de le récupérer.

– Je sais pas quoi dire, dit Vicente Yañez, mon frère est plus lui-même.

Je lui tape sur l'épaule avec sympathie ; sa loyauté à lui me touche. Je suis moins surpris que l'angélique Francisco ait déserté le navire déserteur.

– Qu'est-ce qu'il pourrait bien savoir de plus que nous, ce Martín Alonzo ? songe le connétable Harana.

Je secoue la tête.

– C'est la fièvre de l'or, c'est tout.

Nous passons encore quelques jours sur la côte nord de Cuba, à recueillir et à mettre sous presse des spécimens de plantes, à attraper et à saler des spécimens de poissons.

Chaque fois que je m'approche du perroquet apprivoisé de Pedro Terreros (un de ces gros oiseaux vert et jaune qu'il a troqué contre une poignée d'aiguillettes, le jour de notre arrivée à Cuba), il criaille :

– Fiev' de l'or. Fiev' de l'or.

Martín Alonzo est-il à blâmer ? L'or est crucial dans notre Grande Aventure, quoi que nous trouvions d'autre, il le sait aussi bien que moi. De l'or – de l'or à profusion. C'est la seule chose qui persuadera les souverains d'envoyer une seconde expédition, de plus grande importance.

Et dirigée par moi, bien sûr. Je suis amiral de la mer Océane, vice-roi et gouverneur à vie.

Parfois, je rêve que je mène une vie vice-royale dans un vaste palais princier, au cœur d'un vaste royaume princier. Cela n'a rien d'irréalisable. Au Cathay et à Cipango, il y a de l'or à profusion. Marco Polo l'a dit et il y est allé.

Oui, mais nous, où sommes-nous au juste ?

Comment puis-je être vice-roi et gouverneur d'un endroit que je ne sais même pas situer sur une carte ?

Un peu plus haut, j'ai dit que je n'appellerais pas les Indes le Nouveau Monde (l'Autre Monde, en fait) avant mon troisième voyage. Ce n'est pas faux. Mais croyez-moi, mes pensées m'entraînaient malgré moi dans cette direction, dès la deuxième semaine de décembre 1492.

Je n'en voulais pas de ce Nouveau Monde. Qu'est-ce que j'en aurais fait ? Ce que je voulais, c'était Cipango aux toits d'or et le Cathay avec son Grand Khan. Mais, au fond de mon cœur, je commençais à soupçonner, ancré dans l'embouchure d'un fleuve cubain après des semaines d'exploration dans les Bahamas, que quelques îles jusqu'à présent inconnues, et peut-être même un ou deux continents, s'étendaient dans l'Océan entre l'Europe et l'Orient fabuleux, et que nous y avions atterri par erreur. Il était impensable que les Indiens Arawaks, qui vivaient à l'âge de pierre, aient eu le moindre contact avec la civilisation de Cipango et les raffinements du Cathay. Impensable que Marco Polo ait vu les canoës insulindiens (même le modèle à soixante-dix passagers, presque aussi long que la *Niña*) et les ait décrits comme des jonques chinoises, aux mâts lourds de voiles. Évidemment, même moi je sais que la circonférence de la terre est supérieure aux chiffres que j'ai avancés pour donner l'impression que la Grande Aventure était réalisable.

Et si c'était bel et bien un Nouveau Monde ?

Mais, vous l'aurez remarqué, je suis quelqu'un d'entêté. Le but de la Grande Aventure était d'aller vers l'ouest jusqu'à Cipango et au Cathay, et, parbleu, c'est ce que nous avons fait. L'un ou l'autre se trouve tout juste derrière l'horizon, comme l'or de Martín Alonzo.

Une semaine après sa désertion, nous partons vers la grande île de l'est, terre d'origine des Arawaks, et je presse la mer des Caraïbes, comme on l'appellera plus tard, d'être la mer de Chine ; je supplie l'île montagneuse qu'on aperçoit d'être Cipango.

Yego Clone et ses compagnons restent dans l'entrepont, morts de peur.

Quelques jours plus tard, au crépuscule. Des Indiens surexcités sautent des canoës qui entourent la *Niña* et le vaisseau amiral et grouillent bientôt à bord avec des ululements et des cris. D'autres, plus nombreux encore, nagent jusqu'à notre point d'ancrage. Quand ils émergent, leurs peintures vives qui sentent la fête (rayures rouges, volutes, etc.) sont irrémédiablement délavées et leurs coiffures vert et jaune toutes ramollies. Yego Clone et ses compagnons ont oublié leurs craintes ; avec de grands sourires de propriétaires, ils font visiter la *Santa María* à leurs cousins arawaks d'Haïti. Personne n'est venu à bord les mains vides. Bientôt, nous recevons et stockons des ignames et des citrouilles, des oreilles de maïs comme on les appelle de manière imagée, de la poterie non vernie – trois modèles aux dimensions malcommodes –, des perroquets, des hamacs, des écheveaux de coton, des hameçons rudimentaires, des poissons fraîchement pêchés, de grandes feuilles de tabac d'un brun verdâtre, et, et, ET...

DES PÉPITES D'OR ! Éblouissement de l'œil, joie du cœur – oh oui ! –, tous sont tout sourircs. On a la larme à l'œil, la voix qui chevrote, la tête qui opine, oh oui. Yego Clone sourit de notre plaisir. Les questions que mime Luís Torres nous révèlent qu'il existe au sud un vaste continent (j'ai des doutes quant à sa taille, l'île de l'un peut être le continent de l'autre) qui s'appelle Caniba et où il y a des mines d'or, mais où les Arawaks n'osent pas s'aventurer – oh non –, parce que Caniba est le domaine des Caraïbes mangeurs de chair humaine.

Un vaste continent qui s'appelle comment ?

Caniba. *Can* iba. Comme dans *gran can.*

Si ces insulaires primitifs vivent aux marches de l'empire du Grand Khan, ne pourraient-ils pas, dans leur peur de l'armement supérieur de ses soldats, s'être imaginé ces histoires abracadabrantes de mangeurs d'hommes ?

Je suis assis dans ma cabine du château de poupe avec Luís Torres et le grand Guacanagari (c'est le titre qu'il s'est conféré tout seul, mais il est vrai qu'il ne manque pas de noblesse), cacique de tout le nord-ouest d'Haïti. Au-dessus de nos têtes, son peuple hurle, rit et fait tinter ses grelots. Ce Guacanagari est un homme d'une taille impressionnante, musclé, dans sa prime jeunesse ; il réussit à avoir l'air digne sans rien porter qu'un brassard d'or, quelques traits de peinture ocre et une plume dans les cheveux. Cachant son dégoût par diplomatie, le cacique goûte le porc salé faisandé que Pedro Terreros place devant lui. Il regarde Luís taper un biscuit sur le bord de ma petite table pour l'arracher à une famille de vers et, d'une chiquenaude à peine perceptible, il éloigne son propre biscuit de sa propre personne. Demain, insiste-t-il, il faut absolument que nous soyons ses hôtes à terre.

Guacanagari est le meilleur mime que nous ayons rencontré. Ce ne sont pas seulement ses mains qui s'expriment, c'est tout son corps, à tel point qu'on croirait qu'il parle espagnol. Et intelligent avec ça. Bien sûr, pas cultivé comme un homme de la Renaissance italienne, ni même comme un Espagnol, mais quand même. Quand je lui montre la carte que j'ai ébauchée de la côte nord-ouest de Cuba, il l'étudie, un instant perplexe. Puis on voit s'éclairer ses yeux sombres ; il trace les contours de la côte et dit :

– Cuba !

Aussitôt, je prends le charbon sur le dessus de la table et j'esquisse approximativement la côte haïtienne jusqu'au point où nous sommes allés. Ses longs doigts s'y précipitent et atterrissent sans erreur sur la grande et belle baie où nous avons jeté l'ancre (large plage de sable ; maisons flottantes à toits de palmes, herbe d'un vert brillant, grands palmiers majestueux). Je ne lui dis pas que son Haïti a été rebaptisée Hispaniola (en latin, île espagnole), ni que j'en ai pris possession au nom de Leurs Majestés Catholiques dès mon arrivée dans la baie des Moustiques – hélas trop bien nommée : notre conversation est régulièrement ponctuée par le zinzin de ces importunes bestioles et par les claques qui les ratent généralement.

Guacanagari fait signe qu'il veut le charbon ; il continue mon croquis de la côte d'Haïti (ou d'Hispaniola) vers l'est, s'arrête, puis dessine quatre soleils stylisés. D'abord, cela m'intrigue. Puis je comprends que chaque soleil représente un jour de canoë.

Au bout de la carte, au-dessous de la côte (c'est-à-dire à quatre jours de voyage en mer, plus une randonnée considérable vers le sud), Guacanagari dessine un autre symbole : un arc et une flèche. Puisque les seules armes des Arawaks sont les sagaies à dents de poissons que nous avons vues, ce symbole représente certainement une place forte caraïbe. Cela suggère immédiatement deux choses : les craintes de Yego n'étaient pas sans fondement, et ma théorie selon laquelle les Caraïbes sont une représentation mythique des soldats (ou asservisseurs ?) du Grand Khan semble de plus en plus plausible.

Mais attendez. Guacanagari commence une pantomime. Il touche son brassard d'or. Puis il se sert du charbon pour noircir la côte depuis la baie des Moustiques sur un quart de la distance qui la sépare de la place forte caraïbe. Cela le mène à une autre baie. Il touche de nouveau son brassard et trace un trait à l'intérieur des terres. Il touche son brassard et la carte plusieurs fois et dessine un cercle minuscule qui représente le brassard. Cela doit signifier qu'il y a de l'or, peut-être une mine comme à Saint-Georges en Afrique occidentale. Puis, hors pantomime, il se frappe l'oreille, étudie le moustique en bouillie sur sa main (minuscule tache écarlate, sang cacique royal) et dit : « Cibao », en touchant le cercle minuscule de la carte du bout de son long doigt.

– Quoi ?

Les sourcils de Luís Torres s'élèvent comme une voile quand tout l'équipage tire sur la drisse.

Également excité, je me dis : bon, d'accord, cubanacan et le gran can n'avaient pas de rapport ; ce n'était finalement qu'une coïncidence linguistique. Peut-être que caniba et gran can en sont une autre. Mais, à coup sûr, Cibao et Cipango ne font qu'un.

Lorsque le soleil dore nos voiles ferlées, je sors du château de poupe pour escorter le cacique. Le sifflet de Chachu et la voix claire de Yego nous dégagent un passage à travers les foules d'Indiens nus encore à bord. A l'échelle se tient Juan Cosa qui nous regarde venir. L'aube dorée accuse les profonds sillons verticaux de sa triste figure, amer reflet de défaites passées et de calamités imminentes.

A mes côtés, Guacanagari se raidit. Ses mains et tout son corps m'indiquent:

– Méfie-toi de celui-là. Il ne te veut pas de bien.

Sa haute silhouette se dresse sur le plat-bord. Il lève un bras et exécute un vaste arc de cercle, d'un horizon à l'autre ; puis il me tape sur l'épaule : à ce soir, mon ami.

Au signal de Peralonso Niño, on siffle pour le faire passer de l'autre côté et lui faire descendre l'échelle jusqu'à son canoë royal. Au second signal, comme les longs canoës se rapprochent à vive allure de la plage, les lombardes de la *Santa María* rugissent et des flammes bondissent de ses sabords. Cela surprend nos hôtes sans les terrifier, preuve de leur crainte superstitieuse et aussi de leur confiance en nos bonnes intentions.

Puisque nous venons du ciel, pourquoi n'apporterions-nous pas le tonnerre ?

Cette nuit-là, leur confiance en nos bonnes intentions est mise à rude épreuve.

Mettez ça sur le compte du climat et du bon sens avec lequel les Arawaks s'y adaptent. A la fête donnée par le cacique en notre honneur sur le cimeterre de sable blanc, les hommes, mais aussi les accortes jeunes femmes de la suite de Guacanagari ne portent rien d'autre que de joyeux traits de peinture rouge. Elles évoluent parmi nous, dînent avec nous, nous sourient, utilisent le langage des signes pour communiquer (leur sein bien formé se soulève quand leur bras se tend, est secoué par leur rire à gorge déployée), et la nature prend inévitablement le dessus. Les uns après les autres, des couples disparaissent dans la sylve derrière la plage.

Là n'est pas le problème, au début du moins. Nulle menace, nulle promesse de clochettes ou d'aiguillettes n'est venue ternir la spontanéité de ces liaisons. Tout est dans l'esprit de la fiesta.

Bon, il est vrai que les Arawaks ont une attitude détendue à l'égard du sexe, mais il serait sévère de dire qu'ils couchent avec n'importe qui. La preuve : Chachu, le maître d'équipage. Cette nuit-là, on l'entend plus d'une fois dire avec un mélange de mépris et d'espoir :

– Bon di, y baisent comme des lapins.

Mais à sa grande déception, aucune belle Arawak n'invite le Basque trapu et impassible au doux rendez-vous de la jungle. Elles ont trop de goût pour ça.

Si la liberté sexuelle, appelons les choses ainsi pour éviter tout jugement moral, fait partie du mode de vie arawak, où est donc le problème cette nuit-là ?

Pour se distinguer des autres, les femmes mariées portent de minuscules carrés d'étoffe à la proue et à la poupe, fixés à un cordon ceignant les reins. Ces mini-tabliers couvrent plus ou moins leur intimité, sauf quand la brise les soulève – c'est-à-dire presque en permanence sur la côte nord d'Haïti. Le but est ici symbolique et non pudibond. La liberté sexuelle finit dans le hamac conjugal pour les femmes arawaks (pas pour les hommes ; sexisme flagrant) et les mini-tabliers sont signes de monogamie.

Je ne me souviens pas que Guacanagari ou ses associés nous l'aient expliqué sur le moment, oubli malheureux, car ce soir-là, Francisco Niño, dix-sept ans, visage de saint, sourire pur et triste, corps de dieu grec, se retrouve avec une jeune beauté arawak fiévreuse.

Je commence à comprendre que rien ne va plus quand deux Indiens d'un certain âge aux visages sévères traînent une femme ravissante, mais éplorée, mini-tablier défait, et la jettent sur le sable entre Guacanagari et le feu de joie. Elle reste blottie là, pitoyable, comme consciente de sa nudité pour la première fois. Quatre autres Indiens paraissent bientôt, armés de sagaies à dents de poissons, la mine sinistre. Francisco marche entre eux la tête haute, dans sa nudité de dieu grec. On l'escorte entre le cacique et le feu, et on le laisse là, debout. La femme en larmes lève les yeux vers lui : timidement, il lui lance un sourire pur et triste.

– Qu'est-ce qui se passe ? demande Peralonso, frère de Francisco, abandonnant avec regret un canard à demi mangé.

Dans l'escorte de Francisco se trouve un individu bedonnant au triple menton. Il apparaît que c'est le mari de la femme qui pleure et aussi, on le voit à son brassard d'or, un homme de haut rang. Il baragouine des propos à la fois respectueux et furieux à notre hôte, jolie performance.

Guacanagari me fait un résumé de la situation par signes.

Par signes, je réponds :

– Que pouvons-nous faire ?

Là, la pantomime se complique et Luís Torres doit m'aider.

– Pour sauver la face, le mari doit battre sa femme publiquement.

– Et le jeune Francisco ?

Luís m'assure qu'aucun châtiment n'est prévu – sexisme toujours, mais qui profite à notre innocent.

Peralonso repart à l'attaque de son canard inachevé.

A présent, tous les Indiens forment un cercle sur la plage pour regarder le sous-cacique retrouver la face. Je suis navré pour la femme, mais réconforté par le concept de face à sauver qui m'évoque les expériences de Marco Polo dans l'Orient fabuleux.

Silence de mort (seulement rompu par le cri rauque d'un oiseau de la jungle invisible). La jeune femme, qui ne pleure plus, prend devant son mari la position agenouillée apparemment prescrite par la loi. Elle a les yeux fermés, un demi-sourire retrousse ses commissures (souvenirs secrets de jungleries récentes ?), elle semble oublieuse du gros homme immobilisé au-dessus d'elle avec une souple baguette de bois. Il se dresse sur la pointe des pieds en grognant et abat la baguette de toute la force de son gros bras. Les yeux de la femme demeurent fermés ; elle garde son demi-sourire. Seul témoin du coup, la longue zébrure rouge de son dos. Le gros homme grogne, se redresse et lève à nouveau sa baguette.

Francisco Niño se transforme en bélier et l'envoie au tapis sur le sable de la plage.

Nouveau silence de mort ; pas d'oiseau rauque. Des mains bronzées vont chercher des sagaies à dents de poissons, des mains européennes plus pâles, des couteaux.

Guacanagari redresse sa stature royale, lève un bras royal et parle d'une voix royale. Les mains bronzées se figent.

Une pantomime élaborée commence entre le cacique et Luís Torres.

– Ça va mal, me dit Luís.

– Mais encore ?

– Selon la loi haïtienne, l'offensé a le droit de choisir le châtiment approprié pour son assaillant.

A ces mots, notre innocent dit avec son charmant bégaiement :

– Jj'ai fait mon devoir, amiral. Ssi c'était à refaire, je le rereferais. Ssi je mérite quelques coups de fouet ou quoi, jje suis prêt à accepter la justice indienne ppour le bien de l'expédition.

Pendant ce temps, le sous-cacique s'est laborieusement remis sur ses pieds. Il essuie le sang de sa bouche, crache une ou deux dents et tourne autour de Francisco Niño pour l'étudier sous tous les angles. Puis il parle assez longuement, sa face de lune qui surmonte ses trois mentons passant de la concentration au plaisir anticipé. La femme hurle. Guacanagari semble royalement malheureux.

Torres et lui se livrent à une copieuse pantomime, visages tourmentés.

Peralonso cesse de mâcher les restes d'une langouste rouge vif.

Luís explique :

– Il va lui arracher les yeux, lui couper la langue, trancher sa virilité et puis le tuer.

Peralonso soupire, balance sa langouste et se ramasse sur un genou, prêt à bondir à la rescousse de Francisco Niño.

– Prenez quelques hommes et ramenez votre frère à bord, lui dis-je.

Aussitôt dit, aussitôt fait. Sur l'ordre de Peralonso, dix marins bondissent en position, couteaux dégainés ; on dirait un ballet. Sous cette gracieuse escorte, Francisco est entraîné jusqu'aux rouleaux et au canot de la *Niña* qui attend. Le gros cocu vocifère des imprécations et se trémousse dans tous les sens, fou de frustration.

Quant à nous, nous nous rassemblons et battons en retraite vers le bord de l'eau. Derrière nous, les rames s'élèvent et plongent. Le canot de la *Niña* file à travers la baie. Devant nous par centaines, leurs sagaies prêtes à servir, se dressent les guerriers de Guacanagari.

Dans quelques secondes nous perdrons tout contrôle de la situation et nous aurons sur les bras une émeute raciale en règle, la première de l'histoire des Indes et, à ma connaissance, de l'Histoire tout court.

Mais Guacanagari traverse calmement les rangs de ses guerriers ; les sagaies s'abaissent sur son passage. Il s'avance vers nous, seul, à pas mesurés. Son visage est sombre, mais ferme ; c'est vraiment un personnage très royal. Je me prends à penser que cet Indien nu est largement aussi majestueux que Ferdinand d'Espagne, pour ne pas parler de ce sac à tics portugais nommé Son Altesse Sérénissime.

– Ce que mon frère voulait était mal, exprime le grand cacique.

– Ton frère ?

Cette question qui tient en deux mots réclame beaucoup plus de gestes.

Malheureusement, le gros cocu est effectivement son frère.

– Mais telle est notre loi. Tu aurais dû laisser faire. Qu'est-ce qu'une vie, exprime Guacanagari, en regard de ce que tu as sacrifié pour la sauver ?

Les gestes me manquent pour répondre à ce problème moral.

– Quand il éclatera de nouveaux troubles entre nos deux peuples, prédit le grand cacique avec une communicativité gestuelle qui relève du tour de force, et après cette nuit c'est inévitable – je connais mon frère –, toi et moi ne serons peut-être pas là pour les arrêter.

Quelle pantomime prophétique ! Quelle tragédie elle annonce !...

Toute la journée du 24 décembre, nous louvoyons lentement le long de la côte. Chaque cap, chaque crique, chaque baie, sont conformes à la carte que Guacanagari a dessinée sur la table ; c'est une carte maritime presque parfaite, à ceci près qu'il lui manque une dimension essentielle. Guacanagari n'a cure ni connaissance des bas-fonds, récifs coraliens à peine immergés qui peuvent déchirer le fond d'un navire. Après tout, ses canoës effleurent la surface. Mais la *Niña* a six pieds de tirant d'eau, la *Santa María* plus de sept. Nous zigzaguons vers l'est en longues bordées et devons affronter cette menace tridimensionnelle comme d'habitude, en envoyant le canot de la *Niña* en éclaireur pour sonder fréquemment. La *Niña* s'avance immédiatement derrière lui, toutes voiles dehors, dans la brise légère. La *Santa María* tire son propre canot, comme elle le fait souvent lorsque nous cabotons ; elle est à la traîne.

Les quarts se relaient, le soleil se couche, un quartier de lune nous permet de gouverner. Je vois se briser des vagues d'argent sur les récifs insoupçonnés, meurtriers, mais si beaux dans le clair de lune. Aucun problème de visibilité. Notez bien, je vous prie, *aucun problème de visibilité.*

Tous les hommes à bord du vaisseau amiral, y compris le pilote Niño qui termine son quart et l'amiral Colón qui a passé presque toute la journée à arpenter le gaillard d'arrière, tous les hommes sont épuisés par leurs deux nuits de fiesta consécutives.

Je vois Peralonso, doux comme un agneau malgré son faciès féroce, donner une bourrade au mousse qui s'endort sur le sablier vide.

– Retourne-le, petit, avant que l'amiral t'attrape.

Le jeune mousse obéit, tout ensommeillé. Puis Peralonso lui rappelle :

– Il est temps de changer de quart aussi, non ?

Le gamin cligne des yeux, saute sur ses pieds et braille :

– Feignants de tribordais, à vous ! Remuez-vous, c'est l'heure de se lever, allez, on se magne !

Cinq ou six matelots endormis émergent de l'entrepont où ils couchent. D'autres, qui ont tendu des hamacs indiens sur le pont principal, paraissent aussi, l'œil embué de sommeil. Peralonso se dirige vers moi.

– Vous devriez essayer de dormir un peu, me conseille-t-il tandis que Juan Cosa nous rejoint avec un bâillement d'hippopotame.

Capitaine, maître et pilote confèrent brièvement.

Je demande :

– Vitesse ?

Peralonso répond :

– Trois nœuds au plus.

Le vent est tombé. Pas de côte sous le vent qui puisse nous inquiéter. Devant nous, dans le clair de lune, les voiles de la *Niña* pendent. Le quart va être calme.

Juan Cosa se fend d'un autre bâillement d'hippopotame :

– Moi, ça me ferait pas de mal de dormir un peu plus.

– Dans quatre heures vous l'aurez bien gagné, répond Peralonso avec une pointe d'humeur. On est partis pour Cipango, l'ami.

– C'est pas avec cette brise qu'on s'en approchera beaucoup, maugrée Juan Cosa.

De nouveau, je vois l'éclair d'argent de la lame se briser sur des coraux insoupçonnés, à une portée de lombarde à tribord.

Soudain, je réalise que nous sommes à la veille de Noël.

– C'est le soir de Noël ! bredouille Peralonso.

Nous communions silencieusement dans la naissance du Sauveur. La brillante Deneb, encore haut à l'horizon, pourrait passer pour l'étoile de Bethléem.

– Demain, nous fêterons ça, dis-je.

Peralonso grimace un sourire.

– Il se trouve justement que dans la pagaille de la plage, hier, j'ai réussi à sauver quelques langoustes.

Juan Cosa grogne, indifférent aux langoustes ou à Noël, je ne sais pas. Bientôt, Peralonso nous souhaite le bonsoir et s'en va. J'essaie d'échanger des banalités avec Juan Cosa, mais comme d'habitude la conversation languit au bout de quelques minutes. Sa face de carême suffirait à doucher l'enthousiasme d'un Napolitain excité. D'ailleurs, j'ai sommeil.

Il sera minuit dans une heure. Ce sera notre premier Noël outre-mer Océane.

– Je descends, dis-je au maître. Appelez-moi à minuit, voulez-vous ?

Plus tard, bien trop tard pour changer le cours des terribles événements, le connétable Harana reconstituera l'agonie de la *Santa María*.

Fragments de l'enquête menée à bord du vaisseau amiral *Niña* le jour de Noël.

(*Témoignage de Juan Cosa, maître de la* Santa María.)
HARANA : Au bout de combien de temps vous êtes-vous endormi ?
COSA : Mensonge, foutu mensonge. J'ai pas fermé l'œil. Ah, une minute peut-être, pour mieux voir dans la nuit, après. Mais m'endormir, jamais !

(Témoignage de José Maria Duran, timonier de la bordée de tribord.)
DURAN : ... quand maître Cosa est monté faire son somme.
HARANA : Le maître était endormi ?
DURAN : Je suppose. C'est ce que dit le gosse ; le mousse Ruiz qui tournait le sablier. Tout ce que je sais, c'est que Cosa a donné un ordre au gosse, et après ça, on l'a plus entendu piper.
HARANA : Quel était cet ordre ?
DURAN : De continuer à suivre la *Niña* et de ne pas le déranger, sauf si le vent tournait.
HARANA : C'est tout ce que vous avez entendu ? Mais Cosa, vous l'avez vu dormir ?
DURAN : Dites, ça fait combien de temps que vous naviguez ? Je suis timonier, moi. Je vois RIEN ! Un bout de ciel et un bout de voile par l'écoute, un bout de mer par le panneau, point.

(Témoignage de Ricardo Ruiz, mousse, bordée de tribord.)
RUIZ *(précipitamment)* : Vous me défendrez contre lui, hein, m'sieur ? Parce qu'il m'a menacé, Duran. Il m'a demandé de prendre la barre et sitôt que je l'ai eue en main il m'a dit de pas bouger. Il est costaud, tous les timoniers sont costauds. Alors, j'ai fait comme il m'avait dit. Je croyais qu'il voulait juste faire une pause...
HARANA : Et puis on a heurté le récif ?
RUIZ : Heurté ? Oh non, m'sieur, on l'a pas heurté. J'ai compris parce que la barre a plus bougé tout d'un coup. Mais on a glissé sur ce récif, c'est tout. Bloqués, qu'on était.

(*Témoignage de Vicente Yañez Pinzón, capitaine de la* Niña.)
PINZÓN : Ouais, euh... y avait autre chose, quelque chose de... bizarre.

HARANA *(il se penche vers lui aussitôt avec un sourire) :* Bizarre, vous avez dit bizarre ?
PINZÓN : Pas logique en tout cas. Ils commencent par signaler « vaisseau en danger » et puis ils envoient leur canot, message urgent : ils abandonnent le vaisseau. Même s'il fallait envoyer leur canot, ils auraient pu y mettre les jeunots. Je sais bien qu'il y a de la mauvaise graine sur la *Santa María,* mais en cas d'urgence – je veux dire, pourquoi diable est-ce que l'amiral a envoyé son premier officier, son maître d'équipage et tout le contingent du nord ? C'est eux qui connaissent le mieux le bateau !
HARANA : Grand Dieu ! Aucun capitaine dans son bon sens...
PINZÓN : Je vous le fais pas dire, connétable.
HARANA : Vous voulez dire que... ?
PINZÓN : Moi ? Jamais ! C'est l'étranger le plus sensé que j'aie jamais vu, l'amiral. Non, c'est Juan Cosa qui dit ça... Y dit comme ça qu'il y a vraiment qu'un marin d'eau douce en pleine panique pour pas voir que la façon la plus simple de sortir le vaisseau amiral du récif, c'est de le touer.
HARANA : Peut-être que l'amiral espérait faire les deux en même temps : vous envoyer un messager et euh...
PINZÓN : Merde alors ! On voit que vous êtes pas marin, vous. Touer, c'est simple comme opération, mais ça demande quand même deux éléments. Y faut une ancre ET un canot !

(*Témoignage de Cristóbal Colón, amiral de la mer Océane, capitaine général de la flotte, capitaine de la* Santa María.)
HARANA : Donc, quand le navire s'est échoué, vous étiez épuisé ?
COLÓN : Ça s'est passé pendant la seule demi-heure où j'ai dormi en trois nuits. Dans cette mesure, c'est donc ma faute. Je m'en veux.
HARANA : Quand la *Santa María* a glissé sur le récif et que le maître Juan Cosa est venu dans votre cabine...
COLÓN : Ah, parce qu'il est venu ?
HARANA : Ah, parce qu'il n'est pas venu ?
COLÓN : C'est le mouvement du navire qui m'a réveillé. Et le bruit de la coque.
HARANA : Qu'est-ce que vous avez fait ?
COLÓN : Trois choses : d'abord, j'ai réveillé le canonnier pour qu'il envoie un signal à la *Niña.* Ensuite, j'ai voulu limiter les dégâts. Mais Peralonso Niño était déjà là, il avait mis des hommes à la pompe et il examinait la coque pour chercher les

coutures cassées. Donc, j'ai pu me consacrer à l'essentiel, touer bien sûr.

HARANA : Touer, sans jargon, en quoi ça consiste ?

COLÓN : C'est pas sorcier. Si une charrette est embourbée, on attache une corde autour de l'essieu et on tire. Quand un navire pique du nez sur un rocher, on commence par le tirer par l'arrière, en moins de temps qu'il en faut pour le dire. J'ai dit à Cosa de manœuvrer le canot, de prendre l'ancre de toue et de nous tirer.

HARANA : Vous avez attendu qu'il l'ait fait ?

COLÓN : Bien sûr que non. Sa tâche était facile. Je suis allé dire à Peralonso de se préparer à recevoir le câble de l'ancre et à l'attacher au guindeau.

HARANA : Et alors ?

COLÓN : Et alors il l'attend toujours.

(*Témoignage de Peralonso Niño, pilote de la* Santa María.)

HARANA : Vous voulez dire que Cosa n'a jamais eu l'intention d'envoyer l'ancre ?

NIÑO : Il l'a pas fait. Ses intentions, c'est à lui qu'il faut les demander.

(*Témoignage de Pablo Gomez, dit le vieux Serrin, charpentier de la* Santa María.)

SERRIN : On coupe le grand mât pour alléger le navire.

HARANA : Alléger le navire, et pourquoi ?

SERRIN : Pourquoi ? Pourquoi ? Il demande pourquoi ! Ce grand mât, c'est comme un marteau qui enfonce le bateau sur le récif chaque fois que la vague le soulève et le fait retomber. Pourquoi ! Si on le coupe, on a moins de chances de faire sauter les coutures mon p'tit gars.

HARANA : Pourquoi l'amiral a-t-il attendu une heure pour donner cet ordre ?

SERRIN : Le bateau cogne pas tout de suite. Seulement quand il commence à être balancé sur le récif et que les vagues le prennent par le travers. Faut compter une heure... ça donne à penser, d'ailleurs... Quoi, sauf le respect que je dois à l'amiral... Y en avait des choses à faire en une heure. Il aurait pu touer tout de suite. Ça aurait sauvé le navire.

(*Second témoignage de Juan Cosa, maître de la* Santa María.)
COSA : C'était mon navire, vous comprenez ? Mon navire à moi.
(Harana hoche la tête et compatit).
COSA : J'ai commencé à naviguer à son bord avant que ce parvenu d'amiral ait mis les pieds en Espagne. J'ai commencé mousse, j'ai fait tous les sales boulots. Je voulais en être le patron : c'était mon rêve. Vous pouvez pas vous imaginer comme j'ai économisé, sou par sou. Et puis, pour finir, j'en ai possédé un tiers et je suis devenu capitaine. Moi, Juan Cosa ! Et vous croyez que je vais la saborder après tout ce qu'on a vécu ensemble ? Mais j'ai idée qu'il y a des gens qui naissent sous une mauvaise étoile. Depuis que le navire est à moi, le commerce est mort. Je pouvais pas retourner en Galice, la banque m'aurait pris ma *Santa María.* On me donnait pas de cargaison. J'étais coincé dans ce coin perdu d'Andalousie sans pouvoir en sortir. Alors, quand cette folie de Grande Aventure s'est annoncée, j'étais tellement fauché que j'ai signé. Après tout ce que j'avais connu, je pouvais pas deviner que ça allait être pire. C'est pire que tout parce qu'il faut tout garder pour soi, ça vous étouffe, ça vous ronge les boyaux. Ça fait cinq mois que je le regarde prendre les décisions sur mon navire, faire le caïd sur mon gaillard d'arrière, vivre dans ma cabine. Oh, par-devant, toujours un mot aimable. Mais par-derrière, il se fout de moi. Je le sais bien. Parce qu'il a la chance et pas moi. Il est amiral de la mer Océane et moi je suis un raté. Lui, il va être immortel et quand Juan Cosa mourra, ça fera rien à personne. C'est ce qu'il pense, je le sais bien. Et je sais aussi ce qu'il pense, ce qu'il ressent dans ses tripes maintenant que son navire est empalé sur ce rocher, la coque toute fendillée. Il est un peu moins grand seigneur, hein, votre amiral, à présent ?

– Inutile qu'il passe aux aveux, nous avons assez d'éléments contre lui, me dit Harana.

En cette fin d'après-midi de Noël, nous marchons tous deux sur une longue plage de sable. A un bout, un petit village indien, à l'autre un haut promontoire qui se dresse au-dessous d'un marais de palétuviers. La *Niña* est ancrée dans la baie. Plus loin au large, on aperçoit l'épave de la *Santa María,* perchée sur son récif. Il regarde l'empreinte de nos pas sur le sable dur et humide.

– Passez l'éponge ; c'est fait, c'est fait, dis-je.

– Vous voulez qu'il s'en tire comme ça ? Mais il a détruit son propre vaisseau pour vous porter tort. Il ne pouvait rien faire de plus monstrueux, de plus traître, de plus pervers. Je n'ai jamais vu un homme aussi dévoré par l'amertume.

Je n'en disconviens pas, mais je persiste :

– Laissez tomber, allez. Il me fait pitié. Il a une telle terreur de l'échec qu'il y est voué.

(Un coup d'œil vers le futur : Juan Cosa quitte maintenant ces pages à l'exception d'une brève allusion ; mais il doit reparaître une fois dans l'histoire du Nouveau Monde. En novembre 1509, il navigue en tant que pilote avec le capitaine Ojeda – un névropathe tranche-montagne qu'il vous faudra hélas rencontrer vous aussi – sous la bannière royale pour coloniser la côte de ce qui sera un jour appelé Colombie en mon honneur. Est-ce Ojeda ou Cosa qui est responsable des événements, l'Histoire ne le dit pas ; à considérer leurs personnalités, ce pourrait être aussi bien l'un que l'autre. En tout cas, peu après avoir touché terre, Ojeda et son équipage sont attaqués par des Indiens Caraïbes. La fougue de taureau d'Ojeda lui permet de s'en sortir, mais sur un dernier échec, Juan Cosa prend une flèche empoisonnée dans le dos et meurt en plein délire. Ainsi la colonisation de la Colombie est différée de plusieurs années. L'insigne erreur consistant à nommer Amérique du Sud ce vaste continent ne s'en répand pas moins, grâce aux efforts que déploie mon ex-employeur Martinus Waldseemüller pour le compte de ce vulgaire opportuniste éponyme d'Amerigo Vespucci. Nous y reviendrons en temps utile.)

Maintenant que j'arpente cette longue plage haïtienne en compagnie d'Harana, je peux repenser sans broncher à ce qui s'est passé. Je ne suis plus l'homme que j'étais ce matin. Je me revois dans l'aube d'un gris sale, seul devant l'habitacle de la *Santa María,* en train de penser : et voilà la fin de l'aventure. Naufragé le jour de Noël sur un récif, à l'entrée de la baie inexplorée d'une île inexplorée, quelque part dans l'immensité de la mer Océane. C'est fini, bien fini. Achevé, terminé, consommé. F.I.N.

Je longe le bastingage jusqu'au beaupré. Mon esprit refuse de fonctionner, mais j'ai subitement la conviction troublante que si je me retourne assez vite, j'entreverrai quelqu'un dans mon dos. Mais, bien sûr, il n'y a personne. Seul me guette le fantôme de mon échec. Je retourne aux passavants. Le canot de la *Niña* est revenu. Vicente Yañez est en train de grimper à l'échelle.

– Amiral, vous feriez mieux de partir. Y a plus rien à faire ici, voyons.

Il me parle comme à un enfant.

Et quand je suivrais Vicente Yañez dans le canot, jusqu'à la caravelle ? L'effectif de la petite *Niña* est de vingt-deux hommes. La *Santa María* en transporte quarante. La *Niña* pourrait-elle retourner en Espagne avec des matelots serrés comme des anchois ? Et, dans le cas contraire, que faire ?

– Amiral ?

Je lui fais signe de partir. Je touche le moignon du grand mât. Je sens le bois fraîchement coupé presque comme si le grand sapin avait été abattu hier dans sa lointaine forêt. L'aurore s'éclaire, mais profonde est la nuit de mon âme. Vincente Yañez essaie de me mettre en garde :

– On peut pas savoir combien de temps elle va rester empalée sur le corail. Elle peut se briser sans prévenir, amiral. Vous feriez mieux de venir.

De nouveau, je lui fais signe de partir.

Je ne veux pas mourir, non. J'ai seulement besoin de me détacher du flux des choses, de prendre du recul. D'aller là où mes faits et gestes n'auront pas d'importance, où je ne me sentirai plus concerné.

Que quelqu'un d'autre prenne les décisions. Moi j'en suis à court.

Je me demande quel effet ça fait de se noyer. Certains disent que c'est une mort paisible. Non que je veuille mourir, je le répète. Je voudrais seulement trouver un moyen de m'en aller et de *ne plus être*. Un moment. Rien qu'un petit moment. Et puis je reviendrais et...

Et quoi ?

J'ai de nouveau cette impression troublante d'être suivi. Je me retourne d'un coup. Yego Clone émerge d'un pas incertain du château de poupe. Il semble mi-hésitant mi-déterminé et s'avance traînant mon sac de marin et un ballot peu maniable roulé dans un hamac. Il a dû emballer tout le contenu de ma cabine. Dieu sait depuis combien de temps il est là. Je lui demande avec colère :

– Qu'est-ce que tu fais là, mon garçon ? Tu vois pas que tu aurais pu te noyer si on était partis sans toi ?

Yego comprend un peu l'espagnol maintenant, quoiqu'il n'ait jamais dit un mot.

Il exécute des signes si compliqués qu'il me faudrait un Luís Torres pour les traduire. Je n'essaie même pas de répondre. Le visage de Yego prend une expression douloureuse à force de concentration. Sa voix s'essaie à produire des sons, d'étranges petites syllabes presque semblables à des paroles. Il recommence. Puis, pour la première fois, il prononce des mots, des vrais. Yego Clone me parle.

– S'il vous plaît... oui.

– S'il vous plaît... nous quittons navire. Oui, s'il vous plaît.

– Vous, moi, s'il vous plaît, quittons navire... maintenant... père dit-il.

Et il me serre la main à me faire mal.

Je me sens serrer la sienne en retour. Mon engourdissement passe tout d'un coup. Yego m'attend, il compte sur moi. Quelque soixante hommes aussi. Où avais-je donc la tête ? *Ne plus être !*

Alors, comment saurais-je la suite ?

Accompagné de Yego, je m'avance jusqu'au bastingage et descends l'échelle qui nous mènera au canot de la *Niña.*

Les grelots de Yego, jusqu'à présent muets, tintent allégrement.

La longue plage de sable de la baie de l'Escargot – c'est le nom que je lui ai donné à cause de sa forme en spirale – n'est plus vide quarante-huit heures après que j'y ai marché avec le connétable Harana. La *Niña* est ancrée tout près. La pauvre *Santa María* est toujours empalée sur son récif ; de loin, elle a toujours l'air d'être entière. De plus près, il apparaît que la plus grande partie de son pont a été découpée ; c'est visiblement l'œuvre d'un charpentier habile, qui n'est autre que le vieux Serrin. Maintenant, c'est un jeu d'enfant que de récupérer les marchandises entreposées un peu partout à bord. Ce n'est d'ailleurs pas la seule raison pour laquelle nous avons soigneusement démonté le pont. Tout va servir.

On ne croirait jamais qu'une caraque, plutôt petite avec ça, puisse contenir autant de viandes et de poissons, fumés, séchés, salés, autant d'ignames et de citrouilles des îles, autant de bois, autant de tonnelets à clous, autant de voiles, de cordes, etc.

Et on s'y met à peine. Toute la journée, les canoës de Guacanagari font la navette rapportant caisses, barriques, ballots, cruches et sacs qui constituent une pyramide de plus en plus haute sous le regard du vétilleux Rodrigo de Ségovie.

D'autres canoës arrivent, chargés d'ignames, de citrouilles et de maïs, offrandes aux dieux naufragés. Ou aux hommes des cieux.

Ou aux hommes tout court. Car, quoique je n'y attache pas d'importance sur le moment, je sens une différence dans l'attitude des Arawaks à notre égard. Ça n'a rien d'étonnant. Notre grand canoë volant est cloué au récif, carcasse étripée. Nous sommes sur le sable, les uns ont ce regard hébété des jours de catastrophe, d'autres ont seulement peur, d'autres encore sont plongés dans un abattement sans fond – aucun d'entre nous n'arbore d'attributs typiquement divins.

Lorsque Guacanagari paraît sur la plage avec sa suite royale, il est encore plus clair que les rôles se sont renversés. Plus d'Espagnols dispensant, magnifiques, perles de verre, bonnets rouges ou grelots à des sauvages éperdus. Loin de là. C'est l'entourage de Guacanagari qui distribue... mais je laisse la parole à mon équipage.

– Des pépites d'or !

– Des bracelets dorés !

– Des petits animaux en or !

– Donne-moi ça. Il est à moi c't'iguane en or !

– Ote tes sales paluches de là !

– Une tortue tout en or !

– Bon Dieu, un couteau – un couteau en or !

– Il est à moi, j't'en réponds !

– Si t'enlèves pas tes sales pattes...

L'amiral est souvent pris pour arbitre ; il s'exécute avec impatience, car il est tout à l'admiration du grand masque d'or aux yeux terribles (dieu tribal ? croque-mitaine ?) que Guacanagari vient de lui offrir personnellement.

Le grand chef a de la peine pour nous, et, comme une divinité bienveillante, il nous donne précisément ce que nous cherchons depuis si longtemps.

Nous ne sommes pas dans une si mauvaise passe. Mais comment le saurait-il ? Il n'était pas sur la plage avant-hier quand je me suis arrêté subitement. Mon regard passait du village indien à l'épave sur son récif. Je réfléchissais. Soudain, j'ai souri.

– Connétable, ai-je dit à Harana, vous allez emmener Luís

Torres et quelques types capables et vous ramènerez Guacanagari avec tous les canoës qu'il pourra rassembler.

Harana est parti sans même une question. Il est comme ça parfois, il lui arrive d'oublier sa propre nature soupçonneuse. A moins que l'évidence ne se soit imposée dès les premières minutes : j'ai remonté la pente. Je déborde d'énergie et d'idées.

Mais regardez toutes ces provisions sur la plage ! La petite *Niña,* qui est déjà bien pourvue, n'en contiendrait pas le dixième.

Ce ne sera pas nécessaire.

Car comment pourrais-je abandonner mes visions vice-royales ? Une colonie outre-mer Océane ; je suis gouverneur des Indes ; nous recevons des hommes, nous renvoyons de l'or. Le précieux métal est accompagné d'une autre richesse, la rhubarbe médicinale, panacée chinoise, et de diverses épices de valeur (quant au tabac, j'avoue que je n'en ai pas encore pressenti l'avenir ; Luís de Santangel, fumeur invétéré de cigares invisibles, m'éclairera).

Dans mes projets originaux, la colonie vice-royale devait être établie lors de mon prochain voyage. On aurait plus de navires, plus d'hommes, plus de provisions. Et des chevaux. L'année prochaine ou la suivante.

Mais puisqu'il ne nous reste plus qu'une minuscule caravelle pour retraverser la mer Océane...

La solution est si évidente que je m'étonne de ne pas y avoir pensé plusieurs pages plus tôt. Le désespoir étouffe l'imagination ; il empêche la sève créative de couler.

Commencer la colonie *tout de suite.*

Oui, mais qui serait assez fou pour rester du mauvais côté de la mer Océane pendant que les autres rentrent chez eux à bord de la *Niña ?* Qu'est-ce qui garantirait notre retour ?

Ça tient en une syllabe : l'OR.

Rapporter les présents de Guacanagari pour convaincre les souverains des vastes richesses de ces Indes ; laisser le bruit se répandre. Chaque Espagnol à l'âme aventureuse (et/ou rongé par la fièvre de l'or) nous suppliera de l'emmener dans notre prochain voyage. Je vois déjà toute une flotte de navires, de grandes caraques, de vrais entrepôts flottants, qui transporteront sur la mer Océane les premiers pans d'une cité avec ses citoyens. Et même des femmes.

Quand j'en parle à mes hommes, inutile de forcer qui que ce soit à rester. Ils veulent presque tous détenir leurs concessions avant que toute l'Espagne ne prétende coloniser les Indes. Le problème, c'est de trouver assez d'hommes pour rentrer en Europe. Mais ce n'est pas non plus sans avantages, que je me mets en devoir de souligner. Rapporter au pays des nouvelles du voyage le plus important de l'Histoire peut rendre son homme célèbre du jour au lendemain.

Cela dit, il est clair que certains doivent rester, et tout aussi clair que d'autres doivent partir.

A mon bord je veux le robuste et loyal Peralonso Niño, et aussi, bien qu'il soit convalescent, Cristóbal Quintero, ce timonier hors pair. Et puis Pedro Terreros qui ne restera pas longtemps commis aux vivres. Et bien sûr Yego Clone et ses cinq volontaires.

Yego tient à aller en Espagne. Il ne parle plus que de ça, dans ses bribes de phrases enthousiastes. Et je sais que le fait d'assister au baptême d'une demi-douzaine de sauvages nus renforcera Leurs Majestés Très Catholiques dans l'idée qu'il est de leur devoir de coloniser les Indes et d'amener leurs païens à la Seule Vraie Foi. Pas de question, Yego m'accompagne.

L'or et le fanatisme, difficile de trouver meilleure association. Quant au grand masque d'or aux yeux terribles et mystérieux, j'ai l'intention d'en faire cadeau personnellement au roi Ferdinand.

Bon, mais qui va rester ?

Harana et moi sommes d'accord : mieux vaut séparer Juan Cosa de Chachu et de sa clique de nordistes. Puisque Cosa demande à rentrer à bord de la *Niña* – cet homme brisé se figure à tort que le temps de l'aventure est révolu –, j'insisterai s'il le faut pour que Chachu & Cie restent en Hispaniola. Mais bien sûr, cela n'est pas nécessaire. Dès que Chachu apprend qu'ils vont rester, je le vois manifester une émotion pour la première et la dernière fois. Il va jusqu'à me remercier.

– Faudra les avoir à l'œil ceux-là, dit Harana. Pas question de partir du mauvais pied avec les Indiens.

– Je peux laisser Cosa ici et les emmener, alors.

Le visage de Harana se durcit :

– Je ne veux pas de Cosa.

– Vous êtes volontaire pour rester ?

– En tant que connétable, je ne serai pas de trop ici, non ?

A ces mots, le docteur Sánchez branche son sourire chaleureux et rassurant :

– Et vous ne pensez pas qu'un groupe de colons inexpérimentés aura aussi besoin d'un conseiller médical ? Comptez-moi parmi ceux qui restent.

Luís Torres traîne ses pieds nus dans le sable.

– Je sais que je ne suis pas un interprète d'élite, mais je suis encore le meilleur du coin.

Il continue à traîner les pieds.

– Je peux vous dire un mot en particulier, amiral ?

Je m'éloigne de quelques pas avec lui.

– Mes parents, dit-il, pourriez-vous leur remettre un message ? Ils ne savent même pas que je suis vivant.

– Ils sont en Espagne ? J'aurais cru qu'ils étaient partis en exil avec tous les autres Juifs !

– Non. Ils sont convertis. Nouveaux Chrétiens. Pour eux, je suis parti de Huelva avec les derniers exilés. Ils n'ont pas la moindre idée de ce qui m'est arrivé. Pourriez-vous le leur raconter, et leur dire que je suis heureux ?

Il jette un coup d'œil au capharnaüm de la plage :

– Enfin, je crois.

Il me dit où les trouver dans la ville de Tarragone. Je suggère :

– Pourquoi ne pas leur écrire ?

Il me donnera la lettre à temps, écrite au dos d'une vieille carte des Canaries. L'aurais-je remise si j'avais su que ce simple service ferait de moi un homme déchiré pour le restant de ses jours entre Colomb, la figure légendaire, et Colón, l'homme trop humain ?

Grâce aux croquis du vieux Serrin, la colonie se construit sous nos yeux. Les membres et les planchers de la *Santa María* se transforment en enceinte et en tour de guet. Guacanagari s'en aperçoit et me jette un coup d'œil interrogateur. Nouveau coup d'œil, plus insistant, lorsque les lombardes et les fauconneaux du vaisseau amiral sont amenés à l'intérieur des murs. Et lorsqu'une douzaine d'arbalètes et autant de mousquets passent l'enceinte, il est vraiment inquiet. Je fais le signe « caraïbe », place une flèche invisible sur un arc invisible que je bande. Guacanagari hoche la tête, satisfait. Des armes contre les guerriers caraïbes, voilà une sage précaution.

Nous regardons ses hommes s'affairer sur le site de la colonie, tous le cœur à l'ouvrage. A l'intérieur de l'enceinte, au mépris des croquis de cabane du vieux Serrin, ils érigent promptement un quatuor de grandes cases de style indigène aux toits de palmes, ouvertes à la brise. Peu à peu, les caisses et les barils de la plage disparaissent dans l'entrepôt de planches, exécuté selon le dessin du vieux Serrin, cette fois. Le mât de misaine de la *Santa María* devient une hampe. Son drapeau est hissé au cours d'une brève cérémonie.

– Un nom. Il faut que cet endroit ait un nom, dit le docteur Sánchez.

On fait diverses suggestions, mais elles ne plaisent jamais qu'à leurs auteurs jusqu'à ce que Luís Torres dise :

– Appelons-le Nativité, puisque ce sont les événements de Noël qui en ont rendu la création possible.

– Vous voulez dire nécessaire, rectifie le sombre Juan Cosa.

Mais nous tombons tous d'accord pour adopter l'idée de Luís. Va pour La Nativité.

Le jour où la *Niña* doit appareiller, des centaines d'Indiens se rassemblent sur la plage avec les quarante colons pour nous regarder partir.

Les gens de Guacanagari ont fait des quantités de galettes de manioc qui se conservent mieux que les biscuits du bord et n'ont pas de succès auprès des vers. Guacanagari fait un discours en arawak, que personne n'essaie de traduire. J'en fais un en espagnol, les Indiens rivés à mes incompréhensibles paroles. C'est l'esprit qui compte, la bonne volonté si évidente qui règne entre nos peuples.

Lors de notre dernière entrevue, le connétable Harana me confie :

– La fraternisation m'inquiète. Vous avez remarqué combien de femmes indigènes se sont déjà installées dans la colonie ?

– Et alors ? C'est tout à fait normal.

– C'est les Basques qui m'inquiètent. Ils sont les seuls à faire bande à part, c'est malsain.

– Pourquoi font-ils bande à part ?

– Ils n'ont pas la cote. Les Indiennes les trouvent grossiers, antipathiques, déplaisants. Elles n'en veulent pas. Mais vous ne croyez pas que les Basques vont renoncer comme ça ?

Je prononce des paroles apaisantes. Dans ma tête, j'ai déjà traversé la mer Océane. J'entre dans le port de Palos, dressé sur le gaillard d'arrière, une main nonchalamment accrochée à un hauban, l'autre répondant aux ovations de la foule qui borde le fleuve. Yego Clone est à mes côtés. Il porte des hauts-de-chausses écarlates et une plume dans les cheveux ; il saute dans tous les sens, ses grelots tintinnabulent follement. Je serai comme ça toute ma vie. Aux Indes, j'ai la nostalgie de l'Espagne. En Espagne, je grille de retourner aux Indes. C'est en mer que je suis le plus heureux parce que j'*y* vais – où que soit *y*.

Ceci explique peut-être pourquoi je prends à la légère les pressentiments du connétable.

Nous réservons une dernière surprise à Guacanagari et à ses Indiens. Ils ont entendu le tonnerre de nos canons, mais n'ont pas vu leur éclair. A l'intérieur de l'enceinte, le canonnier Relampago, qui est un de nos colons, a déjà amorcé trois lombardes. A mon signal, un jet de flammes sort de la palissade ; il y a un rugissement, un roulement au-dessus de nos têtes. Guacanagari est nerveux, son peuple terrorisé. Puis l'épave de la *Santa María* frémit sur son récif. Relampago expédie deux autres boulets de canon qui la réduisent en bois flottant. Les Indiens courent en tous sens, hurlant et gesticulant. Notre démonstration d'artillerie nous vaut un regain de ferveur terrifiée.

Guacanagari m'accompagne jusqu'au canot de la *Niña* et il exprime :

– Reviens vite, mon frère.

C'est la première fois qu'il m'appelle ainsi.

Nous nous installons tous au bastingage de tribord. Bientôt, La Nativité n'est plus qu'une maquette, plus que l'aiguille minuscule de sa tour de guet contre le ciel. Enfin elle disparaît.

Nous voici seuls en mer.

Non, pas tout à fait. Car un canoë, ses vingt-deux rameurs courbés sous l'effort, Guacanagari debout à la proue avec un message urgent, fonce pour nous rattraper.

10

Comment je rentre en Espagne en triomphe et deviens l'hôte du Conseil suprême et général de l'Inquisition.

Tandis que la *Niña* remontait lentement le fleuve vers le port de Palos, ses longs avirons de hêtre nous donnant de l'erre, je me tenais sur le gaillard d'arrière, une main négligemment accrochée à un hauban, l'autre répondant aux ovations de la foule massée sur les rives. J'ébouriffai la chevelure de Yego Clone et manquai faire glisser sa plume de perroquet parce qu'il venait de choisir cet instant précis pour se mettre à sauter d'excitation en tous sens, grelots tintant follement.

– L'Espagne ! hurlait-il.

Il aurait, je crois, goûté un bonheur sans mélange si on ne l'avait forcé au nom de la pudeur à porter des hauts-de-chausses écarlates.

Mais, attendez. Et ce canoë qui fonçait avec Guacanagari et son message urgent pour rattraper la *Niña* ? Et notre traversée de retour ? Et la tempête qui sépara les caravelles près des Açores, manquant faire sombrer les deux et obligeant la *Pinta* à atterrir impromptu sur la côte nord de l'Espagne, près de Vigo, et la *Niña* à peine plus près de sa destination dans le port de Lisbonne ?

La *Pinta ?* J'ai bien écrit la *Pinta* ?

Il y a sûrement erreur.

Pas du tout.

Résumé des épisodes précédents.

Guacanagari nous apprend que des pêcheurs arawaks ont repéré la *Pinta* à deux jours de voile le long de la côte ; je retrouve Martín Alonzo Pinzón et lui pardonne ; nous parlons or, cartes sur table (« Vous en avez trouvé ? » – pause – « Oui, et vous ? » – pause – « Oui. Beaucoup ? » – pause – « Un peu. » – pause – « Moi aussi. ») ; nous carénons les caravelles sur une large plage pour les gratter et les calfater ; nous repartons vers le nord pour récupérer les vents d'ouest qui nous pousseront vers l'Espagne ; depuis le jour où cette tempête nous sépare, Vicente

Yañez fait tout ce qu'il peut pour réduire notre vitesse afin que son frère arrive au pays le premier avec la nouvelle ; l'orage nous conduit, voiles en lambeaux, dans le port de Lisbonne et encore bien contents ; Son Altesse Sérénissime Jean II apprenant que j'ai traversé la mer Océane sous la bannière des rois d'Espagne, ses rivaux jurés, me fait des avances pour que j'entre au service du Portugal ; le 13 mars 1493 avec des voiles neuves, la *Niña* quitte Lisbonne pour Palos par vent de nord/nord-ouest. Résumé, oui, car tous ces épisodes sont dans les quelques extraits exacts que Las Casas donne de mon journal, dans la biographie-panégyrique de mon fils Fernando et dans d'autres sources secondaires trop nombreuses pour les citer toutes. Mais moi, je ne peux pas m'empêcher de penser que mon Premier Voyage s'est terminé par la destruction de la *Santa María* et la fondation de La Nativité, première colonie du Nouveau Monde. Le reste à côté, c'est plat.

Je ne peux pas non plus m'empêcher de penser que la biographie est un genre imparfait pour restituer l'ivresse de ces jours où nous retournions en Espagne, preuves vivantes qu'on peut atteindre par l'ouest l'Orient fabuleux – ou du moins les Indes, ou ces îles que nous avions trouvées. Quelle occasion d'exercer leur verve notre retour en Espagne aurait donnée aux journalistes de la presse écrite ! Mais la presse écrite se développa lentement au cours des premières décennies qui suivirent l'invention de la machine de Gutenberg-Schöffer. Les éditeurs avaient beaucoup à rattraper du côté des classiques.

Non que je regrette l'absence de ces quotidiens aux colonnes bâclées dans une prose creuse et négligée. Mais un magazine d'actualités aurait été le bienvenu. En 1493, il existait bien une telle publication – pas vraiment hebdomadaire cependant. C'était la *Grande Chronique de Nuremberg.* Mais même son numéro du 12 juillet ne contenait aucun compte rendu de notre voyage. Pourquoi cette omission ? Je ne peux qu'émettre une hypothèse. Regiomontanus, tête pensante de la *Chronique* et autorité mondiale, n'était plus un jeune homme ; il devait de plus en plus laisser guider ses pas (et peut-être son esprit) chancelants par son disciple numéro un, j'ai nommé Martin Behaïm.

Peu après avoir touché terre, j'écrivis moi-même une longue lettre circonstanciée à Luís de Santangel. Un courrier royal l'achemina à la péripatétique cour qui se trouvait à Barcelone, et elle arriva fin mars, quatre semaines avant moi. Cette lettre, traduite en latin, imprimée à Rome un mois plus tard sous forme d'opuscule de huit pages signé Cristoferi Colomb *(sic),* devint un best-seller international. Elle connut trois réimpressions dans la Ville Éternelle et une demi-douzaine à Paris. Cette lettre prosaïque qui informait Santangel de notre succès fut même transposée en soixante-huit strophes de vers lyriques et quelque peu fantaisistes par un certain Giuliano Dati de Florence, ce qui fit peut-être connaître à ce vulgaire opportuniste éponyme d'Amerigo Vespucci, Florentin lui aussi, la moitié du monde qui porte son nom.

Mais, pendant des années, on dut se contenter de ces réimpressions de lettres, si bien que nous ne pouvons que conjecturer sur le sort que la presse écrite aurait pu faire à mon retour triomphal en Espagne.

A coup sûr, mon portrait aurait orné la couverture de notre hypothétique magazine. Qu'y aurait-on vu ? Un homme grand, aux larges épaules, sa barbe naguère à rayures devenue toute blanche et démentant la jeunesse de son long visage presque sans rides, rasé de frais et plein de taches de rousseur. Des yeux bleus qui ont vu les lointains ; un nez fier en figure de proue, une bouche sérieuse qui peut brusquement s'éclairer d'un sourire de joie presque enfantine.

Le reportage ne pourrait-il pas commencer ainsi ?

> Dans la torpeur du petit port méridional de Palos, un après-midi de la semaine dernière, la *Niña,* caravelle d'une cinquantaine de tonneaux, malmenée par les intempéries, a fait son entrée. Ainsi s'est achevé le plus grand voyage de l'histoire de l'Espagne, pour ne pas dire de l'Histoire tout court. Car les quelque vingt marins de la *Niña* rentrent d'un périple jusqu'aux confins de la terre sur les eaux vierges de la mer Océane (voir carte).
>
> A un premier niveau, ce voyage est l'aboutissement des travaux commencés au Portugal, il y a cinquante ans, par feu le prince Henri le Navigateur. Mais sur le fond, il correspondait en Espagne à une nostalgie de la fierté nationale, éteinte l'an dernier après la chute de Grenade et l'exil de vingt mille Juifs. On perçoit la profondeur de ce sentiment dans les démonstrations d'émotion qui ont accueilli nos intrépides voyageurs depuis la fin de la semaine, dans leur marche triomphale de Palos à la péripatétique cour, actuellement en visite à Barcelone.

En tête de ces intrépides, cheveux blancs, visage juvénile, l'amiral de la mer Océane et vice-roi des Indes, Cristóbal Colón, quarante-deux ans, peut-être un des plus grands marins que la mer ait porté. Bien entendu Colón, personnalité qui prête à controverses, a ses détracteurs. Selon Martín Alonzo Pinzón, capitaine prématurément vieilli et grabataire de la *Pinta,* caravelle sœur de la *Niña,* il est « un peu m'as-tu-vu ; une pointe d'humilité ne lui ferait pas de mal ». Mais Colón, conscient de son destin d'exception, s'en défend : « Il y a Colón le mythe vivant et Colón l'homme. Je n'y peux rien. Nous sommes deux individus distincts. »

« Les légendes vivantes », suggère frère Juan Pérez, prieur du monastère voisin de La Rábida et supporter de la première heure, « vivent dans un quartier moralement exorbitant, où il y a pénurie d'humilité. »

Mais le commis aux vivres de l'amiral, Pedro Terreros, plisse les yeux dans le soleil en regardant la caravelle ancrée au large ; il se souvient du début de l'aventure. « Il est venu à Palos en tendant la main. Il arrivait pas à trouver d'équipage. Il a pratiquement fallu qu'il nous supplie. C'est pas de l'humilité ça ? »

Ce qui a créé la surprise, au cours du premier cap de cette longue marche depuis Palos jusqu'à Barcelone, ce sont les larmes. Larmes qui ont empli les yeux d'une jeune fille des faubourgs de Séville lorsqu'on lui a défendu de toucher l'un des six sauvages à moitié nus ramenés des Indes par l'expédition. Larmes de Pablo Romero, apprenti toreador de quinze ans, *a priori* pas le genre qui s'attendrit facilement, et qui a reconnu que la vue de l'amiral avec son élégant uniforme, son équipage barbu et ses Indiens aux faciès peints, l'avait ému. « Ils m'ont fait pleurer pour l'Espagne », nous a-t-il confié.

Moins inattendue, l'effervescence : l'avant-garde ouvre la voie, les foules viennent d'on ne sait où pour applaudir et les Indiens improvisent spontanément un déluge de langage gestuel. A la porte de Fer, à Cordoue, la cohue a bloqué l'amiral contre un mur, différant ainsi de plusieurs heures ses retrouvailles avec sa famille.

Et quelle espèce d'homme est-il, cet amiral de la mer Océane, vice-roi des Indes ?

Avec l'énergie qui le caractérise, dans un même élan d'activité non-stop, l'explorateur a couvert un maximum de terrain : il a rendu visite au prieur de La Rábida, son vieil ami et supporter, dirigé un séminaire sur la découverte océanique pour la communauté navigante de Huelva, fait présent d'algues des Sargasses au vieux marin Vásquez de La Frontera ; relaté ses aventures dans un latin passable et un espagnol presque sans accent à un groupe d'ecclésiastiques et de géographes sceptiques de l'université de Cordoue, et au cours d'une réunion à huis clos, exhorté la maison Centurione, banquiers-marchands italiens, à investir avec la Couronne dans des voyages transocéaniques ultérieurs.

Le nouveau directeur de la banque Centurione à Séville, Prospero Porcini-Zampini, nous rappelle : « Je connais Cristoforo, je veux dire Cristóbal, depuis son adolescence ; il était alors au service d'un membre de la cour pontificale. J'ai toujours su qu'il irait loin. »

Cristóbal Colón est né en mer, voici quarante-deux ans, de parents espagnols – Nouveaux Chrétiens, d'après des sources généralement bien informées – émigrant à Gênes. Depuis, il ne s'est jamais senti vraiment chez lui sur la terre ferme.

La prose palpitante et bien tournée continue sur trois autres pages auxquelles nous nous réservons de revenir. Mais il est temps que j'échappe à la foule de mes admirateurs de la porte de Fer pour retrouver enfin ma famille.

La nuit tombait lorsque je parvins à me dégager. Je courus tout le chemin jusqu'au patio caché entre l'ancienne juderia et la place qui porterait un jour mon nom. Dans la lumière déclinante, je distinguais à peine les géraniums contre les murs blanchis à la chaux. Des lampes luisaient, des chandelles vacillaient, accueillantes, derrière le fer forgé des fenêtres.

– Le voilà ! cria une voix.

Un grand gamin monté en graine traversa d'un bond la cour pavée pour se jeter dans mes bras, non sans faire dégringoler mon sac de matelot.

– Papa ! Papa ! c'est bien toi ! s'écria-t-il en ramassant mon sac avec une force presque adulte.

– C'est bien toi... c'est bien toi ! criailla le perroquet-cadeau pour mes deux fils – dans sa cage sur mon autre épaule.

Diego eut un mouvement de recul, le sac retomba.

– C'est qui – euh... c'est quoi... *ça ?*

– Un perroquet, mon fils, dis-je. Un authentique perroquet de Cuba, à moins que ça soit d'Hispaniola.

Mon premier embarras à assumer de nouveau un rôle de père ne dura guère. Je me baissai pour ramasser le sac. Diego se baissa en même temps : un gnon partout. Puis, l'un de nous deux se mit à rire et, très vite, dans les bras l'un de l'autre, nous riions si fort que les larmes coulaient.

Peut-être cela explique-t-il qu'il ait fallu trois toussotements féminins pour que je m'avise de la présence de Beatriz et de son petit potelé.

– Et moi, on ne m'embrasse pas ?

– Embrasse les deux, embrasse les deux ! criailla le perroquet qui avait appartenu à Cristóbal Quintero.

Vingt minutes plus tard, nous étions tous réunis autour de la table, la porte bien close sur le monde extérieur (et sur mon statut de légende vivante).

Tout le monde était un peu emprunté.

– Tu as drôlement profité ! dis-je à Diego.

Beatriz aussi. Sa silhouette de sablier avait bien pris quinze ou vingt minutes d'ampleur. Elle dit :

– Nous t'attendions plus tôt, mon cœur. Le rôti va être dur comme de la semelle.

J'eus pour la première fois un sentiment de *déjà vu* assez fort, mais relativement anodin.

Comme promis, le rôti était de la semelle.

– C'est pas grave, dit gaiement Beatriz, une lueur de mystère que je n'avais pas oubliée dans ses yeux sombres, incontestablement ibériques. Parce que, le dessert, c'est la surprise du chef ! Ça fait fureur ces temps-ci, une vieille recette romaine.

Elle se leva ; elle revint ; elle fit passer un plateau. Je considérai avec une horreur croissante la pyramide de petites choses ambrées et poisseuses. Bientôt, tout le monde se mit à manger sauf moi. Des doigts étaient léchés, des doigts en reprenaient et moi je fixais l'unique petite chose ambrée et luisante, là, sur mon assiette. Beatriz consomma sa quatrième – ou sa cinquième ? – avec délices.

– On s'en ferait mourir, non ? On fourre des dattes d'amandes pilées, on les roule dans le sel et on les met à mijoter dans le miel. Moi, les sucreries et les desserts, c'est vraiment ma folie et... mais, tu manges pas ?

– Je suis allergique au poison – euh, je veux dire au miel,

dis-je en détournant les yeux de l'unique *dulcia romana* posée, maléfique, au milieu de mon assiette.

– Personne n'est allergique au miel. Goûte, tu vas en raffoler.

– Enfin, à la nourriture riche, je veux dire. Je... j'ai plus l'habitude de la nourriture riche – de la vraie cuisine.

Le nez de Beatriz – altier, vraisemblablement sémite – palpita légèrement, pour me montrer qu'elle était vexée. Elle lécha du bout de la langue le miel resté sur ses lèvres vermeilles, peut-être berbères.

– Ça va pas ? Qu'est-ce qui va pas ? Pourquoi ça va pas ? demanda Diego.

Pour un enfant de douze ans, la question était assez complexe, fine et même rhétorique, mais Beatriz choisit d'y répondre simplement :

– Il aime pas mes *dulcia romana.* C'est pas grave. Après un pareil voyage, il doit être fatigué, ton père.

Il y eut un long silence.

– Eh bien, nous voilà enfin réunis à la maison, dit Beatriz, avec une gaieté un peu forcée.

Elle mangea une autre *dulcia romana.* Incapable d'oublier cette soirée au palais Borgia, j'eus toutes les peines du monde à ne pas la lui arracher des mains.

C'est alors qu'il y eut un coup de tonnerre et une copieuse giboulée printanière se mit à dégringoler.

– Mon sac ! m'écriai-je en me précipitant dans la cour.

Ainsi commença le repos du matelot.

Tout alla de mal en pis.

Il y a un proverbe espagnol moderne qui dit : « Tous les hommes aiment en secret les grosses, le vin doux et la musique de Tchaïkovski. » Ce Tchaïkovski-là, je ne peux pas dire, mais le vin doux, ça n'a jamais été mon fort. Quant aux grosses... Oh, Beatriz n'était pas vraiment grosse. Mais sa nouvelle ampleur contrastait si fort avec les Indiennes déliées aux seins haut placés qui avaient évolué avec tant d'insouciante audace parmi nous, que lorsqu'on abandonna enfin les *dulcia romana* pour les plaisirs du lit conjugal, je fantasmai un défilé de petites Arawaks cuivrées, sobrement vêtues d'une plume dans les cheveux, tout en faisant l'amour à ma beauté rebondie.

Le lendemain matin, elle me dit :

– J'ai vraiment hâte de voir mon cousin Enríquez de Harana et le brave docteur Sánchez. Si on les invitait à déjeuner ?

– Ils sont pas là.

– Ah bon ? Ils sont pas encore arrivés à Cordoue ? Ils t'ont pas accompagné depuis Palos ?... S'ils sont pas là, ils sont où ? demanda Beatriz d'un ton décidément soupçonneux qui me rappelait celui de son cousin.

Cela me mit sur la défensive :

– J'ai été forcé de les laisser aux Indes, dis-je.

Bien sûr, c'était un mot... malheureux. J'aurais dû dire : « Ils ont choisi de rester aux Indes », ce qui d'ailleurs était plus près de la vérité. Mais, malheureusement, « J'ai été forcé, etc. » est bien la version originale.

Les joues rosées, peut-être wisigothes, pâlirent.

– Ils sont morts.

– Non, non ; ils vont très bien tous deux. C'est seulement qu'il fallait que je laisse la moitié de l'expédition là-bas.

– Il fallait que tu les laisses de l'autre côté de la mer Océane, à je ne sais combien de milliers de kilomètres de tout ?

Je tentai de lui expliquer.

– Au milieu de ces païens sauvages ?

– Le roi de ces païens sauvages est un être humain d'une aussi grande valeur que n'importe quel Chrétien.

– Ah oui ? Tu répéterais ça à l'Inquisition ?

Nous nous regardions à présent dans les yeux. Pas question d'oublier que le cousin de Beatriz était Tomás de Torquemada, grand inquisiteur. Je sentis le sang se retirer de mon visage.

– Je suis désolée, dit-elle. Je voulais pas dire ça comme ça. C'était pas une menace ni rien, je le connais à peine. Est-ce qu'ils reviendront par un autre bateau ?

– Il n'y a pas d'autre bateau. Ils sont bloqués là-bas jusqu'à notre prochain voyage.

– Mais alors, tu les as vraiment abandonnés ! Comment t'as pu faire ça, Cristóbal ? Qu'est-ce que je vais raconter à mon oncle ?

Elle parlait du père du connétable Harana qui l'avait élevée comme sa propre fille.

– Il t'est jamais venu à l'idée qu'ils auraient pu vouloir rester ? Qu'ils étaient volontaires ?

– Quoi, rester ? Au milieu de ces sauvages nus ? Mon pauvre cousin Enríquez de Harana, un homme dans la force de l'âge, sans une Chrétienne décente à des milliers de kilomètres avec qui avoir un rapport social normal, au lieu de rentrer au pays ?

La syntaxe catastrophique de cette phrase me donna la nostalgie de La Nativité ; elle fut suivie d'un *non sequitur.*

– J'ai été sotte, soupira Beatriz, d'espérer que je ne te perdrais pas avec... tout ça.

Tout ça – deux petits mots lourds de signification. Ils résumaient sa douloureuse prise de conscience ; nous avions perdu notre terrain d'entente ; elle ne comprendrait plus jamais la figure désormais légendaire du père de son fils. Ces mots évoquaient, inconsciemment peut-être, un avenir dans lequel je la verrais peu ; ils exprimaient même sa certitude viscérale qu'un jour proche je la trouverais trop paysanne et Cordoue trop provinciale pour mes fils, qui pourraient tirer bien meilleur parti d'une éducation de cour.

– Leur devoir était de rester, insistai-je.

Comme elle ne savait que dire pour marquer un point ou clore notre querelle, elle se réfugia à un niveau de réalité où elle était dans son élément.

– Qu'est-ce que tu veux pour ton petit déjeuner ? demanda-t-elle.

Le petit déjeuner fut copieux.

Je restai deux jours dans l'appartement du patio caché. Il plut sans désemparer.

Claustré par les averses, j'écrivis à mon frère Barto, alors à Fontainebleau, et le pressai de revenir en Espagne à temps pour se joindre à ma seconde expédition et entrer parmi les premiers dans l'administration coloniale. J'écrivis plus ou moins la même lettre à mon frère Giacomo, que je n'avais pas revu depuis qu'il était tout enfant, et ajoutai en post-scriptum que s'il était entré dans les ordres c'était tant mieux car les ecclésiastiques seraient très demandés aux Indes pour convertir les païens indigènes.

Fernando, qui n'avait que quatre ans, en avait assez de cette pluie, assez de ses jouets, assez de ce perroquet maussade et taciturne.

– Qu'est-ce que tu fais, papa ? demanda-t-il.

– J'écris.

Je venais de trouver une phrase bien tournée pour persuader Giacomo, j'en souriais de satisfaction.

– C'est marrant d'écrire ?

– Des fois.

– Quand je serai grand, je crois que je serai écrivain.

Le matin du troisième jour, Peralonso Niño réussit à trouver le patio caché. Un rictus fendait son faciès de desperado.

– Une lettre pour vous, amiral.

Le château et le lion du sceau en disaient la provenance. Je brisai promptement la cire. Mes yeux parcoururent la somptueuse écriture et la salutation fleurie du scribe royal avant de se poser avec joie sur ces mots :

> « Nous apprenons avec un vif plaisir que Dieu vous a guidé dans votre Grande Aventure et lui a permis cet heureux dénouement qui Le servira ainsi que nous-mêmes, et apportera tant d'avantages à nos royaumes. Il plaira à Dieu que vous qui L'avez servi, vous receviez de nous en récompense terrestre tout ce qu'il est en notre pouvoir de vous accorder.
>
> En conséquence, mettez la plus grande hâte à venir car nous souhaitons que ce que vous avez commencé avec l'aide de Dieu soit continué et poursuivi, et nous voulons vous fournir tout ce dont vous aurez besoin pour retourner avec Son aide dans les terres que vous avez découvertes.
>
> De Barcelone, le 30 mars 1943
>
> Nous le Roi   Nous la Reine
>
> Sur ordre du roi et de la reine (F. Alvarez, scribe). »

J'étais comme un fou. J'embrassai Beatriz, j'embrassai Diego. Je soulevai le petit Fernando et l'embrassai ; j'étreignis Peralonso Niño.

Dans mon excitation, le ton inquiétant de la lettre m'échappa totalement. A la seconde lecture, son zèle religieux excessif et de mauvais augure m'apparut : des « Dieu » et des « Le » comme s'il en pleuvait, comme s'Il avait monté et sponsorisé la Grande Aventure. Mais la piété de la reine était bien connue, me dis-je, et, dans mon optimisme, j'attribuai le style à F. Alvarez, scribe.

– Bonnes nouvelles ? s'enquit Peralonso.

– On part pour Barcelone immédiatement.

Je tendis la lettre à Beatriz. Elle se mit à pleurer.

Ce fut avec soulagement que je refis mon sac de matelot encore humide et qu'après m'être soumis à des adieux mouillés, je sortis sous la pluie avec Peralonso.

Qui n'aime pas les parades, surtout lorsqu'il en est la vedette ?

Venaient d'abord les miliciens de la Sainte Confrérie. C'était frère Juan Pérez qui en avait eu la bonne idée, car les foules qui nous suivaient de ville en ville grossissaient les rangs de notre petit cortège, à telle enseigne qu'on aurait pu le prendre pour un pèlerinage d'année sainte à Saint-Jacques-de-Compostelle ou pour une croisade attardée. Ces mêmes foules qui nous suivaient créaient des foires-camps volants avec jeux de hasard, diseurs de bonne aventure, magiciens, jongleurs, interprètes bohémiens du « chant profond », acrobates, mimes, vendeurs de chevaux, stands de fast food, groupies et pickpockets.

Derrière les miliciens, si on pouvait les trouver dans la foule souvent indisciplinée, venaient deux trompettes et le crieur public de Palos, puis trois ou quatre charretées de produits exotiques divers, pépites d'or grosses comme des œufs de pigeon, masques d'or et bijoux, tentures brodées avec des arêtes de poisson, sagaies apparemment inoffensives à dents de poissons, arcs et carquois caraïbes plus menaçants (volés par un audacieux guerrier de Guacanagari), petit canoë, plusieurs hamacs, cages de perroquets et quelques animaux tenant à la fois du singe et du rat, échantillons de bois insulindiens, vitrine de papillons insulindiens, d'envergure inférieure à ce qu'on a raconté par la suite, nombreux poissons insulindiens salés (et malheureusement assez avancés), un bon stock de feuilles de tabac dont Yego m'assurait qu'elles vieillissaient bien, etc.

Parés de colliers d'or, d'anneaux d'oreilles et parfois de boucles de nez, leurs visages peinturlurés d'ocre rouge, leurs jambes et leur intimité irritées par les hauts-de-chausses et les brayes dont ils n'avaient pas l'habitude, Yego Clone et ses cinq volontaires suivaient ; on les encourageait à utiliser un langage des signes aussi ésotérique que possible.

Enfin, sur des chevaux magnifiques, à la place d'honneur devant l'arrière-garde de la milice, venaient les trois frères Niño de Moguer et moi-même.

Pendant les deux jours que j'avais passés auprès de Beatriz et des enfants, les Niño m'avaient fait faire une sorte d'uniforme d'amiral par un tailleur de Cordoue. Imaginez-le donc, sur son blanc coursier arabe, l'amiral de la mer Océane : béret de velours noir à bord étroit crânement relevé, des plumes de perroquet remplaçant le panache d'autruche ; cape de voyage noire à brocart d'or ; gants de cuir fin, ivoire, changés deux fois par jour ; pourpoint d'étoffe dorée ; bottines de cuir noir souples, dague à la garde sertie de joyaux au côté (quoique je n'aie plus grand peur de la Confrérie du Cerf, ou de la Biche d'or).

Il nous fallut trois semaines pour aller de Cordoue à Barcelone par des cols et des campagnes où le vert neuf des blés d'été et le reflet vert argent des oliviers ressortaient vivement contre la terre rousse d'Espagne. Villes et villages se suivaient à les confondre : Montoro, Andujar, Linares, Ubeda, Alcaraz, Ballestero le Jardin, Sept-Eaux.

Il n'y avait pas que le nom des villes qu'on confondait...

A Montoro, je fus Colomba.

A Andujar, les gens me fêtaient bravement d'un : « Hola Collumba », prononçant les deux l plus comme un zh.

A Linares, on revint à Colomb, variation classique.

A Ballestero le Jardin, on m'appela Colonus.

Personne ne disait comme il faut nulle part.

Et si ça n'avait été que mon nom... !

– C'capitaine Collumba *(sic)* que vous voyez là sur le cheval blanc, l'a fait l'aller-retour jusqu'à la côte de l'Inde, disait-on à Audujar.

A Ballestero le Jardin, j'entendis le crieur proclamer :

– Le vice-amiral *(sic)* Colonus et son équipage ! Six indigènes, fils de la Chersonèse d'or ou péninsule malaise, juste au nord du Cathay !

A Sept-Eaux, les gens assuraient que l'amiral Colonna avait traversé l'océan Indien pour découvrir un groupe d'îles dont toutes les rivières et les fleuves roulaient de l'or.

Sur la route, comme nous approchions de Valence, j'entendis :

– Z'ont fondé une cité qui s'appelle Corpus Christi, comme je vous le dis. Y ont laissé une garnison de huit cents hommes pour repousser les attaques de guerrières amazones qui ont leur fameuse île à côté.

On entendait régulièrement, avec des variantes régionales, ce dialogue tristement perestrellien.

QUI DÉBARQUE : Mais qu'est-ce que c'est, tout ce foin ?

SUPER BRANCHÉ : Le type sur le cheval pie, à côté de celui en livrée de valet de pied ? (Peralonso Niño, à ma droite, chevauchait une jument pie.)

QUI DÉBARQUE : Eh bien ?
SUPER BRANCHÉ : C'est le capitaine-général Reggio Calambia, le célèbre Napolitain.
QUI DÉBARQUE : Qu'est-ce qu'il a de si célèbre ?
SUPER BRANCHÉ : L'a prouvé que la terre est plate en naviguant par l'ouest pour atteindre l'Orient fabuleux, même qu'il a dû rentrer en Europe par où il était parti.

Pour animer les nuits où nous nous trouvions bivouaquer en rase campagne, il y avait toujours des groupies, vigoureuses gamines de ferme pour la plupart. Moi, l'amiral, je leur inspirais une terreur sacrée ; me toucher de la main, m'arracher prestement un bout de vêtement, elles n'en voulaient pas plus (les autographes n'auraient pas fait recette : aucune ne savait lire). Les Indiens, malgré leurs récriminations, étaient tabous. Francisco Niño était la coqueluche de ces demoiselles. Mais depuis sa mésaventure avec la belle-sœur de Guacanagari, notre innocent avait peur des filles et se cachait de son mieux dans les coins sombres du camp. Pas comme Cristóbal Quintero, le conteur contaminé. Lui, il ne se passait pas une nuit sans qu'il fasse le bonheur d'une groupie ou deux. Voire trois.

Une nuit que nous campions non loin de Ballestero le Jardin, j'entendis pour la première fois un vieux Bohémien chanter l'authentique « chant profond » qui commençait à captiver le cœur de l'Espagne. Jusqu'à l'aube, tandis que nous tenions son verre plein de bon valdepenas, il poussa pour notre plaisir complaintes et lamentes d'une tristesse et d'une beauté ineffables, tandis que deux de ses compères nous faisaient les poches avec dextérité.

La chanson la plus obsédante parlait de Petenera, une adorable Juive qui a renié son baptême de Nouvelle Chrétienne, et de l'Ancien Chrétien qui a payé de sa vie son amour pour elle.

Le Bohémien soutenait que la chanson était fondée sur des événements qui avaient eu lieu cinquante ans auparavant, quelque part dans le nord. J'avais beau savoir que ce n'était qu'une bonne fable, la musique me la rendait réelle.

Figurez-vous les braises du feu, les premières lueurs de l'aube, l'accord unique et lugubre de la guitare, la plainte abrupte et prolongée, expression du plus profond désespoir, qui semblait s'élever et retomber avec le vent froid de la nuit, et puis les paroles si romantiques sur le fond, si simples et classiques dans leur forme :

Qui t'a nommée Petenera ?
Tu mens comme ton joli nom.
Tu devrais t'appeler Perdition
Tout amoureux mourra pour toi.

Et lorsque sonne le glas
Ne demande jamais pour qui :
Ton remords te l'aura déjà dit,
Tu as sa mort sur la conscience.

Petenera ! Pourquoi la mélodie m'obsédait-elle ainsi, comme le souvenir d'événements encore à vivre ? Souvent en chemin, je me surprenais à chanter le refrain :

Où t'en vas-tu si tard, Juive adorable,
Fatale en tes plus beaux atours ?

et à m'imaginer à quoi elle pouvait ressembler, cette séductrice belle entre toutes. Puis je me disais que ce n'était qu'une chanson, et que pour chaque homme Petenera prendrait les traits de son désir profond et de son enfer secret.

Nous approchions de la côte méditerranéenne et de la grande cité de Valence ; c'était un matin de bonne heure ; nous nous attendions à trouver des foules plus nombreuses que jamais.

Elles l'étaient, mais elles nous ignorèrent. J'en fus plus qu'intrigué.

Toutes les cloches de la cité carillonnaient dans cette cacophonie si insupportable à toute oreille qui n'est pas espagnole (les cloches espagnoles ne font pas ding dong, elles font bing bang).

– C'est la fête locale, conjectura Peralonso.

Sur les plus petites plazas, des échoppes dispensaient orgeat glacé et saucisses à l'ail sous des auvents gaiement rayés.

– Grillées au feu de bois, disait un vendeur suant devant son petit feu. C'est de circonstance, non ? Ça vous fera trois maravédis, service et taxe-spectacle compris.

Il brandissait vers moi une saucisse sur une brochette de bois.

– C'est jour de fête aujourd'hui ? demandai-je.

La saucisse était délicieuse.

Le vendeur me lança un regard de pitié et se tourna vers le client suivant.

La populace nous poussa bientôt sur une immense plaza. Tout au bout se dressait ce qui semblait être deux plates-formes de bois, l'une chargée de bûches et de fagots, l'autre tendue d'un dais jaune. Avant que nous ayons pu nous repérer, un dominicain corpulent vêtu d'une aube se mit à pousser son ventre dans notre direction avec force appels et signes de la main.

– Amiral ! Ravi qu'on vous ait trouvé à temps ! On savait que vous alliez passer par Valence incessamment, mais on désespérait de vous avoir. On croyait qu'il faudrait commencer sans vous !

A ce moment-là, un gueux se fraya un chemin dans la foule, colportant des brochures imprimées sur ce que je reconnus – en tant qu'ex-employé de Waldseemüller – être un papier de belle qualité.

– Programme ! Un demi-sueldo seulement, y'en aura pas pour tout le monde.

– On paie pas, nous, paysan, dit le dominicain, sans payer en effet.

Je reçus également un programme, et le gueux disparut rapidement dans la foule.

– Considérez-vous ainsi que votre escorte comme nos hôtes, dit le gros dominicain. Je regrette seulement que vous ne puissiez pas être notre invité d'honneur, mais le duc de Chispa de Cien Maricones est de passage.

– Chispa de Cien Maricones ? répéta Juan Niño, sceptique.

– Une grande vieille famille de la vallée de la Turia, malgré ou peut-être à cause de son nom bizarre.

Ce fut la seule explication que donna le dominicain (et la seule chose que j'appris jamais sur le duc). Il s'excusa :

– Vous comprenez, il fallait bien laisser au duc l'honneur d'allumer la première torche, mais – là son visage s'éclaira – on vous a réservé la meilleure place au premier rang.

Nous avions laissé chevaux, charrettes et Indiens à la garde de la milice, et nous approchions des plates-formes en vis-à-vis. Sous le dais jaune de la plus petite, une structure précaire maintenait des rangées de bancs presque combles. La plus grande, je le voyais à présent, n'était nullement une plate-forme. Ce n'était qu'une pyramide de bûches et de fagots.

Ce qui va suivre n'est pas joli, mais je ne mâcherai pas mes mots.

Lorsqu'on nous conduisit à la tribune d'honneur, je me retrouvai coincé au premier rang entre un jeune bénédictin dodu au sourire séraphique et un vieux dominicain rabougri au regard hanté d'ascète – ou de fou.

Tous deux avaient retenu mon nom correctement, ce qui me parut un bon début.

– Vous avez raté la grande parade, amiral Colón, siffla le vieux dominicain rabougri d'une voix étouffée.

– Mais vous arrivez à temps pour l'acte de Foi lui-même, dit le bénédictin séraphique avec emphase. Mon nom est Buil et le bon dominicain à votre droite – on ne le présente plus – c'est Tomás de Torquemada, le grand inquisiteur.

Je me tournai avec intérêt vers ma droite. Ainsi, c'était là le fameux cousin de Beatriz.

– Je suis un bon ami de Beatriz Enríquez de Harana, dis-je sur le ton de la conversation.

– Jamais entendu parler, siffla-t-il.

– Vous êtes cousins.

– Ah bon ?

Il n'eut aucune réaction et se tourna vers son autre voisin que je supposai être le duc de Chispa de Cien Maricones.

Frère Buil m'expliqua le programme ; enfin, il essaya.

– Mais voyez-vous, en fait, il n'est pas possible de prévoir le cours des événements avec précision parce que tous les condamnés qui protestent de leur repentir sur le chemin du bûcher que vous voyez là verront leur sentence commuée à la dernière minute. J'ai le plaisir de vous annoncer que le taux moyen de commutation est supérieur à quatre-vingt-dix pour cent.

– Qu'est ce qui se passe quand leur sentence est commuée ?

– Ils ne sont pas brûlés vifs.

Onze femmes et quinze hommes vivants étaient prévus au programme ; ils seraient brûlés pour hérésies diverses, dont la plus commune était d'avoir judaïsé.

– La liste en comporte vingt autres « en effigie », dis-je.

– Ce sont des hérétiques en fuite. On doit donc brûler des mannequins à leur place. On n'a pas le choix, expliqua frère Buil avec un sourire raisonnable, autrement on ne pourrait pas confisquer leurs biens légalement.

– Et là, dis-je après un autre coup d'œil sur le programme, il doit y avoir une faute d'impression. Ça dit qu'en plus des vingt-cinq vifs, on doit en brûler vingt-cinq morts.

– Ça, nos hôtes étrangers ont toujours du mal à le comprendre, dit frère Buil sans se départir de sa bonne humeur, mais il faut bien brûler les hérétiques morts, n'est-ce pas ? Autrement, on ne pourrait pas confisquer leurs biens légalement.

– Et comment brûle-t-on un hérétique mort ?

– Exactement comme un vivant.

– Mais, s'ils sont morts depuis... euh, un certain temps ?

– C'est souvent le cas. Ça ne change rien. Vous verrez.

Je vis.

Mais vint d'abord la procession somptueuse des membres du tribunal local du Conseil suprême et général de l'Inquisition, en abrégé le Suprême, suivi des dignitaires de la ville.

– Ah oui, cette Beatriz Enríquez de Harana ! dit soudain Tomás de Torquemada en se levant pour recevoir le salut de la procession.

Je souris, plein d'espoir.

– Une fornicatrice, hein ?

Puis, sans attendre de réponse, il tourna ses yeux d'ascète ou de fou vers la suite du cortège.

Sous nos yeux s'avançaient maintenant plusieurs vingtaines de pénitents, hommes et femmes torse nu, à l'exception de pancartes qui récapitulaient leurs hérésies mineures.

– La honte leur fait le plus grand bien spirituel, dit frère Buil. En outre, j'ai entendu dire que ça engourdit les centres de la douleur, si bien que, quand on les fouette, ils le sentent à peine.

Il n'y avait qu'un seul emplacement où l'on donnait le fouet, entre notre estrade et le bûcher, et comme les pénitents étaient très nombreux, on mettait un temps considérable. Les suppliciés saignaient beaucoup. On entendait bien des hurlements, surtout dans les rangs de ceux qui attendaient leur tour. Deux tiers de femmes et peut-être la moitié des hommes s'évanouissaient avant le nombre de coups prescrit. On n'en continuait pas moins.

– Ils ne sentent plus rien, maintenant, vous voyez, dit frère Buil avec un sourire séraphique.

On n'en était qu'au tiers des condamnés que je me tortillais déjà, mal à l'aise sur mon banc. Frère Buil prit cela pour un signe d'inconfort purement physique. Il se mit à rire :

– On va passer presque toute la journée ici. Il y a des fois où un postérieur rembourré comme le mien est bien utile.

Au bout de plusieurs heures, les suppliciés furent emmenés, laissant derrière eux une traînée de sang. Un dais remplaça l'estrade où on leur avait donné le fouet. Un prêtre entama un sermon qui fut presque aussitôt noyé sous les rugissements de la foule : les premiers condamnés aux flammes étaient acheminés sur la plaza. C'étaient des mannequins grandeur nature en carton-pâte, à l'effigie des hérétiques qui avaient fui le pays. Je ne saurais juger de leur ressemblance, mais chaque fois qu'on en faisait défiler un, la foule de la ville scandait un nom. Les effigies portaient la tenue des condamnés, haute mitre jaune décorée d'un éclair rouge et d'un diable stylisé avec sa fourche.

– On a eu un peu de mal à se décider pour ce dessin, dit frère Buil. Pour être tout à fait franc, je trouve le diable un peu vulgaire, mais enfin ça plaît aux masses.

Il dut me hurler ces mots à l'oreille, parce que la foule s'était remise à rugir.

Le second groupe de condamnés entrait maintenant sur la place. Ils arrivaient sur des charrettes tirées par des mules, dans des caisses qui ressemblaient à des cercueils dressés, et ils puaient, un essaim de mouches autour d'eux. Eux aussi portaient la mitre jaune sur leur tête pourrie, et des robes jaunes sur leur corps à demi rongé par les vers. Leurs orbites nous fixaient et leurs rictus figés étaient de temps en temps salués par des éclats de rire obscènes. Mais lorsqu'ils approchaient, la foule se calmait en général et on pouvait entendre quelques mots du sermon.

– ... Éternellement damnés pour leur profanation. Pour avoir embrassé publiquement la Sainte Foi tout en en pratiquant une autre en secret...

On retira les morts de leurs cercueils dressés et, comme les mannequins qui les précédaient, on les attacha à des pieux parmi les fagots et les bûches, en face de notre estrade.

– La plupart sont des Nouveaux Chrétiens judaïsants, expliqua frère Buil.

– C'est une hérésie fréquente chez les morts ?

– En tête de liste à tous les coups. Certains d'entre nous considèrent que notre véritable erreur a été d'autoriser leurs pères, grands-pères ou autres à se convertir. Vous avez bien dit « chez les morts » ?

– Il me semble en effet l'avoir dit.

– Il est des formes d'humour que nous n'encourageons pas, dit frère Buil avec son sourire séraphique.

A cet instant précis, une brise légère nous parvint du bûcher, nous rabattant la puanteur des hérétiques.

Tomás de Torquemada ouvrit ses épaules grêles et gonfla sa

poitrine de pigeon pour s'emplir les poumons de l'odeur. Il ferma les yeux et soupira.

Frère Buil se tamponna les narines avec un mouchoir parfumé.

– Bois de santal, me dit-il, c'est le plus efficace.

– Car si l'un d'entre vous connaît des personnes qui se lavent les mains avant de prier, prennent un bain le vendredi soir ou trop souvent, bénissent leurs enfants sans faire le signe de croix..., continuait le sermon.

Les condamnés vivants entraient à présent sur la place.

– ... ont dit ou fait quoi que ce soit contre la Sainte Église Catholique, ou cuisiné le vendredi dans des pots qui mijotent à petit feu la nourriture du samedi, ou qui mettent des nappes propres sur la table le vendredi soir, ou du linge propre sur les lits, ou qui nient la divinité de Notre Seigneur Jésus-Christ en l'appelant faux Messie, ou qui ne mangent ni porc, ni escargots, ni lapin, ni poisson sans écailles, ou dont les morts meurent face au mur et sont lavés avant l'enterrement...

Les condamnés étaient à mi-distance du bûcher, chacun accompagné de deux confesseurs pour encourager les abjurations *in extremis* qui, m'expliqua frère Buil, leur permettraient de ne pas être brûlés vifs.

– ... qui lorsque leur maison est en deuil ne mangent que du poisson et des œufs durs sur des tables basses, qui nient la résurrection et l'ascension du Fils de Dieu, ou professent que la vie n'est qu'un bref passage entre la naissance et la mort, qui nient l'espoir du paradis et l'horreur de l'enfer, qui donnent un nom à leurs enfants le septième jour après leur naissance, que ce nom soit tiré de l'Ancien ou du Nouveau Testament, et circoncisent leurs fils, ou qui ont pris possession d'espèces, de meubles, d'or, d'argent, de perles et de pierres précieuses confisqués ou qui pendant la profanation de la Passion de Notre Seigneur, appelée Pessah, mangent du pain azyme, du céleri et des herbes amères. Je dis que s'il y en a parmi vous qui connaissent des personnes coupables de ces hérésies ou d'innombrables autres, y compris la fornication, la sorcellerie, la bigamie, le fait de dire la messe ou d'écouter la confession sans être prêtre, de ralentir ou d'entraver le fonctionnement libre et légitime du Conseil suprême et général de l'Inquisition, etc. S'il y en a parmi vous qui connaissent de tels hérétiques et qui ne se manifestent pas, ils seront excommuniés, frappés d'anathème, isolés et après les délais adéquats pour recueillir les témoignages et administrer la torture, ils seront conduits au bûcher...

– Oh ! Regardez, Dieu du Ciel, oui... ça va être une de nos meilleures séances, exulta frère Buil. Observez bien qu'on les sépare maintenant en deux groupes.

« Les », c'étaient les vingt-cinq condamnés. « Deux groupes » était cependant inexact. Il y avait à présent un groupe de vingt-trois personnes entourées de leurs confesseurs d'un côté et seulement deux individualistes, un jeune homme et une très vieille femme, de l'autre.

– Merveilleux ! s'écria frère Buil. Vingt-trois des condamnés ont abjuré leur hérésie et ne seront pas brûlés vifs.

J'étais navré pour le jeune homme et la vieille femme, mais il était réconfortant de savoir que vingt-trois condamnés seraient épargnés.

Je pus donc regarder ce qui se passait au lieu de détourner les yeux subrepticement en feignant de m'absorber dans mon programme comme quelques autres spectateurs de la tribune. Et il s'en passait des choses. D'abord le sermon était fini et des machinistes avaient retiré le dais. A sa place, ils dressaient ce que je pris pour une estrade de flagellation. En effet, un solide gaillard d'un gabarit à donner le fouet s'y installa. Le jeune homme et la très vieille femme qui n'avaient pas abjuré furent pendant ce temps conduits au bûcher et liés à deux des nombreux poteaux tandis que leurs confesseurs restaient à leur disposition pour un changement de programme *in extremis.*

Ceux dont la sentence allait être commuée s'alignèrent.

Frère Buil retira précautionneusement son mouchoir parfumé de son nez.

– Ça va mieux. Beaucoup, beaucoup mieux. Le vent a tourné.

La foule se mit à pousser des hurlements (frénésie religieuse ?), car le nouveau bourreau tirait des plis de sa robe, non pas la corde de chanvre que j'attendais, mais un long fil de fer attaché à deux poignées.

– On dirait un garrot, dis-je.

– Mais c'est un garrot, sourit frère Buil, frais et rose comme un enfant.

Les premiers bénéficiaires furent attachés solidement au poteau. Le gaillard au garrot se mit en position derrière eux.

Décidément, il y avait de mauvaises vibrations.

– Vous m'aviez dit que leurs sentences seraient commuées.

– Et elles l'ont été, mon ami. Ceux qui ont abjuré ne seront pas brûlés vifs.

La femme attachée au poteau tressauta soudain lorsque le garrot s'enroula autour de sa gorge. Les poignées furent croisées derrière le poteau, le bourreau donna un tour, puis deux, puis trois. A chaque tour la femme se convulsait, les yeux exorbités, la langue tirée. Un homme qui devait être médecin trottina jusqu'à elle, écouta attentivement son cœur et hocha la tête. On trancha les liens de la condamnée, deux machinistes la traînèrent sur le bûcher où elle fut liée de nouveau à un poteau, parmi les anciens morts et les deux uniques vivants.

– Ils seront brûlés morts au bûcher, m'expliqua sérieusement frère Buil tandis que le second abjureur était lié au poteau du garrot.

Certains abjureurs étaient longs à mourir, l'après-midi s'éternisait. Pendant tout ce temps, les deux condamnés à être brûlés vifs restaient de marbre sur leur bûcher. Leurs fidèles et patients confesseurs restaient auprès d'eux, suant sous le soleil, dans leurs lourdes robes.

A cinq heures de l'après-midi, on avait garrotté une douzaine d'abjureurs.

Les ennuis commencèrent avec la treizième.

C'était une petite mignonne aux cheveux blond-roux. Elle figurait sur le programme : Susanna Olivares, quatorze ans, fille de Julio Olivares, décédé, de la paroisse de Nuestra Señora de los Desamparados. Elle avait été « absoute deux fois du péché de blasphème et s'en était rendue coupable à nouveau ».

– Ah oui, bien sûr, dit frère Buil tandis qu'on attachait la jeune fille au poteau, c'est encore la petite Olivares. Je me souviens de son cas. Elle a blasphémé contre le prêtre qui a recueilli la dernière confession de son père et qui, comme il le devait, a informé les autorités que l'homme judaïsait. Comme je suis heureux de voir qu'elle a abjuré !

Lorsque le serpent du garrot s'enroula autour du cou de Susanna Olivares, son corps affaissé se raidit d'une secousse. Sur un côté de la scène, on voyait ses deux confesseurs se quereller, l'un montrant le poing, l'autre les yeux au ciel comme pour demander assistance. Le montreur de poing dut avoir le dessus, car il se précipita sur le garrotteur et lui parla avec agitation. Ce dernier en était au second tour. Trois suffisaient généralement à tuer, mais on avait vu une mémé maigrichonne nécessiter six tours.

Visiblement écœuré, le bourreau retira le garrot du cou de Susanna Olivares. Elle s'affala de nouveau entre ses liens. Les deux machinistes la détachèrent et étendirent son corps inerte sur le sol tandis que le médecin écoutait son cœur. Il hocha la tête et approcha une fiole de son nez. Ses paupières battirent. La foule rugit comme des lames sur une côte rocheuse.

– Dieu merci, ils l'ont récupérée à temps ! dis-je.

Frère Buil me jeta un drôle de regard :

– Êtes-vous donc si peu miséricordieux ?

– Moi ? Ah, mais non, je croyais que...

– Il semble, poursuivit-il sans sourire, que Susanna Olivares n'a pas abjuré de façon satisfaisante si bien qu'elle sera finalement brûlée vive.

La jeune fille était maintenant debout, soutenue par deux machinistes. Le rugissement de la foule se fit entendre à nouveau.

– Quatorze ans, c'est trop jeune pour être brûlé mort, marmonna Tomás de Torquemada.

Cette remarque contenait vraisemblablement une nuance philosophique qui m'échappait.

La jeune Susanna Olivares, soutenue par les machinistes, monta jusqu'au bûcher. Ils commencèrent à l'attacher à un poteau. Cela n'était jamais fait par des religieux. Selon l'euphémisme en vogue à l'époque, les condamnés étaient « relaxés », livrés au bras séculier.

Les religieux ne tuent pas.

A quelques rangs derrière nous, une voix familière hurla :

– Arrêtez !

– Tiens, tiens ! dit Tomás de Torquemada.

– Arrêtez. Ffaut aarrêter !

– Pincé ! dit Torquemada.

Il en avait presque le sourire.

La voix reprit :

– La ppauvre petite a dé-déjà goûté à la mort. Vvous vvoulez pas la faire mourir deux fois ?

Cette voix, avec son léger bégaiement charmant, était celle de Francisco Niño.

– Ça marche toujours. A tous les coups. Ça rate jamais, dit Tomás de Torquemada.

Je le regardai.

– Pour débusquer un hérétique de derrière les fagots, m'expliqua-t-il, surtout si la victime, je veux dire la coupable, est jeune et pas mal tournée.

Une douzaine de miliciens de la Sainte Confrérie firent irruption sur notre estrade. Peralonso Niño, qui était assis à côté de frère Buil, sauta sur ses pieds. Je me levai aussi. Au-dessus de nous, c'était la pagaille la plus noire, ça piétinait de tous les côtés.

Toute la structure précaire se mit à trembler.

Les gens hurlaient.

D'abord, le dais s'écroula, nous aveuglant dans un monde de jaune. Puis la rangée de bancs, les spectateurs, tout s'effondra.

Tandis qu'on découpait le lourd dais jaune, Francisco Niño et les miliciens disparurent dans la confusion.

On dut reporter les supplices à la nuit. Après une cérémonie haute en couleur, le duc de Chispa de Cien Maricones alluma les fagots avec la torche d'honneur.

Auparavant, il fallut traiter un assortiment de quinze fractures dont une du crâne (diagnostic : néant) et dégager, en la délimitant d'une corde, la partie de la place réservée aux hôtes de marque du Suprême, qui devaient à présent rester debout comme tout le monde. Puis, bien sûr, on dut procéder au garrottage des dix derniers abjureurs, retardé par l'écroulement de l'estrade et les activités connexes.

Les flammes du bûcher rivalisaient d'éclat avec la splendeur du couchant tandis que la puissante rumeur de la foule noyait presque les hurlements de la très vieille femme dont la voix se révélait étonnamment perçante.

– Regardez-moi ces flammes ! dit frère Buil qui les appréciait d'un sourire de connaisseur.

Il faut reconnaître que le feu était exceptionnel.

Peu après le crépuscule, bûcher et hérétiques, morts, vifs et en effigie, étaient réduits en cendres.

– Qui seront impartialement dispersées au vent sur terre et sur mer, dit frère Buil.

Après la fin des cérémonies, dès que la décence le permit, je m'enquis de Francisco Niño.

– Ah, mon Dieu, faisait-il partie de votre escorte ?

– C'est tout simplement l'un des trois frères Niño de Moguer qui ont joué un rôle si crucial dans notre traversée et notre découverte des Indes pour la plus grande gloire de Dieu.

– Ah, pas de chance ! Vous voyez, troubler et entraver le fonctionnement libre et légitime du Conseil suprême et général de l'Inquisition est considéré comme une hérésie assez grave. Certains considèrent même que c'est la pire.

– Certains, dont moi, siffla Tomás de Torquemada de sa voix étouffée.

– La vie est pleine d'aléas de ce genre, dit frère Buil avec un sourire triste.

Peralonso lutta pour s'imposer une expression raisonnable, mais il arbora un faciès aussi féroce qu'à l'accoutumée en demandant d'une voix douce :

– On va le torturer ?

– Votre attitude me déplaît, dit Tomás de Torquemada.

Bref, il ne fallait pas compter sur le grand inquisiteur pour nous aider. Et après sa première réaction à son propos, je ne crus pas habile de mentionner de nouveau mes relations avec Beatriz.

– Qu'est-ce qu'on va faire ? me demanda Peralonso.

Son frère Juan nous rejoignit.

– Je suis pas moins antihérétique que le voisin, moi, mais c'est mon petit frère ce gamin qu'ils ont jeté dans un donjon.

Je lui assurai que nous allions nous mettre en route pour Barcelone cette nuit et que nous demanderions au roi et à la reine d'intercéder.

C'est sur ces paroles que je m'attirai l'inimitié du Conseil suprême et général de l'Inquisition pour le restant de mes jours.

11

Je propose mes bons offices
entre le pape et Leurs Majestés Très Catholiques,
mais connais une fortune plus mitigée
lors de ma première rencontre fatidique
avec l'adorable Petenera.

– Non, dit la reine. Il n'en est pas question.

Je venais de lui exposer la situation du pauvre Franscico Niño.

– Nous n'intercédons jamais auprès du Suprême, expliqua-t-elle. Dans son domaine, il est ...suprême.

J'insistai, soulignant combien Francisco Niño avait contribué à notre compréhension des mœurs indiennes.

Ferdinand se pencha, la prunelle allumée.

– Alors, est-il arrivé à ses fins avec la jeune et jolie femme du frère du cacique, oui ou non ?

J'avais raconté les événements avec circonspection.

– Est-ce bien la question ? dit la reine pincée.

Je cherchais en vain l'Isabelle que j'avais connue à Grenade, le temps d'un rêve secret. Cette adorable souveraine n'était plus.

A sa place était assise une dame mûre, desséchée, un peu coincée. Un changement aussi radical était inconcevable – autant qu'inévitable. A Grenade, j'avais vu la fanatique, incandescente de sa victoire. Maintenant, la Reconquête qui avait consumé sa nature passionnée était achevée. Plus d'Infidèles à défaire : elle était privée d'ennemis extérieurs. N'était-il pas rigoureusement logique – quoique consternant – qu'elle ait ensuite expulsé les malheureux Juifs ? Et enfin consacré son trop-plein d'énergie à une croisade interne contre l'hérésie, équivalent théologique de la guerre – en un mot à l'Inquisition ?

Je ne veux ni l'excuser ni la condamner. Ces observations résultent simplement de mon intérêt pour « la psychologie, les mobiles et tout et tout ».

Ce n'était pas ce qui allait aider Francisco Niño.

Mais j'assistais bien à un renversement de rôles entre le roi et la reine. Alors qu'autrefois je pouvais compter qu'Isabelle miserait sur moi, désormais, je le sentais, ce serait Ferdinand mon allié naturel. Tout au bord de son trône, ses orteils royaux touchant l'estrade, il me demanda :

– Sont-elles ... différentes ?

– Qui donc, Sire ?

– Les jeunes Indiennes. Les avez-vous trouvées très différentes dans vos rapports, euh... sociaux ?

L'Histoire vous dira quel homme à femmes le roi Ferdinand était.

La reine le foudroya du regard.

A cet instant précis, il y eut du tapage dans l'antichambre. Une porte claqua. On entendit des éclats de voix.

– Qui sont ces coquins ? demanda la reine.

Je saisis ma chance.

– Ce sont deux... – je marquai tristement un temps sur le chiffre – ...des trois frères Niño de Moguer qui ont joué un rôle si crucial dans la traversée de la mer Océane et la découverte des Indes pour la plus grande gloire de Dieu, Votre Majesté.

– Dorénavant, nous discuterons de votre voyage sans allusion à ces frères Moguer de Niño, répliqua la reine.

– Niño de Moguer, Votre Majesté.

Son regard flambait d'un royal courroux. Le roi changea sagement de sujet.

– Lorsque vous avez disparu toutes ces semaines au Portugal, est-ce que ce crétin couronné de Jean vous a fait des avances pour vous avoir à son service ?

– C'est le moins qu'on puisse dire, Votre Majesté, répondis-je, tirant meilleur parti de cette seconde perche.

Revenons à notre hypothétique magazine.

> Au bout du compte, ce qui a forcé la main aux monarques plus que tout le reste, c'est la crainte que le roi Jean de Lisbonne réussisse à persuader l'amiral de naviguer sous la bannière portugaise lors de sa prochaine expédition...
>
> Selon nos informateurs à la cour, il semblerait qu'on puisse donner suite aux exigences particulières de Colón pourvu que le compromis atteint donne au grand inquisiteur une raison d'accepter en sauvant la face...

Une heure et demie plus tard, nous trouvâmes cette raison.

– Nous pouvons dire au grand inquisiteur que si nous reconnaissons la culpabilité de ce Francisco Moguer, il doit en retour reconnaître le rôle crucial que les frères Moguer de Niño, les *trois* frères Moguer de Niño, ont joué dans la traversée de la mer Océane et la découverte des Indes pour la plus grande gloire de Dieu, dit le roi Ferdinand.

– Sous condition expresse, dit la reine Isabelle, que le but principal de votre seconde expédition...

– Après la découverte de l'or, bien sûr, glissa le roi Ferdinand.

– ... soit le baptême des Indiens païens, poursuivit-elle, car je vous prie de croire que nous connaissons Tomás de Torquemada.

Je voulais bien la croire : son mode de vie péripatétique l'avait conduite à essayer une vingtaine de confesseurs depuis frère Juan Peréz, l'humaniste, à Hernando de Talavera le pédant et enfin Torquemada l'ascète – ou le dément.

– Il faut que vous compreniez à quel point frère Tomás est désireux de convertir les Indiens : comment pourrait-il évaluer leurs hérésies éventuelles s'ils ne deviennent pas d'abord de bons Chrétiens ?

Mon cœur sombra dans ma poitrine. Fallait-il aussi comprendre que Torquemada serait du voyage ?

– Ce benjamin des Moguer de Niño, compte tenu de sa contribution remarquable à notre compréhension des mœurs indiennes..., dit le roi.

– Ladite contribution facilitant leur conversion à la Sainte Foi, développa la reine.

– ...verra sa sentence commuée.

– Comment cela « commuée », Sire ?

J'obtins une grâce royale.

– C'est frère Buil qui va être heureux, dit le roi.

– Il va sourire, dit la reine.

Elle ne risquait guère de se tromper : frère Buil souriait toujours.

Elle poursuivit :

– Il aurait eu horreur de prendre ses nouvelles fonctions dans une atmosphère de rancune.

– Il vous accompagnera en tant que chef missionnaire, la conscience tranquille, le cœur léger et l'esprit ouvert, m'assura le roi.

La reine se pencha vers moi, me révélant des profondeurs affriolantes. Elle changea subitement d'attitude et de sujet.

– Enfin..., dit-elle sur un ton confidentiel, *si* vous partez.

– Des ennuis, Majesté ?

– Nous avons un petit différend avec le nouveau pape, dit le roi.

– Je ne savais même pas qu'il y avait un nouveau pape.

– Le pauvre vieil Innocent est mort peu après votre départ, dit la reine. On raconte que le nouveau pape, qui était encore cardinal bien sûr, s'est battu, mais une vraie bagarre, avec le cardinal della Rovere, au chevet du lit de mort de ce pauvre vieil Innocent. Vous vous rendez compte ! Se battre pour monter sur le trône papal – le lit, en l'occurrence, je suppose – avant même qu'Innocent ait rendu l'âme !

– C'est bien de lui : un nouveau pape qui refuse de nous accorder aux Indes les droits qu'Innocent – un type très bien par ailleurs – a accordés si volontiers à Jean du Portugal en Afrique occidentale – à savoir, monopole des colonies, de l'or, etc., dit le roi.

– C'est le pape Sixte – saint homme par ailleurs –, prédécesseur d'Innocent, qui a accordé au roi Jean le monopole africain, mon ami, rectifia la reine.

– Peu importe. Le nouveau refuse de nous donner un quiproquo.

– Ce n'est pas exactement ce que « quiproquo » veut dire, mon ami, rectifia la reine.

– Peu importe. Cet ingrat ne veut pas nous le donner.

Je ne pouvais pas m'empêcher de comparer leur royale attitude avec celle du cacique Guacanagari. Peut-être était-il célibataire...

– Il faut voir les choses en face, dit le roi, depuis qu'il est pape, il a tendance à oublier qu'il est espagnol.

Je dressai l'oreille.

– Il est espagnol ?

Ils étaient trop occupés à se chamailler pour m'accorder la moindre attention.

– Tout de même, soyez juste. Il a organisé une corrida authentique à Rome lorsqu'il a appris que nous avions conquis Grenade. Ça, c'est de la classe ! dit la reine.

– Il n'était que cardinal à l'époque. C'est la tiare qui lui a tourné la tête.

Je redemandai :

– Ce nouveau pape est espagnol, disiez-vous, Majesté ?

– Oui, oui. Alexandre VI est natif d'Espagne, dit le roi avec impatience.

– Ce ne serait pas, par hasard, l'ex-cardinal Borgia ? jubilai-je.

– En personne, soupira la reine.

– Je l'ai connu dans le temps.

– Ah bon ? répondit le roi sans m'écouter vraiment.

– En fait, j'ai été son protégé des années.

– Vraiment ? dit la reine.

Cela semblait les laisser froids tous deux.

– Il m'a sauvé la vie une fois.

Les « ah bon » et les « vraiment » prirent plus de conviction.

– Et moi aussi, je lui ai sauvé la vie une fois – sobre dans la délectation.

Ils chuchotèrent avec animation.

On envoya chercher un banc capitonné que l'on plaça sur l'estrade entre les trônes jumeaux.

– Venez vous asseoir près de nous, amiral, dit la reine en tapotant la tapisserie.

– Couvrez-vous donc, vice-roi, dit le roi.

C'était un honneur encore plus insigne que de s'asseoir en leur présence.

Notez, je vous prie, mes biographes qui racontez autre chose, que l'on ne m'invita pas à m'asseoir et à me couvrir comme un grand d'Espagne uniquement parce que j'avais fait cet aller et retour sur la mer Océane.

Ma vieille amitié avec le nouveau pape est une de ces heureuses coïncidences dont l'Histoire abonde. En d'autres termes, c'est la République des Copains qui fait l'Histoire, avec quelques facteurs comme le climat, les ressources en minerai, les catastrophes naturelles, les explosions démographiques, les famines et les guerres. Un simple échange de lettres non officielles entre Rodrigo Borgia et moi, et les souverains auraient exactement ce qu'ils voulaient : le monopole virtuel de la mer Océane. Il faudrait attendre le siècle suivant pour que la zone d'influence de la papauté et la domination de l'Espagne sur le Nouveau Monde partent à vau-l'eau à cause des quatre-vingt-quinze thèses de Martin Luther et des six femmes de Henri VIII.

Ma lettre fut expédiée, mais la réponse papale mettrait bien quinze jours à venir ; je ne tenais plus en place.

Un matin, peu après avoir fait mes premières armes dans la diplomatie, je me souvins que dans ma hâte d'atteindre Barcelone après ce regrettable autodafé, j'avais traversé Tarragone sans transmettre la lettre de Luís à ses parents. J'en avais maintenant le temps, à cheval ce serait l'affaire de deux jours.

Un dernier coup d'œil à notre hypothétique magazine.

> L'amiral a laissé en plan des négociations délicates au moment précis où les monarques venaient de focaliser le débat sur les questions et les thèmes qu'ils allaient défendre au Vatican. Et pourquoi ? Pour tenir une promesse faite à un de ses hommes de l'autre côté de la mer Océane : voilà de quelle trempe est Colón.

Je laissai mon cheval à l'auberge de la plage du Miracle, devant le rempart et, après une nuit convenable (Tarragone n'est célèbre ni pour sa surabondance ni pour son absence de punaises), j'entrai dans la cité à pied. Je passai la porte près des ruines de l'arène romaine et contemplai, ébahi, les blocs de pierre cyclopéens qui formaient l'ancien rempart.

La carcasse de la maison se trouvait rue Augusta. On lui avait arraché ses portes, ses volets, ses fenêtres, ses cheminées, les tuiles de son toit. Même les petits cabinets, derrière, avaient été fracturés. Deux costauds torse nu, suant au soleil, s'encadrèrent dans la porte d'entrée béante. Ils portaient une énorme crédence.

L'inscription habituelle : « Locaux sous séquestre par ordre du Suprême », avait été apposée à côté de la porte. La foule de curieux habituelle regardait la scène.

– C'est bien la maison Torres ?

– C'était, dit l'un des deux hommes qui portaient la crédence.

– Dans le temps, dit l'autre.

Ils installèrent la crédence avec soin dans une grande carriole déjà remplie de meubles, tirée par deux mules.

– Vous ne sauriez pas où ils sont partis ?

– On a juste l'autorisation du Suprême, mon pote, dit l'un.

– Et on veut la garder, dit l'autre.

– Alors l'hérésie, nous, on s'en balance, expliqua le premier.

Ils entrèrent et je les suivis. Bientôt, ils sortirent de ce qui avait été la salle à manger en cognant un peu partout une table de chêne où dix couverts auraient pu tenir sur un seul côté.

J'entendis la carriole s'éloigner et la foule se disperser. C'est alors que d'une pièce voisine me parvint un cliquetis impossible à identifier. Un grattement hésitant suivit, un autre cliquetis, puis un grattement insistant.

Elle était tapie, dos tourné à la porte ; elle reposait un couteau près d'un petit tas de gravats. Elle souleva une tommette à deux mains et la plaça près du couteau. Une exclamation de triomphe lui échappa et elle se leva. Elle était en noir des pieds à la tête. Je m'approchai pour voir quel trésor elle avait découvert.

Elle se retourna d'un bond.

– Qui êtes-vous, bon Dieu ? Qu'est-ce que vous voulez ?

Par l'ancienne fenêtre qui n'était plus qu'un trou passait un flot de lumière poussiéreuse. La femme tenait à la main un chandelier à sept branches en argent, brillant d'un éclat mat.

Tout d'abord, je ne pus parler, et ce ne fut pas cette menorah illégale qui me noua la gorge.

Sa chevelure s'échappait du châle, noire et lustrée, aile-de-corbeau. Ses yeux brillants de colère avaient le vert émeraude des lagons des Indes lorsque l'eau est étale et que le soleil tombe d'aplomb. Ses lèvres étaient d'un rouge à peine plus clair que le carmin, comme ces fleurs exotiques si prisées des Arawaks qui ne poussent, apprendrais-je, que sur les hauteurs entre la mer et le Cibao.

Je finis par dire :

– N'ayez crainte. Je suis un ami de Luís Torres.

Elle sourit à ces mots, révélant des dents aussi blanches que les perles que je découvrirais des années plus tard dans les pêcheries de Paria, sur la côte sud-américaine, dans une contrée que j'appellerais Paradis Terrestre, peut-être en souvenir inconscient de ce sourire.

– Vous êtes un ami de Luís ? Vraiment ? Vous savez où il est ? Il s'en est bien sorti ?

Sa voix n'était plus qu'or, argent et pierres précieuses.

En un mot, je la vis, l'entendis, m'en épris.

– Ça pourrait vous attirer des ennuis, ce que vous avez là.

– Occupez-vous de ce qui vous regarde, dit-elle avec froideur. Parlez-moi de Luís, dit-elle avec chaleur.

– Il m'a donné une lettre pour ses parents.

– Ils sont morts.

C'était dit d'un ton égal, comme s'ils étaient morts depuis longtemps. Or, Luís les croyait toujours vivants.

– Je suis désolé, dis-je, je ne savais pas.

– Vous les connaissiez ?

– Non.

– Alors, pourquoi dire que vous êtes désolé ? Qui vous demande des condoléances ?

– C'est pour Luís que je suis désolé. Il les croit toujours vivants.

– Évidemment. C'est seulement la semaine dernière qu'on les a brûlés morts au bûcher, à Valence.

– A Valence ? J'y étais, balbutiai-je.

– Tiens donc ! Eh bien, dites-moi, comment se fait-il que des gens normaux – vous avez l'air normal, du moins – trouvent du plaisir à en voir d'autres fouettés, étranglés et...

– Moi ? Je n'y étais qu'en tant qu'hôte du Suprême.

Ses yeux vert émeraude brillèrent d'un éclat glacial.

– Hôte du Suprême ? Vous ne seriez pas ce duc de Chispa de Cien Maricones qui a allumé le bûcher où ont brûlé mes parents, ma grand-mère et ma petite cousine ?

– Seigneur, non. Ça n'est pas mon genre !

– Pourquoi, il y a plusieurs genres chez les hôtes du Suprême ?

– Je faisais une tournée triomphale, pour me rendre à Barcelone. J'étais de passage à Valence, et le Suprême m'a invité à la tribune d'honneur qui s'est effondrée...

– Ah, vous êtes ce Colomb, alors ?

– Colón, en fait, l-o avec accent - n.

– Vous n'avez plus la cote à Tarragone en ce moment. On avait prévu des tas de cérémonies en votre honneur et pour finir vous avez traversé la ville de nuit, comme un voleur...

La chose parut l'amuser. Elle faillit sourire de nouveau.

Puis, elle se mordit la lèvre :

– Donnez-moi la lettre et partez. Je ne veux pas qu'on me voie dans cet état.

– Le chagrin n'a rien de honteux.

Elle regardait vaguement au-dehors, par le trou qui avait été une fenêtre.

– Ils sont tous morts, toute la famille, sauf Luís et moi. Et lui, s'il est vivant, c'est qu'il a eu le bon sens de quitter le pays au lieu de se convertir. Quant à moi... Comment se fait-il que vous soyez amis, au fait ? Où l'avez-vous rencontré ? Il n'a pas quitté l'Espagne ?

– Si, lui dis-je en lui tendant la lettre que Luís avait écrite au dos d'une vieille carte des Canaries.

Elle regarda la carte et dit :

– Il est parti aux Canaries ? Mais c'est un trou perdu au bord de la mer Océane. Il n'y aura pas de livres pour Luís là-bas, personne qui partage ses intérêts intellectuels. Ce n'est pas du tout la place de mon petit frère !

Je fus surpris d'apprendre qu'elle était plus âgée que Luís. Mais enfin, il n'avait sans doute qu'une vingtaine d'années. Elle n'était certainement pas son aînée de beaucoup.

Elle rompit le sceau et lut. La lettre ne devait pas être longue. Elle la chiffonna et me la lança.

– Il s'est converti. C'est un marrane comme le reste de la famille. C'est vous qui l'avez persuadé de se convertir.

– Je n'aurais jamais pu l'emmener avec moi autrement.

– Il allait se faire talmudiste, et voilà que vous le plantez de l'autre côté de la mer Océane, dans un désert intellectuel. C'est la pire des choses qui puisse arriver à un brillant sujet comme Luís. Vous êtes ...vous êtes pis que l'Inquisition !

Après la sortie que Beatriz m'avait faite en apprenant que son cousin Harana et le docteur Sánchez étaient restés à La Nativité, j'aurais dû m'attendre à cette réaction.

– Dans un endroit qui s'appelle La Nativité ! ajouta-t-elle, cinglante.

– C'est lui qui a trouvé le nom !

– De mieux en mieux ! Vous lui avez manifestement fait un lavage de cerveau.

– Qu'est-ce que vous avez contre La Nativité ? Je croyais que vous étiez Nouvelle Chrétienne vous-même ?

– Est-ce que je serais là à vous parler, autrement ?

– Il voulait que je dise à ses parents qu'il est heureux, tentai-je.

– Alors, pourquoi est-ce qu'il ne le dit pas dans sa lettre ? Il dit seulement qu'il fait un travail important.

– C'est le traducteur officiel de la communauté.

A ces mots, elle sembla se radoucir.

– Ah ? Qu'est-ce qu'il traduit ?

– Les échanges entre colons et indigènes.

– Les indigènes ? D'après ce que j'ai entendu dire, ils ne savent ni lire ni écrire, ils passent leur vie à forniquer, ils se mangent entre eux, ils n'ont ni vêtements, ni culture, ni Dieu... ça encore...

– Nous allons les amener dans le sein de la Foi. Nous aurons un missionnaire avec nous lors du prochain voyage, un certain frère Buil, pour...

– Buil ! s'écria-t-elle. Bernardo Buil ?

Je lui dis que j'ignorais son nom de baptême.

– Un qui sourit tout le temps ?

– C'est bien lui.

Elle avait ramassé et défroissé la carte des Canaries au dos de laquelle Luís avait écrit sa lettre. Elle en refit une boule qu'elle me jeta à la figure.

– Et quand ce Buil vous accompagnera à La Nativité pour convertir les indigènes, il aura besoin d'un traducteur, je suppose. Et c'est Luís qui remplira cet office ?

– Eh bien ...oui.

– Et ça vous plairait à vous de servir de traducteur à l'homme qui a envoyé tous les membres de votre famille à la mort excepté votre sœur, et encore si je suis encore en vie c'est uniquement... Sortez d'ici ! Laissez-moi tranquille ! Dehors ! Allez vous faire pendre !

Soucieux de ne pas m'imposer, je sortis lentement par la porte béante. Le jour était clair, l'air suave, le quartier agréable. Je marchai d'un pas lourd jusqu'à la porte qui menait aux ruines de l'arène romaine, à l'intérieur des murs, au-dessus de la plage du Miracle. Je traînai mes bottes dans la poussière. Je fermai les yeux et vis son visage. Je les ouvris, il était toujours là, superposé à la réalité et deux fois plus réel. J'entendais encore sa voix furieuse et accusatrice. Je ne savais même pas son nom. Je tournai le dos aux portes de la ville, puis revins sur mes pas, puis repartis encore. Ça ne me ressemblait guère d'être aussi indécis, surtout depuis que j'étais devenu une légende vivante. Mais tout est là. Dans l'immédiat, je ne l'étais pas. Dans l'immédiat, je volais des heures à cette légende. Je n'étais qu'un homme comme un autre, qui venait tout juste de tomber éperdument amoureux.

Je retournai en courant rue Augusta. La maison vide était calme. Personne dans les pièces du rez-de-chaussée. Je montai au premier. Rien dans le grand couloir, rien dans les deux premières pièces. J'en essayai une troisième. Le grand sac fermé par un cordonnet, qui contenait la menorah, était sur le sol nu. Tout d'abord, je ne la vis pas. Elle était à genoux devant l'âtre, penchée vers l'intérieur. Je l'entendis tapoter quelque chose puis frotter deux briques l'une contre l'autre. Elle recula et se leva.

– Je ne sais même pas votre nom, lui dis-je.

Elle laissa tomber une petite bourse et poussa un cri d'effroi. Elle se jeta sur le sol. J'entendis de petits objets rouler sur les tommettes. Remarquez ma répétition de l'adjectif « petit ». Ce n'est pas par inadvertance. Tout semblait insignifiant comparé au fait que je la revoyais.

Je me baissai pour l'aider à retrouver les petits objets qui roulaient. J'en trouvai trois, trois grosses perles parfaitement assorties.

Les mots du sermon de Valence me revinrent : « Quiconque ayant pris possession d'argent, de meubles, d'or, de perles ou de pierreries confisqués... »

D'abord la menorah, non seulement en argent mais illégale, et maintenant ces perles.

– Donnez-les-moi ! cria-t-elle.

Au fil d'une phrase égarée et passablement confuse, je prononçai les mots « sous séquestre, confisqués » et « hérésie ». Mais je lui donnai les perles. Nous nous étions levés ensemble.

– Vous vous exposez aux mêmes ennuis qui ont envoyé votre famille au bûcher.

Mon avertissement sonnait indifférent et insensible ; c'était tout à fait le contraire de ce que j'avais voulu. Mes yeux me piquèrent soudain. Elle venait de me frapper de toute sa force au visage, et elle se préparait à lancer de nouveau ses deux mains. Je saisis ses poignets et ce fut une lutte corps à corps. Elle était grande pour une femme, et agile, et nullement faible. Dans sa main gauche apparut le couteau dont elle s'était servie pour desceller la tommette du rez-de-chaussée (et sans doute la brique de la cheminée du premier). Je me pris à penser stupidement : elle est sans doute gauchère. C'était la première gauchère que je rencontrais. Je tentai de lui prendre son couteau. Cela me rappelait vaguement un lointain souvenir, mais je ne voyais pas lequel. Je lui arrachai son couteau et le laissai tomber par terre avec un bruit métallique. Elle, je ne la lâchai pas. Nos visages se rapprochèrent, le mien au-dessus du sien. Nos lèvres se touchèrent. Les siennes étaient nectar, miel et ambroisie. Elle se raidit un instant dans mes bras, puis elle me passa les siens autour du cou et sa bouche s'ouvrit sous mon baiser insistant – à moins que ce ne fût mon imagination ? Je ne saurais l'affirmer car une voix masculine appela :

– Petenera ? Vous êtes là ?

Peut-être fut-ce la surprise qui lui ouvrit la bouche.

– Vous vous nommez Petenera ?

C'était fatal.

– Vite, me dit-elle en fourrant la petite bourse dans le grand sac. Portez ceci à Barcelone et remettez-le à Luís de Santangel. C'est le trésorier de...

– Je sais qui c'est.

– Petenera ? répéta la voix masculine, vous êtes là-haut ?

– Sortez par-derrière. Prenez le couloir et descendez, murmura-t-elle. Santangel. Barcelone. Je peux vous faire confiance ?

– Toujours.

– Je vous hais toujours pour ce que vous avez fait à mon frère. Je vous aurais tué si j'avais pu. Vous le savez ?

– Alors, pourquoi me confier...

– Luís écrit que vous êtes un homme d'honneur. Partez vite à présent.

– Petenera.

– Quoi donc ?

– J'avais envie de le dire.

– Je vous haïrai tant que je vivrai !

Je partis. Le sac était lourd.

Luís de Santangel avait son bureau dans l'aile du palais royal, ancienne résidence des comtes de Barcelone, réservée au trésorier de la maison d'Espagne. Assis à une table, il roulait avec soin des feuilles de tabac pour en faire un cylindre. Il lécha la feuille extérieure et dit :

– Je vois pas pourquoi ça marcherait pas.

Malgré ses cheveux gris et son obésité, il dégageait encore une impression de puissance. Il étudiait son invention :

– Ça vous paraît conforme ?

Ses lèvres charnues et sensuelles ne tiraient plus sur un invisible cigare. Ses yeux sombres brillaient d'impatience : il sentait que le temps des cigares invisibles était révolu.

– J'en ai vu qu'une ou deux fois, dis-je.

– Par le nez, hein ? Ils inspiraient par le nez ?

– Il me semble bien, oui.

– Les sauvages ! Je sais pas, mais... ça me chiffonne.

L'après-midi était clair, mais il avait allumé une chandelle. Il commença par couper d'un coup de dent délicat une extrémité du cigare en tenant l'autre au-dessus de la flamme. Il roula le cylindre en fronçant les sourcils, porta l'extrémité sectionnée à sa narine, fronça de nouveau les sourcils, puis la prit entre ses lèvres et aspira. L'autre extrémité du cylindre de tabac rougeoya. Avec une lenteur sybaritique, un sourire se forma sur le visage rond de Luís de Santangel, lui ajoutant quelques mentons. Il exhala la fumée par les narines.

– Vos amis indiens font les choses à l'envers, mon garçon.

Il aspira de nouveau le tabac par la bouche et soupira d'aise.

– Que pouvez-vous me dire de Petenera Torres ? demandai-je.

Il se mit à tousser. La fumée sortit de sa bouche et de son nez en un gros nuage. Il retoussa, se tapa sur la poitrine, recracha un peu de fumée. Il posa le cylindre de tabac sur la large collerette du chandelier et ferma l'une après l'autre les six fenêtres de la pièce. Il se dirigea vers la porte et la verrouilla. Il la déverrouilla, l'ouvrit et passa la tête dans le couloir pour regarder des deux côtés ; après quoi, il la referma et la verrouilla de nouveau. Il retourna aux fenêtres, les ouvrit l'une après l'autre, en tira les volets, les accrocha et referma les vitres. Lentement, malgré sa corpulence, il retourna à la porte pour s'assurer qu'elle était verrouillée. La pièce étant plongée dans l'obscurité, il se servit de la première chandelle pour en allumer une demi-douzaine d'autres. Son cylindre de tabac s'était éteint. Il le roula de nouveau avec des gestes méthodiques au-dessus de la flamme.

Il se tourna vers moi, soufflant la fumée par les narines tout en travaillant le cylindre de tabac entre ses lèvres.

– Petenera Torres ? dit-il négligemment. Le nom me dit quelque chose. Pourquoi ?

Je lui parlai de notre rencontre, tandis qu'il fumait le premier cigare jamais fumé en Espagne et même en Europe.

– Je vois, dit-il. Et vous avez les... articles qu'elle a récupérés dans sa maison ?

Je lui montrai la menorah, la bourse de perles et les six autres pleines de ducats d'or, que j'avais aussi trouvées dans le sac. Il me prévint :

– Vous ne les avez jamais vues.

– Non. Je comprends.

Eh non, je ne comprenais pas. Quels rapports Santangel entretenait-il avec elle ?

– Elle vaut le déplacement, cette fille, non ? dit-il.

– Sûrement, répondis-je d'un ton détaché. Pour qui aime les chevelures aile-de-corbeau, les yeux vert émeraude comme l'eau étale des lagons lorsque le soleil tombe d'aplomb, et les lèvres...

– Revenez plutôt me voir demain matin, dit Santangel avec fermeté.

– Il ne lui arrivera rien ? Je veux dire : qui était ce type... ?

– A demain matin, mon ami.

Cette nuit-là (il me le raconta plus tard), Luís de Santangel convoqua d'urgence une assemblée générale de Décideurs Nouveaux Chrétiens.

– L'amiral de la mer Océane est amoureux du Mouron Bleu, leur annonça-t-il.

– Quoi ? s'écrièrent-ils. Comment est-ce possible ?

Peut-être vous posez-vous la même question ? Un Mouron Bleu en Espagne à la fin du XVe siècle ? Mais le Mouron n'était-il pas rouge ? N'était-ce pas un homme, d'ailleurs, qui arrachait les nobles français aux révolutionnaires – du moins selon le roman que le baronne Orczy écrivit en 1905 ? Cette récupération du Mouron n'est pas le fait du hasard. Force m'est de conclure que le réseau secret dirigé par Petenera Torres, ma belle aventurière, n'avait pas sombré dans l'oubli au fil des siècles et que la baronne s'y connaissait en sujets de best-sellers. Elle changea la couleur du Mouron. Rien à dire. Du reste, il y a des mourons à fleurs blanches.

Santangel leur expliqua comment c'était possible.

Le moins sentimental d'entre eux suggéra que je disparaisse prématurément. Heureusement, c'était aussi le plus stupide et il fut derechef hué. Ils se mirent à parler tous en même temps.

– Taisez-vous, laissez-moi réfléchir ! dit Luís de Santangel.

Comme d'habitude, ils se turent et le laissèrent réfléchir.

– On avait bien l'intention de mettre l'amiral de la mer Océane dans le coup un jour ou l'autre, oui ou non ? dit-il.

– Chinillo a raison, convinrent-ils en chœur.

– Il se trouve qu'il est tout à fait sympathique, dit Santangel. Et alors, question religion, faut pas s'en faire. Il sait pas du tout où il en est.

– Comment est-ce possible ?

C'était leur question rhétorique pour montrer à Santangel qu'ils l'écoutaient.

– Jusqu'à l'an dernier, il savait même pas qu'il était Nouveau Chrétien.

– Il croyait faire partie des Anciens Chrétiens ?

– Oui.

– Mais alors, on pourra jamais lui faire confiance, dirent plusieurs d'entre eux.

– Oh que si ! Et je vais vous dire pourquoi. Pas seulement

parce qu'il est amoureux du Mouron Bleu. Vous ne savez pas la meilleure : il a été élevé dans la maison de notre papal compatriote, R. Borgia, Sa Sainteté Alexandre VI.

– C'est bien ce que je disais, reprit le crétin, expédions-le prématurément.

Il fut de nouveau hué et les autres demandèrent :

– Comment est-ce possible ?

– Pape ou pas, Borgia est libre penseur, vous le savez tous. Donc, sur le chapitre de la religion, l'amiral restera sûrement dans la confusion toute sa vie. En plus, je sais comment le lier de manière indissoluble à notre petit projet sans le tracasser avec les détails.

– Qu'est-ce que tu vas lui dire ?

– Pour l'instant ? Rien de plus que l'indispensable.

– Chinillo a tout à fait raison, dirent-ils – formule qu'ils employaient pour clore une séance.

Quand je le revis le lendemain, Santangel allumait un nouveau cigare, plus effilé, plus fin, plus élégant.

– Écoutez-moi, mon garçon, vous vous rappelez que je vous ai obtenu des souverains dix pour cent sur les bénéfices de l'or et des épices trouvés aux Indes ? Eh bien, ils vous savent tellement gré de vos succès à ce jour que je pense pouvoir vous obtenir douze et demi pour cent. Alors qu'est-ce que vous dites de votre agent ?

Je lui dis que je m'estimais heureux de toucher dix pour cent et qu'il ne me serait jamais venu à l'esprit de demander une augmentation.

– Bon ! Dans ce cas, vous ne verrez pas d'inconvénient à ce que les deux et demi pour cent de plus aillent à un fonds de solidarité pour les aventuriers dans le besoin ?

– Les aventuriers dans le besoin ?

– Disons que le fonds de solidarité sert surtout à les découvrir avant qu'ils soient trop dans le besoin. Ce n'est pas à vous que j'apprendrai qu'il y a d'anciens Nouveaux Chrétiens en Espagne depuis des générations, mais aussi de nouveaux Nouveaux Chrétiens qui se sont fait baptiser l'an dernier, avant l'exode. En outre, alors que certaines familles s'intègrent magnifiquement à la Foi, d'autres, même chez les anciens Nouveaux Chrétiens, produisent parfois des... inadaptés. Nous essayons de repérer ces têtes brûlées avant qu'ils ne tombent dans les griffes de l'Inquisition.

– Nous ? Qui ça, nous ? demandai-je sur un ton qui m'évoquait Harana.

– Petenera Torres est l'un des fers de lance du réseau. On pourrait même dire qu'elle le dirige.

– Où est-elle ? criai-je. Comment puis-je la retrouver ? Qui était le type qui...

– Elle ne veut pas vous voir, dit Santangel d'un air triste, sur une bouffée de cigare. (Rétrospectivement, je dirais qu'il ne le savait que parce que je le lui avais dit, mais sur le moment je n'avais pas ma tête à moi.)

– Ah non ?

– Désolé. Comment voulez-vous qu'elle oublie que vous étiez l'hôte du Suprême quand toute sa famille a été brûlée, morts comme vifs ?

La fumée de son cigare me faisait pleurer.

– Et comment les découvrez-vous, vos têtes brûlées ?

– Ils font parler d'eux. Nous entendons. Le Suprême aussi. C'est à qui entendra avant l'autre.

– Et après ?

– Nous essayons de trouver un exutoire conséquent à leur excès d'énergie. Je présume, dit-il dans un nuage de fumée bleue, que vous êtes submergé par les candidats au Second Voyage ?

J'en convins.

– Eh bien, préparez-vous à en avoir d'autres. Nous vous dirons qui ils sont.

Il se leva.

– On peut compter sur vous, alors ?

J'acquiesçai, il me donna une claque dans le dos et me reconduisit à la porte. Une étreinte virile et je fus dehors.

Plus tard, je réalisai qu'il n'avait répondu à aucune de mes questions sur Petenera.

Pour Yego Clone, le grand jour fut un dimanche matin, début juin, quelques semaines avant notre départ vers le sud, d'où nous embarquerions pour les Indes.

Il était resplendissant dans son manteau de satin blanc brillant, décoré aux poignets et à l'encolure en V de broderies noir et or. Son pourpoint et ses hauts-de-chausses étaient en soie italienne blanche et il portait des chaussures en agneau blanc, brodées d'or. Sa braye était d'un blanc cassé sobre, tout à fait de mise en la circonstance ; elle se perdait presque dans son habit de lumière. C'était le barbier du roi lui-même qui avait égalisé sa crinière noire en une seyante coiffure mi-longue.

– De quoi j'ai l'air ? me demanda-t-il pour la dixième fois de la matinée.

Il parlait un espagnol simple mais mélodieux, car la langue arawak est riche en voyelles et en sons musicaux.

– D'une mariée, répondis-je.

– Te moque pas. De quoi j'ai l'air ?

– Paré pour l'aventure.

L'aventure commença à la résidence épiscopale, plaza Saint-Jacques, en face de l'hôtel de ville de Barcelone.

– Vous êtes en avance, dit l'évêque.

– Ce garçon était impatient, monseigneur.

Monseigneur regarda Yego d'un air rayonnant :

– Et quel va être le nom de ce jeune homme ?

Yego bredouilla avec allégresse :

– Yego Clone !

Monseigneur fronça les sourcils.

– Il vaudrait peut-être mieux me l'épeler.

– Il veut dire Diego. C'est sa prononciation, expliquai-je.

Monseigneur rumina et comprit.

– Vous êtes le père, si je comprends bien, amiral ?

– Je l'adopte légalement, en effet.

– Et sa mère ?

– Ses parents naturels sont morts.

Monseigneur prononça la phrase habituelle sur les impénétrables voies du Seigneur.

Le roi et la reine seraient parrain et marraine de Yego.

– Monseigneur aime costume ?

– Mais je trouve que vous êtes fort proprement mis pour la circonstance, jeune homme. Ma foi, oui.

– Après j'échange à monseigneur contre grand crucifix avec Jésus qui saigne, peut-être ?

Monseigneur parut choqué. Yego tira sur ses manches aux poignets serrés puis, sans la moindre gêne, sur sa braye encore plus serrée.

– Costume très beau. Inconfortable aussi.

– Le troc, m'empressai-je d'expliquer, a cours en lieu et place de l'argent aux Indes. Ne voyez pas là d'irrespect.

Monseigneur promit de lui faire cadeau d'un crucifix.

Une demi-heure plus tard, Yego était à genoux devant les fonts baptismaux de la cathédrale, le roi et la reine d'un côté, moi de l'autre. Tous les notables de la péripatétique cour royale regardaient la scène de leur banc. Frère Buil était là aussi, il souriait, séraphique, depuis le chœur.

Je crois que dans cette vaste cathédrale, chacun et chacune devaient ressentir la responsabilité écrasante d'une histoire encore à écrire. Car Yego, premier Indien reçu au sein de la Foi, représentait tout son peuple, et c'était comme si des générations d'Indiens à naître étaient agenouillées à ses côtés, attendant l'eau bénite.

Il me lança un bref coup d'œil, mal à l'aise, et chuchota :

– J'ai froid, amiral Père.

Je le fis taire d'un regard.

Mais il insista :

– Pourquoi j'ai froid ?

– C'est le contact de la soie, et puis il fait toujours froid dans une cathédrale, chuchotai-je.

Et Yego fut le premier Indien à recevoir le baptême.

Il est possible que depuis son siège, dans l'ombre profonde du chœur, Tomás de Torquemada ait presque souri.

Cet été 1493, Cadix m'appartenait.

Moins d'un an auparavant, j'étais parti de ce Palos perdu avec quatre-vingt-dix hommes, trois petits navires et un rêve – amiral à qui sa mer Océane restait à conquérir et dont les droits et privilèges ne valaient pas encore le parchemin sur lequel ils étaient couchés.

Maintenant, derrière mon titre prestigieux, il y avait mon Premier Voyage ; maintenant, mes droits et privilèges étaient confirmés par les souverains. Maintenant, Luís de Santangel avait obtenu, comme promis, que ma part passe à un huitième des profits nets. Maintenant, grâce à moi, le pape avait publié sa fameuse bulle accordant au roi Ferdinand et à la reine Isabelle le monopole qu'ils convoitaient. Maintenant, j'allais repartir pour les Indes, cette fois en tant que capitaine général de dix-sept vaisseaux, et mon amirauté s'étendrait sans conteste ni partage depuis les îles Canaries jusqu'à Cuba et l'Hispaniola, et aussi loin que je pourrais porter la bannière royale. Quant à mon rêve vice-royal, il se réaliserait lorsque cette puissante flotte de dix-sept navires déposerait à La Nativité près de mille colons – tous volontaires enthousiastes, et bien deux cents caballeros parmi eux – pour transformer le minuscule fort construit à partir de l'infortunée *Santa María* en véritable colonie : hôtel de ville, palais de justice, rues, une ou deux plazas, église, palais vice-royal (ou du moins résidence du gouverneur), chevaux, chiens, porcs, moutons, semences, canne à sucre, vignes – bref tout ce qu'il fallait pour faire de La Nativité une enclave espagnole –, tout sauf des Espagnoles, qui devraient attendre que la colonie ait bien démarré.

Je m'installai dans un bureau réquisitionné de la capitainerie de Cadix, près du phare de la baie, revêtu d'un uniforme d'été conçu par le tailleur du roi, aussi blanc que le costume de baptême de Yego, et chargé de galons dorés. Là, assis à ma table devant la fenêtre, je procédai à la dernière sélection des membres de l'équipage et des colons. De ces choix dépendrait le succès de la deuxième phase de la Grande Aventure. Cependant, je menais ma tâche d'un air assez détendu.

Des trois frères de Moguer, Juan Niño avait déjà signé, Peralonso me ferait défaut car il venait de se marier, et j'embauchai Francisco comme maître sur la *Niña.* Notre innocent allait connaître l'ascension sociale.

Il en alla de même pour un autre vétéran, plus jeune encore : Pedro Terreros, mon valeureux commis aux vivres, fut promu maître d'équipage sur la *Niña.*

Puis ma liste indiquait : *Ojeda, Alonzo, né en 1465 à Séville. Recommandation royale pour le commandement d'une caravelle.*

J'avais devant moi un petit coq de combat, arrogant, incroyablement chamarré : il portait un manteau cramoisi dont les manches à crevées révélaient la splendeur blanche et or d'un pourpoint de soie lourdement brodée, fini par une encolure carrée *dernier cri* [1]. Ses jambes musclées étaient gainées de chausses bariolées, la gauche rouge et blanc à croisillons serrés, la droite à rayures irrégulières rouges et or. Le renflement de sa braye brodée d'or ne devait certes pas tout à la générosité de la nature. Même Martin Behaïm, me dis-je, ce cacatoès voleur de femme et de globe, aurait hésité avant d'endosser un tel accoutrement.

– Vous êtes beau comme un astre, Ojeda, lui dis-je.

Ses yeux étaient durs et intrépides.

1. En français dans le texte. *(N.d.T.)*

– Je suis pas grand comme vous, amiral. On me remarquerait pas dans la foule si je me mettais pas en valeur.

– Qu'est-ce que vous savez faire d'autre ?

– Gouverner les navires, livrer les batailles, m'imposer devant n'importe quel homme et satisfaire n'importe quelle femme. Je suis du style extraverti. Un jour quand j'étais gamin, à Séville, j'ai joué les acrobates sur une corde tendue à plus de deux cents pieds de hauteur au sommet de la tour Giralda ; c'était parce qu'on faisait plus attention à moi depuis des semaines, et puis la reine était de passage.

– Je vous confie le commandement d'une caravelle, lui dis-je, mon manque d'enthousiasme ricochant sans l'atteindre sur sa carapace d'autosatisfaction.

– Il y a pas de subdivisions dans la flotte ? demanda-t-il. Disons, une escadre ou une demi-douzaine de navires, par exemple ?

Je lui désignai sa caravelle, rédigeai un mot pour qu'on lui adjoigne un maître expérimenté et lui souhaitai bonne chance.

Entre l'équipage et les colons, on arrivait à près de quatorze cents personnes et j'essayais de dire un mot à tout le monde – quand je n'étais pas occupé à armer et à approvisionner les dix-sept navires et à rassembler les animaux domestiques et le matériel nécessaire pour équiper la plus grande entreprise coloniale de tous les temps. Les noms et les visages se brouillaient sous mes yeux. Il y avait des Basques et des Galiciens, mais, Dieu merci, pas de Juan Cosa. Il y avait des hommes de Palos et Huelva, mais aucun membre de la nombreuse famille Pinzón. Je ne suis pas du genre rancunier, mais d'une manière ou d'une autre, ils s'étaient donné le mot et aucun d'entre eux ne se présenta. Il y avait des hommes de la côte et des hommes de l'arrière-pays, qui n'avaient jamais vu la mer. Il y avait même une vingtaine de Génois. Deux des assistants-missionnaires de frère Buil étaient des franciscains de la lointaine Bourgogne. Il y avait Ponce de León, qui s'était engagé comme matelot à bord de la *Marie Galante,* et Mosén Pedro Margarit, capitaine des lanciers et officier de cavalerie préféré de la reine, qui prendrait la tête de nos vingt lanciers et commanderait nos forces armées. Il y avait Pedro de Las Casas, dont le fils prendrait par la suite de telles libertés avec ma vie. Il y avait Melchior Maldonado, au nom qui résonne.

De nombreux volontaires s'étaient précipités si impulsivement à Cadix qu'on n'avait même pas de fiche sur eux.

– Nom ? Date de naissance ? demandai-je.

C'était le dernier jour des entretiens, mon regard se brouillait.

Sa voix, quoique grave, était si douce qu'un cri de dockers qui chargeaient la *Marie Galante,* à moins de vingt mètres sur le quai, couvrit son nom. Mais j'entendis qu'il était génois et levai les yeux, intéressé. Partout où voguent les navires, les Génois sont les bienvenus.

Je vis un type gigantesque, plus ou moins habillé comme un moine, mais sans tonsure. Sur son visage au long nez passa une expression d'étonnement enfantin.

– Age ?

– Trente-six ans, répondit-il avec un accent étranger.

Trente-six ans, c'est vieux pour un simple matelot, pensai-je. Peut-être était-il maître ou pilote. En tout cas, il était assez grand et fort pour imposer le respect.

– Expérience ?

– Zéro, dit-il gaiement.

Je commençai à me demander comment il était parvenu jusqu'à moi. Le filtrage était sérieux d'habitude.

– Aucune ?

– J'ai fait mon premier voyage en mer pour venir ici, dit-il de sa voix grave et douce, en italien cette fois.

– Mais alors, lui demandai-je avec une impatience certaine, qu'est-ce qui vous fait croire que nous pouvons vous embaucher ?

– Les hommes de ma famille sont des marins hors pair, m'apprit-il avec la même bonne humeur.

J'avais chaud, j'étais fatigué et irritable ; je me préparais à l'envoyer bouler lorsqu'il demanda :

– Tu l'as toujours ta médaille de saint Christophe ?

Je le regardai sans comprendre.

– Ma médaille de saint Christophe ?

Mais j'en portais bien une, à une fine chaîne autour de mon cou, depuis toujours semblait-il.

– Celle que je t'ai donnée quand tu as quitté Rome.

J'eus dix secondes de flottement, puis m'écriai :

– *Giacomo ! Petit Giacomo !*

Je renversai le tabouret et manquai renverser la table en me jetant sur mon petit frère pour le serrer ; il me rendit son étreinte avec douceur et faillit me broyer les côtes.

Un mot en passant sur les noms. Giacomo donne Diego en espagnol, et à partir de maintenant j'appellerai mon cadet Grand Diego. Mais ces pages sont infestées de Diego : mon fils, Petit Diego, mon fils adoptif Yego, Diego Enríquez de Harana dont j'ai omis le prénom après l'avoir présenté, car je sentais bien qu'il y avait pléthore de Diego. J'ai bien peur qu'il n'y ait également pléthore de Martin. Martin Behaïm, Martinus Waldseemüller, Martín Alonzo Pinzón. D'Alonzo aussi, quand j'y pense. Ce Peralonso Niño qui vient de se marier n'est autre que Pedro Alonso Niño. Et nous venons de faire la connaissance d'Alonzo Ojeda, ce cacatoès sans peur (et j'espère sans reproche). Et puis il y a deux Isabelle, deux Rodrigo, sans compter cinq Jean et Juan. Il y a aussi un trio de Luís – mon ami grand d'Espagne, Medinaceli, mon ami Crésus et contact à la cour, Santangel ; mon jeune ami érudit, Torres, frère de la belle qui m'a ravi mon cœur à tout jamais.

Ce n'est pas moi qui les ai baptisés, tous tant qu'ils sont. Ne m'en veuillez pas. Je ferai de mon mieux pour éviter qu'on les confonde.

Juan Niño de Moguer se trouvait par hasard dans la capitainerie ; je lui demandai de recevoir les quelques derniers candidats tandis que Grand Diego et moi dirigions nos pas vers une bodega. Avions-nous vécu séparés un quart de siècle ? La plus grande partie de notre vie ? La mienne était si remplie que je ne savais pas par où commencer et n'essayai même pas. J'en parlerais par la bande au cours de la traversée. Mais celle de Grand Diego était vite contée.

– Oh non, non. Finalement, je suis pas entré dans les ordres. Je sais pas très bien pourquoi. Pas vraiment la vocation, faut croire. Pendant un certain temps, je voulais devenir cartographe, comme Bartolomé et toi, mais les cartographes, c'est pas ce qui manque à Rome.

« Quitter Rome ? Si, j'y ai bien pensé, mais avant de recevoir ta lettre, ça me semblait trop compliqué.

« Non, je me suis jamais marié. J'ai toujours pensé qu'une famille c'était trop de responsabilités.

« Oh, choses et autres. Des petits boulots pour Sa Sainteté, surtout. Pas le temps de m'ennuyer.

Grand Diego, me disais-je, avait seulement besoin d'être un peu guidé ; d'un ou deux coups de pouce de son grand frère. Je n'allais pas lui confier de tâche spécifique ; il serait l'apprenti officieux de l'amiral de la mer Océane, vice-roi des Indes, et montrerait de quelle étoffe il était fait.

Au début de l'automne, équipage et colons étaient au complet – charpentiers, maçons, charretiers de navire, tonneliers et forgerons, tisserands, tailleurs, cordonniers, boulangers, deux vétérinaires (dont l'un était un habile arracheur de dents), plusieurs médecins, clercs, orpailleurs, plus des centaines de simples fermiers honnêtes. Bientôt, l'air de Cadix sentit le feu de bois : tous les foyers de la ville fonctionnaient en permanence pour fournir des biscuits aux dix-sept navires. Tous les jours, mes équipages s'entraînaient à gréer leurs nouveaux navires, tous les jours notre cavalerie paradait fièrement sur le front de mer, devant la foule des curieux.

La veille du départ, cette parade se transforma en mascarade. En une nuit, nos fringants chevaux de bataille arabes semblaient s'être changés en haridelles, creusant l'échine, archimûres pour la fabrique de colle ; souffle court, trot mal assuré, elles longeaient les quais avec force écarts et force pets au son des tambours et des fifres.

Furieux, je fis venir Mosén Pedro Margarit, le capitaine des lanciers.

– L'amiral me demande ?

Sûr de la royale faveur, l'officier au menton en galoche parlait en hennissant, avec une bonhomie affectée.

– Qu'est-ce qui est arrivé à vos chevaux, bon Dieu ?

– On les a vendus, mon vieux, répondit-il en exhibant ses dents chevalines.

– Hein ?

– Vendus. Ces chevaux arabes, c'est délicat. Suffit qu'on les regarde de travers pour qu'ils dépérissent. On s'est dit que ces vieilles rosses auraient plus de chances de survivre au voyage.

– Et, bien sûr, le fait que l'opération vous ait rapporté une somme coquette n'a rien à voir là-dedans ?

– Notre seul souci a été de garantir qu'on aurait des chevaux fonctionnels aux Indes, amiral.

– Sortez d'ici.

Il s'exécuta en hennissant :

– Des chevaux fonctionnels, mon vieux, fonctionnels.

Un jeune garçon de treize ans, aux dents en avant, lui succéda ;

– Amiral Colón ?

J'acquiesçai, sans décolérer.

– Je suis de la banque Centurione. Le directeur veut vous voir monsieur l'amiral. C'est crucialement vital et important.

– Pour lui ou pour moi ? aboyai-je.

– Ça, je sais pas, amiral Votre Excellence.

– Et d'abord, depuis quand il y a une agence Centurione à Cadix ?

– On s'installe tout juste, amiral Votre Seigneurie ; c'est une des raisons pour lesquelles le directeur est pas venu en personne.

Voyant que je n'aboyais plus, il sourit, encouragé :

– Et puis, c'est un vieux fossile. Il se déplace plus des masses à présent.

– Ce serait pas par hasard un nommé Porcini-Zampini ?

– En personne.

– Fallait le dire !

Mes biographes s'accordent à signaler que le jour du départ j'étais malade, rien de grave, mais sur le flanc. Mais me trouvai-je sur le gaillard d'arrière ou dans la suite du capitaine général quand nous avons levé l'ancre, là, les versions divergent. Laissez-moi régler ça tout de suite. J'étais sur le gaillard d'arrière, main serrant un hauban, regard d'aigle tourné vers l'ouest, pose typique. Mais un examen plus détaillé aurait révélé la blancheur de mes phalanges et la nuance indéniablement vitreuse de mon regard d'aigle. Vous en saurez bientôt le pourquoi.

Dans la toute nouvelle agence Centurione à Cadix, Porcini-Zampini était assis au milieu d'un grand bureau si encombré de caisses et de malles que je ne le vis pas en entrant. Mais il était bien là, installé à son banc ciré de banquier. Le garçon avait dit vrai. Il avait vieilli. Ses cheveux avaient blanchi, ses yeux étaient chassieux, les touffes qui jaillissaient de ses oreilles et de ses narines plus drues que jamais.

– Eh bien, jeune homme, dit-il au vu de mon uniforme à galons dorés, pour quelqu'un qui a été contraint à l'exil en pleine apogée de la Renaissance italienne, on dirait que vous avez fait votre chemin.

Il tira une chaîne d'or de son manteau et jeta un coup d'œil à sa pendule portative.

– Elle me talonne, geignit-il. Elle avance d'une demi-heure par jour, parfois plus. Le temps fuit pour un vieillard. Bon, je vous retiens pas.

Il fit mine de se lever.

– Merci d'être venu me voir, amiral. Ça m'a fait bien plaisir.

– Quoi, c'est tout ? demandai-je, surpris.

Il se rassit.

– Pardon. Je me fais trop vieux pour ce genre de boulot, moi. J'ai failli oublier. La pendule dit six heures. Ça nous fait sans doute la demie. On vous attend au 17, rue Sacramento, à moins le quart.

– Qui ça, on ?

– Est-ce que je sais ? On me dit jamais rien. Message de l'agence centrale à Barcelone. Vous voulez rendre service à un vieil ami ?

– Si je peux.

– Dites-leur de plus me transférer comme ça. Hein, s'il vous plaît ? Je suis trop vieux, moi. C'est quoi la vie, finalement ? Comment ça se fait la malle ? Autrefois, j'étais gouverneur, en pleine piazza Caricamento, à Gênes, capitale bancaire du monde et puis ça a mal tourné et ... où j'en étais ?

– Vous ne voulez plus être transféré ?

– Sauf à Gênes. J'ai des petits-enfants que j'ai jamais vus. Il y en a un qui va se marier... Enfin, 17, rue Sacramento, et bonne chance, mon ami. Je doute qu'on se revoie.

D'abord, je crus qu'il s'était trompé d'adresse. Le 17, rue Sacramento était un bâtiment affaissé, à l'abandon. Sa façade côté rue était nue, dans le style mauresque ; elle avait bien besoin d'être reblanchie. Je cognai à la porte prise dans les murs épais. Pas de réponse.

– Il y a quelqu'un ? appelai-je.

Toujours pas de réponse.

Je m'apprêtais à repartir. Des nuages noirs venus de l'Atlantique s'amoncelaient. L'après-midi était sombre. Le premier frisson du vent d'automne passa dans la rue étroite et déserte. La porte s'ouvrit en grinçant. J'hésitai un instant, puis entrai hardiment.

Toujours personne. Mais qui avait ouvert la porte ?

Le vestibule menait à une grande pièce nue dont l'unique fenêtre aux lourdes tentures donnait sur un patio. A la lueur d'une paire de torches murales, je vis que le sol était couvert d'une pile de tapis persans. Celui du dessus me parut être un kirman.

– Vous êtes en retard, dit-elle.

Dehors, la première giboulée se mit à tomber. Le vent faisait rage. Nous étions maintenant à un pas l'un de l'autre, contre les tapis persans. Dans la lueur des lampes, sa longue chevelure était aussi noire que l'espace entre les étoiles, quand la nuit est claire en mer.

– Un ami commun me dit que vous avez accepté certaines... ressources pour votre colonie. Je vous en suis très reconnaissante.

– Oh, ce n'est r...

– Mais, attention. Je vous hais toujours. Après ce que vous avez fait à mon frère, je ne vous adresserais même pas la parole. Seulement, je voudrais que vous lui apportiez quelque chose à La Nativité.

Le coffre de chêne était petit, mais lourd.

– Des livres ?

– Il faut qu'il conserve ses intérêts intellectuels.

– Je comprends.

Je hissai le coffre de chêne sur mon épaule et attendis.

– Bon..., dis-je à tout hasard.

Comme elle ne répondait rien, je me dirigeai vers la porte.

Lorsque je l'ouvris, le vent entra en hurlant et la pluie me fouetta. Les flambeaux vacillèrent.

– Attendez, j'ai un message pour Luís.

Je reposai le coffre près de la porte. Nous étions de nouveau à un pas l'un de l'autre contre la pile de tapis persans.

– Dites-lui de conserver ses intérêts intellectuels.

Je lui fis remarquer qu'elle l'avait déjà dit.

On n'entendit plus que l'orage.

– Cette partie du message n'est pas pour Luís, me dit-elle.

D'une leste enjambée, elle couvrit la distance qui nous séparait et m'embrassa sauvagement.

Jamais une femme ne m'avait embrassé comme ça.

Enfin, elle fit un pas en arrière, remettant la distance initiale entre nous.

– C'est bien ce que je pensais, dit-elle, tu es très sexy, Colón.

Jamais une femme ne m'avait appelé par mon nom de famille.

– Mais, attention. Je te hais toujours. D'ailleurs, ce n'est pas tellement que tu sois sexy, mais la célébrité est un fabuleux aphrodisiaque.

A la lueur des lampes, ses yeux étaient du vert émeraude que John Cabot découvrirait lorsque ses navires traverseraient le Gulf Stream, en juin 1497.

– Je suis sûre que tu le sais déjà.

La pluie avait cessé. Il y avait de l'électricité et du défi dans l'air.

– La pluie a cessé, dis-je d'une voix pâteuse.

A la lueur des lampes, ses lèvres sensuelles étaient un ton plus foncé que l'incarnat.

– Parce que, dit-elle caustique en ignorant ma remarque, tu as dû être assailli par des nuées de groupies pendant ta tournée triomphale.

– Euh... non. Pas vraiment. Je...

– Je n'ai jamais fait l'amour avec une légende vivante, ronronna-t-elle.

En une de ses lestes enjambées, elle couvrit la distance qui nous séparait. Je connus à nouveau la sauvagerie de son baiser. Ses dents pointues mordillaient mes lèvres.

Enfin, elle fit un pas en arrière. Nous étions pour la dernière fois dans notre position initiale contre la pile de tapis. Celui du dessus, j'en étais presque certain, était un kirman.

J'étais en rut, comme un taureau, comme un étalon. Mais sachant qu'elle me haïssait, j'hésitai à forcer la place de peur de me faire repousser. Je finis par lui dire :

– Bon, eh bien, j'ai une longue journée qui m'attend demain matin, alors je...

Elle changea de cap promptement.

– Mais oui, la pluie a cessé.

– N'est-ce pas ?

Ces quelques mots étaient lourds de signification, comme si chacun d'entre nous avait su qu'il était voué à les prononcer, ou qu'il les avait prononcés dans le jadis oublié d'une vie antérieure.

– Et puis, comme vous dites, il faut que vous vous remettiez à être une légende. Vivante, ajouta-t-elle.

Moi, j'avais dit ça ? Ça m'aurait étonné. Elle jouait les farouches.

– J'ai tout mon temps, lui dis-je, plus offensif.

– Vous ne partez pas demain matin, à la marée ?

Farouche, aucun doute. Jusque-là, son attitude avait été stupéfiante d'anticonformisme. Mais jouer les farouches, c'était plus classique.

Je me piquai au jeu.

– C'est loin, demain matin, dis-je.

Elle s'humecta subtilement les lèvres du bout de la langue.

Je passai à l'attaque.

– Vous faites parler de vous, vous savez, lui dis-je.

– Moi ? d'un petit air modeste. Oh ! cette affaire de Mouron Bleu.

– C'est excitant une femme qui fait parler d'elle.

– Mais c'est le secret le mieux gardé d'Espagne. Presque personne ne sait que je suis le Mouron Bleu.

– Moi, je le sais, dis-je, c'est ce qui vous rend si excitante.

Chacun fit un demi-pas vers l'autre. Je n'ai jamais su lequel avait perdu l'équilibre le premier et nous avait fait chuter en travers des tapis persans. Au bout d'un moment, je me dégageai et me levai pour éteindre les lampes. Quand elle vit ce que j'allais faire, elle dit :

– Dans l'obscurité, jamais.

Je revins vers elle, sans assurance, à la lueur des lampes.

– Quoi qu'il arrive, attention, je te hais toujours. C'est seulement ta célébrité qui...

– Petenera, dis-je, est-ce que tu aurais la bonté de parler d'autre chose ? Les hommes préfèrent être aimés pour eux-mêmes.

– Mais, voyons, tu l'es. Le temps de cette nuit que nous passons ensemble, toi et ta légende, vous ne faites qu'un.

Je l'embrassai sauvagement.

Elle se renversa sur la pile de tapis persans. Celui du haut était bel et bien un kirman.

Un peu plus tard, je m'éveillai avec la chair de poule. Il faisait froid dans la pièce. Je réveillai Petenera à mon contact et refis les gestes qu'elle avait trouvés excitants auparavant.

– Je te hais toujours, grogna-t-elle contre ma bouche.

J'étais au-dessus d'elle. Mais elle dit :

– Ah non, pas question. Il y a d'autres manières de faire ça !

Je lui demandai ce qu'elle voulait dire.

Elle m'embrassa sauvagement.

– Fais pas semblant de pas savoir, espèce de sexiste hypocrite.

– Espèce de quoi ?

– Oh, ça ne t'est pas personnel. Toute la moitié mâle de l'humanité est pareille.

Elle avait pris le dessus.

Un peu plus tard, sa chair de poule dut la tirer du sommeil. Il faisait encore plus froid. Elle me réveilla à son contact et refit les gestes que j'avais trouvés excitants auparavant.

– J'ai quarante-deux ans, moi, lui dis-je.

– Qu'est-ce que ça fait ? répondit-elle. Je te hais quand même.

– Ça fait que je peux pas faire ça toute la nuit.

Mais après un baiser sauvage, je décidai que je me trompais.

Quelque temps plus tard, la chair de poule nous tira tous deux du sommeil. Il s'était mis à faire un froid glacial, et en fait je ne m'étais même pas endormi. Je réfléchissais.

– Je réfléchissais, dis-je. Tu crois que la fornication est un péché mortel ou véniel ?

Comme nous nous tournions l'un vers l'autre, elle y songea.

– Ce qui compte, dit-elle, c'est le plaisir.

Quelque temps plus tard...

Ici, il vaut mieux que j'aie recours à l'ellipse et aux points de suspension, procédé littéraire que j'essaie d'éviter sauf pour les effets spéciaux. Mais j'avais un bateau à prendre.

...

Elle était partie lorsque je m'éveillai, bien couvert d'une peau de mouton. Je m'en dégageai et m'habillai à la hâte. Je me traînai jusqu'à la porte où je faillis trébucher sur le coffre de chêne. Je le chargeai sur mon épaule et me précipitai vers le port dans une aube injectée de sang.

12

Étrange conte du cannibale qui refusait de mourir. Tragique destin de La Nativité et autres péripéties contribuant à la compréhension des Indiens.

Une fois qu'on est pour tout de bon passé dans la légende, plus moyen d'y échapper. Les rares occasions où le héros se départ du masque mythique ne font qu'accroître son aura de mystère.

Même des indices comme un coffre de chêne petit et lourd la renforcent.

– Les affaires du patron sont à bord, non ? Qu'est-ce qu'il a là-dedans ?

– Et d'abord, où il était la nuit dernière ?

Les légendes ne font rien comme tout le monde. Une aventure amoureuse, allons donc !

J'ai presque envie de leur dire la vérité à tous, mais les légendes ne font pas ça non plus. Les légendes ne racontent pas leur vie. Aux simples quidams de le faire, et bien sûr aux historiens et aux biographes.

Qui, contrairement à leur prolixité coutumière, sont incapables de relater les événements d'un seul jour (si l'on excepte un orage de quatre heures) depuis que la grande flotte a quitté Cadix pour les Indes, le matin du 25 septembre 1493. Exception faite de cet unique orage, ils présument que ce fut une traversée sans le moindre aléa. Peut-être ont-ils raison. Je ne m'en souviens pas. J'avais la tête ailleurs.

Le jour du départ, je me le rappelle parfaitement.

Pas le grand spectacle du port – les canons du fort de Cadix et ceux de tous les vaisseaux de guerre de la baie tirant leurs salves tandis qu'on hissait toute la voile dans la brise légère pour montrer les grandes croix vertes sur la toile toute neuve, que sur les grands mâts flottait la fière bannière de l'Espagne, et qu'au-dessous, arcs-en-ciel sur tous les pavois de la flotte, battaient les armoiries des gentilshommes de notre aventure –, non, cela je l'ai oublié.

Et même mes propres armoiries, que le roi et la reine venaient de m'accorder – magnifique blason sur tous les passavants, dont les couleurs éclatantes éclipsaient les deux cents autres écussons : château de Castille d'or sur fond de sinople, lion rampant du León, pourpre à langue verte sur fond d'argent ; en trois, cinq ancres d'or sur champ bleu roi, en quatre, îles d'or surgissant sur une mer d'argent – pourquoi m'en souviendrais-je ?

Ce que je me rappelle, c'est l'instant où la *Marie Galante* semble s'immobiliser dans l'eau et Cadix aux murs blancs dériver lentement : dans la cohue des quais, j'aperçois Beatriz et les deux garçons amenés de Cordoue par l'oncle Harana pour me voir partir – et où étais-je la nuit dernière quand ils sont arrivés pour me faire la surprise ?

La morsure du remords disparaît car j'aperçois, légèrement à l'écart de la foule, un homme et une femme sur deux palefrois châtains. Lui est assis bien droit sur sa selle avec l'aisance arrogante de la noblesse castillane ; son allure me dit quelque chose malgré le chapeau à plumes qui cache son visage. Elle est tête nue et, même à cette distance, belle à couper le souffle : un seul regard abolit le temps et cette nuit passée avec elle me revient, fulgurante.

Qui est ce Castillan arrogant ? Je jurerais le connaître. Pourquoi est-il là, chevauchant tout contre elle, à regarder partir la flotte ? Et elle, a-t-elle fait un signe d'adieu en se penchant pour calmer sa fringante monture ?

C'est là que j'attrape le hauban et que je tourne résolument les yeux vers l'ouest – alimentant ainsi la légende.

– Regardez-moi un peu l'amiral ! Ses armoiries sur tous les bateaux, vingt et un coups de canon, des centaines de trompettes, des galères vénitiennes pour nous escorter jusqu'à la sortie du port, mais lui, il est déjà sur sa mer Océane.

– En route pour ses Indes.

Comme si la mer Océane et les Indes m'appartenaient en propre. Légende, ça aussi.

– Qu'est-ce qu'il a dans ce coffre de chêne ? demandent-ils encore quand je l'emporte dans le château de poupe.

Les cinq matelots attachés à mon service m'attendent dans la suite du capitaine général. Je leur suggère de monter sur le pont pour s'offrir un dernier coup d'œil sur la terre ferme.

Plus tard, l'un d'entre eux dira :

– L'amiral voulait se débarrasser de nous. Ça doit être des

cartes secrètes qui indiquent un raccourci pour les Indes. Il a passé toute la matinée enfermé à les étudier.

Je range le coffre de livres et me dispose à m'allonger.

Mais là, sur ma couchette, dans le soleil ruisselant du hublot, je vois une toute petite fleur. J'ai presque peur en la touchant d'abréger ses jours fragiles. Le bouton – ne me demandez pas comment elle l'a déposé là – est celui d'un parfait mouron bleu.

La traversée est aussi irréelle qu'un rêve à demi oublié. J'essaie de tenir un journal de bord, comme au cours de mon Premier Voyage, rien à faire. La nuit est la chevelure de Petenera, la mer ses yeux, le couchant le baiser océanique de ses lèvres. Elle me sourit dans l'éclair du sillage.

– Au fait, qu'est-ce qu'il fredonne tout le temps, l'amiral ?

– On dirait un air bohémien, non ?

– Ah, tu crois qu'il aurait du sang bohémien ?

Revoilà la légende, quoi que je fasse.

Les historiens doivent s'en tenir aux faits. La grande flotte haussa la Gomera le 7 octobre, dépassa Hierro le 12 et traversa la mer Océane avec les alizés en poupe en un temps record : au bout de vingt et un jours, nous atterrissions sur une île que je nommai la Dominique car on était dimanche, 3 novembre.

Les fioritures, il faudra les chercher ailleurs.

Je trouve Yego Clone caché dans la suite du capitaine général, sobrement vêtu du grand crucifix que lui a donné l'évêque de Barcelone. J'essaie de le raisonner :

– Tu es un Chrétien maintenant, un être rationnel, pas un sauvage superstitieux.

Son visage, d'habitude bronzé, est tout pâle ; les bras obstinément croisés sur sa poitrine nue, il déclare :

– Moi pas aller cette île. Toi fais pas moi aller cette île. Eux mangent gens.

La flotte a jeté l'ancre dans une crique à l'extrémité sud de la grande île que je viens de nommer Santa María de Guadalupe en l'honneur du fameux pèlerinage de l'ouest de l'Espagne. J'ai envoyé un groupe d'hommes à terre pour chercher de l'eau douce.

– Yego, dis-je patiemment, ce sont des contes de bonnes femmes.

– Bonnes femmes ? Bonnes femmes pas manger gens. Caraïbes mangent gens.

– Des contes de bonnes femmes, ce sont des histoires qui contiennent peu ou pas de vérité et que racontent des ignorantes qui ont peur. Tes prétendus cannibales sont en réalité des soldats d'une civilisation plus avancée, comme l'armée du Grand Khan du Cathay, hein ?

Yego secoue la tête, désorienté.

C'est ce que je veux. Je veux le noyer sous les mots, l'intimider par la rhétorique. Le groupe aura besoin de lui comme interprète.

– Ile Kekeria, dit-il, ferme sur île.

– Qu'est-ce que ça a de si affreux une ferme ?

Pour toute réponse, il fait le geste des rapports sexuels. Inattendu. Yego est très pudibond dans ce domaine. Il ne prononce jamais ces mots dans sa propre langue et, bien qu'il les ait entendus assez souvent, ne les dit pas non plus en espagnol.

– Qu'est-ce que ça veut dire, ça ?

– Ferme pour engraisser garçons. Filles, eux...

Ses pensées l'accablent ; il ne peut plus desserrer les dents.

– Je t'ai ordonné d'aller à terre. Tu sais ce qui va se passer si tu refuses de m'obéir ?

Je n'en sais trop rien moi-même, car son statut de fils adoptif est à part ; mais il acquiesce tristement.

– Alors ?

– Je reste ici.

– Écoute, lui dis-je sur une inspiration subite, je vais aller à terre avec vous. Tu me fais confiance, non ?

– Eux mangent gens, répète-t-il, suivant son idée.

– Tu ne me quitteras pas une minute.

A tort ou à raison, Yego a une immense confiance en moi.

– Promis, amiral père ?

Une heure plus tard, le canot de la *Marie Galante* est tiré sur une plage de sable blanc. Une demi-douzaine de canots d'autres navires attendent au large, tandis que nous partons en reconnaissance. Une haute montagne se dresse à l'intérieur des terres, sommet perdu dans les nuages. A son flanc chute une merveilleuse cascade.

– Kekeria, répète Yego en désignant celle-ci.

On la voit de loin en mer ; c'est le signe distinctif de l'île. Dès qu'ils l'ont aperçue, les quatre compagnons baptisés de Yego (le cinquième, fils d'un petit cacique, est resté en Espagne de son plein gré, à la péripatétique cour) se sont jetés au fond des cales.

Tous les hommes qui m'accompagnent portent, outre leur épée, qui un mousquet, qui une lance ou une arbalète. J'en désigne quatre, deux vétérans du Premier Voyage et deux nouveaux, pour rester auprès du canot.

– Je reste aussi ? dit Yego joyeusement.

Il n'a pas quitté son banc de nage et triture nerveusement son crucifix.

– Yego, dis-je, tout le monde t'attend.

Il sort du bateau, malheureux, et marmonne une dernière fois :

– Eux mangent gens.

Nous longeons un marais de palétuviers et avançons vers l'intérieur sur un sentier fait par l'homme, dans l'ombre dense de la jungle. Cris d'oiseaux habituels, froissements impossibles à identifier ; ça piaule, ça pépie, ça gazouille, ça couine, rumeurs de ramures, plaintes grêles, ça clappe et ça hurle, ça grogne. Le tout aiguise un peu les nerfs des nouveaux, mais nous donne à nous, vétérans du Premier Voyage, l'impression d'être en pays de connaissance. C'est ce qui nous trompe.

Le sentier débouche sur une vaste clairière au pied de la montagne, non loin de la cascade, à l'est.

A première vue, rien qu'un banal village indien : paillotes, maison du cacique plus grande, jardins d'ignames et de maïs. Mais derrière, il y a une palissade de pieux serrés et pointus, à hauteur d'homme. De l'intérieur proviennent des cris et des pleurs.

– Ferme, dit Yego.

Ai-je vu une expression d'angoisse dans ses yeux sombres et expressifs ?

Voici une porte dans la palissade, fermée par un simple verrou de bois. Mes lanciers à mes côtés, je tire ce verrou et j'ouvre.

Aussitôt, des enfants nus reculent avec terreur.

Il y a des filles d'à peine douze ou treize ans, à divers stades de la grossesse. Certaines referment les bras sur un bébé qui tète. Les garçons sont tous gras, adipeux, mafflus et fessus, leurs gros ventres cachant leurs parties honteuses – ce n'est que plus tard que nous apprendrons qu'ils ont été castrés. Yego leur parle, mais ils sont tellement terrorisés que leurs réponses sont tout d'abord incohérentes. Yego répète ces mêmes phrases interrogatives, plus fort.

– Caraïbes voir bateaux, cacher marécage, m'informe-t-il.

Nous pénétrons plus avant dans ce que Yego a appelé une ferme. Un édifice couvert de palmes, en face de l'entrée, abrite des enclos pleins de bébés.

A présent plus d'erreur, c'est de l'angoisse qui passe dans le regard de Yego. Il veut la communiquer et cherche ses mots. Il finit par tenter :

– Veaux. Caraïbes aiment veaux.

Ces mots importés me donnent le frisson : et s'il disait vrai, après tout ?

Deux des garçons obèses lui parlent avec véhémence.

– Eux veulent, s'il vous plaît, monter bateaux pour Haïti, traduit-il.

Châtrés, filles, bébés, il y en a des dizaines.

– Si garçons rester ferme, mourir.

– Et les filles ?

Bronzé ou pas, Yego rougit :

– Caraïbes faire autres veaux avec elles.

C'est alors que Mosén Pedro Margarit, capitaine des lanciers, accourt. Son menton en galoche pend. Il faut un moment pour que le favori de la reine soit en état de parler ; il finit par hennir de stupéfaction :

– Dieu du Ciel, amiral ! Faut que vous voyiez ça de vos yeux.

Je lui emboîte le pas, Yego sur mes talons. De la maison du cacique nous parviennent la fumée d'un feu de bois et des effluves caractéristiques de viande grillée. Derrière la maison, au-dessus d'une fosse de braises, des piquets fourchus soutiennent des quartiers de viande à la broche, apparemment abandonnés par les Caraïbes dans leur fuite.

Dans des moments pareils, l'esprit humain se protège : il trie ses impressions, classe les détails, établit des comparaisons, et affronte l'insoutenable à coups de métaphores – pour bloquer l'émotion et gagner du temps.

Donc, n'éprouvant rien encore, je me prends à penser : comme ça ressemble à un jambon, une cuisse humaine bien découpée, comme ça ressemble à un gigot d'agneau, un bras humain rôti à point et dégoulinant de jus, comme ça ressemble à un cochon de lait un bébé humain membres bridés.

Le hennissement de Mosén Pedro Margarit rompt le silence.

– Ils... ils se mangent ENTRE EUX.

Personne d'autre ne parle.

Il essaie de trouver un moyen de faire rentrer ce fait dans

l'ordre du monde qu'il connaît. Nous autres (maintenant une demi-douzaine autour du macabre barbecue), nous n'en sommes même pas là.

– Bien sûr, c'est des animaux, reprend-il, testant ses mots au fur et à mesure qu'il les prononce, comme des mets inhabituels.

Il semble en plein débat avec lui-même :

– C'est évident que ce sont des animaux, hein ? C'est ça, des animaux. Ils ressemblent à des gens, c'est tout. Ils pensent pas comme nous, ils sentent pas comme nous. Ils éprouvent probablement même pas de douleur ni... ni rien.

Il lève la tête d'une violente secousse et regarde Yego.

– Tu sens quelque chose, toi ? Si je te frappais, tu aurais mal ?

Le pire de tout, c'est que maintenant il sourit. D'un sourire grimaçant, mais quand même.

Yego ne l'a pas entendu. Il ne peut détacher les yeux des quartiers de chair humaine rôtie.

– Si je te coupe, tu la sentiras la morsure de la lame ?

Pas de réponse.

– T'as déjà mangé un autre Indien ?

La voix de Mosén Pedro est aussi raisonnable que quand il m'expliquait pourquoi il avait troqué nos pur-sang contre des haridelles. Mais il a l'œil hagard.

Yego le regarde pour la première fois. Mosén Pedro dégaine calmement son épée et se lance sur lui pour le décapiter. L'Espagnol a perdu la tête. Je le déséquilibre. Il trébuche et s'affaisse ; l'épée s'envole de sa main et là c'est moi qui ne me contrôle plus. Je le frappe à coups de pieds, par trois fois. Il se recroqueville et se protège la tête de ses bras.

Moi, je me détourne en titubant, fais une douzaine de pas, tourne le coin de la maison du cacique et, en un combat suffocant avec la dignité, je vomis mon déjeuner.

Lorsque je reviens, deux hommes aident Mosén Pedro à se relever. Il est sonné. Quelqu'un trouve de l'eau. On le fait boire dans une calebasse. Le côté droit de son visage est salement tuméfié.

Nous nous regardons.

Je voudrais m'excuser, mais comment le pourrais-je ? Hystérique ou pas, il a tenté de tuer Yego.

Ses yeux bruns sont vitreux. Je lui demande :

– Ça va aller ?

– Oui, monsieur. Bien sûr, monsieur.

– Faites amener tous les enfants sur la plage.

Je lui donne des responsabilités en espérant lui faire comprendre que j'ai toujours confiance en lui. Et lui, sur un ton monocorde :

– Oui, monsieur. Tout de suite, monsieur.

– Et puis brûlez cet abominable enclos à bétail humain.

– Oui, monsieur. Je comprends, monsieur. C'est comme si c'était fait.

Il s'en va comme un automate.

Tête courbée, Yego tombe à genoux devant moi.

– Relève-toi, mon garçon, relève-toi, lui dis-je, bourru. Dis à ces enfants qu'on va les emmener en Haïti.

Là-bas, sur la plage, les six autres canots ont débarqué leurs hommes pour faire de la place aux prisonniers des Caraïbes. Bientôt, encouragés par Yego, les enfants se hissent ou sont portés à bord des canots qui les mèneront à la *Marie Galante.*

A l'extrémité de mon champ visuel, je perçois un mouvement dans les palétuviers, mais, quand je me retourne, je ne vois que le fouillis des racines aériennes.

L'un après l'autre, les canots s'éloignent. Ils sont partis depuis près d'une heure, mais notre groupe, à présent plus nombreux, n'a rien à craindre. Les observateurs invisibles le demeurent.

Alonzo Ojeda, le coq de combat chamarré qui commande la *Colina,* est de retour le premier.

– Où sont-ils ? demande-t-il. Ils se sont pas montrés ?

Il parle des Caraïbes et meurt d'envie d'en découdre. Apparemment, il en sera pour ses frais, car bientôt les autres canots reviennent.

Nous sommes peut-être à cent mètres du rivage lorsque d'un cap, derrière les palétuviers, débouche un grand canoë. La rupture soudaine du rythme des pagaies dit assez le choc que causent aux Caraïbes canots et vaisseaux. Les Indiens peuvent éviter l'affrontement en faisant demi-tour ou en gagnant la plage.

Ils choisissent la plage.

Alonzo Ojeda aussi. Bientôt, je vois des jets de flammes et des bouffées de fumée noire, puis les mousquets crépitent.

Loin de fuir cette terrifiante fusillade, les Caraïbes lancent une grêle de flèches contre Ojeda et font aussitôt volte-face pour l'affronter. Sur le plat-bord, on lève les boucliers, mais un hurlement de douleur, un seul, déchire l'air.

Sur mon ordre, le canot de la *Marie Galante* fait toutes rames vers le point où convergent Ojeda et les Indiens.

Debout à la proue, dédaignant le rempart des boucliers, le Chamarré brandit son épée d'un geste théâtral. Il se retourne pour crier des encouragements à son équipage, l'œil plus dur, plus impavide que jamais, le sourire étincelant. Tandis qu'on lève les rames, il fait un bond en arrière et sa lourde chaloupe va enfoncer le flanc de la pirogue. Celle-ci se fend en deux ; les Indiens valdinguent dans toutes les directions. La plupart se mettent à nager vers la plage. A notre stupéfaction, quelques-uns foncent sur la chaloupe d'Ojeda avec des cris de guerre à vous glacer le sang. Ceux qui sont passés à travers les balles de mousquet et les carreaux d'arbalètes se cramponnent aux plats-bords avec une telle ténacité que les hommes d'Ojeda doivent trancher des doigts avant que leurs propriétaires ne partent à la dérive, laissant sur l'eau bleue des traînées de sang.

– Y en a un qui monte à l'abordage ! crie Mosén Pedro.

Yego voit deux mains bronzées agrippées à notre plat-bord ; il rugit un juron arawak, empoigne la première épée venue et se met à faire des moulinets plus dangereux pour nous que pour le Caraïbe. Il faut trois hommes pour maîtriser mon fils adoptif. Quant au Caraïbe, nous le hissons à bord. Il tressaute comme un poisson hors de l'eau, un carreau d'arbalète planté dans le ventre.

Ojeda nous crie :

– Nous avons une victime.

Le blessé, un matelot basque du nom d'Echevarria, est à peine écorché par une flèche. Mais il a la face boursouflée, la langue pendante et enflée, et ses mains ont doublé de volume. Nous le menons à bord de la *Marie Galante* pour le montrer à notre docteur, maestro Alvarez Chanca, qui a fait un voyage à Fernando Po et s'y connaît en poisons africains.

Pendant le transfert, le Caraïbe blessé à mort qu'on avait quasi oublié empoigne à deux mains le carreau d'arbalète fiché dans son ventre et se l'arrache. Dans un flot de sang, sa blessure ainsi agrandie crache un obscène chapelet de tripes fumantes qu'il essaie en vain de refourrer à leur place. Tout en contenant d'une main blessure béante, boyaux et sang, il gronde dès qu'on l'approche.

Même chose à bord de la *Marie Galante* où on le hisse dans un filet. Il saute sur le pont cambré comme un poisson hors de l'eau. Dès que quelqu'un passe à sa portée, il donne de violents coups de tête en claquant des mâchoires à vous arracher le doigt.

Le docteur Chanca ouvre la plaie du blessé basque et la laisse saigner. C'est un type d'une quarantaine d'années, toujours pragmatique, qui ne s'embarrasse pas plus de paroles rassurantes que de robes rouges de médecin.

– Impossible de retirer tout le poison, me dit-il.

– Qu'est-ce qu'il va devenir ?

– Il va mourir. Lentement, dit-il assez près d'Echevarria pour en être entendu.

De ses yeux bouffis, celui-ci fixe le docteur Chanca.

– Je veux un prêtre, articule-t-il péniblement, la langue enflée.

Chanca hausse les épaules :

– Y a le temps. Je t'avertirai.

Sur quoi il tourne les talons et reporte son intérêt médical sur le Caraïbe, à présent pieds et poings liés. Au lieu d'examiner la blessure, il passe quelques minutes à explorer l'Indien des pieds à la tête, tâtant ceci, sondant cela, effleurant un bras, ouvrant la bouche avec un bâton pour regarder les dents : crac ! le Caraïbe casse le bâton en deux d'un coup de dents.

– Spécimen très sain, commente Chanca, je dirais même tout à fait remarquable.

– Il va survivre ?

– Grand Dieu, non ! Avec cette blessure, il devrait déjà être mort.

En dépit de ses liens, le Caraïbe recommence ses sauts de carpe du côté des boxes de chevaux. Un long gémissement s'échappe de ses lèvres, ses yeux s'exorbitent et, soudain, le chanvre qui lie ses bras musclés se casse avec un nasillement de corde de luth pincée. Le plus fort c'est qu'il saute aussitôt sur ses pieds entravés, regarde Chanca droit dans les yeux, lui crache à la figure, tâche de contenir d'une main son chapelet de tripes à l'air, sautille jusqu'au bastingage de tribord et se jette à la mer.

Dès que sa tête ressort, il se met à nager vers la plage, d'un seul bras (ses jambes sont entravées et son autre main retient ses tripes). Pourtant, il creuse l'écart entre lui et la *Marie Galante*.

Mon équipage se presse contre le bastingage ; et tout autour de l'Indien qui nage lentement, les balles de mousquet et les carreaux d'arbalète soulèvent de petits jets d'écume. Il continue à nager. Volée après volée, l'eau blanchit autour de lui. Il doit être touché dix fois, vingt fois. Il continue à nager. On recharge les mousquets plus vite qu'à l'exercice. C'est maintenant à qui l'abattra. Vivats et quolibets. Il continue à nager. Bientôt, il est hors de portée des mousquets. Les arbalétriers grimpent dans les gréements pour gagner du champ. Un des fauconneaux de tribord rugit et fait feu dans un nuage de fumée. Le Caraïbe est presque arrivé à la plage. Il vire et se dirige avec la même lenteur douloureuse vers le marais de palétuviers. Il se traîne sur le rivage tandis qu'un second fauconneau rugit, pulvérisant un segment de racines aériennes. L'Indien disparaît dans le marais en sautillant, courbé en deux, se tenant le ventre à deux mains.

Je ne fais que rapporter ce que j'ai vu. Il aurait dû mourir cent fois. Peut-être est-il mort en effet, tapi quelque part au cœur de ces racines noueuses. Mais je dirais que non.

J'ai un pressentiment. Si nous entrons en conflit avec les Indiens – et à en juger par le comportement de ces Caraïbes (et par celui de Mosén Pedro), comment faire autrement ? – ce ne sont pas les armes qui en viendront à bout.

Voici la conversation que je surprends contre le bastingage alors que l'air sent encore la poudre.

CAPITAINE MOSÉN PEDRO MARGARIT : Ils sont pas humains, je vous dis. C'est pas plus compliqué que ça.

DOCTEUR CHANCA : Ce que j'ai examiné était bien un être humain.

MOSÉN PEDRO : Mais, mon cher docteur, vous avez bien vu cette créature continuer à nager ! Elle savait même pas qu'elle était morte. On dit que les animaux sont comme ça – ils sentent même pas leur corps mourir.

FRÈRE BUIL : Exactement. Car les animaux n'ont pas d'âme.

CHANCA *(ignorant cette interruption) :* Vous voulez mourir, vous, capitaine ?

MOSÉN PEDRO : Moi ? Bien sûr que non ! Pourquoi donc ?

CHANCA : Cet Indien non plus. C'est pour ça qu'il se débattait comme un beau diable.

FRÈRE BUIL : Diable qu'il est et qu'ils seront tous jusqu'à ce que nous les convertissions.

MOSÉN PEDRO : C'est du temps perdu, la pêche aux âmes, chez ces barbares.

Et l'officier de cavalerie préféré de la reine tourne son regard dogmatique vers mon fils adoptif.

A force de cajoleries, Yego est en train de faire sortir les enfants que nous avons sauvés du château de proue, où ils se sont enfuis quand nous avons monté le Caraïbe blessé à bord. L'un après l'autre, ils émergent de l'écoute et viennent vers l'arrière. Il leur faut donc longer les boxes de chevaux sur les passavants. C'est là que se produit une chose étrange : ils dépassent les boxes qui sentent le fumier comme s'ils n'étaient pas là, niant totalement l'existence de ces énormes, de ces invraisemblables quadrupèdes. Un peu plus ils y arrivaient, mais l'une des haridelles de Mosén Pedro choisit cet instant précis pour ruer et hennir, affirmant ainsi sa réalité : les Arawaks replongent par l'écoute comme une traînée de poudre.

Ces Indiens qui refusent d'admettre l'existence de nos monstres équidés me rappellent dangereusement Mosén Pedro et son refus dogmatique de leur humanité à eux.

Yego est debout sur le gaillard d'arrière qui tangue ; il trace à la craie une carte sommaire sur l'ardoise de l'officier de quart. L'île tant redoutée de Kekeria (ou Santa María de Guadalupe) lui sert de point de référence ; la craie voltige au nord-ouest et à l'ouest, esquissant de petites îles et une grande sur le chemin de l'Hispaniola. Il en dessine le contour avec une croix sur la côte nord pour La Nativité. Je demande :

– A quelle distance ?

Maintenant que je sais où nous sommes, je suis impatient de retourner à La Nativité pour voir comment notre petite colonie s'en est tirée.

Il réfléchit et annonce :

– Huit jours.

Entendons-nous bien, ce chiffre est typiquement espagnol. Huit jours font une semaine (en comptant les deux bouts) pour être exact,mais les Espagnols ne le sont pas, et Yego pense de plus en plus en Espagnol. « Huit jours », donnée temporelle variable, comme les mots « bientôt » et « demain ». Il faut prendre en compte non seulement l'humeur du moment, mais encore la personnalitéwdulocuteur.Or,Yegoestfondamentalement entreprenant et il tient de moi un certain optimisme géographique. J'en conclus : dix jours, douze peut-être.

Le moment semble propice pour initier Grand Diego au travail d'officier de quart : mer peu agitée, vent stable par tribord. Dans ces conditions idéales, la grande flotte peut presque naviguer comme un seul vaisseau avec un seul timonier renseigné par un seul officier.

Voici donc Grand Diego, ce gaillard pâle et doux aux robes de moine, au sourire gentil (mais pas niais, j'en suis sûr), debout devant l'habitacle de la *Marie Galante ;* il plisse les yeux sur la boussole dans le soleil et crie au timonier à sa barre :

– Un demi-quart à gauche.

– A gauche ? répète le timonier.

– A bâbord, dois-je souffler à Grand Diego. On dit un demi-quart à bâbord.

– Un demi-quart à bâbord, crie mon frère très pro.

Une question ahurie monte de l'entrepont :

– On change de cap ?

Grand Diego me regarde. Je regarde l'habitacle et rectifie :

– Il veut dire un demi-quart à tribord.

– Ben oui, c'est ça, à tribord, dit Grand Diego.

Environ une heure plus tard se pose un petit problème de livarde et je m'avance pour arbitrer un différend entre le maître d'équipage et le voilier. Ça ne prend pas longtemps, mais quand j'émerge du placard à voile dans la lumière crue, je crois avoir sous les yeux une bataille navale – dix-sept vaisseaux et autant de caps, des signaux de fumée frénétiques, la *Marie Galante* presque sur le flanc, barre en bas, pour éviter la *Colina* qui va au lof pour ne pas croiser l'étrave du *San Juan.* En fonçant à l'arrière, je passe devant les boxes où les rosses de Mosén Pedro piétinent et hennissent nerveusement sur le pont qui roule en folie.

Grand Diego donne ses ordres au timonier de sa même voix douce :

– Non. Je crois que finalement je voulais dire barre en haut. Désolé, hein.

Une paire de bras musclés apparaît par l'écoute, encadrant une tête grisonnante. Le timonier a coincé la barre le temps de monter et de demander à Grand Diego :

– Vous voulez me faire passer pour un nul ?

Alors, il voit le chaos qui nous entoure.

– Madonna ! beugle-t-il en réintégrant l'entrepont.

– Je prends le relais, dis-je à mon frère en contenant ma voix.

Au crépuscule du 27 novembre, la grande flotte jette l'ancre devant la baie où il y a près d'un an, le soir de Noël, la *Santa María* s'échouait sur un récif. Il ne reste plus rien de l'épave. Le canonnier Relampago l'a magistralement démolie pour impressionner les Indiens de Guacanagari.

En pensant à Relampago, je souris et dis au chef canonnier de la *Marie Galante :*

– Tirez une salve pour les avertir de notre arrivée.

Je dis à Grand Diego :

– Luís Torres va te plaire. Il a une grande ouverture sur le monde.

Au docteur Chanca :

– Le docteur Sánchez vous apprendra des tas de choses. Ça va faire une année qu'il traite les problèmes médicaux du coin.

A Mosén Pedro Margarit (l'espoir !) :

– Ah, quand vous ferez la connaissance du cacique Guacanagari, s'il vous reste des doutes sur l'humanité des Indiens, il les dissipera !

A frère Buil :

– Ah, quand vous verrez comme les Arawaks sont doux et pacifiques... on dirait que le péché originel les a oubliés !

Buil me contredit en souriant :

– Le péché originel n'a oublié personne depuis Adam et Eve. Suggérer autre chose relève de l'hérésie. Quant à la nature pacifique des Indiens, je vous rappellerai seulement la triste cérémonie à laquelle nous avons tous deux pris part il y a trois jours.

C'étaient les funérailles en mer du matelot Echevarria qui a fini par succomber à la flèche empoisonnée. Buil a recommandé son âme à Dieu et moi je l'ai fait entrer dans l'Histoire comme étant le premier Espagnol mort aux Indes. Si seulement ça avait été vrai !

J'explique à Buil :

– Les Caraïbes et les Arawaks, c'est le jour et la nuit. Ce sont des ennemis héréditaires.

– Mais s'ils sont des ennemis, comment soutenir qu'ils sont pacifiques ? objecte Buil avec un sourire raisonnable.

– Bon, mais enfin, dis-je sans perdre pied, vous verrez avec quel zèle ils se convertissent. Regardez Yego.

– Je verrais d'un meilleur œil votre *fils* et sa conversion s'il s'habillait en chrétien au lieu de se balader avec un crucifix pour tout vêtement.

– Mais c'est la coutume de son peuple d'aller nu. Le climat, voyez-vous...

– Les femmes aussi vont nues ?

– Oui, mais quand vous verrez ces corps presque enfantins...

– Comme c'est intéressant, sourit frère Buil.

Je commence à m'étonner et à m'inquiéter un peu de ne pas recevoir de réponse de La Nativité. La nuit tombe comme un rideau sous les tropiques, et je n'ai pas l'intention de mettre en danger un seul vaisseau de la flotte en traversant la zone de bas-fonds avant le matin.

Au bastingage de la *Marie Galante* s'alignent équipage et colons, tous dans l'attente d'une réponse de La Nativité. Mais dans la nuit qui s'épaissit, pas même une étincelle.

– Tirez une autre salve, dis-je au canonnier.

Sitôt la fumée noire dissipée, la vigie de la hune annonce :

– Voilà une embarcation.

Bientôt, nous apercevons en effet un grand canoë qui se dirige vers la flotte. Mais la nuit le prend de vitesse et quand il est tout près on ne voit plus que l'éclair des pagaies qui plongent, remontant la ligne de nos vaisseaux.

Un cri retentit :

– Amiral ! Amiral !

C'est un des rares mots d'espagnol que les Indiens de Guacanagari connaissent.

Nous allumons le signal de la *Marie Galante* pour guider jusqu'au vaisseau amiral et regardons l'éclair des pagaies se rapprocher.

On lance une échelle, Yego me rejoint.

– Dis-leur de monter à bord.

Il le leur dit, mais ils se contentent de crier :

– Amiral ! Amiral !

Je m'approche du bastingage, et l'on apporte une torche pour qu'ils puissent voir mon visage.

Quelques minutes plus tard, six Indiens nus sont sur le pont, malheureusement menés par le gros frère de Guacanagari que Francisco Niño a cocufié. Dieu merci, notre innocent n'est pas à bord de la *Marie Galante*.

Deux Indiens s'avancent avec deux masques d'or.

– Grand masque cadeau de Guacanagari, me dit Yego. Plus petit, bien plus mieux – naturellement, il traduit – cadeau de Guarionex.

C'est le nom du frère du cacique.

Je le remercie des présents, et l'on ouvre une boîte de grelots. Bientôt, ils tintinnabulent autour de nous. On apporte du vin. Les Indiens, qui n'ont pas l'habitude de boire, deviennent volubiles.

– Demande des nouvelles de la colonie à Guarionex, dis-je à Yego. Qu'est-ce qui se passe là-bas ?

Bref dialogue en arawak. Garionex pose sa coupe de vin et cesse de boire.

– Combats, dit Yego. Grands malheurs de combats.

– Contre qui ? Contre qui ces combats ? Ils ont eu des victimes ? Pourquoi est-ce qu'il n'y a pas de lumière dans le fort ?

Échange en arawak. Traduction de Yego :

– Beaucoup malades. Guacanagari blessé quand essaie de... protéger.

– De quoi ? je hurle.

Guarionex répond quelque chose comme « Caniba ».

– Demande-lui combien il y a de victimes, dis-je vraiment alarmé à présent.

Réponse traduite :

– Aucune.

– Mais il vient de dire que...

Dialogue arawak plus nourri.

– Mais beaucoup morts fièvre jaune.

Je hurle :

– Combien ?

Guarionex n'en est pas sûr.

Une demi-heure plus tard, il en est encore moins sûr. Une heure plus tard, il refuse de répondre aux questions.

Bien sûr, la nouvelle des combats et d'une éventuelle épidémie fatale s'est répandue à bord.

Une voix familière me demande :

– Vous pouvez pas lui tirer la vérité à ce gros olibrius ?

Mosén Pedro Margarit s'est poussé en avant.

– Ça doit pas être bien difficile de faire parler un sauvage nu, quand même !

Pour écarter Mosén Pedro, j'ordonne à tous de se retirer. Il ne manquerait plus qu'un affrontement entre l'officier de cavalerie préféré de la reine et le frère de Guacanagari !

– Annonce à Guarionex que nous irons à terre à l'aube, Yego, dis-je dès que nous sommes seuls avec le sous-cacique et ses hommes. Quelle que soit la vérité, là nous la découvrirons. Alors, il ferait mieux de nous la dire tout de suite.

Yego le lui explique.

Il y a un long silence, puis Guarionex parle. Un silence plus long encore et c'est Yego qui parle.

– Eux tous morts, dit-il d'une voix étranglée. Il dit eux tous morts.

– Il ment ! je hurle. Ça peut pas être vrai !

Mais Yego secoue tristement la tête.

– Caonabo, cacique très fort. Guacanagari et lui sont...

Il ne trouve pas le mot...

– Ennemis ? Rivaux ?

Il acquiesce :

– Oui, rivaux.

Je regarde Guarionex.

– C'est impossible qu'ils soient tous morts.

Mais Yego répète :

– Tous morts.

Au point du jour, je fais descendre le canot et pendant ce temps je retourne la question jusque-là différée ; celle de la composition du groupe qui m'accompagnera. Jusqu'à ce que nous sachions précisément ce qui s'est passé, je ne veux pas d'un Mosén Pedro, trop certain que les Indiens sont des sous-hommes, ni d'un frère Buil, trop prompt à condamner ce qu'il ne comprend pas. En revanche, j'aurai besoin d'hommes armés et d'un officier sur qui compter s'il faut se battre. Alors, je fais signe à la *Colina*. Si je peux contenir sa folie guerrière, le petit coq de combat est exactement l'homme qu'il nous faut.

Il me faut aussi un type pragmatique, intelligent et peu enclin à tirer des conclusions hâtives, quoi que nous découvrions. Je regarde Grand Diego, regrette l'absence de Barto et arrête mon choix sur le docteur Chanca.

Nous descendons dans le canot avec une douzaine d'hommes en armes. Le gros Guarionex prend gauchement l'échelle, tandis que son canoë manœuvre pour se placer dessous. Nous nous dirigeons de front vers la plage, suivis à une centaine de mètres par le canot de la *Colina*.

A notre approche, La Nativité est aussi silencieuse que le marais de palétuviers, aussi déserte, apparemment, que le village indien tout au bout de la plage. La palissade d'enceinte semble intacte et je vois le mât de misaine de la *Santa María* dressé contre le ciel qui s'éclaircit, mais pas de pavillon au vent. Et là où je devrais voir la tour de guet, ne reste plus qu'un moignon déchiqueté.

Je n'attends pas d'être au sec. Je saute dans le ressac à la tête de mes hommes. Les portes du fortin sont béantes. Je cours ; Ojeda fonce en avant.

A l'intérieur du fortin, La Nativité a brûlé presque de fond en comble. Les cases à la mode indigène sont totalement détruites. Le moignon déchiqueté de la tour de guet est noirci. Nous fouillons les cendres et les pierres du magasin. Il ne reste plus que quelques poutres carbonisées. Voici les bonbonnes de vin brisées et un bout de bois qui ressemble à une pièce de charrue rudimentaire. Un objet brille dans un coin. Il s'agit d'une pitoyable poignée de verroterie que l'on troque avec les Indiens. Alonzo Ojeda découvre une boîte à clous, un de mes hommes un crucifix d'argent et sa chaîne, noirs de suie. Guarionex nous observe et se tient à l'écart.

Le docteur Chanca découvre les cadavres.

Il y en a deux au pied de la tour de guet, partiellement cachés par les poutres écroulées. Il ne reste presque plus de chair sur les os. Des vers grouillent sur les rares lambeaux de vêtements. Une corde de chanvre presque entièrement brûlée lie encore les bras d'un des deux cadavres derrière son dos. Une espèce de chose marron, brillante comme une limace, se coule, obscène, par une orbite vide. Ce corps-là est en chien de fusil. L'autre est prosterné à genoux, bras en avant.

Le docteur Chanca touche de sa botte l'un des crânes carbonisés.

– Vous voyez, commente l'homme de l'art, où le crâne a été fracassé.

Il examine l'autre tête où s'accroche encore, pitoyable, un reste de cuir chevelu.

– Même chose ici. Objet contondant.

Je n'éprouve pas l'horreur hébétée que j'ai connue il y a dix jours, dans l'île de Guadalupe. Je n'en ai pas le temps. Je vois ces morts, mais je revois aussi Guacanagari comme si je l'avais devant moi ; je revois ses signes, le jour où j'ai quitté la baie sur la *Niña,* signes aussi clairs que des mots : *Reviens vite, mon frère.*

Je dis froidement à Yego :

– Demande à Guarionex s'il y a d'autres corps.

Mon fils adoptif est en larmes et il lui faut du temps pour se remettre à parler. Ensuite, Guarionex nous mène à l'extérieur, derrière l'enceinte. Il y a là neuf autres corps, tous ont le crâne fracassé, certains les mains encore liées dans le dos.

Nous parcourons la plage jusqu'au village arawak abandonné. Guarionex nous suit sans crainte, suant et soufflant. Dans la case du chef, nous trouvons des justaucorps, des bonnets rouges, une écharpe mauresque de soie vive. L'ancre de la *Santa María* est sur le sol près de la chaise à porteurs du chef. Je ne saurai jamais pourquoi ni comment elle est arrivée là.

Soudain Guarionex se met à baragouiner. Yego traduit :

– Lui dit Caonabo tuer hommes du village amis des Espagnols.

J'acquiesce sombrement et Guarionex continue, encouragé.

– Il dit Guacanagari peut pas arriver à temps.

J'acquiesce de nouveau, sur quoi Guarionex débite un torrent de mots furieux.

– Il dit – Yego écarquille les yeux – chaque Espagnol du fort prendre quatre, cinq femmes pour esclaves, beaucoup dames mariées, très mauvais pour peuple de Guacanagari.

– Mais, il y a une minute, il disait que c'était Caonabo qui les avait tués.

L'expression de mon visage fait reculer Guarionex d'épouvante. Il lève ses mains grasses pour se protéger et marmonne quelque chose.

– Un d'eux prendre femme de Guarionex, dit Yego.

Je regarde le gros sous-cacique en sueur et me rappelle la jeune beauté qui est partie dans la jungle avec Francisco Niño ; je comprends que je n'en tirerai pas toute la vérité, alors je lui demande :

– Où est ton frère ?

Le grand cacique, dit-il, réside en ce moment dans un village à moins de vingt kilomètres des ruines de La Nativité. Ferdinand et Isabelle ne sont pas les seuls à avoir une cour péripatétique.

Une heure plus tard, je suis de retour à bord de la *Marie Galante*. On hèle les capitaines, on descend les canots. Le soleil tombe d'aplomb. La première armée européenne jamais vue aux Indes quitte la plage ; le son aigu des fifres et les roulements de tambours font taire les bruits de la jungle. Deux cents hommes lourdement armés s'avancent par deux sur le sentier indien qui mène à l'ouest, à Guacanagari.

Cet homme musclé à la stature imposante dans la puissance de sa prime jeunesse, ce grand cacique qui parvient à avoir l'air digne sans rien porter d'autre qu'un large brassard d'or, quelques traits de peinture ocre et une plume dans les cheveux, gît dolent dans son hamac à l'intérieur de la seule grande case du misérable village. Une de ses jambes dépasse, entortillée de haut en bas par le bandage le plus volumineux que le docteur Chanca ait jamais vu – « En vingt ans d'exercice », m'assure-t-il.

Malgré son immobilisation, Guacanagari reste un mime hors pair ; il joue à merveille de ses mains et de ses mimiques.

– J'ai été blessé en protégeant La Nativité des hordes sauvages de Caonabo, exprime-t-il.

Avec un mince espoir, je demande par le truchement de Yego s'il y a des survivants.

– Tous vos hommes ont été massacrés par le barbare Caonabo. Je le regrette.

Il se laisse de nouveau aller dans son hamac. L'après-midi s'avance, le soleil couchant inonde la case du cacique. L'extravagant bandage qui emmaillote sa jambe est d'un blanc éclatant dans les derniers rayons obliques.

– A-t-il dit quand nos hommes sont morts ? s'enquiert le docteur Chanca.

– Non. Pourquoi ?

– Cela fait des semaines, je peux vous l'affirmer... Mais ce bandage-là doit dater d'aujourd'hui, pour être aussi propre. Les guérisseurs arawaks sont-ils si à cheval sur l'hygiène ?

Sans répondre, je le pousse du coude pour qu'il s'approche du hamac et je dis à Guacanagari :

– Cet homme est le plus fameux médecin de toute la Chrétienté.

– Nombreux, nombreux sont mes médecins, exprime illico Guacanagari.

– Il propose d'examiner ta blessure et de la guérir avec une puissante médecine espagnole.

– J'ai confiance en mes nombreux, nombreux médecins.

Le docteur Chanca renifle.

– Et moi je flaire beaucoup, beaucoup d'anguilles sous roche.

Yego commence à traduire, mais je l'arrête d'un regard.

Le docteur Chanca s'approche du hamac qui se balance un peu tandis que Guacanagari déplace son poids.

– Plie le genou.

Il ne peut pas.

– Bouge les orteils.

Il le fait.

– C'est bien ce que je craignais, dit le docteur Chanca en secouant la tête.

– Mes conseillers médicaux sont de premier ordre, exprime Guacanagari.

Mais comme j'acquiesce, le docteur Chanca insiste pour jeter un coup d'œil à la blessure, ce que le cacique ne peut refuser.

Et voici que se déroule toute la longueur du bandage blanc impeccable, découvrant enfin la jambe musclée de Guacanagari.

Le docteur Chanca l'examine minutieusement :

– Pas une marque.

Guacanagari grimace :

– La rotule est cassée.

Le docteur Chanca me regarde et j'acquiesce de nouveau. Il attrape à deux mains le mollet saillant et plie aussitôt la jambe du cacique.

Celui-ci est trop fier pour poursuivre cette comédie ; il fait basculer son hamac et se lève avec grâce.

– Il semblerait, exprime-t-il avec une habileté malicieuse, que je sois doué de formidables facultés de récupération.

Silence et immobilité de part et d'autre. Puis il exprime finalement :

– Feindre d'être blessé semblait tellement plus simple.

– Raconte-moi ce qui s'est réellement passé, lui dis-je d'une voix dure.

Au crépuscule, une brise s'est levée. On apporte des torches, qu'on fiche en terre. Guacanagari demeure impassible.

– Pour chaque vaisseau que nous avions l'an dernier, lui dis-je, il y en a maintenant six. Pour chaque homme, vingt. Nous amenons de terribles animaux qui se jettent dans la bataille avec nous, de grandes créatures à quatre pattes qui font un homme plusieurs fois.

Je pense à Mosén Pedro et ses rosses et enchaîne aussitôt :

– Nous avons des chiens qui tuent et cent canons comme celui qui a pulvérisé mon vaisseau-amiral sur le récif, et un millier de mousquets. Je veux la vérité. Et tout de suite.

A la lueur des torches, le visage de Guacanagari semble une allégorie bronzée de la tristesse.

– Et croiras-tu ce que je te dirai, mon frère ?

– Ça vaudrait mieux pour toi. Sinon les capitaines qui sont là dehors te feront la peau.

Il ignore cette menace.

– Si tu ne me crois pas...

– Et pourquoi te croirais-je ? Ton frère le gros Guarionex ment comme il respire, et toi tu n'as jamais été blessé dans une bataille que tu n'as jamais livrée.

– ...Croirais-tu ton propre interprète ?

La question me surprend.

– Yego Clone ? Comment ça ?

– L'interprète qui est mort à La Nativité. Le jeune avec les yeux couleur de lagon au soleil.

Je pense à Luís Torres et pour la première fois l'horrible sort de La Nativité m'atteint réellement. Le frère de Petenera est mort. Ils sont tous morts.

Sur un signe de Guacanagari, une boîte de bois plate est apportée par un des hommes de suite. Dedans, il y a une chose carbonisée jadis rectangulaire, ce qui reste d'un livre peut-être.

– Paroles-empreintes des Chrétiens, exprime Guacanagari – c'est ainsi qu'il désigne l'écriture – trouvées avec le corps de l'interprète aux yeux verts.

Je ramasse le livre carbonisé. Le cuir de la reliure s'émiette et me part dans les mains. Les pages aussi commencent à tomber en poussière malgré mes précautions. Le papier est jauni, ses bords noircis ; l'encre est brune comme des tâches de sang anciennes. Çà et là des mots et des passages entiers du journal de Luís Torres sont effacés.

Je sors avec une torche. Les hommes se massent autour de moi, mais je me fraie un chemin entre eux sans répondre à leurs questions et m'en vais à l'orée du misérable village. Les chiens indigènes qui n'aboient pas s'écartent, craintifs, sur mon passage. Un perroquet crie dans la nuit qui gagne.

Le vent soulève les pages du petit livre. Pour le protéger, je m'assieds et me recroqueville presque dans la même position que le squelette découvert au pied de La Nativité.

Était-ce celui du frère de Petenera ?

Extraits du journal de Luís Torres.

... prenons avec soulagement que finalement il n'y a pas de cannibales ici en Hispaniola (ou Haïti, comme disent les Indiens). Quand j'y repense, notre méprise est presque drôle. Il semblerait qu'un cacique nommé Caonabo fasse la loi dans les montagnes de l'arrière-pays. On dit qu'il est d'ascendance « caribe » (c'est-à-dire canib-al), d'où son nom. Mais malgré... et leurs flèches empoisonnées, quoiqu'ils soient plus guerriers que le peuple de Guacanagari, ce sont tout de même des Arawaks, si bien que nous avons peu de chances de passer à la casserole. Mais enfin, le nom de ce chef a de quoi faire ruminer. Si les écrits cabalistiques comme le *Sepher Yetzirah* sont dans le vrai – et là-dessus je suis moins sceptique que Petenera – le cacique nommé Caonabo a sa part de férocité cannibale (même si, Dieu merci, ses habitudes alimentaires ne s'en ressentent pas). Le *Sepher Yetzirah* va plus loin et soutient qu'une personne et son nom *ne font qu'un.* Même Dieu. Dans la Bible, le nom de Dieu n'est-il pas divin lui-même ? Sinon comment expliquer la phrase : « Il construira une maison pour mon nom. »

Ici, loin de tout, je me sens fasciné comme Petenera par le parallélisme indéniable entre les savoirs interdits – la magie noire, *la Clef de Salomon,* la Cabale, l'enseignement des Gnostiques comme Simon le Magicien – et les doctrines judaïques et chrétiennes officielles. C'est pourquoi je consigne ces élucubrations, dans l'idée de les partager un jour avec elle, même si elles n'ont pas leur place dans ce qui se veut journal de La Nativité. Je me rends compte que si je les publie, ce sera revues et corrigées si je ne veux pas avoir à affronter l'Inquisition après les Indiens. En tout cas, nous ne savons pas vraiment si ce cacique Caonabo...

(Le passage se perd dans un froissement de papier roussi et demeure indéchiffrable jusqu'à :)

...vait arriver, je suppose, mais c'est tout de même un choc. Harana ne sait trop que faire, mais dorénavant il soup... Chachu fait, pour tout le bien que...

...ossible d'oublier la première fois (comme elle paraît loin !) où l'un d'entre nous a fauché l'épouse consentante du gros Guarionex... blâmer. Mais étant donné que Chachu serait plutôt un remède contre la tentation, il est probable... en fait violée. Mais Guarionex a battu sa femme à mort tandis que Chachu n'a...

...

Le 4 mai. Je crois que Chachu est fou ...avait que lui, passe encore. Mais aussi énorme que cela puisse paraître, il a bien la moitié des nôtres avec lui désormais – vingt chrétiens censément civilisés qui font des ravages jusque dans l'arrière-pays. Ils pillent les récoltes, violent les femmes et, si on leur résiste, ils rasent des villages entiers. Harana soupçonne... dans les galettes de manioc qui les transforme en monstres malfaisants mais le docteur Sánchez affirme que c'est impossible. Les galettes sont tout de même bizarres, c'est vrai. Je veux dire dans leur fabrication. On gratte la racine (qui s'appelle manioc – presque maniaque – intéressant ; voir mes spéculations antérieures sur le nom des choses) sur une planche incrustée d'éclats de silex. Le liquide ainsi extrait est le poison mortel dans lequel les guerriers de Caonabo plongent leurs flèches. Mais le résidu fibreux est concassé ... la base même de l'alimentation arawak.

...affrontement. J'admets avec Harana que le conflit était inévitable. Seulement, il est bien dommage qu'en ayant expulsé Chachu et ses brutes de la colonie, nous n'ayons pas pu en débarrasser toute l'île... ouest des terres où règne Guacanagari, se conduisait avec un tel dérèglement que même notre loyal allié ... premier contact direct. Caonabo pourrait aussi bien être cannibale ! (Non. A supprimer. Petenera fulmine toujours contre les exagérations, et ce Caonabo ne mange pas de chair humaine. C'est quand même un drôle de paroissien.) Les premiers vrais ennuis...

16 juillet. Aujourd'hui les ... uppliant de les laisser rentrer dans le fort. Comme il n'en reste que quatre, je pense qu'Harana cédera même si Chachu ... sinon les guerriers de Caonabo les tueront ou les repousseront définitivement sur le territoire de Guacanagari. Le grand cacique est venu nous voir aujourd'hui et nous a prévenus que...

Comme si ça ne suffisait pas, une étrange maladie nous tourmente. Le docteur Sánchez ne sait qu'en penser. Fièvre, hémorragies, vomi noir – pouah ! Nous avons déjà quatre morts, dont le pauvre Relampago, et c'était notre seul canonnier chevronné. Le docteur Sánchez trouve encourageant ce qu'il appelle le taux de survie. Deux sur trois, dit-il. Mais les rescapés sont terriblement faibles, ils ont la peau et le blanc des yeux d'un jaune malsain.

...ou tard. Le docteur Sánchez et moi sommes les seuls à ne pas le faire. Même Harana a succombé à la tentation (car c'en est une) le mois dernier. Il a fini par prendre un harem pour ne pas perdre la face en tant que chef de la communauté. Si bien que le connétable lui-même a cinq Indiennes aux petits soins pour lui et qui partagent son hamac. Une à la fois, moi ...abstinent, loin de là, mais ma fierté personnelle suppose le respect de la valeur des autres êtres, fussent-ils de sexe féminin. Je subis là l'influence de Petenera, j'en suis sûr ; car si elle a jamais réussi à m'enfoncer une idée dans la tête (outre des convictions agnostiques qui n'ont apparemment pas résisté à la traversée : comme le dit le docteur Sánchez, il n'y a pas d'agnostiques à La Nativité), c'est bien que la femme devrait avoir le choix tout autant que...

(A partir de là, le journal du pauvre Luís est tellement roussi qu'il n'en reste plus que quelques fragments lisibles.)

...stamment des patrouilles non seulement de Caonabo mais aussi de Guacanagari, qui se mettent aussi à se servir d'arcs et de flèches ... tristement inévitable ... appelle le progrès.

...Indienne ne s'aventure hors de son village. Guarionex menace de...

...Bonnes intentions de Guacanagari. Mais parfois je pense que la situation s'aggrave du fait que nous sommes sur un territoire que les deux caciques se disputent : Guacanagari ne peut pas se permettre de montrer de la faiblesse devant son...

...choses sont allées trop loin, même pour ça. Si seulement l'amiral était là !

3 septembre. Chachu est mort ! Il...

...ze, et ce n'est pas ce poussah de Guarionex qui nous inquiète, c'est Caonabo. Il semble en effet que Chachu... embuscade alors qu'il rentrait d'un village des hauteurs avec plusieurs captives. Dans la bataille ... des meilleurs guerriers de Caonabo, mais aussi une demi-douzaine des nôtres ... toutes les femmes ...porte bien son nom. Je crains pour notre vie.

12 octobre. Un an jour pour jour que nous avons touché terre. A moins d'un miracle, je suis sans doute en train de rédiger le dernier chapitre. Et je n'espère plus de miracle. A coup sûr la divinité, quelque nom qu'on lui donne – ou les forces adverses du bien et du mal comme le soutiennent les gnostiques, comme Petenera le concède à demi... responsa-

bles plus encore que Caonabo. Nous ne sommes plus que six à cette heure, et de l'autre côté de l'enceinte, des guerriers de Caonabo, par centaines, assoiffés de sang... fin d'après-midi, mais le...

Si vous lisez jamais ces mots, amiral, sachez que nous sommes quelques-uns à rester loyaux jusqu'au bout à votre conception d'une colonie qui ferait honneur à l'Espagne... esti dans l'or et les femmes plutôt que dans la colonie. Les mêmes qualités qui font un bon marin...

Petenera (comme il est peu probable, sœur chérie, que tu lises jamais ces pages !), je voudrais te dire que j'attends la mort, d'un moment à l'autre, avec plus de curiosité que de terreur. Car soit les deux traditions dont je suis nourri disent vrai, et la vie n'est qu'une préparation à quelque chose que nous ne saisissons que vaguement, tout comme nous ne saisissons que vaguement le pourquoi du mal dans la création d'un dieu d'amour ; soit c'est toi qui as raison, chère sœur, et bientôt tout ne sera plus que sommeil éternel. Je le saurai dans un moment. Mais, bien sûr, si c'est toi qui as raison, je ne risque pas de savoir...

... Harana ...

... recommande mon âme à ...

Je reste prostré longtemps. Mais mains tremblent. Les mots de Luís Torres sont si évocateurs que je vois les événements.

Mais je serai le seul. Car ce journal, d'une incontestable valeur historique, est aussi meurtrier qu'une flèche empoisonnée. Peu importe l'aveu des hérésies de Luís – l'Inquisition ne peut plus l'atteindre –, mais le catalogue tranquille de celles de Petenera, dressé incidemment et sans intention de nuire, pourrait bien envoyer sa sœur au bûcher. Comme j'attache plus de prix à la vie de ma bien-aimée qu'à mes devoirs envers l'Histoire, je jette le journal dans le premier foyer que je trouve.

C'est à ce moment que le docteur Chanca et son cher ami Bernal de Pisa, contrôleur de la Couronne, viennent à ma recherche.

– Vous allez bien, amiral ? demande le docteur Chanca. On commençait à se faire du souci.

– Qu'est-ce que vous brûlez là ? demande Bernal qui a la voix compassée et la mauvaise tenue caractéristique des ronds-de-cuir.

– Tout de même, glisse le docteur Chanca dans le silence qui s'ensuit, ce ne sont pas les écrits de l'interprète ?

– Ses dernières volontés l'exigeaient, dis-je piteusement.

– Comment ça ? Quelles dernières volontés ? dit Bernal, contrôleur de la Couronne. En tant qu'agent du fisc, c'est aux souverains qu'il rendra des comptes, pas à moi.

– Pauvre Luís Torres. C'était son journal intime. Il ne souhaitait pas qu'il lui survive.

– Mais alors, objecte Bernal, pourquoi ne l'a-t-il pas détruit lui-même ?

– Il a dû essayer, il était en grande partie brûlé.

– Mais pourquoi l'avait-il écrit s'il voulait le détruire ? demande Bernal, têtu.

– Pour se soulager d'un grand poids. Demandez au docteur de vous expliquer le phénomène de catharsis et les vertus thérapeutiques de...

– Et qu'y avait-il de si secret, insiste Bernal nullement freiné par ces considérations psychologisantes, qu'on devait le détruire ?

– Si l'amiral a exécuté les dernières volontés de l'interprète, intervient le docteur Chanca, il va de soi qu'il ne peut pas le dire.

Bernal de Pisa fait la somme de ces éléments comme s'il s'agissait d'une addition.

– Je vois, conclut-il d'un ton qui implique que le compte n'est pas bon.

Je hasarde :

– Tout ce que je peux vous dire, c'est que ce journal portait gravement atteinte à la réputation d'hommes qui sont morts en héros à La Nativité.

– Eh bien voilà, Bernal, dit le docteur Chanca toujours pragmatique, vous voyez comme c'est simple.

Bernal refait son addition.

– Mais enfin, amiral, si ce chef Guacamachin est votre ami, comme vous l'avez affirmé, comment être sûr, avec tout le respect que nous vous devons, que vous n'avez pas détruit ce journal parce qu'il le mettait en cause ?

Voilà un refrain qui va entrer dans ma vie, je le découvrirai le lendemain. Je m'en vais d'abord trouver Guacanagari.

– Les paroles-empreintes m'ont-elles lavé de tout soupçon ? exprime-t-il.

– C'est bien Caonabo et ses guerriers qui ont tué les colons. Mais tu es le seul à savoir si tu as essayé d'empêcher ce massacre, comme le dit Guarionex, ou si tu as trouvé commode de laisser Caonabo faire le sale boulot à ta place.

Alors, Guacanagari se détourne de moi, parle doucement à Yego et baisse la tête.

Yego traduit, bouleversé :

– Grand cacique veut tu prends couteau tu portes toujours et tu le tues.

J'en suis muet de désarroi. Guacanagari dit qu'il veut que je sois son juge et peut-être son bourreau. Je ne le puis et il le sait sans doute.

Pour la première fois, je réalise qu'être vice-roi et gouverneur est infiniment plus compliqué qu'être amiral de la mer Océane.

Ce sera encore plus frappant le lendemain à midi, dans la suite du capitaine-général, où j'ai réuni mes capitaines, Grand Diego et frère Buil – qui s'est imposé d'un sourire.

Nous ne sommes pas réunis depuis une demi-heure que Mosén Pedro Margarit, fourrageant dans sa barbe, entonne le fameux refrain :

– Mais alors, comment savoir, avec tout le respect qu'on vous doit, amiral, si vous avez pas brûlé le journal pour blanchir ce Guacanagari ?

Un murmure approbateur fait le tour de la table.

Seul Melchior Maldonado, au nom qui résonne, déclare :

– La parole de l'amiral de la mer Océane me suffit.

– C'est pas la question, ami Melchior, réplique Mosén Pedro, diplomate. La parole de l'amiral, je la mets pas en doute, moi non plus. Mais celle d'un vice-roi qui estime qu'il faut faire des concessions aux Indiens pour vivre en paix avec eux, c'est pas la même chose.

Nouveau murmure. Déjà, on tient pour inévitable le conflit inhérent à mes doubles fonctions.

Grand Diego demande benoîtement, avec une astuce inattendue :

– Eh bien, je crois que nous avons entendu tout le monde. Si nous passions au vote ?

Je le regarde, bouche bée.

D'où sort cette idée ? Depuis quand est-ce qu'on vote ?

Trop tard pour le désavouer en tout cas. C'est mon bras droit officieux.

Fort heureusement, autant de voix, autant d'avis.

Capitaine Torres (simple homonyme) :

– Mettons ce Guacanagari aux fers tant que nous ne savons pas la vérité.

Capitaine Maldonado :

– Moi, je me range à l'avis de l'amiral.

Capitaine Margarit :

– Y a qu'à couper le nez et les oreilles du cacique, comme à un voleur, ça fera réfléchir ses ostrogoths – vestiges de l'Islam. Après tout, ajoute-t-il, puisqu'ils ne sentent pas la douleur, ce ne serait jamais qu'un châtiment esthétique.

Et frère Buil, les yeux brillants, la face séraphique et rose :

– Purement esthétique, ça ne marchera pas. Si nous voulons vraiment faire un exemple – il rit de bon cœur – il faut le brûler au bûcher. Et, d'ailleurs, ce serait un exemple qui ne servirait pas qu'aux païens.

Il y a d'autres propositions sur le sort de Guacanagari, qui vont d'extrêmement douloureuses à fatales.

C'est au tour de Grand Diego de parler :

– Je vote comme le capitaine Maldonado.

Il y a eu tant de votes divers que j'ai du mal à me rappeler la position de Maldonado. Grand Diego poursuit :

– Eh bien, nous avons deux voix pour relaxer le cacique et une pour chacune des autres solutions. Donc, je pense qu'on va le relaxer.

– Le relaxer, le relaxer, répète Maldonado, je n'ai pas prononcé ce mot-là.

– C'est curieux, lui dit Grand Diego, j'ai voté comme vous après tout, ce qui revient pratiquement à dire que vous avez voté comme moi, non ? Et je sais bien dans quel sens j'ai voté.

– Mmoui, sans doute, convient Maldonado, perplexe.

Je repousse mon siège et me lève. Les regards convergent sur moi. Pour la première fois, la justice va être rendue à l'européenne dans notre colonie en herbe. Peut-être aurais-je dû accepter le sophisme démocratisant de Grand Diego et me laver les mains de ce non-lieu en faveur de Guacanagari ?

Mais notre entreprise n'est pas mûre pour les processus politiques préconisés par mon frère. Je clos le débat :

– Les votes n'ont qu'une valeur consultative, messieurs, car nous ne sommes ni une confrérie ni une guilde où chacun a voix au chapitre. Non, nous sommes (ou serons bientôt) une colonie de la Couronne dont je suis vice-roi. Mon verdict – qui n'engage que moi – est que le cacique Guacanagari n'a rien fait de mal et restera donc notre fiable voisin.

Sur quoi, je congédie sans façon l'assemblée.

Outrecuidance, pensez-vous ? Hubris des tragédies grecques, version caraïbe ? Orgueil qui précède la chute ? Peut-être, mais ai-je le choix ?

Les légendes vivantes ont des responsabilités ; notamment envers l'Histoire, exigeante maîtresse. Or, au cours de cet épisode, j'ai déjà joué au plus fin avec la muse Clio une fois ; ça suffit.

– Ça leur a pas plu, soupire Grand Diego.

– Évidemment. Voter. En voilà une ânerie ! T'es franc-maçon ou quoi ?

– Grand Dieu, non ! s'écrie mon frère, scandalisé. Mais Borgia m'a envoyé en mission dans la Confédération suisse quelque temps et j'y ai glané des notions de démocratie.

– Oublie-les !

– Toutes ?

– Toutes.

Diego, on le verra, me prend au mot.

13

Comment après divers désastres s'accomplissent des retrouvailles aussi poignantes qu'inattendues.

Mes nombreux biographes, si souvent en bisbille, s'accordent sur un point : amiral de la mer Océane, j'étais peut-être au top niveau, mais vice-roi ou gouverneur, je ne faisais pas le poids.

Mais demandez-leur pourquoi, retour aux chicanes habituelles.

J'aimerais bien renverser la situation quelquefois, les mettre sur la sellette à mon tour. Et, tiens ! l'espace d'une ou deux pages, je vais même le faire.

Prenez le plus éminent de mes biographes européens du XXe siècle – homme de lettres espagnol qui a fui son pays pendant une période de troubles et a fini Docteur *Honoris Causa* du collège d'Exeter (Angleterre, si vous vous rappelez mes aventures nordiques) ; comment explique-t-il mes vice-royales déficiences ?

Tenez-vous bien : par mon ascendance juive !

Et comme Luís de Santangel n'est plus là pour confirmer cette hypothèse, il se met en devoir de l'étayer.

Argument massue : quand on quitte sa terre natale pour errer de pays en pays et qu'on se sent partout chez soi, c'est sans doute qu'on est juif. *Ergo,* Colón avait du sang juif. Bon, je ne dis pas le contraire. Mais et lui, l'exilé volontaire ? C'est vrai quoi, il a quitté son Espagne natale, il parlait une demi-douzaine de langues étrangères, il se sentait tout à fait chez lui en Angleterre. Est-ce qu'il faut en déduire qu'il était d'ascendance juive ? Et d'abord, notre Docteur *Honoris Causa* ne confondrait-il pas un peu les Juifs avec les Bohémiens ? Bien sûr que j'ai erré : pouvais-je changer le cours du *faege* qui m'avait mené depuis ma décennie julienne sur la rive nord de la mer Océane ? Mais je ne me sentais pas chez moi partout, je me sentais chez moi NULLE PART. L'éternel étranger, c'est moi.

Voilà peut-être qui explique, bien plus que mon ascendance juive, pourquoi (comme on le verra) j'étais une calamité pour les colonies. Est-ce que ça reste en place, un découvreur ? Comment il découvrirait, alors ? Vous voyez le problème.

Non pas que j'essaie d'éviter cette histoire de judaïté. Tôt ou tard, il faudra bien que je m'y attaque de front, je le sais.

Toutefois, le plus éminent de mes biographes américains du XXe siècle (amiral en titre d'ailleurs) rejette tout de go cette hypothèse – à mon avis c'est parce que le Docteur *Honoris Causa* la monte en épingle. Lui, l'amiral, il met mes incontestables bavures de vice-roi sur le compte du fait que j'étais marin, tout comme lui, donc plus apte à gouverner un navire sur des mers houleuses qu'une colonie sur des rochers. Ça nous en dit plus long sur l'amiral en titre que sur moi – logique : nous l'avons déjà rencontré et nous savons qu'il ne s'intéresse pas à la psychologie, aux mobiles et tout et tout. Déplorable, ces biographes qui se déchirent sur mes triomphes – et sur mes désastres, oui – comme des héritiers sur un testament litigieux.

Mais il est temps d'en finir, car mes dix-sept navires se dirigent lentement vers l'est ; nous longeons la côte nord d'Haïti à la rencontre des alizés, et encore bien contents d'avancer de deux ou trois milles par jour en changeant cinquante fois de cap.

C'est l'atavisme, clame le docteur, l'ascendance juive.

L'environnement, répond l'amiral, la vie de marin.

Essaient-ils de résoudre ce différend darwinien ? Pensez-vous ! Ils sont bien trop occupés à s'entr'égratigner.

L'amiral, professeur d'histoire à l'université de Harvard, écarte l'hypothèse de la judaïté, que son auteur, dit-il, ne condescend pas à étayer du moindre fait.

Le docteur, pour sa part, éreinte sous le voile de la louange la biographie de l'amiral, qu'il juge « intéressante... du point de vue du plaisancier ».

Pourquoi se tirer dans les pattes ? Est-ce que Oxford et Harvard ne pourraient pas s'entendre ? Ces querelles de clocher me dépassent.

Non, il vaut mieux que je parle de moi. C'est le sujet que je connais le mieux et quand je m'écarte des traditions de l'autobiographie, c'est seulement pour remettre les pendules à l'heure.

Pendant que je m'y employais, ma grande flotte a fini par jeter l'ancre au large de ce qui deviendra, j'espère, notre colonie permanente. Ah, ce n'est pas le site idéal, avec mouillage en profondeur à proximité de la côte et promontoir pour protéger la baie ; mais enfin, c'est au nord du Cibao (qui pourrait bien être Cipango, aux toits, aux murs, aux rues et aux rigoles d'or). Le port donne malheureusement nord/nord-ouest, si bien que, l'hiver, les tempêtes viendront s'y engouffrer, menaçantes. D'ailleurs, en voilà une qui s'annonce. Mais après une heure d'averse, le ciel se dégage : heureux présage, me dis-je.

Nous sommes le 2 janvier 1494. J'aimerais pouvoir rapporter que nous accostons sur le nouveau site avec tous les espoirs de l'an neuf.

Mais les hommes sont épuisés par un mois de manœuvres perpétuelles ; quelques-uns ont déjà contracté la fièvre jaune (simple influenza, prétend le Docteur *Honoris Causa !*), notre bétail souffre (nous avons perdu une truie d'Estramadure primée à un concours, quant aux rosses de Mosén Pedro, elles sont plus rossinantes que jamais), et de toutes parts j'entends des voix me supplier de jeter l'ancre une fois pour toutes, quelque part, n'importe où.

Lorsque nous débarquons, il y a quelques enthousiastes.

– Voilà où je vais construire la première église outre-mer Océane, sourit frère Buil en installant sa concession et celle de Dieu sur un tertre, à quatre cents mètres de la plage.

Je lui réserve une surprise. Nous avons à bord de la *Gallega* une petite église en kit, cadeau de la reine Isabelle. Cet édifice préfabriqué sera le premier à s'élever dans Isabela – nous donnons à la colonie le nom de la reine – et sera son seul bâtiment d'importance.

Le docteur Chanca choisit son terrain :

– Voilà l'endroit qu'il me faut pour ma clinique. Bien ensoleillé, un peu sur la hauteur pour que cette rivière-là ne l'inonde pas à la saison des pluies.

En fait cette rivière-là, qui n'est guère qu'une rigole entre les marécages, se révèle trop stagnante pour nous fournir une eau potable assez sûre ; il nous faudra aller en chercher à un kilomètre et demi, au sud-ouest, dans un ruisseau qui cascade des hauteurs. Mais on n'en est pas à un kilomètre près quand Cibao le Doré n'est qu'à trois ou quatre jours de marche dans l'arrière-pays.

Je commence à imaginer de coquettes maisons andalouses blanchies à la chaux, une plaza pavée devant l'église préfabriquée, une rue commerçante, quelques petites fermes en bordure de la ville où du bétail espagnol paîtra, où du blé, des concombres, des vignes espagnols pointeront leurs tendres pousses vertes, curieuses du soleil des Indes, tandis que l'or des mines du Cibao affluera dans nos coffres.

Or, que répond la réalité ?

Venez me retrouver de bonne heure, un matin de février : en grattant mes piqûres de moustiques, je sors furtivement de ma hutte clayonnée (me promettant, comme chaque jour, que nous édifierons une vraie maison de gouverneur en pierre de taille, dès que nous serons mieux organisés et que le docteur Chanca aura enrayé la fièvre jaune) et j'arrive sur un terrain vague boueux et désolé entre l'église préfabriquée sur son tertre et la double hutte, clinique du docteur Chanca. Je me dispose à traverser la future plaza en me faufilant un peu comme mes parents dans le chapitre premier, scène un, parce que j'aimerais autant passer inaperçu jusqu'à la clinique. Celui qui a une rage de dents n'a guère besoin, en prime, des questions sondes du seul directeur de conscience du coin.

Mais frère Buil le Souriant apparaît sur le seuil de l'église.

– Bonjour, vice-roi ! me lance le Séraphique, quelle splendide journée Dieu nous accorde pour accomplir son œuvre ! Chacun selon sa place, bien entendu, comme il l'a voulu. Vous allez bien mettre fin au labeur de brutes des caballeros aujourd'hui, n'est-ce pas ?

Buil le Souriant proteste (et il n'est pas le seul) parce que j'ai donné à nos gentilshommes des tâches aussi écrasantes que de labourer le sol, drainer les marais et creuser un canal jusqu'à la rivière qui nous fournit l'eau potable. Je grommelle indistinctement, la mâchoire enflée :

– Frère, je ne vois vraiment pas comment je ferais. Trop de nos colons roturiers sont malades de la fièvre jaune.

– Allons, si le Seigneur avait voulu que les caballeros travaillent comme des bêtes de somme, Il ne les aurait pas faits caballeros, voyons.

Pour toute réponse, je porte ma main à ma mâchoire en plissant les yeux de douleur – et ça n'est pas du chiqué.

– Eh bien, réfléchissez-y pendant que le vétérinaire vous arrachera cette dent, me conseille frère Buil.

Mais je ne vais pas chez les vétérinaires d'Isabela. Ils font tous deux des journées de vingt heures pour soigner le bétail – la peau sur les os et un taux de mortalité qui grimpe. D'ailleurs, j'ai plus confiance dans le docteur Chanca comme arracheur de dents, sans compter que je veux son avis sur la liste des provisions d'urgence qui partira aujourd'hui pour l'Espagne.

Là-bas dans le port, après la ligne des bouées de bois qui jalonne le passage des caravelles (les caraques doivent jeter l'ancre à un mille au large), douze navires se préparent à retourner à Cadix, sous le commandement d'Antonio Torres. Nous n'avons plus besoin de ces vaisseaux ni de leurs équipages, maintenant que notre propos est de trouver de l'or. En les renvoyant, je fais montre de cette frugalité si nécessaire à présent : la première expédition au Cibao, menée par Ojeda-Risque-Tout, n'a rapporté que quelques pépites, don du cacique Mayreni. Je commence à douter sérieusement que le Cibao soit Cipango. Mais du moins les Indiens de Mayreni, allié de Caonabo, ont-ils reçu Ojeda pacifiquement. Il est donc retourné dans les hauteurs de l'arrière-pays, construire un fort.

J'entre dans la clinique ; le docteur Chanca me dit :

– Asseyez-vous sur ce tabouret, devant le trou de la fenêtre, au jour.

Nous n'avons pas de vitres, sauf à l'église. Je m'assieds, prêt au pire.

– Ouvrez.

J'ouvre.

– C'est plus une gencive enflée, c'est une gencive en feu.

Il me touche la joue.

– Et vous avez de la fièvre, vous savez.

– Je vais la perdre, ma dent ?

– Pardi ! Quand une dent est pourrie, on l'arrache. Ouvrez plus grand.

Son doigt explore. J'étouffe un cri. On dirait que quelque chose gicle dans ma bouche.

– Il y a du pus, commente-t-il, toujours pragmatique, en reprenant son exploration.

Je saute du tabouret comme un diable de sa boîte.

– Crachez, asseyez-vous, dit-il.

Je crache et je m'assieds, respectivement sur le sol et sur le tabouret.

Pendant qu'il farfouille dans des instruments qui, ce matin du moins, ont l'air droit sortis d'un donjon de l'Inquisition, je case d'une voix pâteuse :

– Et notre liste de provisions ?

– Pas de problème, *si* la Couronne est d'accord.

– Et si la Couronne n'est pas d'accord ?

A ma propre surprise, j'ai pris un ton belliqueux.

– Pas de problème non plus. Dans ce cas, d'ici six mois, par là, on sera tous morts ; et les morts n'ont pas de problèmes, hein ? Ouvrez grand.

Au lieu d'obtempérer, je demande :

– Vous êtes sûr qu'on n'a rien oublié ?

Le docteur Chanca agite son arrache-dent (ou ongle).

– Je ne vois pas quoi. On leur demande d'envoyer trois ou quatre caravelles chargées de : *a)* Vin, huile, sucre, mélasse, vinaigre, grain et viande salée pour la population ; *b)* miel, riz, raisin, fromage et amandes pour les convalescents ; *c)* médicaments dont les herbes que je connais pour régler les humeurs, et du vif-argent contre cette saleté de maladie vénérienne pis que ce que les dieux de l'Antiquité ont infligé à l'irrévérencieux Syphilis (si vous connaissez votre mythologie) ou le Dieu de l'Ancien Testament à Job (si vous lisez la Bible, et même si vous ne la lisez pas). Combien d'or est-ce que Torres rapporte en Espagne ?

– A mon avis, il y en a à peine pour trente mille ducats et encore, pour les réunir, il a fallu menacer tous ceux qui connaissaient ne serait-ce qu'un Indien, et démolir quelques huttes dont les clayonnages semblaient suspects.

– Ça couvrirait à peine un dixième de nos besoins.

– Voilà pourquoi je renvoie la plupart de nos marins : toujours ça de moins à payer pour la Couronne.

– Très juste. Sans compter que ça empêchera peut-être une mutinerie.

Chanca regarde, pensif, le plafond clayonné et soupire :

– Ah ! Être en Andalousie maintenant qu'y fleurit le printemps.

Le printemps est précoce au sud de l'Espagne et partout dans notre petite colonie en lutte s'entend ce mélancolique refrain où perce la menace. A moins que ce ne soit mon humeur.

– Maintenant, ouvrez. Ouvrez, je vous dis. Ça ne va pas faire aussi mal que vous croyez.

Je me rends à l'inéluctable. J'ouvre la bouche toute grande et je ferme les yeux très fort.

Pendant quelques instants, une douleur fulgurante me transperce, culminant étrangement dans l'aine. Je jaillis du tabouret, crachant le sang.

– Ça n'a pas fait si mal que vous croyiez, hein ? demande le pragmatique Chanca. Mais non, mais non, répond-il à ma place. Ça a fait *encore plus mal.*

Je reste là contre le mur, haletant, ravalant mon sang. Il fourre un tampon d'ouate dans le trou de ma gencive et me montre un objet piqué comme un meuble vermoulu et veiné de brun comme une poterie.

Je touche du bout des doigts les longues racines sanglantes comme des pinces.

– Ça sort de ma bouche, ça ?

– Une dent qui pourrit, explique Chanca, peut dangereusement déséquilibrer les humeurs en produisant trop de bile aux dépens du flegme. Cela donne des frissons, de la fièvre, etc. Vous vous sentiez atrabilaire, ces temps-ci ?

– Je ne sais pas quel effet ça fait d'être atrabilaire.

– On est soupe au lait, on prend la mouche pour un oui, pour un non, si vous voulez bien excuser ce mélange de métaphores.

– Moi, soupe au lait ?

– Et si vous vous accordiez la journée ?

– La journée ? Qu'est-ce qui vous prend ? J'ai pas de temps à perdre, lui dis-je en articulant mal, car ma mâchoire est plus enflée que jamais.

– Atrabilaire, confirme Chanca.

– ...vous faire lanlaire, je rétorque.

– Eh bien, si vous ne voulez pas vous accorder une journée, au moins, décompressez un peu.

A l'instant même où je lui réponds d'un ton accusateur : « Impossible et vous le savez bien », un frisson me saisit et me secoue des pieds à la tête.

– Je vous aurai prévenu !

Je me calme et objecte :

– J'ai des milliers de choses à faire.

– Vous signez votre arrêt de mort.

Chanca est un bon médecin mais, quelque part, ceux qui ont connu le pauvre docteur Sánchez regrettent ses manières rassurantes.

Malgré tout, Chanca n'a peut-être pas tort sur cette histoire de bile. Alors, en prenant congé, je demande sur le ton de la conversation :

– Comment ça va la pêche ?

– Aucune idée. Bernal part trop tôt pour moi ces temps-ci. Je préfère dormir une heure de plus.

Lorsque je sors de la clinique dans le soleil de la future plaza d'Isabela, je vois des hommes traîner, adossés au mur de l'église ; ils bavardent, fument des cigares (de forme et d'arôme inférieurs à ceux de Luís de Santangel), émettent des commentaires égrillards sur l'Indienne qui se dirige vers la mer, dans sa grâce ingénue, bref, ils ne font rien avec ces dehors affairés qui caractériseront un jour le spectacle de la rue en Amérique latine.

– Ces hommes devraient être au travail, dis-je au premier venu qui se trouve être Juan Niño de Moguer.

Le colosse est connétable d'Isabela, et comme il a l'air d'une Inquisition à lui tout seul, sa présence suffit en général à dissiper les malentendus. Mais il est désarmé face à la grève sauvage de nos deux cents caballeros. Il reste planté là à les regarder. Il ne lui manque plus qu'un rouleau de tabac rougeoyant pour qu'on le confonde avec eux.

Je trouve Mosén Pedro Margarit posté sur le seuil de l'église avec frère Buil. Il se croise les bras sur la poitrine et me lance un « C'est comme ça », qui n'augure rien de bon.

– Ah bon ?

Je suis décidé à contrôler ma bile.

– Nous exigeons deux choses. La première, de ne plus faire dorénavant que du travail de gentilhomme. A savoir : défilés et batailles à cheval.

– Vous nous avez accordé une joute de temps en temps, lui rappelle frère Buil en souriant.

– Dans les grandes occasions, dit Mosén Pedro. Et deuxièmement, nous, caballeros, exigeons de la vraie nourriture espagnole.

Le climat subtropical a putréfié tout notre porc salé et les vers des biscuits prospèrent dans la tiédeur haïtienne. Même nos réserves de pois chiches et de lentilles sont moisies. Notre ordinaire de cassaves et d'ignames baptisés à la piquette, que des marchands de vin arnaqueurs nous ont vendue à Cadix, nous permet tout juste de ne pas rendre l'âme. En outre, le docteur Chanca soutient que ce régime affaiblit notre résistance aux déséquilibres d'humeur comme la fièvre jaune. Pourtant, ces rations dépaysantes sont notre lot à tous.

Mosén Pedro gratte ses piqûres de moustiques : les moustiques piquent sans discrimination roturiers et caballeros.

– Ce ne serait pas équitable, lui dis-je. Nous n'en avons déjà pas assez pour les convalescents.

– Qu'est-ce que l'équité vient faire là-dedans ? demande-t-il, surpris.

Je suggère un compromis :

– Je vous dispense, vous caballeros, de labourer, creuser le canal et drainer les marais un jour sur deux si vous passez ce jour-là à la pêche.

Des pêcheries organisées contribueraient largement à résoudre nos problèmes de disette.

– La pêche n'est pas la tâche d'un gentilhomme.

– Qu'est-ce qui l'est, alors ?

– Tout ce qui a trait aux chevaux.

– Mais vous ne voulez même pas panser vos rosses.

– Les panser ? Ça n'a rien à voir. Les gentilshommes ne pansent pas leurs chevaux.

Les Indiens ne veulent pas parce que ces bêtes les terrifient (il est révolu, l'état de grâce où ils affectaient d'en ignorer l'existence). Quant aux colons roturiers, ils ne peuvent pas, trop occupés qu'ils sont à défricher, construire des huttes, caréner et gratter les cinq vaisseaux qui nous restent, labourer, creuser le canal et drainer les marais.

Toutes activités pour lesquelles les dizaines d'Indiens de Guacanagari, venus s'installer autour d'Isabela par curiosité surtout, leur prêtent un appui essentiellement moral. Le travail comme mode de vie ne fait pas un tabac chez les Arawaks, et nous attendrons encore pour recourir à la force.

Toujours décidé à contrôler ma bile, je suggère un autre compromis :

– Prenez donc la matinée. Vous avez sans doute besoin d'une coupure, c'est tout. On fera un roulement.

Mosén Pedro hennit de rire.

– Et comment qu'on prend la matinée, mon vieux ! Sans parler de l'après-midi et de demain matin et...

La coupe déborde.

– Arrêtez cet homme, dis-je, très atrabilaire.

Juan Niño de Moguer avance sur l'officier de cavalerie préféré de la reine dans le silence soudain de la plaza écrasée de soleil. En une empoignade éclair, Mosén Pedro porte la main à son épée, mais Juan Niño le pince sous le nez, là où la chair est tendre, et le traîne ainsi, courbé par la douleur, jusqu'à notre prison encore vierge.

Moi, j'ordonne :

– Au travail, vous autres !

Personne ne bouge. La fumée des cigares s'élève en volutes paresseuses. J'entends quelques : « Fichus métèques », prononcés avec les inflexions traînantes de la Haute.

– Vous êtes privés de rations tant que vous ne retournez pas au boulot.

Trois jours d'affilée, les caballeros se mettent en ordre de bataille dès potron-minet entre l'église de frère Buil et la clinique du docteur Chanca, et ils traînent là toute la journée.

Le quatrième jour, avant l'aube, j'entre dans la pénombre de l'église préfabriquée dans l'espoir que le Ciel me guide, c'est vous dire où j'en suis. Je m'agenouille et commence à poser à Dieu quelques questions ardues lorsque frère Buil entre par le côté, noir contre la clarté des cierges votifs.

– Qu'est-ce que vous faites ici, vice-roi ? demande-t-il *sans sourire.*

– Je prie Dieu de me guider, dis-je simplement.

– Ma foi, je suppose que ça ne regarde que Dieu et vous. Mais, personnellement, je trouve que ce que vous faites est odieux. En conséquence, je vous frappe d'interdit. Dorénavant, plus de sacrements ni d'offices, tant que vous refuserez la nourriture aux caballeros.

– Mais..., dis-je.

Ce n'est pas tant que la messe va me manquer, ou que je vais languir après la confession, mais un vice-roi règne par la grâce de ses souverains qui règnent de droit divin. Alors, dans cette conception des choses, je ne sais pas très bien ce que me laisse l'interdit de Buil.

– Je lèverai l'interdit dès que vous rétablirez leurs rations.

– Je rétablirai leurs rations dès qu'ils se remettront au travail.

Impasse.

– Vous ne croyez tout de même pas qu'un homme de Dieu va vous laisser sans réagir utiliser votre mainmise sur les vivres pour extorquer une obéissance absolue à tous les colons, quelle que soit leur naissance ?

– Peut-être pas, dis-je en m'avisant de passer à l'attaque, mais comment se fait-il que, depuis deux mois que nous sommes ici, ce même homme de Dieu n'ait pas converti un seul et unique Indien ?

Je fixe un regard accusateur sur les fonts baptismaux préfabriqués, plus vierges encore que la prison.

– Doux Jésus ! s'écrie frère Buil avec un immense sourire troublé. C'est qu'ils sont encore lascifs, voilà tout. Le problème vient du sexe, vice-roi. Si seulement leurs femmes acceptaient une position décente, mais non, ces petites Indiennes sont capables des variations les plus acrobatiques sur le simple acte de procréation ; c'est fou ! Et ce n'est pas seulement que la position du missionnaire les agace, Grand Dieu, non ! Elles tiennent absolument à la nudité.

– Pas étonnant, elles n'ont jamais rien sur le dos.

Frère Buil rumine.

– Non... mais pour l'autre aussi. Pourquoi est-ce qu'elles insistent toujours pour que leur partenaire retire sa robe ?

Silence lourd.

– Vous avez bien dit *robe* ?

Frère Buil m'adresse sourire sur sourire, puis il dit :

– C'était peut-être frère Ramon Pane, ou ces deux moines bourguignons.

Mais nous savons tous deux que Pane a tout d'un ermite et que les deux Bourguignons sont ensemble.

– Ou bien encore votre frère, il s'habille presque comme un prêtre.

Mais je suis convaincu que Grand D est vierge.

– Je lèverai l'interdit, sourit frère Buil, si vous gardez le silence dans l'intérêt de la recherche que poursuit ici la mission.

J'y consens : il est avec le Ciel des accommodements...

Le matin du cinquième jour, de l'autre côté de la plaza, le docteur Chanca prédit :

– Si vous ne rétablissez pas leurs rations, ils vont tous attraper la fièvre jaune.

Mais je campe sur mes positions, et tous les matins j'ouvre moi-même le magasin à vivres pour distribuer les portions congrues à la colonie.

De mon côté, je suis loin de jouir d'une santé parfaite. Je maigris, mes articulations me font mal au moindre changement de temps ; la brise la plus tiède suffit à me secouer de frissons, mes yeux injectés de sang sont irrités en permanence, on dirait que je n'ai plus de larmes. Pas un mot au docteur Chanca, il serait capable de m'arracher une autre dent. C'est d'arracher la première qui a tout déclenché, à mon avis.

– Vous avez une tête de déterré, vice-roi, me dit-il, toujours abrupt.

– J'ai dû mal digérer.

– Vous avez une tête de déterré, vice-roi.

Cette fois-ci, c'est ce beau gosse de Pedro Terreros, qui était commis aux vivres sur la *Santa María* et maître d'équipage sur la *Niña*. Contrairement aux hidalgos, il travaille le jour et s'est porté volontaire pour les veilles.

– C'est rien.

– Je peux vous dire un mot en tête en tête, monsieur ?

Nous nous dirigeons vers la hutte qui me tient lieu de maison du gouverneur.

– Ça, vous êtes pâlot, monsieur, me dit-il avec sollicitude.

– C'est rien, je te dis.

Nous entrons et je lui jette :

– Bon, alors, de quoi s'agit-il ?

Je vais jusqu'au seau qui se trouve dans un coin et puise de l'eau à pleines mains pour soulager la brûlure de mes yeux.

– Les veilleurs remarquent des choses, commence Pedro en me dévisageant.

– T'as jamais vu quelqu'un se laver les yeux ?

– Pardon, monsieur. Je vous fixais pas, ni rien, ment Pedro.

– Alors, qu'est-ce que tu es venu faire ?

Il me regarde, et son visage de pur Espagnol s'empreint de déception. Ce n'est plus l'amiral qu'il a connu et peut-être même aimé.

– Ah, excuse-moi, mon garçon, lui dis-je, bourru. C'est vrai que je suis pas dans mon assiette ces derniers temps. Assieds-toi, va, et dis-moi ce que tu as sur le cœur.

– Ça, dit Pedro en sortant de sous son bras un étui de cuir comme ceux où les pilotes rangent leurs cartes maritimes. Voilà comment je l'ai trouvé. Chaque fois que je prends le quart d'avant l'aube, je vois la même chose : cette lumière sur la pirogue de Bernal de Pisa ; et chaque fois que je la vois, tôt ou tard, elle dérive vers la troisième bouée du chenal.

– C'est peut-être un bon coin pour la pêche.

Je ne vois pas ce minus de Pisa mêlé à un vrai coup fourré.

– On croirait qu'il va s'arrêter un moment, hein ? Mais il ne fait que passer. Alors, la semaine dernière, quand il a tiré son canoë au sec, je suis allé jeter un coup d'œil à la nage. La bouée a une cache bien hermétique. C'est là que j'ai trouvé l'étui à cartes.

Je l'ouvre. J'y trouve plusieurs feuilles de papier couvertes d'une écriture serrée, semble-t-il. J'y jette un coup d'œil et les glisse à nouveau dans l'étui.

Pedro se méprend :

– Vous préférez les lire en privé. Je comprends, monsieur.

– Tu les as pas lues ?

Pedro répond qu'il ne lui a pas semblé que cela faisait partie des attributions d'un veilleur.

Je me frotte les yeux et lui tends les feuilles.

– Lis-les à haute voix, veux-tu ?

– Moi ?

J'improvise :

– Comme ça tu pourras témoigner si nécessaire que tu les as lues avant que j'aie pu y changer une virgule.

Pedro lit, d'une voix de plus en plus indignée, les papiers rédigés dans un langage de comptable, sec et incolore, qui constituent un réquisitoire en règle contre moi.

> *Alinéa 1.* Lors d'une altercation entre un païen et le capitaine Margarit, le vice-roi, non content de prendre parti pour celui-ci, a frappé celui-là et l'a roué de coups de pieds alors qu'il était à terre.
>
> *Alinéa 2.* Quoiqu'il ne fasse aucun doute que le cacique Guacanagari ait laissé massacrer les colons de La Nativité, le vice-roi a refusé de le punir.
>
> *Alinéa 3.* Lorsque les deux cents caballeros d'Isabela, surmenés, ont demandé une petite redistribution des tâches qui aurait profité à toute la communauté, le vice-roi leur a coupé les vivres.
>
> *Alinéa 4.* Le vice-roi a conduit ses recherches d'or prétendument détourné au mépris du droit des personnes à l'honneur et à la vie privée en pays civilisé...

Édifié, je pars en trombe à la recherche de Bernal.

Un quart d'heure plus tard, nous sommes dans le palais de justice ou juzgado, triple hutte dont la prison occupe le fond. Juan Niño de Moguer m'accueille.

– Lisez ça, lui dis-je.

Et il parcourt le réquisitoire de la bouée. Il fronce les sourcils d'un air véritablement féroce ; il attrape Bernal par le revers de son justaucorps, le tire vers lui et hurle :

– Qui t'a mis ça dans la tête, minus ?

Comme Bernal reste là, pendu à son énorme poing, il le soumet au feu roulant des questions journalistiques : qui, quoi, quand, où, comment, pourquoi ?

Du fond de la prison, la voix insolente de Mosén Pedro lance :

– Vous n'êtes pas tenu de répondre.

Bernal ne pipe mot.

Juan Niño aurait-il eu recours à certaines techniques de l'interrogatoire alors en vogue en Espagne ? Les paris restent ouverts, car à cet instant précis Yego Clone fait irruption dans le juzgado, les yeux écarquillés par l'excitation, une pellicule de sueur sur sa peau bronzée, le souffle court.

Dès qu'il peut parler :

– Amiral père, je cours tout du long depuis col de l'Hidalgo pour prévenir toi.

– Par ici, lui dis-je en l'entraînant vers la fenêtre nord. Mets une sourdine. Des oreilles ennemies nous écoutent.

Le col de l'Hidalgo passe là-haut dans les montagnes au sud d'Isabela, à un quart de la distance du fort Santo Tomas, à la limite du Cibao, où se trouvent Alonzo Ojeda et sa garnison de dix-huit hommes.

– Alors, qu'est-ce qui se passe ?

– Je colle oreille au sol, amiral père.

On a moins besoin des services d'interprète de Yego maintenant que les Espagnols parlent quelques mots d'arawak et vice versa. Mais comme il est l'un des seuls à pouvoir leur parler de l'Espagne ou du paradis, il est toujours très demandé chez les Indiens de Guacanagari, parmi lesquels il va et vient librement.

– Cacique Caonabo prépare grande attaque surprise du fort.

– Quand ça ?

– Bientôt.

– C'est-à-dire ?

– Huit jours, suggère Yego.

Voilà qui ne me plaît pas. Huit jours, vous vous en souvenez, c'est une donnée temporelle variable, pour une fois révisable à la baisse.

– Mettez Bernal dans la cellule, dis-je à Juan Niño.

– Avec ce Margarit ?

– Non. Libérez Margarit. On va en avoir besoin.

De la cellule, l'officier de cavalerie préféré de la reine hennit, exaspérant :

– Ça m'en a tout l'air, hein, mon vieux.

Le soir même, je m'entretiens avec le docteur Chanca :
– Alors, bons pour le service ?
– Une santé de cheval, tous tant qu'ils sont.
– Mais, ça fait presque une semaine qu'ils font la grève de la faim.
– Enfin, que vous leur avez coupé les vivres.
– Ça revient au même.
– Assurément, ils ont des sympathisants. Ça fonctionnait sur le principe du ramadan.
Et comme cette allusion à l'Islam m'échappe, il précise :
– Ils jeûnaient le jour et se gobergeaient la nuit.
– Alors, on peut partir tout de suite ?
Il hausse les sourcils.
– Vous voulez dire que vous en êtes ?
– Vous ne croyez pas que je peux confier la responsabilité de l'expédition à Margarit après ce qui s'est passé, non ?
A bien réfléchir, ma question est non seulement rhétorique, mais idiote. Puisque Mosén Pedro va obtenir exactement ce qu'il veut, à savoir les responsabilités militaires d'un gentilhomme, un cheval de bataille (ou du moins une rosse) et la perspective d'un bel affrontement sanglant, pourquoi ne lui ferais-je pas confiance ?
Parce que je n'ai pas l'habitude d'être malade, c'est tout. J'ai besoin d'un prétexte pour tester mes propres pouvoirs.
En ces temps prépsychanalytiques, le docteur Chanca ne saisit pas cela. Il répond :
– Si vous n'avez pas confiance en Margarit, envoyez votre frère.
– Grand D ? Il ne sait même pas se tenir à cheval. J'y vais, docteur, je n'ai pas le choix.
– Vous avez maigri, vous savez. De quoi d'autre souffrez-vous ?
Puisqu'il est médecin, je lui annonce au compte-gouttes : douleurs articulaires, frissons, absence de larmes.
– Écoutez, mon ami, la fièvre jaune je la comprends plus ou moins, même si le repos et une bonne alimentation sont mes seules armes contre elle. Même dans les cas de syphilis, nous obtenons parfois des résultats encourageants grâce à des applications locales de vif-argent. Mais alors votre syndrome à vous, j'en perds mon latin. Des frissons, des douleurs arthritiques, des humeurs bilieuses, mal aux yeux...

– Non, les yeux secs. Je n'ai plus de larmes.
– Et quoi d'autre ?
– Bah, mal aux reins.
– Où ça ?
– Là. Tout en bas.
– Je vois. Et encore ?

Ma maladie prend bien une ou deux manifestations terriblement embarrassantes, mais elles ne sont guère avouables, même à son médecin traitant – si on veut rester un vice-roi crédible. Je hurle :

– Mais rien du tout ! Qu'est-ce qui peut bien vous faire croire qu'il y a autre chose ?

– Je pense, dit le docteur Chanca, que vous avez besoin de repos complet.

– Et moi, je pense que vous êtes malade de la tête.

Je ne voulais pas dire ça. Ça m'a échappé. Ça m'arrive souvent ces jours-ci, je ne sais pas pourquoi. D'une voix plus raisonnable, je reprends :

– J'ai une campagne militaire sur les bras. Ça peut pas attendre que j'aie pris des vacances.

– Vous signez votre arrêt de mort.

Tandis que Mosén Pedro Margarit rassemble ses quatre cents hommes d'armes (caballeros grévistes pour moitié), tandis que les trompettes et les tambours de notre martiale fanfare tentent de couvrir le tonnerre qui gronde au sud, je m'entretiens avec Grand D.

– Je te passe la main, lui dis-je, mais j'ai nommé un conseil pour t'aider. Ce sont des types fiables, écoute-les.

Le gaillard doux et pâle en robe de moine acquiesce sobrement.

– Je vais faire du bon boulot, compte sur moi.

– J'en suis sûr, frérot, dis-je en lui donnant des tapes sur l'épaule.

Certains lecteurs se demandent peut-être pourquoi je remets le destin d'une colonie troublée entre les mains de quelqu'un qui manque à ce point de qualités de meneur. C'est vrai, l'observateur le moins avisé sait maintenant que Grand D n'est décidément pas de l'étoffe des grands serviteurs de l'État. Je dirai seulement ceci. J'ai des antécédents tout à la fois espagnols, italiens et juifs. La solidarité familiale est aussi forte en Espagne qu'en Italie ; et chez les Juifs – qui ne connaissent que trop l'alternative valise/cercueil –, elle est plus forte encore. Malgré ses faiblesses,

Grand D est de mon sang. Je peux compter sur lui. Sinon pour faire exactement ce qu'il faut, du moins pour ne pas me poignarder dans le dos.

Je lui expose donc quelques-uns des problèmes les plus urgents et la façon dont j'entends qu'il les traite.

Il prend des notes, puis lève les yeux, alarmé :

– Dis, au fait, tu pars combien de temps ?

– Je te rappelle que je pars en campagne ! Et puis, n'oublie pas mon projet pour les cannibales.

– Euh... quel projet ?

Un éclair luit au loin. Le tonnerre roule dans les montagnes du sud.

– J'ai confié à Antonio Torres une lettre pour les souverains sur ce chapitre. En gros, voilà : les gens qui mangent des gens ne sont pas normaux. On doit y prendre goût, et comme tout vice, on peut s'en débarrasser. Donc...

L'éclair suivant embrase tout le ciel.

– Donc, voilà mon projet, mon rêve, peut-être. Il faut essayer de les sauver tous.

A ces mots, le tonnerre retentit, tout proche, à grand fracas. Grand D lève les yeux de ses notes comme pour poser une question, puis se ravise apparemment et recommence à gratter fébrilement.

– L'heure venue, dis-je, nous pourrons attraper quelques cargaisons de prisonniers caraïbes, avec un échantillonnage de caciques et de sous-caciques, j'espère, et les envoyer en Espagne en rééducation-conversion. Après quoi, ils reviendront ici et apprendront à leur peuple à être de loyaux sujets de la Couronne, sans écarts de régime. On pourra probablement sauver pas mal d'Arawaks du même coup, dis-je, si souvent interrompu par le tonnerre qu'un animiste en conclurait que les dieux rudes et rustres n'approuvent pas mon projet.

De nouveau Grand D lève les yeux pour poser une question, de nouveau il se ravise.

Dehors résonnent les trompettes.

– Bon, dis-je bourru. J'ai horreur des adieux.

Nous nous étreignons tout de même très fraternellement.

– Tu sais ce que tu fais, hein, je pense, dit Grand D en m'accompagnant dehors.

– De l'audace, lui dis-je pour prendre congé.

Avant que mon propre rôle dans l'expédition ne se termine brutalement, j'ai la satisfaction de voir la réaction des hommes de Caonabo devant des guerriers à cheval – malgré la qualité de nos montures.

Le choc a lieu après que nous avons franchi le col de l'Hidalgo et descendu vers l'intérieur verdoyant de l'Hispaniola où s'étend l'ombre des grands ébéniers et des acajous, où des hordes de perroquets nous querellent (criant sans doute des imprécations en arawak). Le premier village que nous rencontrons, huttes aux toits de palme disséminées au bord de la rivière, paraît abandonné. Mais soudain, derrière les longs roseaux de la rive, ça hurle, ça piaule, ça jappe et ça glapit, le tout calculé pour nous glacer le sang. Nous les apercevons même l'espace d'un instant, ces guerriers arawaks de Caonabo, qui ressemblent tant aux Caraïbes. De furieuses traînées de charbon leur maculent le visage, leur longue chevelure est retenue dans des coiffes de plumes de perroquet ; ils sont armés d'arcs et de flèches, vraisemblablement plongées dans de l'essence de manioc.

Ils ne nous en décochent que quelques-unes qui, heureusement, ne touchent personne. Car, à cet instant précis, comme si cela faisait partie de notre stratégie, la rosse de Mosén Pedro, entendant ces cris de guerre à glacer le sang, écume en hennissant. Cette candidate de premier choix à la fabrique de colle écarquille yeux et narines, exhibe ses longues dents, et pousse un second hennissement à l'unisson du dernier coup de trompette ; Mosén Pedro, qui lutte désespérément pour rester en selle et ferraille à tour de bras, la galvanise et la force à gagner les roseaux de la rive en un petit galop de côté.

C'en est trop pour les guerriers de Caonabo, qui se jettent à l'eau sans demander leur reste.

N'allez pas en déduire qu'ils sont couards. C'est vrai quoi, si vous ne saviez même pas que les chevaux existent, ça vous plairait à vous qu'un centaure à deux têtes, six pattes et une épée vous coure dessus au petit galop ?

Lorsque Mosén Pedro calme sa rosse et revient au trot prendre triomphalement la tête de la colonne, on remarque que je suis affalé sur ma selle, d'une pâleur mortelle, le souffle caverneux. On pense d'abord à une flèche empoisonnée. Mais lorsqu'on m'installe sur le sol, je respire encore, et on ne trouve pas de plaie.

– Fièvre jaune, diagnostique à tort Mosén Pedro.

Quelqu'un d'autre évoque une nouvelle syphilis, plus virulente.

Ça se comprend. Comment sauraient-ils que je suis différent jusque dans la maladie ? Mon singulier syndrome intriguera non seulement mes biographes mais, dans un contexte plus vaste, toute la médecine, encore près d'un demi-millénaire.

Quoi qu'il en soit, le résultat immédiat, c'est qu'on fabrique une litière et qu'on dépêche huit hommes pour me ramener à Isabela où j'arrive brûlant de fièvre et inconscient, quarante-huit heures après notre départ.

Le docteur Chanca secoue la tête et me relègue à la rubrique « cas désespérés ». Les semaines qui suivent, Grand D ne quitte pas mon chevet. Si je n'avais pas été inconscient, tout cela aurait pu me rappeler l'année où j'avais été empoisonné et tenu pour perdu à Rome.

Grand D refuse de laisser frère Buil s'approcher de moi ; peut-être l'assimile-t-il inconsciemment au prêtre Salutati le Jeune. Mais ne croirait-on pas aussi Domenico Colombo et le rabbin, lorsque ma mère mourut en donnant le jour à Grand D ? Il y a ainsi des échos, dans la vie comme dans l'Histoire.

Grand D, jusque-là homme plein de dévotion envers Dieu et sa famille, renonce au premier – du moins en l'espèce de son souriant représentant. Buil l'accuse d'apostasie.

Dans mon coma, je me tiens à l'écart de ces arguties.

Belle occasion de réfuter mes biographes sur le chapitre de ma maladie, goutte pour les uns, arthrite pour les autres.

Mon calvaire à moi ne participait ni de l'une ni de l'autre. Vous avez déjà entendu dire que la goutte ou l'arthrite donnent des stigmates, vous ?

De vrais stigmates christiques.

Mais ça, c'est pour plus tard. Pour l'instant, je suis en train de rêver de Tom Norton, le banal quidam de Bristol.

Il se penche sur un creuset où bouillonne furieusement un liquide épais et grisâtre, malgré l'absence de feu.

– Le but étant bien sûr la transmutation du plomb en or, dit-il.

C'est alors que je crie le mot *or,* et Grand D me le racontera par la suite, on apporte au vice-roi moribond une pépite à toucher.

– Évidemment le problème, c'est la quantité, soupire Tom Norton. Que faire avec deux tiers de grain d'or ? Mais on le résoudra ce problème, j'en suis sûr ; un jour.

Deux tiers de grain d'or, je m'attelle au problème (il faut le faire, en rêvant !) et les transmute bientôt en trente mille ducats – de quoi plonger dans l'extase le banal Tom Norton de Bristol, mais pas de quoi payer un dixième des provisions d'urgence que nous réclamons à l'Espagne, comme me l'a fait remarquer le docteur Chanca.

– Le problème, bien sûr, c'est la quantité, dis-je, tout à fait distinctement selon moi.

– Il essaie de dire quelque chose.

Des mains me secouent rudement.

– On se fait du souci, dit une voix dans mon rêve.

– Il faut que tu viennes avec nous, dit une voix bien réelle.

J'entrouvre une paupière. Grand D et Yego sont penchés sur moi.

– Il nous faut trouver encore de l'or.

– Ils les tuent, geint Grand D.

– Sur la place, poursuit Yego Clone.

Ils m'assoient. Grand D pleure comme un veau. Ils me mettent debout, pieds nus, ils m'habillent. Ils essaient de me lâcher – vertige.

– Faut que je trouve encore de l'or, leur dis-je.

– Ils vont les tuer pour rien ! crie Grand D. Pour des grelots !

On approche une coupe de vin de mes lèvres. J'articule:

– Qui va tuer qui ?

Ils me soutiennent. Je titube dès qu'ils me lâchent. Nous voici à la porte de ma hutte. Je tiens à l'ouvrir moi-même et vois, à ma manche blanche galonnée d'or, qu'ils m'ont mis mon uniforme d'amiral, chapeau, et tout et tout, que je réservais pour une grande occasion, présentation au Grand Khan du Cathay, par exemple.

Dehors, le soleil est trop fort, mais la brise ne me fait pas frissonner. C'est encourageant. J'entends des cris sur la plaza, un bruit affreux que j'associe, je ne sais pourquoi, à Valence.

– Lâchez-moi, leur dis-je.

Ils restent prudemment tout près à mes côtés. J'avance. Pas vraiment au pas de charge.

– Plus vite, amiral père, presse Yego.

La plaza est noire de monde. A croire que toute la colonie est là ! Heureusement, les prérogatives vice-royales ont placé ma hutte – maison du gouverneur – sur une hauteur, si bien qu'elle a une vue plongeante sur la plaza. Au cœur de la foule, un Indien agenouillé, mains liées derrière le dos, tête sur une souche d'arbre.

Au-dessus de lui se dresse un solide gaillard, torse nu, hache en main dont la lame brille au soleil. Deux autres Indiens, entravés eux aussi, attendent leur tour. On leur a donné un cigare, et un bon Samaritain le leur tient sous le nez pour qu'ils en tirent une bouffée de temps en temps.

Dès que j'apparais, le volume des décibels tend vers zéro. Mosén Pedro n'en lit pas moins la sentence de mort. Je remarque qu'on a coupé le nez et les oreilles des trois Indiens, selon la coutume hideuse héritée des Arabes.

– ... volé deux chemises, quatre bonnets de laine rouge et six grelots. Le coupable, récidiviste, est condamné à avoir la tête tranchée. Bourreau, fais ton office.

– Arrêtez !

C'est moi ça. J'ai encore de la voix, après tout.

Vice-royal costume, flageolante démarche, je fends cette foule de visages cireux et amaigris. Ils ont l'air si découragés, si pessimistes quant à l'avenir, nos rescapés de la fièvre jaune, que Mosén Pedro se figure peut-être qu'une bonne exécution sanglante leur donnera un coup de fouet.

Je n'ai guère le temps de spéculer, car le bourreau vient de lever sa hache aussi haut que son anatomie le permet et s'apprête à exécuter l'ordre.

– Pose cette hache, lui dis-je d'une voix douce, de façon à ne pas l'alarmer ni ébranler ses nerfs à vif et sa machine musculaire.

Grand D précise, judicieux :

– Ici, là, sur le côté.

Le bourreau obéit et je proclame :

– Ces hommes sont graciés sur ordre vice-royal.

Inutile de décrire la haine implacable qui se dégage de Mosén Pedro.

– Là-bas dans le bled, dit-il, la loi, c'est moi.

Sans discuter ce point litigieux, je lui rappelle :

– Vous n'êtes pas là-bas dans le bled, tout en pensant : mais tu vas pas tarder à y être.

– C'est là-bas que le délit a été commis, me dit-il.

– Et vous trouvez qu'un menu larcin mérite la mort ?

– Pour l'exemple, oui. Parfaitement. D'ailleurs, il est bien connu qu'ils sentent rien. C'est comme les macaques et les paresseux à trois doigts, ils ont sans doute même pas conscience d'exister.

– Juste Ciel, non ! renchérit frère Buil qui vient de nous rejoindre. Cela voudrait dire que les macaques, les paresseux à trois doigts et les Indiens ont une âme.

– Et comment pensez-vous amener les Indiens au sein de Notre Sainte Mère l'Église, s'ils n'ont pas d'âme ?

– C'est un chapitre où j'ai souvent prié le Seigneur de m'éclairer. Peut-être qu'ils en recevront une en se convertissant.

Yego vient d'assurer aux trois condamnés, toujours entravés, qu'ils n'auront pas la tête tranchée.

– Détache-les, lui dis-je.

Je veux qu'il ait sa part de leur gratitude.

Mais c'est devant moi que les trois Indiens s'inclinent et se prosternent presque. Embarrassé, je touche chaque tête noire et brillante, l'une après l'autre. Cet acte étourdi ressemble à une bénédiction sans signe de croix, propre à trahir le judaïsant selon les critères du Suprême.

Frère Buil sourit, style c'est noté, ce que je ne suis pas en mesure de remarquer.

Je retourne à mon lit et expose à Melchior Maldonado ce que j'entends faire. Cela prend quarante-huit heures.

– Vous avez fait voter tout le monde ?

– Tout le monde sauf Ojeda et sa garnison du fort Santo Tomas, tonne Maldonado, mais ils ne sont que dix-neuf.

– Alors ?

– Quatre cent deux voix pour juger comme le capitaine Margarit, qu'au second larcin, un Indien est passible de mort. Trois cents sont contre. Reste les sans opinion. Sur les quatre cent deux partisans de Margarit, il y a deux cents caballeros. Autrement dit, tous les caballeros.

J'endosse mon uniforme vice-royal et, gardant Melchior Maldonado pour témoin, j'envoie chercher Mosén Pedro Margarit.

– Je vous donne le commandement d'une armée de quatre cent deux hommes.

– Vice-roi, je ne sais que dire.

– Je veux que vous releviez le capitaine Ojeda au fort Santo Tomas.

– Vice-roi, les mots me manquent.

– Vous y resterez jusqu'à nouvel ordre.

Là, il déchante.

– C'est un bien petit fort pour une garnison de quatre cent deux hommes. Presque une prison, en somme.

– Cela vous entraînera, vous et vos hommes, à ce qui se prépare.

Après réflexion, il hennit :

– Vous êtes sur un gros coup, hein, vice-roi ? Une campagne top secret contre le cacique Caonabo, c'est bien ça ?

– En tout cas, ça prendra du temps. D'ici là, moins vous aurez de contacts avec les Indiens, mieux ça vaudra.

– Je comprends. Je suis patient de nature.

Pas moi. Trois jours plus tard, pâle et faible encore, me voilà sur le gaillard d'arrière de la courageuse petite *Niña,* hauban en main selon ma coutume. Mosén Pedro, frère Buil, la fièvre jaune, les bonnes intentions de Grand D, ma singulière maladie : j'en ai assez. Pourquoi est-ce que Dieu m'a placé sur terre (ou sur mer) à la fin ? Pour materner les déçus du colonialisme ou pour découvrir ?

Naturellement, critiques habituelles de mes biographes. Cette fois-ci, ils m'accusent d'une seule plume d'avoir abandonné une colonie en proie au désordre – pour partir en croisière dans les Caraïbes.

Passons sur le contresens psychologique, mais il y a contresens sur la situation même. C'est vrai, moi l'amiral (vice-roi, d'accord) convalescent, qu'est-ce que je pourrais faire de plus que Grand D et son conseil ? Puisque j'aime la mer, ne dois-je pas tenter de retrouver mes forces dans le bleu rafraîchissant de son étreinte, comme Antée retrouvait les siennes contre la terre ? Oui, il me faut partir. Des îles inconnues, des continents peut-être, m'attendent.

Ainsi monte, monte la grand-voile, tandis que toutes les mains tirent sur la drisse, et monte monte mon courage aux cris joyeux de mon jeune équipage. Ma foi, à l'exception de Juan Niño de Moguer le Colosse, je pourrais être le père de tous ces garçons : Francisco Niño, notre innocent, Pedro Terreros qui a sauvé la *Santa María* en solitaire, Yego Clone, mon fils adoptif, parrainé par le roi et la reine qui nous ont envoyés ici – et les autres.

– Oh, hisse ! crie Terreros, le maître d'équipage.

– Car nous partons pour le Cathay ! tonnent les autres, tandis que s'élève encore la grand-voile.

– Oh, hisse !

– Nous irons en Chersonèse d'or !

Et la *Niña,* accompagnée de deux petites caravelles, le *San Juan* et la *Cardera,* prennent les alizés vers Cuba.

Comment, demandez-vous, le Cathay et la Chersonèse d'or ? Eh oui, c'est ce que j'ai dit à mes gars, alors c'est ce qu'ils chantent. Est-ce que je me doutais déjà qu'en géographie j'étais un peu à côté de la plaque ? Quelle importance ? N'y a-t-il pas au fond de tout homme un alchimiste qui sommeille et transmute la Cuba intérieure, la Cuba de l'âme, en Asie où se profilent, à jamais inaccessibles, le Cathay et son Grand Khan ?

Voici qui donne à songer : pourquoi n'ai-je pas pu avec ma petite flotte – trois caravelles, deux vieux loups de mer, soixante garçons intrépides – doubler la Chersonèse d'or, ou péninsule malaise, traverser l'océan Indien poussé par un bon vent, doubler le cap de Bonne-Espérance, remonter la côte africaine et dépasser Fernando Po pour rentrer en Espagne ? J'aurais fait le tour du globe presque trente ans avant la *Victoria,* seul vaisseau rescapé de Magellan.

Mais non, je n'ai pas essayé. L'Histoire ne l'a pas voulu, même si ma géographie intérieure persistait à affirmer que Cuba faisait partie du continent asiatique.

Une incursion au sud, vers la montagneuse Jamaïque, dont nous faisons le tour avant de retourner sur Cuba. Un vent de rêve pour le navigateur qui en oublie les cyniques intrigues d'Isabela. Ai-je jamais été malade à mourir ? N'avais-je pas plutôt le moral malade ?

Des questions, encore et toujours, troublent mes biographes. Pourquoi, demandent-ils, n'ai-je pas aussi fait le tour de Cuba ? J'aurais ainsi appris ce qu'eux savent déjà, à savoir que ce n'est pas le bout du continent asiatique, mais rien que la plus grande île des Caraïbes. Rien que ça !

Rien que ça ! Excusez du peu ! Vous avez une île qui se dessine devant vous, une île nouvelle, *terra incognita.* Avant le point du jour, ce n'est qu'une tache d'obscurité plus dense contre le ciel, une crête de montagnes inconnues cachant les éternelles étoiles. Puis la première lueur donne forme à cette tache et cette forme gagne de la profondeur au fur et à mesure que le bord du soleil s'élève au point de jonction de la mer et du ciel, et enfin la première vraie clarté fait naître la couleur sur cette terre jusqu'alors inconnue, exclue du monde, inexistante à ma connaissance. Rien qu'une île !

Et mes biographes mesquins de gloser à grand renfort de doigts accusateurs et de volumes de géographie poussiéreux. Il n'a même pas tenté de faire le tour de Cuba, répètent-ils. Comme si c'était le but de mon existence ! Et puis, pour enfoncer le clou, les voilà qui inventent : faut-il qu'ils me la reprochent, mon idylle de cinq mois !

Leur affabulation défie toute crédibilité : je force mon équipage, mes soixante jeunes innocents, à jurer sur ce qu'il y a de plus sacré, sous peine de recevoir cent coups de fouet insoutenables ou de verser dix mille maravédis introuvables, qu'ils croient tous que Cuba fait partie du continent asiatique.

Est-ce que ça me ressemble ?

Avant de rentrer, nous suivons une côte plus longue que celle de l'Angleterre et nous nous accordons tous à penser que, dans la logique de la géographie, Cuba est singulièrement trop grande pour une île. Et si ce n'est pas une île, eh bien, pensons-nous tous, ça doit faire partie de l'Asie.

A la vérité, j'ai bel et bien fait prêter serment à mes soixante gars, et Juan Niño a été le premier à signer, mais ce serment est si secret que mes premiers biographes ont peut-être prêché le faux pour savoir le vrai. Beaucoup de mes compagnons seront questionnés, mais aucun ne compromettra son sacro-saint honneur par des révélations.

Voici donc les faits. Un matin, fin septembre, alors que nous rentrons à Isabela, je me lève de mon hamac et, sans préavis, mes articulations grincent comme celles d'un vieillard, une douleur me transperce ce que l'on n'appelle pas encore le sacro-iliaque. Un frisson dévastateur s'empare de moi, malgré la chaleur du soleil. Mes yeux desséchés me brûlent si férocement qu'au lieu de descendre les asperger subrepticement, je me dirige droit vers un tonneau ouvert, sur le pont.

En élevant mes mains à mes paupières, je laisse l'eau s'échapper car j'aperçois sur mes paumes des plaies à vif.

Je me revois en train de penser : on dirait des stigmates là, sur mes mains.

– On d-d-dirait des sstigmates, là sur vos mains, dit la voix étonnée et timide de notre Francisco Niño.

Je serre les poings pour cacher les plaies infectées. J'espère en vain qu'elles vont disparaître instantanément.

– Qu'est-ce que tu me chantes, espèce d'idiot, lui dis-je, atrabilaire comme l'aurait prédit le docteur Chanca.

– Jje vous demande pardon, monsieur, mais on dirait des ssstigmates, là sur vos mains et... et si ça en est, eh ben... euh...

La perplexité l'empêche de finir sa phrase.

J'ouvre vivement la main. Pas d'erreur, des stigmates. Très christiques. Je referme le poing.

Déjà, j'ai appliqué le prétendu rasoir du docteur Invincibilis (de son vrai nom Guillaume d'Occam ou Ockham, évêque) que j'ai rencontré en Angleterre. Cette lame philosophale élague toutes les solutions compliquées pour ne laisser apparaître que les plus simples. Et l'explication la plus simple de mes stigmates, c'est que puisque mon Sacré Syndrome est revenu me frapper aujourd'hui, ils en font sans doute partie. Pas besoin d'aller chercher un miracle.

Mais notre innocent, dont la simple bonté est si proche de la sainteté, balbutie :

– Vous... vous êtes saint, monsieur !

– T'as rien vu, hein ?

– Mm mais si. J'ai vu des stigmates, répond Francisco Niño, blessé.

– Écoute mon garçon, dois-je gronder.

Déjà toute une bande de mousses s'est approchée.

– Alors, vous êtes sûrement un saint, monsieur, dit notre innocent.

– Je t'avertis, mon garçon, dois-je gronder, menaçant.

– Vvous les avez, et puis voilà. J'y peux rien.

Maintenant, j'ai de la fièvre, en prime.

– C'est pas moi qui vous les ai faits. Je les ai vus, c'est tout.

Une vingtaine de jeunes voix se mettent à crier :

– Nous aussi, on veut voir !

Et pour tout arranger aujourd'hui le vent est léger et capricieux. La *Cardera* et le *San Juan* voguent tout près, voiles molles. Il y a des matelots qui se baignent.

Dans ces occasions, les visites sont fréquentes ; et voilà-t-il pas que montent à bord des matelots des deux autres caravelles.

– L'amiral a des sstigmates aux mains, annonce Francisco Niño – en toute bonne foi et avec un brin de l'orgueil du propriétaire – à nos visiteurs nus et trempés.

– C'est rien que des plaies ouvertes ! je hurle.

Juan Niño descend du gaillard d'arrière :

– Bon Dieu, mais qu'est-ce que tu fabriques ? demande-t-il à Francisco.

– L'amiral est un saint, répond notre innocent.

– Un quoi ?

Un doute pardonnable suffoque Juan Niño.

– Nous aussi on veut voir, on veut voir, scandent tous les matelots en chœur.

Gagné par une curiosité morbide, j'ouvre à nouveau la main, histoire de jeter un coup d'œil.

– Par tous les saints ! Sainte Mère de Dieu ! Sainte Merde ! Des stigmates ! beugle Juan Niño touché par la grâce – soudaine, mais éphémère.

Trois jours plus tard, les stigmates commencent à cicatriser. En une semaine, ils disparaissent complètement.

C'est alors que me vient l'idée du serment. Il est clair qu'ils doivent jurer tous, jusqu'au dernier. Je ne peux pas être à la fois saint (même si ce n'est qu'un bruit) et vice-roi, encore moins amiral. Aucune de ces charges n'est compatible avec la sainteté.

Il faut que je pense à ma carrière.

Les hommes des trois caravelles sont rassemblés sous la présidence de Juan Niño.

Le seul qui renâcle, c'est Francisco Niño.

– J'ai vu ce que j'ai vu.

– Eh bien, oublie, menace son frère Juan.

– Je peux pas.

– Alors, ferme-la, en tout cas. En plus, c'est parti, non ?

– C'est comme ça, des fois, les stigmates, dit notre innocent, têtu.

Juan Niño prend des mesures extrêmes. Il attrape un couteau, entaille secrètement ses paumes de blessures stigmatesques et les montre à Francisco Niño.

– C'est contagieux la sainteté ? persifle-t-il.

Qui d'autre que notre saint innocent avalerait ça ? Fidèle à lui-même, Francisco le croit.

De mon côté, je commence dans un semi-délire à m'interroger sur ma sainteté. C'est vrai quoi, c'étaient bien des stigmates quand même... mais il me suffit de me repasser certains épisodes de ma vie pour me guérir promptement et définitivement de cette illusion.

Ce qui n'empêche pas mon Sacré Syndrome d'empirer. Personne ne sait que faire. Est-ce la faute de la médecine rudimentaire du XVe siècle ? Non ; un demi-millénaire plus tard, on ne sait toujours rien faire d'autre que gaver le malade de drogues miracles et espérer que ça va s'arranger. Il ne s'agit même pas d'une maladie homologuée, officialisée par un nom médical et une foule de malades. Ce n'est qu'un syndrome passablement obscur à qui le docteur R... donnera son nom en étant le premier à l'identifier chez un heureux patient. Il finira tout de même par obtenir sa vérification en laboratoire (haute incidence de l'histo-comptabilité des antigènes HLA B.27 (W27) dans le sang). Ce que j'en dis, c'est pour souligner le fait que le syndrome de R... n'est pas psychosomatique, malgré ses manifestations neuro-psychiatriques occasionnelles (telles mes interrogations sur ma sainteté).

Nous rentrons à Isabela, toutes voiles déployées, et je suis un amiral malade. Mon syndrome, entré dans une phase aiguë, essaie d'avoir ma peau. Je crois que, s'il était à bord, frère Buil m'administrerait les derniers sacrements avec le sourire.

Tous prononcent le nom du docteur Chanca ; il faut le mener au docteur Chanca à temps.

Mais qu'est-ce que vous voulez qu'il y fasse, bon sang, le docteur Chanca, puisque des siècles plus tard, même le docteur R... sera désarmé ?

On oublie bientôt le docteur Chanca.

– Il est cuit, dit Juan Niño.

– Vvaut mieux pppas y ppenser, chuchote son frère Francisco, qui s'accuse de mes maux, probablement parce que c'est lui qui a découvert (après moi) les stigmates.

« Il est cuit », c'est le refrain qui court sur la petite *Niña,* sur la *Cardera* et sur le *San Juan.*

Mais... vous allez avoir droit à une transfiguration – ou du moins à l'un des coups de théâtre les mieux amenés de l'Histoire.

J'ai vaguement conscience, dans mon état second, que la *Niña* vient de s'amarrer au quai de fortune d'Isabela. Quelqu'un pleure doucement près de moi. C'est Yego Clone.

– S'il vous plaît, meurs pas, amiral père, supplie-t-il tandis que Pedro Terreros tente bravement de le consoler.

Je n'entends pas de bruits de bateau – pas de vent dans les gréements, pas de grincement d'espars ni de membres, pas d'afflux d'eau dans les dalots. J'entends les bruits de la côte – claquement de sabots sur les planches du quai, glas de notre église préfabriquée (sonne-t-il pour moi ?), aboiements des lévriers irlandais qu'on entraîne (cela, je ne le sais pas encore) à tailler les Indiens en pièces. Je sens qu'on me porte sur le pont.

Juan Niño de Moguer crie :

– Passerelle, passerelle ! C'est l'amiral qui est sur cette litière, et il est mal en point !

Des pieds nus s'en retournent faisant place à un bruit de bottes.

– Passerelle, je vous dis, crie Juan Niño, c'est l'amiral qui est là sur cette litière !

Et une voix surgie du passé, une voix qu'en somme je croyais ne plus jamais entendre, demande :

– L'amiral est sur cette litière ? Pourquoi ça ?

– Dégage, mon gars.

– Mais pourquoi ça ?

Enfin, il est là près de moi, à la place qu'il n'aurait jamais dû quitter. Il me rend la vie. Il fait s'entrouvrir mes yeux secs que des larmes de joie inondent. Il est là, mon bien-aimé Barto.

14

Comment un malentendu administratif me renvoie en Espagne la tête couverte de cendres.

Si seulement je pouvais écrire, comme un romancier, que la présence de Barto changea tout. Un romancier peut tout se permettre pourvu que son intrigue soit bonne. Mais, tandis que j'écris ces lignes, l'Histoire regarde par-dessus mon épaule sans indulgence.

Si seulement je pouvais écrire, comme un romancier, que Barto régla son compte à Bernal de Pisa et son réquisitoire trouvé dans la bouée, remit frère Buil sur le droit chemin de sa mission, apprit à Mosén Pedro à faire honneur à sa naissance au lieu de s'en prévaloir, ou bien encore refréna les ardeurs guerrières d'Alonzo Ojeda, ou même mit un peu de plomb dans la tête de Grand D, toujours pétri de bonnes intentions.

Si seulement je pouvais écrire, fort de la licence littéraire, que Barto ramena d'Espagne, outre les provisions de ses trois caravelles, un traitement contre la fièvre jaune, un remède souverain contre la syphilis, ou même un antimoustiques efficace.

Si seulement je pouvais écrire que nous apprîmes à vivre en harmonie avec les Indiens.

Mais il n'en est rien.

En réalité, durant les dix-huit mois qu'il me restait à passer avant de rentrer en Espagne, le cœur si lourd de remords que je ne me souciais guère de savoir si Mosén Pedro, frère Buil, Bernal de Pisa et consorts avaient réussi à saper ce qui me restait de crédit à la péripatétique cour...

Voilà que j'anticipe encore.

Revenons à Barto.

Voici un homme de quarante-sept ans, large d'épaules, non point grand mais de stature imposante, bien habillé sans ostentation, la voix grave – le vocabulaire toujours très personnel –, sûr de soi, et radicalement changé quant à sa physionomie.

Nous sommes en novembre, le docteur Chanca a consenti que

je sorte deux heures par jour sans risquer d'en mourir, et soudain, dans le soleil, ma vision redevenue presque normale, je m'écrie :

– Tes verrues et tout ça, c'est tout parti !

Mon frère Barto est bel homme. Même sa chevelure crépue, aujourd'hui poivre et sel, s'est disciplinée.

– Je me demandais quand tu allais t'en apercevoir, dit-il, timide mais content.

– Comment ça s'est passé ?

– Ben ça, dit-il après un long silence, c'est gênant à raconter.

– Je suis ton frère, quand même.

– Ben... elles sont tombées, quoi, un beau matin.

Ce matin-là, comme tant d'autres avant et bien d'autres après, avait trouvé Barto dans ses petits appartements du palais royal de Fontainebleau. Il savait déjà (c'était début 1492, peut-être le jour même de la chute de Grenade) que le roi Charles ne financerait pas notre Grande Aventure, mais il avait ses raisons de rester à Fontainebleau.

– Elle était vraiment superbe, me dit-il.

Elle, c'était Anne de Beaujeu, fille aînée de Louis XI qui demeura princesse régente jusqu'à la majorité de son frère Charles VIII, peu avant l'arrivée de Barto.

Ce matin-là, la superbe Anne de Beaujeu se leva avant Barto, sauta de son grand lit à baldaquin, alluma le feu, revint au lit et, dans la splendeur de sa nudité, elle réveilla mon frère d'un baiser. Elle allait lui dire : « On recommence ? », lorsqu'elle vit son visage à la lueur du feu et souffla :

– Oh ! Tes verrues ont toutes disparu !

Et, en effet.

– C'était la première fois que je le faisais, dit Barto.

– La première, première fois ou la première avec la princesse ?

– La première fois tout court. Et les verrues sont toutes tombées.

– Et après, qu'est-ce qui s'est passé ?

– Je suis resté à Fontainebleau encore presque deux ans, qu'elle a passés à me faire marcher.

– En prenant d'autres amants ?

– Non. Elle voulait que je reste, alors elle m'a pas donné ta première lettre, ni ta deuxième. Je vivais un conte de fées, tu comprends. Tôt couché, tard levé, une belle princesse pour compagne.

Barto soupire.

– J'y serais sans doute encore, mais son frère – qui est pas très futé pour un roi – avait besoin de ses conseils sur des affaires d'État pressantes, c'est lui qui m'a remis tes lettres avec une bourse garnie d'or, plus une suite de domestiques et un de ces coches hongrois, là. Et je suis parti en Espagne.

Il était arrivé à la péripatétique cour, débordant d'assurance – car l'interlude avec la superbe Anne de Beaujeu avait fait des miracles, comme vous l'avez vu.

– J'ai rattrapé le roi et la reine à Valladolid et j'ai dû leur faire assez bonne impression (à la reine surtout, je pense), parce qu'ils venaient de recevoir Antonio Torres et ta liste de provisions et ils, ou plutôt elle, m'ont immédiatement mis à la tête de trois caravelles bien lestées. *Et voilà tout* [1] , comme disent les Français. Je suis là.

– Où sont les caravelles ?

– Ça, c'est une autre histoire.

Qu'il ne semble pas pressé de raconter, probablement parce que le docteur Chanca lui a demandé de ne pas m'agiter.

– Tiens, au fait, pour tes fils j'ai obtenu ce que tu voulais, dit-il, désarmant. Ils sont tous deux à la péripatétique cour, pages du prince héritier.

– Où sont les caravelles ?

– On a fait une super traversée.

– Où elles sont ?

– Il doit y en avoir quatre autres en route sous le commandement d'Antonio Torres. Moi, je n'ai apporté que les provisions de première nécessité.

– Et qu'est-ce qu'elles sont devenues ?

– On en a débarqué l'essentiel.

– Et le reste ?

– Vaudrait peut-être mieux que tu fasses une petite sieste. Il paraît qu'il faut pas que tu te fatigues.

– Je suis pas fatigué. Tes caravelles, qu'est-ce qu'elles sont devenues ?

– Sois pas dur avec Grand D, d'acc ? C'était vraiment pas sa faute.

– Je t'écoute.

J'écoutai.

Barto et sa petite flotte accostèrent à Isabela pour la Saint-

1. En français dans le texte. *(N.d.T.)*

Jean, au moment même où le conflit entre Mosén Pedro et Grand D arrivait au point de rupture. Barto débarqua dans l'affaire en toute innocence. Jusque-là, il ne savait même pas que notre benjamin avait quitté l'Italie, ni qu'au lieu de vice-régner dans l'île, j'étais parti découvrir. Il lui fallut donc quelques jours pour se repérer.

– Pourquoi y a des colons qui nous traitent de « salétrangers » ? demanda-t-il à Grand D, le lendemain de son arrivée.

– C'est une campagne diffamatoire menée par une grande gueule qui s'appelle Mosén Pedro Margarit et son acolyte, frère Buil. Fais pas attention, répondit Grand D.

Dans ma hâte de partir à la découverte, je n'avais pas prévu que Mosén Pedro ne resterait pas indéfiniment à l'intérieur du fort Santo Tomas avec ses quatre cent deux mécontents. Quatre cent deux mécontents, ça en fait des bouches à nourrir, et il avait eu l'astuce de n'emporter que le minimum de vivres. Très vite, ils s'étaient mis à s'approvisionner aux dépens des environs. Une demi-douzaine de villages indiens du voisinage immédiat furent frappés la première semaine, leurs maigres réserves emportées, leurs femmes violées, un ou deux sous-caciques qui s'étaient plaints assassinés. Bientôt, les mécontents de Mosén Pedro étendirent leur champ d'action vers le sud, jusqu'au Cibao ; c'est-à-dire non plus en territoire disputé, mais en pays Caonabo. Rapidement les Indiennes ne purent plus quitter leur village sans escorte – mais les hommes de Mosén Pedro ne s'aventurèrent plus dans le Cibao que nombreux et bien armés. Les petits groupes tombaient dans des embuscades, se faisaient massacrer, leurs têtes coupées pendaient en évidence aux arbres de la croisée des sentiers de jungle.

Lorsque la rumeur en revint à Isabela, les colons mirent tout sur le dos des Indiens. Après tout, un nom comme Caonabo n'est pas fait pour inspirer confiance. D'ailleurs, demandait frère Buil avec le sourire triste du philosophe dans ses sermons quotidiens : des païens sans âme... que voulez-vous ?

La guerre s'intensifia. Elle passa la frontière et atteignit le territoire de Guacanagari. Alors, le noble cacique envoya une délégation à Isabela pour informer Grand D et le conseil de ce qui se passait dans l'arrière-pays. La délégation fut reçue avec suspicion et congédiée avec mépris. Déjà, Mosén Pedro avait perdu vingt-quatre hommes, et douze villages indiens avaient été détruits ou abandonnés. Grand D dépêcha une commission d'enquête qui revint avec trois têtes espagnoles en décomposition trouvées pendues aux acajous. Indignation générale. Grand D, rejetant purement et simplement la suggestion du conseil – envoyer des renforts –, dépêcha au contraire un émissaire au fort Santo Tomas pour censurer Mosén Pedro qu'il accusait d'avoir soulevé les Indiens. Comme on s'en doute, ce dernier entra en rage. Avec les trois cent soixante-huit mécontents qui lui restaient, il marcha sur Isabela. La communauté, dont Grand D avait espéré qu'elle le rejetterait comme un hors-la-loi, le reçut en héros. Au cours d'une assemblée houleuse, il gifla Grand D – sur quoi mon frère, à la surprise générale, l'envoya au tapis et le roua de coups de pieds (comme je l'avais fait en d'autres circonstances). Pareille ignominie infligée par les deux frères Colón, deux salétrangers, était plus que Mosén Pedro, officier et grand d'Espagne, n'en pouvait supporter. Cette nuit-là, il pénétra par effraction dans le juzgado, libéra Bernal de Pisa, rallia ses plus farouches mécontents (auxquels se joignit frère Buil qui souriait jaune), s'empara des trois caravelles partiellement déchargées de Barto, et partit à la marée pour l'Espagne.

– Où ils vont essayer de te discréditer auprès des souverains, me prévient maintenant Barto.

– Oublions-les. Quelle est la situation ici ?

– Ça va mieux. On a regagné Guacanagari à notre cause, il essaie de convaincre les autres caciques que Mosén Pedro est pas représentatif de l'Espagnol ou du Chrétien moyens.

En effet, au cours des semaines suivantes, la situation semble s'améliorer. Frère Buil parti, Ramon Pane, le timide hiéronymite, baptise enfin notre premier Indien sur place – devinez qui ? –, ce gros cocu de Guarionex, meurtrier de sa femme, qui vient souvent à Isabela pour les affaires de son frère. Mais enfin, comme dit Grand D, lui ou un autre, il faut bien commencer.

Ma santé s'améliore et, vers la mi-décembre, lorsque les quatre caravelles du capitaine Torres apparaissent au large du cap, je suis sur le front de mer avec toute la colonie pour les accueillir.

Les quatre navires vont, pavoisés de blasons et de bannières, et la colonie hisse fièrement ses couleurs, elle aussi. Mais lorsque les hommes sains et vigoureux de Torres sautent à bas des canots, le contraste qu'ils offrent avec les rescapés de la fièvre jaune et des guerres contre les Indiens (syphilitiques pour un tiers, visage amaigri, yeux battus, silhouette famélique) accable les vétérans comme les bleus.

J'entends un des matelots de Torres demander à son camarade de bord :

– C'est leurs Indiens ça, ou quoi ?

– Hé, toi, t'es un Indien ou quoi ? demande le camarade à l'homme qui se trouve à mes côtés, Grand D en l'occurrence.

– Je suis Don Diego Colón, frère de l'amiral, dit Grand D qui a toujours le mot juste.

Il parle espagnol presque sans accent, car quelles que soient ses lacunes dans d'autres domaines, il est doué pour les langues.

Les marins échangent un regard qui en dit long.

– On a entendu parler de vous, dit le second, accusateur.

– De vous trois, reprend le premier, sans appel.

Plus tard, après la parade, Antonio Torres me prend à part pour m'expliquer.

– Buil, Bernal et Margarit sont à la péripatétique cour, à Burgos aux dernières nouvelles, et ils répandent les calomnies les plus viles sur vous, vice-roi. A votre place, je prendrais deux caravelles et je rentrerais en Espagne pour me défendre.

Le docteur Chanca ajoute :

– Le climat espagnol est le meilleur du monde ; avec de la bonne chère espagnole bien nourrissante, c'est tout ce qu'il vous faut, sûrement.

Barto me dit :

– Je peux mener la barque, Cristóbal.

– Quelle barque ?

– Non, c'est une expression que j'ai apprise quelque part. Je veux dire, je peux m'occuper de la colonie.

En fait, j'ai déjà nommé Barto *adelantado,* capitaine général, et il a fait du bon boulot. Je n'en dirais pas autant de Grand D, mais du moins on n'entend plus l'épithète « salétranger ». Au contraire, on répète :

– Vous devinerez jamais de quoi on accuse le vice-roi et ses frères, là-bas à la péripatétique cour.

Ça n'est peut-être pas une mauvaise idée de rentrer en Espagne. Mais, on verra plus tard. Comme je me sens assez fort, je mène une ambassade à la dernière capitale misérable de Guacanagari, histoire de consulter le baromètre de la confiance.

Pas au beau fixe, à ma surprise. Guacanagari exprime avec son éloquence coutumière :

– On dit que tu as fait cinq cents prisonniers – pas seulement des hommes, mais aussi des femmes et des enfants sans défense –

chez Mayreni et Caonabo. Comment serais-je sûr que tu ne vas pas faire des razzias d'esclaves dans mes villages ?

– Des prisonniers ? Des esclaves ? Qu'est-ce que c'est que cette histoire ?

– Ne fais pas l'innocent avec moi, exprime Guacanagari, caustique.

C'est la première fois que je le vois en colère.

Je demande à Melchior Maldonado, chef militaire de l'ambassade, s'il sait quelque chose.

– C'est la première fois que j'en entends parler, vice-roi, répond-il, rassurant.

Nous nous récrions si fort que Guacanagari se radoucit un peu et convient de vérifier ses sources ; nous, nous rentrons sans plus tarder à Isabela.

Je ne trouve ni grand D ni Barto, pas même sur le front de mer où ce dernier traîne si souvent. Mais le capitaine Torres m'y rejoint.

– Eh bien, on a fini le réarmement dans les temps, me dit-il, content de lui.

Je le regarde sans comprendre :

– Le réarmement de quoi au juste ?

– Des quatre caravelles, exactement suivant les consignes.

– Les consignes ?

Je comprends de moins en moins.

– Qui émanaient de votre bureau, vice-roi, répond le fidèle officier, décontenancé.

Je monte avec lui à bord de la caravelle la plus proche. A part le carré de la barre, tout l'espace de l'entrepont est occupé par trois rangées de robustes étagères avec d'étroits passages entre elles.

– Avec un jour d'avance, vice-roi. Nous sommes le 23, me rappelle-t-il, et vous m'avez dit d'appareiller le 24 dernier délai, pour pouvoir débaucher l'équipage au plus tôt.

J'acquiesce. Ces solides étagères de bois, à quoi pourraient-elles bien servir ?

Avant que le capitaine Torres ait le temps de me l'expliquer, j'entends à l'extérieur ce bruit que j'associe toujours à Valence, et qui ressemble au grondement du ressac. Je bondis sur le pont et n'en crois pas mes yeux. Les hommes se bousculent pour s'aligner sur le quai, avec l'allégresse cruelle de gens qui vont assister à un spectacle que, pris séparement, la plupart d'entre eux trouveraient déplaisant, voire horrible. Mais, malheureusement, une foule ne se réduit jamais à la somme de ses éléments.

– Les voilà !

– Trois fois hourra pour Don Diego !

Pour Grand D ? Oui, et les hourras sont poussés de bon cœur tandis qu'il s'avance en équilibre instable sur l'une des rares mules de la colonie, à la tête d'une double colonne d'Indiens entravés, flanqués de gardes en armes, qui se déroule jusqu'à la plaza et même au-delà.

– Place ! crie quelqu'un. Laissez passer.

Cela paraît presque irréalisable jusqu'à ce qu'Alonzo Ojeda fende la foule du dock sur une des rosses de Mosén Pedro. Une demi-douzaine d'hommes tombent à l'eau, hués et moqués par les autres. Et voilà dégagé le passage des Indiens captifs.

Guacanagari a dit vrai, il y en a cinq cents.

Grand D m'aperçoit aux côtés du capitaine Torres, m'adresse un sourire et lève un pouce pour dire « Au poil ». Ojeda a mis pied à terre, il tient serrée la laisse d'un énorme lévrier irlandais : les quelques Indiens qui s'égarent se font pincer les flancs. Mais il n'y a guère d'égarés. Comme s'ils avaient répété, les cinq cents prisonniers sont divisés sans faux mouvements en quatre groupes qui s'engagent sur les passerelles et semblent presque tomber comme des rangées de dominos par les quatre écoutes. Bientôt, plus un Indien en vue.

La foule, déçue par la brièveté du spectacle et la docilité de ces Indiens-dominos, se disperse en maugréant. Grand D nous rejoint. Mais c'est le capitaine Torres qu'il veut voir. Du moins officiellement. Il me gratifie d'un autre sourire et tend à Torres des documents qui ont l'air officiel. La paperasse, c'est son fort à Grand D.

– Voilà le manifeste de sortie, capitaine, dit-il. Si vous voulez bien signer le récépissé ?

Torres signe en déclarant, admiratif :

– Comme sur des roulettes.

– C'est l'influence suisse, dit Grand D. J'ai beaucoup appris là-bas.

Troisième large sourire à mon intention.

Il est clair que je ne peux pas régler cette affaire en public.

– A la maison du gouverneur, lui dis-je, dans dix minutes.

Je trouve Barto et frère Ramon Pane, l'air troublé, en grande conversation devant l'église. Pane, qui est le plus effacé des chefs de mission, disparaît aussitôt à l'intérieur.

– Qu'est-ce qui se passe ? dis-je à Barto.

– Si tu veux dire, répond-il avec un soupçon de froideur, que je me mets du côté de l'autorité spirituelle contre l'autorité temporelle, tu te trompes. En fait, j'essayais de convaincre Pane que tu savais ce que tu faisais. C'était pas évident.

– Ce que je faisais, moi ?

– Ton coup des esclaves, ça m'emballe pas, ni Fray Pane. Apparemment, dit Barto avec une acrimonie inhabituelle, on est les deux seuls de toute la colonie.

– Ça fait seulement un quart d'heure que je suis au courant pour les esclaves.

– Allez, frérot, Diego a dit qu'il exécutait tes ordres. Qu'il voulait te faire la surprise en menant toute l'opération avec une efficacité suisse.

Je m'en étrangle :

– Il... quoi ?

Cinq minutes plus tard, dans la maison du gouverneur, Diego demande ébahi :

– Pourquoi t'es furieux comme ça, Cristóbal ? J'ai fait qu'exécuter tes ordes.

– Moi, j'ai donné l'ordre d'envoyer des Indiens enchaînés en Espagne ?

– Mais, bien sûr. Le jour où tu es parti en expédition au fort Santo Tomas.

Je marmonne le nom du Seigneur, en vain, assurément.

Grand D passe dans la petite chambre qu'il occupe ici et revient en brandissant des papiers.

– Tiens, c'est tout là, noir sur blanc.

Mais il est clair que je l'ai ébranlé : il farfouille fébrilement dans les papiers et soupire enfin, soulagé.

– Voilà tes propres paroles... Bla, bla, PROJET DE *CRISTÓBAL* POUR LES CANNIBALES.

– Les cannibales ? Mais qui parle de...

– Écoute-moi une toute petite minute, je te prie, d'accord ? Euh, voilà : « Les gens qui mangent des gens ne sont pas normaux. C'est un vice. On doit donc pouvoir se désintoxiquer. »

Il lève le nez :

– Tu m'as pas dit ça avant de partir ?

Il continue :

– Euh... bla, bla... « Alors voilà mon projet, ou mon rêve peut-être. » C'est tes propres paroles, mot pour mot, Cristóbal. Je suis devenu assez fort pour prendre sous la dictée quand je remplaçais le secrétaire particulier du cardinal Borgia. Bon, continuons, je cite : « Il faut essayer de les asservir tous. »

– J'ai jamais dit ça !

– Cristóbal, c'est là, là, dans mes notes. « Quelques cargaisons de prisonniers caraïbes »... bla, bla... « les envoyer en Espagne »...

– Écoute, j'ai jamais dit ça, mais tant qu'il s'agit de Caraïbes je discute pas. Envoyer les Caraïbes en Espagne pour leur enseigner de nouvelles habitudes alimentaires, c'est pas une mauvaise idée, à condition qu'on en croise. Mais, bon sang, qu'est-ce qui a pu te faire croire que je voulais envoyer cinq cents Arawaks enchaînés en Espagne ?

– Mais tu l'as dit toi-même, tiens ! J'ai tes paroles exactes, là, dans mes notes. Euh... bla, bla, euh... « Du même coup asservir pas mal d'Arawaks. » C'est bien ce que tu voulais, tu l'as dit ? Alors c'est ce que j'ai fait. Qu'est-ce que t'as à te fâcher comme ça ? répète-t-il plaintivement.

– Grand D, qu'est-ce que c'est que ces « bla, bla » que tu intercales un peu partout ?

– Bon, si tu te rappelles, il y avait un gros orage ce jour-là ; alors il a pu me manquer un mot par-ci par-là.

(Avant de poursuivre, le lecteur voudra peut-être se reporter à la page 351.)

– Je peux même, ajoute Grand D, vexé, te rappeler ce que tu m'as dit en me quittant. Je t'ai dit : « Tu sais ce que tu fais, hein, je suppose ? » Et tu m'as répondu : « De l'audace ! » Voilà, j'en ai eu. T'étais malade, t'avais ton syndrome, n'oublie pas. Alors, je me suis dit, je vais pas l'embêter avec les détails. J'ai voulu te faire la surprise.

Je ne dis rien. Je le fixe.

Bientôt, je réalise qu'il a disparu. Je l'ai congédié ? Sans doute. Sans ménagements ? C'est probable. Il faut que je réfléchisse intensément.

Les quatre caravelles d'Antonio Torres partiront demain matin à la marée. Avec ou sans leur cargaison d'esclaves ? La question paraît simple. Mais je découvre que cette décision est l'une des plus difficiles que j'aurai jamais à prendre.

La popularité soudaine de Grand D, même si elle n'est

qu'éphémère, est assez révélatrice. Nos colons ont-ils une haine si implacable du païen à la peau bronzée ? Ou bien est-il tout simplement réconfortant de voir cinq cents personnes encore plus mal loties que soi quand on est famélique, malade et désenchanté ? Ou encore est-ce un soulagement de finir par faire un peu plus que survivre ?

Quoi qu'il en soit, ce n'est pas ce qui me donnera la réponse que j'attends. Un meneur qui se contente de suivre l'opinion publique ne mène plus grand-chose ; Rodrigo Borgia me le disait souvent.

Et Grand D, alors ? A défaut d'or de Cipango, l'enfer est pavé de bonnes intentions. N'est-ce pas moi qui lui ai conseillé d'oublier tout ce qu'il avait appris sur la démocratie ? Qu'y a-t-il de plus contraire à la démocratie que l'esclavage ? Oui, Grand D n'a fait que m'obéir, à sa manière. Si je fais sortir ces cinq cents Indiens des caravelles d'Antonio Torres, il sera la risée d'Isabela. Son moral risque bien d'en prendre un coup fatal. Il est sensible, Grand D.

Et puis enfin, ces fameuses notes ? Est-ce que je peux vraiment être sûr qu'il a mal compris ? J'étais bien en train de m'enfoncer dans mon Sacré Syndrome. Pour autant que je sache, je délirais déjà à moitié. Peut-être que j'ai dit exactement ce qu'il a noté. Un remplaçant du secrétaire particulier du cardinal Rodrigo Borgia – aujourd'hui pape –, ça doit savoir prendre des notes.

En fait, pourquoi n'aurais-je pas dit ce que Grand D a écrit ?

Me voilà bien avancé dans mon Second Voyage (comme l'Histoire l'appellera), encore loin d'être convaincu que j'ai découvert un Nouveau Monde, avec dans mes coffres très peu d'or de ce bout d'Ancien Monde que je crois avoir atteint. Est-ce ainsi que je témoigne ma gratitude au roi et à la reine ? N'attendent-ils pas quelques bénéfices à présent ? Est-ce que je veux qu'ils croient que la découverte tourne au découvert ?

D'ailleurs, l'or n'est-il pas purement affaire d'alchimie ? Ne voulait-il rien dire mon rêve sur le banal Tom Norton de Bristol ? Les alchimistes transmutent en or les métaux inférieurs. Et les colons ? Quelle est la matière première que l'on trouve partout en Haïti et qui, sur les marchés espagnols et portugais, peut se transmuter en or ? L'Indien vif !

Et puis tu ferais mieux de voir les choses en face, me dis-je : à l'heure qu'il est, Mosén Pedro Margarit, frère Buil, Bernal de Pisa, et Dieu sait qui encore, mettent ta crédibilité en charpie à la péripatétique cour. Quatre navires chargés d'esclaves, bien cotés au marché de Séville, ça redorerait ton blason, non ?

Barto interrompt ces ruminations pour dire tout uniment :

– Grand D a fait une bêtise. On n'est pas esclavagistes comme les Portugais, sauf pour les prisonniers de guerre, et c'est pas le cas de ces pauvres Indiens. Libère-les, Cristóbal. Il est temps que notre grand gosse de frère apprenne à assumer les conséquences de ses actes. Il a trente-sept ans, bon Dieu !

Ces mots paraissent durs dans la bouche de Barto, mais le sont-ils ? Sur le moment, je suis tellement perdu que je ne vois pas qu'il essaie de nous protéger tous du jugement ultime de l'Histoire, qui est sans appel.

Après le départ de Barto, Yego entre dans la hutte avec un air de chien battu.

– Amiral père, commence-t-il – il se balance d'une jambe sur l'autre et joue nerveusement avec son crucifix de bois. Amiral père, ainsi je crois autrefois : toi pareil à Dieu. Après, je vois toi homme comme les autres. Plus supérieur seulement. Quand toi malade, je prie Dieu des Chrétiens pour tu guéris. Maintenant je...

Il tousse et s'éclaircit la voix.

– Tu quoi ? lui dis-je avec humeur.

– Préfère presque...

Il s'éclaircit de nouveau la voix et change de cap.

– Les cinq cents Indiens haïtiens même peuple que ma petite île. Parlent même langue. Beaucoup mariages ensemble. Eux, moi, frères, amiral père. Je supplie toi au nom Christ Dieu Fils, libère Indiens.

C'est un long discours passionné, pour Yego.

Je lui réponds, brutalement j'en ai peur, que cette parenté même qu'il invoque l'empêche d'être objectif.

On pourait en dire autant de moi.

Grand D est de mon sang, et les choses sont allées trop loin : je n'ai plus qu'à le soutenir. Qu'on rationalise tant qu'on voudra, c'est finalement sur cet autel si espagnol, si italien, si juif, que je nous sacrifie tous au regard de l'Histoire.

Le lendemain matin, avant le départ de la flotte, je dis à Grand D :

– Fais ton sac.

– Pourquoi ça ? – comme dirait Barto, mais sur un ton plaintif.

– Tu pars pour l'Espagne.

On dirait que le ciel lui tombe sur la tête.

– Tu es fâché contre moi, je le savais bien.

– Pas du tout.

Je lui parle de Mosén Pedro, Buil, Bernal de Pisa et Dieu sait qui encore.

– Il faut que quelqu'un en qui j'ai toute confiance aille à la péripatétique cour défendre mes intérêts. Si tu as des ennuis, va trouver Luís de Santangel, trésorier de la maison d'Espagne : c'est notre contact là-bas.

– Je te laisserai pas tomber, Cristóbal, je te dis même pas.

Cette formulation ambiguë n'est guère rassurante, mais Diego est de la famille et j'ai besoin de Barto ici pour faire face aux conflits avec les Indiens, qui ne sauraient tarder.

Lorsque, à la marée, les quatre caravelles d'Antonio Torres emportent leur terrible cargaison, presque toute la population d'Isabela fête l'événement.

Mais frère Pane prie, solitaire, dans l'église préfabriquée.

Et Barto, visage de marbre, regarde vers le large.

Et Yego pleure doucement derrière les barreaux du juzgado où Juan Niño le trouvera, plus tard dans la journée.

Et moi qui vois les caravelles sombrer à l'horizon, la culpabilité me submerge comme une lame de fond océanique.

La guerre !

Alonzo Ojeda, le névropathe tranche-montagne, l'accueille comme l'héliotrope se tourne vers le soleil.

Avec quelle passion il ceint son épée, l'insouciant *condottiere,* le coq de combat chamarré, avec quelle passion il rassemble ses maîtres chiens et leurs lévriers irlandais écumants, ses caballeros à brevet qui remplacent ceux qui se sont enfuis avec l'officier de cavalerie préféré de la reine ; avec quelle passion il scrute l'ombre violette des collines de l'arrière-pays pour apercevoir une horde de guerriers indiens se glisser dans un défilé. Avec quelle passion il enfourche sa rosse qui se cabre presque honorablement et hennit presque bravement.

– Vous n'avez qu'à me donner le signal, amiral, dit-il d'une voix frémissante, et je charge.

Il est tout pantelant, car sa soif de bataille monte des profondeurs insondées de son... – mais il y a loin de Regiomontanus et

Érasme à Freud et Adler, donc passons sur ces subtilités psychanalytiques.

– Les voilà ! crie un certain Francisco Roldán, notre commandant de cavalerie à brevet.

C'est un échalas décharné, la figure plus longue que Mosén Pedro, les yeux du bleu le plus pâle, opaques, des yeux de conquistador. Il monte sa rosse comme si l'homme et la bête étaient cette créature terrifiante que les Indiens imaginent. Et là, exactement où regardait Ojeda, on voit se glisser prestement par le défilé aux ombres violettes une armée indienne.

Le reste appartient à l'Histoire, et l'Histoire, c'est souvent brutal.

Laissez-moi d'abord dire ceci : nous étions écrasés en nombre ; quelque quatre mille Indiens contre vingt cavaliers inexpérimentés, vingt maîtres chiens et leurs lévriers irlandais, cinquante mousquetaires. Alors, pourquoi cette hécatombe unilatérale ?

Un, les centaures. Nos vingt hybrides à deux têtes et six pattes (Barto et moi compris), totalement invraisemblables et passablement horrifiants.

Deux, les lévriers. Jusque-là, les seuls chiens qu'avaient connus les Haïtiens étaient de petites créatures craintives et muettes, domestiquées pour leur forte teneur en protéines, si bien que nos lévriers irlandais écumants étaient presque aussi invraisemblables et horrifiants que nos centaures.

Trois, les mousquetaires. Les mousquets ne sont pas plus précis que les flèches empoisonnées de Caonabo – dont il y avait d'ailleurs pénurie ce jour-là –, mais ils font un vacarme abominable.

Enfin, Alonzo Ojeda, le névropathe tranche-montagne.

Sa joie au combat défie l'entendement. C'est lui qui définit notre ordre de bataille et nous mène à l'attaque ; il est toujours sur la brèche ; il charge sur son destrier (car il semble avoir alchimiquement transmuté sa rosse), un rire quasi dément à la bouche, au mépris des flèches empoisonnées, il ferraille à tout va, l'épée bientôt rougie. Enfin, seul, debout au milieu des gerbes de morts ennemis, le bras droit trempé de sang ennemi jusqu'à l'épaule, il porte la main à son visage maculé de poudre où brille un sourire sanguinaire.

Morts et sang ennemis ? Ai-je écrit ces mots ?

Comment est-ce possible ?

J'ai fait un rêve, au cours de ma décennie julienne hors de la carte du temps, jadis quand j'étais jeune et dans la peine. Or ce rêve nous a conduits dans ces îles où les indigènes, loin de lever la main sur nous, nous ont révérés comme des dieux descendus des cieux ; et voilà que nous leur avons apporté la mort.

Ennemi ? *C'est nous l'ennemi.*

Dans un état second, je dépasse Ojeda au bras sanglant dressé parmi les corps et je m'enfonce dans les bois.

Barto me rattrape en courant.

– Tu prends la relève, lui dis-je ; d'ailleurs que m'importe au fond qu'on la prenne ?

– Où vas-tu ?

– Je sais pas. J'en peux plus.

– Il faut qu'on se batte maintenant. Sinon, on sera tranquilles nulle part dans l'île. C'est clair, non ?

– Si.

– Au moins, emmène quelques hommes.

– Non.

– Tu vas te faire tuer.

– Non.

J'en suis sûr, quelque part. Quand un homme ne se soucie plus de vivre ou de mourir, le destin le laisse vivre. Est-ce pervers ? Comment le saurais-je ? Le destin m'est indéchiffrable tout autant que Dieu. Si Dieu il y a.

– Tu crois que ça me plaît, la guerre ? demande Barto.

Je hausse les épaules.

– J'en ai horreur. Mais on n'a pas le choix.

Il parle durement.

– Plus maintenant.

Plus tard, je ne peux pas dire quand au juste – car, tout comme au cours de ma décennie julienne, je suis délibérément sorti de la carte du temps, pas pour passer dans la géographie cette fois, mais pour glisser dans une profonde tristesse métaphysique, sœur du remords, qui annule le rapport espace-temps normal –, j'erre. Je fais ça très bien, me dis-je. Je parcours des clairières dont la terre est douce comme une mousse sous mes pas ; j'escalade des rochers ; je bois l'eau des rivières et me nourris de baies et de fruits étranges. Est-ce donc moi que je fuis ? Ou suis-je attiré vers quelque chose que je ne comprends pas encore ?

Un peu plus et...

Un soir, au crépuscule, quelque part dans les montagnes aux ombres violettes, je suis en danger de mort. Je le sens comme le marin l'avant-souffle qui gonflera ses voiles ou le brouillard qui lui jouera colin-maillard sur le linceul de la mer. Je sens ce danger. Je vais vers lui, indifférent. Bruissement de feuilles au-dessus de ma tête, je lève les yeux sans émoi pour voir un sauvage bondir d'un arbre dans l'intention de m'occire illico. On me rive au sol, on lève une massue, je suis à deux doigts de départager Luís Torres et sa sœur sur l'au-delà, lorsqu'un mousquet rugit ; je me dégage du corps d'un Indien mort.

D'abord, je me dis que mon sauveur ne peut être qu'Alonzo Ojeda, parce que, dans la guerre, Ojeda, telle la doublure d'une divinité curieusement absente, est partout. Mais ce n'est pas Ojeda. C'est l'officier de cavalerie à la longue figure, avec ses yeux si pâles, si opaques, ses yeux de conquistador. C'est Francisco Roldán. Propulsé à mon corps défendant sur la carte du temps, je parviens à dire, dégagé :

– Je vous revaudrai ça, capitaine.

Il penche la tête un instant, puis scrute mon visage.

– L'idée n'est pas de moi, vice-roi. C'est votre frère qui m'a envoyé m'occuper de vous.

Nous nous étudions mutuellement avec curiosité : l'un évalue son bienfaiteur, l'autre son créditeur. L'objet du sauvetage est crasseux, chevelure emmêlée, barbe en broussaille, hardes en haillons. Il pue sans doute. Le sauveteur, pour sa part, réussit à être rasé de frais, impeccable dans son justaucorps de brousse en coton indien.

Ce que je prends pour de l'amusement vient lui plisser les yeux quand j'annonce :

– Eh bien, rapportez-lui que vous l'avez fait. Je m'en vais continuer tout seul.

Il répond de sa belle voix de baryton :

– Vous faites si peu de cas de votre vie, vice-roi, vous devriez faire un officier supérieur d'élite. Pourquoi n'est-ce pas le cas, je me le demande ?

Ce que j'ai tout d'abord pris pour de l'amusement n'était que du mépris.

– Mais il est vrai, poursuit-il, que la bravoure est une chose et le désir de mourir une autre.

Puis-je lui en vouloir de son mépris ? Non, j'admirerais plutôt sa franchise.

Mais il n'a pas fini.

– J'espère pour vous que vous savez ce que vous venez chercher ici. Parce que vous êtes en train de perdre tout ce que vous avez abandonné : votre place, le pouvoir, le prestige, l'autorité. Quand on cesse de mener les gens, ils perdent bien vite l'habitude de suivre. Les Espagnols ont besoin de voir la découpe de la livarde de leur chef. Vous autres, Génois, vous êtes peut-être faits autrement.

Il scrute mon visage.

– Vous ne voulez pas rentrer avec moi ?

– Je ne peux pas. Pas encore.

Il voit qu'il est inutile de discuter.

– Mais je n'oublierai rien de tout cela, lui dis-je, ni que vous m'avez sauvé la vie ni que vous rentrez à présent.

Il s'en va ; je n'oublierai rien – voilà semée la graine d'une amère moisson.

J'erre. Quelque part. N'importe où. Nulle part. Une fois ou deux, j'entends le charivari de la bataille dans les parages, des cris, des volées de mousquets, l'aboiement rauque d'un lévrier. Une fois ou deux je rencontre, indifférent, des cadavres. Ils ne sont rien. Moi non plus. Tout est remords.

Plus tard, je ne sais quand, deux vieilles Indiennes rabougries me soutiennent sur un sentier et m'emmènent dans un misérable petit village.

Elles me font boire de l'eau fraîche et me donnent à manger.

Elles me retirent mes haillons et me baignent.

Elles me mettent dans un hamac. Le temps et le non-temps se fondent.

Lorsque je me réveille, je suis assis près des braises d'un feu. En face de moi, le feu changeant ses iris en verre cramoisi, Guacanagari.

– Tu m'as menti, exprime-t-il sans colère.

– Je ne savais pas la vérité en ce temps-là.

Temps ? Me revoilà donc sur sa carte ?

– Je te crois, mon frère, exprime Guacanagari.

Puis, il me demande :

– Qu'es-tu venu faire ici dans nos îles ?

Je ne fais pas de geste, je prononce le mot *faege.* Mais il semble comprendre.

Moi aussi, je comprends. Cette ultime capitale misérable de Guacanagari, c'était le but de mon errance.

– Mon frère Guarionex est le premier Chrétien parmi nous, exprime-t-il.

J'entends, surpris, son rire ironique. Les prophètes n'ont guère sujet de rire.

– Tu n'auras pas le temps d'en faire beaucoup d'autres. D'ici une ou deux générations, mon peuple perdra le désir de vivre. Jadis, les anciens dieux étaient assez bons pour nous. Si tant est que des dieux soient bons. Es-tu un dieu ? Un dieu défait, perdu, fatigué ? Une divinité inférieure ? Pire, un faux dieu ?

Je suis à genoux devant lui.

– Je ne suis pas un dieu. Pas même un faux. Je n'en ai jamais été un. Dis-moi ce que je dois faire.

– Si ton Dieu-Père et ton Dieu-Fils et ton Dieu-Esprit descendaient du ciel pour te tuer, te défendrais-tu ?

– Non.

– Pourquoi errais-tu dans la jungle ? Voulais-tu mourir ?

– J'aurais voulu cesser d'être.

– Vais-je te tuer, mon frère Cristóbal Colón ? Ou as-tu encore des choses à accomplir ?

– Je ne sais pas.

– La guerre est finie.

Je suis toujours à genoux devant lui. Je lève la tête.

– Le petit capitaine que la mort fait sourire est allé dans les montagnes. Il a capturé Caonabo.

Silence. Les braises soupirent dans mon dos. Je regarde ses yeux de verre rouge.

– Mon peuple ne paiera pas le tribut.

– Quel tribut ?

– Tant d'or par mois et par tête. Ou bien dans les régions où on ne ramasse pas d'or, tant de coton, tant de tabac ou de chanvre. Ils ne paieront pas ce qui leur est réclamé et ne cultiveront plus leurs champs. Ils s'enfuiront au contraire dans les hautes montagnes désolées où soufflent les vents froids. Ils n'auront pas de congrès avec leurs femmes, non. Leur courage s'épuisera. Beaucoup prendront du poison. Pour les autres, le désespoir tue aussi sûrement que le manioc ou tes bâtons à tonnerre. Deux générations, pas plus. Qu'es-tu venu faire ici ?

Je répète :

– C'était mon *faege*.

– Vas-tu t'en retourner... d'où tu es venu ?

– Oui.

– Il le faut ?

Je demeure longtemps sans parler. Les braises sont éteintes. Ses iris sont toujours pareils à du verre rouge.

– Oui.

– Quand tu es revenu cette fois-ci, tu as vu un Indien qui refusait de mourir. Un cannibale.

J'ignore comment il le sait.

– Bientôt tu verras des Indiens qui refuseront de vivre. Et ce ne sont pas des cannibales.

– Qu'est-ce que tu veux dire ?

– Que depuis que tu es arrivé, les méchants refusent de mourir et les bons refusent de vivre. Tu comprends ?

– Non.

Mais presque.

– Une tempête viendra, comme tu n'en as encore jamais vu. L'*huracan,* nous l'appelons.

Il ne prononce que le mot *huracan,* sa voix est semblable à la mienne, mais elle vibre d'échos qui dépassent la simple réalité.

– Quand ?

– Bientôt. Bientôt. Elle détruira tes navires ailés, à l'exception d'un seul.

– Dieu !

– Peut-être, exprime-t-il.

Il rit d'un rire sans joie.

– Ce n'est pas prudent, n'est-ce pas, de partir avec un seul vaisseau ailé, pour traverser cette vaste mer ?

– Non.

– Tu construiras un nouveau vaisseau ailé et tu repartiras pour ton lointain pays qui n'est pas le paradis, et puis tu reviendras comme tu l'as dit toi-même. Errer est ton... – comment dis-tu ?

– *Faege.*

– Oui.

– Et après ?

– Errer ne te suffit pas ?

– Non.

J'attends qu'il me prédise mon sort, mais il exprime :

– Il ne convient pas qu'un homme en sache trop sur sa destinée.

Je regarde ses yeux. Ils ne sont plus rouges, mais d'un brun indien sombre, presque noir.

– Va-t'en à présent. Tu regagneras la colonie espagnole sain et sauf, si tu ne t'attardes pas trop dans les montagnes, car si l'*huracan* t'y trouve...

Il envisage ma mort et hausse les épaules.

Il me dit une dernière chose :

– L'*huracan* arrive et semble repartir, puis il revient sans crier gare dans la direction opposée. Oublie-le et tu es un homme mort.

Je quitte le petit village misérable comme j'y suis venu, en haillons, guidé par deux vieilles. Puis, seul, je me hâte par les sentiers de jungle où soufflent les vents froids et descends les collines violettes jusqu'à Isabela.

Bien sûr, il est possible que j'aie imaginé tout cela.

De mon temps, il n'y avait pas de frontière bien nette entre la réalité objective et les expériences subjectives – métaphysiques ou mystiques pour les uns, pure illusion pour les autres. Les événements se glissaient aussi bien dans une voie que dans l'autre.

Mais je sais que l'*huracan* était bien réel.

Je suis sur le gaillard d'arrière de la *Niña,* face au large dans la bise qui hurle. L'après-midi est sombre ; le ciel noir comme de la fumée. *Marie Galante, San Juan* et *Cardera,* ancrés assez loin les uns des autres pour pouvoir manœuvrer, sont à peine visibles devant nous. Ici, à un demi-mille de la côte, nous sommes bien amarrés, mais nous n'avons aucune protection contre ce noroît qui s'amplifie sans cesse. C'est pourtant bien le meilleur endroit pour l'étaler, à supposer qu'on puisse.

J'évite de regarder vers l'ouest où notre caraque gît sur le flanc. L'infortunée *Gallega* a cassé le câble d'une de ses ancres de bossoir et est venue en travers aussitôt. Son canot, lesté de son équipe tempête, se dirige péniblement vers où l'on devrait voir la côte, si l'on avait assez de visibilité.

Je ne regarde pas par là non plus.

Je suis trop absorbé par la prédiction de Guacanagari : *il détruira tes navires ailés, à l'exception d'un seul.*

Est-ce pourquoi je suis ici ? Avec la certitude irrationnelle que seule ma présence peut sauver ma chère *Niña ?*

Je suis monté à bord sans crier gare, alors qu'elle larguait les amarres. Ce n'est pas Juan Niño, son capitaine, qui a protesté, mais Barto.

– Où tu vas comme ça ?

– Ça va de soi, non ? A ma place, sur la *Niña.*

Barto m'a regardé pour me sonder, il a haussé les épaules en partant. Comment lui en vouloir de ne plus me faire confiance, après ces semaines de disparition en brousse ?

Juan Niño s'est contenté de me dire :

– Heureux de vous revoir, amiral.

Son équipage d'urgence, trié sur le volet, a tôt fait de gréer la *Niña* au mieux pour qu'elle puisse se relever jusqu'au point d'ancrage avant que le grain ne prenne toute sa violence.

Maintenant, elle se tend entre les trois câbles de ses ancres. La pluie battante coulisse sur le pont en épais rideaux. D'abord la *Marie Galante,* puis la *Cardera* et enfin le *San Juan* disparaissent à notre vue. L'eau verte happe la *Niña* par le gaillard d'arrière où nous nous agrippons au bastingage, Juan Niño et moi. L'eau s'engouffre dans le carré de la barre. Je laisse le vent m'y pousser. Francisco Roldán est au timon, il donne paradoxalement du jeu au palan dans cette mer déchaînée. La *Niña* s'élève très haut, tirant sur ses ancres de bossoir. Ce vent ne ressemble à rien que j'aie jamais connu.

Voulais-tu mourir ?

Je voulais cesser d'être.

Si je lâche le bastingage, le diable me balaie par-dessus bord.

Je m'accroche et lutte pour me rapprocher de Juan Niño. Il me montre soudain quelque chose du doigt. Incroyable : la *Cardera* fend les flots poupe la première, dans notre direction d'abord.

– Elle traîne ses ancres après elle ! hurle Juan Niño.

La caravelle nous file sous le nez, à moins de dix mètres à tribord et, nu-mât, à reculons, elle cingle vers la côte. Nous ne la verrons pas l'atteindre ; la visibilité ne va pas au-delà de deux cents mètres.

Le vent d'*huracan* se lève. Les ténèbres d'*huracan* font place aux ténèbres de la vraie nuit. Juan Niño et moi nous sommes encordés au bastingage du gaillard d'arrière. Nous gardons les yeux rivés vers l'avant, sinistres, refusant de voir dans ces ténèbres l'instant ultime où la masse de la *Marie Galante* ou du *San Juan* plongera sur nous, d'entendre l'agonie des membres de la *Niña* quand ses coutures se rompront, de sentir la turbulence subite qui voudra dire que ses câbles ont craqué et qu'elle n'est plus ancrée à rien.

Le vent semble tomber à l'aube – si l'on peut nommer aube ces ténèbres à peine moins denses et fuligineuses –, mais le *San Juan* se profile menaçant à bâbord, cap sur la plage, irrésistiblement, comme la *Cardera* avant lui. Il danse sur l'eau, toutes ancres semées. A peine visibles sous les hallebardes de l'aube, de minuscules silhouettes gesticulent, frénétiquement, sur le gaillard d'arrière. Plus de *San Juan*.

Deux heures plus tard peut-être, le ciel noir fumée prend une lueur argentée, étrange, surnaturelle. Le vent est tombé.

– Le vent est tombé, exulte Juan Niño en me tapant dans le dos.

Francisco Roldán émerge de l'entrepont, encore plus trempé que nous si c'est possible. De la cale, où ils ont actionné la pompe seize heures durant, remontent quelques gars dont Pedro Terreros et Francisco Niño.

– Ça s'arrose, dit notre innocent avec son léger bégaiement charmant. On a gagné.

Son frère aîné lui parle avec ménagements de la *Gallega* et des deux caravelles échouées. Du moins la *Marie Galante* est-elle encore là vers le large, calmement ancrée à présent.

Nous avalons des bouts de galettes de manioc arrosés de vin sous le dôme étincelant du ciel argenté. De petits coups de vent fantasques font écumer les crêtes d'une mer encore grosse, mais la pluie a cessé et le vent s'en est allé vers le ciel noir qui l'avait enfantée.

En fin de matinée, nous mouillons le canot de la *Niña,* l'équipe tempête dégringole l'échelle. Le vent fantasque s'est stabilisé ; il nous vient de la terre, mais ce n'est guère plus qu'une brise. Nous n'aurons pas de mal à rentrer à la rame. Si l'équipage avait été au complet, nous aurions même pu mettre la voile et ramener la *Niña*.

J'ai enfourché le bastingage, un pied déjà sur l'échelle ; la brise m'ébouriffe ; je me rappelle les derniers signes de Guacanagari.

L'huracan arrive, on dirait qu'il repart et puis il revient sans crier gare dans la direction opposée. Oublie-le et tu es un homme mort.

Et si ce vent infernal se lève à nouveau pour pousser la *Niña* par la poupe ? Même avec leur supplément de lest – on a arrimé jusqu'au dernier bout de métal du bord à leurs câbles –, combien de temps ses ancres tiendront-elles ?

La brise venue des collines qui entourent Isabela fraîchit à présent. Rien de dangereux encore, mais elle s'enfle de minute en minute.

J'appelle les hommes du canot. Ils lèvent les yeux vers moi comme si j'étais fou.

– Le faire virer ? répond Juan Niño. Le canot ? Pourquoi ?

– Le navire ! Vite !

Mais leurs yeux levés vers moi me fixent, moi le gouverneur tombé deux fois sans connaissance dans le coma ou en plein délire, moi le vice-roi disparu pendant des semaines dans la jungle ; et Juan Niño me dit :

– Vous feriez mieux de descendre dans le canot, amiral.

Juan Niño de Moguer, mon vieil ami. D'un air de pitié.

Il s'est remis à pleuvoir. Le dôme d'argent du ciel a viré au gris mat. Sans plus penser à mes hommes pour l'instant, je me précipite sur le gaillard d'arrière pour faire des signaux à la *Marie Galante.* Mais le canot du vaisseau amiral est déjà à notre niveau, il se dirige vers la côte. J'arrache mon justaucorps et l'agite.

– Revenez ! Il faut la tourner dans le sens du vent.

Ils ne peuvent pas m'entendre. Ils me répondent par des signes joyeux.

Et le ciel de fumée noire revient, suffoquant en traître les collines violettes d'Isabela.

Je baisse la tête, attendant l'inéluctable.

Puis Francisco Roldán est à mes côtés :

– Le capitaine Niño fait monter les autres, amiral. Qu'est-ce que je peux faire en attendant ?

Je regarde ses yeux de conquistador, opaques, du bleu le plus pâle, et je me souviens que sans lui je serais mort.

Qu'es-tu venu faire ici dans nos îles ?

C'était mon faege.

Et quel rôle y joue Roldán ? Pourquoi suis-je si sûr qu'il en joue un ? Je ne suis pas prophète comme Guacanagari, mais quelque chose me dit que c'est Roldán, remonté le premier à bord, qui a fait changer Juan Niño d'avis. Si bien que je lui dois la vie deux fois. A coup sûr, ce sera une de trop ?

Bientôt, l'équipe tempête lutte de vitesse avec le ciel qui s'obscurcit et le vent qui se lève. L'ancre de poupe et l'une des deux ancres de bossoir, avec leurs câbles doublement lestés, doivent être hissées à bord pour que la *Niña,* touée par son canot, puisse pivoter sur le câble de son autre bossoir.

A nous tous, nous pouvons à peine tourner le guindeau des passavants. La fatigue nous tire les traits avant que nous ayons décroché la seconde ancre. Un homme lâche prise et tombe, souffle coupé, à quatre pattes ; il se relève et se traîne de nouveau à son poste. Pendant un moment, les hommes décrochent l'un après l'autre. Seul demeure l'infatigable Juan Niño. Puis ils dégringolent tous dans le canot, sauf Francisco Roldán qui va baisser la barre et moi qui reste sur le gaillard d'arrière pour commander la manœuvre. Les hommes s'arc-boutent sur les rames, mais on croirait que la *Niña* est rivée au fond par ses trois ancres. Le temps que la proue bouge d'un tout petit quart, le vent hurle et le ciel est tout noir. Mais alors, la *Niña* est lancée, on la manœuvre mieux. Encore deux quarts et le vent la prend par le travers et la fait virer d'un seul coup sur son axe.

Maintenant, les hommes du canot bataillent pour se rapprocher de nous et larguer les deux autres ancres avant que la *Niña* ne quitte tout à fait son amarrage. Enfin, canot arrimé à l'arrière, l'équipage épuisé laisse le vent le rabattre à l'abri du château de poupe. Et, de nouveau, il nous faut essuyer l'*huracan* au cours d'une veillée aveugle.

Aux petites heures, le père des vents tombe et, au lever du jour, le déluge a fait place à une pluie verticale et régulière. A la proue, la canot de la *Niña,* inondé mais fidèle au poste.

De la *Marie Galante,* nulle trace.

Nous écopons le canot et nous souquons vers la plage. Aucun des hommes ne me regarde. On dirait qu'ils ont peur.

Comment ai-je su ? Comment ?

Une demi-heure plus tard, nous touchons terre. La plage est jonchée de débris de l'*huracan* – éclats du quai, des coques brisées du *San Juan* et de la *Cardera.* Plus loin, au-dessus du niveau de la marée haute, des colons hébétés errent dans la grande clairière qui disparaît sous les palmes et les clayonnages – hier Isabela.

De toute notre colonie si chèrement acquise, seule demeure l'église en préfabriqué.

L'*huracan* démolit notre colonie le 28 juin 1495, pour vous donner les coordonnées de la carte du temps. Car après la tempête, je suis de retour, et bien là, et je m'entretiens tous les jours avec les charpentiers de navires. J'insiste :

– Copie conforme de la *Niña.*

– Elle est petite, amiral. Elle est plus toute jeune. On peut faire mieux que la *Niña.*

– Elle a la vie dure.

Au fil des mois, dans son berceau sur la plage, la *Sainte-Croix* prend forme.

Tel est son nom religieux officiel, comme si j'essayais d'apaiser ce Dieu que je ne peux tout à fait nier. Mais comme c'est le premier navire construit ici, cette sœur jumelle de la courageuse *Niña* sera connue sous le nom d'*India*.

Nous récupérons jusqu'à la dernière pièce, jusqu'au dernier bout de matériau sur les épaves des deux caravelles. Nous décortiquons ces pitoyables coques avec un zèle à satisfaire un contrôleur de la Couronne.

Au cours de l'été, à partir de la quille de la *Cardera* et de sa carlingue, l'*India* acquiert sa cage thoracique de membres récupérés et réajustés.

Vers le mois de novembre, le travail ralentit car toute notre main-d'œuvre indienne, sujette de Guacanagari, s'est enfuie dans les montagnes. Francisco Roldán, que j'ai nommé fermier général (et que je nommerai *Alcalde Mayor* quand je partirai), me dit :

– Le tribut ne rentre plus. Ni l'or ni même le coton.

Peu importe le tribut. Je ne sais pas au juste qui en a eu l'idée. Le Conseil peut-être, pendant que j'étais hors de la carte du temps.

– Il nous faut du coton. On en est à court en ce moment et on peut même pas fournir une voilure complète à l'*India*.

Roldán me regarde de ses yeux de conquistador, et il acquiesce. Et nous en obtenons du coton ; comment, je ne veux pas le savoir.

Vers la fin de l'année, Barto me dit :

– Les Indiens ne cultivent plus leurs champs.

Mais je n'y pense pas. Isabela sort de terre à nouveau et sur la plage, devant nous, un navire est en train de naître. A la mi-janvier, des planches gainent ses membres. Les mâts se dressent, faits de trois arbres majestueux, semblables à des sapins, que l'on a abattus dans les montagnes haïtiennes – des mâts indigènes pour le premier vaisseau construit aux Indes.

Début février, Barto me signale :

– Tous les villages sont abandonnés à deux jours de marche à la ronde.

Quelle importance ? Un bateau va naître.

Bientôt, le gouvernail est fixé à la ceinture supérieure, sa partie métallique forgée dans une lombarde de fer abandonnée jadis à La Nativité. Fin février, le plancher du dernier pont cambré est en place et on ajoute des gréements courants aux épais cordages de chanvre qui haubanent les mâts.

La *Sainte-Croix* est maintenant un navire. Et un jour, début mars, à marée haute, nous laissons à Yego l'honneur de hisser le pavois. Tout en le regardant faire monter au grand-mât les couleurs de ses Très Catholiques parrain et marraine, je pense : c'est plus un homme qu'un gamin à présent ; mais il est maussade, il garde un silence chagrin et... où est passé ce grand crucifix de bois que le brave archevêque de Barcelone lui a donné ?

Puis je n'ai plus d'yeux que pour le baptême de l'*India.*

Reflétant mon impatience, l'*India* elle-même, pleine d'assurance, fend le ressac. On dirait qu'elle s'éveille en s'ébrouant et la voici qui porte son beaupré vers l'est et l'Espagne.

Barto dit :

– On quitte Isabela.

– Et comment ! je réplique, en regardant ma merveille qu'on amarre à côté de la *Niña.* C'est pas trop tôt. Buil, Mosén Pedro et consorts ne nous ont que trop calomniés à la cour.

– Je te parle pas de ça. Toi, tu rentres en Espagne. Pas moi. Il faut bien que l'un de nous deux reste.

Ça n'est pas faux. On va laisser derrière nous une colonie de presque cinq cents hommes, c'est autre chose que les quarante malheureux de La Nativité.

– Rester, oui, mais pas exactement ici, poursuit Barto. Pendant que tu aidais à l'accouchement de ton *India,* je nous ai trouvé un nouveau chez-nous. Un vrai.

Il décrit le port naturel de la côte sud de l'île et me dit :

– C'est là que les Indiens nous ont donné le moins de mal côté tribut.

Le docteur Chanca dit :

– Je suis convaincu que l'air n'y est pas pestilentiel.

– Et puis, dit frère Ramon Pane, le timide hiéronymite, puisque la population indigène y semble mieux disposée à nous accepter, peut-être qu'on pourra repartir de zéro et l'amener à Notre Sainte Mère l'Église.

– Alors, c'est décidé, dis-je.

Mais qui va partir en Espagne et qui va rester ?

C'est la situation de La Nativité, à l'envers. Là-bas, tout le monde voulait rester pour être le premier à trouver l'or. Maintenant, le cri unanime, c'est : « Ramenez-nous en Espagne. »

– Bientôt, il y aura des villes et des villages dans toute l'Hispaniola, dis-je. Ceux qui restent maintenant seront les premiers grands propriétaires terriens des Indes.

– Y en a marre de vos foutues Indes !

Barto s'est aussitôt jeté sur l'homme, il le tire de la foule d'une main, l'attrape par son justaucorps, et de l'autre il lui balance un aller et retour.

– C'est au vice-roi que tu parles ! Un peu de respect, fils de pute, écume-t-il.

Mon frère ? Pourquoi ça ? Qu'est-ce qui lui est arrivé ?

Plus tard, quand je vois le docteur Chanca, je le lui demande. Il étend les mains.

– La guerre rend certains pacifistes. Elle en durcit d'autres. Ça lui passera peut-être.

Guère satisfait, je m'adresse à frère Pane.

– Oh, il observe les offices religieux avec beaucoup de zèle votre frère, pour ça oui. Est-ce qu'il ne fait pas un peu de zèle dans ce qu'il considère comme ses devoirs civiques ? Ce tribut me met mal à l'aise. J'ai souvent prié Dieu de m'éclairer sur ce chapitre.

– C'est mon frère qui a eu cette idée de tribut ?

Mais Pane n'est pas causant, alors je vais voir Barto.

– Bien sûr, reconnaît-il. Pourquoi pas ? On a vaincu les Indiens, non ? Donc, dans un sens, toute la population de l'île est composée de prisonniers de guerre. Dont on a le droit de faire ce qu'on veut.

– Mais...

– C'est comme ça que ça se passe et que ça s'est toujours passé.

– En Europe, mais...

– On est là pour exporter l'Europe aux Indes, non ?

Je voudrais lui dire qu'il y a des choses qu'il vaut mieux ne pas exporter, mais je glisse seulement :

– Sois pas dur avec eux.

– Tu as l'intention de ramener d'autres colons quand tu reviendras ?

J'acquiesce.

– Des femmes, même, si les souverains sont d'accord.

– Alors, dis-leur qu'elles auront des valets de ferme et des domestiques, et tu auras des colons à ne plus savoir qu'en faire.

De nouveau, je ne peux qu'avancer un « mais... ».

– Écoute, dit Barto d'un ton raisonnable, tu vas rentrer en Espagne avec une double cargaison de désaxés qui en ont ras le bol des Indes. Et Dieu sait quelles calomnies Buil et Mosén Pedro

Margarit ont pu répandre sur la colonie. T'embarque pas sans biscuits.

Je regarde l'*India,* amarrée à côté de sa sœur jumelle. Il ne lui manque plus que des voiles et des vivres, et j'ai hâte, si hâte de partir. La nuit dernière, j'ai encore rêvé de Petenera.

– Fais pour le mieux, dis-je à mon frère.

Je demande à mon plus vieil ami de l'île, Juan Niño de Moguer, le colosse, s'il sait ce qui est arrivé à Barto.

– Ben, puisque vous me le demandez. Vous êtes un grand rêveur, vous savez.

– Moi ! Je suis l'homme le plus réaliste qui soit !

Il écarquille les yeux sans rien dire.

– C'est Barto, le rêveur, oui.

– Le Boss ? Ah, plus maintenant ! Vous voyez, un rêve des fois ça tourne mal. Alors, d'après moi, un type comme le Boss, ça le mine. D'abord, il déprime et puis il passe à l'attaque. Tandis que vous... – un affectueux sourire vient attendrir le visage de desperado de mon vieil ami – ... vous, vous cherchez un rêve de rechange.

– Juan, lui dis-je, tu comprends rien du tout aux gens.

– J'ai jamais prétendu le contraire.

Alonzo Ojeda a retrouvé en ces temps de paix sa panoplie de cacatoès : justaucorps à crevées et hauts-de-chausses bariolés.

– Je veux rentrer avec vous, amiral. Les choses vont ralentir un moment ici. Une nouvelle colonie, ça suppose de prendre racine ; vous me suivez ?

J'ai l'intention de charger nos deux caravelles à la limite de leurs capacités et même au-delà, pour évacuer un maximum de mécontents. Et quels que soient ses travers, Alonzo Ojeda n'a rien d'un mécontent. Mais je lui réponds qu'il a bien gagné son passage, si c'est ce qu'il souhaite.

– Un jour, quand vous vous y attendrez le moins, vous me verrez revenir aux Indes.

Roldán revendique le droit de rester.

– C'est l'occasion ou jamais de repartir du bon pied, dit-il, ses yeux de conquistador si pâles et si opaques dans le soleil qu'ils semblent presque incolores. Ou je me trompe fort, ou de grandes choses se préparent.

Je demande à l'homme qui m'a sauvé la vie :

– Quelles grandes choses ?

– Eh bien, selon moi, la priorité numéro un est d'améliorer nos relations avec les Indiens. On ne peut pas continuer indéfiniment à leur extorquer ce tribut, ou alors il nous faudra plus de soldats que de fermiers ou de mineurs dans la colonie. Il doit y avoir une autre manière de faire travailler ces fainéants de païens.

C'est alors que, dans un élan qui ne participe pas de la seule gratitude, je nomme Roldán *Alcalde Mayor* de la colonie, poste qui n'est inférieur qu'à celui de Barto.

Tout à coup, Francisco Niño accourt hors d'haleine.

– Vice-roi ! Vice-roi ! Vite ! Il est mourant !

Et notre innocent m'entraîne à ses trousses, en direction de l'attroupement qui s'est formé autour de notre nouveau juzgado provisoire. Il ne contient qu'un seul prisonnier aux fers, Caonabo. Bientôt, il embarquera sur l'*India,* et en route pour l'Espagne et les lumières qui lui permettront à son retour en Haïti de faire du peuple le plus féroce de l'île notre allié.

Mais il n'en sera rien. Agenouillé auprès du corps du grand cacique guerrier se trouve le docteur Chanca qui grogne :

– Poison de manioc.

– Comment il se l'est procuré ?

Chanca secoue la tête.

Le lendemain matin, je trouve Yego sur le quai, toujours sans son crucifix de baptême. Il regarde les matelots tendre la voile sur les vergues de l'*India.*

Depuis le temps que j'évite ce tête-à-tête ! Je sais qu'il adore l'Espagne.

– Quelle merveille, hein ? lui dis-je pour ouvrir le jeu.

– Comme la *Niña,* vice-roi.

D'une voix unie. Avec un haussement d'épaules.

– Ah, oui !... euh, Yego... Yego, mon frère va avoir besoin de toi quand je serai parti, dis-je enfin. Je sais que c'est beaucoup te demander, mais tu veux bien rester ?

– Oui, vice-roi.

– Quoi ?

– Oui, vice-roi, répète-t-il en évitant mon regard.

Vingt-quatre heures plus tard, les deux caravelles jumelles, transportant plus de deux cent cinquante hommes, dont trente Indiens – alors qu'elles ne sont pas conçues pour en transporter plus de cinquante –, font voile vers l'Espagne.

15

Le réquisitoire de la bouée fait son apparition à la cour.

Que de balivernes les historiens racontent sur ce voyage !

Il m'avait fallu trois mois pour rallier Cadix, d'accord. Et après ? J'étais capitaine de paquebot ou découvreur ? Des générations de marins allaient me savoir gré d'avoir signalé les vents fantasques du pot-au-noir, au lieu de me tourner en ridicule pour y être resté accalminé.

Les vivres seraient venus à manquer. Pure hyperbole. Est-ce que je serais là en train d'écrire, si c'était vrai ? Je ne pouvais matériellement pas remplir l'estomac de plus de deux cent cinquante personnes pendant un voyage qui dura quatre-vingt-dix jours au lieu de cinq à six semaines, ça va de soi. Mais nos rations réduites, soit six onces de galettes de manioc et un gobelet d'eau par jour, n'étaient pas totalement épuisées lorsque nous avons touché terre, le 11 juin 1496.

Il fallait être fou pour entasser dans mes deux caravelles les mécontents les plus forts en gueule de la colonie, histoire de fournir à Mosén Pedro, frère Buil & Cie des renforts nantis de griefs tout neufs ? Mettons. Mais en les ramenant, ne facilitais-je pas la tâche de Barto en Hispaniola ?

La réduction de nos rations aurait provoqué un Mouvement pour la Dévoration des Cannibales (douze spécimens gros et gras capturés lors d'une escarmouche à Guadalupe, notre dernière escale) – slogan : « Croquons les croqueurs. » Ce prétendu mouvement se réduisait à Ojeda et à quelques comparses. Et encore, j'aime à croire que c'était pour rire. Ils savaient tout de même bien que j'espérais enseigner nos mœurs alimentaires aux cannibales et non l'inverse.

Mon veto à la cannibalisation des cannibales aurait entraîné un vote franc et massif pour balancer *tous* les Indiens par-dessus bord afin d'économiser la nourriture. Tristement vrai. On dut avoir recours aux armes pour passer outre.

Lorsque nos caravelles se seraient traînées dans le port de Cadix (coques enrubannées d'algues, au ras de l'écume, carrément crades), trois fiers vaisseaux en partance pour réapprovisionner la colonie seraient passés assez près pour nous voir, nous les squelettiques, les jaunâtres, les haillonneux – ce qui aurait fait réfléchir leurs équipages impec sur la sagesse de leur entreprise. Faux ! Les trois vaisseaux rutilants de Peralonso Niño jetèrent l'ancre près de nous exprès pour que leur capitaine général puisse s'entretenir avec moi sur son vaisseau amiral.

Il est exact que Peralonso n'accorda pas aux équipages la permission de quitter leur bord, les deux jours que dura notre réunion. Mais c'est nous calomnier tous deux que de suggérer qu'il avait peur de laisser ses hommes écouter les miens. Simplement, comme tous les capitaines, il prenait ses précautions contre les désertions.

Une chaleureuse embrassade m'apprit que le colosse, amateur de bonne chère, avait pris du poids.

– Comment va le père de famille ?

– Oh, nous avons deux filles, mais je suis prêt à repartir. Tu sais ce que c'est. Dis donc, tu as une tête de déterré, Cristóbal.

– Je me porte comme un charme.

– Si tu le dis.

Pas convaincu :

– Comment ça va, mes frères ?

– Bien. Aucun n'a encore attrapé la fièvre jaune.

– La fièvre jaune ? C'est ça qui leur donne ce teint, à tes hommes ?

– Quoi de neuf en Espagne ? lui répondis-je.

Il eut l'air mal à l'aise.

– On raconte que la Glorieuse Aventure des Indes, c'est l'arnaque du siècle.

Ce n'était pas pour me surprendre. Je dis d'un air détaché :

– Bof. Frère Buil et Mosén Pedro Margarit...

– ... ont des amis haut placés. Pourquoi tu as rien fait pour défendre ta position ?

– J'ai envoyé mon frère Diego !

Il marqua un temps.

– Bon. Je suppose que tu sais ce que tu fais. Les Insulindiens t'ont donné du fil à retordre ?

– On dit généralement les Indiens à présent, répliquai-je.

– A qui tu as laissé pleins pouvoirs, là-bas ?

– A mon frère Barto.

– C'était bien raisonnable ?

– C'est un chef à poigne.

– D'accord, mais maintenant tes adversaires peuvent t'accuser d'autre chose : de népotisme.

– Barto est le type idéal pour ce poste, dis-je en me raidissant. Ça n'a strictement rien à voir avec le fait que nous sommes frères.

– Enfin, moi, à ta place, je filerais à la cour.

– Et elle est où en ce moment, au fait ?

– A Valladolid, mais elle part pour Burgos. Ou peut-être bien Soria ou León. Et côté or, ça rend ?

– Tu peux pas savoir tout ce qui nous reste à prospecter !

Peralonso leva l'ancre, un peu refroidi. J'achetai une mule et me rendis tout droit au monastère de La Rábida.

Pourquoi ?

Comme d'habitude, mes biographes ont des théories toutes prêtes.

Quitter l'Espagne avec une flotte de dix-sept navires pour rentrer avec deux malheureuses caravelles archibourrées, pas de quoi pavoiser. Si bien qu'un historien prétend que je me suis caché des mois à La Rábida sous le coup de l'humiliation. Alors ça, c'est ridicule. Puisque Peralonso, en qui j'avais une confiance fraternelle, venait de me confirmer les menées de Margarit, Buil & Cie, ne serais-je pas remonté dare-dare vers le nord si j'avais pu ?

Un biographe plus inventif a suggéré que j'avais *feint* l'humiliation – l'habit qui fait le moine, jusqu'au cilice – pour attendrir les souverains quand ils finiraient par me voir. Un stratagème aussi compliqué n'est pas dans ma nature. Je ne m'appelle pas Ulysse le Rusé.

Troisième explication : j'aurais fait retraite à La Rábida pour retrouver Dieu. Dans ce cas, La Rábida était tout indiquée. Mais dans une Espagne où l'Inquisition exerçait autant de pouvoir que le roi et la reine, aucun Converso n'aurait jamais laissé entendre qu'il avait égaré Dieu, pas même un Converso d'origines inconnues de presque tous. Donc, la quête mystique, à rayer.

Qu'est-ce qui reste ?

Personne n'a parlé de remords océaniques. Moi non plus.

Voici l'explication la plus simple : rechute du Sacré Syndrome. Une maladie chronique étant calamiteuse pour l'image d'un homme public, *a fortiori* pour un mythe vivant, je me terrai à La Rábida en attendant de récupérer.

Fray Juan Pérez avait vieilli, mais confortablement, et il m'accueillit comme un vieil ami.

– Je vais écrire aux souverains que vous êtes ici, dit-il.

Mais je ne me sentais pas encore d'attaque pour les rencontrer.

– Pas la peine. J'ai déjà écrit à Luís de Santangel, mon agent à la cour.

Le bon prieur hocha la tête.

– Vous avez une tête de déterré, vous savez, me dit-il allégrement dans un vocabulaire peu catholique.

– J'ai besoin de repos, voilà tout.

– Qu'est-ce que vous avez aux yeux ?

Comment expliquer, même à Fray Juan Pérez, que je n'avais plus de larmes ? Je marmonnai une vague histoire de tempête sur les Açores qui m'aurait retenu cinq nuits d'affilée sur le gaillard d'arrière et demandai si je pourrais avoir une chambre quelque temps en spécifiant, à cause de mes yeux desséchés : Avec toilette personnelle.

– La plus belle de la maison, cher ami. Celle qu'on réserve à l'archevêque de Tolède quand il nous rend visite.

Mais je déclarai préférer une petite chambre.

C'était une cellule sans fenêtre d'où je fis retirer la paillasse. Pourquoi ? Je ne sais pas très bien. Il me semblait que coucher à même le sol de pierre froide, c'était la chose à faire. En revanche, le gros pain frais et le robuste vin de pays constituaient un régime de sybarite après les galettes de manioc et l'eau croupie. La robe brune bien enveloppante et le capuce de franciscain, que j'avais endossés de ma propre initiative, étaient bienvenus dans cette cellule humide. Quant au cilice, au bout d'un moment, sauf que ça gratte, on n'y fait presque plus attention.

Quand Luís de Santangel quitta Burgos et la péripatétique cour pour venir me voir, à la fin de l'été, je me sentais mieux malgré mes douleurs articulaires et mes yeux arides.

Je le reconnus à sa masse, qui s'interposa entre moi et l'unique chandelle de ma cellule ; je sentis son cigare.

– Vous avez une tête de déterré, mon garçon, me dit-il.

Je me lavai les yeux à la toilette. Je le voyais maintenant comme une énorme tache floue dans le halo de son cigare.

– Comment va Petenera ? demandai-je.

J'aurais dû y aller moins franco, mais j'étais trop impatient.

Il n'y avait qu'une petite porte massive. Santangel se posta tout contre, tendit l'oreille, ouvrit d'un coup, regarda à droite, à gauche, referma. Le verrou claqua avec l'écho particulier aux monastères et aux donjons.

– Ça va, ça va, dit-il.

– Quoi, ça va ? Au bout de deux ans et demi, c'est tout ce que vous trouvez à me dire ?

– Et ça vous suffit pas ? On vit une époque dangereuse.

Il vérifia la porte : toujours verrouillée.

– Où est-elle ?

– Là-haut, dans le Nord. C'est à Burgos que tout se passe en ce moment. Vous devriez y être aussi, mon garçon. Ce que je vous en dis, c'est dans votre intérêt.

J'y voyais plus clair ; je remarquai son front soucieux.

– Dites-moi, ce Diego Colón, c'est vraiment votre frère ?

– Grand D ? Bien sûr. Pourquoi cette question ?

– Bonnes relations familiales ? Pas de rivalités dans l'enfance ?

– Pas du tout. Pourquoi ?

– Comme ça.

– Grand D est le meilleur avocat qu'on puisse trouver et en plus, dis-je en me raidissant, c'est mon frère.

Un bouffée de cigare pensive emplit la petite cellule.

– Écoutez, mon garçon, à votre place je raserais cette barbe de patriarche, je me remettrais en civil et je rentrerais à Burgos avec moi. Enfin, si vous en avez la force.

– Mais je me porte très bien.

– C'est peut-être la barbe. Ça vous vieillit de dix ans.

– Les marins ont toujours porté la barbe.

– Vous avez pas l'air d'un marin, vous avez l'air d'un prophète de l'Ancien Testament ; et par les temps qui courent, c'est pas une riche idée. Quand est-ce que vous serez prêt à partir ? On ira en coche, vous savez ces trucs hongrois, là..., dit-il d'un air dégagé. Flambant neuf, dernier modèle, c'est le deuxième dans toute l'Espagne.

Il ne put réprimer un sourire de propriétaire.

– Ça vous pose presque autant qu'un esclave indien.

– Ah bon, c'est la coqueluche, les Indiens ? demandai-je vivement.

– C'est l'hécatombe, vous voulez dire. Quand c'est pas la vérole, c'est la rougeole. Ils ont aucune résistance. Rien. Zéro. Mais alors, question de vous poser, plus c'est rare, mieux ça vaut. Les coches, les esclaves indiens... Vous êtes riche, dit-il tout à coup. J'ai investi votre pourcentage sur la vente de ces Indiens. Vous êtes propriétaire de trois caravelles en totalité et de cinq autres à cinqu... Dites, vous m'écoutez ?

Je n'entendais que les cris de cinq cents Indiens décimés par des maladies exotiques, aux antipodes de chez eux.

– Allons, mon garçon, soyez pas indifférent comme ça. Vous avez largement de quoi vous offrir une ou deux propriétés.

– Je bouge trop pour investir dans la pierre.

– Et les souverains, alors ? Ça les gêne ?

– Il faut que je continue à bouger.

J'avais parlé avec plus d'urgence que je ne l'aurais voulu, les mots avaient jailli du plus secret de mon âme.

– Alors, c'est décidé. Vous rasez cette barbe, vous mettez des vêtements dignes de vous, et en route dans mon coche hongrois flambant neuf, dernier modèle.

J'hésitai encore. Il reprit :

– Écoutez, mon garçon, et vos fils alors, vous avez pas envie de les voir ?

Mais je n'étais prêt à voir personne, du moins en public. Pas même mes propres fils.

– Comment ils vont ? Ça leur plaît d'être pages ? Le prince héritier est content d'eux ?

– Ils ont pris du galon. Ils sont pages de la reine en personne.

– Formidable ! m'écriai-je.

C'était la première bonne nouvelle depuis mon retour.

– Est-ce qu'ils savent que je suis rentré ? Petit Diego a toujours le cœur sur la main ? Il pose toujours des tas de questions ? Fernando est toujours plus Harana-Torquemada que...

– Chut ! Ne prononcez jamais le nom de cet individu.

Pour la première fois sous mes yeux, Santangel se signa. Peut-être pensait-il que cela conjurait le mauvais sort ? Et peut-être, en effet.

Son cigare s'était éteint. Dans son émoi, il ne prit pas la peine de le rallumer, mais en entama un autre.

– Vous ne savez pas ce qui se passe depuis deux ans, me dit-il. La chasse au Converso est ouverte. Et plus on est riche, plus on a de chances de se faire cueillir.

– Pourquoi donc ?

– Prime au délateur. Dès que la victime est reconnue coupable, le Suprême vend sa propriété aux enchères et celui qui l'a dénoncée touche dix pour cent. C'est le genre de système qui encourage la chasse au gros gibier, non ?

– Reconnue coupable de quoi ?

– De quoi, qu'il demande ! De pas résister à la torture, tiens ! Je comprendrais ça du point de vue de la rentabilité si le Saint-Office était dans les affaires, mais c'est pas le cas... si ?

Je réalisai qu'il attendait une réponse.

– Ça fait longtemps que je suis parti. Je n'en sais rien.

– Mais, sur le plan humain, reprit-il, c'est une autre paire de chausses. Dégradant, carrément. Parce qu'enfin, qu'un jeune gars ambitieux balance sa famille qui, mettons, judaïse, sachant qu'elle se fera prendre tôt ou tard de toute façon, c'est une chose. Mais ces chasseurs de prime qui se mettent à dénoncer de vagues connaissances sur les indices les plus ténus, voire pas d'indice du tout – alors, là, jusqu'où on va dans la crapulerie ?

Sur cette diatribe, Santangel me pressa de nouveau de repartir avec lui pour Burgos dans son coche hongrois, mais je déclinai.

– Même si j'étais prêt, lui fis-je remarquer, je suis censé remonter en grande pompe avec mes cannibales captifs, mon or et tout et tout.

Ce langage-là parlait à Santangel.

– Je me charge de vos intérêts d'ici là, mon garçon, promit-il.

Et il l'aurait fait s'il avait pu.

Je sortis pour le raccompagner. C'était la première fois depuis des semaines. Son coche démarra dans un nuage de poussière qui persista bien longtemps après que le véhicule eut disparu, roulant, tanguant et cahotant.

Alors, je retournai à ma triste cellule et grattai furieusement mon cilice.

J'aurais pu rester entre mes quatre murs claustrophobes, à la lueur de l'unique chandelle, jusqu'à ma dernière heure sans l'arrivée de l'homme qui, après Luís de Santangel lui-même, avait tout fait pour que mon rêve de Grande Aventure se transforme en deux voyages aller et retour et une colonie – prospère, espérais-je – outre-mer Océane.

Il dut se baisser pour entrer. Maigre, très droit, les traits raffinés par des générations d'éducation, les tempes argentées – ni trop ni trop peu –, le regard pénétrant mais non perçant (un regard perçant sent son parvenu), le sourire léger mais sincère, l'étreinte dépourvue de condescendance : même à la lueur de l'unique chandelle, aristocrate jusqu'au bout des ongles.

– Monseigneur, dis-je, car j'avais dans ma cellule Luís de Cerda, cinquième comte et premier duc de Medinaceli.

– Vice-roi, quel plaisir de vous revoir ! Cela dit, vous avez une tête de déterré.

Il fit le tour de mes appartements monacaux, ce qui ne fut pas long.

– Dites-moi, vous avez l'intention de vous morfondre dans cette cellule pour le restant de vos jours ? Entrez carrément dans les ordres et qu'on n'en parle plus. Vous ne serez pas le premier homme d'action à tourner religieux.

– Ça n'est pas la question, monseigneur. Je...

– Allons, allons, mon ami, vous me connaissez depuis assez longtemps pour m'appeler par mon nom. Alors, Don Cristóbal, racontez-moi les Indes.

Je les lui racontai. Réticent, tout d'abord – mais je lui devais bien ça –, puis finalement intarissable. La journée y passa presque.

– Je vois, dit-il lentement, vous vous sentez coupable de ce qui est arrivé aux Indiens.

– Je n'ai pas dit ça. Vous pensez que je fais retraite ? Je suis ici en convalescence, c'est tout.

– Et parce que vous vous sentez coupable, poursuivit-il comme si de rien n'était, vous vous cachez du monde. Allons donc ! Ne gâchez pas votre vie. L'Espagne a trop peu d'hommes comme vous.

J'eus un rire d'autodérision et tirai sur ma barbe, geste qui commençait à m'agacer moi-même.

– Rasez-moi ça. Débarrassez-vous de ces hardes de pénitent et mettez un costume digne d'un vice-roi des Indes. Donnez sa parade au public et puis allez voir le roi et la reine. Établissez le projet d'une vraie colonie, une qui puisse prendre racine outremer Océane. N'essayez pas d'échapper à votre destin.

Je lui demandai pourquoi il prenait tant la chose à cœur.

– Palos et Moguer. Grâce à vous, Don Cristóbal, les voilà de retour sur la carte. On s'arrache leurs marins, leurs constructeurs de navires ont tant de travail qu'ils doivent sous-traiter avec Huelva. Ce sont mes villes, mes gens. Si vous gâchez votre vie, c'est moi qui vais me sentir coupable.

– Ma vie ? Elle est déjà derrière moi.

– Peuh ! Vous avez quoi ? Quarante-cinq ans ? Moi, j'en ai

plus de cinquante et je prends mon rythme de croisière. Allons, mon ami. Où sont vos Indiens et vos effets ?

– A Séville.

Il plissa les yeux, masquant le bas de mon visage de sa main.

– Vous savez, sans cette barbe, vous avez encore l'air d'un jeune homme. Alors, qu'est-ce que vous en dites ?

Il passait tant d'enthousiasme dans sa voix que les murs de la cellule semblaient reculer.

– Non, Don Luís. Il me faut encore un peu de temps.

– Alors, ne le passez pas ici, au diable Vauvert – soit dit sans offenser les franciscains. Venez chasser avec moi à Medinaceli, et d'ici quelques semaines, je vous garantis que vous voudrez traverser votre mer Océane à la nage.

On arriva à un compromis. Je gardai mon costume de pénitent, et pendant toute la parade, sur le chemin de Medinaceli, je montai une mule. Le contraste que j'offrais avec le duc, fière allure sur son fougueux destrier, était peut-être plus spectaculaire à lui tout seul que nos singes bavards, nos perroquets querelleurs ou même nos cannibales enchaînés, avec leurs cols, leurs couronnes, leurs ceintures et leurs masques d'or. Souvent, lorsque nous entrions dans une ville, je surprenais ce genre de conversation.

– C'est le vice-roi d'Indiana.

– Lequel ?

– Lequel, d'après toi ? Çui qui a fière allure sur son destrier, là. Regarde-le. Un type comme ça, moi je le suivrais aux bouts du monde, pas rien qu'en Indiana.

– Et pieux, avec ça. Y voyage avec son franciscain. Tu l'as vu là, la barbe grise sur sa mule ?

Il m'arrive de penser que ces conversations étaient une mise en scène du duc pour m'obliger à raser ma barbe et à quitter mes vêtements de pénitent. Si c'était le cas, il faillit réussir. Mais je tins bon un moment encore.

Medinaceli était un de ces domaines vastes comme des provinces : parc, rivières à truites, troupeaux de mérinos, bovins, taureaux de combat (trop au nord pour être de classe internationale, me confia le duc), oliveraies, champs de blé, vignobles, centaines de dépendances, milliers de domestiques ; le palais ducal était si vaste que, comme nous entrions, mon ami me dit :

– Ne me demandez pas combien il y a de pièces, je n'en sais rien du tout. Une fois, quand j'étais petit, j'ai voulu les explorer et j'ai disparu deux jours.

Il me regarda.

– Le voyage vous a fait du bien. Vous avez pris des couleurs. Si vous rasiez cette barbe, vous seriez aussi jeune de visage que moi de cœur.

Je refusai encore.

– Alors, au moins, le vêtement de pénitent ? insista-t-il.

Une autre voix, une voix de femme, se fit entendre.

– – Bonjour, chéri. Quel bonheur que vous soyez de retour !

Elle descendait en toute hâte un long escalier aux courbes gracieuses, dans une longue robe aux courbes non moins gracieuses. Mon cœur bondit dans ma poitrine. Vertige, jeunesse, bonheur, désespoir !

– Ma chère, dit le duc, je vous présente Don Cristóbal Colón, amiral de la mer Océane, vice-roi et gouverneur des Indes. Don Cristóbal, ma protégée. Doña...

Mais elle l'embrassa longuement pour me laisser le temps de me donner une contenance.

Je n'aurais pas dû être surpris. Il n'était pas rare qu'une femme jeune et belle, sans mari, sans parents, sans revenus personnels importants, prenne un protecteur riche et noble. Il n'y avait rien là d'infamant, d'autant moins que mon ami le duc de Medinaceli était veuf.

– Don Cristóbal, dit-il plongeant dans ses yeux un sourire plein d'amour, j'ai le plaisir de vous présenter ma protégée, Doña Petenera Torres.

Tôt ou tard, c'est couru, un critique bien intentionné va demander :

– Vous écrivez une autobiographie, un roman historique, une histoire d'amour ou quoi ?

Je répondrai tout de go :

– Ou quoi.

– Mais pourquoi tous ces anachronismes, dira-t-il, vous pourriez au moins vous en tenir à votre siècle.

J'essaierai d'expliquer que mes anachronismes sont intentionnels. Rendre l'essence de temps enfuis, n'est-ce pas un peu comme traduire de la poésie ? N'est-ce pas l'esprit qui prime la lettre ?

Mais le critique passera complètement à côté de la question.

– Si vous voulez rendre l'esprit du temps, pourquoi ne pas placer quelques guimpes, et quelques dulcimers, quelques bombardes du meilleur effet ?

– Moi, j'appelle ça des lombardes, lui dirai-je, content de trouver un point d'accord, et je m'en sers beaucoup.

– Et le dialogue ! insistera le critique. Où sont passés ces vieux mots confortables, les « par ma foi », les « morbleu », les « ce me semble » ?

– C'est pas mon style, voilà tout, tenterai-je d'expliquer.

– Mais vous confrontez vos lecteurs à un livre qui ne ressemble à aucun autre. Moi-même, en tant que critique, je ne sais pas dans quelle catégorie le situer.

Je répondrai :

– Si un livre doit ressembler exactement à un autre, à quoi bon l'écrire ? En plus, mes quelques voyages de découverte sortent de l'ordinaire. Alors pourquoi pas mes mémoires ?

– Un petit effort : lisez donc un de ces romans historiques qui font un malheur, vous verrez que vous prendrez le coup !

– Je ne suis pas très sûr de savoir ce que c'est qu'un roman historique, admettrai-je. Il y a sûrement de l'Histoire dans ce livre, j'espère même que c'est un livre historique. Et j'aime à penser qu'il est parfois romantique, aussi.

– Essayez, au moins.

Voilà pourquoi, contre mon intime conviction, je vais essayer.

Elle se plaignit d'une migraine le lendemain matin.

– Mais vous n'avez jamais la migraine, dit le duc.

– Cela passera dans quelques heures. Pourquoi ne point aller perdrix chasser sans moi ? suggéra-t-elle innocemment.

– Peste, cela est étrange. Messire Christophe dit qu'il est indisposé lui aussi...

– Nous avons mal digéré, ce me semble.

– Il se peut.

– Prudent soyez, messire, en allant perdrix chasser.

– Par ma foi, ma mie, toujours prudent suis en perdrix chassant.

Un rapide baiser et il s'en fut.

Elle ne prit pas la peine de lui faire un signe de la main.

Elle se prélassa dans un long bain languide et parfumé, caressa les secrets de son corps affamé d'amour dans l'attente du contact des mains de Christophe, de ces mains calleuses de voyageur. Troquant sa pudique guimpe contre une tenue un peu plus aguichante, elle opta pour un filet doré qui rappelait son jupon de velours à brocart d'or et sa robe grenat moirée, décolletée jusqu'au nombril. Elle s'inonda d'un parfum aux riches essences musquées qui l'enivrerait de désir.

Mais allait-il trouver la chambre qu'elle lui avait indiquée la veille sur le plan secret du palais-labyrinthe ? Il avait, songeait-elle avec un pincement au cœur, une fâcheuse tendance à confondre l'ouest et l'est.

Mais non, il était là, à l'attendre, un sourire viril et nonchalant aux lèvres.

– Ma chère, dit-il en se levant aussitôt de la couche.

– Mon amour, oh ! mon amour ! Enfin ! s'écria-t-elle éperdue de désir.

Bientôt les mains rugueuses du voyageur vagabondèrent à leur guise sur toutes ses zones érogènes torrides. Grande était sa soif à lui aussi, la ferveur croissante de ses baisers experts en témoignait ; mais avec une intuition touchante, il sentait ce désir qu'elle avait de prolonger l'exquise torture de l'attente, et bientôt il se détacha d'elle, haletant.

– Laissez-moi faire, souffla-t-elle.

– Ma chère, acquiesça-t-il de cette voix du souvenir, de cette voix qui la rendait folle dans certains moments. Comme celui-ci.

Lentement, supplice de Tantale, elle le déshabilla. Chaque fois qu'un vêtement voltigeait avec abandon vers l'un des points cardinaux, il murmurait « ma chère, ma chère » contre sa chevelure aux riches fragrances musquées, tandis qu'elle caressait fiévreusement la chair dénudée. Sa virilité était impressionnante.

– Ma chère ? demanda-t-il dans un souffle, toujours prévenant.

Un gémissement d'impatience lui répondit. Il l'emporta sur leur couche et la dévêtit tout à loisir ; elle se renversa pour éprouver tout d'abord la caresse légère et indiscrète de ses doigts sur le mont soyeux de son creuset secret, puis – oui ! oh mon Dieu ! –, puis celle de sa barbe râpeuse entre ses cuisses satinées tandis que sa langue jaillissait, flamme sur l'amadou palpitant et tendre de son être, et la faisait geindre de désir. Avec un art à demi oublié, elle prit son visage dans ses mains et fit lentement remonter son corps maigre, dur et fort, jusqu'à ce que la pulsion plutonique de l'homme plonge dans sa fontaine en fusion pour synchroniser ses attaques au tangage de ses hanches, les balayant tous deux, lame de fond, extase d'une frénésie indescriptible et rarement...

Coupez ! C'est archifaux ! Et d'une, ça c'est pas mon style ; et de deux, ça n'est pas du tout ce qui s'est passé.

On fait à ma façon, d'accord ?

Ça compte pour moi, la vérité.

Le duc annonça qu'il passerait la matinée sur le terrain, à la chasse au faisan. Je partis donc me promener avec Petenera à l'ombre tachetée d'une allée de platanes rectilignes, sous un ciel bleu dur, vide d'oiseaux (le duc était un fin fusil).

Par égard pour lui – ou peut-être n'était-ce qu'une facette de mon remords océanique –, je faisais tout mon possible pour détourner les yeux de la beauté de Petenera. Mais cette chevelure aile-de-corbeau, ces yeux vert lagon, ces lèvres un ton plus clair que le carmin, ces dents nacrées comme les perles de Paria, comment les oublier ?

J'avais beau détourner les yeux, je les revoyais. Et pouvais-je détourner les yeux de cette voix qui n'était qu'or, argent et pierreries ? Car elle parla.

– Pourquoi tu rases pas cette barbe grotesque ? On dirait un de ces fous de talmudistes du Nouveau Testament.

Dans le lointain se fit entendre un léger cri d'oiseau, puis un mousquet contrapuntique, puis ce fut le silence.

– Comment est-ce que mon frère est mort ?

Toute vérité n'est pas bonne à dire. Je pensai l'épargner :

– Paisiblement. Dans son sommeil.

Ma tête fut brutalement projetée en arrière. Le visage me brûla. Pour la première fois depuis je ne sais combien de temps, mes larmes jaillirent. Elle venait de me gifler violemment. De la main gauche. Elle était gauchère, me rappelai-je.

– Tu mens, dit-elle. Je hais les menteurs.

– Que veux-tu que je te dise ?

– La vérité.

A contrecœur, je la lui dis.

Je ne l'avais jamais vue pleurer. J'aurais voulu la consoler, l'attirer contre moi et sentir ses larmes couler comme de la cire chaude, mais comment l'aurais-je pu ?

Le duc était mon ami.

– Merci de me l'avoir dit, articula-t-elle. Mais je ne te pardonnerai jamais d'avoir abandonné mon frère à son horrible destin, là-bas. Je te hais plus que jamais. Tu peux le comprendre, non ?

Je lui dis tristement, mais avec une certaine philosophie, que je le pouvais.

Un banc se matérialisa le long de l'allée, et nous accueillit.

– Eh bien, puisque c'est clair, dit-elle, tu peux m'embrasser.

– Le duc est mon ami.

– Il est aussi le mien, répondit-elle, surprise. Et alors ?

– Tu ne comprends pas ?

– Tout ce que je comprends, c'est que ça fait plus de deux ans que j'ai pas couché avec un mythe vivant.

– Le duc est mon ami, répétai-je avec fermeté.

– Espèce de... de rustre !

Sur quoi, elle me gratifia de nouveau de son gauche sournois. Je lui pris les poignets. Déjà nous nous étions levés. Ce fut un corps à corps. Elle était grande pour une femme, agile et nullement faible. Nos visages se rapprochèrent, le mien au-dessus du sien. Nos lèvres se touchèrent. Les siennes – ô ma mémoire – n'étaient que nectar, miel et ambroisie. Elle me passa les bras autour du cou et sa bouche s'entrouvrit. Ce fut un baiser sauvage, suivi d'une course éperdue le long de l'allée rectiligne, sous le ciel vide d'oiseaux, vers le palais ducal pour y trouver un lit.

Medinaceli était en train de mettre pied à terre, portant un couple de faisans, de perdrix, ou peut-être bien de pintades.

Quelque chose dut lui mettre la puce à l'oreille. Nos lèvres meurtries, peut-être ? Par la suite, il passa toutes ses journées entre nous et toutes ses nuits avec Petenera.

Au bout de quelques jours, je rasai ma barbe blanche et acceptai la garde-robe ducale, présent de mon ami Medinaceli, ainsi qu'un coursier de quatorze ans, la denture un peu longue, mais largement assez fougueux pour moi.

– En route pour Burgos ? suggéra le duc.

Je menai le coursier par la bride jusqu'aux grilles, Petenera à mes côtés. J'avais l'impression que le duc nous regardait d'une des fenêtres de la tour. Je montai en selle sans la toucher.

Elle ne prit pas la peine de me faire un signe de la main.

Nous ne devions nous revoir qu'au mariage dynastique du prince héritier Juan avec Margaret d'Autriche – et alors tout changerait pour nous, du jour au lendemain. Mais ce serait au printemps, à Tolède.

Et nous sommes en hiver, à Burgos.

Outre le froid météorologique, il régnait à Burgos ce climat de peur glaciale que le Conseil suprême et général de l'Inquisition avait répandu sur toute l'Espagne.

On n'en parlait jamais, mais tout le monde vivait dans la terreur d'être groenlandisé (vous vous rappelez Harald Pèletif : « Le Groenland a disparu, tu sais. Carrément, corps et biens. »). En ce temps-là les gens disparaissaient, en Espagne, tout à fait comme le Groenland s'était volatilisé de la rive septentrionale du monde pendant ma décennie julienne.

Homme ou femme (l'Inquisition n'était pas sexiste), on pouvait mener une vie normale, prospère même (prospère surtout) depuis des années, sans se mêler des affaires des autres, suivre son petit bonhomme de chemin ou essayer – qui sait ? – d'avoir du monde une représentation panoramique et crac : on était groenlandisé. Comme si on n'avait jamais existé. Parents et amis n'osaient pas poser de questions, de peur d'être accusés de complicité. Deux ou trois ans plus tard, le nom de la victime paraissait dans le programme d'un quelconque autodafé, et elle montait au bûcher de son bon pas ou en cercueil.

La groenlandisation qui frappa le plus les esprits cet hiver-là, à Burgos, fut celle de Santiago Santangel, qui portait le nom de son grand-père (né Noah Chinillo), chez qui mes parents se rendaient pour Pessah dans les premières pages de ce livre. Santí avait à présent vingt et un ans. Son père y tenait comme à la prunelle de ses yeux.

– Ce sera l'une des plus grandes fortunes d'Espagne quand il héritera, me dit-il un matin qu'il m'avait convoqué.

Il m'annonçait qu'il venait enfin de m'obtenir une audience royale pour le jour même.

– Ça n'a pas été une petite affaire, commenta-t-il. Personne d'autre en Espagne n'aurait pu faire ça pour vous, mon garçon. Ils sont plongés jusqu'à la couronne dans ce mariage dynastique, sans parler de la guerre avec la France.

Un assistant vint lui chuchoter quelque chose à l'oreille.

– Santí, cria Santangel qui en cassa son cigare en deux.

Pas la peine de demander. L'expression de son visage disait assez que son fils venait d'être groenlandisé.

Puis ce fut lui qui me dit :

– Santí en sait très long sur l'organisation.

J'étais stupéfait qu'il puisse penser à cet aspect de la question en un pareil moment.

Il secoua la tête avec désespoir.

– Il y a seulement deux ans, j'aurais tiré les ficelles. Mais ces temps sont révolus. Plus personne n'intercède pour personne. Pas même les souverains. Les souverains règnent, mais le Suprême est suprême, ici. Les temps sont durs, mon garçon.

Il se ressaisit et appela son secrétaire exécutif, un type effacé du nom d'Espina de Chopito.

– Décommande mes rendez-vous jusqu'à nouvel ordre, lui dit-il.

– Mais vous devez être reçu tout à l'heure par le roi et la reine avec...

– Qu'est-ce qu'il y a ? Tu deviens dur d'oreille ? *Tous* mes rendez-vous, j'ai dit. Et puis informe Porcini-Z qu'il me faudra peut-être taper dans la caisse de secours.

Je ne pus m'empêcher de demander :

– Porcini-Zampini ? Directeur de l'agence Centurione à Cadix ?

– De l'agence péripatétique. Il suit la cour à présent. Qu'est-ce que je disais ? Ouais. Que mon coche hongrois dernier modèle soit prêt à démarrer dès que je te ferai signe.

Il alluma un nouveau cigare, sans cérémonie.

– Convoque une assemblée d'urgence des responsables du Mouron Bleu.

Espina de Chopito n'avait pas cessé de griffonner furieusement.

– Il y aura Petenera To..., commençai-je.

Mais Santangel m'interrompit d'un geste coupant.

– Ah, vous n'allez pas me bassiner avec vos affaires de cœur dans un moment pareil, mon garçon. Évitez les histoires. On a plus que jamais besoin de vous comme vice-roi.

Et s'adressant de nouveau à Espina de Chopito :

– Dis aux têtes brûlées habituelles de se planquer et mets immédiatement nos taupes à l'intérieur du Suprême sur le coup.

Espina de Chopito sortit précipitamment. Santangel me dit :

– Vous êtes tout seul. Je ne serai pas là si vous avez besoin de moi.

– Je comprends.

– Faut leur en mettre plein la gueule, mon garçon.

Il parlait des souverains. Je le regardai partir, alerte malgré sa corpulence, dans un sillage de fumée, et m'en fus, passablement démonté, à mon audience royale.

Quand je sortis, un mini-page en livrée violet et or me dit :

– Tu as dû leur plaire, papa. Tu sais ce qui me fait dire ça ?

– Non. Quoi ?

J'avais envie d'ébouriffer sa chevelure brune, mais ne sachant si je pouvais prendre de telles libertés avec les pages royaux, je m'abstins.

– Plus d'une heure. L'audience a duré plus d'une heure. C'est vraiment beaucoup. Et sans qu'on nous demande de rappeler l'heure à Diego et à moi. Il y a des gens pour lesquels une audience de cinq minutes, c'est déjà long. Il est vrai qu'on reçoit pas mal de racaille. Nous sommes essentiellement un peuple de paysans.

Pour un garçon de son âge – pas encore sept ans –, Fernando ne manquait pas de vocabulaire. Ni d'une pointe de snobisme. La pompe et le cérémonial de la cour l'excitaient. Mais son demi-frère, du haut de ses quinze ans, se serait bien passé de cet honneur, ce jour-là du moins. Car les souverains lui avaient quasiment demandé l'impossible en la circonstance.

Du fait que la Casa del Cordón était le palais du connétable, la salle d'audience, avec ses fenêtres-meurtrières et son trône de fortune qui ressemblait à un siège de juge, évoquait désagréablement le juzgado de quelque capitale provinciale indisciplinée, récemment prise aux Arabes.

Solennel, élégant et guindé dans sa livrée violet et or, mon fils Fernando me fit entrer. Juste avant de me lancer dans mes révérences devant ce trône-tribunal, j'aperçus Petit Diego à ma gauche. Il tenait un parchemin enroulé et visiblement il aurait préféré être ailleurs. Je lui fis un sourire éclair. Il garda les yeux fixés devant lui, l'air sinistre, la pomme d'Adam tressautant. Il était grand, dégingandé. Sa toison rousse brillante et ses taches de rousseur juraient avec les couleurs de sa livrée.

Ni le roi ni la reine ne me proposèrent de m'asseoir.

Derrière leur trône-tribunal, je ne voyais guère que leur tête et leurs épaules. Elle avait vieilli. Ses cheveux gris avaient perdu leur lustre, ses yeux semblaient las. Quant à lui, il avait l'air impatient.

– Bon, eh bien, heureux de vous revoir et tout et tout, dit-il avec des mouvements nerveux.

Au vu de mes expériences antérieures, j'en conclus qu'il tentait de toucher le sol du bout de ses royales pantoufles.

– Il faudra nous raconter vos aventures, dit la reine.

– Quand nous aurons le temps, dit le roi.

Je compris qu'ils avaient encore échangé leurs rôles, et que si je pouvais compter sur l'un d'entre eux à cette heure, ce serait ma Dame.

– On a déposé un réquisitoire extrêmement inquiétant contre vous, amiral, dit-elle.

– Que le page commence, dit le roi.

Il claqua dans ses doigts pour attirer l'attention de Petit D qui me regardait avec de grands yeux.

Un gamin de quinze ans, le cœur sur la main, reçut-il jamais tâche plus difficile ? Faire lire ces accusations par mon propre fils, c'était pis que machiavélique. Torquemadesque peut-être.

Petit D déroula pourtant le parchemin d'une main ferme. Il était en pleine mue et sa voix, tendue vers la gravité du timbre viril, dérapait toutes les trois phrases. Mais dès qu'il eut commencé, il ne bafouilla pas une seule fois, tout déchiré qu'il devait être par ce jeu de stratégie pervers.

Ponctuez donc la lecture de Petit D d'une déglutition par-ci par-là et de quelques couacs dans ce qui serait bientôt une belle voix de baryton, et en gros cela vous donnera :

– Déposition... devant Leurs Majestés Très Catholiques... concernant les malversations et méfaits... de l'amiral de la mer Océane, vice-roi et gouverneur des Indes, Cristóbal Colón étranger.

« Les soussignés, très humbles et très loyaux sujets et serviteurs ne cherchant qu'à défendre les intérêts de Leurs Majestés Très Catholiques... déposent sur l'honneur que :

« Item. Au cours d'une altercation entre un païen sauvage et un gentilhomme au service de Leurs Majestés, l'amiral de la mer Océane, vice-roi et gouverneur des Indes, que l'on appellera désormais ledit vice-roi, a non seulement pris le parti du païen sauvage, mais, délibérément et dans l'intention de nuire, frappé le gentilhomme, qu'il a jeté à terre et roué de coups de pieds.

« Item. Lorsque les témoignages et les preuves réunis aux Indes ont permis d'établir avec certitude que le chef arawak Guacanagari avait consenti au massacre des quarante colons de La Nativité, sujets de Leurs Majestés Très Catholiques, ledit vice-roi a refusé non seulement d'exécuter le chef Guacanagari, mais même de le punir de quelque façon.

« Item. En graciant trois odieux criminels indiens, ledit vice-roi les a bénis tour à tour sans signe de croix.

« Item. Lorsque après bien des épreuves et des maladies, les caballeros surmenés de la colonie ont demandé une légère redistribution des tâches qui aurait profité à toute la communauté, ledit vice-roi a non seulement rejeté leur raisonnable requête, mais leur a totalement coupé les vivres.

« Item. Le conseiller spirituel de la colonie, frère d'un des ordres les plus saints de la Chrétienté, ayant prié Dieu de l'éclairer et ayant affirmé que Sa volonté était que les tâches fussent redistribuées, ledit vice-roi a coupé les vivres au frère lui-même, qui n'a dû son salut qu'à son pain et à son vin de messe.

« Item. Alors qu'un soulèvement de sauvages était manifestement imminent, ledit vice-roi a :

« *a*) exilé ses meilleures troupes en brousse ;

« *b*) mis les voiles pour un voyage de découverte, désertant son poste près de six mois.

« Item. Sans charte royale, ledit vice-roi a exporté d'Hispaniola cinq cents nouveaux sujets de Leurs Majestés Très Catholiques pour les envoyer vendre comme esclaves au marché de Séville.

« Item. Ledit vice-roi, ou en son absence son (ses) frère(s), a (ont) levé sur les nouveaux sujets de Leurs Majestés Très Catholiques un tribut en or si lourd que les caravelles dudit vice-roi n'auraient pas suffi à le transporter. Or, Leurs Majestés Très Catholiques n'ont reçu dudit vice-roi que quelques masques symboliques, objets artisanaux et pépites d'or.

« Item. Lorsqu'il a été forcé de retourner en Espagne au plus tôt pour se défendre contre ces accusations entre autres, ledit vice-roi, qui avait l'embarras du choix entre quatre cents sujets loyaux de la Couronne, les a ignorés dans une intention criminelle pour nommer Adelantado son frère Bartolomé Colón, étranger inexpérimenté.

« Subséquemment, les soussignés demandent très respectueusement que ledit vice-roi, qui a enfreint de façon flagrante la loi de Nos Seigneurs, Leurs Majestés, ainsi que la loi supérieure de Dieu, soit destitué de ses titres, de son rang, de ses honneurs, de ses prérogatives et qu'il se retire avec une pension modeste dans une petite propriété de l'île d'Hispaniola.

Dans le silence qui suivit la dernière défaillance de la voix de Petit D (sur l'avant-dernière syllabe d'Hispaniola), je pensai : bravo, fils, bravo ! Il venait de faire preuve d'une maîtrise stupéfiante.

Puis je réalisai que, précisément, le roi et la reine – le roi en tout cas – comptaient que je me laisserais distraire ainsi. Donc, sans même regarder Petit D, je dis avec tout le dédain dont j'étais capable pour l'heure :

– Eh bien, Vos Majestés, du moins ne suggèrent-ils pas que je sois jugé comme un criminel ordinaire. Singulier manque d'imagination de leur part, quand ils en ont pourtant eu à revendre jusqu'ici.

– Bravo, papa ! s'écria Petit D, qui porta aussitôt sa main à sa bouche.

Fernando regardait droit devant lui et faisait semblant de ne pas nous connaître, ni l'un ni l'autre.

La reine jeta un regard sévère à Petit D, puis se mordit les lèvres, peut-être pour réprimer un sourire.

Je commençais à me dire que cette idée d'utiliser mon fils serait peut-être à double tranchant.

– Que plaidez-vous ? demanda le roi.

– Plaider, dites-vous, Sire ? Est-ce donc un procès ?

Ma Dame chuchota à son époux quelque chose comme « ... du tout comme ça... s'y prendre... l'avais dit... laissez-moi faire ».

Elle me dit :

– Si vous souhaitez vous défendre de ces accusations non officielles, Don Cristóbal, il nous plaira de vous écouter.

Mais je déclarai, peut-être pour frimer devant mes fils (décidément à double tranchant, leur stratagème) :

– Vos Majestés sont assez occupées à faire la guerre et, ai-je cru comprendre, à négocier un mariage dynastique. Quant à moi, j'ai une flotte à rassembler, des équipages, des colons, des femmes aussi.

– Des femmes ? dit le roi, dressant l'oreille.

– Pourquoi pas ? Les hommes ont besoin de femmes.

Le roi poussa un « amen » du fond du cœur, sur quoi la reine, hélas, jugea nécessaire de me rappeler :

– Et ces accusations ?

– Madame, dis-je en m'inclinant.

Puis j'enchaînai :

– Item un, le gentilhomme hystérique, loin d'avoir été attaqué par un païen, a tenté d'assassiner mon fils adoptif, Yego Clone, filleul de Vos Majestés. Je l'en ai empêché. Item deux, le cacique Guacanagari, loin d'avoir massacré les colons de La Nativité, a fait tout son possible pour les sauver.

Je jetai un coup d'œil à Petit D et son expression ravie me fit dire la plus stricte vérité. Je rectifiai donc :

– Ou en tout cas tout son possible compte tenu de sa vision de la situation. Item trois, les prétendus odieux criminels n'étaient que des petits voleurs et je n'ai jamais béni personne de ma vie, avec ou sans signe de croix. Item quatre, les caballeros étaient si paresseux qu'ils refusaient absolument tout travail. Item cinq, parole de Buil n'est pas parole d'Évangile. Item six : *a*), mes soi-disant meilleures troupes étaient constituées des mécontents et des tire-au-flanc de la colonie ; *b*) c'est dans la découverte que je fais carrière. Item sept, rien ne pourrait me faire plus plaisir que l'abolition immédiate et définitive de l'esclavage.

Je dis cette dernière phrase avec ferveur.

– Item huit, poursuivis-je, j'ai laissé à Vos Majestés tout l'or reçu, puis-je espérer que mon pourcentage me sera versé lorsqu'il vous conviendra ? Item neuf, mon frère était l'homme le plus apte à exercer les fonctions que je lui ai confiées, sinon je ne l'aurais pas fait.

Je repris ma respiration, pour la première fois peut-être depuis le début de ma liste.

– Voilà pour vos accusations, Majestés. Maintenant pouvons-nous parler affaires, colonie et découvertes ?

Petit D se retint tout juste d'applaudir. Même Fernando, benjamin des pages royaux, parut impressionné.

Le roi récupéra ses esprits le premier :

– Vous semblez dire, Don Cristóbal, que puisque nous vous avons délégué notre autorité, vous devriez être libre de l'exercer à votre guise.

– Il le faut, Votre Majesté, dis-je simplement. Il y a loin des Indes à Burgos – ou ailleurs –, comment pourrais-je gouverner la colonie, autrement ?

Le visage de Petit D rayonnait de fierté filiale.

Le benjamin des pages royaux me regardait comme s'il ne m'avait jamais vu. Ce qui était presque le cas. Puis, il regarda les souverains. Puis son père à nouveau. Je lui fis un clin d'œil.

J'avais cligné victoire trop tôt. En effet, le roi dit :

– La question n'est pas de savoir *comment* vous pouvez gouverner la colonie de la Couronne, mais *si* vous devez la gouverner, ou plutôt si c'est *vous* qui le devez.

– Ou, en fait, dit la reine dans un rare accès de royale unanimité qui me désarçonna (ainsi que mes fils, sans doute), s'il doit même *y avoir* une colonie.

Face à ces attaques italiques si bien coordonnées, je ne pouvais guère que garder le silence et tenter de dissimuler ma hargne.

– Les anciens de la colonie pullulent dans les salles d'audience, à Burgos et ailleurs, dit le roi. C'est tout cafard, déprime et séquelles.

La reine renchérit :

– Même si ces accusations sont, comme vous le dites, dépourvues de tout fondement, Don Cristóbal, le fait est que vous n'avez pas réussi à trouver aux Indes assez d'or pour couvrir les frais de vos voyages, sans parler de l'entretien de la colonie. Dieu sait pourquoi.

– Et Dieu, dit le roi, a, tout comme nous, un œil sur le bilan.

A cet accès prématuré de calvinisme (le théologien protestant ne naîtrait qu'en 1509), tout le visage de la reine adressa un « oh ? » incrédule à son mari. Pour ma Dame, Dieu n'était manifestement pas un quelconque Bernal de Pisa, consignant profits et pertes dans un registre poussiéreux ou compilant en secret son propre réquisitoire caché dans la bouée.

Le roi soupira. Fin de l'ère éphémère de leur unanimité. Et avant que j'aie pu placer mon célèbre : « Sire, Dieu n'est pas marchand », il eut la sagesse de signifier la fin de l'audience.

Cette phrase que je ne prononçai pas est typique des problèmes que je rencontrai au cours des mois qui précédèrent le mariage du prince héritier, Juan le Diaphane, poitrinaire au tragique destin, avec la voluptueuse princesse Margaret d'Autriche. Il devait y avoir encore cinq audiences à Burgos avant le mariage princier, et ensuite deux autres à Tolède ainsi qu'une dernière à Soria, avant que les souverains financent mon Troisième Voyage. Et, chaque fois, je fus à mon désavantage, car chaque fois, je parus seul.

Je me rendis bientôt compte que l'explorateur, comme l'artiste, ne peut pas vraiment s'en sortir sans agent. C'est vrai, quoi, pas facile de faire sa propre publicité. Surtout pour moi ; je n'étais qu'un marin après tout. Non, les agents sont là pour ça.

Je me demande parfois ce qui se serait passé si j'avais eu Luís de Santangel sous la main.

N'aurait-il pas liquidé les négociations en deux ou trois audiences ? N'en serais-je pas retourné d'autant plus tôt en Hispaniola – peut-être à temps pour empêcher la malencontreuse liaison de mon frère avec Anacaona, la veuve guerrière, et ses lourdes conséquences pour la colonie et pour moi ?

Quoi qu'il en soit, Santangel n'était pas disponible et je dus me défendre en solo. Peut-être, me disais-je, les choses s'arrangeraient-elles quand nous partirions pour le Sud.

Car bientôt, des bagages apparurent dans tous les couloirs de la Casa del Cordón, et chaque jour, charrettes et cavaliers prenaient la grand-route. Nous étions en mars 1497, la péripatétique cour s'ébranlait pour Tolède où s'épouseraient le prince héritier, Juan le Diaphane, poitrinaire au tragique destin, et la princesse Margaret d'Autriche, la Voluptueuse.

L'Espagne ne serait plus jamais comme avant – ni moi non plus.

16

Suprématie quasi indéniable du Suprême.

L'art subtil des poisons – vous n'avez pas oublié le mémoire de Barto à l'intention du cardinal Borgia tandis que j'agonisais à Rome – était sur le déclin, en Espagne du moins, vers la fin du siècle. Être gratifié des services d'un goûteur lors d'un banquet royal était devenu un honneur aussi grand qu'être fait officier de la Légion d'honneur de vos jours.

Au banquet du mariage, deux files de jeunes goûteurs en livrée or et violet se répartirent autour de la table en fer à cheval dressée sur toute la longueur de la grande salle du vétuste alcazar, forteresse de Tolède.

Distrait par ce cérémonial, je ratai le début de ce qui se terminerait pas l'humiliation de l'officier de cavalerie préféré de la reine, car l'un des goûteurs s'arrêta, exécuta un quart de tour et vint se poster derrière ma chaise.

Je dois avouer que je me délectai passablement à devenir le point de mire de l'assistance, tout en affichant un souverain détachement qui m'eût valu l'approbation de Medinaceli. Ce n'est rien, disait mon visage, tandis que dans ma tête repassaient tous ces banquets à Rome où j'étais de service. Cela tenait de la réincarnation à un niveau supérieur, cette métamorphose de goûteur à goûtaire.

J'en oubliai même, une minute ou deux, de toiser mon vis-à-vis. Petenera, assise entre l'amiral de Castille, mon égal – dont la flotte venait d'amener la mariée des Flandres, mais qu'on n'avait pas honoré d'un goûteur – et, le destin l'avait voulu, l'officier de cavalerie préféré de la reine, Mosén Pedro Margarit.

Après que les derniers goûteurs se furent postés sur l'estrade royale, il y eut un de ces inexplicables temps morts dans la conversation. Malgré les quatre cents convives, on aurait entendu la mouche proverbiale voler. Même les lévriers royaux, qui allaient et venaient sur les dalles, dans l'attente des restes, se tenaient cois. D'un moment à l'autre, les portes de la grande salle allaient s'ouvrir à deux battants et les servantes sortiraient des cuisines, le feu aux joues, la main sûre, pour faire défiler soupes et entrées relevées, salpicons, ragoûts, riches hachis épicés, terrines de poisson et pâtés de gibier, volailles à toutes les sauces, cochons de lait, chevreaux et agneaux à la broche, grands quartiers de bœuf saignants, gelées et crèmes, fruits et sucreries – ainsi que des tonneaux de vin déjà en perce.

Tout au plaisir de sentir ce goûteur au garde-à-vous derrière moi, je me disais : me voici arrivé.

– *Arriviste,* hennit une voix dans cet inexplicable temps mort de la conversation. Rien qu'un vulgaire *arriviste* [1].

Seuls ses voisins immédiats pouvaient savoir de qui Mosén Pedro parlait, car il n'avait pas haussé le ton jusqu'à ce fatal hiatus de la conversation. Il avait à sa gauche la comtesse Del Palo, octogénaire et sourde comme un pot, et à sa droite, nous l'avons dit, Petenera Torres.

– J'ai dû mal entendre, dit celle-ci.

– Je dis, ma chère Doña Petenera, que notre homme serait mieux à sa place en goûteur qu'assis à cette table. C'est non seulement un *arriviste,* mais un esclavagiste. Tout le monde sait d'où sort son argent.

Toujours d'une voix posée, mais avec quelque chaleur :

– Il l'a gagné en tant qu'explorateur.

Puis plus fort :

– Vous pouvez parler vous, peut-être ! Quand vous avez acheté des parts majoritaires dans le marché aux esclaves de Séville sitôt arrivé en Espagne avec une flotte détournée !

– Ce n'était qu'un investissement prudent – ce n'est pas moi qui fais les règles.

– Hypocrite !

– Allons, je ne suis tout de même pas un grand propriétaire d'esclaves. D'accord, j'ai une douzaine de têtes de femmes, mais c'est un cadeau des bénédictins.

– Des bénédictins ! De frère Buil vous voulez dire, et si ce joyeux sadique... Vous avez dit des *têtes* de femmes ? C'est du bétail pour vous les femmes, alors ?

En ce point de leur échange de plus en plus hostile, l'un des deux fit quelque chose sous la table que les convives, à présent

1. En français dans le texte. *(N.d.T.)*

tout yeux tout oreilles, ne virent pas. Lequel fit quoi, mystère, mais ils se levèrent d'un bond tous deux, lui avec une demi-seconde de retard. Elle le cueillit donc en équilibre instable et lui balança ce fameux gauche sournois en plein dans son menton en galoche. Déséquilibré, l'officier de cavalerie bascula par-dessus sa chaise et roula sur le sol où, symboliquement plus que pour lui faire mal, Petenera lui donna trois précieux coups de pied, du bout de sa pantoufle argentée.

Le lecteur attentif s'en souviendra, ce n'était pas la première fois que Mosén Pedro valsait au tapis avec coups de pieds en prime. Ce n'était même pas la seconde. On aurait dit qu'il s'attirait cette agression.

Ce qui me surprenait, ce n'était pas tant qu'elle lui ait expédié son gauche, mais qu'elle m'ait défendu contre ses calomnies. Comme si elle m'aimait, quoi.

Je restai donc assis un instant, un sourire médusé aux lèvres, tandis que Mosén Pedro se remettait laborieusement debout et, semblant oublier que son assaillant était une femme, tirait son poignard en prenant la posture d'attaque classique. Il fut aussitôt désarmé par l'amiral de Castille, tandis qu'une demi-douzaine d'hommes (certains d'entre nous sautant par-dessus la table heureusement encore vide du festin) bondissaient dans sa direction. Medinaceli n'était pas du nombre.

Il faut croire que la marine et la cavalerie ne filaient pas le parfait amour car, dans un geste théâtral, l'amiral de Castille offrit le couteau de Mosén Pedro à Petenera et lui dit d'une voix vibrante de maître d'équipage – qu'il avait été :

– Vous plairait-il, Madame, de conserver ce trophée de votre guerre en dentelle ?

Ce fut le clou. La grande salle de l'alcazar croula sous le tonnerre des rires, amplifié par les murs de brique et les voûtes des plafonds. Pour sortir, Mosén Pedro, rouge comme une pivoine, dut parcourir dignement toute la longueur de l'immense table, en regardant droit devant lui.

A Petenera, tous les toasts du banquet ; elle ravit même la vedette au prince et à la princesse. Les galants l'assiégèrent si nombreux que je ne pus l'approcher pour savoir si les vents de l'amour m'étaient, comme je pouvais l'espérer, redevenus favorables. Qui plus est, pendant toute l'heure qui précéda son départ avec Medinaceli (avec lui, oui, mais sans un mot – du moins me semblait-il), l'amiral de Castille me coinça dans une discussion soporifique sur les performances en hauts-fonds de caravelles du tonnage de la *Niña*.

Le lendemain matin, j'empruntai un cheval aux écuries de l'alcazar et, passant le pont Saint-Martin, je me précipitai aussitôt que les convenances le permettaient chez la comtesse Del Palo où Medinaceli résidait lorsqu'il était de passage à Tolède.

Curieusement, le duc semblait m'attendre. Il arborait un sourire triste, où perçait l'autodérision.

– Traitez-la bien, Don Cristóbal, dit-il simplement.

– Comment ?

– Après tout, nous sommes tous deux des hommes du monde. L'amour d'une femme est aussi imprévisible que...

Il cherchait une comparaison et n'en trouva pas.

– Bah, vous savez, elle me manquera bien sûr..., mais, ajouta-t-il vivement, que sont mes sentiments en regard de son bonheur ?

– De quoi parlez-vous, Don Luís ?

Échange de regards.

– Vous ne lui avez pas envoyé un courrier royal pour lui demander de vous rejoindre de bonne heure avec ses bagages devant l'église du Transito, anciennement synagogue Ha-Levi de la vieille juderia ?

– Grand Dieu, non !

– Elle ne se tenait plus de joie.

Nous étions face à l'âtre. D'un léger coup de pied, le duc ranima la flamme des noueuses racines d'olivier qui couvaient dans la braise et, se tournant vers moi, il me jeta un regard abattu.

– C'est un de leurs deux procédés classiques, dit-il avec amertume. Ils attirent leurs victimes dans de faux rendez-vous galants pour les arrêter tranquillement. L'autre, bien sûr, consiste à frapper à la porte au milieu de la nuit.

Remarquez qu'il n'avait pas prononcé le mot « Suprême », ça ne se faisait pas.

– Mais pourquoi elle ?

– Pourquoi n'importe qui ? N'oubliez pas que ses parents et sa grand-mère...

– Je sais, dis-je. Qu'allez-vous faire ?

De nouveau, il donna un coup de pied dans le feu. Ce geste à la fois féroce et futile me rappela la préciosité avec laquelle Petenera avait frappé Mosén Pedro.

Il se tourna de nouveau, prit son maintien d'aristocrate et s'éloigna de moi – à peine, mais de manière éloquente.

– Rien, dit-il.

– Rien ?

– Rien.

– Mais...

– Mon cher Don Cristóbal, lorsque je rentrerai à Medinaceli, ce sera pour apprendre que ses modestes biens ont été mis sous séquestre. Et, bien entendu, après cela, Dieu sait combien de temps elle sera... interrogée. Elle n'a pas précisément, dit-il avec une pointe d'emphase, mené une vie exemplaire.

– Mais vous l'aimez.

– Dois-je donc, au nom d'un amour qu'elle ne m'a jamais vraiment rendu, risquer le tout pour le tout sans même l'espoir de la sauver ? Ai-je besoin de vous faire remarquer que personne ne résiste à des enquêtes serrées comme les leurs ? Personne, Don Cristóbal.

– Alors, vous allez tout simplement l'abandonner à...

– Que puis-je faire d'autre que limiter mes pertes et essayer de l'oublier ? Non, la question c'est plutôt ce que vous, vous allez faire. Et je vous conseille, mon ami, de faire de même.

Je repris le pont au galop, rentrai à l'alcazar et fonçai au bureau de Santangel dans le vain espoir qu'il y serait. J'y trouvai son secrétaire exécutif, Espina de Chopito.

– Le trésorier de la maison d'Espagne vous avait prévenu qu'il ne serait pas là si vous aviez besoin de lui.

– Alors, je veux convoquer d'urgence cette assemblée de Décideurs qu'il convoque toujours.

– Impossible. Il n'y a que lui qui puisse le faire.

– Mais c'est à propos du Mouron Bleu.

– Jamais entendu parler d'elle.

J'avais déjà tourné les talons.

– Vous avez bien dit *elle* ?

Mais il s'était insolemment plongé dans un registre et je sortis pour obtenir d'urgence une audience auprès de la reine.

Je lui expliquai que mon problème concernait le Suprême.

– Nous essayons de ne pas faire de vagues avec le Saint-Office et il fait de même avec nous, dit-elle. Mais si c'est un *petit* problème, peut-être que le grand inquisiteur donnera suite à mon intervention. Ce n'est pas la coutume, vous savez, plus maintenant. Rendez à César ce qui est à César et..., enfin vous connaissez la suite. Mais, dites-moi, s'agit-il encore de ce charmant jeune homme, Francisco Moguer de Niño ? Encore un petit accrochage avec le Saint-Office ? Peut-être pourrai-je faire quelque chose, si ce n'est que cela. Un garçon si charmant...

Ce n'était pas le moment de rectifier le nom de Francisco Niño. Je dis seulement :

– On vient d'arrêter la protégée du duc de Medinaceli, Madame.

Le visage de la reine perdit son animation, sa voix sa chaleur.

– La femme Torres ? Je me demande bien pourquoi j'intercéderais en faveur de cette drôlesse qui n'a rien trouvé de mieux à faire qu'humilier mon officier de cavalerie préféré et semer le désordre à la noce de mon fils. Non. Non, je regrette, Don Cristóbal, je ne peux vous aider. Mais je vais vous donner un conseil. Vous seriez bien peu sage de risquer votre tête pour elle, car d'une part c'est une sorcière...

– Une sorcière ? répétai-je, abasourdi.

Du moins savais-je la nature des premières accusations.

– Selon mon officier de cavalerie préféré, cela ne fait aucun doute. D'autre part, on raconte qu'elle n'a pas précisément mené une vie exemplaire. Laissez-la tomber, Don Cristóbal.

Il ne me restait plus qu'un espoir, et il me fallut deux semaines pour obtenir un rendez-vous.

– Il est rare que nous recevions des visites volontaires, siffla Tomás de Torquemada de sa voix étouffée.

Ses yeux d'ascète ou de dément étaient encore plus enfoncés dans leurs orbites, la transparence luisante de sa peau évoquait la phase terminale d'une longue et douloureuse maladie.

– A vrai dire, je suis stupéfait que vous ayez le front de vous montrer ici, vous qui avez coupé les vivres à votre chef missionnaire Bernardo Buil, qui n'a dû son salut qu'à son pain et son vin de messe.

– Ainsi, Buil vous ment à vous aussi ? Ment-il à Dieu, je me le demande.

– Vous niez avoir voulu le laisser mourir de faim là-bas dans vos Indes ?

– Absolument. Mais admettons, rien que pour argumenter, que je lui aie coupé les vivres, ou qu'il ait attrapé une maladie tropicale et que je lui aie refusé des soins médicaux. Disons qu'il soit parti dans l'arrière-pays pour convertir les populations – quoique ce ne soit pas son genre – et que ses guides l'aient abandonné à cent milles de tout. Ou qu'il ait eu un accident fatal dans un village indien...

– Que voulez-vous dire ?

– Vous l'avez dit pour moi – ce sont *mes* Indes. Jusqu'ici tout s'est passé dans la tête de Buil. Mais les prochains Buil que vous m'enverrez...

– Seront à votre merci ? C'est une menace ? Si je ne me montre pas coopératif, vous allez traquer et molester tous les moissonneurs d'âmes qui commettront la folie de s'aventurer dans vos Indes ?

Menacer le grand inquisiteur dès le début de notre entretien, c'était bien la dernière chose que je souhaitais faire. Il avait ouvert la partie en jouant Buil, j'avais suivi.

Plus que jamais je regrettais l'absence de Luís de Santangel. Un agent diplomate aurait su exploiter la situation, arriver à un compromis. Je me demandai ce qu'il aurait dit en ce point.

Je tentai :

– Une menace ? Certes non, grand inquisiteur. Mais vous avez certains pouvoirs ici, moi là-bas. Dans notre propre intérêt, ne pouvons-nous pas...

Il m'interrompit de nouveau :

– ...conclure un marché ? L'immunité pour certaines personnes ici, en Espagne, en échange de votre parole que mes subordonnés feront leur devoir sans être tourmentés ?

– Et pourront bénéficier de toute l'assistance et de toute la protection possibles.

– Que vous êtes divertissant, amiral. Mais enfin, comme je vous l'ai dit, nous avons très peu d'hôtes. Et vous très peu de convertis – dans vos Indes. Alors votre proposition, finalement ? Ne pas intervenir entre mes chasseurs d'hérésie et peut-être une douzaine de païens convertis ? Non, amiral. Le Saint-Office parle chiffres et il est patient. Revenez nous menacer quand nous pourrons examiner les hérésies de mille, cinq mille païens convertis. Mais vous n'en ferez rien : d'ici là, nous serons tous les deux morts depuis longtemps. Néanmoins, en attendant, vous pouvez me divertir un peu plus en me disant ce qui vous amène ; faites donc comme si je ne le savais pas.

Mon dernier espoir était, je le savais maintenant, bien mince. Mais j'allai jusqu'au bout.

– Depuis deux semaines, une femme du nom de Petenera Torres est gardée à vue par le Suprême.

– Que vous dites.

– Je me trompe ?

– Non pas. Nous avons en moyenne deux acquittements par an. Elle ne sera pas du nombre. Toutefois, quoiqu'elle ait subi son premier entretien, son premier interrogatoire véritable ne commencera que demain. Quand on sait s'en servir, le temps est un facteur de persuasion très efficace.

– Laisser moisir la plus grande beauté du pays dans un donjon de l'Inquisition simplement parce qu'elle a humilié l'officier de cavalerie préféré de la reine, voilà qui n'ajoutera guère à vos mérites, dis-je, gourmé.

La bouche de Tomás de Torquemada produisit un bruissement infiniment ténu, comme un froissement d'ailes de chauve-souris – de chauve-souris vampire. Je réalisai qu'il riait.

– Vous ne pensez tout de même pas que c'est le chef d'accusation retenu contre elle ? Même si c'est bien, en effet, ce Margarit qui l'a dénoncée.

– Comme sorcière ?

– Je vois que vous avez vos sources. Mais la sorcellerie n'est que le sommet de l'iceberg. Elle n'a pas précisément mené une vie exemplaire, amiral, vous êtes bien placé pour le savoir.

– Pour quelle raison pourrait-on bien l'accuser d'être sorcière ?

– On a l'embarras du choix. Mais la dénonciation de ce sieur Margarit – le grand inquisiteur tendit la main vers un dossier – précise, je cite : « Comme aucune femme n'aurait pu jeter à terre un officier de la cavalerie royale d'un seul coup, il faut bien qu'elle soit sorcière. » Sophisme, nous le savons. Mais cette femme aime faire étalage de ses convictions, amiral, et elle a – j'ai plaisir à le dire – fait des déclarations plus que compromettantes au cours de son entretien préliminaire.

Torquemada lut dans le dossier :

Q : Croyez-vous en Dieu ?

R : La raison nous porte à croire qu'il y a un Dieu.

Q : Nous parlons du modèle conventionnel – Père, Fils, Saint-Esprit.

R : Ah.

Q : Pourriez-vous être plus précise ?

R *(pause)* : Décrire Dieu comme un père et un fils réels donne à penser qu'Il est à l'image de l'homme, ce qui est une insulte à la Divinité. S'il est infiniment bon, infiniment sage et infiniment puissant, comment pourrait-il ressembler à l'homme ? Et d'ailleurs à quel homme ? A l'Espagnol moyen ? A l'Anglais au visage violacé ? A l'Indien de l'autre rive de la mer Océane, avec sa plume dans les cheveux ? A une femme même, peut-être, pendant qu'on y est ?

Q : Blasphème.

R : Ah bon ? C'est tout aussi sensé que d'affirmer que Dieu vous ressemble à vous, frère Buil.

(C'est ainsi que j'appris qui était son interlocuteur.)

Q : Donc vous ne croyez pas que l'homme a été créé à l'image de Dieu ?

R : Je n'ai pas dit cela. J'ai dit que je ne croyais pas que Dieu était à l'image de l'homme. Quoiqu'en bonne logique, ça doive revenir au même.

Q : Raison, logique, sensé... Vous les humanistes, vous pensez que la raison peut se substituer à la foi. Mais croyez-vous vraiment en quelque chose ?

R : Je crois en un Dieu de la Nature.

Q *(rire)* : Un Dieu de la Nature ?

R : Omniscient, beau, bon, inexplicable...

– Ceci, siffla le grand inquisiteur, est une terrible hérésie, je n'ai pas besoin de vous le dire. Mais remarquez comme la pauvre pécheresse a répondu franchement. Savez-vous pourquoi ?

Je convins que non.

– Les plus brillants de nos visiteurs involontaires savent qu'ils sont condamnés et ils n'hésitent pas à étaler les hérésies qui fermentent en eux depuis longtemps. C'est presque un soulagement pour eux. Vous retrouverez cette subtilité psychologique lorsque l'interrogateur posera la seconde question de base.

Il trouva le passage.

Q : Nous vivons une époque où les humanistes séculiers réclament que notre nation se défasse de la religion. Il s'élève une cacophonie de voix – la presse écrite, les universités, les savants qui fouinent dans les secrets de Dieu, les explorateurs qui vont où Dieu ne le leur a jamais demandé – pour saper les fondements moraux et spirituels qui ont fait de l'Espagne une grande nation. Vrai ou faux ?

R : Doux Jésus !

Q : Voilà que vous blasphémez encore.

R : Eh bien alors, vrai et faux. Que des voix s'élèvent dans ce sens : oui, bien sûr. Mais ces fondements moraux et spirituels dont vous parlez, les humanistes ne les dévalorisent pas. Ils veulent simplement les envisager comme une des nombreuses possibilités...

– Quiconque, expliqua Torquemada en refermant le dossier, donne une réponse incorrecte à ces deux questions lors de l'entretien préliminaire est retenu pour interrogatoire – ainsi que quiconque y répond correctement. On n'est jamais trop prudent de nos jours. Mais, attention, certains milieux se méprennent du tout au tout sur notre fonction. L'intention du Saint-Office de l'Inquisition n'est nullement de faire du mal à une pécheresse comme Petenera Torres. Nous nous efforçons au contraire de sauver son âme immortelle. Et si pendant qu'on la... pressera d'avouer, elle ne manque pas d'en nommer d'autres...

Son idée s'acheva en un éloquent haussement d'osseuses épaules.

– Des ondes, mon cher amiral. On jette un caillou dans les eaux calmes d'un lac, ça fait des ondes. Eh bien, dit-il en se levant, voilà qui s'est révélé très instructif. Peut-être – qui sait ? – si vous êtes lecteur attentif des programmes des tribunaux, finirez-vous par revoir le nom de Petenera Torres.

Je revins à mes appartements de l'alcazar, effondré par mon échec. J'avais tout essayé. Même un mythe vivant ne pouvait tirer la femme qu'il aimait des griffes de l'Inquisition.

Un mendiant scrofuleux et sans âge attendait dans le couloir devant mes appartements.

– Amiral, vice-roi ou gouverneur Colón ?

J'acquiesçai sombrement.

– Il était temps. Décampons.

– Pour aller où ?

Peu importait, l'idée me tentait.

– Tout ce que je sais, c'est que ce type m'a payé cinquante pièces de cuivre non trouées pour vous ramener. Un vieux monsieur, que c'était, avec des touffes de poils porcins dans le nez et dans les oreilles.

Le mendiant scrofuleux me conduisit jusqu'à une petite maison de pierre entre la place du marché et les ruines des anciennes fortifications arabes, au nord de la cathédrale. Où, bien sûr, Porcini-Zampini m'attendait derrière un bureau de banquier improvisé, un œil impatient sur sa pendule portative en or.

– Entrez, entrez, jeune homme. Quel plaisir de vous revoir. On en serait ému aux larmes, hein ? Quoique vous, les larmes...

– Comment savez-vous ça ?

– Je sais tout à présent.

Porcini-Zampini, qui devait avoir passé quatre-vingts, paraissait vingt ans de moins qu'à Cadix. Oui, il avait repris du poil de la bête, jusque dans ses touffes.

– C'est la meilleure chose qui me soit jamais arrivée, l'ouverture de cette agence péripatétique. Ça fait maintenant deux ans que je blanchis leur argent douteux. Je sais tout sur tous ceux qui ont la moindre importance où que ce soit. Me suis jamais autant amusé de ma vie.

Il rangea la pendule portative avec un sourire édenté et m'offrit une chaise.

– Je vois que vous n'êtes pas convaincu. Dites un nom, allez-y, n'importe.

– Euh, frère Buil.

– Buil ? Facile ! Vous croyez que Buil vous déteste à cause de cette grève de la faim façon lutte de classes aux Indes, surtout que vous aviez déjà obtenu que le roi et la reine intercèdent auprès du Suprême – c'est la dernière fois qu'ils l'ont fait – dans l'affaire du jeune Moguer de Niño ?

– Niño de Moguer, en fait, dis-je – mais j'étais impressionné.

– Peu importe. C'est ce que vous croyez, hein ? Mais vous vous trompez. Buil vous déteste parce qu'il vous tient responsable de la vérole qu'il a attrapée aux Indes avant de réquisitionner les caravelles de votre frère pour rentrer pleurer en Espagne.

– Buil ? Il a la syphilis ?

– Oui, mais je ne peux pas vous divulguer le nom de la jeune Arawak qui la lui a refilée. Désolé. C'est une mineure. Vous voulez essayer un autre nom ?

Je lui affirmai que j'avais foi en lui.

– Vous êtes aussi le seul homme important qui ait quelque chose à voir avec la péripatétique cour et qui ne meure pas de peur devant moi. Savez pourquoi ?

– Pourquoi moi je n'ai pas peur, ou pourquoi les autres si ?

– Les autres, c'est simple. J'ai des dossiers secrets sur tout le monde. Et quand je dis tout le monde, c'est tout le monde. Dites-moi un nom.

– Inutile, je vous crois sur parole.

– Ces dossiers sont en lieu sûr. Au cas où je mourrais dans des circonstances suspectes ou de mort naturelle, ils seraient adressés à qui de droit.

– Qui ça, qui de droit ?

– Eh bien, le Suprême recevrait le dossier des souverains, et les souverains celui du Suprême – pour vous donner un simple exemple de réciprocité.

– Mais, euh... de mort naturelle ? Ça peut arriver à tout le monde et, pardonnez-moi, mais vous n'êtes plus de la première jeunesse.

– Ça, c'est le problème des autres, pas le mien. Il leur reste à espérer que je continue à péripater partout. Une mort naturelle peut être causée par un poison à effet retard, après tout. Je prends pas de risques.

Il rit, toutes touffes hérissées.

– Ah ! ah ! Il faudra raquer quand je mourrai. Voilà pourquoi tout le monde crève de trouille. Or, pourquoi pas vous ? Ou, pour tourner la question autrement, pourquoi est-ce que je me mets en quatre pour vous aider ?

– Parce que j'ai toujours cette vieille lettre du cardinal Borgia à tous les directeurs, sous-directeurs et associés de la banque Centurione à travers le monde, dans laquelle il demande toute l'assistance possible au porteur ?

– Vous voulez dire, gloussa Porcini-Zampini, que maintenant qu'il est pape, elle a encore plus de poids ? Ah, mais pas pour moi. Ça va, ça vient, les papes. Comme les rois, les reines et les grands inquisiteurs. Comme l'argent, même, si vous voulez savoir. Non, je m'en vais vous le dire, pourquoi vous pouvez compter sur moi. Parce que je suis un vieux sentimental, là ! L'argent de Borgia, c'est le premier que j'aie jamais blanchi. Bon, je présume que vous voulez tirer une certaine personne des griffes de l'Inquisition, bien qu'elle n'ait pas précisément mené une vie exemplaire, et avant que certains accessoires interrogatifs aient ravagé son incomparable beauté ?

– Oui, s'il vous plaît, dis-je du fond du cœur.

Mon vieil ami était en veine de philosophie :

– Curieux, hein, qu'ils soient devenus si puissants ? Votre agent à la cour, Luís de Santangel, me demandait récemment : « Prospero, comment se fait-il qu'une nation qui réussit à envoyer des hommes à l'autre bout de la mer Océane ne trouve pas de remède contre l'Inquisition ? » Comment répondre à ce genre de question, hein ?

Porcini-Zampini se leva et appuya ses deux mains sur son bureau improvisé, une planche sur deux tonneaux.

– Bon, revenez me voir demain vers la même heure et on verra ce que je peux faire pour vous.

– Mais demain son interrogatoire va commencer.

– Vous êtes déjà allé à Rome, hein ?

– Vous le savez...

– Bon. Alors, j'ai pas besoin de vous dire qu'elle ne s'est pas faite en un jour. Et moi j'essaie de régler votre affaire en un jour. Je sais peut-être tout sur tous, mais je suis pas magicien. Revenez demain.

Je l'attendais quand il arriva, peu avant midi.

– Vous avez lu *l'Enfer* de Dante, jeune homme ? demanda-t-il en déverrouillant la porte.

– Dans le texte, quand j'étais gamin.

– Eh bien, d'une certaine façon, c'est là que vous allez. Mais dans Tolède même.

Il se glissa derrière son bureau et annonça :

– Tout est arrangé. Vous pouvez l'en sortir – à condition d'y entrer vous-même.

– En échange ?

J'en eus tout à coup la bouche sèche et les paumes humides. Mais j'avais mal compris.

– Non. Ils veulent que vous voyiez tout ce qu'il y a à voir là-bas.

– Moi ? Pourquoi moi ?

– Et pourquoi pas ?

Le livre de Job. En deux lignes.

– Peut-être, poursuivit Porcini-Zampini, estiment-ils qu'il vous faut une leçon de choses. Ça n'est qu'une hypothèse. Je vous ai dit que je savais tout sur tout le monde, j'ai jamais prétendu savoir ce qu'il y a *derrière* tout ce qui se passe. Eh bien, bonne chance, jeune homme. Il s'appelle frère Virgile et il vous attend.

C'est ainsi qu'« au milieu du voyage de notre vie », je descendis en enfer, sans quitter Tolède.

A l'intérieur du bâtiment se trouvait un jardin où jaillissaient des fontaines et chantaient des rossignols. Quand le Conseil suprême et général de l'Inquisition fut aboli, en juillet 1834, on y établit l'auberge de la Sainte-Fraternité. Par la suite, on parla d'en faire un parador, ouvert au public, mais l'idée n'aboutit pas. Il y avait trop de fantômes.

Le comité de lecture me presse de supprimer les quelques pages qui suivent et comme, en mon âme et conscience, je ne le peux, nous sommes arrivés à un compromis. D'abord, j'ai essayé de minimiser les horreurs que j'ai vues. Ensuite, les pages qui portent un grand carré blanc, bien en évidence, sont déconseillées aux âmes sensibles. Mais si, comme Porcini-Zampini le disait, il fallait que je voie « tout ce qu'il y avait à voir », alors ma visite au palais de l'Inquisition (les bureaux personnels du grand inquisiteur à Tolède se trouvaient dans un pâté de maisons peu engageant, plus près de la cathédrale) fait partie de l'histoire de ma vie et le lecteur curieux qui ne se laisse pas abattre voudra peut-être avoir une idée de ce que je vis en effet.

□ Frère Virgile me reçut dans le jardin central et me fit pénétrer sous la voûte d'une galerie. Seules de hautes ouvertures dans les murs de la cour laissaient passer la lumière, si bien qu'on avait presque l'impression de marcher à tâtons dans un tunnel.

Relents d'humidité, de pourriture, de ruine et de mort.

– Tous les prisonniers doivent payer leur pension, m'expliqua frère Virgile. Ceux des trois niveaux inférieurs sont incarcérés en seconde classe. Les prisonniers de première classe, qui ont les moyens de payer plus, sont logés dans les cellules de la galerie supérieure.

– Où est Petenera Torres ?

– Ah ! Où donc est-elle ?

Un escalier raide menait à la galerie supérieure. Il faisait si froid, si humide, l'atmosphère était si désespérée, que les murs de pierre pleuraient.

Je vis une rangée de portes, chacune avec un minuscule judas.

– Vous pouvez regarder, dit frère Virgile.

– Et si je préfère pas ?

– Alors comment saurez-vous si cette Petenera Torres est dans l'une de ces cellules ?

Il y avait trente-deux cellules sur ce niveau, chacune occupée par un seul prisonnier. Je me bornerai à décrire ce que j'ai vu dans trois d'entre elles. Ça suffit pour se faire une idée.

Sur le sol de pierre de la première cellule, une fillette de dix ou douze ans était assise dans une flaque d'urine, genoux sous le menton, bras graciles autour de ses jambes graciles. Un rat lui passa sur les pieds. Elle semblait ne pas s'en rendre compte. Ses lèvres remuaient, peut-être priait-elle.

– Les judas servent aussi à écouter, suggéra frère Virgile.

Je collai mon oreille contre le trou et entendis ce chantonnement qui me hantera toute ma vie :

– Qu'est-ce que j'ai fait ? Si seulement je le savais, j'avouerais. Ils veulent pas me le dire. S'ils me le disaient, j'avouerais. Je l'ai fait. Je dirais que je l'ai fait, que j'ai fait n'importe quoi, si seulement quelqu'un me disait quoi. Dites-moi – s'il vous plaît, quelqu'un. Ils arrêtent pas de me demander de dire la vérité. Mais je la connais pas la vérité. O mon Dieu, est-ce que personne va me le dire ? Je veux plus descendre là-bas. Non, non. S'il vous plaît, dites-moi ce que c'est et j'avouerai. J'avouerai n'importe quoi.

Lorsque je regardai de nouveau, je vis que la flaque, au milieu de laquelle elle était assise, n'était pas de l'urine mais du sang.

– De quel crime est-elle coupable ?

– Nous saurons quand elle avouera.

Je faillis ne pas poser mon autre question.

– Et ce sang ?

– Elle est jeune. Elle est petite et étroite. Quelquefois, ils bousculent un peu les jeunes sans intention de leur faire mal.

Je restai sans voix.

– Ça vous étonne ? Mais ils essaient de sauver son âme immortelle après tout. Et avec les jeunes vierges d'une certaine classe, le viol marche parfois mieux que l'estrapade, ou même que la question de l'eau. Mais venez.

Dans unc autrc ccllulc, jc vis un gaillard hirsutc finir. C'cst-à-dire qu'il se masturbait furieusement et qu'il était en train de parvenir à l'orgasme. Je me détournai bien vite.

– Onanisme, encore et toujours ? demanda frère Virgile avec un claquement de langue.

Je fis oui de la tête.

– Chaque fois qu'on viole les jeunes, on le fait assister au spectacle.

– Mais pourquoi ?

– Parce qu'après deux ans de réclusion ici, on l'a vu abuser de son corps. Cette activité, une fois commencée, est toujours encouragée. Il semble que cela ait l'effet contraire de la mortification : cela amoindrit la résistance à l'estrapade, au chevalet et à la question de l'eau.

– De quoi est-il coupable ?

– Nous saurons quand il avouera.

Dans la dernière cellule de la galerie supérieure, grand modèle, trois mètres carrés, la lumière passait par un trou plus grand que la moyenne dans le plafond.

– Notre palace ; réservé à ceux qui ont les moyens, dit frère Virgile.

L'homme était vieux, émacié ; ses yeux si profondément enfoncés dans leurs orbites qu'on ne les voyait pas ; ses côtes saillantes menaçaient de déchirer les cicatrices de sa poitrine affaissée ; ses coudes, ses chevilles et ses genoux étaient bulbeux. Il souriait vaguement.

– Pourquoi sourit-il ? demandai-je.

– Parce que depuis le temps qu'il est ici – onze ans je crois –, il sait bien qu'il n'avouera rien de rien. Et il sait que nous le savons aussi.

– Mais alors, s'il n'avoue jamais un péché que lui et vous ignorez...

– Je n'ai pas dit que nous ignorions leurs péchés. J'ai seulement dit que nous saurions quand ils avoueraient. Ça ne veut pas dire que nous ne les connaissions pas avant qu'ils avouent ou que nous ne les connaîtrons pas s'ils n'avouent pas.

– Pourquoi ne le relâche-t-on pas ?

– Notre quota d'élargissement est de deux par an, comme vous savez. Il n'est pas encore mort ?

– Non.

Au point où j'en étais, la question ne me surprit même pas.

– Non, je ne crois pas.

En effet, le pauvre malheureux, assis dans son rayon de lumière, remuait un bras d'allumette dans un crissement articulaire.

– Je vous le demande parce que nous le laissons mourir de faim. Dans certains cas, c'est plus long que dans d'autres.

– Mais pourquoi ?

– Surpopulation. Nous avons besoin de sa cellule. S'il n'avoue pas, il ne nous sert à rien pour débusquer d'autres pécheurs et il ne fait rien pour le salut de son âme. Et jusqu'à ce qu'il meure, ses biens restent entre les mains du bailli au lieu de passer au Suprême qu'ils défraieraient de ses dépenses considérables. Et, malgré tous nos efforts, les médecins consultants nous disent qu'il peut très bien vivre encore des années. Voilà pourquoi nous l'affamons.

– Mais s'il est innocent ?

– Nul n'est innocent. Descendons maintenant.

A ce moment-là, on me donna une robe grise informe à enfiler par-dessus mes vêtements laïcs pour ne pas distraire le personnel et les objets autour desquels il s'affairait.

Au bas des escaliers, j'eus un mouvement de recul. De même que frère Virgile s'il s'était trouvé sur une caravelle toutes voiles dehors aurait pu perdre son latin dans le fouillis nautique des gréements en tout genre, des câbles, de la toile et des éléments métalliques, moi j'étais sidéré par le chaos chthonien de ce donjon inquisiteur. Le personnel, vêtu de robes blanches, noires, marron, courait partout dans une vaste salle-caverne que des corridors reliaient aux ténèbres inférieures. L'air puait la fumée (le soufre peut-être) et résonnait du bruit des appareils, manivelles tournées, poulies grinçantes, fracas soudain du fer contre la pierre. Deux employés rougeauds et en sueur surgirent des ténèbres avec un brancard sur lequel gisait un objet inanimé, accompagnés d'un médecin vêtu d'écarlate, insigne de son état, qui secouait la tête avec tristesse ou colère. Dans un autre couloir, deux robes brunes traînaient un objet dont les cordes vocales modulaient incontestablement une plainte déjà aiguë. Des portes claquaient, des machines gémissaient, des voix exaspérées criaient :

– Appelez un consultant, il nous faut un deuxième avis.

– La poulie est encore coincée. On est prêts à le lâcher. Où est-il ce maudit mécanicien ? Jamais là quand on a besoin d'eux !

– Non, non, non. Regardez-moi ce travail ! Ah, vous, les apprentis ! Combien de fois faudra-t-il vous répéter qu'on n'est pas censés les tuer ?

– C'est ici que nous entrons, dit frère Virgile.

Je m'étais blindé, mais dans la première salle de ce premier couloir, il n'y avait ni estrapade, ni chevalet, ni question de l'eau.

– C'est la zone d'échauffement, m'expliqua frère Virgile.

Dans la fumée sulfureuse dansaient les flammes d'un grand âtre ouvert ; c'était presque un spectacle joyeux... jusqu'au moment où j'aperçus les trois tables et les trois objets qui y étaient attachés, emmaillotés de gris, à l'exception de leurs pieds nus, qu'un apprenti enduisait généreusement d'huile, tandis qu'on rapprochait progressivement les tables des flammes dansantes. Bientôt l'huile commençait à frire, puis la chair des pieds, mais comme les objets étaient bâillonnés, leur voix couvrait à peine le ronronnement du feu et lorsque le médecin de service avait obtenu la dose de carbonisation adéquate et disait : « Suspendez », il se faisait entendre sans peine.

Un mot sur le verbe suspendre : les règles de l'Inquisition interdisaient de torturer un objet plus d'une fois. Autrement dit, si l'on mettait fin à une torture, on ne pouvait légalement la recommencer. C'est pour cette raison que les séances n'étaient pas arrêtées, mais suspendues. Suspendues, on pouvait les reprendre n'importe quand, même pendant des années.

L'estrapade, que je vis ensuite, est la technique la plus bruyante. Non pas parce que la poulie elle-même (d'où l'objet se balance, poignets entravés dans le dos) est en mauvais état, mais parce que des poids de fer de plus en plus lourds sont attachés aux chevilles de l'objet, et lorsque la poulie le lâche d'une hauteur considérable, les poids heurtent le sol avant l'objet et font un bruit épouvantable.

Le chevalet est une sorte de table sur laquelle l'objet est attaché à des supports qui ressemblent un peu à une échelle. Il y a deux méthodes de persuasion possibles. D'abord les nombreuses courroies liant tête, bras, torse et jambes peuvent être resserrées, ce qui est source d'inconfort. Ensuite les côtés de la table, souvent garnis de petites pointes émoussées, peuvent être relevés et rapprochés, autre source d'inconfort pour l'objet.

L'objet est souvent soumis à la question de l'eau pendant qu'il est sur le chevalet. Dans ce cas, le bout de la table s'élève et on ouvre la bouche de l'objet de force pour lui faire ingurgiter une longue mèche de tissu dans laquelle on verse lentement de grands brocs d'eau. On a vu certains objets avaler huit ou même neuf brocs avant de manifester des symptômes de noyade – sur quoi le médecin de service suspendait les opérations pour sonder le désir qu'aurait l'objet de se confesser. Les simulations étaient rares.

Les objets, lors de leur première visite aux donjons, recevaient fréquemment un aperçu des trois (quatre en comptant la zone d'échauffement) principaux moyens de persuasion et, je l'appris avec horreur, tel avait été le cas de Petenera Torres.

Mon guide s'arrêta avec moi devant une porte ordinaire, au bout du dernier couloir.

– C'est là que vous la trouverez !

Il ne faisait pas mine d'ouvrir la porte.

– Vous ne m'accompagnez pas ?

Après ce que j'avais vu, cela m'alarmait au dernier point.

– Je suis navré, mais je ne peux pas. On considère qu'assister à la libération d'un objet est mauvais pour mon moral. Mais attendez ici. Le médecin consultant vous préviendra quand elle sera libre.

Frère Virgile disparut.

J'attendis, mais aucun médecin ne vint m'ouvrir la porte. Au bout d'un moment j'entendis un rire familier. J'enfonçai la porte pour voir un homme au large dos. Il n'était pas revêtu de l'écarlate médical ; il avait retroussé sa robe brune froissée sur ses jambes grasses dépourvues de poils ; ses grosses fesses roses cachaient presque l'objet étendu sans réaction sur la table. On ne voyait que ses deux pieds meurtris. L'objet poussa un gémissement, frère Buil se mit à rire. Il entreprit de chevaucher la table dans l'intention sans équivoque de chevaucher l'objet lui-même. Il faillit réussir, car l'espace d'une demi-seconde je demeurai pétrifié d'horreur au souvenir des paroles de Porcini-Zampini :

– *Frère Buil vous hait parce qu'il vous tient pour responsable de la vérole qu'il a attrapée aux Indes.*

Puis je me jetai sur Buil, saisis sa graisse à bras-le-corps et le catapultai de l'autre côté de la pièce. Je couvris l'objet de ma robe grise, le soulevai délicatement dans mes bras, baisai son visage barbouillé et l'arrachai à ces régions sulfureuses et chthoniennes pour sortir dans le crépuscule où Porcini-Zampini nous attendait devant la porte ouverte d'un coche hongrois (le troisième du pays ?).

Sur le siège du coche, rênes en main, j'aperçus tout juste mon frère Diego.

En fin d'après-midi, peu avant la Noël de cette année-là, ma mule escaladait patiemment les pentes de La Rábida sous une pluie battante pour se rendre à une minuscule maison de pierre dans la pinède, à moins d'un kilomètre du monastère. De la fumée s'échappait de la cheminée et soudain une accueillante lumière jaillit de la porte ouverte. Je descendis de la mule sans l'arrêter et la poussai d'une tape vers l'étable, derrière la maison.

Petenera se jeta dans mes bras sans un mot, oubliant la pluie. J'étais parti depuis trois semaines, et si ce n'était pas ma première absence depuis notre arrivée à La Rábida, en avril, c'était la plus longue.

On rentra, enlacés. Le feu de l'âtre fit fumer ma cape mouillée. Petenera se mit à me dorloter :

– Tu es trempé, chéri, dit-elle en me donnant ma robe et mes pantoufles.

Bientôt, j'eus droit à du vin chaud épicé. Dehors, le vent gémissait et la pluie glacée battait la fenêtre.

Les pauvres pieds brûlés de Petenera avaient guéri depuis longtemps. Ses épaules, si grièvement disloquées par l'estrapade, ne lui faisaient plus mal que par mauvais temps. Sa colonne vertébrale, que le médecin converso de Tolède croyait déformée à vie par le chevalet, s'était redressée.

Sa chevelure brillante et noire comme l'espace entre les étoiles, où une fine comète d'un blanc étincelant était apparue, lui tombait presque jusqu'aux hanches. Ses yeux, de ce vert émeraude profond que John Cabot avait vu lorsque ses vaisseaux avaient traversé le Gulf Stream en juin dernier – exploit dont la nouvelle ne parviendrait que plus tard en Espagne –, plongèrent dans les miens.

– On dirait que je cesse de vivre quand tu t'en vas, dit-elle. Je suis comme un ours en hibernation.

J'embrassai sa mèche blanche. Je lui caressai la joue.

– Sacré ours, dis-je avec légèreté.

Mais sa dépendance m'inquiétait. Elle avait retrouvé la santé, mais pas son tempérament explosif. Même le bon Fray Juan Pérez, qui vivait à l'écart du monde, s'en était rendu compte.

– Les plus forts sont les plus atteints, me dit-il quand je rentrai de mon premier voyage à Séville. Elle n'aurait jamais cru qu'on pourrait la briser. Quand c'est arrivé, c'est vous qui avez ramassé les morceaux et les avez recollés. Si bien que lorsque vous partez, elle a peur de se recasser.

Je lui dis un jour :

– Il faudra que je retraverse la mer Océane, et bientôt. Alors ?

– Ça ira, répondit-elle avec un sourire fragile. Je t'aime beaucoup, Cristóbal, mais je veux redevenir moi-même. Tu ne m'en aimeras que plus.

Son sourire se lézarda.

– Mais il ne faut pas que tu repartes si tôt que ça, quand même ?

Ça se passait après mon second voyage à Séville où Grand D travaillait avec Juan Fonseca, archidiacre du diocèse et nouveau président de la chambre de commerce, qui avait ses quartiers généraux, son QG comme il aurait dit, dans le vieil alcazar sinistre.

– Il représente une nouvelle vague de concepteurs, m'avait assuré Grand D, – mais je ne savais pas vraiment ce qu'il entendait par là. Il m'a déjà beaucoup appris. Et par-dessus le marché, c'est un de tes grands admirateurs, Cristóbal – tant que je n'en étais pas sûr, je n'ai pris aucun engagement pour nous. Tu parles si je me méfiais quand les souverains me l'ont refilé. Mais ils savaient ce qu'ils faisaient.

Lorsque je lui demandai quels engagements précis il avait pris en notre nom, il resta dans le vague.

– Euh, on peut pas être à la fois en Espagne et aux Indes, d'accord ? En plus, il est très bien placé pour nous trouver des investisseurs si les souverains sont à court de fonds, et j'ai pas besoin de te rappeler que la guerre passant toujours avant la découverte, ça pourrait arriver.

– Des investisseurs ? demandai-je.

Mais dans son enthousiasme, Grand D enchaîna :

– Et attends ! C'est un expert en agronomie, biotechnologie, sans parler...

– Bioquoi ?

– Biotechnologie, tu sais bien, c'est comme ça qu'on appelle les trucs comme la fabrication du pain, la fermentation et tout, pour aller plus vite. En tout cas, Cristóbal, je t'ai pas fait signe avant parce que je voulais être sûr que Fonseca était pas un bluffeur.

– Et si c'en était un ? demandai-je.

Mais Grand D se contenta de dire :

– Il va te plaire.

Il se trompait. Juan Fonseca, archidiacre de Séville, plus tard archevêque, n'était pas le genre de personne qu'un indépendant comme moi apprécie.

Maintenant que je viens d'écrire ça, je ferais mieux de dire tout net que ce livre n'est pas un pamphlet anticlérical – parce qu'entre Fonseca, Tomás de Torquemada, frère Buil et cette horrible scène de l'Inquisition, vous allez finir par le croire. Mais pour faire son chemin, de mon temps, il fallait soit être propriétaire et noble comme Medinaceli, soit avoir des relations à la cour comme Luís de Santangel, soit faire carrière dans une des cinq grandes armes, soit opter pour l'Église. C'était l'homme que je n'aimais pas en Fonseca, et il me le rendait bien. Je trouvais sa bureaucratie fastidieuse ; lui, mon individualisme odieux. C'était un amateur de talent qui en savait long sur la façon dont le monde était gouverné – du point de vue de sa bibliothèque. Pour lui, l'expérience directe d'une réalité n'était pas seulement inutile, mais de nature à induire en erreur. Une question devenait réelle s'il avait lu quelque article dessus – ou mieux, s'il en était l'auteur, devait-il bientôt penser. Et son vade-mecum encyclopédique devint son propre *Manuel des Règles et Préceptes de la Bonne Conduite à l'Usage des Administrateurs Coloniaux* (Éditions Waldseemüller, Cordoue, 1497).

Néanmoins, puisque lui et Grand D étaient si proches, je m'abstins de faire part à mon frère de mes réserves sur le président de la chambre de commerce. Ils partagaient un bureau de l'alcazar de Séville – dans ce qu'on appellerait plus tard, à tort vous le verrez, les appartements de l'amiral – où ils échangeaient des idées comme des balles. Grand D avait même adopté le jargon colonio-administratif de Juan Fonseca – nouvelle race de langue, incontestablement, peut-être celle de la nouvelle vague de concepteurs.

– Tu apprendras, Cristóbal, avait prédit Grand D. Les temps changent. Qui se contente aujourd'hui d'hier sera dépassé demain.

Je ne voyais pas pourquoi ne pas se contenter d'aujourd'hui. Mais allez dire ça au nouveau Grand D, tout bardé d'infrastructures et de performances. En outre, tout ce qu'il faisait à la chambre de commerce de Séville, et il ne manquait jamais de s'en prévaloir, il le faisait dans mon intérêt. Je suis sûr qu'il était de bonne foi.

De retour dans la petite maison de La Rábida, je dis donc à Petenera, car elle s'était mise à trembler :

– Je t'aimerai toujours.

Elle m'embrassa.

– Toujours. Si tu cessais, j'en mourrais.

Deux larmes parfaites restèrent suspendues à ses longs cils avant de rouler sur ses joues sans défaut.

– Combien de temps vas-tu rester aux Indes, cette fois-ci ? Six mois ? Un an ?

Beaucoup plus longtemps, bien sûr. Mais je me gardai de le lui dire. Je la serrai fort. Je touchai la peau crémeuse de sa gorge. J'embrassai le creux de sa clavicule.

– Tu sais, Petenera, il y aura presque certainement des femmes parmi les colons, cette fois-ci.

– Alors, si je ne meurs pas de solitude, je vais mourir de jalousie.

Je murmurai contre sa noire chevelure parfumée, striée d'une seule mèche blanche :

– Pourquoi ne pas venir avec moi, plutôt ?

– Oh ! Cristóbal, tu es sérieux ?

– Je n'ai jamais été aussi sérieux de ma vie.

– Tu vas voir, je me débrouillerai très bien aux colonies.

Quelques jours après Noël, je partis pour Soria où la péripatétique cour pleurait le prince Juan qui, disait-on, était mort d'amour pendant sa lune de miel prolongée avec Margaret d'Autriche la Voluptueuse.

Le deuil officiel venait à peine de prendre fin, mais Soria avait encore des allures de nécropole. La neige ensevelissait les rues et les toits, assourdissant les bruits. Et tous les matins, un blizzard tourbillonnait sous le ciel clair. Doigts et orteils gelaient. Les corps raidis des mendiants étaient jetés sur des charrettes tous les matins. Une atmosphère sépulcrale pesait sur la salle d'audience dans le vieux château qui s'élevait au-dessus du Duero.

J'eus un tête-à-tête de quelques minutes avec Petit D dans l'antichambre, avant qu'il ne me fasse entrer.

– Le prince me manque, dit mon fils. C'était un de mes meilleurs amis. Pourquoi a-t-il fallu qu'il meure comme ça, si jeune ?

J'aurais pu dire, pour dire quelque chose, que c'était la volonté de Dieu. Mais je tenais trop au respect de Petit D et je savais qu'il était aussi sceptique que moi.

– Je ne sais pas, avouai-je. S'il y a vraiment un grand dessein, je n'ai jamais été capable de le découvrir.

Fernando vint à passer, chargé d'une quelconque course royale.

– C'est la volonté de Dieu, dit-il.

J'échangeai un regard avec Petit D. Ses yeux étaient presque au même niveau que les miens.

– Il est très sûr de lui, comme gamin, dit mon fils aîné, tandis que le benjamin des pages royaux se retirait d'un pas solennel. Écoute, papa, ils sont sinistres là-dedans – il désignait d'un coup de toison rousse la salle d'audience. Tu pourras probablement obtenir ce que tu veux si tu es bref et précis, mais attends-toi à de noires prédictions, peut-être même à une ou deux menaces. Ils s'en prennent à tout le monde.

C'était un conseil d'adulte. Je me sentis fier de mon fils – et je me sentis vieux.

Ils furent sinistres, pour ça oui, et je fus bref et obtins ce que je désirais. A savoir : assez d'argent pour armer huit bateaux avec leurs équipages et leurs colons (dont une femme pour dix hommes, c'était un début), des animaux domestiques, etc.

Ma charte comportait deux clauses inhabituelles. Tout d'abord, comme après les calomnies de Mosén Pedro, frère Buil & Cie, on n'avait pas précisément pléthore de candidats au Troisième Voyage, on offrit à des repris de justice de les gracier s'ils se portaient volontaires. D'autre part..., mais je laisse la parole au roi Ferdinand, qui me lut le paragraphe approprié sur le projet de charte.

– Depuis Aristote, cosmographes et géographes, qu'ils soient européens, arabes, indiens ou autres, s'accordent à penser que les choses précieuses se trouvent le plus souvent dans des contrées très chaudes dont les habitants sont noirs ou bruns de peau. En conséquence, nous ordonnons qu'avant de reprendre ses fonctions en Hispaniola, terre peut-être surestimée, le susdit amiral de la mer Océane navigue plus au sud sur la rive ouest de la mer Océane jusqu'à la longitude de Fernando Po en Afrique.

– Latitude, mon ami, corrigea la reine.

– C'est bien ce que je disais. A la latitude de Fernando Po en Afrique afin de découvrir ces denrées rares et précieuses que sont l'or, les perles, et autres gemmes, les épices et les plantes médicinales, qui doivent souvent exister en abondance dans ces régions équinoxiales inexplorées.

Formulation mise à part, la perspective me tentait. Après tout, j'étais découvreur et, à ma connaissance, Barto tenait la situation en main en Hispaniola. Peralonso Niño, qui était rentré fin 96 (avec dans ses cales ce qui serait sans doute la dernière cargaison d'esclaves du Nouveau Monde amenée dans l'Ancien par une flotte espagnole), m'avait rapporté que Santo Domingo prospérait, Barto ayant trouvé un *modus vivendi* avec les Indiens féroces, jadis gouvernés par Caonabo et aujourd'hui par sa veuve Anacaona.

Mais la reine, le visage vieilli par la douleur, transforma cette clause de ma charte en menace voilée.

– Amiral, nous ne voulons pas le moins du monde abandonner nos territoires d'outre-mer après y avoir englouti tout votre travail et tout notre argent. Mais, à moins qu'on n'y découvre quelque chose qui ait une valeur réelle, il n'est pas inconcevable qu'il vienne un temps où ces territoires ne nous intéresseront plus. La vie est bien trop courte, même celle des souverains.

Quand le benjamin des pages royaux revint de sa course après nous avoir expliqué la volonté de Dieu à son frère et à moi, je lui demandai :

– Fernando, tu crois que tu pourrais te libérer quelques jours ?

C'était une curieuse question à poser à un gamin de moins de neuf ans, fût-il précoce, mais son emploi du temps était plus astreignant que le mien.

– Peut-être que ce serait possible, dit-il sans se compromettre.

– Je pourrais demander à la reine.

– Non, n'en fais rien, s'il te plaît, papa. Ça nuirait à ma réputation.

– A ta réputation ?

– Comme je te le dis.

Eh bien, si tu peux te dégager, tu n'aimerais pas venir voir ta mère à Cordoue avec moi ?

Le violet et l'or s'affaissèrent sur les petites épaules du benjamin des pages royaux.

– Il faut vraiment ?

– Ça fait trois ans que tu as quitté la maison. Elle ne te manque pas ?

Il n'avait pas encore appris à dissimuler.

– Non. Pourquoi elle me manquerait ? Ça n'est qu'une paysanne de Santa María Trasiera. Elle est la première à le dire. Et elle est vraiment grosse.

Il fit une vilaine grimace.

– C'est une grosse paysanne.

– Fernando, c'est de ta mère que nous parlons !

– Ça n'est pas moi qui l'ai choisie, papa, c'est toi.

Pour la première fois de ma vie de père, la main me démangea. Et il aggrava son cas :

– Elle est même pas mariée.

– Fernando, menaçai-je.

– Faut vraiment que j'y aille ?

Pendant que j'en délibérais, il dit :

– Elle m'écœure carrément.

Je quittai Soria sans lui et pris la route de Mérida. Je ne passai pas par Cordoue et retardai ma visite surprise à Beatriz. Si j'arrivais directement de La Rábida, elle ne s'attendrait pas à trouver Fernando avec moi.

A la maison de pierre, derrière le monastère, Petenera m'attendait, ses yeux d'émeraude jetaient des éclairs.

– Ah, le salaud ! Attends un peu que je te raconte ! cria-t-elle sans même me donner un baiser de bienvenue, après six semaines.

Quel toupet ! L'arrogance, l'impudence, l'outrecuidance de ce sang-bleu, ça dépasse tout !

– Qui ?

– Qui, qui à ton avis ? Il a le front de s'amener tranquillement pour me rappeler qu'un homme de son rang ne peut pas faire de scandale à un banquet royal sous prétexte qu'un goujat me menace de son couteau – hein, c'est quand même le comble ? – et puis le voilà qui prétend qu'il n'avait pas la moindre idée que je me trouvais dans un donjon du Suprême, sinon il aurait écrit – écrit ! – aux souverains pour m'en sortir. Et pour finir – attends le plus fort, ah, le salaud ! Ça, tu vas pas y croire –, il me dit que puisque tout est bien qui finit bien, il fermera les yeux sur mes crimes passés, mais si, il y a prescription, même en ce qui te concerne, et il me reprendra. Il est d'accord, lui, pour me reprendre, moi ! Ah, la morgue monumentale de ce pur-sang à pedigree !

– Medinaceli, dis-je doucement en réprimant un sourire.

– Ah, les hommes ! ragea-t-elle en détournant ses lèvres de mon baiser.

Puis elle concéda :

– Bon, rien qu'un tout petit.

Juste du bout du bec, car elle n'avait pas fini.

– Il va falloir que tu dises à Fray Juan Pérez que j'ai cassé quelques plats entre autres.

Elle gloussa.

– J'aurais voulu que tu le voies battre en retraite avec dignité – ce fat fin de race, ce paltoquet à particule de cinquième-comte-premier-duc. Je regrette seulement d'avoir un peu perdu la main.

– Je crois comprendre qu'il s'agit d'une visite récente ?

– Avant-hier. Mais je fulmine encore, hein ? Il est arrivé dans un de ces trucs hongrois, là, un coche. Il croyait que j'allais repartir avec lui.

Le temps de reprendre sa respiration.

– Maintenant, raconte-moi ton voyage.

– Ça a été. Un brin frisquet.

– Il fait toujours froid à Soria en..., oh, tu veux dire Leurs Majestés Très Grippe-Maravédis ? Excuse-moi, chéri. Est-ce que tu as pu obtenir à peu près ce que tu voulais ?

– En gros.

– Tu m'en parleras au dîner. D'ici là... des projets pour cet après-midi ?

– Euh, non. J'aimerais me laver et...

– Bonne idée. J'aime bien que tu sois étrillé quand je te prends de force.

Les opérations se déroulèrent dans cet ordre et je commençai à penser que Petenera était redevenue elle-même.

Je lui dis que je partirais à Cordoue dans quelques jours, avant d'aller à Séville, d'où appareillerait la flotte.

– Pourquoi Cordoue ?

– Pour voir Beatriz.

– C'est bien ce que je pensais.

– Petenera, crois-moi, il n'y a plus rien entre nous depuis des années. Je lui dois bien une visite avant de partir.

– Bon, sans doute. Quand partez-vous ?

– Dès qu'on aura tout mis sur pied à Séville. Fin mai, début juin au plus tard.

– Ah.

– Comment ça « ah » ? Tu oublies que tu viens, toi aussi ?

– J'oublierais plutôt mon nom. C'est seulement...

Mais j'eus beau insister, elle ne voulut pas en dire plus.

On convint qu'elle me rejoindrait à Séville en mai, en compagnie de Fray Juan Pérez qui devait s'y rendre pour un synode de son ordre.

J'arrivai à Cordoue début mars et allai droit au patio caché, non loin de la place qui porterait un jour mon nom. La journée était tiède, le printemps déjà dans l'air, des géraniums en pots encadraient la porte comme dans mon souvenir, les canaris chantaient à tue-tête dans leur cage.

Un revenant m'ouvrit la porte.

– Salut ! Je m'appelle Pedro, dit-il.

– Harana ! balbutiai-je.

Car j'avais là, devant moi, un grand gaillard athlétique dont le visage, malgré son sourire de bienvenue, arborait une expression circonspecte qui ne demandait qu'à devenir soupçonneuse.

– Tout juste, dit-il. Pedro Enríquez de Harana pour vous servir. Et moi je n'ai pas besoin que vous vous présentiez, amiral.

Comme je restais bouche bée, il demanda :

– Qu'est-ce qu'il y a qui ne va pas ?

– Rien du tout, mais vous êtes le portrait vivant de votre cousin Diego. Jusque dans votre manière de parler.

– Je veux prendre sa place, dit-il simplement. C'était un peu un grand frère pour Beatriz et pour moi. C'est... enfin, c'est comme s'il avait laissé quelque chose d'inachevé aux Indes. Je voudrais le finir pour lui. C'est pour ça que je me suis fait marin.

– Et qu'est-ce que vous avez comme expérience ?

– Trois voyages avec les Portugais jusqu'à Fernando Po. Le dernier en tant que connétable.

– Connétable Harana, dis-je.

Je n'en revenais pas.

– Ça veut dire que je peux signer, ou quoi ?

Je lui assurai qu'il pouvait.

– Bon, ben... qu'est-ce qu'on attend, plantés devant la porte, alors ? Entrons annoncer la nouvelle à Beatriz !

Je ne bougeai pas.

– Vous voulez pas la voir ? demanda-t-il.

Tout son cousin !

– Vous bouchez le passage, lui fis-je observer.

A présent, lorsqu'elle souriait, elle fronçait son nez hautain, vraisemblablement sémite, comme font beaucoup de femmes plantureuses.

– Cristóbal !

Elle se leva avec grâce, malgré son embonpoint, en léchant une goutte de miel sur ses lèvres pleines et vermeilles, peut-être berbères. Je la serrai dans mes bras. Au fil des années, sa silhouette de sablier avait perdu le resserrement de la taille. Une fossette marquée se dessina sur ses joues roses, peut-être wisigothes, à son second sourire.

– On prévient les gens.

– Je ne fais que passer.

Ces yeux sombres, incontestablement ibériques, sondèrent les miens.

– Tu es allé à la cour ? Comment vont-ils ?

Ils. Pas il. Je l'aurais embrassée. C'est d'ailleurs ce que je fis.

Puis je m'empressai d'ajouter :

– Diego est presque aussi grand que moi et Fernando a l'air d'un homme dans sa livrée. Il a été très, très déçu. On a d'abord cru qu'on le laisserait venir – il a raconté à tous les autres pages qu'il m'accompagnerait voir sa mère à Cordoue –, mais à la dernière minute, ils ont tous été requis pour quelque chose d'important, une visite officielle, je crois, si bien qu'il a pas pu venir.

Au bout de deux phrases, son frère Pedro, qui était dans son dos, commença à me faire des signes désapprobateurs.

Elle me dit, un peu abattue :

– Oh, je le savais bien qu'il serait pas libre.

– Oui, dis-je, mais il a pris ça comme un vrai petit homme. Tu aurais été fière de lui. Il a même pas pleuré. Du moins devant les autres pages.

Pedro continuait à secouer la tête.

Beatriz quitta la pièce en courant.

Pedro me demanda :

– Où vous avez appris à mentir ? N'en faites pas des tonnes, mon vieux. Si vous croyez qu'elle est dupe !

Quand Beatriz revint, elle avait les yeux rouges, mais le sourire.

– Maintenant, raconte-moi tout. Quand est-ce que tu...

– Je pars avec lui, dit Pedro tout naturellement.

– Si tu crois que tu me l'apprends, répondit Beatriz à son cadet. Je l'ai su dès l'instant où tu as passé cette porte.

Je m'attendais à des reproches. Il n'y en eut pas.

– Ça fait bien longtemps que notre cousin et les autres se sont fait tuer. Et ces Indes, il en rêve depuis des années. Allez, maintenant, mangeons un morceau. Je sais pas vous, les hommes, mais moi personnellement, je meurs de faim.

Trois jours et cent cinquante kilomètres plus tard, le jeune Pedro Enríquez de Harana et moi laissions nos mules à l'écurie de l'alcazar de Séville, traversions la cour Monteria pour nous rendre dans ce qu'on appellerait plus tard les appartements de l'amiral, dans l'idée fausse que, lorsque j'étais à Séville, j'occupais ce nid à courants d'air. Les personnages historiques, qui se sont ainsi vu attribuer moult résidences un peu partout, comprendront ce que j'en pensais.

Le réceptionniste – concept nouveau en Espagne – nous demanda si nous avions rendez-vous.

– Colón a besoin d'un rendez-vous ? demanda Harana II.

– Colón, lui répondit-on, n'a jamais besoin d'un rendez-vous. Il est là avec le président de la chambre de commerce, ils échangent des idées.

– Je suis son frère, dis-je.

– Le président de la chambre de commerce n'a pas de frère.

Je mis les choses au point.

On nous invita à attendre en nous remettant à chacun un

exemplaire du *Manuel des Règles et Préceptes et de la Bonne Conduite à l'Usage des Administrateurs Coloniaux.* Je le parcourus. Du moins était-il exhaustif. C'était le règne de l'aphorisme, pour qui en comprenait le vocabulaire.

– Qu'est-ce que c'est que le concept d'un produit novateur ? me demanda Harana II.

Je secouai la tête.

– Et des coûts supplémentaires ?

– Aucune idée.

– Générés par l'introduction d'un second genre aux Indes... Ça vous éclaire ?

Ça ne m'éclairait pas.

L'archidiacre Fonseca n'était pas moine, mais, comme Grand D, il portait des vêtements monacaux. C'était pratique. Dans leurs vastes plis, on pouvait mettre des tas de papiers, et la paperasse était le nerf de leur bureaucratie naissante.

D'ailleurs, lorsqu'on finit par nous faire entrer, ils griffonnaient tous deux sur des blocs en échangeant leurs idées.

– ... à la hausse, absolument, disait Grand D.

– Oui, mais pour un article prometteur, on n'a encore enregistré aucun chiffre, objecta l'archidiacre Fonseca.

– Hm..., concéda Grand D, perplexe.

– C'est du code, dit Harana II. C'est du code ou je m'y connais pas.

Petite parenthèse sur ce jargon bureaucratique. Certes, l'Espagne de mon temps aurait utilisé un autre vocabulaire, mais, comme d'habitude en pareil cas, j'ai restitué l'esprit plutôt que la lettre.

Harana II fut présenté, on lui donna un laissez-passer pour résider à la cour des Demoiselles, perspective enchanteresse et trompeuse : ce nom ne recouvrait que les appartements des fonctionnaires célibataires. Quant à moi, je me mis au travail avec Fonseca et Grand D.

– Il est certain que la médiocrité de la performance économique de la colonie nous vaut un bilan peu brillant, dit Fonseca.

– La Couronne perd des mégamaravédis, ajouta Grand D.

– Ce dont les échelons supérieurs de la péripatétique cour sont pleinement conscients, même si vous, amiral, n'avez cessé de clamer que ce serait un secteur de pointe dans l'économie du royaume.

– J'ai dit ça, moi ?

Tous deux hochèrent la tête, Grand D avec sollicitude.

– Mais les femmes sont un joli trait d'audace, dit Fonseca, qui révèle une vision coloniale sans pareille à ce jour. Toutefois, reste à voir comment leur interface avec la population mâle va s'opérer.

Ça continua toute la journée, toute la semaine, tout le mois.

Pour éviter ce que Fonseca appelait le dépassement des coûts, on réduisit ma flotte à six navires et le nombre des colons (femmes comprises) à trois cent trente. Un quart des hommes étaient des repris de justice. Pour les achats aussi, Fonseca invoqua l'épargne. Il semblait avoir des tas de cousins un peu partout en Andalousie (mais en Espagne, le mot cousin ne désigne parfois qu'un ami proche), moyennant quoi, c'était avec eux qu'il passait des contrats pour divers articles : arbalètes et mousquets, cousin de Malaga. Lances, cousin de Grenade. Poudre et boulets de canon, cousin de Séville. Pendant ce temps, Séville expédiait l'information à la péripatétique cour, toujours à Soria, laquelle répondait quasi quotidiennement par retour, me pressant d'armer mes six navires et de partir immédiatement pour les Indes.

– Le temps, c'est de l'argent, me disait Fonseca comme si j'étais responsable du retard, alors que je ne faisais que vérifier la qualité des marchandises.

Ainsi, les tonneaux fournis par le cousin tonnelier de Cadix étaient superbes à voir, seulement ils fuyaient. Tels étaient nos sujets d'accrochage. Quand je dénonçai le contrat avec son cousin de Cadix pour faire faire mes tonneaux à Sanlúcar, sur l'embouchure du puissant Guadalquivir, d'où nous nous appareillerions d'ailleurs, il me dit avec humeur :

– Ils n'ont pas le bon concept du produit à Sanlúcar.

– Ça se peut, mais ils fabriquent de bons tonneaux, rétorquai-je.

Et ainsi de suite.

Je ne digérais pas son salaire de deux cent mille maravédis : de quoi entretenir et payer deux ans les cent soixante-dix colons qu'on m'avait fait rayer de la liste. Lui ne digérait pas mes titres divers qu'il ne croyait d'ailleurs pas valables à Séville, puisque Séville n'était ni la mer Océane ni les Indes. Ce heurt de personnalités nous mena jusqu'en mai, et la flotte était encore loin d'être parée à lever l'ancre. Je reçus une lettre des souverains me rappelant que Fonseca était leur représentant officiel, il en reçut une lui rappelant qu'il n'était ni amiral, ni vice-roi, ni gouverneur et que j'étais les trois. Pris entre nos deux feux, Grand D citait les aphorismes incompréhensibles du *Manuel,* ce qui flattait Fonseca, mais me portait sur les nerfs.

L'idée que les conquistadores étaient d'un commerce difficile, Fonseca se la fit sans doute à cause de moi, qui ne me considérai jamais comme l'un d'entre eux. En tout cas, quand vint l'époque de Balboa (mal nommée) et de Cortez, au seul mot de conquistador, Fonseca voyait rouge. L'Histoire montrera assez quelle épine dans le pied il a constitué pour ces hommes hardis, simples et visionnaires. Je pense donc que vous pouvez tenir pour objective ma version de notre différend.

Les fournitures de marine, le bétail, les femmes, les outils, le matériel agricole, les semences et les boutures, etc., finirent par affluer pour être acheminés à Sanlúcar dans des navettes d'un cousin de Fonseca ; il semblait bel et bien qu'on pourrait lever l'ancre fin mars. Aussi me rendis-je avec Grand D et Harana II en aval, sur l'une des navettes de son cousin, et laissai-je chez les franciscains de Séville un message pour Fray Juan Pérez.

J'étais sur les quais, l'après-midi suivant, et vérifiais ce que Harana II soupçonnait déjà, à savoir que les magouilles de Séville remplissaient nos cales de boulets de canon de pierre, qualité inférieure, bien que nous ayons payé pour du fer. C'est alors que je vis Fray Juan Pérez qui poussait un âne épuisé dans ma direction.

– Elle est là ? demanda-t-il en se laissant glisser à terre.

Mon cœur sombra dans ma poitrine :

– Non.

– Depuis mon départ, je n'ai cessé de prier pour qu'elle soit là. Vous n'en avez pas de nouvelles ?

Je fis non de la tête et envoyai un mousse nous chercher du vin rouge bien fort sur le vaisseau amiral.

Le prieur but et demanda :

– Luís de Santangel n'a pas pris contact avec vous ?

– Prieur, lui dis-je, désignant du doigt des tonneaux en partance, vous feriez mieux de vous asseoir.

Je remplis de nouveau sa coupe.

– Maintenant, racontez-moi ce qui s'est passé.

– Mais, c'est que je n'en sais rien.

Petenera, me répétais-je, Petenera ne viendra pas. Pire : elle a disparu. Groenlandisée pour la deuxième fois. Et nous levions l'ancre avant l'aube.

Le visage du prieur retrouvait peu à peu ses couleurs.

– Il y a environ une semaine, Santangel est venu à La Rábida dans son fameux coche hongrois. Méconnaissable ! Il n'a plus que la peau sur les os.

– La dernière fois que je l'ai vu, il y a plus d'un an, il venait d'apprendre que son fils avait été arrêté par le Suprême, dis-je en essayant de me représenter un Santangel réduit à la peau et les os – non, disons, la peau, les os et un gros cigare cubain.

Fray Juan Pérez soupira.

– Les fonctionnaires du Saint-Office servent le même Dieu que moi, dit-il d'une voix à peine audible, et je sais que c'est un Dieu d'amour universel. Assurément, cette universalité ne peut s'étendre à l'amour du traquenard, de la traîtrise, de l'intolérance, à l'amour de la torture. Comment peut-on commettre de telles atrocités au nom du Dieu que je sers ?

– Prieur, dis-je avec fermeté, car je voulais qu'il poursuive son histoire, il n'y a pas de réponses simples aux grandes questions. C'est pourquoi ce sont de grandes questions.

Il ne dit rien et sembla cogiter.

– Est-elle partie avec Santangel ? m'enquis-je.

– Non, non. Il est parti tout seul dans son coche hongrois. Et puis, trois jours plus tard je crois, quand je suis allé faire un tour à la petite maison, vers midi, comme je le faisais presque tous les jours, plus personne.

– Aucun mot, aucun message ? Rien ?

– Je regrette, dit le bon prieur de La Rábida.

Puis il leva la tête d'un air de défi.

– Mais je ne regrette pas d'avoir écouté aux portes. Même si apparemment je n'ai pas tout compris.

– Dites-moi.

– C'est-à-dire, je ne suis pas botaniste, après tout. Mais est-ce qu'il n'y a pas une fleur des champs qui s'appelle le mouron et qui pousse dans les fossés, là ? Ça n'est pas bleu, des fois ?

– Si, et si.

– Eh bien, je suis certain d'avoir entendu Santangel dire : « Si nous ne touchons pas Santiago assez vite » – est-ce qu'il parlait de Santiago de Compostela, le pèlerinage, d'après vous ? – « tout le travail du mouron bleu sera compromis. Tout. » Il a aussi parlé d'une île. Il y a bien une île, quelque part, près de l'Angleterre, qui s'appelle le Groenland, hein ? Mais pourquoi y enverrait-on les têtes brûlées d'Espagne ? A moins que j'aie aussi compris ça de travers...

Je trouvai le contrôleur de la Couronne en train de faire l'inventaire des vivres sur la courageuse petite *Niña.* Je lui empruntai de quoi écrire.

Tandis que j'écrivais, les mouettes, en plein essor au-dessus de nos têtes dans l'éclatant soleil de mai, semblaient crier son nom – Petenera, Petenera, Petenera. Mais que pouvais-je faire ? Des centaines d'hommes et de femmes dépendaient de moi désormais.

Je donnai la lettre à Fray Juan Pérez.

– Veillez à ce que ceci soit remis à la banque Centurione, agence péripatétique. Au directeur Porcini-Zampini, en mains propres. La vie de Petenera en dépend peut-être.

Ici, la légende que j'étais devenu, et qui me réclamait à présent après tous ces mois volés, fit un temporaire écart de conduite. Le lendemain, avant l'aube, tandis que le vaisseau amiral levait l'ancre, je ne saisis pas plus de hauban que je ne fixai mon regard d'aigle sur le large pour satisfaire l'attente générale. Non, tel un jouvenceau en proie au mal d'amour, je regardai les quais, Sanlúcar et toute l'Espagne s'éloigner. Je scrutai la pénombre dans l'espoir absurde d'apercevoir ma bien-aimée surgir pour rattraper le bateau, et m'appeler de cette voix qui n'était qu'argent, or et pierres précieuses.

Lorsque la terre ne fut plus qu'une tache sur l'horizon du nouveau jour, alors, oui, je descendis dans ma cabine du château de poupe. Et là, sur mon hamac, dans un rai de soleil, je trouvai, des gouttelettes de rosée accrochées à leurs cinq pétales, deux mourons bleus sur une lettre scellée. Je la décachetai d'une main rien moins qu'assurée, pour lire ces mots frisquets :

> « Pardon, mais je ne me vois vraiment pas en pionnière. Cherche ta destinée comme tu le dois outre-mer Océane. La mienne m'attend ici. Ta Petenera. »

Je relus le bref message, qui semblait annuler tout ce que nous avions été l'un pour l'autre et pensai : quel fou j'étais de rêver que je pourrais avoir à la fois les Indes lointaines et Petenera. Je froissai les deux mourons dans la lettre et la jetai par le hublot.

Je me sentais vide de tout, y compris de tristesse.

Inutile de dire que je n'avais pas de larmes.

17

Comment Yego guérit de la petite vérole sans avoir le temps de jouir de sa chance.

Le lecteur attentif aura peut-être remarqué que lorsqu'on a levé l'ancre, je n'ai pas précisé le nom de mon vaisseau amiral. Le lecteur plus attentif encore aura peut-être aussi médité la dernière ligne du chapitre précédent. Je ne l'ai pas écrite au hasard. Je ne suis pas un écrivaillon à la petite semaine.

Le nom religieux officiel, comme le surnom, de mon vaisseau amiral, qui était de la taille de la *Marie Galante,* sont perdus pour l'Histoire. En outre, mes biographes sont tout aussi discrets sur cette troisième traversée de la mer Océane, celle qui me mena le plus loin au sud, que sur la seconde, car ils tirent tous matière de ce que j'ai écrit moi-même. Or, après quelques heures de mer, je fus pris d'une rechute du Sacré Syndrome et n'écrivis pratiquement rien avant le golfe de Paria où j'aperçus, jambes encore flageolantes, vision vacillante, la côte qu'Alonzo Ojeda nommerait plus tard Venezuela – en gros « drôle de petite Venise » –, à cause des maisons bâties sur pilotis le long de ses nombreux canaux pittoresques.

Ne comptez pas sur moi pour livrer le nom du vaisseau amiral maintenant. Dans la mesure où je souhaite être jugé suivant les mêmes critères que mes biographes, ce serait déloyal. Quant au voyage, il n'y eut pas d'urgence pour me tirer de ma cabine ; je n'eus quasiment aucun contact avec l'équipage de ce navire anonyme, le lecteur n'en aura pas davantage.

Je me souviens tout de même de m'être montré une ou deux fois tandis que nous mouillions à Las Palmas ou au large de la Gomera pour compenser par de bons produits canariens les nombreuses déficiences des cousins magouilleurs de Fonseca. Je me souviens aussi d'avoir réuni un conseil des capitaines avant de lever l'ancre à la Gomera, pour ordonner à la *Niña* et à l'*India,* respectivement commandées par Pedro Terreros et Harana II, ainsi qu'à une troisième caravelle, d'aller droit en Hispaniola avec le plus gros des provisions et la majeure partie de nos colons (dont tous les repris de justice), tandis que je faisais un crochet par le sud avec les trois vaisseaux restants. Présider ce conseil ne fut pas facile. Et si mes stigmates réapparaissaient soudain ? Si je faisais une crise maniaco-dépressive ? Les deux étaient possibles, vous vous le rappelez, même si l'Amiral En Titre et le Docteur *Honoris Causa* s'obstinent à baptiser ma maladie arthrite (ou goutte) en mettant mes yeux « fatigués » sur le compte du manque de sommeil.

Érudits au rabais ! Ils saignaient, mes yeux !

Entre le matin où nous avons laissé derrière nous les Canaries et le moment où nous avons atteint les coordonnées du 13 juillet sur la carte du temps : aucun souvenir. Sur la carte de la géographie (carte de Barto d'après Pozzo Toscanelli, d'ailleurs), cela nous met à 9°30 de longitude nord et 29° ouest – en plein dans la zone de calmes équatoriaux. S'il existe un endroit plus chaud sur la mer Océane, qu'on me le dise. Apparition chenue aux yeux rouges, j'émergeai en nage de l'entrepont-fournaise ; j'arpentai le gaillard d'avant, foudroyai du regard le ciel sans vent, et, malgré le soleil meutrier, je fus secoué de frissons. Dans les cales, la chaleur faisait éclater les barils qui cassaient leurs arceaux comme des brindilles ; le blé couvait, roussissait et une fois – du moins à ce qu'on m'a dit – il s'enflamma ; le bœuf salé et le lard rissolaient dans leur graisse et pourrissaient.

Et immobiles nous restions, vaisseaux peints sur la toile de fond d'un océan d'huile, droit sortis de Coleridge, lorsqu'un vent d'est-sud-ouest, insolite en cette saison, anima la mer de blanches crêtes, engrossa nos voiles molles depuis longtemps et me renvoya dans ma cabine où l'on me vit tomber à genoux et... qui on ? Mais c'est la version de l'Amiral En Titre qui me représente toujours comme un homme conventionnellement religieux. Le Docteur *Honoris Causa,* lui, nous mène à bon port avec nettement moins de piété.

Le dernier jour de juillet, à midi, la chaleur n'est pas incendiaire, lorsque de la hune la vigie crie : « Terre » – et il était temps. Sur le vaisseau amiral, nous attaquons notre dernière barrique d'eau douce et le tout petit peu de biscuits qui nous reste est plein de vers. Donc, cet équipage sans nom et sans visage de mon vaisseau amiral anonyme tombe à genoux comme un seul homme et chante le *Salve Regina.* Puis-je faire moins ? Aussitôt, je nomme l'île Trinidad en hommage à la Sainte Trinité, à moins que ce ne soit à cause des trois collines repérées d'emblée par la vigie. Ce n'est pas un secret, je suis indécis sur le chapitre de la religion, Juif chrétien ou Chrétien juif, à deux doigts de conclure, grâce à frère Buil et au Suprême, que la religion est une sorte de syphilis spirituelle, quand voilà un Fray Juan Pérez avec sa simplicité, sa bonté et ses propres doutes, et de nouveau je ne sais plus où j'en suis. Donnez-moi le temps de mettre un peu d'ordre dans tout ça. J'y reviendrai.

En attendant, pendant que ces matelots sans visage pêchent, ramassent des huîtres à pleins boisseaux et remplissent nos barriques d'eau, je me remets sur pied (tant bien que mal) et j'y vois (plutôt mal que bien). Je me préoccupe donc du confort des trente-trois femmes de la colonie, qui se sont vu attribuer la meilleure place sur le château de proue surpeuplé, un coin de pont délimité par de la toile à voile près des chevaux, et des commodités à part – ségrégation stricte et efficace à quatre-vingt-quinze pour cent.

Ce confort étant assuré, nous partons à la découverte.

– Qu'est-ce qu'il tient là ? dis-je à mon pilote anonyme tandis que nous tirons le canot du vaisseau amiral sur une côte méridionale inexplorée à l'ouest de Trinidad.

La tache bronzée que je vois sur la plage, c'est un Indien qui porte un panier. Derrière lui s'amoncellent des tas de coquilles d'huîtres qu'on a laissées pourrir là, depuis Dieu sait quand, au soleil des Tropiques. Le fait que ces pacifiques indigènes ne soient pas les Noirs annoncés par Aristote, mais tout simplement des Indiens, est curieux. Soit nous ne sommes pas allés assez au sud, soit le grand Aristote se trompait. Peu importe, mon pilote anonyme me répond :

– Des perles, amiral. Un plein panier de perles. Et il en porte des rangs autour du cou, comme si c'était de la verroterie.

Et il est d'accord pour les distribuer comme de la verroterie. Mais, écoutez l'Amiral En Titre : « Colomb ne savait encore rien des pêcheries de perles. » Et le Docteur : « Il ne faut guère s'étonner que Colomb, lorsqu'il trouva des perles si riches et si abondantes à Paria, ait été tenté de garder sa découverte pour lui. »

Ce n'est pas la première fois qu'ils se trompent tous deux.

Il est vrai que la fameuse lettre que j'ai écrite à Leurs Majestés depuis le Paradis Terrestre (c'est ainsi que j'ai nommé ces basses terres marécageuses, non sans quelque exagération) ne faisait pas précisément mention des perles. Mais j'ai bien écrit qu'on y trouverait des trésors en abondance. Peut-être aurais-je dû spécifier et joindre une carte de navigateur plus professionnelle, mais j'étais encore loin d'avoir recouvré une vision normale. En outre, j'étais d'ores et déjà convaincu d'avoir trouvé au sud des Caraïbes, non pas une île de plus, mais bien un Nouveau Monde, et je ne m'intéressais guère aux petits détails. C'est ainsi que mon assassin en puissance...

Minute. Séquelle habituelle du Sacré Syndrome, j'ai tendance à anticiper.

Sur cette côte sud, je parviens à faire comprendre par signes à un Indien que je reviendrai chercher des perles, puisque, d'accord, je veux bien les troquer contre des grelots et autres babioles. Mais, fin 99, c'est Alonzo Ojeda et son vulgaire opportuniste éponyme de passager qui recevront les quelques boisseaux de perles qui m'étaient destinés, et fin 1500, ce sera au tour de Peralonso Niño de faire fortune – autant que ça lui arrive à lui, qui est un chic type.

Mais j'anticipe encore. Je voulais expliquer ce concept d'Autre Monde. Un courant puissant traverse le golfe pour se jeter dans la mer aux Bouches du Dragon, entre la péninsule de Paria et l'île de Trinidad, et lorsque nous plongeons des seaux dans le courant nous y trouvons de *l'eau si douce qu'elle est potable.* Ni le Guadalquivir, ni le Tage, ni le Tibre, ni la Tamise, ni même le grand Nil et l'Euphrate ne portent pareille quantité d'eau douce à des milles en mer. Un tel courant peut-il venir des rivières d'une île ? C'est impossible. Ce courant qui roule le long de nos coques, c'est le flux du grand Orénoque, et là-bas tout au sud, à perte de vue, sur des milliers de kilomètres peut-être, ce sont les plaines alluviales et les forêts de ce continent inconnu qui sera bientôt si mal nommé. J'écris donc aux souverains, vibrant d'enthousiasme dans une veine quasi prophétique, pour leur prédire qu'eux et leurs héritiers régneront à jamais sur cette masse de terre, ce vaste arcane, cet Autre Monde que j'ai découvert.

Un mot tout de suite sur ce prétendu Nouveau Monde. Je sais qu'on préfère cette locution à mon « Autre Monde » – mais pourquoi donc ? Ce monde que j'avais découvert n'était pas nouveau ; il était aussi ancien, au millième de seconde près, que celui dont je venais, l'un et l'autre existant depuis que Dieu (par exemple) les avait créés. C'est vrai, il ne s'agit jamais que des deux hémisphères de la même planète sphérique, quoi.

Selon mes détracteurs, menés par les champions du Florentin Vespucci, je n'aurais jamais compris que j'avais découvert le Nouveau Monde. Pernicieuses arguties sémantiques. Je n'en veux pour preuve que ma lettre à Leurs Majestés.

Mais j'anticipe encore. Les perles ; je ne m'attarde pas pour en stocker, parce que j'ai un pressentiment. Pourquoi le Sacré Syndrome me laisse toujours ouvert à l'expérience mystique, ne me le demandez pas. Et ça ne se traduit pas seulement par des pressentiments. Je fais des rêves aussi, du style lourds de signification. Comme mon premier rêve de saint Christophe.

Dans ce rêve, je suis grand, mais alors vraiment grand ; géant, presque. Et je suis là sur le bord d'une rivière (affluent de l'Orénoque ?), quand s'amène un petit môme qui me demande de le faire passer sur l'autre rive. Moi, je veux bien. Mais j'ai beau être un géant, la rivière pas très large, le môme petit, quand nous sommes au milieu, je suis sur la pointe des pieds, de l'eau jusqu'au menton, le môme sur mes épaules et mes genoux vont lâcher. Alors, je me plains :

– Doux Jésus, petit, tu pèses une tonne !

A quoi, de sa voix flûtée :

– Ça t'étonne, géant ? C'est le monde entier que tu portes là sur tes épaules, avec tous ses péchés.

Si vous connaissez l'hagiographie, c'est là que je suis censé couler sous mon fardeau (et sous l'eau) pour me relever et faire vœu de ne plus servir que ce Môme-Poids-Lourd jusqu'à ma mort – qui surviendra trois jours plus tard, suivie de sanctification rapide. Mais le rêve ne se termine pas comme il devrait, moi très saint, lui très christique : tandis que nous approchons de l'autre rive, au lieu de couler au fond, je balance le môme à la flotte où il patauge et tente de nager les quelques derniers mètres.

Puis, je lui jette, narquois :

– Bouge-toi et rengaine ton couplet sur le poids du monde.

Alors, en un clin d'œil, le môme se transforme en adulte et il sort de l'eau en portant avec difficulté quelque chose de lourd que je ne vois pas bien. Et par pure teigne, je lui braille :

– Allez, vas-y, remue-toi.

Il se retourne, me regarde et dit :

– Je vais me remuer, espèce de mariole, mais toi tu vas rester planté là jusqu'à ce que je revienne.

Et justement, il revient pas. Il escalade la berge avec son machin-truc sur le dos et disparaît dans un brouillard soudain. Et moi, je suis bloqué dans la rivière, incapable de bouger un muscle. Si seulement on avait un gars du genre Freud de mon temps, pour m'expliquer ce rêve-là !

D'accord, je sais. Les perles. Je ne reste pas pour en ramasser parce que j'ai le pressentiment – mais fort – que ça va mal en Hispaniola. Alors, le 15 août, moi dans ma posture d'amiral de la mer Océane, nous franchissons les Bouches du Dragon et filons vers le nord.

Le dernier jour d'août 1498, nous entrons dans le port de la première cité permanente du Nouveau/Autre Monde ; notre petite flotte jette l'ancre dans l'Ozama, deux ans et cinq mois après mon départ d'Isabela pour l'Espagne.

C'est la première fois que je vois Santo Domingo, nouvelle capitale coloniale : inévitable fort entouré d'une grappe de bâtiments de bois, dont l'un, à étage, arbore ce qui semble être mes armoiries sur le pavillon qui flotte à sa hampe.

Les foules attendues bordent le quai, d'abord trop loin pour distinguer qu'il y a des femmes à notre bastingage, d'où l'absence de ruée immédiate vers le vaisseau amiral. Car elles sont là, au niveau des passavants, guettant leur nouvelle patrie, nos trente-trois pionnières (dont seules trois sont enceintes).

Signes de la main, appels, une lombarde tonne depuis le fort. Un bateau à voile met le cap sur nos vaisseaux. Quand il approche, je reconnais d'abord le pragmatique docteur Chanca, puis Juan Niño de Moguer, le brave colosse aux faux airs de terreur. Il y a deux autres hommes dans le bateau. L'un d'entre eux, je m'en rends compte avec surprise, est mon frère Barto. J'ai oublié comme il est devenu bel homme depuis sa liaison avec Anne de Beaujeu. Mais son sourire en vrac, jadis attendrissant, s'est durci. Le quatrième, je ne le connais pas. C'est un jeune type super bronzé, vêtu d'un pourpoint dernier cri jaune canari (sans justaucorps, car il fait chaud). Ils me font des signes enthousiastes, lui surtout. Grand D et moi, debout à la poupe, leur répondons. Le jeune inconnu nous salue :

– Bienvenue, vice-roi. Bienvenue !

Tout à coup, il plonge et nage de toutes ses forces vers le vaisseau amiral. Je le vois sourire chaque fois que sa tête ressort. Il laisse un sillage jaune canari, car son pourpoint made in Hispaniola n'est pas grand teint. Le bateau va nous rejoindre, mais le nageur arrive le premier, escalade l'échelle, atteint le gaillard d'arrière et la poupe en quelques bonds prodigieux. Je me demande toujours qui il peut bien être et voilà qu'il m'étreint chaleureusement de ses bras mouillés non sans hoqueter tout son saoul à cause de l'eau qu'il a embarquée en nageant comme un perdu. Et, bien entendu, mon uniforme d'amiral, précieusement gardé pour la circonstance, est bientôt dégoulinant et taché de jaune canari. A ce moment-là, clameur sur la côte : les femmes ont été repérées ; en un rien de temps, il y a bien trois cents hommes à la nage pour nous accueillir, faisant mousser toute l'eau du port.

Après ses démonstrations, mon hôte a reculé d'un pas et il me sourit. C'est un gars d'une vingtaine d'années, bien bâti, plus petit que moi de quelques bons centimètres. Il secoue la tête, un sourire sur son beau visage tanné, et dit :

– Tu me reconnais pas, mais alors vraiment pas.

Il a la voix grave et parle couramment un espagnol mélodieux. Le bateau de Barto est à la hauteur de notre coque, les meilleurs nageurs sèment le peloton, les femmes rient et font des signes de la main ; à côté, les chevaux, certains de sentir la terre à présent, hennissent et piétinent d'excitation tandis que nos trois truies grognent, indifférentes. Grand D s'est avancé pour embrasser Barto qui monte à bord, et ce jeune homme trempé qui a bousillé mon uniforme de parade continue de me dévisager en exhibant des dents d'un blanc étincelant. Il essaie de couvrir le vacarme humain et animal mais je ne saisis que « ...Yego ».

Quoi, Yego ? dis-je mal à l'aise.

Je me suis toujours refusé de penser à lui, qui m'a battu froid lors de mon départ.

Avant que le jeune étranger ait le temps de répondre, Barto accourt pour me serrer dans ses bras malgré l'état de mon costume, puis il se détache de moi, me prend au-dessus des épaules et dit, dans son vocaculaire unique :

– Ben ça, qu'est-ce que je suis content de te revoir !

Voici Juan Niño sur le gaillard d'arrière, il me tape dans le dos avec un sourire féroce et réussit tout de même à regarder à la dérobée derrière lui en direction des passavants, où trente-trois femmes le jaugent, brave Juan Niño de Moguer à la mine patibulaire, avec des sentiments mitigés.

Vient ensuite le pragmatique docteur Chanca, toujours hyperpro :

– Bonjour, vice-roi. Vous m'isolez les femmes le temps que j'aie examiné les colons un par un, on a encore trente pour cent de syphilitiques.

Puis ils se mettent tous à parler en même temps.

BARTO : T'as envoyé l'avant-garde de la flotte sous le commandement de Pedro Terreros droit chez Roldán... Pourquoi ça ?

DOCTEUR CHANCA : Vous, laissez pas approcher ces nageurs de vos passagères.

JUAN NIÑO : Qui c'est cette jolie petite demoiselle en chapeau blanc avec ce truc duveteux par-dessus en guise de plume ?

Je réponds respectivement :

– Comment ça, droit chez Roldán ?

– Oui, docteur, je les laisse en quarantaine.

– Elle s'appelle Inocencia Premiada et elle est veuve.

Il se trouve que je le sais, parce que Inocencia Premiada est devenue porte-parole officielle des femmes.

Ils recommencent.

BARTO : Eh ben, ils ont atterri à l'ouest, où Roldán se terre avec ses rebelles et il a réussi à enjôler soixante-dix de tes nouveaux colons – des repris de justice d'après Harana – qui sont maintenant dans son camp, sans compter qu'il a fait main basse sur la plupart des provisions que tu as envoyées. Punaise, Cristóbal, c'est des mauvaises nouvelles !

DOCTEUR CHANCA : Empêchez les contacts entre tous vos colons et les Indiens pendant quelques jours. En 96, Peralonso Niño est arrivé avec deux cas de petite vérole à bord et nos amis arawaks n'y résistent pas du tout. Le taux de mortalité frise les cent pour cent. La population de l'île a été décimée depuis votre départ et l'épidémie n'est pas finie.

JUAN NIÑO : Veuve ? Oh, quoi, cette petite mignonne peut pas avoir plus de dix-sept ou...

Et là, le jeune étranger interrompt tout le monde d'une voix exaspérée :

– Ça vous ferait rien de vous taire une minute, tous, et de lui laisser une chance de dire un mot à son propre fils !

– Yego, je m'écrie, bon Dieu, c'est toi !

Il se contente de sourire.

– Mais tu as l'air d'un Espagnol !

Il sourit toujours.

– Et tu parles comme un Espagnol.

Sourire jusqu'aux oreilles, il frotte gauchement les taches diluées sur mon uniforme de parade et dit :

– Deux ans et demi, c'est long, amiral père.

Le souverain remède à la fatigue d'un long voyage, c'est une bonne nuit. Je n'y aurai pas droit. Non, moi j'aurai droit au tableau de ce qui se passe dans la colonie, et ça suffirait à donner des insomnies à n'importe qui.

– Voilà le tableau, dit Barto tandis que Yego lance un filin à un manœuvre du port.

Dès que nous avons mis pied à terre, quatre costauds, à côté desquels Juan Niño a l'air d'un chérubin, nous encadrent, Barto, Grand D et moi en un petit groupe serré – on dirait des chiens de bergers avec leur troupeau –, si bien que le tableau en question n'est pas pour tout de suite.

Je désigne d'une mimique interrogatrice notre escorte que Barto semble trouver normale.

– Des gardes du corps, dit-il.

– Tu as besoin de gardes du corps ?

– Toi aussi, frérot, crois-moi.

Sous cette escorte quasi canine, suivis du docteur Chanca, de Yego et de Juan Niño, nous montons en bloc une rue non pavée qui mène à la plaza assez modeste de Santo Domingo.

La foule qui borde notre passage n'est pas exactement hideuse, mais elle n'est pas jolie non plus.

– Maudits Pharaons ! crie quelqu'un.

A ma stupéfaction, Barto ne bronche pas.

Pharaon, épithète plus infamante encore que marrane, utilisée par les Espagnols de la lie du peuple pour désigner autrefois les Juifs riches, et maintenant les Nouveaux Chrétiens. Mais qu'en savent-ils, nos hommes ? Même Barto n'est pas au courant, à moins qu'il ne le tienne de Luís de Santangel.

Il sourit de son nouveau sourire dur :

– C'est leur dernière ; ils me traitent de Pharaon. Mais je m'en balance. A Rome, on appelle bien Borgia le pape marrane et tu sais qu'il l'est pas. C'est l'envie qui les fait parler. Tu t'y feras.

Tout en marchant, Grand D feuillette le *Manuel des Règles et Préceptes de Bonne Conduite à l'Usage des Administrateurs Coloniaux,* comme un curé son bréviaire, mais, apparemment, il n'y a pas de rubrique « Pharaon ».

Nous voici sur la plaza. Fray Ramon Pane le Timide est devant la porte de son église préfabriquée qu'on a dû démonter et amener jusqu'ici en bateau. Comme nous traversons la plaza, il disparaît à l'intérieur.

– Qu'est-ce qui lui prend ?

J'ai toujours entretenu de bons rapports avec lui.

Au lieu de répondre, Barto désigne la façade de ce qui est sans conteste un palais vice-royal. C'est ce bâtiment à étage relativement grand, à la hampe duquel flottent mes armoiries. Les persiennes sont fermées, les portes multiverrouillées et des sentinelles armées de mousquets patrouillent.

– Ton nouveau chez-toi, vice-roi, dit Barto avec un sourire. Qu'est-ce que t'en dis ?

Cette manœuvre de diversion ne prend pas.

– Qu'est-ce qu'il a, frère Pane ?

– Il est contre le gibet.

Je vois l'horrible portique. A cette heure de l'après-midi, son ombre s'allonge sur l'église de frère Pane. On voit même celle, immense, du nœud coulant au-dessus du portail ; elle se balance légèrement dans la brise.

Grand D en laisse choir son *Manuel.* Il le ramasse, l'air gêné.

– Ça les fait marcher droit, vous pouvez me croire, dit Barto, un rien sur la défensive...

– Qui donc ?

– Les déserteurs éventuels. Je songe à entourer toute la ville d'un mur.

– Tu peux quand même pas retenir tes propres hommes prisonniers.

– Il m'arrive de penser que c'est la seule méthode. Le populisme de Roldán branche vraiment les masses.

Grand D feuillette furieusement son *Manuel.*

Je demande à Barto :

– Tu t'en es déjà, euh... servi de ce gibet ?

– Non. Je te l'ai dit, une menace comme ça au-dessus de leur tête, ça les fait marcher droit. En principe.

Je lui jette un regard réprobateur, le voilà de nouveau sur la défensive :

– Mais c'était pas le cardinal Borgia qui disait si tu peux pas être à la fois craint et aimé, tant pis pour l'amour ?

Grand D s'écrie tout excité :

– Je l'ai ! C'est là, dans le *Manuel :* le populisme est un crime contre l'administration coloniale, ça dit. Voir « Rébellion ».

Barto lui jette un coup d'œil d'aîné condescendant.

– Ben voyons ! Va raconter ça à Francisco Roldán.

Il nous faut attendre que les nombreux verrous de la grande porte du palais vice-royal soient ouverts.

– Bon, voilà le tableau. Il s'est passé des choses, pendant que tu te la coulais douce en Espagne, commence Barto.

Mais à cet instant précis, Pedro Terreros et Harana II débouchent dans la rue.

– On vous a laissé tomber, amiral, dit Pedro sans détours.

– Vice-roi, cingle Barto. A terre, il faut l'appeler vice-roi.

Harana II peste contre lui-même.

– Pas possible d'être idiot à ce point. Laisser partir Roldán avec nos vivres et les repris de justice. Bon sang !

– Le laisser ? dit Pedro, mais il les a pris à la pointe du mousquet !

– Pas les hommes. Ils l'ont suivi de leur plein gré quand il leur a promis des terres et des Indiens pour les cultiver.

– Bah, les repris de justice, bon débarras, dit Pedro.

– Soixante-dix taulards valides, ça va doubler l'armée de renégats de Roldán, avertit Barto, pendant que nous entrons.

Des serviteurs indiens trottent pour ouvrir des persiennes, mais mon palais vice-royal a des airs sinistres et une odeur de moisi. De grandes taches de moisissure vert-bleuâtre couvrent chaque mur.

La réalité est-elle jamais à la hauteur des rêves ?

La salle de conférences est vaste et aérée – avec, malheureusement, vue imprenable sur le gibet. Mais la moisissure y est minime et la longue table d'acajou impressionnante : à chaque place, un sous-main tressé, une coupe de vin et un cigare. Les chaises paraissent confortables. Il y a aussi beaucoup de papiers à griffonner.

– Ouais ! s'écrit Grand D. Ça, c'est chic.

– Bon, alors je vous décris le tableau, commence Barto.

Mais nous ne sommes pas plus tôt assis que tout le monde se remet à parler en même temps, si bien qu'on ne comprend pas un traître mot. Barto repousse son siège et rugit :

– Ouste ! Tout le monde dehors !

Il ouvre la porte d'un grand coup :

– Foutez le camp, bande de lourdauds.

Apparemment, je suis bien le seul à m'étonner de cette attitude. Avec Grand D, peut-être. Tous les autres soupirent, se lèvent et prennent la porte un par un. Ce qui laisse les trois frères Colón dans la salle de conférences.

– Toi aussi, dit Barto à Grand D.

– Moi ?

– Ouais, fous le camp. Je veux parler à Cristóbal.

Grand D, le gaillard doux et pâle, sort comme un chien qu'on fouette, plongeant son long nez dans son *Manuel.*

– Bon, je disais donc, voilà le tableau de ce qui s'est passé pendant que tu restais assis sur ton cul en Espagne.

Je l'interromps :

– Barto, j'en ai déjà vu plus que tu crois de ce tableau-là, et si ça te fait rien, j'aime autant voir le reste par moi-même.

Et je vais le voir au cours des semaines qui suivent. Guère encourageant ! Le seul colon presque content que je rencontre, c'est Juan Niño de Moguer, à ceci près que son frère Peralonso lui manque, car il est retourné en Espagne essayer d'obtenir une seconde charte royale.

– Mais je me plais bien ici, dit-il. Ma famille avait une ferme à Moguer, vous savez. C'est eux qui ont importé la canne à sucre des Canaries et – sourire de fierté – c'est moi qui l'ai importée ici. De mes propres mains. Regardez-moi ces plants. Ça, c'est le vrai pays de la canne à sucre, vice-roi. Oui, finies les virées en mer.

Puis, si son public habituel, réduit à la seule Inocencia Premiada, est dans le secteur, le visage féroce de Juan Niño se fend d'un sourire presque radieux.

Mais ce vieux marin de Moguer n'est guère représentatif de nos colons. Dans l'ensemble, ça ronchonne, ça râle, ça rouscaille, ça se chamaille ou ça désapprouve carrément.

Très entendue, la météodoléance :

– Y a pas de saisons ici. Rien que c't'éternel printemps toute l'année.

Ainsi que l'œnodoléance :

– Comment qu'on est censé survivre avec une ration de vin d'un tout petit quart *per diem* tous les jours ?

Les libidos, réveillées par les dames indigènes consentantes et lubriques, sont douchées par le danger omniprésent de la syphilis. Cela mène à ce que Grand D m'affirme être décrit dans son *Manuel* comme un conflit attirance/répulsion. Pour ce qui est du travail, pas de conflit : c'est tout répulsion et pas d'attirance. Nos colons sont des aventuriers qui sont venus ici dans l'idée qu'ils pourraient s'enrichir sans travailler – comment s'étonner qu'ils se plaignent ?

De temps en temps, des déserteurs quittent Santo Domingo en douce, malgré les gardes de la périphérie et leurs chiens, pour rejoindre Roldán. L'homme qui m'a sauvé la vie, lorsque j'errais hors du temps dans la jungle, est passé maître dans l'art de tout promettre à tout le monde. Ses yeux bleu pâle opaque, ses yeux de conquistador, magnétisent son auditoire qu'il n'a plus qu'à tenir sous le charme de sa voix grave et sincère.

– Espagnols, écoutez-moi ! Allez-vous laisser les Pharaons de Santo Domingo vous faire travailler comme des péons jusqu'à la fin de vos jours ? Venez avec moi, et vous aurez des terres, et des Indiens pour les cultiver. Indiens, écoutez-moi ! Vous en avez plus qu'assez du tribut ? Obéissez à vos chefs et tout ira bien, sans tribut. Chefs, écoutez-moi. Tenez vos travailleurs, et pour chaque tête qui fera un bon mois de travail, je vous paierai en jolies-jolies perles de verre rouges, bleues, si vous voulez, et si nous obtenons un trimestre sans histoire, vous aurez droit personnellement à un vrai couteau d'acier de Tolède, droit venu d'Espagne ou des Cieux, vous dites comme vous voulez.

– Mais enfin, comment c'est arrivé, dis-je un jour à Barto, cette fameuse révolution ?

– Écoute, frérot, t'es resté plus de deux ans en Espagne. Et même moi qui suis ton frère, tu crois pas que ça m'est arrivé de penser que peut-être tu reviendrais jamais ? Eh ben, Francisco Roldán aussi, il y a pensé. Et c'est pas ton frère, lui. Rappelle-toi que ta charte royale t'autorisait à nommer un magistrat suprême, mais montre-moi un peu où il est question de chef de l'exécutif ? Alors, Roldán a déclaré qu'en tant qu'*Alcalde* c'était lui le numéro un sur l'île et pas moi, et qu'il voulait bien être pendu s'il exécutait mes ordres. En plus, je suis étranger.

– Moi aussi.

Barto me jette un bizarre regard interrogateur.

– Cristóbal, est-ce que tu sais quelque chose sur nos antécédents que moi je saurais pas ? C'est vrai quoi, qu'est-ce que c'est ces histoires de Pharaons ?

– Tu l'as dit toi-même, c'est l'envie qui les fait parler. C'est la rançon du pouvoir.

Je dissimule : avec tous les problèmes qu'on a, il ne manquerait plus qu'il y aille de sa crise d'identité, lui aussi.

– Eh ben, Roldán a déjà l'envie et il prend une option sur le pouvoir.

Barto fait son regard dur.

– Je vais te dire les choses carrément, frérot. Avec ces taulards dans son armée de renégats, ça lui fait plus de combattants qu'à nous. Alors, si tu veux avoir l'initiative, s'agit de pas traîner.

– L'initiative, quelle initiative ?

– Marcher sur Xaragua, capturer Roldán et le pendre haut et court chez nous, sur la plaza.

– Je peux pas faire ça.

– Pourquoi ?

– Parce que même si je ne voulais pas éviter une guerre civile – mais je veux –, j'ai une dette envers Francisco Roldán. Il m'a sauvé la vie.

Barto se détourne et marmonne :

– Chéri, va ! Grand sentimental !

– Qu'est-ce que tu as dit ?

Il bat en retraite :

– Je voulais pas dire ça. Je sais pas ce qui me prend de dire des choses pareilles.

Il regarde le gibet par la fenêtre de la salle de conférences.

– Écoute, tu sais dans quel monde on vit ici ? Les loups se dévorent entre eux, voilà. Il faut montrer les dents ou alors tu te fais bouffer. Viens avec moi, allez viens, tout de suite. Je veux te présenter quelqu'un.

Barto a déjà passé la porte et se dirige vers les écuries. Je m'attends à trouver les rosses de Mosén Pedro, mais le palefrenier fait sortir deux destriers que Peralonso Niño a amenés en 96, plutôt du genre à vous fracasser le crâne d'un coup de sabot qu'à vous manger une carotte dans la main. Je ne peux m'empêcher de me souvenir que Barto, l'ex-Barto doux et gentil, était si maladroit avec les animaux, et surtout les chevaux. C'est bien fini. Tandis que les palefreniers m'aident à monter mon gris pommelé impatient, mon frère s'avance tranquillement vers son étalon rouan, lui donne une tape affectueuse sur le museau, saute en selle, pique des deux et le voilà parti, sans même se soucier de savoir si je suis au moins en selle. Mais j'y suis ; et le diabolique destrier me fait la loi et tente de rattraper Barto à un train d'enfer. J'ai conscience qu'il y a des gardes du corps sur nos talons et puis que nous passons la Jaina au milieu de l'après-midi. Pour quelqu'un qui est plus à l'aise sur une mule que sur un cheval, c'est vraiment une équipée sauvage, cette virée dans les hautes terres. Au coucher du soleil, Barto crie un mot de passe à une sentinelle indienne surgie de je ne sais où et bientôt nous entrons au trot dans le village indien de Bonao.

L'endroit n'a rien à envier à la ville-siège de Santa Fe. Des centaines de guerriers bivouaquent à l'extérieur ; leurs feux enfument l'air. Il y a une demi-douzaine de chevaux dans un corral bien gardé. Ces Indiens ne ressemblent à aucun de ceux que j'ai jamais vus : ils n'ont même pas peur des chevaux.

Par contre, ils ont peur de Barto.

Il descend de son rouan, claque dans ses doigts avec une arrogance étudiée, et deux Indiens accourent. Tandis que, moulu et courbatu, je fais de mon mieux pour mettre pied à terre avec dignité, Barto dépasse déjà les bivouacs, deux gardes du corps dans son sillage, pour entrer dans le village proprement dit.

– Où est-elle ? Bon Dieu ! hurle-t-il, non sans décocher des coups de pieds à un ou deux Indiens au travers de son chemin.

Bientôt, nous sommes en présence du plus puissant de tous les chefs, maintenant que Guacanagari verse dans le mysticisme et que Caonabo est mort. C'est la veuve de ce dernier, la cacique Anacaona. Elle est encore jeune ; c'est ce qu'on appellera plus tard le style Walkyrie. Elle se dirige vers nous, la démarche arrogante, le cigare à la narine, immensément nue dans le crépuscule à l'exception de sa *nagua* – pagne minimal de royale étoffe dorée. Elle dépasse Barto d'une tête, comme la plupart des hommes, et beaucoup de femmes.

– Pourquoi toi plus venir me voir des fois ? demande-t-elle dans un espagnol passable.

Et vlan ! Barto lui en met une, une bonne beigne qui lui fait tomber son cigare du nez.

– Je te verrai quand j'aurai le temps de te voir.

– Oui, seigneur.

Elle baisse la tête, puis la relève pour regarder Barto de côté.

– Baise, maintenant, seigneur ?

Et vlan ! Il lui en met une autre. Mais il soupire et me dit :

– Mets-toi à l'aise une demi-heure, frérot. Faut que je m'occupe des relations hispano-indiennes.

Plus tard, nous partageons une sorte de rongeur rôti qui a le goût du lapin.

– Tu vois le tableau, me dit-il. Ils sont de notre côté à présent.

Cela semble indiscutable. Ces guerriers aux faciès peints, aux flèches empoisonnées, ces terreurs de l'île, les voilà respectueux, obséquieux même, devant nous. Ou devant Barto.

– Bien sûr, il ne reste plus à la cacique que huit ou neuf cents hommes sur ses trois ou quatre mille. La petite vérole. Mais Guarionex a eu autant de pertes.

– Guarionex ? Qu'est-ce qu'il vient faire là-dedans ?

– Il est à Xaragua, c'est ça qu'il vient faire. Quand Guacanagari est parti dans son trip mystique, Guarionex a récupéré ses hommes – et il les a menés droit chez Roldán. C'est lui le plus puissant de l'île, après Anacaona. Mais avec elle, on traversera Xaragua comme des fleurs quand on marchera sur Roldán.

– On marchera pas sur Roldán.

Barto discute, mais je suis inébranlable.

– Où est Higueymota ? demande-t-il à la Walkyrie des mers du Sud.

Tout le portrait de sa mère, modèle au-dessous, manières moins rudes, Higueymota a peut-être quatorze ans. Elle est superbe.

– Tu la veux ? demande Barto.

Qui n'en voudrait pas ? Mais je secoue la tête.

Barto insiste :

– Tu serais d'humeur plus combative si tu tirais un bon...

– Non, dis-je avec fermeté. Ce n'est qu'une gamine.

Ce qui n'est pas tout à fait vrai selon les critères espagnols, et *a fortiori* arawaks. A quatorze ans, Higueymota est tout à fait mûre pour le mariage et les relations sexuelles.

Barto souligne de son doigt le contour des jeunes seins fermes.

– T'es sûr ? Elle fait tout ce que je lui demande.

Son doigt sculpte la courbe de la jeune hanche, dessine le petit derrière.

– Et ça devient une affaire, au hamac.

La jalousie hérisse la Walkyrie, comme l'électricité la fourrure d'un chat.

De sa main libre, Barto tapote le genou d'Anacaona pour la rassurer, mais il se retourne vers moi pour me dire :

– Si l'âge de la petite te tracasse à ce point, tu peux prendre la mère, moi je prendrai Higuey.

Anacaona le foudroie du regard.

Vlan !

La cacique triture sa lèvre meurtrie de son grand pouce et lance à mon frère un regard d'adoration.

Moi aussi, je regarde mon frère. Surprise ? Mépris ? Admiration ? Je ne sais pas au juste.

Quoi qu'il en soit, je passe la nuit tout seul. Barto la passe comme il la passe.

Nous sommes déjà en selle, car la route du retour sera longue, lorsque Anacaona nous rejoint. Elle a les yeux bouffis, mais semble comblée. Je m'attends à ce que Barto lui dise au revoir, l'embrasse peut-être. Mais il reste sur sa bête, impérieux ; il attend. La cacique s'approche et baise sa botte dans l'étrier.

– Hé, demande-t-il, et ces trois cents prisonniers de guerre ?

– Demain. Partent vers le sud demain, seigneur.

Barto fronce les sourcils, exaspéré :

– Les Espagnols lui ont appris à dire demain.

Je demande :

– Quels prisonniers de guerre ?

– Des Indiens. Je croyais t'avoir dit qu'Anacaona et Guarionex sont en guerre. Et comme elle est mon alliée, ses prisonniers sont les miens.

Il crie à Anacaona :

– Demain sans faute.

– Sans faute, juré craché, seigneur.

– Elle les tuerait au travail si je la laissais faire.

– Qu'est-ce que tu vas faire de ces prisonniers ?

Il marque un temps et répond :

– Grand D veut les expédier en Espagne.

– Comme esclaves ? Pas question !

– L'esclavage pour les prisonniers de guerre, c'est régulier, Cristóbal. Même tes précieux souverains le savent.

– Pas question d'esclaves, je te dis.

– Te voilà bien moral.

Je ne me suis jamais considéré comme particulièrement moral. Pourquoi cette remarque me met-elle sur la défensive ?

Il n'attend pas de réponse. Nous sortons du village au galop et il piétine deux ou trois Indiens un peu lents à se pousser de son chemin.

Le soir, tard, de retour au palais vice-royal, Barto est assis sur le bord de mon lit. Il sanglote.

– Pourquoi ça ? Pourquoi je me comporte comme ça ? Tu sais,

Cristóbal, en moi il y a toujours le frère que tu connaissais ; il est quelque part tout au fond et il peut pas sortir.

Que lui dire ?

Sans moi, mon frère serait au Portugal, cartographe prospère, éditeur respecté de beaux livres peut-être, inventeur reconnu du globe terrestre, certainement universitaire et notable de Lisbonne, et non pas Pharaon honni en Hispaniola. Peut-être, et c'est mon plus terrible regret, aurait-il épousé Felipa. Et elle serait heureuse avec sa maisonnée d'enfants qui poussent et son gentil mari, le Barto d'autrefois... et elle serait *vivante*.

Alors, maintenant, comment lui reprocher ce qu'il est devenu ?

Je le prends dans mes bras, je le berce, je caresse sa chevelure crépue jusqu'à ce qu'il finisse par s'endormir. Puis je passe dans la salle de conférences déserte, j'ouvre les persiennes pour voir la nouvelle aube éclairer en contre-jour son gibet.

Un des serviteurs me trouve là.

– Faut venir, vice-roi. Yego très malade.

A la porte de la chambre du malade, Chanca le Pragmatique m'accueille d'un :

– Vous avez déjà eu la petite vérole, vice-roi ?

– Pas que je me souvienne.

Il étudie mon visage.

– Pas de marques, pas de cicatrices en tout cas. A votre place, je n'entrerais pas. On connaît des rescapés de la vérole, des tas, ils sont immunisés. Ils pourront soigner votre fameux fils, et l'aider à mourir.

Mon fameux fils, c'est toujours comme ça qu'il l'appelle, avec une pointe de sarcasme, comme si j'en avais fait une bien bonne en adoptant Yego.

– Amiral père ? appelle une voix faible.

J'entre en bousculant légèrement Chanca.

Yego lève vers moi ses yeux vitreux. Je touche sa tête fiévreuse. Il arrête de faire des sauts de carpe et ses lèvres gercées s'entrouvrent. C'est presque un sourire. Il lève une main faible que je serre.

– De l'eau, dit-il.

Je lui soulève la tête et porte la cruche à ses lèvres desséchées.

Plus tard, lorsqu'il dort de son sommeil haché, le docteur Chanca me dit :

– Puisqu'il semble que ça ne soit pas la vérole hémorragique foudroyante, celle qui tue avant l'apparition des éruptions caractéristiques, voici à quoi vous pouvez vous attendre : quarante-huit heures de latence, prostration extrême, fièvre élevée. Le troisième jour, l'éruption apparaît, mais le patient semble aller mieux. La fièvre tombe, il se sent plus fort, il est lucide. Les macules s'étendent du front et des tempes à la bouche, puis rapidement au cou, aux bras, au cuir chevelu, puis sur tout le corps, c'est l'évolution type. Elles sont dures et profondes à la palpation. Le cinquième jour, retour de la fièvre avec prostration sévère ; les macules se transforment en pustules qui peuvent converger et saigner. C'est à ce stade que les Indiens meurent invariablement.

– Invariablement ? Vous êtes sûr qu'il n'y a plus d'espoir ?

– Si, j'ai bien connu un Indien à Concepción de la Vega qui a survécu. Mais c'était un cas bénin, presque infraclinique. Si la maladie suit son cours et que le patient survit en effet, on peut s'attendre à deux semaines de lente convalescence, avec desquamation et probablement perte des cheveux, des sourcils, des ongles... Où allez-vous ?

– Dans sa chambre.

– C'est votre arrêt de mort.

Le matin du troisième jour, Yego est alerte et gai. Il n'a plus de fièvre. Il veut un petit déjeuner copieux que je pars lui commander. A mon retour, il est debout au chevet du lit, en équilibre instable.

– Je vais guérir, dit-il avec un faible sourire. Je me sens déjà presque mieux.

– Tu es quand même un peu plus malade que tu ne crois, lui dis-je. Tu connais le calme qui précède la tempête, en mer ?

Il acquiesce, convaincu, et pris d'un vertige, s'assied sur le bord du lit.

– Alors, pourquoi ne pas ménager tes forces ?

Confiant, il me laisse le recoucher et le voilà bientôt endormi.

A son réveil, il a soif et mal partout. Mais il voudrait parler. On dirait qu'il sait qu'il n'a plus longtemps à vivre et veut tout communiquer, sentiments, métaphysique, absolution même.

– Tu te rappelles le jour où tu as débarqué sur l'île de Guanahani ? Tu as dit : « Y a quelqu'un, là, dans les bois » juste avant que je sorte ?

– Comment tu sais ce que j'ai dit ?

– C'est ce que tu avais l'air de dire, sourit le mourant avec une pointe de mystère.

L'espace d'un instant, malgré son pauvre visage ravagé par la maladie, il me rappelle Guacanagari et je me demande subitement...

– Ce jour-là, j'ai cru que tu étais un dieu, dit Yego avec une affection filiale amusée. Mais j'ai très vite compris mon erreur.

– Mais Yego... es-tu né sur cette île de Guanahani ?

– Quand j'étais bébé, des femmes m'ont trouvé dans une corbeille qui flottait entre les roseaux. C'est du moins ce qu'on m'a dit, répond-il dans un haussement d'épaules vérolées.

Il continue à parler, le jour fait place à la nuit, le souvenir à la métaphysique, ou à la religion. Y a-t-il une différence ?

– Mais si tu n'es pas Dieu, et que Dieu n'est personne que je puisse voir, est-ce qu'il existe ? Tu l'as déjà vu, Dieu, amiral père ?

– Non, Yego. J'espère simplement qu'Il est là. Parce que le monde a bien besoin de Lui, crois-moi.

Et je pense en moi-même, de tout mon être : *Qui que Tu sois, quoi que Tu sois, fais qu'il guérisse.*

– Est-ce qu'il y a une fin des temps ? Je veux dire, si Dieu tourne le temps comme un sablier, qu'est-ce qui arrive quand tout le sable a coulé ?

Voilà une pensée de mourant ou je ne m'y connais pas.

Écoute, Toi. Il est trop jeune pour que tout le sable ait coulé, je pense de tout mon être. Puis je réalise que c'est une prière, alors j'ajoute illico *s'il Te plaît.*

– Eh bien, lui dis-je, si tout le sable du monde doit passer dans ce sablier, il y en a pour un moment, va.

– Sans doute, dit Yego en sombrant dans le sommeil.

Le lendemain, dernier jour de lucidité selon le docteur Chanca, son corps n'est plus qu'une horrible plaie, mais ses yeux sont brillants.

– Tu te rappelles le jour où tu as quitté Isabela ? Je t'ai haï. Je me disais sans cesse, pourquoi il est venu ici, si c'était pour y apporter la mort et la destruction ? Qui l'a demandée, sa civilisation ? Qui lui a demandé de venir, à lui ? Je voulais te tuer, amiral père.

Ce sont des larmes qui font briller ses yeux.

– Je t'ai haï deux ans. Je me jurais de te tuer quand tu rentrerais et chaque fois que je me le jurais, je pleurais.

J'ai quelque chose comme un gros pois de Colón dans la gorge. Quand ai-je déjà connu ça ?

– Finalement, je suis parti dans les montagnes pour trouver Guacanagari. Je pensais que si quelqu'un pouvait me faire comprendre, ce serait lui. Deux très vieilles femmes m'ont conduit à lui. Il avait des yeux effrayants, incandescents.

– Je sais.

– Tu l'as vu, toi aussi ?

Je fais oui de la tête et il poursuit.

– Il ne parle plus. Pas même notre langue maternelle, il a ses yeux incandescents, il me fait signe : « Le premier contact entre deux cultures étrangères est toujours tragique pour la plus primitive. » Mais je suis assez en colère pour lui dire : « Mais on l'a pas cherché ce premier contact. C'est eux seuls qui l'ont voulu. » Il exprime tristement, malgré ses yeux incandescents : « Les gens n'obtiennent pas souvent ce qu'ils cherchent, mon fils. Ce qui devait arriver n'est la faute de personne. Ni homme ni dieu. Une chose se produit parce qu'elle se produit. Ne cherche pas de profonds mystères où nuls ne sont cachés. Le libre arbitre est un mythe, de même que la prédestination. C'est le hasard aveugle qui fait tourner le monde. Ce n'est la faute de personne. » Je ne comprenais pas. « Je ne comprends pas », lui dis-je et il exprime : « Ce n'est la faute de personne. Cette fois-ci. » C'était ça son message, amiral père. *La faute de personne.* Alors, j'ai refranchi les montagnes pour rentrer à Santo Domingo. Je n'étais plus obligé de te tuer, en fin de compte.

Il lève les yeux vers moi, secoué d'un frisson.

– Je t'aime, amiral père. Je suis heureux de pouvoir te le dire maintenant.

En l'espace de quelques heures, il est brûlant de fièvre, sans connaissance, et frère Ramon Pane vient lui administrer les derniers sacrements. Mais si je ne me trompe, Guacanagari n'a jamais voulu dire *« Ce n'est la faute de personne »*, même s'il fallait bien que le pauvre Yego le croie. Non, le grand mystique a voulu dire : « Ce n'est la faute de personne, *cette fois-ci.* »

Y aura-t-il une *prochaine* fois ?

Encens, litanies de frère Ramon Pane, voix grave et douce qui pleure. C'est Grand D, debout près de moi, visage ruisselant de larmes, comme si j'étais là dans ce lit à la place de Yego. Sauf que moi je ne suis pas mort à Rome, hein, il y a une éternité ? Soudain, je suis possédé par la conviction irrationnelle que, malgré le diagnostic de Chanca, Yego ne va pas mourir, lui non plus.

– Plus pour longtemps, dit le docteur.

Grand D me tapote gauchement l'épaule.

Je prie.

– Écoute, Dieu. Je sais que je suis pas un vice-roi formidable. Mais je suis quand même un assez bon découvreur, hein ? Soit dit sans hubris. Je suis au courant de ce truc entre les dieux et l'hubris. Mais je me balade beaucoup, Tu sais. Et quand on se balade, tôt ou tard on découvre – peut-être même qu'on comprend des choses, par-ci par-là. Fais qu'il guérisse, et je continuerai de vagabonder et de découvrir pour le restant de mes jours *ad majorem Dei gloriam.*

Tombe et passe la nuit.

Le docteur Chanca est revenu auprès de moi.

– C'est fini. Vous n'avez plus besoin de moi.

– Quoi ? Il est mort ? je crie, incrédule – j'étais si certain qu'il survivrait.

– Non, non. La crise est passée. On dirait bien que votre fameux fils va s'en sortir.

Entre la guérison de Yego, choses et autres, je suis de fort belle humeur le sixième jour de Colomb. Et je ne suis pas le seul.

– Peralonso ne voudra jamais le croire, me répète Juan Niño de Moguer.

– Que tu te maries ?

– Qu'une petite mignonne comme Inocencia a voulu de moi.

A midi, nos festivités, qui dureront toute la journée, sont déjà bien avancées. Je mène Inocencia à l'autel de l'église préfabriquée ou frère Pane marie le premier couple d'Européens du Nouveau/Autre Monde. Puis le cortège, dont la mariée fait figure de poupée à côté de son colosse, se fraie un passage dans la foule de la plaza pour étrenner le registre des mariages au palais vice-royal.

Des mineurs ont quitté leurs camps des alentours pour cet événement historique, et beaucoup d'Indiens d'Anacaona sont descendus de leurs montagnes voir la fiesta espagnole. Le vin coule à flots, une fête se prépare, le tintamarre de la plaza est fabuleux ; c'est un soulagement de voir sourire tous les visages.

Tous, sauf celui de Yego.

Je le trouve dans l'obscurité de sa chambre. Il a fermé les persiennes.

– Tu nous as manqué au mariage.

– Laisse-moi tranquille.

– Sors au moins boire à la santé de la mariée.

– Sortir ?

Il décroise les persiennes et les ouvre d'un coup.

– Avec cette tête ?

Les profondes marques de petite vérole sont encore rouges et à vif. Ses cheveux commencent à tomber par touffes comme s'il avait la gale.

– C'est une tête à faire peur aux enfants, crie-t-il.

– Tu exagères, et puis ça va s'arranger.

– J'ai l'air d'une espèce de monstre.

– Yego, en Europe, beaucoup de gens qui ont eu la petite vérole mènent une vie normale.

– Je ne quitterai plus jamais cette pièce de ma vie.

Il me tourne le dos.

– Pourquoi vous m'avez pas laissé mourir ?

Il va vraiment nous manquer, pour les cérémonies. Lui, le premier Indien à avoir jamais communiqué avec des Blancs, à s'être fait baptiser, il est censé faire un petit discours après moi, au balcon du palais vice-royal.

Mon propre discours n'est pas des plus brillants. Je ne cesse de penser à Yego – sa chambre plongée dans le noir, sa beauté défigurée, son âme en deuil , tout en regardant la foule de la plaza, le gibet de Barto et l'église préfabriquée.

A mes côtés, sur le petit balcon, Juan Niño – compagnon de route en ce 12 octobre d'il y a six ans – et son épousée. Non qu'ils prêtent attention à mes tentatives de rhétorique, ainsi conclues :

– Il faut que vous sachiez, vous tous, réunis en cette occasion, que sans votre foi et votre courage... sans vos rêves de Nouvelle Espagne outre-mer... sans vos sacrifices et votre labeur... rien de ce que nous avons accompli à ce jour, et si Dieu veut, de ce que nous accomplirons encore... n'aurait été possible.

Tandis que je crie ces mots pour toute la plaza, j'entends les portes du balcon s'ouvrir derrière moi et une quatrième silhouette se met à la balustrade. C'est Yego, coiffé d'un chapeau à larges bords pour dissimuler son visage grêlé.

Je reprends joyeusement :

– Et là, à mes côtés, voici un jeune Indien... qui devrait être à l'honneur plus que tous aujourd'hui... car c'est lui seul, qui, avec une poignée de camarades aussi jeunes que lui... s'est avancé hardiment, il y a six ans aujourd'hui, pour accueillir les premiers Espagnols, les premiers Européens qu'ait jamais vus son peuple... c'est donc avec une fierté particulière...

En bas, sur la plaza bondée, quelque chose miroite, comme un éclat de soleil reflété. Puis j'entends un cri, ça bouge à côté de moi. Le temps que je réalise que c'est Yego qui se jette entre moi et la balustrade, il perd l'équilibre contre moi, secoué d'un spasme et tombe en avant ; il me faut soutenir son poids mort pour l'empêcher de passer par-dessus le balcon. Alors, de la plaza s'élève le bruit de Valence, tandis que grouillent les gens en tous sens, sans comprendre ce qu'ils ont mal vu. Certains affluent vers le palais, d'autres refluent vers l'église. Il y en a qui se font piétiner. D'autres encore sont poussés dans les ruelles adjacentes, sous les pavillons et les oriflammes qui flottent gaiement au vent d'une maison à l'autre. Çà et là, j'entends qu'on crie :

– C'est le vice-roi ; ils ont eu le vice-roi !

Alors, Inocencia pousse un hurlement, et je vois l'expression d'horreur de Juan Niño : le chapeau à larges bords de Yego a glissé pour révéler ses lambeaux de chevelure, son visage grêlé et ses yeux écarquillés, sans regard.

18

Meilleurs vœux pour le nouveau siècle.

Au fil de ces jours perdus et absurdes, des heures entières assis à la fenêtre de la salle de conférences vide, je regarde l'ombre du gibet passer sur la façade de l'église. Parfois la salle s'emplit de voix : il y a celle de Barto, autoritaire, malgré son vocabulaire unique ; celle de Grand D, douce et grave, où résonne le jargon du *Manuel ;* celle de frère Pane, timide, dont l'humilité n'est pas affectée ; celle du docteur Chanca, toujours pragmatique, qui rend compte au conseil des Gouverneurs des carences alimentaires, des dents gâtées, des maladies ; celle, soupçonneuse, de Harana II – mais écoutons l'un de ses rares rapports qui ne sont destinés qu'à moi. Cela se passe un peu après – jours, semaines, mois ? – que j'ai renvoyé mon vaisseau amiral anonyme et la caravelle *Correo* en Espagne. Leurs cales sont pleines de tabac, de balles de coton et de bois des îles. J'ai confié au capitaine du *Correo* ma lettre aux souverains sur l'Autre Monde et la carte qui montre l'itinéraire de mon voyage vers l'ouest (dessinée du temps où ces choses m'importaient encore). Lettre et carte seront interceptées par des mains de vulgaires opportunistes avant d'atteindre la cour – mais comment le saurais-je ? Et peu m'en chaut, d'ailleurs.

Mais pour en revenir à Harana II et son rapport sur les événements du jour de Colomb :

– Vous savez quel est l'endroit idéal pour commettre un meurtre, amiral ?

De même que Pedro Terreros, il m'appelle toujours amiral quand Barto n'est pas là pour lui rappeler mes titres en *terra firma.* C'est une des choses qui me plaisaient en lui. Bien que je ne l'aie pas dit explicitement, si les souverains lisent entre les lignes de ma lettre que je songe à laisser tomber la vice-royauté, ce ne sera pas plus mal. En fait, peu après l'avoir reçue (c'est Petit D qui me le racontera par la suite), ils se mettent à dire :

– Comme amiral, il se débrouille, mais comme vice-roi, est-ce qu'il a l'étoffe ?

– Non, dis-je à Harana II, c'est quoi, l'endroit idéal pour commettre un meurtre ?

– Une foule. Au cours d'une cérémonie officielle. En plein jour.

– Ah bon ? Pourquoi ?

– Parce que : *Un,* l'événement lui-même attire l'attention générale si bien que le ou les auteurs bénéficient de la seconde vitale pour agir sans se faire voir. Il n'en faut pas plus pour lancer un couteau. *Deux,* la confusion générale fournit à l'auteur ou aux auteurs une couverture rêvée pour s'esquiver.

– Cessez de les appeler les « auteurs ». Ils l'ont tué. C'est des tueurs.

– Pardon. Les tueurs, donc. Cent témoins, tout de suite. Cent descriptions, toutes formelles. Pas deux pareilles. Il y a même des témoins qui prononcent des noms, mais toujours ceux de gens à qui ils doivent de l'argent ou qu'ils soupçonnent d'avoir des vues sur l'Indienne avec qui ils couchent. Dans une foule, un témoin oculaire ne reconnaîtrait même pas son frère. Alors on ne peut négliger aucune piste et, croyez-moi, c'est ce que j'ai fait, ça mène nulle part. J'en suis navré, amiral. Semble pas qu'on les retrouve un jour.

Il y a quelque chose de monstrueux à savoir que mon fils est mort et que ses assassins vont continuer à vivre.

Il m'arrive de penser que le rythme des saisons aide à mettre un terme à la peine. Tous les ans, le cycle de la naissance, de la vie et de la mort se répète ; le printemps naît toujours de l'hiver, chaque vie individuelle, chaque mort, s'inscrivent dans la vie et la mort de la Nature. Le Christ lui-même meurt éternellement pour les péchés du genre humain – et il n'est que le dernier et le plus grand d'une longue lignée de dieux dont la mort et la résurrection, chaque printemps, font reverdir la terre dénudée par l'hiver pour la rendre à nouveau féconde. Et avant les dieux de renaissance qui l'ont précédé, Osiris et Adonis, Dionysos des mystères grecs, et même la demi-déesse Perséphone qui passait quatre mois par an chez Hadès pour boucler le cycle de la vie – avant eux, il y avait des boucs émissaires et des agneaux immolés et même, en remontant assez loin, des sacrifices humains. Quelle que soit la forme, le message est le même : la vie contient la mort, la mort contient la vie.

Mais aux Indes, pas de saisons : mon chagrin demeure.

Je traîne comme une âme en peine dans les parages du palais vice-royal, sous l'œil réprobateur de Barto qui finit par dire :

– Punaise, Cristóbal, faut te ressaisir et récupérer ton bon vieux charisme, sinon, un de ces jours, Roldán va entrer dans Santo Domingo et personne lèvera le petit doigt pour l'arrêter.

Comment faire comprendre à Barto que ça m'est égal ?

– Le vice-roi, c'est un type fini, dit-on à Santo Domingo.

– Au bout du rouleau, qu'il est.

– Eh, bon Dieu, il a quarante-neuf ans. On n'a plus le même ressort à c't'âge-là.

– On dit qu'il a du sang juif, et ces Pharaons, leur truc, c'est souffrir. Ils ont un grand mur de pierre à Jérusalem, ou par là, et ils passent la journée devant à se balancer d'avant en arrière en se lamentant.

– Quand on est au sommet depuis aussi longtemps que lui et qu'on se ramasse, la chute est dure.

– Bien ce que je disais, reprennent-ils, le vice-roi est un type fini.

C'est peut-être vrai.

Le 12 octobre 1499, un an jour pour jour après ce triste anniversaire, frère Ramon Pane baptise le bébé Cristóbal Yego Niño de Moguer y Premiada et prend l'événement pour sujet de sermon. C'est après tout le premier enfant légitime de la colonie.

– Même le nom de ce garçon, dit frère Pane, plus attaché aux symboles qu'aux saints du calendrier, signifie la volonté de Dieu et Son intention ; c'est un nom qui parle aux Espagnols comme aux Indiens, un nom qui doit assurément nous rappeler le jeune Indien qui, le premier de son peuple, a quitté le désert spirituel pour le havre de la Sainte Foi, qui, dévoué corps et âme, a fait le sacrifice ultime pour notre...

Alors, le parrain du bébé ne voit plus l'intérieur simple, les murs blanchis à la chaux de la petite église préfabriquée, il voit l'extravagance gothique de la cathédrale de Barcelone ; il ne voit plus Cristóbal Yego, le bébé qui braille dans les bras de sa mère, il voit Yego, l'adolescent souriant, radieux dans ses atours de baptême. Il remonte bien vite le bas-côté, le parrain, et il sort.

– Il faut que je m'en aille, dis-je à Barto.

Il aurait plutôt l'air soulagé. Sans discuter, il me demande où.

– Je veux me mêler au peuple, voir ce qu'il pense.

Regard dubitatif, haussement de sourcils. Mais il doit se dire que, « loin des yeux, loin du cœur », ma vice-royale mélancolie se dissipera sans doute mieux, car il répond :

– Je vais te donner une équipe de gardes du corps, des as ! Quand penses-tu partir ?

Je pars le lendemain matin. Au début, le voyage aggrave mon état. Souvent, les gens de l'arrière-pays ne me reconnaissent même pas. C'est compréhensible, ce n'est guère remontant.

Dans des endroits comme Esperanza, Santiago de Los Caballeros, Concepción de la Vega ou Bonao-espagnol, beaucoup de colons sont arrivés avec Peralonso Niño et n'ont aucune idée de la tête que j'ai.

– Qui c'est ce vieux aux cheveux blancs ?

– Paraît que c'est une commission gouvernementale, ça doit être le commissaire.

– Voilà où il passe notre tribut en or, un beau gaspillage, oui. Mais enfin, qu'est-ce que vous voulez, depuis que le vice-roi est mort...

– Le vice-roi est mort ? je demande.

– Vous venez de là-bas ? Comment ça se fait que vous soyez pas au courant ?

– Ça fait un moment que je suis sur les routes.

– C'est ça, ouais, à gaspiller le tribut.

Je parcours donc toute l'île, à l'exception du sud-ouest, fief de Roldán, et je peux dire rétrospectivement que j'y fais une découverte : l'Hispaniola n'est plus un simple point sur la carte du monde. Il y a des villes et des villages, qui ont chacun leur maire et leur prêtre, leurs quelques pionnières, leurs enfants même – et donc d'ici peu il faudra des écoles, bientôt une police régulière, des collecteurs d'impôts, des administratifs, des comptables, des aubergistes, des commerçants, des prostituées ; tous ces pourvoyeurs et parasites qui émargent à la rubrique « services » dès qu'une économie dépasse le stade de la subsistance. Il y aura même des écrivains (mon biographe Bartolomé de Las Casas sera le premier) pour prouver que l'Hispaniola est un lieu civilisé, en expansion, sophistiqué. Et ce lieu civilisé que l'Hispaniola est en train de devenir (le reste des Indes suivra, inévitablement) ne pourra décemment plus être gouverné par un explorateur d'origine métèque et ses frères. C'est vrai quoi, qu'est-ce que j'y connais, moi, aux règles d'aménagement du sol, aux permis de construire et aux règlements et codes de construction ? Les chicanes des notaires, les tracasseries des avocats, qu'est-ce que vous voulez que ça me fasse ? Je suis bureaucrate ou découvreur ? Bref, cette tournée des grands ducs (comme disent certains de nos colons) n'aura pas été inutile. Si l'île devient un lieu civilisé, je me rends bien compte qu'elle devra se doter d'une administration professionnelle.

Mais il vaut mieux que je vous raconte comment mes gardes du corps manquent se faire virer pour être rentrés sans moi à Santo Domingo.

Je tiens une partie de l'histoire de Barto, qui la tient d'un autre Cristóbal – Cristóbal Rodriguez dit la Langue – Nouveau Chrétien de la troisième génération, expédié aux Indes par le réseau du Mouron Bleu en raison d'une loquacité qui risquait de lui valoir tôt ou tard (tôt sans doute) quelques ennuis avec le Saint-Office. Ce Cristóbal Rodriguez était chef des gardes du corps qui m'ont escorté dans ma tournée. Le voici à plaider sa cause auprès de Barto.

– Soyez pas dur, boss. Vous pensiez quand même pas qu'on allait mettre votre frère le vice-roi aux fers, non ? Croyez-moi, c'était tout juste, hein, depuis qu'on avait quitté Bonao ! Mais même comme ça, une nuit dans les montagnes du nord-ouest, deux, trois heures avant l'aube peut-être, il...

– On va y venir, coupe Barto. Raconte-moi Bonao.

– Oh là là ! Bonao, c'est une autre paire de maracas. Mais alors, tout à fait.

Barto dit qu'il attend.

– Ben, dit la Langue, embarrassé, c'est à Bonao qu'on a perdu Hernando de Guevara, comme vous savez. Croyez-moi, c'est des trucs qui arrivent.

– J'écoute, dit Barto sur un ton où couve la menace.

Cristóbal Rodriguez poursuit sa version des événements, sans lésiner sur les détails. Puisque j'y étais, moi, à Bonao, je vais vous donner la mienne.

Tous les gardes du corps sont déjà allés à Bonao, sauf le plus jeune, Hernando de Guevara. Dix-sept ans, beau gosse, fils d'une grande famille castillane de la région d'Avila. Il est clair que les femmes le considèrent comme un objet sexuel.

La cacique Anacaona, par exemple.

– Celui-là, je veux me le faire, dit-elle.

Si Hernando de Guevara lui répondait spontanément quelque

chose comme : « Tout d'suite, m'dame ? », les choses tourneraient peut-être autrement. Mais il n'en fait rien parce qu'il ne quitte plus des yeux sa belle plante de fille, la jeune et torride Higueymota – qui ne le quitte plus des yeux non plus.

Anacaona foudroie sa fille d'un regard de Walkyrie. Du coup, Higueymota fait la moue et elle est encore plus torride quand elle fait la moue.

Je signale au passage que désormais Barto délaisse totalement la mère au profit de la fille pour ce qui est du sexe, et Anacaona en est enragée.

Bref, cette nuit-là à Bonao, Higueymota se fait Hernando de Guevara, et, le lendemain matin, Anacaona balance une torgnole à ce serpent nourri dans son sein. Guevara ne fait ni une ni deux : il met une taloche à la Barto dans les walkyriennes babines. Voilà les guerriers indiens ameutés. A ce moment-là, je barre le passage à la cacique pour donner de l'avance à Guevara et Higueymota qui s'enfuient vaguement vers l'ouest, direction de Xaragua et de Roldán le Renégat.

Barto, qui a droit à la version intégrale de Cristóbal Rodriguez la Langue, serre les poings chaque fois qu'il est question de Guevara et d'Higueymota, mais parvient à demander presque calmement :

– D'accord, mais comment vous avez semé mon frère ?

– On l'a pas semé, c'est lui qui nous a semés. Comme je vous disais, on était quelque part dans les montagnes du sud-ouest...

– Mais qu'est-ce que vous foutiez dans un trou pareil ? On n'a pas de colonies, là-bas.

– Votre frère le vice-roi voulait y aller, on pouvait pas l'empêcher, hein ? C'est lui le vice-roi, d'accord ? Bon, donc, on est là dans un coin des montagnes du sud-ouest, et, deux ou trois heures avant l'aube, quelque chose me réveille. Je vais me lever et crac ! votre frère m'estourbit avec un caillou ou je sais pas quoi et puis après je me retrouve du soleil plein les yeux ; on me verse un verre d'eau sur la figure et votre frère le vice-roi s'est tiré, il peut être parti dans n'importe quelle direction et l'île est pas petite.

L'île n'est pas petite, mais pour moi il ne peut y avoir qu'une seule destination. Car j'ai besoin d'un signe, d'un présage, d'une merveille, d'une interruption du flux naturel des choses ; j'ai besoin de franchir la frontière entre l'Histoire et le mythe, la réalité et la magie. C'est une démarche qu'on ne critique pas de mon temps mais qui, du vôtre, dénoterait un certain dérangement cérébral. Quand j'y repense, il me semble que ma douleur cherchait un signe d'intérêt cosmique qui expliquerait pourquoi mon fils avait vécu et trépassé. Car ce n'était pas un fils ordinaire. Il avait choisi son père avec ce que vous appelleriez son libre arbitre, et son choix l'avait mené à une mort prématurée. Ce que apparemment Guacanagari n'avait pas pu prévoir. N'avait-il pas fait comprendre à Yego que le hasard aveugle faisait tourner le monde ? Pourtant, auparavant, ne m'avait-il pas dit (ou fait comprendre), à moi, que certaines choses sont préétablies ? Ou du moins prévisibles ? A moins que le monde puisse être hasard aveugle pour l'un et destin inexorable pour l'autre ? S'il y avait une vérité à découvrir, je voulais la découvrir.

Ainsi, en ce premier mois de la nouvelle année et du nouveau siècle, quinze cents ans après la naissance de Notre Sauveur, alors que quelque cinquante générations d'humanité sont délivrées du péché originel, y compris mon fils, mais aussi frère Buil et Torquemada (où il veut en venir Dieu, comme ça ?), je fausse compagnie à mes gardes du corps et m'en vais dans le seul endroit où je puisse trouver une réponse, si réponse il y a.

Le misérable petit village a été abandonné. La jungle allonge ses tentacules végétaux dans les rues silencieuses et ses vignes sauvages jusqu'au cœur des paillotes. A mon approche, quelque chose se glisse dans un fourré épineux.

Les deux vieilles ratatinées surgissent comme par enchantement.

Je leur dis que je suis venu voir Guacanagari ; elle échangent un regard significatif.

– Tu ne sais pas ? Il est monté sur la plus haute montagne où soufflent les vents les plus froids pour chercher les vérités les plus solitaires. Mais ces vérités l'ont appelé et il a péri. Guacanagari est mort.

Les vieilles disparaissent.

Le misérable petit village disparaît.

L'Hispaniola, les Indes et le monde disparaissent. Je m'enfonce dans mon second rêve de saint Christophe, encore moins orthodoxe que le premier. Je suis là, gigantesque, jambes enracinées comme des arbres dans le lit de la rivière, à me demander quand le môme que j'ai flanqué à l'eau va revenir me délivrer – s'il revient.

– Ohé, môme, où t'es passé, bon Dieu ? je crie. Il est tard, il fait froid. Je veux sortir de l'eau. Hein, môme... ?

Pas de réponse. La température baisse, les étoiles paraissent. Frissonnant je m'endors, le menton au ras de l'eau. Et mon rêve gigogne s'ouvre pour m'en révéler un autre.

La pièce est ancienne, son plafond noirci de fumée. Au mur, des rangées de livres qui, à en juger par celui qui est ouvert sur la table, datent d'avant la presse à imprimer de Gutenberg-Schöffer : les pages qu'étudie un homme entre deux âges en habit monacal sont manifestement manuscrites. Le moine lève la tête. Je secoue la neige de mes bottes. Il y en a aussi sur mon capuchon et sur les épaules de ma robe.

– Entre donc, Herne, dit le moine. Viens te réchauffer au feu.

Herne, c'est moi dans ce rêve dans le rêve. Herne le Chasseur. Barbu (il y a du givre dans ma barbe), jeune, grand gaillard, les mains puissantes et rougeaudes. L'hiver, je suis homme à tout faire au monastère. De Saint-Albans, Angleterre. Quand ? Je sais pas encore. Mais il y a longtemps. Je (Herne le Chasseur, donc) m'approche du feu avec gratitude en retroussant le bas de ma robe. Le moine continue à lire son livre jusqu'à ce qu'il entende des pas dans l'escalier. Alors, il rejoint un homme trapu vêtu d'une robe noire qui porte un énorme crucifix sur la poitrine.

– Comment va l'archevêque d'Arménie, notre grand voyageur ? demande le moine en une de ces phrases commodes qui surgissent dans les rêves pour mettre le rêveur au courant.

– Me voici bien reposé, mon cher Roger Wendover, et j'ai hâte de converser avec l'érudit chroniqueur-historien de Saint-Albans, répond l'archevêque d'Arménie, parachevant ainsi les présentations.

Tandis qu'ils discutent de questions ecclésiastiques, je me chauffe devant l'âtre et j'admire les riches tapisseries de la bibliothèque. Saint-Albans est réputé pour ce genre de choses, je le sais, comme toutes les églises anglaises pour leurs nappes d'autels, le soyeux des linges à reliques et calices, et surtout – cela je l'apprends au détour de la conversation – pour les vêtements sacerdotaux de ses prélats. D'ailleurs, la vraie raison de la visite de l'archevêque est qu'il voudrait obtenir des chapes et des chasubles lourdes de fils d'or, de bijoux et de toutes petites plaques d'émail.

Or, c'est un conteur de renommée mondiale et, en ces temps d'avant l'imprimerie, il est censé divertir son hôte en échange de ses ecclésiastiques falbalas. Cela devient clair lorsque l'historien Roger Wendover lui demande avidement :

– Avez-vous quelque nouveau conte à me conter, mon ami ?

– Faut-il qu'il soit vrai ?

– Je vous en laisse juge, répond Wendover en lui versant encore un peu de vin.

Au coin du feu, moi, Herne le Chasseur, je suis aussi avide que l'historien du cloître.

– Peu avant de quitter l'Arménie, j'ai dîné avec un étranger qui prétendait avoir été l'huissier de Ponce Pilate pendant le procès du Fils de Dieu.

Roger Wendover éclate d'un rire profane :

– Ah bien, ce ne sera donc pas une histoire vraie ! Difficile de dîner avec quelqu'un qui aurait 1200 ans.

Maintenant, je peux donc calculer que mon rêve se passe aux alentours de 1230.

– J'ai dîné avec lui. Quant à la véracité de ce qu'il m'a dit, c'est à vous d'en décider. Il disait s'appeler Cartaphilus.

– Celui qui aime les cartes, rêve Roger Wendover.

– Tant mieux pour lui, sourit l'Arménien, car il est condamné à errer pour toujours – ou du moins jusqu'à ce que le Christ revienne.

– Et pourquoi donc ? demande Wendover.

Au coin du feu, Herne le Chasseur sent son cœur cogner. Il a l'étrange, l'inexplicable conviction que c'était lui l'étranger qui avait dîné avec l'archevêque d'Arménie.

– Pour manque d'humanité, pourrait-on dire. Car, voyez-vous, Cartaphilus m'a confié que, tandis que le condamné quittait le tribunal de Ponce Pilate, il L'a frappé, L'a fait tomber et Lui a crié : « Circule, tu bouches le passage ! », sur quoi le Christ s'est retourné pour répondre : « Je m'en vais, mais toi tu resteras là jusqu'à mon retour », et en effet Cartaphilus est toujours là.

– Là...? dit Wendover. Il faut croire qu'il n'a pas pris racine sur place puisque vous l'avez rencontré en Arménie.

– Il voulait dire ici-bas, je pense. Il lui faut errer éternellement, telles sont ses paroles, hors de la carte du temps. Car dès que ses ans et ses errances le mènent au seuil de la mort, il se retrouve jeune homme, avec toute la carte du monde à parcourir, toute la sagesse du monde à chercher. A jamais – jusqu'à ce que le Fils de Dieu revienne.

Devant l'âtre, Herne le Chasseur tremble à présent violemment. Jusqu'à ce soir, il ignorait la légende. Mais maintenant qu'il la connaît, il vient d'entrevoir la ligne où se rejoignent le profane et le merveilleux, ce qui est fréquent de son temps et nullement exceptionnel du mien, et il se voit non plus seulement sous les traits de l'étranger du conte, mais sous ceux de l'huissier de Ponce Pilate.

Il retient sa respiration, il attend la suite, mais le moine et l'archevêque quittent la bibliothèque à ce moment-là, toujours en grande conversation.

Plus tard, il voit Wendover rédiger ce conte extraordinaire. Lorsqu'il a fini, l'historien fait une pause, lève les yeux vers les poutres épaisses qui soutiennent le plafond noirci de fumée et, comme inspiré, dessine ce symbole.

.S.
.S.A.S.
X M Y

Herne le Chasseur pousse un cri.

– Qu'y a-t-il donc, Herne ?

Herne connaît le symbole. C'est précisément celui qu'emploie Cartaphilus pour signer. Comment Roger Wendover pourrait-il le connaître ?

Et, à bien réfléchir, comment lui, Herne, le pourrait-il aussi ?

Et moi, d'ailleurs ?

Terrifié, Herne le Chasseur fuit le monastère et le domaine de Saint-Albans. Y reviendra-t-il un jour ? Je l'ignore, pour l'instant du moins, car je me retrouve dans la boîte externe du rêve. Je me réveille à grand renfort d'étirements, plein de crampes dans les épaules, toujours bloqué dans le courant. Et puis je me retrouve dans le village abandonné de Guacanagari, à méditer sur ce symbole bizarre et sur tout ce rêve qui ne l'est pas moins.

Que faut-il que j'en pense ? N'oubliez pas que j'arrive avant Freud et Jung et l'explication – ou l'invention – des archétypes. De mon temps, on a coutume de penser que les rêves prédisent l'avenir, point final. Ou point d'interrogation ? Car où est l'avenir quand on rêve les rêves d'un autre ? Perturbant, tout ça.

Mais ce symbole-signature, c'est une autre affaire. Très très impressionnant. Il me paraît familier, comme s'il m'appartenait. Donc, d'une certaine manière, cette seconde livraison de mon rêve de saint Christophe a servi, elle aussi. Quelque part, c'est le signe que j'attendais, le franchissement du seuil, le passage de la ligne (avec retour, heureusement), l'intérêt cosmique, mythique, énigmatique – supposant cependant un monde gouverné par autre chose que le hasard aveugle, ce qui rend possible mon retour à Santo Domingo et même à la vie normale.

Disons, aussi normale que possible, compte tenu du fait que mes frères ont gouverné pendant mon absence.

– Sois raisonnable, Cristóbal, me dit Grand D le jour de mon retour en me brandissant le *Manuel* sous le nez. Je sais bien ce que tu pensais de l'esclavage, mais à l'époque on n'avait jamais entendu parler de la chambre de commerce, de Fonseca ni du *Manuel*. Tu savais que Fonseca possédait quarante pour cent de dividendes dans le marché aux esclaves de Séville ? Est-ce qu'il se le permettrait si l'esclavage était contraire aux règles et aux préceptes de bonne conduite ? Jamais de la vie !

Grand D feuillette son *Manuel*.

– Voilà, c'est là, page 97. « ESCLAVAGE : Maximisation du potentiel de l'adversaire captif visant à accroître les réserves de travail intensif du propriétaire. » Où est le mal ?

De la fenêtre, au-delà du gibet de Barto, je vois le port où les quatre caravelles qui sont parties ce matin à la marée ne sont guère qu'à un mille de la côte, car il leur faut aller au lof.

– J'y comprends strictement rien, alors je peux pas te dire où est le mal.

– J'aurais espéré, répond Grand D dans le style inspiré du *Manuel*, que tu te serais laissé toucher par l'impact des faits réels.

Je rétorque :

Tous les faits sont réels, sinon ce serait pas des faits.

– Dans le cas contraire, m'avertit mon frère, tu t'exposes à avoir des comportements obsolètes. Et, à ce propos, les virées dans la jungle pour se remettre les idées en place, c'était bon autrefois. Aujourd'hui, c'est complètement dépassé. Dans le contexte actuel, un leader renforce sa position en restant sur les lieux de l'action.

– Grand D, je veux que tu rappelles ces caravelles et que tu en sortes les Indiens.

– Sois raisonnable, Cristóbal. Ma démarche va dans le sens de l'Histoire. Quand Grenade a été assiégée en 1492, il n'y a pas vraiment eu de résistance. Soit, pas d'esclaves. Mais Malaga nous a donné du fil à retordre. Et, dans cette conjoncture, par mesure de réciprocité, Leurs Majestés ont choisi d'acquérir douze mille prisonniers et d'en faire cadeau aux courtisans en faveur et aux dignitaires étrangers. Douze mille. Et pour nous il ne s'agit que de trois mille...

Toute discussion serait futile. J'ordonne moi-même d'allumer le signal.

Le *Vaquenos* est la première des quatre caravelles à rentrer à quai. Selon son manifeste de sortie, elle transporte quatre-vingt-quinze esclaves. Je monte à bord avec Grand D qui se fait tirer l'oreille et serre son *Manuel* sur son cœur. J'envoie un groupe d'hommes d'équipage délivrer les Indiens de leurs fers. (« C'est le vice-roi ! Oh, bon Dieu ! Je croyais qu'il était mort là-bas dans le bled, quéque'part. ») Toute une partie de la cale a été équipée d'étagères sur lesquelles les Indiens, fers aux mains et aux pieds, sont étendus, aussi serrés que des pièces d'étoffe chez un drapier. L'air est étouffant, la puanteur affreuse, car le *Vaquenos* est allé au lof toute la journée, tanguant-roulant, si bien que les Indiens ont vomi sur eux et sur leurs voisins. Je m'avance dans l'étroite travée avec les hommes d'équipage. Grand D traîne derrière nous ; son visage déjà pâle à l'état normal a viré au mastic, couleur farine de manioc avant cuisson.

– Donne-lui tes outils, dis-je au dernier matelot de la file.

– Je peux pas entrer là-dedans, Cristóbal, dit mon frère.

– Tu sais te servir d'un marteau et d'un ciseau, non ?

Grand D regarde ces outils simples avec perplexité et son frère avec horreur.

Il ne va pas s'en tirer comme ça.

– Tu t'es déjà demandé quel effet ça fait de traverser l'Océan sur une étagère étroite, avec des entraves, coincé entre les vivants et les morts ? Parce qu'ils meurent, tu sais, au moins la moitié d'entre eux. Et parfois les cadavres sont pas enlevés avant plusieurs jours. Et ceux qui ont le malheur de survivre les huit ou neuf semaines couchés dans leur propre ordure...

– Ça suffit, Cristóbal. Je veux pas y aller, supplie-t-il.

– Et eux, tiens ! Tu crois qu'ils voulaient ?

Je veux qu'il voie les captifs en gros plan. Cette chair déjà mordue par les entraves, cette urine qui goutte des planches du haut, ces bébés esclaves couverts d'excréments. Pas dans le *Manuel,* tout ça.

Des cris de peur roulent telle une vague dans cette cale fétide et culminent quand je fais sauter les premiers fers moi-même. Alors, l'esclave libéré me reconnaît, et le cri : « Amiral, amiral ! » est repris de toutes parts, la peur fait place à un soulagement si profond (et, me dis-je, à une confiance si imméritée) que j'en ai presque la larme à l'œil, moi, le desséché des paupières.

Nous travaillons méthodiquement, sauf Grand D. Depuis qu'il est sorti des pages du *Manuel* pour voir en face le résultat des idées que lui et Fonseca échangeaient comme des balles, il s'est mis à jouer du marteau/ciseau avec une telle frénésie que je dois le freiner, de peur qu'il ne blesse quelqu'un.

Plus tard. Les esclaves des quatre caravelles se répandent sur le quai. On distribue des seaux d'eau et de la nourriture à ceux qui sont en état de manger. Un des hommes qui avait survécu à dix-huit mois de travaux forcés sur terre est mort pendant son premier et unique jour de mer. On a étendu son corps un peu à l'écart, comme par peur de la contagion. Frère Pane est agenouillé en prière auprès de lui.

Grand D regarde le spectacle ; il est sonné.

– Je savais pas du tout, répète-t-il.

Puis il passe parmi les esclaves et leur crie en arawak qu'ils sont libres. Ils lèvent des yeux mornes vers lui, c'est tout. Il bat des bras comme un moulin à vent et beugle :

– Libres, libres.

Mais ils restent allongés, à l'exception d'un grand type qui se met lentement debout et vient me regarder en face.

– C'est vrai, amiral, que nous sommes libres ?

Je le lui confirme.

– Alors, si l'amiral le dit, c'est bien vrai.

De nouveau on chante : « Amiral, Amiral ! » comme une litanie. Je me détourne, embarrassé. Grand D s'est détourné aussi. Il a les yeux baissés sur son *Manuel.* Il me regarde. Revient au *Manuel.* S'avance sur le bord du quai et balance le *Manuel* à la mer aussi loin qu'il peut.

– On peut rien faire de bon sans toi, dit-il. Ni moi, ni Barto, ni personne.

Et il s'enfuit pour ne pas que je le voie pleurer.

Je ne me fais pas l'écho de ses sentiments dans la lettre que j'écris la nuit suivante et qui sera acheminée aux souverains lorsque la flotte repartira, ses étagères à esclaves arrachées et remplacées par des billots d'acajou et de bois des îles.

« ... et puisque je ne puis être entièrement objectif au milieu des factions qui divisent la colonie, je demande respectueusement à Vos Majestés d'envoyer un magistrat expérimenté et probe pour dispenser la justice sur l'île, avec pleins pouvoirs pour ce faire. »

Une impulsion me fait apposer la signature de mon rêve, comme je le ferai désormais pour tous les documents, non sans ajouter amiral et vice-roi au-dessous pour qu'on comprenne qu'il s'agit de moi.

J'admire la curieuse disposition cabalistique des lettres que je viens d'écrire, lorsque j'entends :

– Vice-roi ? Psst !

Je me retourne d'un bond, couteau anticonfrérie à la main, et scrute le clair de lune en me disant qu'il faut absolument faire quelque chose pour resserrer les services de sécurité de Barto.

– C'est moi. Hernando de Guevara.

Et voilà que ce jeune scion d'une grande famille d'Avila, ce suborneur d'Higueymota, passe par la fenêtre.

Il s'effondre sur une chaise. Son justaucorps a perdu ses manches, ses hauts-de-chausses sont en lambeaux, son beau visage égratigné ressemble à une carte d'état-major. Il m'explique qu'il a traversé la jungle à pied, depuis Xaragua.

– Seul, dit-il.

Et sa jeune voix se brise sur ce mot.

– Sans Higueymota, précise-t-il.

Je lui apporte du vin.

– Remets-toi, mon garçon.

Le jeune Guevara descend la coupe.

– Comment il a pu me faire ça, mon cousin ?

Sur ce, entre Barto.

– Cristóbal, il me vient à l'idée que... Guevara !

– Salut, boss, dit notre paquet de muscles ingénu, sans détecter la rage meurtrière qui passe dans la voix de Barto.

J'invite mon frère à s'asseoir et à écouter l'histoire de Guevara. J'insiste sur le mot écouter. Qu'il oublie sa jalousie : nous n'avons pas de trop de tous les renseignements que nous pouvons obtenir sur Xaragua et les rebelles de Roldán.

Barto se jette dans un fauteuil.

– T'en as une allure, Hernando ! dit-il joyeusement.

– C'est long à traverser la jungle. Tout seul. Sans mon Higueymota chérie.

Barto fait mine de se lever. Je l'arrête d'un geste.

– Pauvre petite, reprend Guevara, en se versant une autre rasade. Quelle existence tragique ! D'abord, son père qui meurt dans une prison espagnole. Et puis, du jour au lendemain, y a ce vieux, un de nos capitaines – apparemment il ne sait pas qu'il parle de Barto – qui commence à s'envoyer sa mère. Et puis il fait entrer Higueymota dans ses jeux érotiques pervers. Et puis il exclut sa mère. Le voilà qui se met à apprendre à cette gamine – quatorze ans ! – une de ces gymnastiques sexuelles, alors là des trucs aussi vicieux, ça peut venir que de France ou d'un coin décadent comme ça.

En plein dans le mille. Barto accuse le coup. Il grince des dents. Je lui lance un regard éloquent.

– Non, mais vous pouvez pas imaginer ses dépravations ! Bon Dieu, si je pouvais mettre la main sur ce vieux saligaud...

Heureusement, le grognement de Barto est presque inaudible.

Je suggère :

– Hernando, si tu en venais à ton séjour à Xaragua ?

Mais il est incapable de parler d'autre chose que d'Higueymota !

– Ça été le coup de foudre entre nous. Ah, mon adorable Higueymota !

Il pousse un gros soupir désespéré.

– La première fois qu'on a fait l'amour, j'oublierai jamais, elle a dit : « Oh, Hernando chéri, j'aurais jamais imaginé que ça pouvait être beau comme ça, le sexe ! » Bon Dieu ! Après tout ce qu'elle a enduré, hein, mettez-vous à sa place !

Les yeux du jeune Guevara brillent de larmes contenues.

– Chaque fois que je la touchais, elle gémissait d'extase. Et... et quand elle, enfin, quand elle va, euh... tout son corps *frissonne* et elle...

Barto bondit et se précipite sur la cruche de vin. Il en renverse autant qu'il en verse.

Ça dure encore dans les dix minutes. Heureusement, dans la triste évocation de son jeune amour, Guevara Cœur-Brisé est de plus en plus incohérent. Finalement, il s'essuie les yeux et s'écrie avec véhémence :

– Je l'ai sauvée ! Moi ! D'un sort pis que la mort avec ce capitaine dépravé. Tout allait être merveilleux, tant qu'on serait ensemble, même s'il fallait vivre à Xaragua.

– Oui. Justement. Raconte-nous Xaragua.

– Mon cousin Adrian Muxica est arrivé en 96 avec Peralonso Niño. Il a été parmi les premiers partisans de Roldán, alors je me suis dit qu'on serait en sécurité là-bas, ma petite chérie et moi.

Mais j'aurais dû me méfier. Mon cousin, c'est un type mûr, il a bien dans les vingt-six. Il sert son baratin à Higuey. Une vraie fleur de couvent, la pauvre. Du jour au lendemain, la voilà qui part vivre avec mon cousin. Elle emporte même pas sa *nagua* de rechange. Elle me plante là et elle s'installe chez lui. Pff ! Mais ça dure pas. Parce que bientôt Francisco Roldán lui-même aperçoit Higuey sans sa *nagua,* et lui, c'est le Leader Maximum là-bas à Xaragua.

Je demande :

– C'est son titre officiel ?

Voici notre premier renseignement top-secret sur Xaragua.

– Oui, monsieur.

Titre qui a de l'avenir dans les Caraïbes.

– Quelles sont les conditions de vie, là-bas, à Xaragua ?

– C'est tout simple, répond Guevara en suivant son idée. Le Max claque dans ses doigts. Higuey envoie chercher sa *nagua* de rechange chez moi, et elle sort de la hutte de Muxica pour entrer dans celle de Roldán.

Guevara, viril, retient un sanglot.

– Hutte, dis-tu ? Même le Leader Maximum vit dans une hutte ?

– Plus grande que les autres, oui, parfaitement. Et c'est bien ça le drame. Ces parois clayonnées, je veux dire. On entend tout. Vous comprenez, du fait que j'étais garde du corps, ici, Roldán m'a fait entrer dans son unité de sécurité. En fait, je monte la garde devant sa hutte. Je suis dans l'équipe de nuit. Et toutes les nuits, jusqu'à l'aube, j'entends mon Higuey – elle est paumée, la pauvre – qui dit au Leader Maximum : « Oh, Francisco chéri, je n'aurais jamais imaginé que ça pouvait être beau comme ça le sexe. » Et moi, moi, je sais exactement quand elle va se mettre à frissonner parce qu'elle prélude avec des espèces de trilles...

Là, il finit par sangloter. Barto est pâle, mais d'un sang-froid impressionnant. Je verse une rasade et porte la coupe aux lèvres de Guevara.

Il se ressaisit.

– Toutes les nuits, et pas qu'une fois par nuit. Ce Roldán ! C'est un vieillard, il a bien trente-cinq ans. Je ne supportais plus. Il a fallu que je parte.

Puis plaintivement :

– Je peux revenir vivre à Santo Domingo ?

– Je vois pas pourquoi, dit Barto, impitoyable.

– Je vous en supplie, boss. C'est ça ou rentrer en Espagne et, au moins, si je reste ici, je serai du même côté de l'Océan que mon Higuey chérie, ma paumée à moi.

– Elle est malheureuse avec Roldán ? sourit Barto.

– Bien sûr ! Oh, elle, elle en sait peut-être rien, mais moi, si. D'ailleurs, je blâme pas Roldán. Les Leaders Maximum ont des prérogatives, après tout. Non, je blâme mon cousin Adrian Muxica. Mais il a ce qu'il mérite – sa carrière est foutue. S'il reste agent de liaison entre Xaragua et les alliés indiens, ça sera son bâton de maréchal, alors qu'on disait qu'il irait très loin. Mais après leur dispute, c'est cuit. Ah, si vous les aviez entendus se disputer cette pauvre Higuey ! Les vieux boucs ! Je veux pas arriver à un âge pareil, c'est trop...

Pendant qu'il discourt sur les embûches de l'âge, Barto insiste pour lui refuser asile à Santo Domingo.

– Chaque fois que je le verrais, j'aurais envie de lui tordre le cou.

– Ça te passera.

– Compte là-dessus !

On tourne en rond sur ce thème quand j'entends le jeune Guevara dire :

– ... interrompu les célébrations d'anniversaire.

En une demi-seconde, je suis sur lui.

– De quel anniversaire ?

Blanc comme un linge, il me regarde. Je lui ai fait peur.

– Essaie de reconstruire la conversation, Hernando. Tu disais « interrompu les célébrations d'anniversaire ». Qu'est-ce que tu voulais dire ?

Il ne répond toujours rien et me fixe, les yeux hors de la tête.

– Si tu arrêtais de lui serrer le kiki ? dit Barto.

Après avoir descendu une autre coupe de vin, Guevara reprend :

– C'est le soir où mon cousin Adrian Muxica va voir Roldán pour essayer de reprendre Higuey. Il fait comme ça : « Où t'en trouveras un militaire expérimenté qui parle arawak comme moi ? Si tu me rends pas Higueymota, je pourrais bien repasser chez le vice-roi. »

– On trouverait à l'employer, Muxica, dit Barto, pensif.

Je lui enjoins de se taire.

– Et le Max, continue Guevara, il rit au nez de mon cousin et il lui fait : « Très drôle » ou « Me fais pas rire », une de ces petites formules méprisantes, quoi. « Parce que, fait Roldán, si tu passes chez le vice-roi, moi je m'arrangerai pour qu'il sache qui lui a gâché ses célébrations d'anniversaire. »

Un rideau de brume rouge danse devant mes yeux.

– C'est tout ? je m'entends dire, comme de très loin.

– Non, monsieur. Mon cousin Muxica fait comme ça : « Ouais, et pour qui je l'ai fait d'après toi ? » et le Max y fait : « Pas sur mon ordre, fiston, toujours – fiston à un type de l'âge de mon cousin Muxica ! –, parce que si j'avais voulu en faire un martyr, du vice-roi, tu crois pas qu'il serait déjà mort ? Mais j'aurais envoyé un type capable. Où t'as appris à lancer le couteau ? »

A quoi sert l'Histoire ?

Selon Hérodote d'Halicarnasse (484-420 avant Jésus-Christ), père de tous les historiens, à perpétuer les souvenirs d'actions « grandes et extraordinaires ». Il faut croire que l'Histoire est devenue beaucoup plus sophistiquée depuis, parce que ceux qui la traitent inclinent tout autant à perpétuer le souvenir d'actions viles et affreuses. Sans mieux cerner la vérité, apparemment, quelle qu'elle soit.

Les historiens disent tous que j'ai négocié avec Roldán de peur qu'il ne devienne trop fort à Xaragua et trop populaire à Santo Domingo. Oui, j'ai négocié avec lui ; mais pas pour les raisons qu'ils ont avancées.

Certains disent qu'il a fallu attendre Neville Chamberlain pour trouver un négociateur aussi capon. Les autres disent que j'ai seulement été d'une sottise impardonnable. La première proposition ne mérite guère qu'on s'y arrête. Quant à la seconde, jugez vous-mêmes.

D'abord, panorama du promontoire connu à l'époque sous le nom de pointe Escondido, à mi-chemin entre Santo Domingo et le campement de Roldán – pourquoi lui conférer le digne nom de village ? – à Xaragua. La pointe Escondido s'élève à cent soixante-dix mètres au-dessus de la mer. Elle abrite une petite baie et une plage de sable blanc. La *Niña,* qui a conduit nos négociateurs ici, est ancrée dans la baie. Son canot danse dans le ressac, mais n'accoste pas ; quatre hommes en descendent, se traînent jusqu'à la grève tandis qu'il retourne à la caravelle. Pendant ce temps, quatre autres hommes descendent laborieusement, en zigzaguant à flanc de falaise, jusqu'à la plage. Ils sont vulnérables, mais pas plus que ceux qui attendent sur le sable compact au bord de l'eau. La vulnérabilité des deux groupes garantit leur survie. C'est du moins la théorie ; elle n'avait pas encore tellement fait ses preuves de mon temps. Dans le groupe du bord de mer, un homme aux larges épaules, fixant d'un œil soupçonneux l'équipe des négociateurs qui descend vers la plage, rejette son chapeau en arrière. Alors, sans s'être concertés, les deux groupes s'avancent l'un vers l'autre sur le sable, à pas comptés, comme s'ils avaient conscience d'aller au rythme de l'Histoire perfide. Un oiseau de mer qui fuse dans le ciel, ailes étales, pousse un cri perçant – rit-il en son langage ? Aucun des huit hommes n'a encore proféré un son. Lorsqu'il n'y a plus qu'une centaine de mètres entre les deux groupes, leurs chefs s'en détachent. Tous deux sont grands, tous deux élancés. Une brise légère ébouriffe la blanche chevelure de l'un. Le soleil éblouit un instant l'autre qui met sa main en visière sur ses yeux bleu pâle opaque, ses yeux de conquistador. L'oiseau de mer s'éloigne à tire-d'aile.

L'homme à la blanche chevelure parle le premier :

– Roldán.

– Colón, répond l'homme aux yeux opaques.

D'instinct, ils lèvent la main en un immémorial signe de paix. Pendant ce temps, les lombardes de la *Niña* sont braquées sur le sommet de la falaise, au cas où on y aurait déployé des pièces d'artillerie. On n'est jamais trop prudent.

Il y aura en tout six séances de pourparlers, sur trois jours successifs. Mon équipe rentre à bord de la *Niña* tous les soirs, et celle de Roldán à son bivouac en haut de la falaise. Ceci semble nous donner l'avantage. Descendre et escalader cette falaise tous les jours n'est pas un mince effort. Mais, selon l'Histoire, avantage à Xaragua. Et j'ai marqué contre mon équipe.

Pas le premier jour. Lors de la première séance, nous parvenons à un accord sur l'armement. Par exemple : taux de poison de manioc par tête de flèche ; combien d'archers indiens (quarante) égalent un mousquetaire espagnol. Combien (soixante-dix) égalent un lévrier d'Irlande. Combien (deux cent huit) égalent un cavalier ; combien de canoës de guerre égalent une caravelle équipée de lombardes et de fauconneaux. Ce dernier point est épineux. Roldán n'a pas de navires. Messieurs les historiens, notez je vous prie cette transcription partielle.

MAX : La parité est impossible tant que vous avez une marine.

VICE-ROI : L'existence et l'importance de notre flotte ne sont pas négociables.

Alors ça fait capon, ça ? Inepte ?

Du reste, on me congratule de toutes parts, ce premier soir, à bord de la *Niña.* Même le connétable Harana II avec sa suspicion congénitale.

– Vous avez donné plus que vous n'avez reçu, amiral, me dit-il.

Comme il s'agit de négociations, je présume qu'il doit vouloir dire le contraire. A moins qu'il ne s'entraîne pour la suite.

La balance penche les deux et troisième jours, et je dois reconnaître que coucher ce compte rendu sur le papier m'embarrasse un peu.

Mon dernier coup d'éclat aura lieu le deuxième jour, lors de la séance du matin.

MAX : L'écart femmes.

VICE-ROI : Quoi ?

MAX : L'écart femmes vous donne un avantage psychologique certain. Vous avez trente-trois Espagnoles à la colonie et nous aucune à Xaragua.

VICE-ROI : Mais vous, vous avez Higueymota.

Concertation de nos experts pour décider combien d'Espagnoles vaut une Higueymota. Mais le consensus ne se fait pas, parce que Barto maintient des chiffres astronomiques.

MAX : Nous voulons que vous cédiez quinze Espagnoles à Xaragua.

VICE-ROI : Nos femmes ne sont pas des objets. Comme tous les citoyens de Santo Domingo, elles sont libres d'aller et venir à leur guise. Nous sommes pour des frontières ouvertes, libres d'accès.

Je demeure ferme, notez-le, messieurs les historiens, sur la question de l'écart femmes.

Le deuxième jour, pendant la séance de l'après-midi, Roldán exige une amnistie écrite pour toutes ses traîtrises passées, avec effet rétroactif pour toutes celles dont nous pourrions avoir connaissance plus tard.

J'y consens.

Grand D rédige le document, mal à l'aise.

Barto marmonne qu'on devrait pas comme ça lâcher du lest à sens unique.

Harana II me fait le regard qui transperce, mi-soupçonneux mi-incrédule.

Roldán ne se contente pas de ce que Grand D a écrit.

MAX : Ça marche pas. Il n'y a que la signature de Colón. Je ne peux accepter ce document que contresigné par vingt notables de Santo Domingo.

Cette exigence est bien sûr une atteinte scélérate à mon honneur. Mais :

VICE-ROI : Pas d'objection.

Barto réclame une brève intercession pour me demander sans prendre de gants :

– Ben ça ! Pourquoi tu le laisses te piétiner ?

– Tu te dégonfles, Cristóbal, fait observer Grand D avec sa douceur habituelle.

Il a renoncé à son jargon depuis qu'il a jeté le *Manuel*.

– Bon Dieu, mais vous êtes vendu, ou quoi ? proteste Harana II assez fort pour être entendu de l'équipe de Roldán, réunie à cinquante mètres sur le sable.

– Il m'a sauvé la vie, autrefois.

Le troisième jour, dès que la séance du matin est en route, Roldán exige d'être renommé alcalde de l'île tout en gardant sa base indépendante à Xaragua.

Barto et Grand D lui rient au nez.

Harana II, mis en garde par les négociations de la veille, attend ma réponse avec circonspection.

– Accordé, dis-je.

Pendant la pause-déjeuner, on entend l'équipe adverse, qui pique-nique à cinquante mètres sur le sable, rire de bon cœur.

– Tu lui cèdes sur tous les points, même les plus scandaleux, me reproche Barto.

– Sans lui, on n'aurait jamais sauvé la *Niña* pendant cet ouragan de 95, je rappelle à mon frère.

– Mais c'est trop, ça, nom de Dieu ! beugle Harana II.

Ci-joint, transcription et commentaires, la dernière séance.

MAX : Je réclame le droit d'entretenir mes propres forces de sécurité sur les fonds de la Couronne ou du vice-roi.

– Là, il est allé trop loin, espère Barto.

– Vous allez voir ce que Cristóbal va lui mettre, prédit Grand D.

Harana II campe sur ses soupçons.

VICE-ROI : Accordé.

– Ça, faut le voir pour le croire ! hurle Harana II, écœuré.

Et voici le coup de grâce :

MAX : J'ai une dernière exigence.

VICE-ROI : Accordé.

Le regard de Harana II va de moi à Roldán et s'arrête sur lui.

MAX : Vous voulez même pas savoir laquelle ?

VICE-ROI *(indifférent)* : Si vous y tenez.

MAX : Condition expresse : droit de lever une armée de citoyens pour déposer le gouvernement si le vice-roi ne respecte pas ses engagements.

– Bon, eh bien tope-là, dis-je.

Puis m'adressant à Grand D :

– Rédige cette dernière condition et je la signerai.

– Et qu'elle soit contresignée, insiste Roldán, insolent jusqu'à la gauche, par les mêmes vingt notables de Santo Domingo.

Nous nous préparons à rentrer à bord de la *Niña* quand Harana II hèle le quatuor adverse et demande :

– Puisque vous allez avoir une force de sécurité officielle et salariée, vous n'auriez pas, par hasard, besoin d'un bon connétable à Xaragua ? Je suis soupçonneux et méthodique comme pas deux : c'est de famille.

Et sur ce traître discours, Harana II se tourne vers moi, jeune Quichotte à la triste figure, pour me dire :

– Je suis absolument navré, amiral, mais ces trois jours m'ont ouvert les yeux. Maintenant qu'on est tous du même côté, en somme, je pense que je serai plus heureux là où il y a plus d'avenir.

Le Max ayant accepté sa candidature avec enthousiasme, il s'en va un peu timidement lier son destin à la délégation xaraguéenne qui se prépare à escalader la falaise en zigzag.

Je regarde tristement s'éloigner mon ami, mon protégé, l'oncle de mon fils.

Puis, je me tourne vers mes frères.

Nous nous dirigeons à nouveau vers le canot de la *Niña* lorsque, tout à coup, l'un des hommes du contingent de Roldán dégringole le sentier à flanc de falaise.

– Voile ennemie, Max ! Deux caravelles qui filent droit sur la pointe. Dans une demi-heure, elles seront dans la baie.

L'équipe de Roldán fait demi-tour et nous dévisage d'un air soupçonneux, à l'exception de Harana II qui, pour une fois, a seulement l'air surpris.

– C'est un piège ! crie l'un des hommes de Roldán, un piège de salétranger !

– C'est pour ça qu'il a cané sur tous les points, crie un autre. Pour nous endormir jusqu'à l'arrivée de la flotte.

– Ils vont nous tuer tous !

Roldán lui-même jette un regard accusateur à mon équipe, maintenant réduite aux trois frères Colón. Mais avant que j'aie pu protester de mon innocence, Harana II prend ma défense, en une volte-face inattendue.

– C'est pas le vaisseau de l'amiral, je le saurais. Il a toujours été franc du collier avec moi.

Ces mots sonnent vrai. Peut-être bien parce qu'ils le sont.

Je n'en sais pas plus que les autres. Lorsque les deux caravelles montrent leur nez au large de la pointe pour jeter l'ancre auprès de la *Niña,* je ne les reconnais pas.

Mais à la proue du canot qui souque vers la côte se dresse une silhouette familière.

Le névropathe tranche-montagne, l'insouciant condottiere, le coq de combat chamarré – j'ai nommé Alonzo Ojeda – saute à bas du canot avant même qu'il n'ait sillonné le fond. Il gagne la plage en fendant le ressac, agite les deux bras (manches à crevées bariolées, rouge, violet et or).

– Vice-roi ! s'écrie-t-il. Par Dieu, je vous l'avais bien dit qu'on se retrouverait dans ces Indes, au moment où vous vous y attendriez le moins ! Par Dieu !

Tandis qu'il s'avance en bombant le torse, deux mousses sautent du canot pour le stabiliser. Un troisième y place une longue planche, passerelle de fortune. Et sur cette passerelle, attentif à ne pas mouiller ses pieds bottés de velours, monte un type assez grand. Il a l'air dédaigneux d'un chat abyssin qui ferait sa toilette après une échauffourée avec des félins crasseux dans une ruelle levantine. Sa mise est à peine moins voyante que celle d'Ojeda : justaucorps de velours rose, hauts-de-chausses de soie verte, plus ces fameuses bottes de velours exactement assorties à sa cape de velours écarlate – beaucoup trop chaude pour l'Hispaniola. Il met pied à terre avec précaution, comme s'il tâtait le sable, et s'écrie de cette voix théâtrale qu'affectent souvent les aventuriers gentilshommes :

– *Terra firma. Terra firma,* enfin !

Alonzo Ojeda se tourne vers cet explorateur dilettante (j'en connais maintenant assez bien l'espèce pour identifier le spécimen) et déclare :

– Je te l'avais bien dit, Amerigo, mon ami ! Dès l'instant où j'ai aperçu la *Niña* dans la baie, j'ai su que tu n'allais pas tarder à faire la connaissance du découvreur d'un Autre Monde, Don Cristóbal Colón, amiral de la mer Océane, vice-roi et gouverneur des Indes, qui a dessiné de sa main la carte qui nous a menés à Paria et au Paradis Terrestre, et à ces sacs de perles que tu as cachés dans ta malle de voyage. Amiral, je vous présente...

Mais son ami se présente avec une profonde révérence très étudiée :

– Vespucci, Florentin.

Et c'est donc bien malgré moi que j'accueille en Hispaniola ce vulgaire opportuniste éponyme qui va me voler ma place sur toutes les cartes du monde.

– Dire que me voici de l'autre côté de la mer Océane ! s'exclame-t-il (main moite et molle, regard faussement direct) et tout ça à cause des problèmes d'une banque de Séville.

Je hasarde :

– Centurione ?

– Ils truquent les comptes depuis des années, m'explique Amerigo Vespucci. Et Gênes m'envoie rétablir la situation. Ça a pris un moment et m'a finalement valu de rencontrer le brasseur d'affaires le plus louche qu'il m'ait jamais été donné de voir.

Le doute n'est plus permis :

– Porcini-Zampini ?

– C'est bien le nom de cette canaille cacochyme, en effet. Il dirige l'agence péripatétique et il a tellement d'amis à la cour qu'il est intouchable. Mais je peux vous garantir que l'agence Centurione à Séville est maintenant assainie. Enfin, au cours de mes investigations, je rencontre le capitaine Ojeda, ici présent, il me fait faire la connaissance de Juan Fonseca, le génie de l'organisation, et puis bref, Ojeda et moi prenons le commandement de ces deux caravelles pour ce pays que j'appelle Venezuela, car il m'évoque la plus pittoresque des cités italiennes.

– Comment, que *tu* appelles, interrompt Ojeda. Tu ne savais même pas ce que Venezuela voulait dire avant que je te l'explique.

– Ma foi, en y repensant, oui, le capitaine Ojeda m'a peut-être un peu mis sur la voie, admet Vespucci, très à l'aise en espagnol malgré son accent nord-italien. Mais, dites-moi, *paisań !* Dites-moi tout ! Comment ça va, notre Nouveau Monde ?

Notez l'adjectif possessif à la première personne du pluriel. J'aurais dû être édifié. Ojeda l'était, lui. Mais il faut dire qu'il venait de passer plusieurs semaines avec ce fat Florentin et ses simagrées.

– Mon *passager,* souligne Ojeda sans tenir compte des prétentions au commandement de Vespucci, pense qu'il est doué pour le récit de voyages.

– Le Marco Polo du XVIe siècle, dit Vespucci le Modeste.

– Ah ? (Moi, sans autre commentaire.)

– Et vous, vous devez être Don Diego Colón, et vous Don Bartolomeo, s'écrie le Florentin. Racontez-moi ! Je veux tout savoir. Quoi de neuf dans le Nouveau Monde ?

Ce n'est guère, vous vous en doutez, le moment de poser ces questions à mes frères. Malaise. Roldán intervient.

– Il se trouve que vous assistez à un événement historique, messieurs : en retour de frontières ouvertes, libres d'accès, le vice-roi vient de me nommer *Alcade Mayor.*

– Il ne l'avait pas fait en 96 ? demande Ojeda.

– Il m'a renommé *Alcade Mayor,* lavé de toutes les accusations calomnieuses d'ennemis malveillants, il m'a donné le droit non seulement d'entretenir mes propres forces de sécurité mais, au cas où un conflit d'intérêts éclaterait entre les frères Colón et moi, de lever ma propre armée de citoyens.

Est-ce là que le vulgaire opportuniste éponyme commence à se douter que, quel que soit son nom, le Nouveau/Autre Monde ne s'appellera jamais Colonia ? Ni Colonica, ni Colonzuela ? Car aujourd'hui, il paraît bien clair que, tout mythe vivant que je suis, je ne sais pas organiser mon autopromotion avec la ténacité d'un héros éponyme. Pour tout dire, encore deux semaines comme les deux jours qui viennent de s'écouler et je devrai m'estimer heureux que la Colombie porte mon nom.

Sitôt rentré à Santo Domingo – pas de sitôt, du reste : il nous faut aller au lof une bonne semaine par vent d'est –, il est clair que je suis au bout de mon rouleau vice-royal.

Les colons se livrent à des autopsies peu charitables sur mes négociations avec Roldán, commentent avec aigreur la défection de Harana II et poussent la perfidie jusqu'à faire des comparaisons entre mon prêt-à-porter et la haute couture d'Ojeda.

Pourtant, quoique le capitaine me fasse de l'ombre et qu'il ait

– circonstance aggravante – amené ici Vespucci – mon fléau, je suis presque content qu'il soit venu, car il apporte à mes sujets ce dont ils sont le plus avides : des nouvelles. Notre monde en vase clos nous en fournit si peu – si peu d'agréables surtout ! Et puis nous avons laissé notre monde natal si incroyablement loin derrière nous qu'on dirait parfois qu'en venant dans ces Indes, nous avons effacé la civilisation qui a permis leur découverte.

La cargaison de nouvelles d'Ojeda révèle l'achèvement de la cathédrale de Séville, qui, avec ses soixante-dix-sept architectes, sa voûte de soixante-sept mètres au niveau du transept, cent ans de travaux, est le plus grand édifice de toute la Chrétienté. On passe ensuite aux échos de la cour : Jeanne la Folle maintenant princesse héritière perd le nord de plus en plus, tandis que son mari Philippe le Beau flirte en Flandres. Le bruit court que Jeanne la Folle est enceinte.

Voici des potins, voici des scandales, voici la dernière mode féminine (éventails de cuir parfumé, ganse, galon, et une couleur choc : le noir). Dans un premier temps, les colons se renvoient les nouvelles comme au jeu de volant, et puis, la nouveauté s'émoussant, chacun et chacune enfourche son dada et s'imagine en Espagne, qui en train de recevoir la communion dans cette cathédrale record, qui assistant à une corrida ou à un autodafé, qui revêtue d'une robe noire tout égayée de franges et de galons – peu importe qu'on n'en ait jamais vu. Et, comme de juste, la nouveauté appelle la nostalgie. Qui cette fois tourne à l'aigre.

– Même si j'en avais une, quand c'est que je la mettrais, ici ?

– Ça a dû être quelque chose, cette corrida ! Me rappelle même plus à quoi ça ressemble une corrida ; ici, on n'a que des pauv' vaches qu'on leur voit les côtes.

– Une armée de maçons, une cathédrale qui touche le ciel et nous qui avons même pas une baraque en brique !

– Pourquoi on gâche notre vie dans ce trou perdu sur l'autre rive de la mer Océane ?

– Maintenant que Torquemada est mort, moi je rentrerais au pays vite fait.

– Ah, le pays...

– Ben tiens ! Mais c'est les Pharaons qui décident qui reste et qui part et personne part que les marins – et quand ils reviennent, c'est pour amener de nouvelles victimes du pays.

– Ah, le pays !

– Qui sont ces... euh, Pharaons ? s'enquiert Amerigo Vespucci.

Un chœur de volontaires ayant aussitôt retenti pour l'éclairer, Vespucci s'écarte de moi et se demande en aparté :

– Assurément, mon *paisan',* le légendaire amiral Colón ne saurait être membre de cette infortunée nation.

Mais il n'en étudie pas moins ma physionomie avec un regain d'intérêt.

C'est donc peut-être à ce moment-là qu'il commence à se douter que, quel que soit son nom, le Nouveau/Autre Monde ne portera jamais le mien.

Il n'empêche qu'une des nouvelles dont Vespucci est porteur s'adresse manifestement à moi.

En 1497, le jour de la Saint-Jean, un certain John Cabot de Bristol, Angleterre, commandant un navire de quarante tonneaux, le *Matthew,* sous la bannière d'Henri VII, a accosté sur ce qu'il a pris pour une partie de l'Asie (quelle naïveté, ne puis-je m'empêcher de penser), mais qui serait en réalité une côte plus septentrionale du continent que j'ai récemment découvert.

– Et c'est un *paisan',* s'écrie Amerigo Vespucci. Un *paisan'* nommé Gaboto !

– De Gênes, pas de Florence, dis-je prompt au distinguo et pour une fois soucieux d'être considéré comme Génois si cela doit me démarquer de Vespucci aux yeux de l'Histoire.

Dans les jours qui suivent, Ojeda, le névropathe tranchemontagne, reprend ses bonnes vieilles habitudes : il coupe du bois sans licence royale, utilise la main-d'œuvre indienne requise pour traîner les troncs jusqu'à la plage et mène des armées de maraudeurs faire des razzias dans l'arrière-pays pour réapprovisionner ses caravelles. De son côté, Vespucci raconte à qui veut l'entendre qu'il est un personnage de premier plan. Porcini-Zampini, la canaille cacochyme, est promu « trésorier d'État officieux de Gênes, Florence,Venise et Milan, très lié avec le Vatican ». Quant à lui, Vespucci, il est bien sûr son confident. En outre, « au mieux avec le vieux Ludovico Centurione lui-même, non seulement fondateur de la maison Centurione, mais aussi gouverneur en chef de la banque de Saint-Georges, qui est à Gênes ce que le page Borgia est à Rome. Enfin, quoi, à nous trois, Porcini-Zampini, Centurione et moi-même, si on voulait, on pourrait monter un consortium de cités italiennes et on aurait trois fois de quoi s'offrir ces Indes ».

Les méfaits d'Ojeda dans l'arrière-pays me valent une des rares visites de la Walkyrie des mers du Sud.

– Petit capitaine, il prend trop. Petit capitaine, il paie jamais rien. Alors ou bien il retourne vite, vite au Paradis, ou bien on danse danses guerrières, juré craché.

Je convoque Ojeda.

– Quand comptez-vous partir ?

Il prend ma question avec philosophie.

– Les Indiens s'agitent ?

J'acquiesce.

– C'est toujours comme ça. Je sais pas y faire aux colonies, moi. Je donne le meilleur de moi, l'épée à la main.

Ça me rappelle douloureusement quelque chose. Remplacez « l'épée à la main » par « un gaillard d'arrière à arpenter » et ça s'applique à moi.

Quelques minutes avant qu'ils n'appareillent, Vespucci me prend à part. Il va droit au but :

– *Paisan',* vous n'êtes pas précisément l'homme le plus populaire de l'Hispaniola.

Je réponds quelque chose de biblique sur les prophètes en leur pays, etc., qu'il écarte d'un geste de la main.

– C'est vrai que je suis très proche de Ludovico Centurione, vous savez. Et en m'y mettant, je pourrais m'entendre avec cette canaille cacochyme de Porcini-Zampini. Et la banque de Saint-Georges gouverne bel et bien Gênes *de facto.*

– Où voulez-vous en venir ?

– Vous ne devez rien à ces ingrats d'Espagnols. Nos banques d'affaires italiennes ont bu la tasse quand Constantinople est tombée aux mains des Turcs. Depuis, elles cherchent à investir sur une grande échelle. Dans nos Indes, par exemple.

– Écoutez, lui dis-je en commençant à le voir venir, sans le roi et la reine d'Espagne, je serais encore quelque part au fond d'une échoppe, à vendre des cartes.

– Mais vous leur avez déjà tout rendu au centuple, *paisan' !* Alors pensez à mon scénario.

Il contemple la mer.

– Un jour à l'horizon, vous voyez monter les flottes armées de Gênes et de Venise, cent vaisseaux, plus encore. Résister serait du suicide, vous le savez. Alors vous ouvrez Santo Domingo à leurs fonctionnaires et vous laissez leurs armées s'avancer dans l'intérieur des terres, pour pacifier les indigènes. Et vous devenez quoi ? L'homme le plus riche de toute la Chrétienté. Je peux vous arranger ça. Vous n'avez qu'un mot à dire, *paisan'*.

– Je suis sourd, lui dis-je.

– Sourd ?

– Montez à bord de ce bateau. Fichez le camp de mes Indes.

Je me demande si ce vulgaire opportuniste éponyme pensait vraiment que j'allais avaler quelque chose d'aussi tarabiscoté. Pas le coup des banques génoises et des vaisseaux de guerre vénitiens – ça, on ne sait jamais –, mais l'idée que lui, Amerigo Vespucci, allait mener de main de maître cette stratégie grandiose.

Malgré tout, à combien de colons désenchantés a-t-il raconté son « scénario » ? Quel rôle a-t-il laissé entendre que j'y jouerais ?

Peu importe, me dis-je. Il est parti.

Parti de ces pages, aussi. Ici, il n'a qu'un rôle incident, et c'est tout ce qu'il mérite dans l'Histoire et la Géographie. Il revient bien naviguer encore trois fois dans les eaux du Nouveau/Autre Monde, capitaine général d'une flotte à en croire ses écrits bavards, passager selon Peralonso Niño et les autres, et ils doivent le savoir puisque c'est leurs voyages qu'il décrit. Mais il commence par décrire celui d'Ojeda – dont il réduit le rôle à néant. Oui, le névropathe tranche-montagne disparaît du récit du Florentin, qu'il antidate de deux ans pour se faire arriver au large des côtes sud-américaines *(sic)* une bonne année avant moi. Par la suite, il a vent qu'un éditeur de premier plan enseigne la cosmographie à Saint-Dié et sortira bientôt, en collaboration avec un célèbre cartographe, une nouvelle édition de Ptolémée comportant une carte du monde remise à jour. Il les noie sous un flot de lettres. Il va peut-être même les voir. Cela reste à prouver. Mais ce qui semble bien certain, c'est que l'éditeur, un certain Martinus Waldseemüller et le cartographe, un certain Martin Behaïm, qui ont le choix entre un Colón et un Vespucci éponyme, sont trop contents de lui donner la place qui me revient dans la Géographie.

Non que je sois vexé. Qu'est-ce qu'un nom, après tout ?

Un jour d'août, Juan Niño de Moguer me fait visiter sa nouvelle ferme, qu'il a installée à quelques kilomètres dans l'intérieur des terres parce que l'air de la mer, salé, nuit aux plantations. Tout à coup, un cavalier apparaît ou plutôt se fait entendre, car avec la hauteur des plants, nous ne le voyons que lorsqu'il entre dans le sillon où Juan Niño et moi mâchons convivialement deux morceaux de canne.

C'est Cristóbal Rodriguez la Langue, ce cavalier, et hors d'haleine.

– Banane..., semble-t-il dire dans un souffle.

Juan Niño répond :

– Désolé, on n'en fait pas ici. Prends donc un bon petit morceau de canne à sucre.

Cristóbal Rodriguez essaie de reprendre son souffle et articule presque distinctement :

– Harana...

– Ne prononce pas le nom de ce traître devant moi, gronde Juan Niño dont le front se plisse avec une férocité réelle, cette fois.

– ... est de retour ! termine la Langue.

Interprétant correctement l'information, Juan Niño change aussitôt de sentiment :

– Ce brave vieux Harana a re-déserté, tu veux dire ?

Ma poitrine se serre. Je réalise que je ne respire plus. Harana aurait-il réussi son coup ?

– Il est arrivé ce matin avec le prisonnier que vous l'avez envoyé chercher à Xaragua, vice-roi, dit la Langue.

Oui, Harana est entré en héros à Xaragua, où on l'a consacré déserteur de haut vol. Il a bientôt constaté que cet Adrian Muxica, agent de liaison avec les guides indigènes, traitait les Haïtiens comme du bétail ; il a donc fomenté un complot avec les Indiens pour le capturer. Le Max a eu vent du complot à temps pour poursuivre Harana II et son prisonnier jusqu'aux portes de Santo Domingo – mais tous ces événements, pour intéressants qu'ils soient, dépassent le modeste plan de cet ouvrage.

Quand je rentre à Santo Domingo, Roldán m'attend avec une escorte armée devant le juzgado.

– Je veux le prisonnier.

– Pas question.

– Il a été enlevé. Je n'ai pas rédigé de mandat d'arrêt et c'est moi l'*Alcade Mayor.*

J'envoie chercher Harana II, qui se trouve à l'intérieur.

– Muxica a avoué ?

– Je m'y emploie, vice-roi. Mais, depuis qu'il est là, c'est incroyable ce que les témoins oculaires retrouvent la mémoire. Vous voyez, une fois que...

– Il a été formellement reconnu ?

– Oui, monsieur. Par huit personnes. Pour les aveux, laissez-moi encore quelques minutes.

En réalité, il faudra encore une heure pour que le connétable reparaisse, brandissant une feuille de papier.

Roldán ne peut plus dire grand-chose. Alors, il se tourne comme nous tous vers le gibet de Barto.

C'est le samedi 27 août 1500 qu'a lieu la première pendaison de l'histoire de l'Hispaniola. Toute la colonie y assiste – les grabataires sur leur litière, notre population de plus en plus importante de petits métis perchés sur d'hospitalières épaules, et même nos dames espagnoles, d'ordinaire si réservées (seule Inocencia est restée à la ferme).

Je me détourne à l'instant fatidique. La foule s'entrouvre pour moi comme la mer Rouge pour Moïse. « Pharaon », n'en murmurent pas moins quelques voix. Justice rendue, vengeance tirée, je quitte la plaza dans un silence lourd. Je marche et puis je cours par les rues désertes. Je n'éprouve aucun des sentiments que j'aurais cru éprouver. Aux écuries, je selle le premier cheval, l'enfourche et galope vers la ferme où Juan et Inocencia font pousser la canne à sucre, élèvent du bétail et un fils de dix mois qu'ils appellent Yego.

Le lendemain, c'est Grand D qui me le racontera, les citoyens de Santo Domingo qui se rendaient à la messe dominicale obliquent comme un seul homme vers le front de mer. Là, au large du port, deux vaisseaux attendent que la brise matinale tombe pour accoster.

C'en est presque trop pour nos colons – les caravelles d'Ojeda et leur quota de nouvelles, ce vantard de Vespucci avec ses relations, la pendaison... et maintenant deux caravelles inconnues ! On dirait presque que notre petite colonie est devenue un carrefour du globe.

Le quai est noir de monde, l'église vide, la plaza déserte ; le pendu se balance doucement dans la brise du large, ignoré. Comme quoi un cadavre qu'on laisse danser au gibet jusqu'à ce qu'il soit bien faisandé n'a pas la valeur dissuasive qu'on lui prête.

S'il est ignoré en ville, ce même pendu fait l'objet de spéculations nourries sur le gaillard d'arrière de la *Gorda.* Les nouveaux venus prennent les pendaisons au sérieux ; surtout les nouveaux venus porteurs de lettres de créance royale qui les proclament magistrat et gouverneur, avec pouvoir d'arrêter et de mettre sous séquestre. Ainsi, Don Francisco de Bobadilla, cinquante ans, chevalier commandeur de l'ordre militaire de Calatrava, membre de la Maison du roi, ancien maire d'une demi-douzaine de villes, modèle de probité, chargé d'honneurs, bref, tout à fait le genre que j'aurais choisi moi-même.

Sur la côte, tout le monde se demande qui est à bord. Grand D, qui est seul responsable de la capitale puisque je suis à la ferme Niño et Barto dans l'arrière-pays, où les rebelles s'agitent un peu, envoie Cristóbal Rodriguez aux nouvelles dans un canot.

Sur le gaillard d'arrière de la *Gorda,* Cristóbal Rodriguez se présente comme chef de la sécurité. Don Francisco de Bobadilla le salue avec brusquerie, sans quitter des yeux le minuscule cadavre qui se balance à ce gibet miniature.

– Ça arrive souvent, ce genre de choses ? demande-t-il.

– C'est la première fois, répond la Langue.

– Ouf !

– Mais croyez-moi, maintenant ça va changer. Le boss est dans l'arrière-pays, il réprime les troubles à Concepción de la Vega et il est moins patient que son frère le vice-roi, alors des rebelles au bout d'une corde, vous allez peut-être pas tarder à en voir d'autres.

– Le condamné était donc rebelle ?

– Oui et il a assassiné un Indien.

– On a pendu un Espagnol parce qu'il avait tué un Indien ?

Cristóbal Rodriguez entreprend d'expliquer qu'il s'agit d'un cas particulier, mais voilà que le vent tourne enfin, on crie des ordres de toutes parts, les palans tonnent, les voiles se gonflent et la *Gorda* et sa sœur l'*Antigua* se dirigent vers la côte.

Rodriguez n'a pas le pied marin. Tant bien que mal, il reprend ses explications.

– Le fils du vice-roi ? répète Don Francisco de Bobadilla avec dégoût. Il était donc mâtiné d'Indienne ?

– C'est-à-dire, oui, mais le vice-roi n'était pas son père.

– Expliquez-vous ! aboie Bobadilla, quoique Rodriguez s'y emploie.

Où était Bobadilla lors du baptême de Yego Clone à la cathédrale de Barcelone, je l'ignore.

– Le jeune homme n'a jamais connu son père, tente Cristóbal Rodriguez.

– Alors, cette prétendue victime d'un meurtre était non seulement un Indien, mais un bâtard ?

Les derniers mots compréhensibles de Cristóbal Rodriguez sont :

– Il n'a jamais connu sa mère non plus.

Car le temps que la *Gorda* atteigne les eaux placides du port, il a le mal de mer. Ceci explique peut-être qu'il ne parvienne pas à clarifier le statut de Yego, fils adoptif du vice-roi et filleul des souverains. Et lorsque Bobadilla sera mis au courant, il sera trop tard. C'est peut-être un homme probe, mais il n'a pas l'esprit ouvert.

Une fois à terre, il me réclame immédiatement.

Grand D s'avance dans sa robe de moine et se fait connaître. Avec sa pâleur, sa douceur et son manque d'assurance, il n'a guère d'autorité. Bobadilla, si. Il exhibe sa lettre de créance, Grand D la lit et bafouille :

– Ça dit *Alcade Mayor* et gouverneur. Qu'est-ce qui se passe ?

Ignorant la question, Bobadilla demande :

– Vous dites que votre frère est en visite chez des amis, dans l'intérieur ?

– Il avait besoin d'air après l'exécution.

A ce moment-là, quelqu'un crie dans la foule :

– Et comment, oui, sale Pharaon !

Des variations sur ce thème se font entendre.

– Et votre autre frère, celui qu'on appelle le boss ?

Grand D confirme qu'il est également dans l'arrière-pays et s'occupe de colons turbulents.

– Cela se produit souvent, Don Diego ?

Grand D, qui n'est pas la présence d'esprit en personne, n'arrive pas à décider si une réponse affirmative ou négative servira le mieux nos intérêts. Il opte pour le style dégagé :

– Oh, les insurrections mineures, ici, on n'en fait pas une affaire.

Don Francisco de Bobadilla ouvre des yeux ronds.

Et Roldán intervient dans la conversation en se présentant comme *Alcade Mayor*.

– Vous êtes relevé de vos fonctions, l'informe sèchement Bobadilla.

Au lieu de protester, Roldán soupire un fervent :

– Dieu merci !

Bobadilla lui lance un regard méprisant :

– Trop de soulèvements pour vous ?

– C'est pas ça. Les rébellions, bah, j'en fais mon affaire. Mais que faire, quand on est seul face à un complot étranger pour s'emparer des Indes – complot où le vice-roi lui-même est directement impliqué ?

Le voilà qui échafaude habilement un faisceau de présomptions accablantes. La visite récente d'Amerigo Vespucci – dont les rapports étroits avec le trop fameux Porcini-Zampini et le vieux Ludovico Centurione lui-même sont bien connus *(sic)* ; le fait qu'un autre Génois, même battant pavillon anglais, vienne de prendre possession de terres au nord...

– Mais enfin, le vice-roi est-il pharaon, comme disent ces colons, ou bien génois ? demande Bobadilla agacé.

Roldán hausse les épaules :

– L'un n'empêche pas l'autre, je présume.

Avant qu'il soit longtemps, les trois secrétaires de Bobadilla enregistreront des dépositions ; tout y passera depuis le consortium italien d'Amerigo Vespucci, jusqu'aux amours inter-raciales de Barto. Mais, d'abord, le nouvel *Alcade Mayor* gouverneur veut avoir où loger.

– Où est la demeure du gouverneur ? demande-t-il à Grand D.

– Mais, c'est que nous avons mieux que ça. Nous avons un vrai palais vice-royal. Vous voyez ce bâtiment imposant où flottent les armes du vice-roi ?

– Amenez le drapeau. Je vais aménager immédiatement avec ma suite.

Grand D est un type très doux qui cédera plutôt que de faire des histoires. Mais quand la coupe est pleine, il surprend son monde.

– Alors, là, vous pouvez courir ! dit-il à Bobadilla.

Le gouverneur répond par deux phrases :

– 1) Arrêtez cet homme – pour dissiper toute équivoque, il désigne Grand D du doigt – 2) Tâchez de savoir exactement où se trouve son frère.

Je me trouve à la ferme Niño. Je fais sauter le petit Cristóbal Yego sur mes genoux et me persuade, comme tous les hommes d'âge mûr avec leur neveu ou petit-fils préféré, qu'il répète : « Dada, dada. » Et j'écoute Inocencia m'expliquer son idée d'école indienne, idée à laquelle elle a visiblement beaucoup réfléchi.

– Je suis au courant de tous ces projets pour les envoyer en Espagne, les adultes, mais quand on les envoie c'est toujours comme esclaves. Alors pourquoi n'instruirait-on pas plutôt les enfants ici ? J'en ai déjà parlé à frère Pane et il en pense du bien. Bien sûr, il voudra superviser le déroulement des études. Il y a parmi nous des femmes qui seraient trop heureuses d'enseigner, et si on les prend jeunes, on aura une nouvelle génération d'Indiens qui parleront couramment espagnol et qui pourront devenir de bons chrétiens.

La petite Inocencia a pris le mors aux dents et elle est tout sauf timide. Mais lorsque je lui demande : « Savez-vous lire et écrire ? », elle rougit joliment, non pas parce qu'elle ne sait pas, mais bien parce qu'elle sait.

– J'ai voulu apprendre quand j'étais toute jeune. Allez savoir pourquoi. Et je ne suis pas la seule dans la colonie. Il y a des filles comme ça.

Il me semble que j'entends encore Beatriz me dire :

Je veux acheter un livre.

Classique, ordinaire.

Il est bien comme livre, pour apprendre à lire ?

Vous voulez dire qu'il faut que je sache lire avant d'acheter un livre ? C'est injuste. Comment pourrai-je apprendre si je n'en achète pas ?

– Oui, dis-je, il y a des filles comme ça.

Faire sauter les tout-petits sur ses genoux et se repasser ses souvenirs, ça va souvent ensemble, vous avez remarqué ?

Conjuguant l'un et l'autre, je réponds à Inocencia :

– Pas besoin d'attendre des locaux officiels. Il y a largement la place au palais vice-royal...

C'est alors que nous entendons un galop se rapprocher. Bientôt, Juan Niño apparaît à la porte, le visage férocement violacé.

– Il y a là une escouade de soldats, vice-roi, dit-il. Ils prétendent qu'ils viennent vous arrêter.

Deux heures plus tard, Harana II fait irruption dans le juzgado et ouvre la cellule du fond ; sitôt qu'il nous aperçoit, Grand D et moi entravés de part et d'autre d'une petite table, il hurle :

– On vient de me mettre au courant, amiral. Je vais vous ôter ces fers tout de suite. C'est la chose la plus aberrante, la plus ridicule...

Il est trop furieux pour en dire plus. Grand D lui lance un regard plein d'espoir.

Mais je suis ferme :

– Si Leurs Majestés ont conféré à cet homme le pouvoir de nous mettre aux fers, eh bien, nous resterons aux fers jusqu'à ce que Leurs Majestés confèrent à quelqu'un d'autre le pouvoir de les retirer.

Soupir de Grand D.

– Allez à Concepción et ramenez le boss, dis-je à Harana II.

Il sourit :

– Je vois. Avec ses alliés indiens de Bonao ?

– Non. Il y a aussi un mandat d'arrêt contre lui. Je veux qu'il se rende.

– Sans résistance ? Mais pourquoi, amiral ?

C'est bien simple. Si je résiste, si je fais dire à Barto de lancer ses Indiens sur Santo Domingo, je coupe l'île en deux camps. *Ce n'est la faute de personne. Cette fois-ci.* Ainsi parlait Guacanagari. Je ne veux pas qu'il y ait de prochaine fois.

Donc, le lendemain, Barto nous rejoint dans le juzgado et se soumet aux fers avec un courroux silencieux. Et nous attendons. Don Francisco de Bobadilla est homme à enregistrer les dépositions avec minutie. Lorsque nous montons à bord de la *Gorda,* pour rentrer en Espagne aux fers, il s'est écoulé des semaines, et on confie à son capitaine, un certain Andrés Martín, un rapport de cinq cents pages.

Bobadilla reste à Santo Domingo en tant que gouverneur.

Une triste pensée me traverse l'esprit : Inocencia n'aura jamais l'occasion d'ouvrir son école.

Sitôt au large, le capitaine Martín descend avec une lanterne dans la sombre cabine sans hublot où nous sommes incarcérés.

– Je suis absolument navré de tout ce qui s'est passé, amiral, dit-il, gêné. Je vais vous faire enlever ces fers immédiatement.

Je secoue la tête.

Pourquoi est-ce que je refuse, maintenant que nous sommes en mer ?

Se poser cette question, c'est ne rien comprendre à ma personnalité. Ces menottes et ces fers sont-ils une humiliation pour moi ? Non, ils sont l'insigne de mon honneur, car j'ai servi des gens haut placés qui m'ont bien mal récompensé. C'est à eux d'avoir honte et non à moi. Si je pouvais, je les emporterais dans la tombe, ces fers.

– Tête de mule, dit Barto d'une voix dure où perce pourtant l'affection.

Non qu'il comprenne, pas plus que Grand D d'ailleurs. Ma sérénité au cours de cette longue traversée les sidère. L'avenir terrifie le pauvre Grand D. Barto entretient son indignation.

Mais moi, je porte ma sérénité nouvelle comme une armure. Rien ne peut m'atteindre. J'ai donné le meilleur de moi-même. A l'impossible, nul n'est tenu.

Nous avons beau temps, bonne table, du vin en abondance. Parfois la nuit, je rêve de Petenera. Que m'a-t-elle écrit déjà le jour de mon départ, il y a si longtemps ? *Ma destinée m'attend ici.* Deux ans et plus... il a pu s'en passer des choses. Cela aussi fait partie de ma sérénité nouvelle. Peut-être qu'elle et moi, lorsque je la retrouverai...

– Qu'est-ce que t'as à sourire comme un crétin ? demande Barto.

– Rien, rien. Je rêvasse.

Le lecteur attentif fera remarquer qu'on ne me balance pas de bol de bouillon au fin fond de la cale, qu'il n'y a pas de rustre mal embouché comme dans ce rêve que j'ai fait à seize ans, quand j'agonisais à Rome. D'accord, mais à ces nuances près, je trouve que, pour un coup d'essai dans le rêve prophétique, c'était un coup de maître.

On en aura parlé de mon retour en Espagne aux fers ! Il a fait couler plus d'encre que tout autre événement à l'exception de mon Premier Voyage. Splendeur et misère... le sujet était trop tentant. J'étais au creux de la vague – professionnellement du moins –, on a brodé là-dessus. Je n'en veux à personne.

Si, quand même.

Pourquoi un romancier moderne, fils de la patrie du Nouveau/Autre Monde découverte par John Cabot, prix Nobel, a-t-il cru devoir finir son roman le plus long et le plus célèbre sur cette phrase ? « Colomb aussi a dû se prendre pour un raté quand on l'a renvoyé enchaîné. Cela ne prouvait pas qu'il n'y avait pas d'Amérique. »

Bien sûr que je me prenais pour un raté. Mettez-vous à ma place. Mais, vraiment, cette référence à Vespucci, c'est retourner le couteau dans la plaie.

19

Retour presque imprévu du Mouron Bleu.

Spécial amateurs de familles royales au destin tragique : Isabelle et son cousin Ferdinand, qui s'étaient mariés pour unifier l'Espagne, auraient très bien pu fonder une dynastie assez puissante pour éclipser les Habsbourg et les Hohenzollern, les Bourbons et les Romanov. Ils avaient eu dix enfants, après tout.

Mais la moitié étaient morts à la naissance ou en bas âge.

Puis le prince héritier Juan, vous l'avez vu, mourut d'amour pendant sa lune de miel.

Puis la princesse Isabelle, la chérie du roi, mourut en couches, et Marie, sa cadette, devint à son tour reine du Portugal.

Et le fils d'Isa, qui aurait pu faire de l'Ibérie la plus grande puissance européenne, mourut d'une fièvre (le mot fièvre s'employait souvent par euphémisme, pour ne pas dire empoisonnement).

Et Philippe le Beau, le mari bourguignon, bourreau des cœurs, de Jeanne la Folle, ne régnerait que deux ans sur l'Espagne, emporté par un coup de froid après une partie de jeu de paume (« coup de froid », tout comme « fièvre », était souvent un euphémisme).

Et Jeanne la Folle ne fit pas mentir son surnom.

Le 17 décembre 1500, toutes ces morts tragiques, sauf celle de Philippe le Beau, étaient déjà survenues. De quoi faire d'Isabelle et de Ferdinand le couple royal le plus aigri de la Chrétienté.

– Et pourtant, ça ne va pas si mal, m'assura Juana de Torres, sœur de mon vieil ami le capitaine Torres et confidente de la reine.

Nous bavardions dans la petite antichambre de la salle d'audience de l'Alhambra de Grenade où jadis les musiciens aveugles jouaient pour le sultan.

– Parce que la princesse Catherine, leur benjamine, est vraiment un amour. Ils reportent tous leurs espoirs dynastiques sur elle ; ils sont en train d'arranger son mariage avec le prince de Galles, ce gentil prince Arthur. Si bien qu'en fait vous leur trouverez plutôt bon moral.

Arthur, les maniaques de l'Histoire doivent le savoir, allait mourir (coup de froid ? fièvre ? euphémisme ?) trois mois après le mariage. Et la princesse Catherine – Catherine d'Aragon – allait épouser en secondes noces son cadet et successeur sur le trône : le gentil roi Henri VIII.

Portrait des Astrides en rois de pique...

– Comment vont mes fils ? demandai-je à Juana de Torres.

J'aurais pu me vexer de ne pas les avoir encore vus, mais, dans ma sérénité nouvelle, je me rappelais que tout le monde était très pris à la cour.

Après avoir conclu un traité avec le nouveau roi de France et être entrés en guerre contre plusieurs cités italiennes (cette nouvelle porta un léger coup à ma sérénité : je me demandai si cet improbable complot de Vespucci y était pour quelque chose), Leurs Majestés avaient fini par nous envoyer chercher à La Rábida, mes frères et moi. D'autre part, ils nous avaient envoyé – très bon signe – deux mille ducats d'or pour que nous puissions voyager en grand équipage. Cela faisait si longtemps que nous moisissions au monastère, avec nos entraves puisque j'y tenais, que lorsque parvint l'ordre royal de nous les retirer, je me sentis tout nu.

– Vos fils, répondit Juana de Torres, ne font guère parler d'eux ces temps-ci. Il traîne beaucoup d'anciens des colonies dans les parages, et ils réclament à cor et à cri l'arriéré de leurs gages, entre autres. Oh ! Sur Ferdi-Gras, leurs insultes ont l'air de glisser, mais Diego – ça c'est un beau mec –, il les prend plus à cœur. L'autre fois, il a perdu patience ; il a envoyé au tapis et roué de coups de pieds un officier de cavalerie, ancien favori de la reine, dont le nom ne me revient pas.

– C'est mon fils que vous appelez Ferdi-Gras ?

– C'est son surnom, oui. Pardonnez-moi.

Sur ces entrefaites, un poussah en livrée or et violet vint nous chercher : à onze ans, Fernando avait passé l'âge des rondeurs enfantines, et je me dis qu'il était grand temps qu'on l'endurcisse.

Comme il y avait une dizaine d'autres personnes dans l'antichambre, il ne se répandit pas en effusions.

– Papa. Heureux de te voir. Oncle Barto, oncle Diego. Eh bien, ils vous attendent.

Il ajouta :

– Pas de temps de parole fixé, que je sache.

– Où est ton frère ?

– Il mange du fer. C'est le plus grand mangeur de fer que j'aie jamais connu, dit le plus gras des pages royaux.

On nous introduisit donc sous la galerie où, dans le temps, jouaient les musiciens aveugles. Plus d'ombres vacillantes dans la clarté des flambeaux, intemporelles et immatérielles comme les arabesques qui parcouraient les murs et qui, je m'en rendais compte à présent, n'étaient que du vulgaire stuc.

Un sage de la Grèce antique, nommé Héraclite, a écrit que le temps est un fleuve où l'on ne se baigne jamais deux fois dans la même eau.

Je tombai à genoux, yeux baissés, devant les trônes jumeaux. Je me sentais blessé, atteint dans mon bon droit, mais je me rappelai ma nouvelle sérénité. Derrière moi, je crois bien que Grand D s'était prosterné. Mais je n'en suis pas tout à fait sûr parce qu'un choc m'attendait : Barto, redressant sa petite taille, se mit à parler au mépris du protocole.

– Ben ça alors, Vos Majestés, c'est quoi ce coup que vous me faites ? J'avais la belle vie, moi, à Fontainebleau, il y a sept ans quand j'en suis parti pour aider mon frère. Et vous, vous étiez trop contents de m'envoyer à sa rescousse avec une flotte – et c'était pas du luxe, du reste, pour l'amiral. J'ai claqué les plus belles années de ma vie là-bas, au fin fond de vos Indes, en brousse. Les nuits où j'ai dormi dans un bon lit, avec ou sans compagnie, ça se compte sur les doigts. Punaise ! J'étais à mon compte, peut-être ? Je roulais pour vous, oui ! Et vous, tout ce que vous trouvez pour me témoigner votre gratitude, c'est me faire arrêter et retraverser la mer Océane aux fers – non mais c'est trop ça ! Et pour finir me boucler dans un monastère ?

Il ajouta :

– Et pareil pour mes frères ; et s'arrêta pour reprendre son souffle.

Trop interloqués pour faire autre chose que se pencher sur leur trône et écouter, le roi et la reine se penchèrent et écoutèrent dûment.

– Eh bien, merci ! reprit Barto. Trop aimables ! Mon frère Cristóbal pense peut-être qu'il vous doit quelque chose, pour des raisons qu'il est seul à connaître, et puis mon frère Diego, c'est pas le genre à faire des vagues, mais moi, je marche pas. Comptez pas sur moi pour répondre à ce ramassis d'accusations insultantes, hein ! Si vous avez des propositions à me faire côté boulot intéressant et lucratif, d'accord, j'étudie la question. Autrement, moi, je reprends mes billes. Sapristi, les rois et les reines, ça manque pas sur la carte d'Europe ! Et y a pas besoin de leur courir après comme vous, et au niveau de la loyauté, ils sont nettement plus fiables. Parce qu'ils admettent que la loyauté, ça marche pas à sens unique. Je me suis bien fait comprendre ?

Il s'était bien fait comprendre. Dans son discours, ou plutôt ses vociférations, chaque membre de phrase était un crime de lèse-majesté. J'étais convaincu que mon frère serait traîné dehors et garrotté dès que les souverains lèveraient le petit doigt. Mais pas du tout. A croire que son séjour à Fontainebleau lui avait appris sur les têtes couronnées des choses qui m'échapperaient toujours.

Le roi dit :

– Il y a peut-être un soupçon de vérité dans votre... interprétation des événements, Don Bartolomé.

La reine dit :

– Miséricorde ! Avons-nous vraiment commis toutes ces horreurs ? Sûrement pas. Je l'espère, du moins.

Je levai donc les yeux vers eux, vers elle surtout, pour la première fois. Second choc. Le malheur avait fait tomber les commissures de ses lèvres ; la souffrance et le chagrin (ou seulement l'infortune, peut-être) avaient recouvert son visage d'un réseau de ridules ; l'adversité avait fait blanchir sa somptueuse chevelure rousse, aujourd'hui rare et retenue au hasard sous sa couronne de voyage. En un mot, c'était une vieillarde. Or elle était exactement du même âge que moi, c'est-à-dire dans sa cinquantième année.

Lui apparaissais-je comme un vieillard, moi aussi ?

– Nous nous sommes penchés sur la question de cette union des cités italiennes qui s'apprêteraient à attaquer notre royaume outre-mer, dit le roi.

– Seulement pour découvrir qu'il s'agissait d'une rumeur sans fondement, ajouta la reine.

– N'empêche que nous sommes en guerre contre les cités italiennes, poursuivit le roi. Pensez-en ce que vous voudrez.

– Simple accrochage sur la question napolitaine, lui rappela la reine, qui n'a absolument rien de commun avec un prétendu complot contre nos Indes.

– Possible, dit le roi avec rancœur.

Et il ajouta avec une rancœur plus grande à mon intention :

– Et peut-être que vous n'avez pas abusé de votre autorité vice-royale en exécutant cet assassin, Don Cristóbal, mais même ainsi, nous ne pouvons nous empêcher de nous demander...

Sa phrase resta en suspens et il se tourna vers la reine.

– De nous demander quoi, déjà ?

– Pourquoi, au nom du Ciel, le chevalier-commandeur Francisco de Bobadilla a abusé de son autorité à lui pour mettre aux fers les frères Colón ? Mais ce n'est guère à l'amiral de la mer Océane qu'il faut poser cette question.

– Non, non sans doute, convint le roi. Mais nous avions bien donné à Bobadilla tout pouvoir de renvoyer en Espagne quiconque menacerait la paix et la sécurité de la colonie, n'est-ce pas ?

– Je le crois, en effet, admit la reine.

– Hum, dans ce cas..., dit le roi, perplexe.

Leur conduite des affaires n'avait pas changé d'un iota, pensai-je dans ma nouvelle sérénité. Lèse-majesté ou pas, Barto n'avait pas tort ; notre meilleure défense était dans cette attaque qui avait fait repartir leurs sempiternelles chamailleries : la bataille était donc à moitié gagnée.

Grand D lui-même avait dû s'en rendre compte. Il prit la parole, confiant.

– Nous, menacer la paix et la sécurité de la colonie ?

– Mesurez vos paroles, cingla le roi. Nous ne tolérons pas de lèse-majesté ici.

Fin de la carrière diplomatique de Grand D.

Je m'enquis de ma nouvelle voix sereine :

– Et mes offices, Sires ? Ils m'avaient été attribués à vie. En fait, ils sont même héréditaires.

– Vous demeurez, dit la reine, notre bien cher amiral de la mer Océane.

N'était-ce pas un brin pontifiant ?

– Le titre vous appartient toujours, Don Cristóbal ; il est toujours héréditaire, dit le roi en insistant sur le mot « titre ». Ainsi que le « vice-roi » honorifique.

– De quoi, de quoi ? Honorifique ! dit Barto. Donnez-lui ses 12,5 % !

Le roi suggéra :

– Que diriez-vous d'un joli duché ici, dans la province de Grenade, plutôt, Don Cristóbal ?

Je secouai ma tête chenue et opiniâtre.

– Je suis trop jeune pour m'établir. D'ailleurs, je suis amiral et vice-roi, et non pas duc.

– Vous devez tout de même bien comprendre, dit la reine, qu'aucun homme, si méritant fût-il, ne peut compter recevoir indéfiniment un huitième des revenus de notre royaume outremer.

– La cupidité n'est pas de mise, Don Cristóbal, reprit le roi.

Don Cristóbal ! Pas vice-roi. Ni même amiral ou gouverneur.

– Parce que, enchaîna la reine, entre les découvertes de Vicente Yanez Pinzón et de cet audacieux capitaine Ojeda, celles de votre bon ami Peralonso Niño et de Bastidas de Séville, de Lepe de Palos – sans parler de ceux dont j'oublie le nom –, ce royaume, ce Nouveau/Autre Monde, est bien plus grand que notre vieille Espagne.

Il y eut une de ces rares manifestations de royale unanimité. Le roi renchérit :

– Vous ne pouvez plus compter le gouverner en tant que vice-roi, ni que vos héritiers vous succèdent, ni continuer à percevoir votre pourcentage abusif.

Ils avaient raison, bien sûr. Pendant que je jugulais des insurrections et que j'empêchais des guerres en Hispaniola – sans parler du temps où j'avais langui dans les fers –, l'Histoire m'avait laissé sur place. Mais dans ma nouvelle sérénité, je n'en étais plus à ça près.

– Je suis sûr, dit la reine pour me faire avaler la pilule, que nous pourrons parvenir à un arrangement satisfaisant avec votre agent, Luís de Santangel.

– Il est de retour, Madame ? m'écriai-je.

– Oui, mais vous ne le reconnaîtrez pas, prédit le roi.

– Moi, l'obésité..., dit la reine.

Puis son nouveau vieux visage sourit à Barto :

– Eh bien, Don Bartolomé, voulez-vous rester à notre service ?

– Les Portugais acceptent les capitaines espagnols dans le commerce avec l'Afrique, glissa le roi avec à-propos. Mais si vous préférez, notre propre marine a besoin d'officiers expérimentés pour la guerre contre le consortium des cités italiennes.

– Gênes n'en fait pas partie, se hâta de préciser la reine.

Le regard froid de Barto soutint celui du roi.

– Je suis pas espagnol, moi, pas plus que l'amiral, grâce à Dieu. Va pour le Portugal.

C'est ainsi que Barto allait prendre le commandement d'une

flotte qui établirait des forts entre Fernando Po et le cap de Bonne-Espérance, et quitter ce récit l'espace de deux ans.

– Et vous, Don Diego ? demanda la reine.

– Partez donc pour le Portugal avec votre frère..., dit le roi.

Mais Diego fit son sourire timide.

– Je me suis mis à me plaire à La Rábida. C'est un endroit paisible.

Si bien qu'il allait passer une bonne partie de sa vie au monastère isolé et, à ma connaissance, s'en porter mieux que ses deux frères.

– Et vous, amiral ? demanda la reine. Qu'allez-vous faire ?

Je n'en savais rien.

Je ne savais que me dire : l'œuvre d'une vie, née du chagrin d'une décennie julienne sur la rive nord du monde, la Grande Aventure, si longtemps préparée, si brièvement vécue, et mes Indes en d'autres mains, d'autres cœurs, d'autres rêves...

Mais non. Ma nouvelle sérénité me rendait étranger aux regrets.

Dès que, escortés du plus gras des pages royaux, nous eûmes quitté la salle des musiciens aveugles, désormais prosaïque avec ses arabesques de stuc, je me rendis dans l'aile de l'Alhambra où je savais trouver Luís de Santangel.

Sans ce cigare parfaitement roulé, planté, bien vivant, au coin de sa bouche, je ne l'aurais jamais reconnu. Le trésorier de la maison d'Espagne était svelte ; avec ses kilos superflus, il avait perdu une part de sa présence.

Il arpentait la pièce en dictant une lettre à son secrétaire exécutif, Espina de Chopito. Cette impression de puissance, qui émanait autrefois de lui, avait fait place à une sorte d'énergie nerveuse, comme si, sa graisse fondue, ses neurones, ses ganglions et tout et tout étaient à fleur de peau.

Du moins sa voix avait-elle gardé toute son assurance.

– ... des ennuis, et on pourra toujours faire brûler des cierges dans toutes les églises de la Chrétienté. Si vous ne me croyez pas, allez-y, et ça vous coûtera la peau des fesses. Je vous aurai prévenus. Bon, c'est tout Chopito, virgules, points-virgules et points finaux, comme toujours. Trois exemplaires.

– Comment ? Pas de points d'exclamation ? dis-je.

Il me regarda un instant sans comprendre, derrière une bouffée de cigare, puis il s'exclama :

– Ah, mon garçon ! Je savais que vous étiez de retour, mais vous avez comme qui dirait pris de la bouteille. Seigneur ! J'aurais jamais cru que je vous reverrais. Espina, va voir là-bas si j'y suis, tu veux ?

Espina de Chopito y alla.

– Où est-elle ? demandai-je.

– Vous voulez que je vous mente ? Alors, je vous dirai que je n'en sais rien. Que je vous parle franchement ? Alors, je vous dirai que je peux pas vous le dire. Désolé, mon garçon. Alors, comment ça s'est passé avec les Majestés ?

Tout en parlant, le nouveau Santangel Paquet-de-Nerfs tirait sur son cigare extra, allait du bureau à la fenêtre (vue sur Sacromonte), faisait craquer ses jointures tandis que son sourcil gauche se soulevait sporadiquement, cette dernière mimique s'apparentant très nettement à un tic.

– Il faut me le dire !

Il sembla détourner la conversation :

– Je faisais trop de sentiment. Sale coup pour l'amour-propre, hein ? Un type qui débute à neuf ans en balançant toute sa famille... et crac, cinquante ans plus tard, on découvre qu'il fait trop de sentiment.

– Trop de sentiment pour quoi ?

– Pour découvrir où le Suprême avait groenlandisé mon fils Santí. Oh, j'ai bien essayé en 97-98. Mais quand il a été clair que je faisais trop de sentiment pour arriver à quelque chose, on a réuni une assemblée de décideurs – houleuse, je vous raconte pas ! – et on a trouvé quelqu'un qui en ferait pas.

– De quoi ?

Je n'y étais plus du tout.

– De sentiment. Et qui pourrait joindre Santí avant qu'il ne parle. Parce que, tôt ou tard, le Suprême brise tout le monde. Mais jusqu'à présent mon gosse – Seigneur ! Ça faut pas le lui enlever ! –, cinq ans dans un donjon, et il tient toujours. Pas desserré les dents, selon nos taupes à l'intérieur du Saint-Office. Bref, il n'y avait qu'une seule personne qui puisse faire le boulot, alors je me suis désigné pour aller la prévenir à La Ràbida, et depuis, c'est elle qui est sur l'opération ; elle se charge de trouver où ils l'ont groenlandisé.

– Petenera ?

Je m'en étranglais, oubliant presque ma nouvelle sérénité.

Santangel secoua la tête, rappel à l'ordre muet et impérieux.

Puis, il fit son classique numéro parano, portes et fenêtres, clefs et verrous.

– Ne prononcez jamais son nom à haute voix.

Il considéra le bout de son cigare, jugea qu'il était périmé et l'écrasa sous son talon.

Tandis qu'il en allumait un nouveau, avec ses gestes rituels, son humeur changea et il me demanda, subitement expansif :

– Alors, qu'est-ce que vous dites de cette maxi-flotte coloniale qui part l'an prochain ?

– Première nouvelle !

– Ah bon ? Ça va être une autre paire de chausses, le commerce avec les Indes. On frappe un grand coup, on veut implanter une vraie Nouvelle Espagne là-bas ; c'est l'équivalent colonial de la guerre totale. Vingt-cinq, peut-être trente navires. Trois ou quatre mille colons. C'est de l'Histoire, mon garçon. On vit une époque formidable, malgré tout.

– Et quand est-ce qu'ils comptent que je prenne le commandement ? demandai-je.

Au diable la sérénité. Mon cœur battait la chamade, j'avais la bouche sèche. Je la voyais déjà cette flotte, déployée d'un horizon à l'autre.

Santangel, lui, voyait les tommettes du sol, parce que c'était ce qu'il regardait.

– J'aurais préféré que ce soit quelqu'un d'autre qui vous l'annonce, mon garçon, mais vous êtes sur la liste des exclus. Le capitaine général sera Antonio Torres, c'est officieux. Et le gouverneur Ovando remplacera Bobadilla, qui a été convaincu de malversations.

A mon tour de fixer le sol. Je ne sais pas ce que j'y cherchais. Ma sérénité peut-être.

– C'est dur, mon garçon, mais vous en avez bien profité. Alors, vous laissez pas prendre au piège de la nostalgie, me conseilla Santangel.

Mais il n'y était pas. Il m'arrivait d'avoir la nostalgie d'endroits que je n'avais jamais vus. Pas banal, comme nostalgie, non ?

D'ailleurs, là n'était pas la question. La question c'était que j'étais dépassé, qu'il me fallait apprendre qu'on ne peut pas être et avoir été.

Santangel ne semblait pas voir les choses comme moi. Ou bien, c'est ce qu'il voulait me faire croire.

– Ça veut pas dire que vous êtes un type fini. Ah, mais vous êtes absolument pas dans cette catégorie, mais pas du tout ! Vous allez pas me dire que le commandant de cette flotte a plus de pouvoir que l'amiral de la mer Océane ?

– Bah, c'est un titre purement honorifique à présent. Comme vice-roi.

– Mon cul, oui. Et le recrutement des colons, comment vous croyez qu'ils vont le faire ?

Je ne suivais pas.

– Je vous suis pas, dis-je.

– Ce Margarit que tout le monde envoie au tapis, ce Bernal de Pisa et consorts, ça fait des années qu'ils disent pis que pendre des Indes. Ce qu'il faut, c'est quelqu'un qui redonne aux Espagnols le goût de la vie coloniale. Et qui, mieux que l'amiral de la mer Océane lui-même ? A vous le plan conférences et dîners-débats, mon garçon. Colón le Légendaire : des ponts d'or ! Je vous obtiendrai des ponts d'or pour faire vos topos. Sans compter un pourcentage sur les entrées. Je peux encore faire votre fortune.

Il alluma un nouveau cigare et passa par un nouveau changement d'humeur. A présent, ses yeux étaient aussi désolés que les mers du Nord un jour d'hiver ; des yeux de Thorshavn.

– Mon fils unique... combien de temps il tiendra ? C'est surhumain, ce qu'il fait. C'est le plus grand héros inconnu de l'histoire d'Espagne. Enfin, elle le trouvera bien.

Il étudia le bout rougeoyant de son cigare.

– Ils ont brûlé toute sa famille au bûcher, sans compter son jeune frère que vous avez perdu à La Nativité, et ils lui ont donné un échantillon de leur usine à tortures à Tolède. Elle va pas faire de sentiment. Mais oui, elle le trouvera, dit-il avec conviction – mais ses yeux brillaient de larmes.

– Et quand elle l'aura trouvé ? demandai-je.

Sombre nuage de fumée, long silence. Puis :

– Je croyais que vous compreniez. Si on le cherche, c'est uniquement pour le tuer.

En aval de Séville, à Sanlúcar, la grande flotte se rassemblait – cinq énormes caraques, vingt-quatre caravelles, trois *barcos,* près d'un millier d'hommes d'équipage, trois mille colons dont des centaines de femmes, douze franciscains (nommés par frère Buil, hélas) pour seconder frère Ramon Pane, des chevaux, du bétail, des cochons, des chèvres et même des fanfreluches pour les dames : pièces de vraie soie, mantilles de dentelle, plumes d'autruche, éventails de cuir, éventails d'ivoire, éventails parfumés. Il y avait trois gros coffres de marin pleins de livres (dont *la Celestina,* premier roman jamais écrit et que l'on s'arrachait, comme on s'arracherait toujours les bons romans). Ce n'était plus une flotte ; c'était tout un monde flottant.

Le jour du départ, je me retrouvai sur le gaillard d'arrière du vaisseau amiral *Bonanza,* reçu par le capitaine général Antonio Torres.

Il y eut un léger malaise lorsque je pris la pose – regard d'aigle fixé sur le large, hauban dans la main –, mais je me ressaisis à temps, si bien qu'Antonio Torres prit la pose à son tour et empoigna le même hauban.

Dix minutes plus tard, je montais une jument alezane et galopais droit sur la pointe du Chien, langue de terre à l'embouchure du Guadalquivir où, roulant des pensées nostalgiques, je pourrais m'offrir un dernier coup d'œil sur la grande flotte en partance. Des nuages bas s'amoncelaient. Je voyais les premières averses au sud. Tout au bout de la pointe, un cheval broutait les prés salés et une silhouette solitaire, le vent s'engouffrant dans sa cape noire, se dressait, contemplant l'amont du fleuve où l'on apercevait l'avant-garde de la flotte.

Je mis ma jument à brouter, vaguement inquiet de la présence de l'étalon, mais il leva les yeux, poussa un hennissement et se remit à brouter.

A ce hennissement, l'étranger avec qui je partageais cette langue de terre loin du monde se retourna.

Le vent renvoya son capuchon noir en arrière, révélant la comète brillante qui striait cette chevelure noire, comme l'espace entre les étoiles, les nuits de beau temps en mer.

Elle s'écria :

– Mais... mais tu es là-bas avec la flotte ! Alors comment tu fais pour être ici à te regarder partir ?

Elle se jeta dans mes bras. Étreinte. Baisers. Elle pleurait. Des larmes jaillirent de mes yeux secs.

Ça dura un bon moment sur ce mode. Il pleuvait dru, et quand la première escadre des navires passa, on faillit ne pas la voir.

Petenera dit hors d'haleine :

– Je savais que tu faisais des tournées pour recruter la plus grande flotte coloniale de l'Histoire – d'ailleurs, je sais même que tu as été formidable : tu as réussi à faire engager un maximum de Nouveaux Chrétiens, chéri, et il n'était que temps –, alors naturellement, j'en ai conclu que tu avais pris le commandement, et je voulais te voir partir quand bien même tu n'en saurais rien, sauf par...

– Non, m'entendis-je répondre, finis les voyages.

Puis je l'embrassai à nouveau, tout doucement. La pluie nous mitraillait. Le brouillard arriva de la mer, et la flotte de Torres disparut.

On s'étreignait, on se caressait, on se serrait fort, fort, on s'embrassait moins doucement, puis plus doucement du tout, et à un moment donné je dis : « Je t'aime, Petenera », et elle : « Je t'aime moi aussi, Cristóbal, je t'ai toujours aimé », d'une voix sans timbre, désincarnée par le brouillard.

Au bout d'un moment, elle se mit à rire.

– Mais alors, qui est l'amiral de la flotte ? demanda-t-elle.

– Le capitaine général, rectifiai-je, c'est Antonio Torres.

– Je me demande – rire – quelle tête il fera quand il trouvera trois parfaits – baisers – mourons bleus sur sa couchette. Dieu, quelle journée ! Quelle journée magnifique, radieuse, extraordinaire !

Il pleuvait des cordes, naturellement. Je le lui fis remarquer.

– Quelle merveilleuse pluie ! Je n'en ai jamais vraiment vu de pareille. Et toi, chéri ?

Amoureuse, là, pas d'erreur.

Près du centre de Sanlúcar, on trouva une auberge, basse, pleine de recoins, blanchie à la chaux. Le temps de mettre nos chevaux à l'écurie, le soleil crevait les nuages et un parfait arc-en-ciel s'était déployé. Il aurait dû y avoir des bougainvilliers d'un violet intense, cascadant le long des murs blancs, mais les bougainvilliers restaient à découvrir dans les îles d'une mer inconnue. Une allée d'eucalyptus aurait fait bien dans le décor, mais les eucalyptus restaient à découvrir, tout au bout du monde, abritant de leurs branches des koalas inconnus. On ne peut pas tout avoir.

Nous avions notre amour, qui aurait dû suffire.

Elle était debout toute pensive à la fenêtre de notre chambre, contemplant le lever de lune. Le lit était encore tiède, imprégné de sa fragrance. Je me levai et, me serrant contre son dos, pris dans mes mains ses seins, parfaits calices d'ivoire. Elle se blottit contre moi et je la portai dans le lit. Cette fois-là, elle fit l'amour avec l'émerveillement timide d'une vierge. Comme si, par quelque alchimie secrète, elle avait effacé dix ans de sa vie, et tous ses amants. On aurait dit qu'elle savait que ce serait la dernière fois et que cette virginité retrouvée était son cadeau d'adieu. Dans le clair de lune qui inondait la pièce par les persiennes croisées, je vis ses yeux d'émeraude briller de larmes. J'embrassai ce goût de sel sur ses joues. Elle me serra contre elle, m'emprisonna un long moment. Puis elle dit :

– Il faut que je m'en aille à présent.

Sa voix était si froide et si lointaine qu'elle aurait pu venir du clair de lune.

Incrédule, je la regardai se rhabiller posément.

– Petenera, au nom du Ciel, qu'est-ce que...

– Je ne te vaux rien, Cristóbal. Tu t'en sortiras mieux sans moi.

– Sans toi ? C'est la première fois que je me sens moi-même depuis le temps de La Rábida. Je suis amoureux de toi, Petenera.

– Je ne mérite pas ton amour. Et quand bien même je le mériterais, l'amour est un luxe que je ne peux plus m'offrir.

Elle finit par accepter de prendre un dernier pichet de vin avec moi. La cour qui nous séparait de la taverne était baignée de lune. Un tavernier somnolent nous mit un pichet de gros rouge sur la table.

Chacun leva sa coupe.

Il y eut un long silence.

Puis je dis :

– C'est le fils Santangel, c'est ça ?

– Oui. Mais, ce n'est pas ce que tu crois.

– Son père m'a dit ce que tu... dois faire.

Je touchai sa main, posée sur la table. Un glaçon. Son regard passait sur moi sans me voir, perdu dans un ailleurs.

– Il idolâtrait mon frère Luís. Quand Luís a dû partir, il s'est mis à m'idolâtrer. Je suis devenue la grande sœur. Et puis, ça devait arriver, la Femme par rapport au Jeune Homme.

Elle réussit presque à sourire.

– Il me voulait femme fatale parce qu'il se voulait jeune amant tragique. Et, d'une certaine façon, la vie lui a donné raison. Car, en somme, sans moi maintenant, ce serait un jeune courtisan en pleine ascension. Mais voilà, je l'ai mêlé au réseau... et à présent l'Inquisition...

Sa voix trembla, sa main chercha la mienne sur la table.

– Son père et les autres... ils ont voulu envoyer la personne qui ferait le moins de sentiment. Et c'est moi qu'ils ont envoyée.

– Petenera, commençai-je doucement, ce n'est pas parce que tu ne fais pas de sentiment. C'est parce que tu es celle qui...

Telle une mélodie improvisée à la guitare, ma phrase tourna court.

Celle qui quoi ? Qui l'aimait comme une sœur ? Qui s'était laissé aimer ? Et qui pouvait donc le tuer plus facilement parce qu'après toutes ces années de donjon, ce serait une délivrance pour lui ?

– Tu passais ta vie à partir, dit-elle tout à coup. Ta vie était là-bas, la mienne ici. Il aurait fallu que je reste une grande sœur pour Santí ? Que je refuse Medinaceli ? Tu n'étais pas là. *Pas là.*

– Tout va changer. Je te l'ai dit : finis les voyages pour moi.

Nous étions seuls avec le tavernier somnolent et un chat noir qui se frottait contre la jambe de Petenera en ronronnant.

– Oui, tout va changer, dit-elle doucement. Tu ne courras plus les mers, je ne chercherai plus Santí.

J'en eus le cœur en joie, un instant.

– Tu ne peux pas te résoudre à le faire ?

– Ils l'ont trop bien caché. Et puis, il leur en a assez dit pour faire sauter la moitié de nos réseaux en Espagne.

Ma joie mourut de mort violente.

– Tu veux dire qu'ils l'ont brisé ?

– Cinq ans. Il a fallu cinq ans de réclusion absolue et Dieu sait combien de jours de torture.

Dans la tristesse de sa voix passa comme une note de fierté obstinée.

Je descendis mon vin et m'en versai une autre coupe.

– Mais s'ils sont arrivés à le briser, où vas-tu ? Qu'est-ce que tu peux bien espérer faire ?

Elle redressa la tête. Ses prunelles se rétrécirent : deux étincelles vertes.

– Tout. Santí ne va plus souffrir. Ni lui ni personne. Ils veulent bien attendre.

– Le Suprême ? Mais si Santí a parlé, pourquoi veux-tu qu'ils...

Elle se pencha sur la table, sa manche effleura ma coupe.

– Parce que notre vieil ami frère Buil a très envie de faire un échange.

Je la regardai sans rien dire.

– Et moi aussi.

Le fond de ma coupe avait le goût amer de ce que je refusais de savoir.

– Comment ça, un échange ?

J'aurais sans doute deviné avant qu'elle ne réponde, mais tout à coup je vis deux Petenera, toutes deux floues et immatérielles. Tout autour, noir complet. Le chat sauta sur mes genoux. Je renversai ma coupe. J'essayai de tendre la main vers ma bien-aimée, mais mon bras refusait de bouger.

– Buil pense que nous n'en avons pas fini, nous deux. Ils veulent bien échanger Santí... contre moi.

Elle se leva. Je tentai d'en faire autant. Elle fit le tour de la table, reflet d'elle-même, irréelle sur fond noir. Sa double image se fondit en une seule. Ses doigts s'attardèrent sur ma joue. Impossible de bouger. Elle m'embrassa sur les lèvres. Impossible de bouger. Le chat noir lui sauta sur l'épaule. Impossible de bouger. Elle partait. Je la vis se retourner une dernière fois pour me regarder. Ma tête heurta la table.

– Qu'est-ce que vous voulez que je vous dise, mon garçon ?

– Comment la retrouver.

– Mais je n'en sais rien. J'ai convoqué les décideurs pour leur expliquer que c'était un piège. Ils m'ont regardé d'un air triste. Croyez-moi, mon garçon, j'étais encore plus triste qu'eux. « Comme ça, tu veux laisser mourir ton fils au lieu d'essayer de faire cet échange ? » ils m'ont demandé. Et j'ai répondu : « Puisqu'on n'y peut rien. » Alors ils se sont concertés à l'écart et puis ils ont dit en chœur bien gentiment, en évitant de me regarder, vous pouvez me croire : « Chinillo a tort. » Voilà. C'est leur dernière formule pour clore les séances. Et maintenant, notre contact avec elle leur fait directement ses rapports sans passer par moi. Ils m'ont mis sur la touche depuis que Santí a été groenlandisé. Aujourd'hui j'ai touché le fond. Fini le temps des décisions pour moi.

Mon vieil ami regarda son cigare éteint, puis il considéra son propre avenir et n'y vit rien.

– Traitez-le avec ménagement, dis-je à Espina de Chopito.

Mais il débarrassait déjà son bureau quand je sortis pour foncer chez Porcini-Zampini.

Le vieux banquier s'était installé avec armes et bagages dans l'arrière-salle d'une échoppe d'écrivains publics, près de la tour de l'Or, sur la promenade qui s'appellerait un jour paseo Cristóbal Colón – heureux présage rétrospectif.

Seulement, il n'était pas là.

– Qui êtes-vous ? demandai-je au museau de lapin de dix-neuf ou vingt ans que je trouvai assis à l'un des bancs.

– Porcini-Zampini, brasseur d'affaires international.

– Mon cul !

– Vous, vous cherchez grand-père ! Il me passe la main : il n'est pas immortel quand même.

– Où est-il ?

– A Cordoue. Il rentre jeudi au plus tôt.

Il me fallut attendre le vendredi pour le voir débouler devant les six écrivains publics, fort affairés à écrire les lettres des illettrés.

Il jeta un coup d'œil à sa pendule portative. Il avait les yeux brillants et les touffes hérissées.

– Jeune homme ! s'écria-t-il. Ravi de vous voir !

Il me demanda moins ravi :

– Ce petit morveux vous a raconté que je suis pas immortel. Bah, il a pas tout à fait tort. J'ai plus le même allant. Toutes ces péripatéties à mon âge. Quatre-vingt-sept, que ça me fait. Et demi. Vous m'avez l'air d'avoir pris quelques années, vous aussi, jeune homme... ça sera une drogue qu'elle aura versée dans votre vin.

Décidément encourageant, ce dernier exemple d'omniscience.

– Que lui est-il arrivé ? Elle a réussi ? Elle l'a fait ce... cet échange ?

– Comment donc !

Il regarda Museau-de-Lapin, son petit-fils.

– Va déjeuner, lui dit-il.

Le jeune homme sortit.

– Je suis bien placé pour le savoir, c'est moi qui l'ai négocié, l'échange.

– Vous rouliez pour Buil ? dis-je, froidement.

– Je vous en prie, jeune homme ! Un peu de bon sens. Vous connaissez mes sympathies, sinon vous ne m'auriez pas envoyé ce SOS quand vous étiez à Sanlúcar. Moi, je roule pour personne. Seulement je sais tout sur tout le monde, alors, tôt ou tard, on est bien forcé de venir me trouver. Maintenant, j'ai les aveux de

Santí Santangel *et* ceux de Buil. Seul exemplaire avec celui du Mouron Bleu. Belle pièce pour mes archives.

– Les aveux de Buil... l'exemplaire du Mouron Bleu... elle est saine et sauve ?

– Cette fille-là, dit Porcini-Zampini, on la tue pas comme ça.

J'en aurais pleuré de soulagement.

– Où est-elle ?

– Tout ce que je sais, c'est qu'elle est partie avec Santí Santangel dans un coche hongrois – y en a plein les routes à présent – et à tombeau ouvert.

– Si vous savez tout sur tout le monde, comment se fait-il que vous ne sachiez pas où ils sont allés ?

– Jeune homme – avec humeur –, je suis qui je suis, mais certainement pas le bon Dieu. Je peux quand même vous dire que si elle s'en est sortie indemne, lui, c'est pas la même chose.

– Comment... comment ça s'est passé ?

– Un piège... un vrai bijou ! Ça s'est passé ici à Séville. Sur la rive glauque, à Triana, là où les Bohémiens commencent à s'installer. Buil a amené une douzaine de gardes du corps, armés jusqu'aux dents.

– Grand Dieu !

– Pas de panique, jeune homme. Elle, elle avait ses tireurs d'élite. Vingt gars. Moitié Nouveaux Chrétiens, moitié Bohémiens. Encore mieux armés. Ils ont attrapé Buil là-bas, dans un lieu-dit dont je préfère oublier le nom. Vous êtes sûr que vous voulez tout savoir ? Voyez-vous, la technique de l'Inquisition la plus simple à reproduire quand on doit improviser, c'est l'estrapade. Enfin, tenez, voici un extrait des aveux de Buil.

Q *(après que l'objet eut été réanimé pour la énième fois par le médecin consultant) :* Croyez-vous en Dieu ?

R : Seigneur, quelle question !

Q : Nous parlons du modèle conventionnel. Père-Fils-Saint-Esprit.

R *(ici Buil a peut-être parlé en son âme et conscience, certain qu'il était que, malgré les engagements, on allait bientôt le tuer) :* Ah, celui-là. Ma foi, pour tout vous dire, je l'ai toujours trouvé un peu simpliste et, mettons, ordinaire. Pas aussi vulgaire que le Diable, peut-être, surtout le Diable conventionnel, mais moins intéressant et assurément moins puissant. Divinité de seconde zone, incontestablement. Toutefois, il serait extrêmement difficile de convertir les masses à un culte du Diable et à supposer qu'on y arrive, il faudrait codifier tout un complexe d'hérésies. Non, vraiment, ça n'en vaut pas la peine.

Q : Nous vivons une époque où les humanistes séculiers réclament que notre nation se défasse de la religion. Il s'élève une cacophonie de voix – la presse écrite, les universités, les savants qui fouinent dans les secrets de Dieu, les explorateurs qui vont où Dieu ne leur a jamais demandé –, pour saper les fondements moraux et spirituels qui ont fait de l'Espagne une grande nation. Vrai ou faux ?

R : Diable, quelle question !

Q : Répondez.

R : Je crois que j'ai déjà répondu. Puisqu'il serait déjà difficile de passer du culte d'une trinité simpliste à celui d'un Diable sophistiqué, imaginez un peu les problèmes qui se poseraient si on voulait repartir de zéro avec une nation sans Dieu ni Diable. Quant à la seconde partie de votre question, si c'est une question, oui, c'est un fait.

Q : Vrai, alors ?

R : Non, faux. *(Il semble délicat de trancher sur ce que Buil a voulu dire en ce point précis de l'interrogatoire.)*

– Voilà, reprit Porcini-Zampini, il a signé ses aveux vingt-quatre heures après être arrivé à Triana. L'échange des prisonniers s'est effectué à minuit la nuit suivante, exactement au milieu du pont. Il a été convenu que si les activités du Suprême donnaient à penser que les aveux de Santí Santangel avaient été utilisés, ceux de Buil parviendraient à qui de droit. Santiago Santangel boitait, il n'était plus que l'ombre de lui-même. On l'a fait monter dans le coche hongrois où Petenera l'attendait déjà et ils sont partis. Mais où, conclut Porcini-Zampini, je n'en ai pas la moindre idée. C'est grand l'Espagne.

– Tout de même, avec vos relations, vous pourriez trouver.

Il consulta sa pendule portative avec agacement. C'était la première fois qu'il me témoignait de l'impatience.

– Je vous ai dit tout ce que je sais.

– Il faut que je la retrouve.

– A votre place, je m'en garderais bien.

Son conseil ne rimait à rien. Je ne savais pas par où commencer.

Je m'établis rue San Fernando, pas loin du jardin de l'alcazar et de la plus grande cathédrale de la Chrétienté.

Si vous entendez quelqu'un qui a pris une retraite forcée vous dire : « Je m'occupe », soyez gentil avec lui. C'est le comble du mépris de soi, la fin de toute attente, le dernier rictus avant l'ultime désespoir.

Mais c'est ce que je disais aux gens lorsque je les rencontrais dans la rue – quand je ne leur disais pas :

– Oh, j'essaie de ne pas me rouiller.

J'appris les échecs et laissai Santangel me battre.

Je voyais Ferdi-Gras de temps en temps et Petit D souvent.

Ferdi-Gras commença à me poser des questions sur ma jeunesse, comme s'il savait qu'il écrirait un jour cette biographie que je ne vous recommande pas.

– Eh bien, lui dis-je en réponse à quelque question, j'étais encore plus jeune que toi, mon fils, quand j'ai pris la mer pour la première fois.

Ce n'était pas strictement vrai. C'était même strictement faux. Je dis encore :

– Mais j'ai dû interrompre mes voyages pour étudier les classiques et la cosmologie à l'université de Pavie.

Ce n'était pas plus exact. Mais lorsqu'on passe son temps à essayer de s'occuper, on a comme une tendance à magnifier son passé. Il n'est pas exclu que j'aie donné des idées fausses à Ferdi-Gras, mais ses questions tombaient mal.

Petit D, qui avait vingt et un ans, était officier de la garde de la reine. Il devint mon contact à la cour (maintenant que Luís de Santangel s'occupait, lui aussi). Il se défendait bien. Il n'avait pas l'envergure de Santangel, mais il veillait sur mes droits. Pour ne pas dire sur les siens. Ce titre d'amiral de la mer Océane était héréditaire, après tout. Il le porterait quand je mourrai. J'y pensais beaucoup à la mort. Ça, ça prouve qu'on s'occupe pas assez.

– Pourquoi tu écrirais pas tes mémoires, papa ? me suggéra Petit D un jour.

Idée lumineuse ! Je me mis au boulot tout de suite, m'achetai plein de papier, des tas de plumes et une grosse bouteille d'encre. Je commençai ainsi : « Je naquis ici à Séville, il y a cinquante et un ans, de parents Nouveaux Chrétiens. Mon père se nommait Domingo et ma mère Susanna. Mon père était tisserand de son état. J'avais un frère aîné nommé Bartolomé, qu'on appela ensuite

Bartolomeo, puis Barto. Ma famille quitta l'Espagne pour Gênes sur une nef ronde, l'année où je naquis et... »

Je m'arrêtai là. Net. Après cet effort initial, impossible de m'y remettre. Ça manquait de brio. Je devais pas être mûr, quoi.

Je marchais beaucoup, surtout par les rues de l'ancienne juderia. J'essayais de retrouver l'endroit où mes parents pouvaient avoir vécu, mais c'était à présent un quartier chic où s'installaient de jeunes couples en pleine ascension sociale, qui changeaient tout. Je dormais beaucoup. Dormir est une excellente occupation à défaut d'autre chose.

Une nuit, je fis un second rêve gigogne. D'abord, j'essayai de le chasser en lui disant : « Je vais m'occuper à ma façon, merci », mais ça marche rarement avec les rêves.

Me voilà donc, géant embourbé dans la rivière de mon premier rêve de saint Christophe ; je crie sans écho dans la direction où le môme a disparu et m'endors, menton affleurant, pour rêver mon rêve gigogne sur Herne le Chasseur. Là, ça commence à m'intéresser.

Quelques années après avoir fui l'image de ce que je considère maintenant comme ma signature, Herne (moi, donc) retourne au monastère de Saint-Albans. Il faut qu'il parle au moine Roger Wendover, qu'il en apprenne encore sur l'huissier de Ponce Pilate, condamné à errer – ça ne disait pas quelque chose comme « hors de la carte du temps » ? – à jamais.

Herne entre dans le domaine du monastère juste à temps pour se joindre à l'enterrement du pauvre Roger Wendover. Tristement, il regarde à ses pieds la pierre tombale qui confirme mon estimation temporelle du premier rêve de Saint-Albans :

Roger Wendover
1187-1236
Requiescat in Pace

Herne se signe et pénètre dans le monastère.

Le nouveau chroniqueur de Saint-Albans, un certain Matthew Paris, se souvient de lui et lui rend son emploi d'homme à tout faire.

Ainsi que l'occasion de regarder le nouvel historien à l'œuvre. Matthew Paris est un type beaucoup plus rationnel que son prédécesseur ; il a les pieds sur terre. S'il manque d'imagination, il ne manque pas d'énergie : il lit de a à z les chroniques de Roger Wendover, non sans mainte mimique exaspérée.

Misère, se dit Herne, il va les expurger, en élaguer l'inexplicable.

La première chose qui saute, c'est ma signature – enfin, celle de Cartaphilus.

– Où est-ce qu'il est allé pêcher ces pattes de mouche, marmonne Matthew Paris. Enfantillages.

La seconde, c'est la formule « hors de la carte du temps ». Paris secoue la tête :

– Si seulement c'était un bon paradoxe, mais ce n'est qu'un jeu de mots idiot.

La troisième, c'est une courte liste de noms. Herne entend Matthew Paris protester :

– Ce vieux fou ne voulait tout de même pas nous faire croire que l'Arménien connaissait bel et bien les noms des futurs... pauvre Wendover ! Perdu la boussole.

A cela près, la légende de Cartaphilus demeure intacte.

Au fil des ans, remarque Herne, les copistes de Saint-Albans en ont exécuté six exemplaires. Tous sont mis au feu. Matthew Paris se fonde sur l'original pour rédiger sa version censurée et, la nuit où il finit (le matin en fait, presque au lever du soleil), il souffle les chandelles et s'endort sur la table. Herne demeure longtemps à l'observer. Une aube pâle se coule par la fenêtre. Herne cogite. Je sais ce qu'il pense. *Prends-la,* lui dis-je dans le rêve. *Allez, prends-la.* Il ramasse l'original de la chronique. La repose. Je le presse : *Prends-la !* Il la prend.

Oui, il la prend, la fourre sous son bras et quitte Saint-Albans dans la direction d'Oxford.

Et le géant du rêve s'éveille, et moi aussi.

En pensant : sans l'original volé par Herne, il n'y aurait pas de signature de Cartaphilus que j'ai depuis longtemps adoptée. Il ne serait dit nulle part qu'on peut s'échapper de la carte du temps, comme je l'ai fait pendant ma décennie julienne, et il n'y aurait pas de liste de noms. Liste que je n'ai d'ailleurs pas réussi à voir. Et au moment où je réfléchis à ces éléments du rêve, ils m'échappent. Ils me sortent de la tête et si quelqu'un me demandait où j'ai trouvé cette signature, je pourrais lui répondre en toute bonne foi que je l'ai inventée. Mais un rêve ne vous sort pas de la tête, non ? Il s'y enfonce un peu plus, au contraire.

Peu importe. Herne est parti, et peut-être que je n'aurai plus à me tracasser pour savoir si quelqu'un prend mes rêves en main. Ce n'est pas ainsi que les choses sont censées se passer. Un peu d'intégrité personnelle, allons.

Bah, ce n'était qu'un rêve.

Début avril, je reçus une lettre de La Rábida. Je reconnus tout de suite la grosse écriture enfantine de Grand D ; j'avais beau savoir que mon petit frère n'était pas l'épistolier le plus palpitant de sa génération, j'ouvris la missive tout de suite car je n'avais rien prévu d'autre pour m'occuper tout de suite.

« Cher Cristóbal,

Je n'arrive toujours pas à décider si je dois entrer dans les ordres ou pas. Je me plais ici à La Rábida et ton vieil ami Fray Juan Pérez est tout à fait pour. Mais c'est une assez grave décision et je me dis que rien ne presse. Dans un an, deux peut-être, quand je connaîtrai la vie monastique et tout et tout, je serai prêt à envisager la question.

La semaine dernière, il s'est passé un truc marrant. Sans le faire exprès, j'ai troublé notre tranquillité monastique. Au fond du domaine, cachée dans une pinède épaisse, il y a une petite maison de pierre. Bon, je me baladais par là, je crois que c'était mercredi dernier. Juste au moment où j'arrivais en vue de la maison, j'ai aperçu une dame dans les pins. Aussitôt, plusieurs moines, des grands costauds avec des têtes de durs, ce qui est rare à La Rábida, m'ont couru dessus et m'ont remis sur le chemin du monastère assez énergiquement. Fray Juan Pérez me dit que je dois oublier ce que j'ai vu et n'en parler à personne. Mais je me dis que te l'écrire à toi, c'est OK parce que tu es personne, tu es mon frère et son vieil ami. Mais attends, voilà le truc marrant : tu te rappelles la fois où toi et ce vieux, dans le coche hongrois que je conduisais, vous avez sauvé cette belle dame, là-bas à Tolède ? Eh bien d'abord, j'ai cru que c'était elle qui était dans la pinède. Mais en fait, non. J'en suis sûr parce que la belle dame devant la maison de pierre de La Rábida, elle avait comme une comète blanche dans ses cheveux aile-de-corbeau. Et l'autre, à Tolède, non. Elle avait pas de comète. Alors finalement, c'était pas la même. »

Je laissai tomber la lettre de Grand D. Je sortis en trombe et traversai les jardins de l'alcazar pour me rendre aux écuries royales.

Fray Juan Pérez demanda plein d'espoir :

– Vous êtes venu voir votre frère ?

– Je suis venu chercher Petenera.

– C'est bien ce que je craignais.

Le prieur soupira.

– Elle n'est pas la première victime du Suprême à qui nous donnons asile ; elle ne sera pas la dernière. Ce qui nous rend coupables de la pire des hérésies : entraver l'œuvre du Saint-Office. Mais au point où nous en sommes, je crois qu'entraver leur œuvre, c'est faire celle de Dieu.

Il me rejoignit à la fenêtre. Il n'y avait pas de vent et, en contrebas, l'embouchure du río Tinto était calme comme un miroir sous le ciel bleu.

Incapable de dissimuler mon impatience, je demandai :

– Elle va tout à fait bien ?

– Elle, oui.

Il ajouta, pensif :

– Mais elle a changé. Longtemps elle l'a cherché tout en sachant que, si elle le trouvait, ce serait pour le tuer. Et lorsqu'elle a imaginé ce stratagème pour le sauver, il paraissait tellement irréalisable que même le père était contre. Mais enfin elle a réussi, et cette vie épargnée lui a été un don de Dieu : voilà qu'elle n'était plus obligée de tuer.

Il fixa le large.

– On s'est trompé sur elle, vous savez. C'est vrai qu'à l'occasion elle est capable de ne pas faire de sentiment. Mais elle est aussi capable d'une grande abnégation. Enfin, vous verrez, mon ami.

Je vis.

Comme je courais seul vers la pinède, j'entendis les moines de La Rábida chanter le grand cantique au Soleil, composé par saint François lui-même. Les paroles m'accompagnèrent sur mon chemin.

Sois loué, Seigneur, avec toutes tes créatures,
Par-dessus tout frère Soleil
Qui donne le jour

Enfin, comme je plongeais au cœur des arbres, l'écho lointain d'une pure voix de ténor me rendit une forteresse en ruine, haut dressée sur une île rocheuse dans une froide mer du Nord.

Sois loué, Seigneur, pour notre sœur la Mort
A qui nul jamais n'échappe.

Les trois silhouettes encapuchonnées, qui me guettaient dans l'ombre profonde des pins, disparurent presque sans bruit à mon approche. Sans la brume bleutée de la cheminée, on aurait pu croire la maison déserte. Je frappai et refrappai, n'ayant pas obtenu de réponse. Je m'approchai des fenêtres, mais les persiennes étaient closes. L'écurie était vide. Je revins devant la maison. Elle en sortait en disant d'une voix rassurante :

– Il n'y a rien à craindre, chéri. C'est un ami.

La porte se referma. A présent, elle était face à moi, tout de noir vêtue ; le soleil argentait la comète brillante de sa chevelure. J'essayai de l'embrasser, elle détourna le visage.

Ses yeux verts jetaient des éclairs.

– Quel besoin avais-tu de venir ici, dis-le-moi ? Tu crois que ça m'a fait plaisir de te quitter, cette nuit-là, à Sanlúcar ? Tu crois que ça m'a été facile ? cria-t-elle. Quel besoin as-tu de me faire revivre ces moments ?

– Petenera, tu n'es pas à ta place ici. Je veux que tu partes avec moi.

– Tu veux, toi. Est-ce que ça compte ce que je veux, moi, ou ce que veut ce pauvre garçon ? Qui s'occupera de lui si je pars avec toi ?

– Mais, son père. Il est riche, Luís de Santangel, et il est sur la touche à présent, il a tout son temps. Il aime son fils. Il veillera à ce qu'on s'en occupe parfaitement.

– Santí n'a pas besoin de ce père qui a voulu le faire tuer. C'est de moi qu'il a besoin. D'ailleurs, il ne se sentira jamais à l'abri en Espagne. On prend les dispositions nécessaires pour nous faire passer en Italie.

Sa colère s'était évanouie comme elle parlait. Mais ce n'était pas ce havre italien qu'elle voyait de ses yeux d'émeraude soudain mélancoliques.

– Tu n'es pas obligée de l'y emmener, dis-je. Son père le ferait. Alors rien ne nous empêche de...

– Non. S'il te plaît, ne recommence pas. Tu rends les choses plus difficiles, c'est tout.

– Leurs Majestés me laisseront faire un dernier voyage en mer Océane, mon fils Diego en est sûr. Cette fois, tu viendras avec moi. Il y a là-bas une terre que j'ai découverte, un Paradis Terrestre, un nouvel Éden. Et qu'est-ce qui nous obligera à revenir ?

Elle ferma les yeux comme pour chasser ce rêve impossible. Ou le garder à jamais. J'embrassai le sourire triste de sa bouche adorable. Elle serra contre moi son beau corps, un long moment – le dernier, je le sentis –, puis se détacha, posa ses mains sur mes épaules et, ses yeux presque au niveau des miens, elle me dit :

– Je ne peux pas. C'est impossible, Cristóbal.

– Tu peux, si tu veux vraiment.

– Tu te souviens, quand nous vivions ici, j'avais besoin de toi si éperdument que je croyais mourir chaque fois que tu partais ? Je détestais cette dépendance, malgré tout l'amour que j'avais pour toi.

– Avais ?

– Oh, je t'aime toujours. Ce n'est pas ça qui a changé. Mais comprends donc, ce que tu étais pour moi, je le suis à présent pour Santí, mais dix fois plus. Tu m'as recueillie blessée, mais Santí, lui, ne sera jamais plus entier. Tu m'as laissée m'appuyer sur toi jusqu'à ce que je puisse marcher toute seule. Mais jamais Santí ne pourra marcher tout seul. Il dépend de moi en tout et pour tout. Il faut que je m'occupe de lui. Il le faut... et je le désire.

– Je ne peux pas te laisser gâcher ta vie.

– Non ? Et si je venais avec toi, tu l'emmènerais aussi ? Parce que je ne peux pas le laisser. Je le connais ce sentiment de panique absolue qui s'abat quand on croit que la seule personne qui vous ancre à la vie vous a abandonné. Je ne ferai jamais ça à Santí.

– Mon Dieu, Petenera, tu ne lui dois quand même pas toute ta vie !

– Ah non ? Je lui ai bien coûté la sienne. Mais ne crois pas que je m'occupe de lui par devoir. Sincèrement. Je ne savais pas quelle... joie on trouve à aider quelqu'un. Un autre être humain. A être nécessaire à quelqu'un. Santí a besoin de moi d'une façon tellement différente de toi. Vraiment, c'est moi qui ai de la chance...

Elle ferma les yeux très fort et se tourna vers la maison.

– Viens, dit-elle, je veux que tu le voies.

Elle cria :

– Ça n'est rien, chéri. N'aies pas peur, va. C'est un vieil ami. Presque mon meilleur ami.

La porte s'ouvrit de quelques centimètres, soupçonneuse. Je le vis de profil. Il pouvait avoir vingt-cinq ans. Il était grand. Son visage aurait eu du caractère, comme celui de son père ; mais dans l'œil que je pouvais voir se lisait une stupéfaction enfantine.

– Ils sont venus me chercher ? Je veux pas retourner là-bas, jamais ! Tu m'as promis.

– Ne t'inquiète pas, Santí. L'amiral Colón est aussi un vieil ami de ton père.

– Ah ! Vous êtes donc l'amiral de la mer Océane, monsieur ? J'ai entendu parler de vous, bien sûr.

Santí nous sourit à tous les deux avec impartialité. Son débit était celui d'un petit enfant.

– C'est vrai que vous êtes allé de l'autre côté du monde à la voile ?

– Oui.

– Et que vous avez ramené des Indiens et tout ?

– Oui.

– J'ai vu un Indien, un jour. Dans la cathédrale de Barcelone. Il se faisait baptiser. C'était le fils adoptif de l'amiral de la mer Océane. Je me rappelle tous les détails.

– Mais c'est m...

Petenera me lança un coup d'œil d'intelligence.

– C'est magnifique, oui, dis-je.

A présent, Santí devait être convaincu que je ne lui voulais pas de mal, car il ouvrit la porte plus grande. Tout le côté droit de son visage n'était qu'une horrible brûlure. Il n'avait plus d'œil. L'orbite elle-même était couverte de tissus cicatriciels. Petenera prit la main qu'il lui tendait. Puis il se pencha vers elle, confiant, et elle, débordant de tendresse, embrassa le côté mutilé de son visage.

Je quittai La Rábida sans même m'arrêter voir mon frère.

Cette pure voix de ténor ne chantait pas la mort d'un homme, ni celle d'une femme, ni même celle d'un amour, cette fois. Elle chantait mon *faege,* ce destin dont j'étais l'artisan, après tout, quoique je n'en aie rien su du temps de ma jeunesse.

20

Le Sacré Syndrome s'en prend à Dieu.

Ferdi aurait pu donner son nom à ce voyage, comme à ce chapitre ; et pourtant...

Oh, le benjamin des mousses de la *Santa María* était un bon matelot. Il prenait ses quarts, épissait ses câbles, briquait sa part de pont, pompait l'eau des fonds de cale, tournait le sablier, effaçait l'ardoise pour le pilote après le quart du maître ; il aidait à hisser et amener la voile, il égalisait les écoutes, tressait des apparaux avec de la corde usagée, s'occupait de l'extinction de la marmotte le soir. Oui, c'était bien un matelot, tout fils à papa qu'il était – un papa amiral de la mer Océane, capitaine-général de la flotte de quatre caravelles qui appareilla de Cadix le 9 mai 1502, à destination de Cipango, du Cathay et de l'Inde, *via* les Indes occidentales, pour trouver un passage entre les îles, si passage il y avait.

Mais, bien que ce chapitre ne porte pas son nom, on y voit tout d'abord le benjamin des mousses de la *Santa María* venir à l'arrière, avec sa démarche chaloupée de petit gros, en mâchant un bout de galette qu'il s'est cuit à l'arabe dans les cendres de la boîte à feu.

Nous sommes le 29 juin, la flotte a mouillé devant l'embouchure de l'Ozama et nous attendons que la marée change pour entrer dans le port de Santo Domingo. Cette houle huileuse, ces cirrus immatériels et arachnéens qui arrivent très vite et très haut ne me disent rien qui vaille. Pas plus que cette lourdeur oppressante de l'air, qui nous rend tous hyper-inflammables... et qui explique peut-être l'entêtement fatal du gouverneur Ovando. Rien qui vaille non plus, ce douloureux bulletin météo qui me parcourt les articulations. J'ai donc envoyé en canot le capitaine Terreros de la *Gallega* (une nouvelle *Gallega,* de même que le vaisseau amiral est une nouvelle *Santa María.* En revanche, il s'agit bien du fidèle Pedro Terreros qui a été de tous mes voyages). Il demandera au gouverneur Ovando l'autorisation de mettre notre flotte au port avant l'ouragan et il le pressera de rappeler ses propres hommes – dont les trente navires sont massés dans l'estuaire, prêts à retourner en Espagne.

Terreros ne précisera pas que les souverains m'ont donné l'ordre très strict d'éviter l'Hispaniola, sauf en cas d'urgence. Pour un cas d'urgence, c'en est un.

Tandis que Ferdi s'avance en me gratifiant d'un : « Bonjour, papa, oh, pardon, amiral ! », je me dis que cette injonction royale a quelque chose de flatteur et d'insultant à la fois : flatteur puisqu'elle m'accorde presque la stature d'un monarque déposé, mais qui pourrait encore avoir des partisans sur place ; insultant puisqu'elle implique que je pourrais exploiter la situation. C'est bien mal me connaître : les colonies et les colons, j'en ai ma dose. Et pourtant, je ne peux m'empêcher de m'imaginer Juan Niño de Moguer, sourire féroce aux lèvres, au milieu de ses cannes à sucre, Inocencia, le petit Yego – et qui sait ? sa petite sœur. Et le docteur Chanca, fidèle à lui-même, en train de bousculer ses malades.

Nostalgie à l'état pur, tout ça. Rien à voir avec les colonies. En ces gens ce ne sont pas les colons que je regrette, mais les individus. D'ailleurs, leur image s'efface devant la perspective d'un voyage de découverte, quatre fins vaisseaux, cent trente-cinq hommes d'équipage ardents, recrutés pour la plupart à Palos, Huelva et Moguer par Pedro Terreros pour explorer les terres inconnues au-delà de Cuba et, peut-être, découvrir un passage vers l'ouest, l'ouest ultime cette fois-ci : l'est.

– Vous sentez ? dis-je au capitaine Diego Tristán qui suit Ferdi-Gras sur le gaillard d'arrière.

– Il se prépare quelque chose, dit-il sobrement en lançant un coup d'œil aigu vers le sud-est.

Pendant la traversée, il m'est apparu comme un navigateur compétent, un peu trop axé sur ses livres, cependant ; un Fonseca version loup de mer.

Barto nous hèle depuis la *Bermuda* qui mouille à environ une encablure. Il est rentré d'Afrique juste à temps pour se joindre à la flotte en tant que commandant en second et n'est pas plus capitaine de sa caravelle que je ne le suis de la *Santa María.* Maintenant que nous avons passé le cap de la cinquantaine, nous sommes censés laisser les jeunes gouverner nos navires. Ces capitaines, Terreros pour la *Gallega,* Tristán pour la *Santa María,*

Porras pour la *Bermuda* et le bouillant Génois Fieschi pour la *Vizcaína,* savent bien que nous prendrons la direction des opérations dès que les vraies découvertes commenceront. En attendant, Barto, qui se consacre essentiellement aux trois lévriers irlandais de son bord, s'intitule fort sérieusement maître chien. Et moi, le vice-roi, l'amiral de la mer Océane, le capitaine-général, je ne suis pas plus occupé que lui.

Je disais donc, Barto nous hèle :

– Voilà Pedro. Les nouvelles sont pas bonnes.

Elles sont même très mauvaises, nous allons le savoir dès que le canot de la *Gallega* atteindra la *Santa María* et que la tête de Pedro apparaîtra au sommet de l'échelle.

Vous l'avez déjà vu s'énerver, Pedro Terreros, le fidèle commis aux vivres devenu capitaine de vaisseau ? Pas dans ces pages, en tout cas. Mais le voilà cramoisi. Il hurle :

– Deux mois qu'il est à Santo Domingo et ça y est, c'est le bon Dieu, y sait tout ; il est là à plastronner dans son costume de pute, noyé sous les galons dorés et y dit comme ça – sur ma vie, amiral, mot pour mot : « Un orage ? Quel orage ? On n'aurait pas pu rêver plus beau temps pour le jour du départ ! » Et il a bien l'intention de la faire appareiller sa flotte, ce fou meurtrier, dès que la marée le laissera passer la barre. Mais lui, il sera pas à bord. Pas de danger ! Il sera assis tranquille peinard dans votre palais vice-royal, cet usurpateur, quand il enverra Antonio Torres et je ne sais combien de centaines de marins...

– Tu as réussi à lui parler, au capitaine Torres ?

– Deux bonnes minutes. Ah, pour être inquiet, il est inquiet ! Ce ciel, ça lui dit rien qui vaille à lui non plus. Mais il a ordre d'appareiller.

– Et nous aussi, si je comprends bien ?

– Tout juste. Le port nous est interdit. Eh, tiens ! autre citation incroyable, mais vraie : « Navré, capitaine Terreros, mais voyez-vous, nous ne tenons pas à réveiller ces vieilles luttes entre notre bon peuple et les factions du Pharaon – enfin de l'ex-vice-roi. » Putain de merde, quel pourri ! Il a décidé de tuer tout le monde aujourd'hui, Ovando, ou quoi ?

Pedro Terreros, qui jure toutes les fois que le Guadalquivir gèle, aperçoit subitement Ferdi-Gras assis près de l'écoute de la timonerie.

– Oh, pardon, petit. Je savais pas que tu étais là.

Pedro traite encore Ferdi-Gras plus en fils d'amiral qu'en benjamin des mousses.

Et, comme de juste, Ferdi-Gras qui mâche sa dernière bouchée de galette :

– Putain, capitaine ! J'en entends bien d'autres, cinquante fois par jour dans ce putain de château de proue.

Ce dont je ne doute pas.

– Qu'est-ce qu'on est censé faire ? demande Diego Tristán, le marin livresque.

Mais Pedro Terreros n'a pas vidé son sac.

– Il nous refuse asile, il ignore vos conseils, et comme si ça suffisait pas, faut qu'il vous tourne en ridicule. Il plaisante avec Francisco Roldán et l'ex-gouverneur Bobadilla, et même le cacique Guarionex, qui sont tous là à attendre d'embarquer. Il se tourne vers eux en rigolant : « Il se prend pour un haruspice à présent l'amiral de la mer Océane ? Il ouvre le ventre aux mouettes et il prévoit le temps d'après leurs entrailles, histoire de s'occuper, le pauvre vieux ? » Tas de couillons. Sans vous, amiral, ils sauraient même pas que les Indes existent. Tiens, vous devriez carrément entrer dans le port pour leur interdire de bouger.

Pedro se tait et se tourne vers la mer.

Je ne peux que glisser :

– Du calme, mon garçon, parce que nous savons tous deux que ce qu'il suggère est impossible et parce qu'il en est plus blessé que moi.

De vice-roi, je n'ai que le titre. Quant à la mer Océane, je n'en suis amiral que sur mes quatre caravelles.

Mais je ne peux me laisser gagner par la rancœur ni m'offrir le luxe de la colère. Voici ma dernière chance de suivre la route glorieuse de l'ouest, de chercher ce dont, jusqu'à présent, on n'a fait que rêver, rêve magellien avant Magellan, Graal du découvreur.

Voici le Grand Voyage. Je n'ai plus droit à l'erreur.

– On a intérêt à se trouver un bon point d'ancrage, dis-je en réponse à Diego Tristán.

Bien sûr, je préférerais être au sec pendant l'ouragan. Mais cela ne sera pas. A défaut, la meilleure solution est encore de se trouver un bon coin, protégé du vent, avec assez d'espace pour bouger.

A quelques milles à l'ouest se trouve l'embouchure de la Jaina, large et protégée par des caps. Les pattes des ancres iront mordre profond dans les fonds sableux et il n'y a pas de corail pour engager et couper les apparaux. Alors, avec un peu de chance, nous pourrons y étaler la tempête.

En tout cas, nous serons mieux lotis qu'Antonio Torres.

– Ils mettent à la voile ! crie la vigie de la hune.

En effet. Trop de toile d'ailleurs pour les coups de vent fantasques qui se mettent déjà à souffler. Antonio Torres va orienter ici, dès qu'ils auront quitté l'embouchure. Mais après ?

Conjectures superflues : ces hommes sont condamnés. Antonio Torres, dont le vaisseau amiral passe maintenant la barre, le sait aussi bien que moi. Je fais tirer une salve, il répond. Puis, la *Gallega* halant son canot, nos quatre caravelles se dirigent vers la Jaina.

Nous étions convenus de nous retrouver après la tempête, dans la baie Escondido. Le dimanche, c'est chose faite. La *Santa María* est arrivée la première, à mâts et à cordes, fuyant les vents drus, restes de l'ouragan. A mes côtés, sur le gaillard d'arrière, le capitaine Diego Tristán n'était pas fier. Deux nuits plus tôt, des éclairs dansaient sur nos trois mâts et la mer était si grosse que franchir une vague donnait l'impression d'être projeté du haut d'une falaise. Alors que nous tirions de la cale la grande ancre de miséricorde – dernier espoir puisque nous traînions nos quatre ancres de bossoir –, il m'a dit :

– Je vous confie le navire, amiral.

Non qu'il ait eu peur, car ce n'est pas dans sa nature, mais parce qu'il était à bout de ressources, et qu'il le savait. A bout de ressources, Barto ne l'était pas. Quand la *Bermuda* a perdu ses ancres, il l'a laissé courir sa course folle sur la mer démontée par le vent monstre, il lui a laissé le champ libre. D'autres s'en sont moins bien tirés. Lorsqu'il est arrivé à la baie Escondido, il a pu voir comme nous flotter des épaves – planches, espars, membres, caisses, barriques, lisse de couronnement d'un quatre-mâts, avec son artimon. Nous nous sommes douté que le pire s'était produit. Plus tard, bien plus tard, lorsque nous avons appris l'étendue du désastre, c'était déjà de l'Histoire. La grande flotte d'Antonio Torres était exactement déployée sur l'axe de l'ouragan quand il a frappé. Certains vaisseaux ont coulé en l'espace de quelques secondes, d'autres sont allés se fracasser sur les écueils de la côte, près de la passe du Singe. Vingt ont sombré corps et biens. Le vaisseau amiral était du nombre. Cinq cents personnes ont péri. Mon ami Antonio Torres, Francisco Roldán,

Bobadilla le gouverneur en disgrâce, Guarionex qui partait pour l'Espagne, ou pour le Paradis. Quelques navires ont été repoussés sains et saufs par le vent dans le port de Santo Domingo. Parmi les autres, un seul, l'*Aiguille,* s'en est sorti. C'était le plus minable, le plus petit, le plus vieux, le plus déglingué du lot. Ovando avait confié à ses cales une cargaison d'or m'appartenant, quatre mille pesos que Bobadilla avait fini par lâcher, une petite fortune. (La justice immanente ? Alors disons qu'elle rend des verdicts ambigus, car nous la retrouverons cette *Aiguille,* avec sa cargaison.)

Le dimanche, au point du jour, douze heures après l'arrivée de la *Gallega* sans son canot, la *Vizcaína* déboule le long du cap. Le capitaine Fieschi me crie de la proue :

– Hé, Colombo ! On va à la découverte, maintenant, hein ?

Mais l'aube vient dorer la mer, Fieschi voit les épaves, et lui, le bouillant, il tombe à genoux et baisse la tête.

Deux semaines plus tard, vaisseaux et équipages retapés, moi dans ma pose d'amiral, Tristán à mes côtés, Ferdi-Gras à la hune, nous quittons la baie Escondido, où j'ai jadis pris un meurtrier par la ruse, et nous cinglons vers la mer occidentale inconnue pour chercher cette route du Cathay et de l'Inde qui doit bien se trouver par là. Si elle s'y trouve, parbleu, nous la découvrirons !

Car voici le Grand Voyage. Je n'ai plus droit à l'erreur.

C'est ce que je continue à me dire quand vient l'an neuf et que nous cherchons toujours.

Barto est moins confiant.

– C'est un continent ! Combien de kilomètres faut-il que tu en voies pour t'y résigner ?

– D'après les Indiens, il y a une grande terre au nord et une autre au sud. Ça ressemble au centre d'un sablier, il y a un isthme. D'après les Indiens, il y a une grande mer de l'autre côté des montagnes. C'est une affaire de neuf jours de marche.

– Oui, ou quinze, ou vingt. Suivant les Indiens que tu écoutes. Cette jungle m'a tout l'air impénétrable et les montagnes, n'en parlons pas.

– Bien sûr, mais si l'isthme est étroit, pourquoi n'y aurait-il pas un détroit qui le couperait ?

– Les Indiens sont sûrs du contraire.

– Bof, les Indiens..., dis-je puisqu'en l'occurrence ça m'arrange de faire des réserves sur leur clairvoyance géographique.

Il y a un détroit. Il le faut.

Depuis quarante-huit heures, nous faisons relâche. Les hommes pêchent, se baignent, lavent leurs vêtements dans une rivière. Moi, je suis dans la loge que le charpentier de la *Santa María* m'a improvisée sur la poupe, pour m'éviter de m'extirper du château cinquante fois par jour.

Barto sort à reculons et à quatre pattes. Puis il repasse sa tête crépue par ma porte :

– Comment ça va aujourd'hui, au fait ?

– Ça va très bien, lui dis-je en haussant la voix.

C'est vraiment agréable, ce soleil filtré par le toit de palmes. Il fait chaud là-dedans, si bien que je frissonne moins. Mais mes yeux me font souffrir le martyre (pot à eau souvent rempli à portée de la main) et j'ai des poussées de fièvre. Je suis déjà passé par une période extrêmement atrabilaire (que j'ai pu prévoir sans le docteur Chanca). Pas de manifestations neuropsychiatriques, semble-t-il. Mais on ne sait jamais. Et Dieu merci, pas de stigmates.

– Besoin de rien ?

– Non !

– Relax, frérot. Je voulais juste...

– Je vais très bien, bon sang !

Peut-être encore un tantinet atrabilaire. Mais je me contiens.

Plus tard, je dessine une carte de l'isthme. Ferdi le Hardi frappe à ma porte :

– Papa ?

– Entre, fils.

Un garçon brun et maigre, sans un pouce de graisse, se coule à l'intérieur de ma loge.

Ferdi a reçu son surnom cet été. Ce n'est pas moi, mais les autres mousses qui le lui ont donné.

Dès que nous avons atteint l'isthme, nous avons eu droit à quatre semaines de tempête. Comme si l'ouragan n'avait pas suffi ! Nous avons perdu nos ancres, nos gréements, nos voiles à peine réparées, nous avons perdu nos câbles et un second canot, celui de la *Vizcaína.* Les hommes commençaient à se confesser les uns aux autres, c'est dire ! Moi, j'ai eu droit aux premiers frissons, à la fièvre et à cette raideur des articulations qui me permet tout juste de me traîner en boitant. Mais Ferdi valait le coup d'œil : il arrangeait les apparaux, grimpait dans les enfléchures, jetait la sonde et trouvait encore un moment pour réconforter ses compagnons. Mon fils Fernando, vraie graine de marin ! Qui l'eût cru ! Et quand on m'a transporté en bas, dans la cabine exiguë du capitaine-général, quand les cloisons grinçaient et tremblaient à se rompre, Ferdi était là pour me réconforter. Ou du moins, il riait.

– Qu'est-ce qu'il y a de si drôle, bon Dieu ?

J'étais très atrabilaire, alors.

– Tu sais ce qu'on dit toujours : « Tout est contre moi » ; j'avais jamais compris ce que ça voulait dire.

– Mais de quoi tu parles, bon Dieu !

Ferdi sourit de son nouveau sourire de matelot intrépide :

– Ce fichu temps. Tous les éléments des Anciens, la terre, l'air, le feu, l'eau, qui se liguent contre nous. Les récifs et les écueils des côtes sous le vent pour la terre, la bise qui hurle pour l'air, le feu de la foudre et alors l'eau...

Il a levé les bras au ciel.

– Mais on va s'en sortir. Je le sais.

Et il est monté sur le pont pour y veiller.

– La peur n'évite pas le danger, l'ai-je entendu déclarer, lapidaire, à un matelot de cinq ans son aîné.

Il est maintenant assis en tailleur dans ma loge. La carte que je dessine semble l'inspirer.

– Dis-moi ce qu'il y a de l'autre côté.

Je commence, et puis au beau milieu de mon discours – d'après nos spéculations, le delta du Gange devrait être à dix jours de voile de l'extrémité de l'isthme –, je m'arrête net. Ce n'est pas la première fois que Ferdi le Hardi lance la conversation là-dessus.

– Ferdi, tu essaies de me faire plaisir ?

Je le vois rougir dans le soleil qui filtre par les feuilles de palmes.

– Ben, t'as pas grand-chose à faire, bloqué ici. Alors, je me suis dit...

– Je suis ici parce qu'on n'a pas besoin de moi sur le pont à la minute !

Il s'empresse de hocher la tête en signe d'assentiment.

– Si je suis ici, c'est pour qu'ils m'aient sous la main à toute heure du jour et de la nuit !

– Je sais, papa.

Il décroise les jambes et les recroise dans l'autre sens, malgré l'exiguïté de ma cabine. Long silence. Puis il demande :

– Comment se fait-il que les Indiens parlent tant de langues différentes ?

Cette question me passionne. Si bien que j'en oublie un moment qu'il vient de me retendre une perche.

Nous avons traversé plusieurs zones linguistiques, en nous procurant un interprète pour chacune. Le volontaire est gardé à bord sur toute l'étendue d'une zone et échangé à la frontière de la suivante. Pour tout dire, ce n'est pas un volontaire. C'est un enrôlé de force. Mais nous le renvoyons tout de même chez lui avec des cadeaux, le plus souvent des grelots. Ce n'est pas un interprète au sens ordinaire du terme, car il ne parle pas plus l'espagnol que nous sa langue. Mais il s'habitue à nous et peut dire aux Indiens que nous rencontrons – cet isthme est presque surpeuplé, comparé à l'Hispaniola – que nos intentions sont pacifiques.

Au cours de notre traversée de ces zones linguistiques, il nous faut entrer dans chaque baie, chaque crique. Car, cachée dans l'entrelacs des palétuviers, se trouve peut-être l'entrée du détroit, la route de l'ouest, le Graal du découvreur.

Le premier mois, ironie de la géographie, nous louvoyons vers l'est – à cause de la configuration de l'isthme dans cette partie que mes hommes appellent déjà Honduras. Il faut les comprendre. Il n'a pas cessé de pleuvoir, et on ne voyait rien d'autre que ces palétuviers dégouttant de pluie. Et parfois, de grands lézards pareils aux crocodiles du Nil, en plus gros. Et des créatures brunâtres, mollassonnes, nageant au ralenti, franchement moches, que les Indiens appellent « manatees ». Déception pour Ferdi et les autres mousses : ces sirènes n'étaient pas à la hauteur de leurs fantasmes. (Mais notez que Ferdi, en rapprochant ces lamantins des créatures légendaires, a bien vu qu'il s'agissait de mammifères marins. Il a une tournure d'esprit très scientifique.) Chaque soir, lorsque nous jetions l'ancre devant les palétuviers, il se trouvait un petit malin de matelot pour dire :

– Oh, nom de Dieu ! j'suis sûr et certain que c'est d'ce maudit rocher qu'on est partis ce matin.

Et il était difficile de discuter. Tout ça pour vous dire pourquoi cette terre a été baptisée Honduras. Les Espagnols nomment les lieux comme ils les voient. Je connais une rivière qui s'appelle la Vilaine, au sud de Grenade, eh bien, elle est vilaine. Honduras signifie les bas-fonds, les fosses. Ma foi, c'était l'idée qu'on s'en faisait.

Mais Ferdi était en train de m'interroger sur les Indiens et leur Babel, sujet qui me fascine toujours, même s'il l'a déjà mis sur le tapis.

Les Indiens de l'isthme sont fort divers. Les premiers que nous avons rencontrés auraient été parfaitement à leur place, barrière linguistique mise à part, dans n'importe quel grand port européen. Leurs pirogues, longues comme des caravelles et larges de deux mètres cinquante, transportaient vingt rameurs, deux fois autant de passagers, et une cargaison qui aurait rempli la cale avant de la *Santa María.* Sur le passavant de ces pirogues se trouvaient des cabanes de palmes, très semblables à la loge qu'on m'a construite peu après. Les femmes portaient de longues robes de coton et voilaient leur visage jusqu'aux yeux à la mode arabe. Parmi les hommes, certains portaient des justaucorps de coton matelassé capables d'arrêter n'importe quelle flèche indienne ; ils avaient des épées et des hachettes de cuivre. Ils se nommaient les Mayas, mais leur royaume se trouvait assez loin au nord, et nous n'avons jamais réussi à le visiter. Nous ne nous plairions pas là-bas, s'excusaient-ils. L'isthme était plus large, les palétuviers plus denses, la jungle plus épaisse, les montagnes incroyablement hautes, les moustiques plus gros et plus voraces. Même, il pleuvait davantage. Non, nous assurèrent-ils, il n'y avait pas de détroit dans l'isthme. Mais venez, si vous voulez... Au plaisir !

Des Indiens Jicaques, rien à dire, sinon qu'ils avaient ceci de commun avec les Mayas : ils nous assurèrent qu'il n'y avait pas de détroit.

Plus au sud, vivaient les Talamancas, sauvages nus et crus après les Mayas, mais assez hospitaliers. Trop hospitaliers. Ils nous offrirent deux vierges nues, l'une de quatorze ans et l'autre de huit, pour le cas où nous serions portés sur les nymphettes. Ils leur firent tout simplement grimper l'échelle, sitôt nos caravelles mouillées dans une anse. Le pays s'appellerait plus tard Costa Rica, et ce n'est nullement pour nuire à la réputation des futurs Costa-Ricains que je rapporte ici les coutumes de troc des indigènes. Les fillettes ne semblaient pas avoir peur du tout ; leur maintien était droit et fier. Lorsqu'elles parurent à bord, je venais d'être repris par le Sacré Syndrome et je me trouvais dans ma loge à peine construite. J'entendis une clameur de mauvais augure, suivie d'un soudain silence, plus inquiétant encore. Je me précipitai donc dehors (pour autant qu'on puisse se précipiter à quatre pattes), ne sachant à quoi m'attendre. Au milieu de visages incrédules, Ferdi le Hardi, page de la reine, jeta, calme et courtois, des manteaux sur les épaules des fillettes et leur fit comprendre par gestes qu'elles devaient s'en aller. Elles s'en allèrent donc, et l'équipage l'admira au lieu de lui en vouloir. C'est un garçon étrange à bien des égards, mais il y a des moments où j'apprécie son instinct.

Ces Talamancas, prodigues de leurs vierges, avaient ceci de commun avec les Mayas et les Jicaques : ils nous assurèrent qu'il n'y avait pas de détroit dans l'isthme.

Les Cuna-Cunas portaient de lourds colliers de disques d'or pur. Ils habitaient des maisons sur pilotis, dans des îles au large du futur Panama. Je ne m'intéressais guère à l'or puisque nous avions notre détroit à trouver, mais, par curiosité, je leur demandai d'où ils le tenaient. Ils le tenaient des Guaymis, qui vivaient dans l'isthme, du côté d'où nous venions. Et pourquoi ne les avions-nous pas vus ? Leurs villages se trouvaient un peu en retrait, dans la jungle, sur des rivières sans nom. Si bien que mus par la seule curiosité, il nous fallut faire demi-tour pour trouver les Guaymis.

Les Cuna-Cunas, seulement vêtus de leurs colliers d'or, avaient ceci de commun avec les Mayas, les Jicaques et les Talamancas : ils nous assurèrent qu'il n'y avait pas de détroit dans l'isthme.

Ainsi s'achève ce bref catalogue des Indiens de l'isthme, et Ferdi me demande :

– Comment se fait-il que les Mayas et les Talamancas soient si différents, alors qu'ils sont voisins ?

– Bah, prends les Espagnols et les Français, dis-je avec un haussement d'épaules.

Je me demande ce que fabrique Barto. Il est parti ce matin de bonne heure à la recherche des Guaymis, en passant, dans le canot de la *Bermuda,* la barre d'un fleuve encore sans nom. Je ne fais pas remarquer à Ferdi qu'il m'a déjà posé cette question-là aussi – c'est sa manière à lui de témoigner de la sollicitude à son vieux père malade.

Hé oui, il grandit.

Barto rentre vers le crépuscule. Je suis sur le pont. Tout bien considéré, ça ne va pas si mal. Il arrive que le Sacré Syndrome me laisse un peu de répit, mais je sais bien qu'il est là, tapi quelque part au fond de moi.

– J'ai visité trois villages, dit Barto. Il n'y a pas de détroit, ni ici ni au sud.

Sur ce chapitre, il commence à parler comme un Indien.

– C'est ce que les Guaymis t'ont dit ?

– Euh... façon de parler.

– Comment ça, façon de parler ? (Légère séquelle de bile.)

– Ils sont pas aussi cultivés que les Mayas, et pas aussi généreux que les Talamancas. On a pas pu enrôler d'interprète. Ça va prendre du temps.

Tout en parlant, Barto fait sauter une bourse dans sa main. Elle paraît lourde.

– Cette barre, dit-il – il parle de la barre de sable, à l'embouchure du fleuve –, ça sera peut-être pas facile, mais à marée haute, on devrait pouvoir haler les bateaux. Et de l'autre côté, il y a un bassin et un bon mouillage.

– Pour quoi faire ? C'est un fleuve. Nous, on cherche un détroit.

Barto continue à lancer cette bourse et à la rattraper.

Finalement, il me la tend.

– Heureux jour des Rois, frérot !

C'est pour l'Épiphanie que les Espagnols s'offrent leurs cadeaux de Noël.

– Grand Dieu ! C'est déjà les Rois ?

– Tu l'ouvres pas ?

Je plonge la main dans la bourse et en tire une pépite d'or de la taille d'une noix.

Nous passons un bon moment à la regarder.

– Il y en a d'autres, là où je l'ai trouvée. Beaucoup d'autres.

Il tire son poignard.

– Et il m'a suffi de creuser le sol avec ça.

L'équipage est pendu à ses lèvres. L'or a le don de capter l'attention.

– Il est temps qu'on s'y fasse, me dit Barto, y a pas de détroit.

La pépite luit de cet éclat qui n'appartient qu'à l'or, pèse ce poids unique. Mais je me rappelle à l'ordre.

C'est le Grand Voyage. Je n'ai plus droit à l'erreur.

Pourtant, je sais aussi bien que Barto qu'il n'y a pas de détroit.

Depuis les Mayas, je ne fais que me leurrer.

Barto perçoit mon hésitation.

– Je suis sûr qu'on aurait la place de passer la barre à marée haute.

Il ne nous reste que deux canots. Il les faudrait tous deux pour faire passer chaque caravelle. Il est peu probable que nous réussissions à faire passer les quatre en une seule marée. Je demande à mon frère :

– Où tu veux en venir ?

Il regarde l'or, dans ma main.

– Deux semaines, trois peut-être. De toute façon, les hommes ont besoin de repos.

– J'ai jamais vu un Espagnol se reposer quand il y a de l'or à la clef.

– Là, c'est pas pareil. Y a qu'à se baisser pour le ramasser.

– Je te parle pas de ça.

Il hausse les épaules.

– Ils sont comment ces Guaymis ?

– On a pas pu se procurer d'interprète, je te l'ai dit.

– Mais pourquoi ?

– Comme toujours. Ils se méfient des étrangers, des visages pâles, des mousquets...

– Vous vous êtes battus ?

– Non. Ah, mais pas du tout ! Jamais de la vie ! Non, ils ont fait un peu de bruit, alors nous aussi.

Il devance ma question.

– Avec des cornes, des tambours. Ils ont battu la rivière avec des massues.

– Ils sont hostiles, donc ?

– J'ai pas dit ça. Ils avaient peur. On a dû leur faire peur.

Le capitaine Diego Tristán intervient.

– Le boss a raison. Les hommes ont besoin de repos.

Ses yeux sont amarrés à l'or.

Le ciel est dégagé ; le soleil se couche. Les hommes de la *Santa María* ne bougent ni pied ni patte. Quelqu'un se racle la gorge, tonnerre dans le silence.

– Il y a ici de quoi ramasser plus d'or en quelques semaines qu'en un an de tribut en Hispaniola, déclare Barto.

L'espace d'un instant, cet or, dans ma paume, reflète les derniers rayons du soleil et se teinte de rouge sang.

Ferdi le Hardi retient sa respiration.

Et, au fait, moi aussi.

Il n'y a pas de détroit. C'est le seul fait indéniable que nous ayons appris sur l'isthme. Et pour tous les rêves qui meurent, combien en trouve-t-on, tout prêts à prendre la relève ?

C'est presque trop beau pour être vrai, à la fin !

C'est du moins ce que je me dis.

Au capitaine Diego Tristán, je dis :

– Sondez les fonds. Quand on aura plus d'une brasse, on essaiera d'entrer.

Un rugissement d'allégresse, accompagné de piétinements sonores, me répond. Barto sourit.

– On va s'accorder deux semaines, lui dis-je.

Seulement, il pleut quarante jours et quarante nuits. Bien comptés.

Pluie excessive, indécente, biblique. Qui frappe le pont comme les sabots de chevaux échappés et transforme l'air en muraille d'ardoise grise. Sous nos coques, le flot boueux de la Bethléem – ainsi nommée parce que nous sommes arrivés devant son embouchure le jour des Rois – roule, tumultueux. Comble de l'ironie, la barre de sable est maintenant à trois brasses sous l'eau, totalement invisible. Nous avons mis deux jours à haler les bateaux – tâche laborieuse, éreintante, lorsqu'on n'a que deux canots –, et quelques jours plus tard, si nous voulions, nous pourrions sortir directement à la voile. C'est bien tentant.

Quand la pluie s'arrête, ne serait-ce que dix minutes, les moustiques quittent leur refuge et foncent sur nous en piqué. Si bien que nous rappelons la pluie de nos vœux. Bientôt, nos vœux sont exaucés. Nous revoulons les moustiques.

Ferdi le Hardi claque son bras nu où apparaît une tache de sang.

– T'ai eu, mon salaud.

Un zinzin se rapproche de mon oreille.

– Quelque chose de sec, n'importe quoi, supplie le capitaine Tristán. Une planche sèche, un biscuit sec, un vêtement sec, une boîte à feu sèche pour y allumer du feu – si nous avions du petit bois sec.

Soupir.

– Une toux sèche, tiens, dit-il, cassé en deux par un éternuement explosif.

La plupart des hommes toussent et éternuent. Beaucoup sont fiévreux, si bien que le retour insidieux de mes propres frissons et de ma fièvre passe inaperçu dans le délabrement général. Quant à être atrabilaire, qui ne l'est pas ? Je ne parle pas de mes yeux secs et brûlants au capitaine Tristán. Pourquoi le rendre jaloux ?

En plus de leur rhume, les hommes se mettent à souffrir de

claustrophobie. Il n'est déjà pas drôle d'être encaqué pendant un long voyage. Mais être bloqué à bord à un jet de pierre de la côte, c'est encore bien pis. Parfois, lorsque le ciel se dégage brièvement, on aperçoit – supplice de Tantale – les grands arbres qui bordent les berges et les collines verdoyantes à l'arrière-plan. Parfois, on voit le départ d'une piste indienne, transformée en ruisseau pour l'heure, au bord de la jungle, aussi inaccessible que la lune. Les hommes de Palos et de Moguer, de Lope et de Huelva, sont de fameux nageurs, mais aucun ne tiendrait plus de quelques secondes dans ce déluge brunâtre enragé. Or ces hommes sont des explorateurs dans l'âme, sinon ils ne seraient pas là. Et ils sont jeunes, pour la plupart, ils ont un trop-plein d'énergie. Mais il pleut si monstrueusement que nous ne pouvons même pas les occuper à de menus travaux.

Deux matelots nus – pourquoi porter des vêtements plus mouillés que la peau – passent, la tête basse, en traînant les pieds.

– Regardez-les, dit sombrement le capitaine Tristán, ils sont trop calmes. Ils mijotent quelque chose.

Il tente d'écraser un moustique. Raté.

– Qu'est-ce qui vous fait dire ça ?

Je trouve qu'ils ont plutôt l'air de couver une dépression qu'une mutinerie.

– Rien du tout, admet-il.

Il grogne un rire :

– Mais l'espoir fait vivre, hein ? Même une bonne vieille mutinerie serait la bienvenue.

Il claque son oreille. Son œil s'allume de joie féroce. Ce coup-ci, il l'a eu.

La pluie recommence. Nous la laissons lessiver nos corps nus. Descendre n'avance à rien ; les cales sont infectes. Je suis pris d'un frisson. Le capitaine Diego Tristán éternue. Je renverse la tête en arrière. L'averse baigne mes yeux cruellement secs.

Le lendemain matin, des oiseaux crient dans la jungle. Une aube chatoyante et dorée se lève dans un ciel bleu cristallin. Seuls le flot qui roule et la brillance de l'épais feuillage trempé révèlent qu'il a plu.

Ferdi le Hardi réussit à allumer la boîte à feu. Le moral revient avec ces flammes vacillantes. On étend les vêtements sur le pont, on les étale sur le bastingage. Un pipeau se fait entendre sur la *Gallega ;* on chante. Ferdi supervise la création d'une daube de bœuf salé à l'ail et au vin rouge, dont l'arôme parvient à l'arrière, malgré la puanteur des cales. Je suis assis au soleil devant ma loge. Il y a tout juste assez de brise pour décourager les moustiques. Un oiseau au plumage vert et feu fuse en criant une question rauque. Le pont de la *Santa María* grouille de matelots, occupés à sécher, réparer, frotter, aérer. Ils descendent dans les canots pour les écoper. Il y a même des volontaires pour cette tâche odieuse entre toutes : nettoyer les fonds de cales. Cela prend trois jours pleins. Et avant de s'arranger, la puanteur devient insupportable. On remonte caisses et barriques sur le pont pour les rincer à l'eau de mer, on récure les fonds de cales et on les frotte au vinaigre. Toute cette activité fait sortir les rats et les cafards sur le pont : il va y avoir du sport !

Vers la fin du troisième jour, le capitaine Tristán descend. Il remonte, le sourire aux lèvres :

– Tous les parfums d'Arabie.

Ferdi le Hardi, qui a fait partie du commando des nettoyeurs, s'approche. Il ne sent pas précisément aussi bon que tous les parfums d'Arabie.

– Reste en aval du vent, lui dis-je.

Au lieu de quoi il se retourne, saute sur le bastingage et exécute un gracieux plongeon. Le niveau du fleuve a beaucoup baissé, mais il roule toujours un flot brunâtre et furieux. Je m'approche du bastingage, anxieux. La tête de Ferdi émerge. Il sourit, crache comme une gargouille, fait du sous l'eau et reparaît plus loin. Bientôt les autres nettoyeurs de cales l'imitent.

Le capitaine Fieschi me hèle depuis la *Vizcaína :*

– Hé, Colombo, c'est très bien, ce coin !

C'est la première fois que nous le voyons clairement. En deçà de la barre, la Bethléem forme un bassin assez grand pour accueillir deux douzaines de caravelles. Au sud-est, elle disparaît dans l'intérieur des terres, sous le dais vert de la jungle. A l'arrière-plan, des ruisseaux et des cascades dégringolent des collines, argentés dans le soleil. Quelque chose bouge à tribord. Une grosse bûche sombre se détache de la baie, dérive vers nous et ouvre ses énormes mâchoires. Ferdi pousse les autres nageurs vers l'échelle qu'ils escaladent en moins de deux. Lui grimpe en dernier et me dit, très macho :

– C'est comme ça qu'on se retrouve avec un orteil en moins.

Mais il est tout pâle sous son bronzage. Après cet incident, nous laissons pendre des cordages le long de la coque et nous postons des vigies.

Quelques jours après la fin de la saison des pluies, Barto remonte le fleuve avec une douzaine d'hommes, sur le canot de la *Bermuda.*

Ils reviennent au bout de deux jours, halant quatre pirogues.

– On va en avoir besoin, me dit-il. En canot, on peut tout juste remonter le fleuve sur trois kilomètres. Sans compter qu'on a bien dû passer trente affluents.

– Accueillants, les Indiens ?

Barto sait éluder les questions. Ça tient de famille, sans doute.

– Douze grelots les quatre, dit-il, en montrant ses embarcations.

Le capitaine Tristán s'enquiert d'une voix tendue :

– Vous n'avez pas trouvé d'autre or, n'est-ce pas, boss ?

C'est la question que tout le monde attendait. Elle attire tout l'équipage autour du grand mât, où nous nous trouvons.

– Il y a encore bien cinquante centimètres d'eau, répond Barto, mais ça va baisser. En attendant, on pourra explorer un peu en pirogue.

– A quoi ressemblent les villages ?

– J'en ai vu qu'un. C'est une peuplade assez primitive, comparée aux Mayas.

– Tout le monde est assez primitif, comparé aux Mayas !

Voilà qu'il élude encore.

– Eh bien, en tout cas, ce ne sont pas des cannibales, répond-il avec un petit sourire.

– Ils sont agressifs ?

– Disons, sur la défensive.

Je me traîne en boitillant jusqu'au bastingage et contemple la jungle. Personne n'ose faire de commentaires sur mon nouveau mode de locomotion, d'ailleurs je n'ai pas le choix en ce moment. Mes yeux iraient plutôt mieux, en revanche. Coup d'œil de routine sur mes mains : pas de stigmates. Je regarde, pensif, cette muraille de feuillage vert.

Barto me saisit l'épaule et me dit doucement :

– Dur, dur, hein, frérot ?

Et moi, aussitôt hérissé :

– Quoi, dur ?

A voir mon visage, il change de cap.

– Je voulais dire de rester ici et d'avoir à diriger toute l'opération, c'est tout.

– Tu crois que je pourrais pas y aller si je voulais ?

– Punaise ! Pas la peine de me bouffer tout cru ! Bien sûr que tu pourrais. Qui t'a dit le contraire ?

Je me traîne jusqu'au groupe rassemblé autour du grand mât. Rester, est-ce prudent ? Quand il dit que ces Indiens sont sur la défensive, qu'entend-il au juste ? Il élude, il élude. Mais jusqu'à quel point ?

Dans l'état où je suis, il va bien falloir que je compte sur les autres pour être mes yeux et mes oreilles. Remonter le fleuve sans moi. *Découvrir* sans moi. Et la décision que je prendrai sera sans doute fondée sur des informations indirectes.

C'est ça, se sentir vieux. Invalide. Dépendant. Je déteste.

– Emmène donc Fieschi avec toi, demain.

Barto qui, à part moi, connaît les Indiens mieux que personne et Fieschi, qui ne les connaît pratiquement pas. Entre leurs deux sons de cloche, la vérité se fera peut-être entendre.

Quarante-huit heures plus tard, Fieschi saute à bord de la *Santa María* en grand conquérant. Barto, en retrait, lui laisse la vedette. L'exubérance coutumière du Génois culmine maintenant. Barbe fendue d'un sourire, il parade, tirant d'une bourse de belle taille, tel un magicien, des merveilles dorées : une douzaine de disques polis comme des miroirs, deux masques, un brouillamini de filets.

– Ils les portent autour de la tête, explique-t-il en prenant Diego Tristán pour mannequin.

Le voilà qui fait le tour du pont et distribue les filets d'or comme s'il en pleuvait – et peut-être est-ce le cas.

– On peut faire des affaires avec eux, hein, boss ? Hein ? dit-il avec un sourire épanoui.

– Comment sont-ils ?

Fieschi et Barto échangent un coup d'œil.

– Bruyants, dit Fieschi.

Je demande :

– Et leurs armes ?

Barto a sa liste toute prête et la récite aussitôt :

– Lances, arcs, flèches, frondes, massues.

– Mais comment ça, bruyants ? dis-je à Fieschi.

– Ils boivent beaucoup, reconnaît-il.

C'est bien la première fois que nous trouvons de l'alcool chez les Indiens.

– Ça s'appelle de la *chicha,* explique Barto. De l'alcool de maïs. C'est fort, comme de la bière forte.

– Ils boivent beaucoup, répète Fieschi avec une grimace, du tord-boyaux !

– Bon. Et ils ont l'alcool violent ?

– Bruyant, dit Fieschi.

– Rien d'inquiétant, ajoute Barto.

Ils font une seconde virée de quelques jours. Barto rentre, presque blasé, avec un assortiment de pépites d'or. Fieschi en laisse tomber une aussi grosse qu'une olive ; elle roule sur le pont cambré jusqu'aux dalots : belle mêlée chez les mousses. L'un d'entre eux en émerge, triomphant, l'éclat de l'or entre les doigts.

– C'est bien ce que disait le boss, exulte Fieschi. Y a qu'à se baisser pour les cueillir avec son couteau. Alors, quand on va se mettre à creuser pour de bon – les yeux lui roulent dans la tête –, y se pourrait bien que je m'achète une demi-part de Centurione !

Il rit de sa petite plaisanterie.

Il est bien le seul. Dans son enthousiasme, il vient d'enfreindre la loi non écrite. Peu importent la bannière ou les auspices, tous les aventuriers qui sont jamais partis en quête d'or s'en sont toujours mis à gauche. Ne rêvons pas. Mais on n'en parle pas, on se contente de le faire. Surtout les officiers. Ils sont censés se conduire de manière exemplaire. Or, non content d'être officier, Fieschi est étranger. Originaire de ma ville natale putative, qui, selon la rumeur, voulait faire main basse sur les Indes espagnoles.

– Le capitaine Fieschi plaisante, dit Barto froidement.

Fieschi saisit et rit de nouveau, moins convaincant.

Les hommes regardent la scène en silence.

Le lendemain matin, j'envoie Terreros et Porras en amont, avec une quinzaine d'hommes. Deux jours plus tard, ils rentrent en rapportant les disques, les masques et les filets d'or désormais familiers.

– Bruyants, dit le capitaine Porras. Ils boivent beaucoup.

Je commence à connaître la chanson.

J'attends que Pedro Terreros parle. Je compte sur sa droiture pour connaître la vérité.

– J'ai jamais vu des Indiens pareils, dit-il. Complètement imprévisibles. On jurerait qu'ils vous ont à la bonne et puis, crac, les voilà qui se mettent à souffler dans des cornes, à battre leurs tambours, à cogner sur les arbres et ils vous regardent même plus.

Porras se prend la tête à deux mains :

– C'est peut-être leur bière..., hasarde-t-il.

– On dirait qu'ils veulent faire exactement comme si on n'existait pas, dit Pedro. Mais il faudrait que vous voyiez vous-même.

Je vais en avoir l'occasion. Barto rentre de la virée suivante avec des visiteurs. Ils arrivent dans cinq pirogues de belle taille, avec leur chef de clan, nommé El Quibián, et sa suite. Quatre pirogues s'arrêtent sur la côte, et bientôt les Indiens soufflent dans des cornes, battent leurs tambours, frappant les arbres à coups de bâtons et le fleuve de leurs pagaies, en nous ignorant totalement. La cinquième pirogue vient heurter la coque de la *Santa María.* Les Indiens grimpent à l'assaut de l'échelle, nus à l'exception de pagnes de coton. Sur le canot de la *Santa María,* Barto hoche la tête en me souriant. Peut-être dit-il quelque chose, mais avec le vacarme de la rive, je ne risque pas de l'entendre. Le dernier Indien à monter à bord, c'est El Quibián lui-même. Il attend, à cheval sur le bastingage, que ses associés aient fini de fouiller le pont, ce qu'ils font en parvenant à nous ignorer, sans hauteur, ni hostilité. Bientôt ils retournent auprès de leur chef bredouilles, le front soucieux. Il se met à hurler. Nouveau circuit. Ils fouillent dans les rouleaux de cordes, piétinent les écoutes. Et El Quibián est toujours à cheval sur son bastingage. Les voilà qui trottent vers lui, avec le sourire cette fois-ci. Dieu sait ce qu'ils cherchaient, mais ils l'ont trouvé. Le vieux chef chétif et ridé glisse du bastingage au pont. Il a les bras puissants. Tiens, une de ses jambes est atrophiée ! Il boite très bas. Je claudique vers lui pour l'accueillir, mais il se détourne. Il me tourne littéralement le dos. Voilà autre chose. J'ai rencontré pas mal d'Africains et pas mal d'Indiens, mais ces Guaymis et leur El Quibián sont des originaux. Deux membres de sa suite le soulèvent soudain. On croit qu'ils vont le balancer par-dessus bord. Mais non. Ils le déposent dans le jardin où il trônera isolé, le temps de notre conférence au sommet, si on peut employer ce terme. Le vacarme de la rive aurait plutôt augmenté ; les souffleurs, les percussionnistes et les cogneurs s'échauffent, prennent leur vitesse de croisière, trouvent leur rythme. El Quibián pointe son index vers moi et fait le signe de marcher. Je m'approche du bastingage et de sa chaise percée. Trois Indiens me barrent le passage. Il fait de nouveau signe que je dois bouger. De nouveau, on me barre le passage. Apparemment, il est interdit de l'approcher de trop près. Puis je comprends ce qu'il veut. Il veut me voir marcher. Ou boiter. La claudication établit un lien entre nous. Alors je claudique vers l'arrière, puis vers l'avant. Quand il est satisfait de cette démonstration de parenté, l'un de ses hommes lui tend une gourde. Il boit, puis me la passe. La *chicha* est violemment aigre. Et amère en plus. Elle a un goût atroce qui laisse la bouche râpeuse. La gourde, malheureusement grosse, passe et repasse de lui à moi et chaque fois qu'il la prend en main, il la soupèse pour s'assurer que je ne laisse pas ma part. Histoire de varier les plaisirs, je fais apporter du papier et je dessine une carte de la côte et de la Bethléem. C'est-à-dire, je commence. Parce que dès que ces Indiens qui regardent par-dessus mon épaule voient apparaître les traits noirs sur le papier, ils tournent le dos à grands cris. Nouvelle magie. El Quibián pâlit sur son « trône ». Un grand type bronzé sort prestement une corne d'animal d'où il répand une poudre orangée au parfum douceâtre. Trente ans plus tard, dans ses souvenirs, mon fils parlera bien de ces dos tournés, mais sans s'interroger sur leur signification. Il indique bien que les Guaymis semblent avoir peur du dessin. Mais s'agit-il forcément de peur ? Peut-être y a-t-il une tout autre raison à ces dos tournés et à cette poudre répandue, une raison cohérente dans leur conception du monde, mais qui ne résiste pas à notre propre logique, bornée à sa manière. Ces Guaymis et leur El Quibián sont-ils donc fous ? A moins que la folie, comme la beauté, ne soit une notion particulièrement subjective ? Trente ans plus tard, Fernando ne spéculera pas sur ces questions, peut-être parce que aujourd'hui, Ferdi le Hardi, comme tous les autres mousses, bée devant le chef de clan sur son trône, comme s'il s'attendait à le voir faire quelque chose de vraiment outré : déféquer avec une originalité spectaculaire peut-être. Mais El Quibián, prenant appui sur ses bras puissants, se retourne dans le jardin, de sorte que le voilà à l'envers. Cela semble interdire Ferdi, au point que l'écrivain Fernando oubliera de mentionner le rapport que ma claudication a établi avec le chef boiteux. Qui laisse tomber la gourde dans l'eau et lève la main pour en demander une autre, tandis que le vacarme de la rive augmente. Il boit. Je bois. Cette *chicha* est pis que de la bière anglaise, mais je fais ce qu'on attend de moi. Il lève une main, oh, à peine ! Ce n'est guère un geste péremptoire. Pourtant, le bruit de la rive s'arrête net. Il se met à parler. Dans une inspiration anthropologique, je tourne le dos. Sa voix est si forte que j'ai les oreilles qui bourdonnent quand il se tait enfin. Je me tourne vers lui et découvre qu'il est de nouveau assis dans le bon sens. Ceci indique-t-il un progrès dans la confiance ? Sa bouche se fend d'un sourire qui révèle quelques chicots. Il hoche la tête à plusieurs reprises. Ça pourrait bien ne rien exprimer d'autre qu'un coup dans le nez. Je retente ma carte. Re-poudre. El Quibián s'agite nerveusement sur son siège mais, cette fois, il ne tourne pas le dos. Non, il fait un signe subtil et ses gens l'aident à revenir sur le pont. Il se met à côté de moi. Je ne m'étais pas rendu compte de sa petite taille. Il m'arrive à peine à l'épaule. Il fait un pas et se retourne pour m'attendre. Je fais un pas. Lui un autre. Il veut synchroniser notre infirmité commune, et pour une fois je boite donc sans retenue. Nous atteignons l'échelle. Sa main refait ce geste de rien du tout et le vacarme de la rive reprend. Ensuite il se lance dans une série de signes complexes, d'où il apparaît que nous recevons l'autorisation de remonter la rivière et de creuser. Il vient de commencer à expliquer qu'il juge fortement préférable que nos peuples tiennent leurs distances lorsqu'un tout jeune mousse, encouragé par ce déploiement de communication, lève les paumes en signe de paix et, avec un large sourire, s'approche d'un tout jeune membre de la suite du chef. L'adolescent guaymi en reste pétrifié d'horreur. Mais il faut croire qu'il est trop lent, ou qu'il aurait dû tourner le dos. Quoi qu'il en soit, El Quibián dit quelques mots et l'infortuné Guaymi est envoyé KO sur le pont, à coups de bâton. Deux de ses compagnons soulèvent son corps inerte et le basculent dans le fleuve. Il fait surface, roule sur le dos, se laisse flotter un moment, puis regagne lentement la rive à la nage. Pour sa part, El Quibián descend l'échelle à la suite de ses hommes. Ses bruiteurs remontent déjà dans leurs pirogues. Bientôt, leurs effets spéciaux se perdent dans la jungle.

– Ben ça, alors ! Qu'est-ce que c'était, ce cirque ? dit Barto.

J'ai les tempes qui battent, avec toute cette *chicha.* Mais j'essaie d'ébaucher des considérations anthropologiques sur cette rencontre. Ce n'est pas le cas de Fernando. Ferdi le Hardi applaudit un de ses compagnons qui vient de sauter à l'envers sur le siège du jardin, en visant au plus juste et sans tomber dans le fleuve.

Je ne vois pas de réponse à la question de Barto. Je me frotte le front comme pour effacer ce mal de tête dû à la *chicha.*

– Si on les comprend pas, et moi, en tout cas, je les comprends pas, mieux vaut limiter les contacts. D'ailleurs, il est clair que c'est ce que veut El Quibián.

– Mais ils sont pas contre l'idée qu'on ramasse de l'or.

C'est indiscutable.

– Combien ça te prendra, pour remplir nos coffres ?

Il sourit.

– A condition, j'ajoute, qu'il y ait assez d'or pour les remplir.

– Tu rigoles ! Maintenant que c'est la décrue, on en voit briller dans tous les replis. Punaise, Cristóbal ! Ça prendrait cinquante ans pour rafler tout l'or qu'il y a ici ! Un siècle ! Mais donne-moi seulement un mois et la récolte... ils ont jamais rêvé en ramasser la moitié en Hispaniola !

Je passe une nuit blanche à réfléchir et mes réflexions sont compliquées.

C'est le Grand Voyage. Je n'ai plus droit à l'erreur.

Sauf qu'il y a déjà erreur. Erreur monumentale : pas de détroit, pas de route de l'ouest, pas de Graal du découvreur.

Alors, adieu Grand Voyage. Il faut s'incliner devant la géographie.

Cette nuit blanche est longue et chaude, dans ma loge du pont. Je me vois en Espagne sous le regard des autres, et ça ne me plaît pas du tout – un vieillard sur le sable, Vásquez de La Frontera *bis,* sans algues des Sargasses, rien qu'avec un tas de souvenirs. Il a découvert toutes les îles des Indes. Il a découvert l'Hispaniola, joyau des Caraïbes, il en a fait un lieu civilisé, seulement il y est interdit de séjour. Il a découvert le Nouveau/Autre Monde. C'est un petit vieux triste, désœuvré, à présent. Peut-être qu'il voudrait lire tous ces bouquins qu'il a jamais eu le temps de lire, mais ses yeux tiendront pas la distance.

Ils voient ceci, mes yeux : à Séville et Sanlúcar, à Cadix et Palos, ils voient des hommes jeunes rêver de grands rêves et les réaliser. Ou échouer même. Mais du moins tenter. Non pas que je sois vieux. Moi, vieux ? Allons donc ! Quand je serai vieux, je m'en rendrai compte.

Au cours de cette longue veille dans ma loge du pont, je me vois dans la dernière salle du trône temporaire de la péripatétique cour. Je suis en train de dire aux souverains : de l'or – du vrai, pas comme en Hispaniola. Là-bas dans l'isthme, il suffit de se baisser pour le cueillir. Pas besoin d'esclaves, pas besoin de tribut. J'ai bien appris ma leçon. Écoutez, Madame, nous allons nous trouver un chef de mission, quelqu'un comme Fray Juan Pérez... Comment ? Bon, d'accord, quelqu'un de plus jeune si vous voulez, et nous ramènerons les caciques pour qu'ils reçoivent une bonne éducation espagnole : en un rien de temps, vos nouveaux sujets seront aussi loyaux que ceux de votre premier royaume ; ils se vêtiront, même. La reine sourit. Le roi, qui tend ses orteils pour toucher l'estrade, sourit lui aussi.

Je sais que faire. J'ai appris en Hispaniola.

Mais c'est trop grand, l'Hispaniola, me dis-je au cours de cette longue veille dans ma loge. Les soulèvements y sont inévitables. Ce qu'il nous faut, c'est une petite colonie, à peine plus grande qu'un village. Avec des gens bien – ni colons ni aventuriers –, des êtres humains comme Juan Niño et Inocencia Premiada. Je connais les pièges, maintenant. Je suis plus avisé, mais encore assez jeune pour entretenir un rêve. Style vétéran du pouvoir, sauf que *moi, je ne suis* PAS *vieux.*

Le matin, Barto demande :

– Alors ?

Nous sommes accoudés à la lisse de couronnement. L'air est doux. L'écume vient se briser sur la barre de sable. Des oiseaux chantent dans la jungle. La colline qui domine la rive gauche de la Bethléem se termine par un plateau. A croire que Dieu l'a placé là pour y construire une colonie.

– Alors, on va prospecter, oui ou non ? demande Barto.

Je lui tourne le dos. Presque comme un Guaymi.

– Barto, lui dis-je doucement, je veux que tu restes.

Il se méprend.

– Quoi, tu veux remonter la rivière toi-même ? Ben, ça alors, Cristóbal, avec tes pauvres jambes et tes yeux, je trouve pas que ça soit une idée de génie !

Ma vieille sérénité m'est revenue. Maintenant, les allusions à mon infirmité m'indiffèrent.

– On va démarrer une colonie, lui dis-je. Je veux que tu restes avec la moitié des hommes pendant que je retourne en Espagne pour obtenir une charte et des colons. Mais ça ne sera pas vraiment des colons parce que, mon idée...

Barto tente de sourire, tandis que je cherche un mot qui n'existe pas encore.

– Très drôle, articule-t-il.

Mais il me prend doucement par le coude pour que je le regarde. Mon frère jadis laid, aujourd'hui beau, paraît subitement redevenu laid, presque comme si ses verrues étaient ressorties.

– Dis-moi que c'est pour rire, suggère-t-il.

Mais mon visage le convainc du contraire.

Comment expliquer ? Je ne peux pas dire « utopie », parce qu'il faudra attendre encore treize ans pour que Thomas More fabrique le mot (Fernando correspondra d'ailleurs avec cet humaniste, peu avant qu'il ne soit exécuté par le gentil roi Henri VIII). Mais utopie rendrait bien ma pensée. Barto m'arrête :

– J'ai jamais connu d'Espagnol qui perde pas la tête dès qu'il y a de l'or à la clef, sans parler des Indiennes. Et ici, il y a des milliers d'Indiens et nous on est cent trente, avec quatre navires ! Tiens, au fait, à en juger par la *Bermuda,* ils auraient bien besoin d'être carénés ! Il y a des portions de quille qui ressemblent à des rayons de miel, ce qui prouve que la baie doit être pleine de tarets – et toi, tu veux repartir pour un tour ?

– Barto, on a beaucoup appris depuis nos débuts. On pourrait...

– Écoute, pendant que tu y es, t'as qu'à appeler ta nouvelle colonie La Nativité !

Atteinte à ma sérénité. Et je n'ai encore rien entendu.

– Si tu crois que je sais pas ce que tu éprouves. T'essayes de prouver que t'es aussi jeune qu'autrefois. J'ai connu ça avec Higueymota.

– Mais, c'est pas la même chose. Je peux très bien repartir avec moins de la moitié des hommes. Alors oublie La Nativité et ses quarante novices. Y a pas de comparaison. Tu peux garder soixante-dix volontaires et je te laisse un vaisseau, la *Gallega.* C'est elle qui a le plus de puissance de feu et, si ça barde pour de bon, tu pourras toujours mettre les voiles. Mais t'en arriveras pas là. Tu connais les ficelles.

– Tout ce que je vois, c'est que tu es un homme déçu qui essaie de refaire sa vie.

Il continue sur ce thème un moment. Mais je n'écoute pas. Parce que, chronologiquement du moins, ses arguments sont inattaquables. Porcini-Zampini, c'est un phénomène. De notre temps, la plupart des hommes meurent avant cinquante ans. Alors, on n'en est plus au démon de midi. Cette fois, c'est bien la vieillesse qui nous attend au tournant.

– ... fontaine de jouvence, dit Barto.

Son visage est tout plissé. Je jurerais que ses verrues sont ressorties.

Derrière la barrière de ma vieille sérénité retrouvée, je ne dis rien.

– Pour prouver que tu as rien perdu de ton punch, tu vas laisser mourir soixante-dix hommes ici.

– Personne va mourir. Tu as même tes lévriers irlandais sur la *Bermuda,* et tu sais la frousse qu'en ont les Indiens.

– Trois. Trois chiens et soixante-dix hommes. Sans garantie que tu reviennes jamais. T'es malade. Tu pourrais mourir là-bas en Espagne. Et alors, qu'est-ce qu'on deviendrait ? Mais tu vois pas à quel point t'es malade ?

La main me démange. Je réalise que je viens de frapper mon frère. Juste au-dessous de nous, quelques matelots sont appuyés au bastingage du gaillard d'arrière, dos tourné. Diego Tristán est debout à l'habitacle, abîmé dans l'observation de la barre de sable. Pas si fous ces Guaymis : peut-être vaut-il mieux faire semblant que certaines choses n'existent pas.

– Excuse-moi, dis-je à Barto, un pois de Colón dans la gorge. C'est parti tout seul.

– Ça va, ça va. T'en fais pas.

– Mais je vais la démarrer cette colonie. Avec ou sans toi.

Maintenant, c'est lui qui me fait le coup du Guaymi. Il contemple longuement la terre, et ce plateau au sommet de la colline, ce plateau que, de toute évidence, Dieu a expressément créé pour mon propos.

– Cristóbal, tu es sans doute le plus intuitif des navigateurs de tous les temps et de tous les continents, dit-il lentement en cherchant ses mots. Et je suis fier d'être ton frère. Mais alors, pour savoir s'arrêter à temps...

Tout bas, si bas que je ne suis même pas sûr d'avoir parlé, je dis :

– Je peux pas. Je peux pas m'arrêter, Barto.

Peut-être qu'il ne m'a pas entendu, car il reprend :

Mais si tu retournes en Espagne et que pour une raison x, qui n'ait rien à voir avec ta santé, tu puisses plus rentrer ? Tu crois quand même pas que quelqu'un d'autre que toi pourrait nous retrouver ?

– Barto, lui dis-je toujours bas, d'une manière ou d'une autre, je vais mettre ce projet à exécution.

Il se tourne vers moi – ça fait des années que je ne l'ai pas vu aussi jeune – et il dit :

– Oh bon, bon, d'accord ! Je reste. Tôt ou tard, je finis toujours par faire tes quatre volontés. Mais ce coup-ci, je vais y laisser ma peau.

J'ouvre un œil. Ce n'est pas encore l'aube. Les cornes mugissent, les tambours roulent quelque part dans la jungle, mais ce n'est pas ce qui m'a réveillé. Non, ça, on en a l'habitude : des nuits que ça dure, et jusqu'à l'aube. Depuis qu'on a démarré la colonie ? Oui. Depuis que le niveau de l'eau a baissé et découvre la barre à marée basse ? Depuis que nous sommes *de facto* prisonniers du bassin de la Bethléem ? Oui, c'est vrai aussi. Impossible d'interviewer El Quibián. D'ailleurs, on n'a pas vu un seul Indien depuis des jours.

J'entends de nouveau ce qui m'a réveillé ; un battement étouffé, tout proche. Un tronc contre la coque ? Une pirogue ?

Puis, des pas sur le pont, et soudain :

– Halte-là ! Qui va là ?

C'est la voix de Ferdi le Hardi.

Je me traîne hors de ma loge à quatre pattes. Deux matelots armés de mousquets – heureusement désamorcés – sont acculés au bastingage par Ferdi le Hardi et sa lance.

– Officier de quart ! hurle-t-il.

Et juste au-dessous de moi, le pilote de la *Santa María* surgit de l'entrepont où il a dû faire une bonne sieste.

– En pirogue, lui dit Ferdi le Hardi. Ils étaient en pirogue.

– Bon, bon, répond le pilote bien embêté.

– A votre place, je les fouillerais.

Ferdi le Hardi, qui n'a pas quatorze ans, en rajoute un peu.

Mais la fouille ne s'impose guère. La semi-obscurité suffit pour voir que l'un des matelots porte un sac.

– Faux jeton ! lance le porteur de sac.

Et pendant un bon moment, on n'appellera pas mon fils autrement que Ferdi Faux Jeton. Ces changements de nom correspondent à un aspect de sa personnalité. Mon fils cadet, vous l'avez remarqué, est un personnage passablement complexe.

Le sac contient les classiques : disques, masques et filets d'or.

Les coupables sont pleins de rancune.

– Pourquoi nous ? demande l'un. C'est pas juste ! Pourquoi nous, alors que tout le monde le fait ?

– Tout le monde, rétorque l'autre, sauf le fi-fils à l'amiral. Ferdi Faux Jeton. Voilà !

Une fouille en règle des navires met à jour des objets d'or dans toutes les cachettes vieilles comme le monde, et dans quelques autres qui dénotent nettement plus d'inventivité.

Interrogatoire type :

Q : Vous avez sorti une pirogue il y a deux nuits ?
R : Ouais. Moi et Manolo Méndez.

Q : Où vous êtes allés ?
R : Allez savoir ! En amont, au clair de lune. Puis on a trouvé une piste dans les buissons et on est assez vite arrivés à un village.
Q : Les Indiens vous ont fait bon accueil ?
R : Ils ont fait du bruit. Nous aussi.
Q : Avec quoi ?
R : Avec un mousquet.
Q : Et après, qu'est-ce qui s'est passé ?
R : Ils nous ont donné des masques et des trucs en or.
Q : En échange de quoi ?
R : *(Silence.)*
Q : Et vous ? Qu'est-ce que vous leur avez donné ?
R : Ben, y voulaient rien. Y voulaient qu'on s'en aille, quoi.
Q : Et vous êtes partis ?
R : Ben, on est là, non ?
Q : Mais vous êtes pas partis tout de suite, si ?
R : Ben non. On s'est un peu amusés avec deux filles dans les buissons – mais elles étaient consentantes, hein ? Parole !

Barto l'a déjà dit :

– *T'as plus qu'à appeler ta nouvelle colonie La Nativité.*

Comment ai-je pu espérer autre chose ? Utopie vient du grec « nulle part ».

Mais je ne suis pas encore prêt à déclarer forfait.

Je suis debout devant ma loge, les yeux perdus dans le vague, l'humeur chagrine. Ferdi Faux Jeton me demande :

– Qu'est-ce que j'ai fait de mal ?

Au ton qu'il prend, il est clair que l'idée qu'il ait pu commettre une erreur ne l'effleure pas.

– Il y a des fois où on se trouve le dos au mur ; on a tort quoi qu'on fasse, lui dis-je, un peu sentencieux. On t'a critiqué parce que tu l'as fait, on t'aurait critiqué si tu l'avais pas fait.

Lieu commun.

– Tu étais pris entre deux feux.

De pire en pire. Finalement, j'explose.

– Crénom, Ferdi, pourquoi t'as pas laissé quelqu'un d'autre cafter ?

Il me répond sur le même ton :

– C'est que des paysans illettrés. J'en ai rien à faire s'ils peuvent pas m'encadrer.

Et il s'éloigne dignement.

Plus tard, dans ma loge, je vois venir Barto et Pedro Terreros. Je sors à leur rencontre. Je sais ce qu'ils vont me dire.

– Écoute-moi ces tambours, me dit Barto. Adieu, colonie !

– Pourquoi ? Les Indiens s'agitent ? On sait arranger ça.

Barto se contente de secouer la tête.

Pedro Terreros a l'air peiné. Il s'éclaircit la gorge.

– Amiral, dit-il – et on voit bien que chaque mot le torture –, amiral, je suis avec vous depuis le Premier Voyage. Depuis 1492. Tout ce que je sais, c'est vous qui me l'avez appris. Et je...

Sa pomme d'Adam fait du yoyo.

– Amiral, je crois que le boss a raison. Vaudrait mieux oublier la colonie et préparer les navires à appareiller dès qu'on pourra.

– Je m'en vais y réfléchir, je grogne en tournant le dos à la guaymi pour cacher les vraies larmes qui me piquent les yeux.

La nuit suivante, Ferdi Faux Jeton disparaît.

Pas une pirogue ne manque, mais il n'est pas à bord de la *Santa María* ni des autres vaisseaux. Je vais voir dans la colonie – grappe de huttes clayonnées autour d'un magasin central, pas d'enceinte ; protection naturelle : ravin abrupt sur un côté, fleuve sur deux autres. Mais vers l'intérieur, des collines boisées dominent le plateau. (Voilà le genre de détail qu'on a tendance à survoler quand on est sur l'aile de l'Utopie.) Il suffit de quelques minutes pour constater que Ferdi n'est pas là non plus.

Barto, accompagné de vingt volontaires et des trois fameux lévriers irlandais, est en garnison dans la colonie depuis que sa construction a commencé. Ses volontaires, il n'a pas eu le moindre mal à les trouver. Il lui en viendra cinquante autres. Tout le monde veut tenter sa chance au jeu de l'or, avant que je ramène des renforts d'Espagne. Je sais, je sais. Barto me l'a déjà dit : c'est un remake de La Nativité. Mais j'ai d'autres soucis en tête.

– Il peut pas disparaître comme ça.

Il faut que je le répète, parce que les cornes et les tambours font un raffut du diable aujourd'hui. Soudain, le sang se retire de mon visage.

– Et s'ils l'ont kidnappé ? S'ils le retiennent en otage pour nous faire partir ? Et s'ils le tuent si nous refusons ?

– Ils savent pas que c'est ton fils, me fait remarquer Barto.

J'emmène un groupe d'hommes armés jusqu'aux dents dans l'intérieur des terres. On prend un sentier de jungle au hasard. Mais à quoi bon ? C'est l'embranchement d'une douzaine d'autres pistes. Sur le chemin du retour, bruissement dans le sous-bois, une flèche vient vibrer dans un tronc à quelques dizaines de centimètres de mon visage. Une décharge de mousquet décourage l'archer invisible d'améliorer sa performance et nous rentrons au plus vite, poursuivis par le vacarme des cornes et des tambours.

Barto s'est mis à construire une enceinte, en fin de compte. Tandis que nous regardons les pieux qu'on enfonce dans le sol, il me presse :

– Arrête tout... avant qu'il soit trop tard.

– Quoi, pour un peu de boucan ? Tu connais les Indiens, plus ils font de tapage, moins ils cherchent à se battre pour de bon.

– Tiens donc ! Et leurs danses guerrières alors ? Si on se tire pas d'ici assez vite...

– En laissant Ferdi ?

– Je voulais dire, dès qu'il sera rentré.

– Tu crois qu'il est allé faire une virée, comme ça ?

– Peut-être. C'est un drôle de gamin. S'il rentre sain et sauf, est-ce que tu voudras bien envisager de mettre les voiles ?

– On peut pas. Regarde la barre de sable.

La vague vient se briser sur elle en écumant. On n'ira nulle part, quoi qu'on décide, tant qu'il ne pleuvra pas.

Il pleut toute la journée du lendemain et celle du surlendemain. Diego Tristán sort le canot de la *Santa María* pour sonder la barre et revient, trempé mais heureux.

– L'eau est déjà montée de trente centimètres, amiral.

Le zigzag d'un éclair déchire le ciel. Coup de tonnerre. Tristán sourit. Mais on n'est pas encore tirés d'affaire. Et toujours pas trace de Ferdi.

Le matin du cinquième jour après sa disparition, je me réveille dans ma loge secoué de frissons, trempé de sueur, les yeux en feu. Rien que pour me mettre à quatre pattes je souffre. Mon dos me fait endurer le martyre. Je me traîne dehors. Autour du grand mât, les hommes braillent et rient. Ils sont tellement captivés par autre chose, que ma douloureuse descente passe inaperçue. En m'approchant, j'entends :

– ... il a recommencé.

– ... en plein dans leur camp...

– ... il ignore la peur...

– Ferdi le Hardi a encore frappé !

Et le voici, porté en triomphe.

– C'est rien, sourit-il.

Quand ils le reposent sur le pont, il vient vers moi. Son visage est bouffi de piqûres d'insectes ; il a un œil au beurre noir ; son justaucorps est en lambeaux.

– Qu'est-ce qui t'est arrivé ?

– Je me suis dit qu'il fallait que quelqu'un découvre ce que les Indiens mijotaient. Alors, je me suis plus ou moins dirigé au son des cornes et des tambours et j'ai passé deux jours à rôder autour de leur camp.

– De leur camp ?

Je n'aime pas beaucoup ce mot-là.

– Oh, mais je suis pas entré, contrairement à ce que les gars racontent. Seulement, je sais reconnaître un camp militaire. Il y a bien un millier de Guaymis, là-bas. Sinon plus. Armés jusqu'aux dents.

Quelqu'un demande :

– Ils vont nous attaquer, Ferdi ?

Et mon fils hoche la tête, très adulte.

Quelqu'un d'autre – moi, pour être précis – demande :

– Comment tu peux en être aussi sûr ?

– Parce que je suis tombé sur une sentinelle et qu'on a eu un petit accrochage sur le bord d'une rivière. Je lui ai un peu tenu la tête sous l'eau, quoi, jusqu'à ce qu'il me dise ce que j'étais venu apprendre.

– Qu'il te le dise ?

– Le langage des signes, explique Ferdi le Hardi, acquiert une cohérence directement proportionnelle à la gravité de la menace.

Notez le ton didactique. Ferdi le Hardi parle déjà un peu comme l'écrivain Fernando Colón.

– Ils vont attaquer, dit-il.

Ça, il en était sûr.

– Quand ?

Il ne le savait pas.

Et ce personnage complexe qu'est mon fils exhibe un sourire intrépide à la Ojeda.

– Et je te garantis qu'il me l'aurait dit s'il l'avait su.

Cette nuit-là, je frissonne et transpire sous mon lourd manteau, dans ma loge. J'entends le tonnerre gronder au large ; Diego Tristán en profite pour me rendre visite.

– L'orage vous réveille, amiral ?

– Qu'est-ce que c'est ?

Franchement atrabilaire.

– Je peux revenir plus tard.

– Qu'est-ce que c'est, je vous dis ?

– Le boss est passé à bord, amiral. Il voyait pas de raison de vous déranger, mais maintenant que l'orage vous a fait lever...

Il ne pleut pas, non, pas encore ; mais de nouveau le tonnerre roule dans le lointain. Je demande moins agressivement :

– Qu'est-ce qui se passe ?

– Le moral est tellement bas, à la garnison, que le boss pense qu'il peut pas compter sur les hommes en cas de bataille.

Depuis des jours, les vingt hommes de Barto sont enfermés dans la colonie inachevée et montent la garde vingt-quatre heures sur vingt-quatre dans l'attente d'une attaque qui ne s'est pas matérialisée.

– On pourrait leur envoyer des renforts.

Suggestion ignorée.

– Le fleuve monte, amiral. Je suis allé jusqu'à la barre.

Ça n'est pas d'une grande nouveauté, il y va deux fois par jour. Mais il ajoute :

– Il y a presque deux mètres d'eau à marée haute et je pense qu'on gagnera bien dans les cinquante centimètres d'ici le matin, même s'il ne pleut plus. Et il va pleuvoir.

Je ne dis rien. Les premières gouttes de pluie tambourinent sur le toit de palmes de ma loge.

– Le boss pense qu'on devrait abandonner la partie pendant qu'il est encore temps, amiral.

– Je vous ai entendu.

– Alors, si l'amiral est d'accord, je pourrais sonder une fois de plus avant l'aube, et peut-être qu'on pourrait haler les navires demain. Et on aura de la chance si on peut les haler tous en un jour avec seulement deux canots.

– Je sais combien on a de canots, merci.

Nous restons longtemps silencieux. Tristán pense à Dieu sait quoi et moi, en nage, moi qui claque des dents, j'essaie de ne penser à rien.

– Amiral, vous dormez ?

Utopie. Nulle part.

– Dites à mon frère de recharger le plus gros des provisions de la colonie sur la *Gallega.* Sondez la barre à la première lueur. Si on a la profondeur, on sort.

Je me couvre la tête et essaie de dormir. La pluie tombe, drue, toute la nuit.

Aux premières lueurs, revoici les stigmates. Ce n'est pas pour m'étonner. Vu l'état où je suis depuis quelque temps, je les attendais plus tôt. Je les étudie : plaies à vif dans les deux paumes. Pas de sang. Stigmates miraculeuses classiques. Manifestation ultime du Sacré Syndrome ? Pas tout à fait. En effet, comme vous le savez, les crises aiguës m'exposent au surnaturel. Ce qu'on aurait tort de classer à la rubrique délire. Quand Socrate souffrait du haut mal, il avait des visions, il entendait des voix, et personne ne disait qu'il délirait. Non, si l'humanisme a un inconvénient, c'est cet acharnement à expliquer l'inexplicable.

Mais, bien sûr, il se peut que les humanistes aient raison.

Aux premières lueurs, toujours, j'entends des cris. La voix du capitaine Tristán :

– Allez-y, tirez !

Quelques instants plus tard, presque imperceptiblement d'abord, la *Santa María* s'ébranle.

La voix de Tristán, toute proche à présent, me dit sans crier :

– Amiral ? Je me suis dit que vous voudriez savoir qu'on est en train de sortir.

Je grogne une réponse, couverte par une cascade de coups de tonnerre. Je crois entendre un chien gémir. Ce doit être mon imagination.

– Amiral ?

– Mais oui, je vous ai entendu.

– Il y a cinq cents Guaymis qui hurlent, qui soufflent dans leurs cornes et qui tapent tout ce qu'ils savent sur la colline qui domine la colonie. Ils ont jeté quelques lances, mais le boss dit qu'il va leur falloir un moment avant de s'exciter suffisamment. Je lui ai amené un canot de renforts et j'ai mis un canonnier à bord de la *Gallega.* J'ai rapporté la plupart des outils de charpentier et ramené un des chiens qui s'était fait égratigner l'épaule.

J'ai une forte fièvre. La tête me tourne. Le chien gémit, dehors, tout près.

– Besoin de rien, amiral ?

– Non.

– Si vous voulez venir surveiller l'opération, je peux vous ai...

– Non !

Je regarde mes stigmates. Mes yeux brûlants me font penser à demander :

– Nous avons assez d'eau pour le voyage ?

Là, il est sur le point de craquer. Il faut le comprendre.

– Seigneur ! On a en tout et pour tout deux canots pour haler quatre navires et pour évacuer la garnison – à condition que notre arrivée fasse pas descendre les Guaymis, et d'ailleurs je vois pas l'intérêt d'évacuer la garnison avant qu'on ait sorti les navires – et vous, vous me rappelez que nos barriques d'eau douce sont vides par-dessus le marché, maintenant que le fleuve est plus qu'un flot de bouc. Seigneur !

– Vous emballez pas, capitaine. Vous vous occuperez de l'eau quand vous pourrez. Demandez donc à un de ces chapardeurs d'or qu'il vous indique une source.

– Oui, monsieur. Ce sera tout ?

– Vous emballez pas, capitaine.

L'avance de la *Santa María* s'arrête : elle sillonne le fond sur la barre et gîte par tribord.

– Canot de bâbord, canot de bâbord ! crie le capitaine Tristán dans la foulée.

J'essaie de m'asseoir, mais c'est difficile. Impossible, même. Ça ne bouge que dans ma tête et, là, ça tourne ! Je roule sur le côté et essaie de me relever, de me mettre à quatre pattes. Impossible itou. Les frissons se succèdent au plus profond de moi. Grattement à l'avant du bateau. La *Santa María* gémit. Je sens le grattement juste au-dessous de moi, et soudain la *Santa María* s'élance, fougueuse, et passe la barre. Pendant un moment, ce sera la dernière image que j'aurai en tête.

Et puis, il refait nuit. Pas nuit noire, mais c'est pour bientôt. Du moins, c'est ce que je crois. J'ai dû dormir toute la journée. Mais non, le ciel ne s'obscurcit pas, il s'éclaire. J'ai dormi toute la journée et toute la nuit ? Je regarde mes mains. Mes bons vieux stigmates sont toujours là, ils auraient plutôt empiré.

A l'exception du grincement de ses membres, le navire est silencieux. Trop silencieux. Parfaitement silencieux.

Je crie : « Ohé ! », un peu comme le saint Christophe pas très catholique de mon rêve.

Léger bruit.

– Qui va là ?

Gémissement. Un gros chien passe sa tête à ma porte. Je m'assieds, caresse son museau dégoulinant, gratouille ses oreilles dégoulinantes. Il est blessé à l'épaule, comme l'a dit le capitaine Tristán, mais ce n'est guère qu'une égratignure.

Je m'assieds... *Je m'assieds !* Qu'est-ce que vous en dites ? Par tâtonnements, je me mets à quatre pattes. Le chien recule en me léchant le visage tandis que je me coule lentement hors de ma loge. Personne sur le pont. Je me mets debout. Pas solide comme un roc, mais pas sur le point de m'effondrer non plus. Je tente quelques pas. Le lévrier remue la queue.

– Ohé ! Y a quelqu'un ?

Mais non, le navire est désert. Me voici flageolant sur le gaillard d'arrière. Tour d'horizon. Vision passable, yeux brûlants. Rien en mer. La *Vizcaína* et la *Bermuda* sont ancrées juste au-delà de la barre, à un bon demi-mille. Pourquoi ça ? comme dirait Barto. Au début, je ne vois pas du tout ce que peuvent bien être ces petits points sur l'eau, bien loin, qui passent devant la *Vizcaína.* Puis les fauconneaux de la caravelle partent ; bouquets de flammes et de fumée sur son bastingage de tribord. Ces points sur l'eau sont des pirogues, pleines de Guaymis. La plupart ont maintenant dépassé la *Vizcaína* et se dirigent droit sur la *Santa María.*

Roulement de tonnerre. Proche cette fois.

Le lévrier gémit.

– T'en fais pas, vieux. C'est le tonnerre, c'est tout.

Loin au large de la barre, je distingue une fleur rouge. Puis, un instant plus tard, j'entends un boum. La *Gallega* fait feu. Il y a des vivants à son bord. Quoi qu'il ait pu arriver, ils tiennent toujours.

Je suis sur le pont principal quand la pirogue de tête passe sous le beaupré. Je me traîne jusqu'à l'échelle de Jacob, la détache et la jette à l'eau à grand fracas. Je pousse un cri de triomphe et puis j'ai le cœur qui flanche à la pensée de toutes ces cordes que nous avons laissé pendre du bastingage pour les nageurs. Maintenant les Guaymis braillent juste au-dessous de moi. Le lévrier irlandais ne gémit plus. Il appuie ses grosses pattes de devant contre le bastingage ; il gronde et claque des mâchoires. Là-bas, la grand-voile de la *Vizcaína* se déploie. Ils voient le problème. Ils voient que je suis un homme mort ou que je ne vais plus tarder à l'être. Voilà le problème. Parce que même avec un bon vent, ils n'arriveraient jamais à temps et nous n'avons qu'une brise capricieuse. Mais elle s'enfle. Espoir, futile espoir pour le mort en sursis. La grand-voile de la *Vizcaína* se gonfle. J'agite un bras pour essayer de montrer aux hommes que je suis toujours vivant. La caravelle avance maintenant. Pas vite, non, mais elle commence à réagir.

Je me surprends à regarder à la pointe du grand mât. Puis je me mets à grimper dans les enfléchures. Je ne sais pas très bien pourquoi. Pour qu'on me voie de la *Vizcaína* ? Peut-être. Main gauche. Pied droit. Main droite, pied gauche. Et je m'élève, secoué de frissons, brûlant de fièvre. Quand je me sens assez sûr de mes mouvements, à mi-ascension, je fais de nouveau un signe de la main. J'ai l'intention d'appeler, mais c'est un murmure qui s'échappe de mes lèvres. Un coup d'œil en bas : le chien bondit, un Guaymi et sa lance atterrissent à bord. Puis deux autres. Je continue de grimper. Quand est-ce que j'ai fait ça pour la dernière fois ? Quand j'étais simple matelot chez le capitaine Catastrophe ? Sur la rive nord de la mer Océane, quand j'étais hors de la carte du temps ? En tout cas, j'avais la santé à l'époque. Et je monte. Tiens, une flèche vient se ficher dans le mât, au-dessus de ma tête ! Coup d'œil en bas. Oh, mauvaise idée, ça ! Parce que je suis haut maintenant : à ce niveau, le mât oscille nettement et moi avec... et c'est loin le pont ! Je m'accroche aux enfléchures. Respiration difficile. Zip ! encore une flèche ! Et une troisième dans la grand-voile, ferlée sur sa vergue. Je grimpe, même si je n'ai plus tout à fait le ressort d'un gamin de quinze ans. Enfin, j'atteins la hune. La *Vizcaína* se rapproche, mais pas assez. Malgré tout, j'entends ses hommes crier des encouragements.

Est-ce qu'ils m'ont vu, accroché aux enfléchures ? Ou maintenant niché dans la hune ? Pas sûr. Et moi je veux qu'ils sachent que je suis là, vivant. Alors j'inspire profondément pour crier.

A ce moment-là, Fieschi fait tirer deux lombardes ; des flammes et de la fumée jaillissent de la *Vizcaína.* Pour faire peur aux Guaymis ? Pour me faire gagner quelques secondes ?

Je hurle.

Appel à l'aide urgent ? Désespéré, même ? Ce serait assez de circonstance. Mais non, je bande mes cordes vocales pour hurler la colère et la frustration d'une vie dans un :

– Dieu !

Et là-haut, juste au-dessus de l'espar du hunier, la foudre s'abat, roule et reste suspendue. Une boule de feu Saint-Elme luit vers mon perchoir qui oscille au-dessus du pont, à présent noir de Guaymis. Je détourne les yeux, ébloui par l'éclair et regarde en bas. Il y en a vingt, trente à bord, qui s'élancent en courant et...

Non, ils ne courent pas.

Ils ont la position du coureur, poids du corps en avant, appui sur une jambe, l'autre genou bien haut, mais ils sont figés sur place, telles des statues. Le lévrier irlandais qui sautait à la gorge d'un Guaymi est, lui aussi, suspendu à mi-bond, mâchoires ouvertes. L'éclair projette son ombre sur le pont. Et la *Vizcaína,* à une demi-lombarde, passe une vague – immobile, proue hors de l'eau, sillage figé, écume blanche comme peinte sur l'onde bleue. Et le plus étrange de tout, c'est que contre le ciel d'un gris maussade se détache un petit objet noir. Rond. Tête d'épingle. Ce doit être un boulet de lombarde en suspension dans l'air.

Submergé par le vertige, je m'appuie à la rambarde de la hune. Du délire. A coup sûr. Le Sacré Syndrome a fini par sortir son artillerie lourde. Je crie :

– Dieu !

Et je m'accroche tant que je peux à la barre d'appui de mon perchoir précaire, guère plus gros qu'un panier grand format, à trente mètres au-dessus du pont.

« Qui est-ce encore ? »

Une voix impatientée un brin ; débordée ; on pourrait même dire atrabilaire.

Je lève les yeux. La boule de feu luit en haut du mât. Normal, me dis-je. Le feu Saint-Elme, c'est comme ça que ça se présente.

Mais entendre des voix, est-ce que c'est normal aussi ? Oui, Socrate, bien sûr, mais...

La voix est assez normale en tout cas. Je ne peux pas dire qu'elle me rappelle quelqu'un en particulier... Elle répète :

« Qui est-ce encore ? Ah, oui. Colón ! Bon, qu'est-ce que tu veux ? »

Et toute la déception que j'ai accumulée dans ce Grand Voyage explose.

– Ce que je veux ? Si tu me disais ? Qu'est-ce que je fiche ici, moi, suspendu dans la hune d'un vaisseau abandonné qui mouille dans un isthme impassable, avec des centaines de Guaymis qui veulent ma peau ? Ma peau ! Moi qui suis à moitié mort d'une maladie qui sera identifiée dans Dieu sait combien de siècles ! Pourquoi ? Qu'est-ce que j'ai fait ?

Je suis tellement à cran qu'il me faut un moment pour réaliser que la voix répond.

« Peu importent les siècles. Peu importent tes avant, tes après, tes passés, tes futurs. Tout ce qui est, est identifié ici. »

– Où ?

« Ici. »

– Qui es-tu ?

Cette question demeure sans réponse, mais la boule de feu vibre d'un éclat plus vif. Je vais vite comprendre que c'est sa manière d'exprimer de la colère.

Je détourne les yeux. Mais je suis assez calme, à présent. A côté de ce qui m'attend en bas, ce n'est rien, un feu Saint-Elme. Même s'il parle.

J'essaie de reformuler ma première question. Cela me ramène longtemps en arrière, au jour où Luís de Santangel m'a révélé mes origines. Je demande :

– Qui suis-je ? *Pourquoi* suis-je ?

La boule de feu brille plus fort encore. Pas la bonne question.

– Suis-je chrétien ? Juif ? Ou quoi ? Ça, quand même, il devrait savoir !

« Ou quoi », répond la voix.

Et l'éclair scintille sur les bords, peut-être pour exprimer de l'amusement. Je me souviens d'avoir donné un jour cette même réponse. Imparable, dans le genre.

Mais la voix n'a pas tout dit sur la question.

« Il n'y a que la jaquette qui change. Qu'est-ce qu'un nom ? Ne crois-tu pas que le Saint-Esprit est assez grand pour œuvrer dans tous les hommes – les Chrétiens, les Juifs, les Musulmans, les savants et les ignares ? Et les femmes, aussi. Alors maintenant, dis-moi ce que tu veux, j'ai du travail. J'ai d'autres mondes à faire tourner. »

Je me rappelle la visite de Yego au mystique Guacanagari : *le hasard aveugle fait tourner le monde.* Je suis déçu, mais il faut que je demande :

– Es-tu le hasard aveugle ?

« Certains me nomment ainsi. J'ai entendu pire. »

– Le mystique Guacanagari parlait-il en ton nom ?

« Guacanagari le Mystique n'a jamais parlé. Alors, qu'est-ce qu'il y a pour ton service ? »

Atrabilaire. Pas de doute.

Alors, je pose la question initiale, celle qui, je crois, couvrira le plus de champ.

– Pourquoi ?

« Pourquoi quoi ? »

– Pourquoi tout court.

« Essaie de poser des questions plus pointues. Tu veux dire, pourquoi est-ce que certaines choses ont mal tourné dans ta vie ? »

– Certaines choses ? *Certaines ?* C'est de l'ironie cosmique ? L'humour de Dieu ?

« Pas de noms, je te prie. »

– Alors, dis-moi. Pourquoi est-ce que Yego est mort si jeune ? Et Tristán ? Pourquoi est-ce qu'il a fallu que Pozzo Toscanelli envoie Martin Behaïm et pas un autre à Lisbonne ? Et pourquoi Felipa... passons. Pourquoi ma première *Santa María* n'a pas pu glisser sans accroc sur ce récif, le soir de Noël 1492 ? Pourquoi n'as-Tu pas placé de détroit dans l'isthme ? Pourquoi ne pas nous avoir laissés partir ensemble dans le couchant, Petenera et moi ? Pourquoi, Dieu ? Pourquoi ? Pourquoi a-t-il fallu que la vérité tue Guacanagari ? Pourquoi a-t-il fallu que le premier missionnaire dans l'Autre Monde soit frère Buil ? Pourquoi laisses-Tu un Buil ou un Torquemada agir en Ton nom ?

« Pas de noms, je te l'ai déjà dit. Mais ils n'ont pas agi en mon nom, tu es bien placé pour le savoir. Et puis, épargne-moi tes majuscules. »

– Ou pourquoi, dis-moi pourquoi, après que j'ai découvert cet Autre Monde, on m'a renvoyé chez moi aux fers ? Ou pourquoi mon frère Barto, ou mon frère Grand D d'ailleurs, ont toujours...

« Ne me demande pas si tu es le gardien de ton frère, je te prie ! J'ai déjà donné. Tenons-nous-en aux raisons pour lesquelles tu penses avoir raté ta vie. »

– Je n'ai jamais dit ça.

« Pauvre fou ! Qu'ai-je donc fait pour qui que ce soit, qu'ai-je fait pour Moïse, pour David, que je n'aie fait pour toi ? Ne me suis-je pas occupé de toi depuis ta naissance ? Ne t'ai-je pas envoyé faire tes classes chez Borgia ? Sauvé la vie quand on t'a empoisonné ? Quand tu as fait naufrage ? Sans parler de l'ouragan ? Des deux ouragans, même. Ne t'ai-je pas donné les Indes pour en faire ce que tu voulais ? Je t'ai ouvert la mer Océane. Ai-je fait plus pour les enfants d'Israël quand je les ai libérés d'Égypte ? Ou pour le berger David quand je l'ai fait roi de Judée ? Ne t'ai-je pas rendu célèbre dans toute la Chrétienté ? Ne t'ai-je pas laissé errer et accomplir cette part de ta destinée ? »

– Cette part ? Il y en a d'autres alors ? Tu veux dire que ces drôles de...

« Tu vas me parler de tes rêves de ce malappris de saint Christophe et d'Herne le Chasseur sauvant de Saint-Albans la chronique qui raconte l'histoire du Juif errant, non ? »

Il sait, je me dis. Il sait. Il peut m'expliquer.

– Si !

« Il ne faut pas. C'est stupide de croire tout ce que tu rêves. »

– Tu ne sais pas ! lui dis-je, sur un ton presque accusateur.

La boule de feu vibre d'un éclat extrême. Je me détourne et me protège les yeux.

« Tout se sait, là où je suis. »

– Où es-tu ?

Pas de réponse.

– Qu'est-ce que tu es ?

L'éclair vacille et pâlit. De doute ?

« Je suis celui qui suis. »

Qui m'a déjà dit ça ? Ou presque ? Ah, oui ! Porcini-Zampini. *Je suis qui je suis, mais sûrement pas le bon Dieu.*

– Est-ce que Porcini-Zampini, qui sait tout sur tout le monde, parle en Ton nom ?

« Je t'ai déjà dit (de nouveau atrabilaire) de m'épargner tes majuscules. Et aussi que le Saint-Esprit demeure en chacun. Eh bien, j'ajouterai qu'il est plus fort chez certains. Pourquoi ? Je ne sais pas. »

Pâle, évanescent. J'entends un demi-hurlement au-dessous de moi. La proue de la *Vizcaína* passe sur la crête, puis s'arrête.

– Toi, tu ne sais pas ?

« De ton point de vue, je suis omniscient, omnipotent (ceci est dit avec un surprenant manque d'assurance). Mais, parfois, il faut que j'aille ailleurs, faire tourner ces autres mondes. Et, crois-moi, il y en a de plus grands et de plus importants que la Terre. D'ailleurs... »

L'éclair se colore d'une pointe de rose. Embarras ?

« D'ailleurs, s'il faut te le dire, et puisque c'est toi, je suppose qu'il faut, il est tout à fait possible que je ne sois pas vraiment omnipotent. Si on se place du point de vue de Sirius. »

– Je ne comprends pas, Dieu.

« Pas de noms ! Combien de fois faudra-t-il te le répéter ? »

– Pardon, monsieur.

« Autrefois, les Indiens croyaient que vous, les Espagnols, vous étiez des dieux. En étiez-vous ? »

Je ris nerveusement. D'homme-à-Dieu.

« Ce n'est donc qu'une question de point de vue, d'accord ? Si vous n'aviez pas commis toutes ces erreurs, si vous n'aviez pas apporté la violence dans leur monde primitif, vous seriez peut-être restés des divinités à leurs yeux. Ça ne te fait pas entrevoir la possibilité qu'un monde en contienne un autre ? »

– Je ne comprends pas.

Il vibre d'agacement.

« Des mondes gigognes, mon cher Colón. Et si ton paradis était mon Espagne ? A un certain niveau, vous étiez des dieux pour les indigènes (c'était bien leur tort, ha, ha). A un niveau beaucoup plus élevé, je suis celui qui suis pour toi. Tu ne crois pas que je me pose des questions sur l'englobant suivant ? C'est vrai quoi, qu'est-ce qu'il y a là-bas ? Est-ce que quelque chose surveille mon monde, et peut-être d'autres que je n'imagine même pas ? Est-ce pour cela que, parfois, Il n'est pas là quand on a le plus cruellement besoin de Lui ? Tu peux difficilement dire ça de moi, en ce moment du moins. Je suis là. »

– Oui, mais...

Je jette un regard anxieux sur le pont.

« Ne m'énerve pas avec tes mais. J'ai mes problèmes, moi aussi, et tu serais bien mal avisé de dire quoi que ce soit sur tes stigmates. »

– Non, je comprends bien. Ils font partie du Sacré Syndrome, c'est tout.

Je suis sur le point de demander :

– Et toi, tu en fais partie aussi ?

Mais je tiens ma langue.

« Je t'ai entendu, Colón. »

Maintenant, je retiens ma respiration.

« Crois ce que tu veux. Tout est possible. Regarde, je vais te montrer. »

Tout à coup, l'éclair se transforme. Je vois des lettres de feu. J'en dégringole presque de ma hune.

.S.
.S.A.S.
XMY

« Est-ce ta signature ? »

– Dieu ! Oui.

Il ne me rappelle plus à l'ordre sur cette histoire de noms. Je me demande quelle transgression blasphématoire j'ai pu commettre en utilisant ce symbole.

Les lettres se font multicolores, coruscantes. Est-ce le rire divin ?

« Que signifient ces lettres ? »

– Je ne sais pas. Je les tiens d'un rêve.

« Je sais. »

– Alors, qu'est-ce qu'elles veulent dire ?

Mais au lieu de répondre :

« L'Amiral En Titre leur prêtera une signification très pieuse et très chrétienne. Le Docteur *Honoris Causa* une signification très cabalistique, très juive. »

Il sait ! Il connaît mes futurs biographes ! Comment fait-il ? Et moi, d'ailleurs ?

– Lequel a raison ?

« Aucun. Ou les deux. »

– Il y a tant de choses que j'ignore. Ma propre signature...

« Tu en as su assez pour découvrir ton Autre Monde. »

Notez bien comment il l'appelle. Pas Nouveau. Autre. *Mon* Autre.

Gêné, je dis :

– Longtemps j'ai cru que c'était l'Asie.

« Mais si tu avais su, toi pour qui j'ai entrouvert la mer Océane, n'aurais-tu pas été un danger pour ceux qui en savaient moins ? Ceux-là mêmes qui bâtissaient des cathédrales gothiques dont les clochers voulaient toucher leurs cieux (mon Espagne, peut-être), alors que les temps étaient venus d'agrandir plutôt leur domaine sur la face du monde ? Tu ne savais pas ! Et que fallait-il que tu saches... pour explorer, pour découvrir ? Pour errer ? De quoi tu es venu ? Vers quoi tu vas ? Pourquoi faudrait-il que tu le saches ? Le temps était venu que ces peuples traversent les mers et habitent tous les continents de leur monde. Le temps était venu qu'ils explorent cette terre, et qu'en l'explorant, ils s'explorent eux-mêmes. Crois-tu qu'un Don Quichotte, un Hamlet, un Abraham Lincoln ou un Einstein auraient été possibles sans ton Autre Monde ? »

– J'ai subi les frondes et les flèches de...

« Je t'en prie ! C'est pour plus tard. Tu as souffert parce que tu t'es donné une importance que tu n'as jamais eue. L'important, c'est ce que tu as fait. Pas toi. Sans cet Autre Monde, est-ce qu'on aurait proclamé les Droits de l'homme ? Est-ce que les êtres auraient découvert de nouveaux continents de merveilles à l'intérieur d'eux-mêmes ? L'humanité aurait-elle connu une créativité aussi débordante ? Et c'est à toi qu'il a été donné de le découvrir, à toi avec ta géographie fantaisiste. Pauvre fou, qui se plaît d'avoir souffert, d'avoir ignoré ! *A combien d'hommes est-il donné de découvrir un Autre Monde ?* »

L'éclair vibre, le mât est secoué, le tonnerre déchire les airs.

J'entends un dernier mot à la frontière entre le merveilleux et le profane :

« ... errant... »

Et le boulet de lombarde me siffle aux oreilles, la *Vizcaína* se remet à fendre les flots revenus à la vie. En bas, sur le pont, l'espace d'un instant, je jurerais voir non pas un, mais vingt lévriers, et bientôt tous les Guaymis qui peuvent plongent à la mer. Trois restent étendus sur le plancher, la gorge ouverte. Le chien est mort, lui aussi, empalé sur une lance, de nouveau seul de son espèce.

Un visage, un visage de Guaymi apparaît à la hune. Une main Guaymi lève un couteau... qui ressemble beaucoup à mon propre couteau anti-Confrérie. Qui sait ? Quelle importance ? Après toutes ces péripéties, et malgré tous les efforts de Dieu ou de X, dans quelques secondes je serai mort.

Puis l'air lui-même vibre, le mât est secoué, l'éclair s'embrase. Je suis ballotté dans la hune. Le Guaymi pousse un cri perçant, reste suspendu un instant et plonge vers la mort.

L'éclair a disparu. Il y a même une trouée de bleu dans le plafond des nuages.

Peut-être que tout ceci n'était qu'une manifestation neuropsychiatrique du Sacré Syndrome. Y compris Lui. Lui ai-je demandé cela ? Non, mais je l'ai pensé et Il l'a entendu. Qu'est-ce qu'Il a dit ? « Tout est possible. » Est-ce une réponse ? Pas dans mon pays. Mais c'est la seule qu'il m'ait donnée.

Je ne fais que rapporter ce que j'ai vécu. Et voici la fin de l'aventure : je descends de la hune avec des gestes mal assurés et je cherche appui dans les enfléchures. Je glisse, reste pris dans les cordages un instant, et commence à tomber. Je tends les bras désespérément. Ma main se referme sur un hauban. Je me laisse glisser, les deux mains autour de la corde, si vite que je sens l'odeur de la chair qui brûle.

J'atterris brutalement sur le pont, roule sur le côté, m'assieds et contemple mes mains brûlées par le frottement.

Les stigmates ont disparu.

Le bouillant capitaine Fieschi est le premier à bord.

– Dieu merci, vous êtes entier ! Si on avait imaginé que ces Guaymis pouvaient aller aussi loin, on vous aurait jamais laissé tout seul ici.

Il sourit.

– Mais vous avez la vie dure, Colombo.

Il regarde le cadavre du lévrier.

– Ça c'était un lévrier ! De la *Vizcaína,* on aurait cru voir dix chiens. Il était partout à la fois.

– Oui, lui dis-je.

L'odeur acre de la foudre flotte encore.

– Ces Guaymis ont pas réussi à vous régler votre compte, et cet éclair non plus ! Au fait, qu'est-ce que vous fichiez en haut du mât ?

– J'appelais. J'appelais au secours.

– Jamais vu un éclair aussi spectaculaire ! On l'a pas vu arriver, on l'a pas vu disparaître. Pour ça, vous avez de la chance.

– Qu'est-ce que vous dites ?

– Que vous avez de la chance d'être en vie.

– Non, mais sur l'éclair ?

– Il y a eu un coup de tonnerre effroyable et il s'est abattu sur le grand mât. J'ai cru qu'il allait se fendre en deux ou prendre comme une torche.

– Pas de feu Saint-Elme en haut du mât, ni rien ?

Il me regarde d'un drôle d'air.

– Un éclair, un seul. Un clin d'œil, qu'il a duré. Mais vous y étiez, alors...

Il hausse les épaules.

– Où en est-on ?

– Ma foi, la *Bermuda* est indemne aussi, comme vous voyez. Si bien qu'apparemment on va perdre que la *Gallega.*

Cet homme bouillant d'ordinaire garde les yeux rivés au plancher du pont. Il s'attend à la suite.

– Et mon frère et sa garnison ?

– On sortira jamais la *Gallega* avec un seul canot. Ça serait de la folie d'essayer.

– Un seul... ?

Il ne lève pas la tête et dit d'une voix monocorde :

– Tristán a remonté le fleuve dans le canot du vaisseau amiral avec des renforts et une cargaison de barriques vides, juste avant le début de la bataille. Il disait que vous lui aviez demandé d'aller chercher de l'eau. C'est moi qui ai eu l'idée de lui donner des renforts. Si j'ai eu tort, je le regrette, amiral.

– Non. J'aurais fait la même chose.

Fieschi s'abîme dans la contemplation du pont comme s'il n'avait jamais vu de plancher de pin.

– Bon, selon moi, Tristán devait être juste au niveau de la colonie quand la bataille a vraiment commencé. Donc, il avait deux possibilités, d'accord ? Soit entrer et prêter main-forte au boss, soit se remettre à l'abri des navires en attendant la fin. Mais il a fait ni l'un ni l'autre. Apparemment, il a continué en amont pour chercher une source que votre fils connaissait.

– En plein milieu de la bataille ?

– Eh oui, ça m'en a tout l'air.

– Mais c'était du suicide d'aller dans l'intérieur à ce moment-là !

– Je sais.

Nous nous taisons tous deux. Puis, quelque chose me revient.

– Il nous reste un seul canot ? Vous avez dit un seul ?

– Il y a à peu près une heure, on a commencé à voir flotter des épaves qui venaient de l'amont. C'était le canot de la *Santa María,* sans aucun doute. Les Guaymis ont dû le tailler en pièces. Mais il y avait aussi des barriques pleines qui flottaient. On aura de l'eau potable.

– Et l'équipage du canot de Tristán ?

Fieschi secoue la tête.

Nouveau silence, lugubre comme un chemin de croix.

– Ferdi savait où trouver cette source, vous dites ?

– Oui, monsieur.

– Il était dans le canot ?

– Oui, monsieur.

Fieschi me regarde enfin et, d'une voix étranglée :

– C'était le garçon le plus courageux que j'aie jamais rencontré.

Nous faisons voile vers la barre, lentement, moi sur la *Vizcaína,* et un squelette d'équipage sur la *Santa María.* Nous jetons l'ancre sous le grand soleil de midi. Les tourbillons qui passent sur le sable roulent encore des débris du canot de la *Santa María.*

Sur le gaillard d'arrière, Fieschi et moi regardons les hommes du canot de la *Bermuda* repêcher une barrique d'eau. C'est le dernier canot qui nous reste et trois navires qui vont sans un seul canot courent au-devant du désastre. Donc, pas question que j'envoie notre unique exemplaire sur la côte. Si bien que Barto et sa garnison, s'il en reste quelque chose, sont tout seuls.

– Il y a un corps dans l'eau, crie-t-on de la hune de la *Vizcaína.*

Et bientôt nous en voyons, un, deux, une demi-douzaine, flottant sur le ventre dans le courant boueux. De grands corbeaux noirs perchés sur leur dos les piquent à coups de bec.

Ferdi. Mes genoux se dérobent sous moi. Mes mains bandées cherchent appui sur le garde-corps.

Treize ans. Je l'ai emmené pour en faire un homme.

Certains corps échouent sur la barre de sable. L'un d'entre eux trouve un chenal et passe. Il n'y a pas de corbeaux pour lui arracher la chair.

Il lève la main.

– Cet homme, là, il est vivant !

Fieschi plonge avec trois matelots.

Dix minutes plus tard, Manolo Méndez est étendu sur le pont. Il crache de l'eau, il s'étrangle, il se tortille. Le capitaine Fieschi lui souffle de l'air dans la bouche. Il vomit. On l'assied bien droit pour qu'il ne s'étouffe pas.

Il souffle :

– Tous... morts. Capitaine... pris une lance dans l'œil. Les autres ont même pas...

Manolo Méndez perd connaissance dans les bras de Fieschi.

Nous attendons. Veille inutile. La colonie ne donne aucun signe de vie. La *Gallega* non plus. Nous attendons pourtant. L'après-midi décline. L'air se voile. Le soleil sombre à l'ouest, grand globe écarlate. On m'apporte à manger. Je n'y touche pas. Fieschi essaie de me convaincre de me coucher sur le pont : si je ne veux pas de sa petite cabine, on peut toujours pendre un hamac...

– Non.

Je m'accroche au bastingage du gaillard d'arrière, mon regard passe sur la barre de sable et remonte la Bethléem. Je voudrais tant qu'il y ait un survivant, ne serait-ce qu'un seul, agrippé à une épave ! Pas possible qu'ils soient tous morts. Pas possible.

La voix de Fieschi me tire de ma léthargie :

– Un radeau, là-bas !

Et, en effet : des pieux, liés par des cordes, jetés sur deux pirogues. Un chien aboie. Des hommes nous appellent. Bientôt, ils grimpent l'échelle. Je n'y vois pas très bien, et pour finir plus du tout. Je mets ça sur le compte du crépuscule. Il y a des cris de joie autour de moi.

J'entends un rire, à la limite de l'hystérie.

C'est Barto.

– J'ai rapporté de l'or, dit-il ; et son rire cascade. Pas des montagnes, mais peut-être assez pour payer une caravelle de soixante tonneaux. Alors on est quittes – parce qu'on n'arrivera jamais à sortir la *Gallega.*

– Bah, elle était rongée par les tarets, oncle Barto.

FERDI !

Un Ferdi pas faraud, qui dit :

– Je n'ai pas le droit d'être ici. Je devrais être mort comme les autres. Parce que le capitaine Tristán m'avait refusé la permission d'y aller.

– D'aller où ?

– Rejoindre oncle Barto. Parce qu'il avait besoin de moi pour les mener à cette source. Mais il fallait bien que j'aide oncle Barto, non ? Alors, j'ai fait un plan au capitaine et avant qu'on ait pu m'arrêter, j'ai sauté du canot et j'ai nagé comme un fou jusqu'à la colonie. J'ai eu tort ? Oncle Barto avait besoin de moi...

– C'est Ferdi, remarque sèchement Barto, qui a eu l'idée de construire le radeau qui nous a tirés de là.

Le lendemain matin, en route pour l'Espagne.

21

La fin de l'ouvrage tient à un fil.

La nouvelle mit trois jours à me parvenir par courrier express, dans la grande maison que j'avais louée à Séville, au barrio Santa María.

La reine Isabelle était morte.

Elle était morte le 26 novembre 1504, au château de Medina del Campo, dans sa Castille natale. Elle reposait sur son lit de parade dans la cité de Ségovie, où elle avait jadis été proclamée reine.

– L'une de ses dernières volontés, dit Fray Juan Pérez, venu me voir de La Rábida, est que ses sujets, Anciens, Nouveaux ou Tout Nouveaux Chrétiens, soient également protégés par la loi.

– Tout Nouveaux ?

– Indiens, mon ami. Comment allez-vous aujourd'hui ?

– Mieux.

Je pouvais presque m'asseoir et regarder dans la cour.

– Votre docteur Chanca ne me permet pas de rester plus de dix minutes.

– Bah ! Chanca, vous le connaissez...

Ainsi, elle est morte, pensai-je. Je fermai les yeux et essayai de me la rappeler comme je l'avais vue, ce fameux soir, à l'Alhambra, dans la salle où jadis les musiciens aveugles jouaient pour le sultan ; sa chevelure rousse auréolée d'or, tous ses traits embellis par la passion de la Reconquête.

– Vous dormez ? me demanda tout bas Juan Pérez.

Je secouai la tête, perdu dans un rêve d'arabesques.

– Je vous ai apporté un livre, me dit-il.

Je voyais le genre : religieux, édifiant, les *Petites Fleurs* de saint François peut-être.

Mais le livre était fort ancien et manuscrit.

Je me dressai sur mon séant d'un seul coup – et pour la première fois depuis qu'on m'avait transporté dans ce lit.

– De qui tenez-vous cela, prieur ?
– De qui ? Mais de vous, cette question !
– Ce livre ?
– Bien sûr. C'était après votre Second Voyage ; vous êtes resté quelque temps à La Rábida, pour faire pénitence – vous étiez plus mal en point qu'aujourd'hui. Vous allez guérir, si Dieu veut.
– Mais, bien sûr, que je vais guérir. J'ai bien trop à faire pour mourir.
J'ouvris le livre.
– Ce ne peut pas être moi qui vous l'ai donné.
– Un homme aussi occupé que vous, contredit gentiment le bon prieur, peut bien oublier un détail insignifiant. Vous m'avez même raconté comment vous l'aviez eu.
– Et comment ?
– Petenera Torres vous l'avait confié pour son pauvre frère Luís, à La Nativité.
– C'est pourtant vrai, mais elle m'en avait confié un plein coffre que je n'ai jamais ouvert. Il s'est perdu je ne sais où.
Fray Juan Pérez haussa les épaules :
– Ma foi, de toute évidence, ce volume-ci ne s'est pas perdu. Vous l'aviez sur vous quand vous êtes rentré. Vous m'avez même dit que vous comptiez le lire. Alors, quand je l'ai retrouvé dans ma bibliothèque, j'ai été tout content à l'idée de vous l'apporter.
Il s'agissait des *Chroniques* de frère Roger Wendover de Saint-Albans. Je l'ouvris. J'arrivais à lire le titre, mais ma vue s'était tant dégradée que les lettres manuscrites de la page de garde étaient floues. J'approchai le livre de mes yeux.
Je distinguais le nom de Petenera et rien d'autre.
– Je pourrais vous le lire, si vous voulez, proposa Fray Juan Pérez.
A cet instant précis, le docteur Chanca entra. Il était revenu en Espagne deux ans auparavant et exerçait à Séville depuis. Il avait vieilli, comme tout le monde, et il lui arrivait parfois de porter une paire de besicles. Quant à son pragmatisme, il était resté le même.
– Suffit pour le moment, dit-il au prieur.
Fray Juan Pérez promit qu'il reviendrait.
– Ça marche, ces machins ? demandai-je à Chanca qui venait de chausser ses besicles – lentilles rondes cerclées de fer, fixées à ses oreilles par une tige – pour examiner le livre de Wendover.
– Pour lire ? Bien sûr.

Il posa le livre sur la table de chevet et me palpa çà et là.

– Vous êtes vraiment patraque, hein ?

Je niai vigoureusement.

– Bien ce que je pensais. J'aimerais bien vous voir sortir de votre lit et prendre un minimum d'exercice, mais enfin, c'est reculer pour mieux sauter, alors si c'est trop difficile...

Son attitude pragmatique m'enrageait. Puisque j'étais déjà assis, je sortis mes jambes du lit. Il m'aida à aller jusqu'à la fenêtre qui donnait sur la cour, où une demi-douzaine de matelots prenaient le pâle soleil de novembre.

– Vous êtes millionnaire ? grogna-t-il. Ça vous en fait combien au juste, de ces traîne-savates ?

– Je n'ai pas compté. Et puis, ce ne sont pas des traîne-savates.

Il s'agissait de quatre douzaines de matelots du Grand Voyage, qui avait été une grande erreur...

– Appelez-les comme vous voudrez, ils vont vous ruiner.

Que fallait-il donc que je fasse ? Les laisser mourir de faim ? Mendier dans les rues ? Courir les petits boulots ? C'était la récession, le travail était rare et mes hommes avaient reçu six mois d'avance sur leur paie, point final.

Six mois ! Pour un voyage qui avait commencé en mai 1502 et fini à Séville – sur un bateau que j'avais affrété de ma poche en Hispaniola.

Quelque trente mois. Or, ce récit nous avait bien laissés au départ de la Bethléem, en avril 1503 ?

Embarrassant, mais facile à expliquer.

Nous étions restés naufragés à la Jamaïque. Barto avait raison : les tarets de la Bethléem avaient transformé nos coques en rayons de miel ; les pompes n'arrivaient pas à évacuer l'eau et nous avions eu encore bien de la chance d'arriver à la Jamaïque, où nous avions tiré les caravelles au sec en attendant la suite. Le capitaine Fieschi s'était courageusement porté volontaire pour gagner l'Hispaniola en pirogue, par le passage au vent. Il avait réussi avec seulement quatre Indiens et là, c'est lui qui avait dû attendre. Le gouverneur Ovando était occupé à pacifier l'île, où tous les Indiens étaient sur le pied de guerre. Il avait un millier de soldats bien armés qui avaient fait un terrible carnage. Quatre-vingts caciques et chefs de clan, dont la Walkyrie des mers du Sud, avaient été exécutés – pendus ou brûlés, me rapporta Fieschi. Alors seulement, le gouverneur s'était décidé à nous envoyer une caravelle – à mes frais. Elle était en plus mauvais état encore que l'*Aiguille* et faillit aller par le fond. C'est sans doute ce qu'espérait Ovando. Ça roulait pour lui en Hispaniola. Il s'enrichissait bel et bien – chose dont j'ai toujours été incapable. Il avait peur que je déclenche un soulèvement populaire. Mais ça ne m'intéressait pas. Plus de la moitié de mes hommes étaient partis pour Porto Rico, où ils avaient fondé une colonie. Les autres étaient rentrés en Espagne avec Barto, Ferdi et moi, dans une grande caravelle, frétée elle aussi à un taux usuraire.

Quant à ces mois de naufragés, je ne considère pas qu'ils aient leur place dans l'histoire de ma vie. Le Grand Voyage, ou celui que j'avais nommé ainsi, s'était achevé le jour où nous avions quitté les rives de la Bethléem. On s'ennuie lorsqu'on est naufragé. Lorsqu'on est naufragé plus d'un an, on s'ennuie à mourir. Pourquoi vous imposer des détails fastidieux ? Fernando le fait dans son livre et les autres se sont fondés sur ce qu'il a écrit. A l'époque, il allait sur quinze ans. Pour lui, jouer les Robinsons devait avoir ses bons côtés.

Sitôt rentré en Espagne, il se rendit à Medina del Campo pour reprendre ses fonctions de page. J'y tenais. Pas question de traîner au chevet d'un vieillard malade.

Barto ne s'en privait pas, lui. Il refusait de bouger avant que je sois sur pied, disait-il. Le capitaine Fieschi resta aussi. Sa compagnie sentait le soleil ; Barto s'en réjouissait – et moi donc ! Le bouillant Fieschi était génois dans l'âme. Nous parlions de plus en plus souvent italien. Quel plaisir de m'entendre chanter sans effort la langue de ma jeunesse ! J'en oubliais presque que j'étais étranger partout.

Lorsque Petit D – vingt-cinq ans, officier de la garde du roi – me fit dire que mes hommes ne toucheraient pas un maravédis de plus que leurs six mois d'avance, je sautai au plafond... pour autant qu'un semi-grabataire puisse sauter aussi haut.

J'écrivis à Petit D pour lui demander de m'obtenir audience auprès du roi.

– Vous n'êtes pas en état d'y aller, déclara Chanca.

– S'il m'accorde audience, il faut que j'y aille.

– Vous signez votre arrêt de mort.

Les mois passant sans nouvelles, je pris plus d'une fois ce livre étrange, improbable, impossible. Mais je le reposai toujours. Sans l'ouvrir.

– Vous voulez que je vous le lise ? Mon espagnol est pas brillant, mais je me débrouillerai bien, dit Fieschi.

Il venait d'entrer. Il ouvrit les persiennes toutes grandes et le soleil, *son* soleil inonda la chambre.

– C'est du latin, lui dis-je.

Ce livre me perturbait. J'étais sûr de ne l'avoir jamais vu. Et Fray Juan Pérez tout aussi sûr du contraire.

Était-ce le livre qu'Herne le Chasseur avait pris à Saint-Albans dans mon rêve ?

Quelque part, j'en étais sûr.

Pourquoi évitais-je donc de me le faire lire ?

En mars, je me levais et je circulais. Du moins dans la cour de la demeure de Séville. J'avais également loué les deux maisons voisines. Deux douzaines de mes marins y trouvaient le gîte et le couvert, et du bon vin.

– Tu t'endettes, dit Barto.

Il n'y avait là nulle remontrance. C'était une pure constatation. Mon frère semblait presque redevenu le gentil Barto d'autrefois. Il avait retrouvé jusqu'à sa plaisante laideur. Comment l'avais-je jamais trouvé beau ? Je préférais sa physionomie ingrate et je crois que lui-même se préférait ainsi.

– Je peux demander un prêt à la banque Centurione, j'ai encore de l'or bloqué à Santo Domingo.

– Punaise, Cristóbal, tu le récupéreras jamais !

– Porcini-Zampini est prêt à tenter le coup.

– Tu l'as vu ? me demanda-t-il en me jetant un regard de côté.

– Non. Il a trop de travail pour s'occuper des petits problèmes d'un vieux matelot. Mais son petit-fils m'a écrit une lettre tout à fait cordiale. Écoute, Barto, si le roi refuse de payer l'équipage, tu penses pas que je pourrais demander au pape d'intercéder ?

Barto se détourna et me dit avec douceur :

– Je croyais que tu étais au courant. Il est mort pendant qu'on était à la Jamaïque.

Barto parti, je passai le reste de l'après-midi au lit. Quelle manie ils avaient de mourir, tous, ces temps-ci !

Fin avril, une lettre arriva de Ségovie. Le roi Ferdinand m'accordait audience.

– On va louer un coche hongrois, dit Barto.

Je secouai la tête.

– Voyager dans le luxe alors qu'ils veulent même pas payer les hommes ? Je peux pas faire ça.

– A cheval, tu tiendrais pas le coup.

– Je prendrai une mule.

En mai, nous étions à Ségovie et grimpions le raidillon qui menait à l'alcazar, figure de proue dominant la ville et la verte vallée.

On nous offrit des appartements. Je dus me reposer trois jours avant d'être en état de me présenter devant le roi.

Le plus bourlingueur des pages royaux m'escorta jusqu'à l'antichambre. Je marchais avec une canne. Ferdi avait tout à fait retrouvé son allure de page royal avec sa livrée or et violet, mais il avait conservé sa terminologie nautique.

– Attends-toi à quelques écueils, papa. Il commence généralement par dire non, quelle que soit la requête. Alors, sois prêt à changer de cap.

Le lieutenant Diego Colón, à la flamboyante crinière, attendait dans l'antichambre. Il était grand, d'une beauté spectaculaire.

– Le roi dit que tu peux lui demander tout ce que tu veux sauf de l'argent, du pouvoir ou des dignités, m'informa mon courtisan de fils.

– Il est trop bon !

– Désolé, papa. Si ça marche pas aujourd'hui, on remettra ça. Je le vois tout le temps et je crois que je lui plais bien.

Il y avait quelque chose qui clochait dans cette image du roi, seul sur un trône unique, sans reine à ses côtés.

– Vous n'êtes pas au bureau des pleurs, Colón. Je ne suffis plus à la tâche depuis que ma Dame m'a quitté, Dieu ait son âme. Alors, allons droit au but.

Je lui dis que je voulais redevenir vice-roi des Indes.

Il me foudroya du regard. Ses royales pantoufles atteignaient l'estrade sans effort. Je me demandai s'il avait fait ajuster le trône à ses mesures.

– Pas question. Vous êtes trop vieux. Et trop malade, en plus à ce qu'on dit. D'ailleurs, vous en avez tout l'air.

Je lui dis que je ne touchais plus mes 12,5 % depuis plusieurs années.

Il hurla :

– Nul ne peut prétendre à un huitième de ce que nous rapporte notre vaste Autre Monde *(sic)* outre-mer Océane.

Il avait raison, bien sûr. Je n'y prétendais pas plus que je ne me rêvais en vice-roi gaga.

Mais ça situait les enchères.

– Sire, je voudrais avoir confirmation écrite que mon amirauté passera à mes héritiers mâles en commençant par le lieutenant Diego Colón, garde de Votre Majesté.

– Ça ne se fait pas. Les amirautés ne s'héritent pas.

– La reine...

– ... est morte, dit-il, plutôt abrupt.

– Sire, mes hommes n'ont pas été payés. Si on ne leur faisait la charité, ils mourraient de faim.

– Ils ont été payés pour six mois, et après six mois, ils n'ont rien fait qui puisse être comptabilisé comme service de la Couronne. Le contrôleur royal a tiré tout ça au clair, si vous voulez savoir. De janvier à mi-avril 1503 : incitation des indigènes de l'isthme à la révolte. Vol d'or. Du 16 avril au 25 juin 1503 : en mer, série d'avaries. Du 25 juin 1503 au 7 mars 1504 : naufragés sur une île inhospitalière. Vous appelez ça servir la Couronne ? Et, pour finir, programme du 7 mars au 7 novembre : départ de la Jamaïque sur une caravelle frétée, croisière dans les Caraïbes ; plage et détente en Hispaniola ; retour à Séville. Au service de la Couronne sans doute ?

Bref, je n'obtins rien.

Je me recouchai. J'avais emporté le livre de Wendover dans ma sacoche, mais j'avais beau vouloir le lire à présent, à part la signature de Petenera au bas de la page de garde, les mots étaient flous.

La péripatétique cour s'installa à Salamanque avec armes et bagages. Je me traînai à sa suite sur ma mule, Barto et Fieschi pour toute escorte.

Un soir, Barto entra dans la chambre de la petite maison que nous avions louée.

– Comment ça va ?

Ça n'allait pas fort.

– Je tiens pas en place, dis-je.

– On a un petit problème. J'ai vu ton fils Diego et...

– Pourquoi il vient pas ?

– Il rentre à peine de Tolède, service de Sa Majesté. Le petit problème, c'est qu'à Tolède, il a entendu dire que l'Inquisition s'intéresse à toi.

L'« intérêt » de l'Inquisition pouvait prendre bien des aspects.

– Pourquoi donc ?

– Bah, tu sais que Buil délire complètement depuis la mort de la reine, il se met à accuser tout le monde. Il semblerait que l'Inquisition ait un dossier sur toi.

– Et qu'est-ce que je suis censé avoir fait ?

J'étais plus curieux, pour ne pas dire émoustillé, qu'inquiet. On s'ennuie à rester au lit.

– Deux choses. La première remonte en 1498, la seconde en 1502. Les deux sont plutôt bizarres.

Barto me regarda, mal à l'aise, comme s'il regrettait d'avoir levé ce lièvre.

Fieschi entra.

– Allez, dites-lui ! Rire un bon coup, ça lui fera pas de mal.

– Eh ben, rappelle-toi, en 1502, quand Ovando a refusé de nous laisser entrer au port, il y a eu un ouragan en Hispaniola. On s'en est sortis sans mal, Dieu merci. Mais il y a eu vingt navires par le fond et des centaines de morts – dont tes ennemis Roldán et Bobadilla. Et le seul bateau qui ait réussi à rentrer en Espagne – le seul – c'était cette minable *Aiguille* de rien du tout qui transportait ton or. Alors, il y a des gens en Hispaniola qui disent que c'est toi qui as déchaîné l'ouragan par sorcellerie.

– Colón le Sorcier ! cria Fieschi. Colón, le maître de la magie noire. Hou !

Barto ne sourit même pas ; il reprit :

– Et puis, on accuse Petenera Torres du meurtre du grand inquisiteur, Tomás de Torquemada, en 1498.

– Du meurtre ? Il est pas mort dans son sommeil ?

– Ils disent qu'il a été empoisonné. Que c'est Petenera Torres qui l'a empoisonné. Avec ta complicité.

– Mais, en 1498, j'étais aux Indes !

– Ils disent que tu lui as envoyé un poison à effet retard de là-bas, tout exprès.

– Dieu de Dieu ! s'écria Fieschi.

– Je te l'ai dit, Buil règle ses comptes. Mais Petit D pense qu'ils vont pas tracasser un homme malade. Et célèbre.

– Si tu crois que je vais faire le mort, tu y es plus. Le roi doit deux ans de gages à mes hommes.

Soupir de Barto. Sourire de Fieschi.

– Alors, en route, dit-il. La péripatétique cour part pour Valladolid et j'y ai jamais mis les pieds.

Mon premier souci fut d'emporter le livre de Petenera.

Comme je louais toujours ces trois grandes maisons de Séville pour mes marins sur le sable, à Valladolid, il nous fallut nous contenter de deux pièces dans une ruelle proche de la cathédrale où Ferdinand et Isabelle s'étaient mariés, il y avait près de quarante ans.

Le roi me refusa audience. Mais j'avais encore des atouts dans ma manche.

Petit D le voyait presque tous les jours.

Jeanne la Folle et Philippe le Beau devaient rentrer en Espagne au printemps. Personne ne savait à quel point Jeanne la Folle était folle. Mais Philippe, lui, ne perdait pas le nord. Se faire le champion du légendaire amiral de la mer Océane et de son équipage indigent pourrait être bon pour son image de marque.

Le bruit courait qu'il y avait rivalité au sommet – Ferdinand contre Philippe le Beau.

– Je m'en vais les attendre à La Corogne. J'y serai dès qu'ils poseront le pied en territoire espagnol, me dit Barto.

– Attends quelques jours et je serai d'attaque pour t'accompagner.

– Toi, tu bouges pas. Tu veux pas que l'Inquisition te pince en pleine activité ?

Il me quitta gentiment, sans effusion particulière. Mais moi, cloué au lit, plus déprimé que je voulais bien le dire, j'eus peur de ne pas le revoir.

Quelques jours plus tard, je me levai et appelai Fieschi.

– Où sont mes vêtements, bon sang ?

Ma voix était celle d'un vieillard acariâtre. J'avais dû mal digérer.

– A leur...

– Mon uniforme d'amiral, je veux dire.

Fieschi le trouva et m'aida à m'habiller. Je fis quelques pas en boitillant.

– Vous êtes beau comme un prince, dit-il.

– Taisez-vous ! Ma canne !

Il la trouva aussi. J'ouvris la porte. Il pleuvait.

– Vous allez où, comme ça ?

– Voir le roi.

– Je vous accompagne.

– Oh que non ! Je ne veux pas être vu en votre compagnie !

– *Quoi ?*

– Vous êtes italien. Qui de droit pourrait s'entendre rappeler l'affaire Vespucci et le prétendu consortium.

Fieschi se radoucit et objecta :

– Le château est à plus de dix kilomètres.

– Louez-moi un coche.

– Vous pouvez pas y aller tout seul. Je vais joindre un de vos fils.

Il disparut jusqu'en fin d'après-midi et ramena Ferdi dans un coche royal.

– Le roi m'a payé l'arriéré de mes gages, à moi, dit mon fils. Il a dit que puisque j'étais pas sur la liste de tes hommes, ce n'était que justice. Tu vas vraiment venir au château avec moi ?

– Et comment ! Et tout de suite, oui.

– Il est pas encore construit, papa, le navire qui part vent en poupe.

Le lendemain matin, nous partions.

J'eus toutes les peines du monde à me traîner jusqu'au coche. Je m'appuyai sur le bras de Ferdi et sur ma canne. Fieschi m'aida à monter. Il me souhaita bonne chance. C'est la seule fois que j'ai vu ce bouillant Génois sceptique.

Le coche alla jusqu'au donjon, Ferdi montrant son visage à la fenêtre pour tout laissez-passer.

Je mis pied à terre avec difficulté. Il y avait foule.

– Mais c'est l'amiral Colón qui entre avec le page !

– Je le croyais mort depuis des années.

– Non, mais il vit dans une pauvreté abjecte.

C'était faux. J'entretenais mes hommes comme ils le méritaient, si bien que je regardais un peu à la dépense pour moi. J'ignorai tout le monde. Ce n'était que mon uniforme qui me faisait remarquer. Avec ses galons dorés et tout et tout, je flottais dedans.

Ferdi me fit traverser une série de salles. Il connaissait tous les raccourcis.

– Je peux te faire passer entre l'ambassadeur de Venise et l'officier de liaison de Philippe le Beau. Mais veille au grain à cause de Petit D.

– Pourquoi ?

– C'est un courtisan. Il est jamais sorti de la cour. Tu pourrais l'embarrasser.

Je dus avoir l'air choqué.

– Je l'embarrasse, moi.

Mes fils avaient-ils troqué leurs caractères ?

Petit D, superbe dans son uniforme, se trouvait déjà dans l'antichambre. Mon cœur battait fort. Je m'appuyai sur mon bâton.

– Oh, bon Dieu ! dit-il en me voyant.

Puis il ajouta pour se rattraper :

– Tu devrais être au lit, tu sais.

– L'ambassadeur de Venise est toujours là-dedans avec la Grosse Galette de Manioc ?

– Ferdi ! gronda Petit D.

– Oui ou non ?

– Il vient de sortir.

Ferdi me fit entrer aussitôt. J'eus la même impression d'étrangeté – d'autant qu'il y avait là une vraie salle du trône – à voir le roi tout seul. Je m'avançai et m'inclinai dès que Ferdi m'eut annoncé.

Le roi s'écria comme Petit D :

– Oh, bon Dieu !

– Sire, implorai-je, accordez mon titre à mon fils lorsque je mourrai.

Il me fixa sans rien dire.

– Et donnez leurs gages à mes hommes.

Je commençai à tituber.

– Soutenez-le ! cria le roi à Ferdi.

Mais mon fils m'avait déjà pris le bras.

– C'est vous qui avez eu l'idée de ce numéro ? lui demanda le roi.

– Non, Majesté. C'est à mon frère aîné que le titre revient, quant à moi, vous m'avez déjà payé.

Le roi toussota et marmonna quelque chose comme : « Ce n'est peut-être pas le meilleur qui aura le titre. » Puis il dit à haute voix :

– Très bien, amiral. Votre titre est héréditaire. Mais Diego devra faire ses preuves.

Bref coup d'œil sur l'avenir : il les fit. Il fut nommé gouverneur de l'Hispaniola en 1509. Il s'acquitta honorablement de ses fonctions quelques années. Puis la tarentule de la gloire le piqua. Il rentra en Espagne pour demander la vice-royauté de toutes les Indes. Ce rêve l'usa et il mourut jeune.

– Mon équipage attend deux ans de salaire.

Le roi ne dit rien. Puis il se tourna vers Ferdi.

– Si vous me le ramenez ici sans rendez-vous, je serai obligé de vous renvoyer, Colón. Vous voilà prévenu.

– Oui, Majesté. Mais s'il me le demande, je le ferai.

Le roi mûrit ces paroles. Il me regarda, puis regarda mon fils.

– Vous êtes mon meilleur page, grommela-t-il.

Ferdi resta impassible.

– Alors, il va bien falloir que je paie vos hommes, me dit le roi.

Rassemblement du clan.

Et pas seulement du clan. Fieschi passait toute la journée avec moi, le docteur Chanca vint de Séville (je détestais le saigneur envoyé par la cour) et Fray Juan Pérez et Grand D montèrent de La Rábida.

J'étais content de les voir tous, mais pourquoi cette avalanche de visites ?

C'est vrai, quoi, j'étais pas moribond, quand même !

J'avais des projets.

Le meilleur était d'aller à Gênes avec Fieschi quand je serais rétabli.

Quand je lui en parlai, il trouva l'idée formidable.

Petit D et Ferdi aussi étaient tout à fait pour.

Ce matin-là, je n'y voyais pas très bien. Elle se pencha sur mon lit. C'était une femme opulente, vêtue de noir.

– Cristóbal, dit-elle d'une voix tremblante.

Elle m'embrassa sur la joue.

– C'est la première fois de ma vie que je vais au nord de Cordoue.

– Beatriz ! Quelle merveilleuse surprise !

Certes, mais quand même...

Le pire, ce fut le retour de Barto.

– Tout est arrangé, dit-il, enthousiaste.

Barto est un piètre menteur, tout comme moi. Sa voix le trahit.

– Dès que tu seras en état de voyager, Philippe le Beau te rencontrera. Il a rien promis sur tes 12,5 %, bien sûr. Et il faudra faire gaffe.

– A quoi ?

– Au Saint-Office. Si tu étais pas cloué au lit, ils te tomberaient dessus tout de suite.

Quelques jours plus tard, il déclara :

– Ils vont le faire quand même.

– Qui ? Quoi ?

Cette voix étouffée était la mienne, je crois.

– L'Inquisition. Sauf si on fait semblant que t'es mourant. Par les temps qui courent, il faut être sur son lit de mort pour qu'ils vous laissent tranquille.

Si seulement il mentait un peu mieux !

Mais peut-être ne mentait-il pas. A contempler le plafond toute la sainte journée, on peut devenir trop soupçonneux.

– Alors si... ne t'étonne pas si un de ces jours, Fray Juan Pérez a l'air de t'administrer les derniers sacrements.

J'avais tant peur de mourir ? Ça se voyait ?

Mais non, je n'avais pas peur de mourir. Seulement, j'aimais vivre. Faire des choses. Bouger. Errer.

– Parce que ça fait partie du plan, dit Barto. On fera semblant que tu es mourant jusqu'à ce que tu sois en état de voyager.

– Pour aller voir Jeanne la Folle et Philippe le Beau ?

– Non. Faire ce que tu as dit. Aller à Gênes avec Fieschi.

Fieschi confirma.

Il y avait de fortes chances pour que tout ça signifie seulement qu'ils voulaient que je meure plein d'espoir. Je n'irais ni à Gênes ni ailleurs, ni avec Fieschi ni avec personne.

Vint le docteur Chanca.

– Diagnostic ? lui demandai-je quand il eut fini de m'ausculter.

– Testament.

Paradoxalement, ce fut la seule visite qui me remonta le moral. Chanca avait toujours été alarmiste. Je n'en fis pas moins venir un notaire et lui dictai un court testament. Je laissai tout à Petit D en lui demandant de pourvoir aux besoins de la famille, sans oublier Beatriz. (Ce qu'il fit dès qu'il réussit à débloquer mon or d'Hispaniola.) Le notaire se leva.

– Attendez ! m'écriai-je.

Il revint et rouvrit son écritoire.

– A Lisbonne, il y a un type nommé Isaac Levi. C'est le propriétaire de ce qui passe pour une boutique dans l'une de ces nouvelles – enfin plus très nouvelles – banlieues nord. Je veux lui laisser un escudo d'or.

Je signai :

.S.
.S.A.S.
XMY

et le notaire s'en alla. Dans le testament, je préconisais à Petit D de prendre cette signature s'il devenait amiral, mais je ne comptais guère qu'il le ferait. (En effet, il ne le fit pas.)

Le docteur Chanca revint.

– Je peux vous apporter quelque chose ?

Je fis un effort sur moi-même :

– Ces besicles que vous portez, vous croyez que vous pourriez me les prêter ?

Il me les ajusta. Aussitôt, lui-même et la porte qu'il franchissait furent plus flous que jamais.

Mais lorsque je pris le livre de Petenera et l'ouvris, les mots qu'elle avait écrits sur la page de garde apparurent nettement.

> « Luís chéri,
>
> S'il y a un livre qu'il te faut absolument, à mon avis, c'est celui-ci. Je sais que tu as toujours été fasciné par la légende du Juif errant (qu'on appelle ici Cartaphilus) et cette version de Wendover en est peut-être la première transcription. Maintenant que tu as entrepris tes propres voyages (qui ne dureront pas, je l'espère, jusqu'au Jugement dernier) et que toi aussi tu te rattaches au Christianisme et au Judaïsme, je ne doute pas que cette histoire t'attire encore davantage. Finalement, je vois bien ce qui te séduit en elle ; c'est la recréation cyclique de cette figure légendaire, condamnée à errer, qui dispense à l'humanité sa sagesse ainsi acquise. On aimerait y croire. Peut-être me persuaderas-tu lorsque nous nous retrouverons.
>
> Mais maintenant, s'il te plaît, petit frère, dis-moi merci assez fort pour que je t'entende de ce côté de la mer Océane. Parce que si tu savais le mal que j'ai eu à te l'obtenir ! C'est Abraham de Lucena (tu te souviens de lui ?) qui l'a découvert, il y a des années, au cours de ses voyages en Europe. Apparemment, le bouquin prenait la poussière depuis des générations quand un étudiant d'Oxford est tombé dessus par hasard. L'étudiant était plus ou moins apprenti chez un al-

chimiste qu'Abraham connaissait ; il s'en souvient bien parce qu'il avait comme l'impression que c'était une fille travestie en garçon. (Je souris : ça me rappelle cette Yeshiva où tu m'as amenée en me faisant passer pour ton cousin Pedrín.) Quoi qu'il en soit, tu connais Abraham avec ses livres rares. Il ne voulait pas s'en séparer. Mais je l'ai obtenu, peu importe comment. C'est un vieillard encore très vert. Voilà toute l'histoire de ce livre.

Ta sœur qui t'aime,

Petenera. »

Je trouvai le passage et me mis à lire. Wendover recevait la visite de l'archevêque d'Arménie, qui lui racontait avoir dîné avec un étranger nommé Cartaphilus. Ce Cartaphilus était l'huissier de Ponce Pilate et quand le Christ était sorti du tribunal...

Alors, je fus saisi.

Tristan ! Avec un maillon intermédiaire, Petenera tenait le livre de Tristan.

Impossible, dites-vous ?

C'est pourtant ainsi.

Mon premier et mon dernier amour, mes deux seules vraies amours, conspiraient à me dire... quoi ?

Quelqu'un me prend le livre des mains. J'essaie de protester, mais il faut croire que je n'ai plus de voix. On m'enlève les besicles. J'entends Fray Juan Pérez.

Et, bien sûr, ce ne sont pas du pain et du vin ordinaires que j'ai dans la bouche. C'est le viatique.

Des mourants.

Quel mal ils se donnent tous, même ce cher vieux Fray Juan Pérez, pour suivre la mise en scène de Barto !

J'entends Grand D dire quelque chose comme : « Mourir, c'est partir un peu... »

Il n'y a que lui pour en dire de pareilles.

Le voilà qui pleure à présent et, contrairement à Salutati le Jeune, Fray Juan Pérez attend poliment qu'il ait fini.

Eh oui, je gis ici. Moi qui ai jadis couru la mer Océane, mon univers est réduit à mon lit.

Même si tout ceci est sérieux, même si ça ne fait pas partie du plan pour ruser l'Inquisition – je sais bien que Petit D et

Ferdi me veillent de chaque côté de mon lit –, ils peuvent très bien se tromper, tous tant qu'ils sont. Je ne serais pas le premier à faire mentir son docteur en sautant à bas de son lit de mort, hein ?

C'est vrai, quoi. Je peux pas mourir sans découvrir ce que Tristan et Petenera essayaient de me dire.

Si ?

Il faut que je sorte de ce lit.

Je vais vous dire. Quand j'en sortirai, quand j'irai mieux, j'écrirai mes mémoires. C'est comme ça que vous le saurez, vous. Pas de mémoires, je suis mort ici. Mais quand vous verrez ce que j'ai écrit, vous pourrez être sûr...

Si sûrs ? Et si un opportuniste éponyme encore plus vulgaire que Vespucci exploitait la situation ? S'il écrivait un livre sous mon nom et « prouvait » que c'est moi qui l'ai écrit en écrivant précisément ces lignes ?

Il y a peut-être un meilleur plan.

Ils sont là, tous, autour de mon lit. Flous. Je voudrais en voir un en tête à tête. Fieschi. J'essaie de dire :

– S'il vous plaît, pourriez-vous me laisser seul quelques minutes avec Fieschi ?

Il faut croire que je réussis parce que c'est ce qui se produit.

– Fieschi, je veux voir Porcini-Zampini. Allez me le chercher.

– J'y vais de ce pas.

La nuit passe. Le lendemain matin, ils sont de nouveau tous autour de mon lit. Pour ceux que ça intéresserait, nous sommes le 20 mai 1505, sixième jeudi après Pâques et donc jour de l'Ascension.

Tout le monde sort de ma chambre. Il ne reste qu'un visage flou à mon chevet.

– Qui êtes-vous ?

– Porcini-Zampini, brasseur d'affaires internationales.

Je me souviens d'un Museau-de-Lapin.

– Mon cul, oui.

– Ah, vous, vous parlez de mon pauvre grand-père ! Il est mort l'an dernier.

Je me tourne vers le mur.

Museau-de-Lapin n'a pas bougé. Je l'entends respirer.

– C'est à propos de tous ces dossiers qu'il avait ? demande-t-il d'une voix inquiète.

J'acquiesce.

– Je suis pas du tout du même style que lui, moi. Ça me terrifiait. Je les ai détruits.

Alors, adieu dernier espoir ! Je ne pourrai rien prouver du tout.

Pourtant, je ne sais pas pourquoi, le jeune garçon s'attarde à mon chevet.

– Sauf un. Grand-père était si sentimental à votre égard qu'il m'a fait promettre qu'à sa mort, je garderais la confession de Buil. Il pensait que vous pourriez en avoir besoin un jour. Maintenant, par exemple.

Dommage que je puisse pas mieux voir ce garçon. Je parierais qu'il commence à avoir des touffes de poils dans les oreilles et dans le nez.

– Vous avez la confession sur vous ?

Il me la donne et je la mets sous mon oreiller.

Bon, bon. Je la tiens. L'Inquisition a son dossier sur moi – du pur délire, mais vous connaissez frère Buil. Il y en a qui sont montés au bûcher pour moins que ça. Alors, méfiance.

Si Barto a dit vrai, ils ne font de cadeaux qu'aux mourants. Et moi, j'ai l'intention de m'en sortir.

Alors, voici ce qu'on va faire. Dès que je serai assez fort, je porterai une copie de cet exemplaire au palais de l'Inquisition à Valladolid. Buil y sera sûrement parce qu'il a tendance à péripater avec la cour, c'est-à-dire avec le pouvoir.

Et je lui montrerai ce que j'ai dans ma manche.

Et s'il n'enterre pas mon dossier, moi, je diffuse sa confession.

Comme ça, vous serez fixés.

Si je demeure sans conteste le premier héros de générations d'écoliers, et que les calomnies de l'Inquisition ne m'ont pas atteint, vous, lecteurs, saurez que je me suis levé de mon prétendu lit de mort pour affronter Buil.

Si le Suprême a terni ma réputation, vous saurez que j'ai échoué.

Porcini-Zampini junior me fait très bonne impression : je n'ai même pas besoin de copier son exemplaire.

– Je vous ai apporté un duplicata, jeune homme, déclare-t-il.

Jeune homme !

Des touffes de poils, vous dis-je !

Un moment plus tard, je suis sûr que je peux quitter mon lit.

Alors, j'essaie.

Personne dans le coin, c'est drôle, mais tant mieux. Ils ne marcheraient jamais pour me laisser sortir.

J'endosse mon uniforme de parade. Ça ne se fait pas tout seul. Je trouve ma canne. Je fourre sous mon bras un des exemplaires de la confession de Buil. Je n'oublie rien ? Ah, on ne sait jamais. Peut-être que je ne rentrerai pas de sitôt. Je prends le livre – celui de Tristan et de Petenera – et le fourre aussi sous mon bras. Je vais jusqu'à la porte.

Dehors, il fait nuit noire.

Marcher n'est pas plus facile que de naviguer au plus près sans aller au lof.

Mais j'y vois plus clair.

Je me trompais. Il ne fait pas nuit, il fait jour. Jour idéal : ciel bleu et mer profonde, si la mer passait par Valladolid. Jour rêvé pour le marin sur le gaillard d'arrière de sa caravelle, poussée par un vent frais sur une terre lointaine où les hommes sont nobles, les femmes belles, l'air embaumé d'épices et les fleuves en or fertiles.

La rue m'est inconnue, étrangère. Mais je n'en continue pas moins à marcher. C'est à peine moins difficile que d'escalader les enfléchures. Jambe gauche, droite.

Je m'appuie un instant contre un mur, ruminant des doutes. Buil va-t-il se montrer coopératif ? C'est beaucoup demander. Vais-je même le trouver ?

Ou bien est-ce que je suis en plein délire d'agonie, en fin de compte ?

Ça se peut. Mais quand je suis faible comme ça, et dans le doute, moi, il faut que je bouge. Vous me connaissez.

Dont acte. Je pars...

... d'un pas pressé vers le bazar par les venelles en laissant traîner ma main sur le mur de pierre. Je viens de faire une halte pour me reposer contre ce mur ? Bizarre. Moi, me reposer ? Je déborde d'enthousiasme et d'énergie. Qu'est-ce que je disais ? Ah oui, c'est ça ! Je m'étais arrêté pour réfléchir à une histoire d'échelle de corde le long d'un mât. Moi et mes rêveries !

Père me le dit toujours : descends de ton nuage ! Quand il verra comment je dépense l'or que j'ai reçu pour ma confirmation, il aura une attaque.

Mais j'ai pas le choix. Une carte comme ça, je peux plus vivre sans.

Au moment où j'arrive à la minuscule échoppe du vendeur de cartes Abu'l Qurra retentit la longue, longue plainte du muezzin. Dans toutes les allées, les hommes tombent à genoux et se prosternent. J'attends poliment. Le vieil Abu'l Qurra se lève de son tapis de prière quand j'entre.

– La carte est chère, me rappelle-t-il.

Vieux pisse-vinaigre.

Je lui montre ma petite bourse.

– C'est tout ce que j'ai.

Il compte les pièces en marmonnant et fronce les sourcils.

– Une carte du monde entier, dessinée par le fameux Piri Re'is de Constantinople, ça vaut une fortune.

Il achève de compter.

Je retiens ma respiration.

– Ça suffit à peine. Je t'ai déjà dit que cette carte est de la main de Piri Re'is – le plus grand cartographe vivant –, mais ce qui est encore plus important, c'est que la partie qui représente les Antilles a été copiée sur une carte plus ancienne encore, achetée il y a quelques années par Piri Re'is à un matelot infidèle, un vérolé sans le sou du nom de Q'intero. Et cette autre carte, qu'Allah me foudroie si je mens, avait été dessinée par le célèbre découvreur infidèle Christophe Colomb, lors de son premier voyage en mer Océane. Tu as un fac-similé authentique de sa signature ici.

Je regarde, et là, sur la partie de la carte qui représente les Antilles, je vois ce signe étrange :

.S.
.S.A.S.
XMY

– Ça veut dire Colomb ?

Mais je ne signais pas comme ça à l'époque, alors comment...

J'ai un mouvement de recul. D'où m'est venue cette pensée ?

... drôle de rêve de saint Christophe...

– Qu'est-ce qu'il y a, mon petit ? demande Abu'l Qurra. Qu'est-ce qui te rend si perplexe ?

Je ne réponds pas.

– Je t'assure que c'est la signature de Colomb.

Je murmure avec une terreur sacrée :

– Dieu !

– Des explorateurs et des cartophiles, peut-être, concède le vieil homme.

Il accepte les pièces avec une réticence feinte.

Je rentre chez moi en courant et en rêvant de terres lointaines. Pas de celles de Colomb, non, pas des Indes. Mes lointains à moi. Dans ma tête, leurs noms chantent comme une litanie... Venise, Jérusalem la Dorée, Trébizonde, Babylone aux cent portes, Samarkand, Qara Qorum, et je sais que je les verrai toutes, aussi vrai que je m'appelle...

Table

MAME IMPRIMEURS A TOURS.
DÉPÔT LÉGAL AVRIL 1987. N° 9604 (13082).